# 唐寫全本切韻校注

趙庸 / 校注

上海辭書出版社

圖書在版編目(CIP)數據

唐寫全本切韻校注／趙庸校注．—上海：上海辭書出版社，2023
ISBN 978-7-5326-6032-2

Ⅰ．①唐…　Ⅱ．①趙…　Ⅲ．①《切韻》—注解—研究
Ⅳ．①H113.1

中國國家版本館 CIP 數據核字(2023)第 031050 號

# 唐寫全本切韻校注

**趙　庸　校注**

**責任編輯**　郎晶晶
**裝幀設計**　黄　駿
**責任印製**　曹洪玲

**出版發行**　上海世紀出版集團
上海辭書出版社®(www.cishu.com.cn)
**地　　址**　上海市閔行區號景路 159 弄 B 座(郵政編碼：201101)
**印　　刷**　上海中華印刷有限公司
**開　　本**　787 毫米×1092 毫米　1/16
**印　　張**　34
**字　　數**　538 000
**版　　次**　2023 年 6 月第 1 版　2023 年 6 月第 1 次印刷
**書　　號**　ISBN 978-7-5326-6032-2/H・758
**定　　價**　198.00 元

本書受“全國高等院校古籍整理研究工作委員會科研項目
(項目編號 1750)”“華東師範大學文化傳承創新研究專項項目
(項目編號 2022ECNU－WHCCYJ－02)”資助

# 凡　例

一，本書以周祖謨編《唐五代韻書集存》(中華書局，1983)、《唐寫本王仁呴刊謬補缺切韻》(江蘇鳳凰教育出版社，2017)影印之北京故宫博物院藏《王仁呴刊謬補缺切韻》爲底本。字迹模糊或底本漫漶不可辨處據1968年香港中文大學龍宇純著《唐寫全本王仁呴刊謬補缺切韻校箋》摹本校定。

二，底本省代號、重文號均以"～"號替之。

三，據龍宇純摹本亦無法録出之字用"□"表示。校注中如遇《切韻》系韻書其他傳本難以辨識、摹録之字，亦用"□"替之。

四，本書校勘所據韻書有兩類。一類是抄本韻書，如S. 2683(習稱"切一")、S. 2071(習稱"切三")、S. 2055(習稱"切二")、P. 2011(習稱"王一")、《裴務齊正字本刊謬補缺切韻》(習稱"王二")、蔣斧舊藏《唐韻》(習稱"唐韻")等。另一類是刻本韻書，如《廣韻》《集韻》。第一類據周祖謨《唐五代韻書集存》，書名有習稱者按語處以習稱名之。第二類之《廣韻》據1982年中國書店《宋本廣韻》影印之張氏澤存堂本，《集韻》據1989年中華書局《宋刻集韻》影印之北京圖書館藏宋本。

五，本書校勘所據韻圖主要有《韻鏡》和《七音略》。《韻鏡》據1982年中華書局李新魁《韻鏡校證》影印之永禄本《韻鏡》。《七音略》據2003年上海辭書出版社楊軍《七音略校注》影印之元至治本《通志・七音略》。

六，本書校勘所據其他古籍文獻據今通行版本。

七，本書校勘參考的前賢研究成果主要有龍宇純《唐寫全本王仁呴刊謬補缺切韻校箋》、周祖謨《廣韻校本》(中華書局，1960/2004)、余迺永《新校互註宋本廣韻》（上海辭書出版社，2000；上海人民出版社，2008）、蔡夢麒《廣韻校釋》（中華書局，2012）等。直接引用龍宇純處，以“龍校云”提示。

八，底本字頭及反切用字盡量依原樣録字，如遇宋體—方正超大字符集亦無的字形，或者用相近字形録字，或者徑録今字形，需要時於按語處加注説明；如爲俗誤字、訛字，徑正，並於按語處加注説明。注文通俗作字、正作字、亦作字等依原樣録字，如有誤，則於按語處加注説明；如與宋體—方正超大字符集字形爲不辨義的異寫，徑録今字形，於按語處加注説明。其他字如只涉及個别筆畫，不影響辨識，直接録今字形，如構件有較大改易或爲訛字，照原樣録出，並於按語處加注説明。字形情况特殊的作特殊處理，於按語處加注説明。字形無法楷定或不成字難以録出時，直接以圖片替之。

九，用“（）”標識對訛字的改正，“［］”標識脱文，“〖〗”標識衍文，“□”“（）”連用表示括號内爲推測之字。

十，底本涉及注音的訛、脱、衍、倒問題凡見必校，在按語處加以説明。底本抄寫問題甚多，P. 2011 卷殘且錯誤亦多，無可據以補配、校正之完帙確本。本書主要關注音注，爲避免枝蔓，其他内容的訛、脱、衍、倒等問題從簡處理，不盡出校注。

十一，正文及按語，凡遇注音，無論反切、直音，還是其他特殊的注音方法，都在注音後用楷體標明音韻地位。音韻地位不標調、攝，最全標注爲聲、韻、呼、等，如麻韻“莫霞反”後標“明麻開二”。如某韻爲獨韻，音韻地位只標聲、韻、等，如東韻“德紅反”後標“端東一”。如某韻只有某等韻，音韻地位只標聲、韻、呼，如支韻“章移反”後標“章支開”。如某韻既爲獨韻又只有某等韻，音韻地位只標聲、韻，如江韻“古雙反”後標“見江”。音韻地位的韻名據《廣韻》。三等韻如遇重紐，用“B”表示重紐三等韻，用“A”表示重紐四等韻。

十二，本書在按語處關聯字頭讀音。字頭字形如他處另見，按語以“字又見”提示另見處的音讀信息。如字頭另作他形，按語亦出他處的音讀信息，以“字亦作某，某字見”提示。

# 目　録

# 平聲卷

## 一東

〇東　德紅反端東一。木方。二。

涷　凌水。從冫,音冰。

**校注:**"水"當作"冰",本書另見處及 P. 2017 訓"冰"。字又見送韻多貢反端送一。

〇同　徒紅反定東一。二十二。

**校注:**紐字數作"二十二"而實收二十一字,下"二"字上一横似爲誤點。

童　古作僕,今為童子,非。

僮　古作童子,今為僕,失。

銅　赤金。

桐　桊木。

峒　崆~。

**校注:**字又見送韻徒弄反定送一。

狪　獸名,似豕,出秦山。或從豸作狪。

**校注:**"秦"字誤,《王二》《廣韻》作"泰"。

硐　磨。

筒　竹名。

**校注:**字又見送韻徒弄反定送一。

艃　舩。

瞳　目~。

瓵　瓦。

罿　車上綱。又尺容反昌鍾。從网。

**校注:**字又見鍾韻尺容反昌鍾。

潼　水名。關名。又他紅透東一、昌容昌鍾二反。

**校注:**字又見鍾韻尺容反昌鍾。

簫　竹~。

犝　牛。

橦　木名,花可為布。又卓江反知江。

**校注:**又卓江反知江,江韻收字於宅江反澄江,都江反端(知)江無此字,《廣韻》同。《廣韻》作"又音幢澄江",《釋文》"直江反澄江""丈江反澄江",本書"卓"疑爲"直"字之誤。字又見江韻宅江反澄江。

曈　~曨,日欲明。又他孔反透董一。

**校注:**字又見董韻他孔反透董一。

衕　通街。

**校注:**字又見送韻徒弄反定送一。

烔　~,旱氣皃。

鞰　被具飾。

**校注:**"被"當作"鞁",《廣韻》北宋本、巾箱本、黎本、明本均作"鞁"。

〇中　陟隆反知東三。景正。又陟仲反知送三。四。

**校注:**字又見送韻陟仲反知送三。

衷　裏。

**校注:**字又見送韻陟仲反知送三。

忠　讜言。

芔　草。

○蟲　直隆反澄東三。蜫類。五。

沖　和。

种　稚。

盅　器虛。又勑中反徹東三。

校注：字又見東韻勑中反徹東三。

爞　旱氣。又徒冬反定冬。

校注：字又見冬韻徒冬反定冬。

○終　職隆反章東三。畢。十一。

衆　多。又之仲反章送三。

校注：字又見送韻之仲反章送三。

洚　水名，在襄陽。

潀　小水入大水。又在冬反從冬。

校注：字又見冬韻在宗反從冬。

歿　~殁。

螽　秋蟲。亦作蠑。

霥　小雨。

鼨　豹文鼠。

蔠　~葵，蘩露。

柊　木名。

鼅　鼅。又徒冬反定冬。

校注：字又見冬韻徒冬反定冬。

○忡　勑中反徹東三。忡~之憂。二。

盅　器虛。

校注：字又見東韻直隆反澄東三。

○崇　鋤隆反崇東三。敬。亦作宗。二。

剈　鍾屬。

校注："鍾"字誤，《切二》《廣韻》作"鍤"。字又見送韻士仲反崇送三。

○嵩　息隆反心東三。中嶽。亦作崧，通俗作嵩。三。

校注：通俗作字與字頭同形，誤，通俗作字當作"嵩"。

娀　有娀，契母。

菘　菜~。

○戎　如隆反日東三。西夷。四。

茙　~葵。

械　木名。

駥　八尺馬。

○弓　居隆反見東三。射具。四。

躳　身。亦作躬。

宮　室。

涫　縣名，在酒泉。

校注：字原作"涫"，誤。本書寒韻古丸反見桓："涫，沸。又樂涫縣，在酒泉。"《説文·水部》："涫，鬻也。从水官聲。酒泉有樂涫縣。"《漢書·地理志》《後漢書·郡國志》有酒泉郡樂涫縣。此因字形訛誤而望形生音。

○融　餘隆反以東三。明。通俗作融。二。

肜　祭名。又勑林反徹侵，從舟，音職由反章尤。

校注：字原作"彤"，爲"肜"字俗書。《爾雅·釋天》："繹，又祭也。周曰繹，商曰肜。"又勑林反爲"彤"字音，底本侵韻丑林反徹侵收"彤"字，無"肜"字，訓"船行"。職由反爲"舟"字音。

○雄　羽隆反云東三。壯。二。

熊　獸,似羆而小。

〇瞢　莫中反明東三。目不明。三。

校注:字又見登韻武登反明登開、送韻莫諷反明送三。

夢　草澤。又武仲反明送三。

校注:字又見送韻莫諷反明送三。

䑃　邑名,在曹。

校注:字亦作"鄸","鄸"字見送韻莫諷反明送三。

〇穹　去隆反溪東三。四。

芎　~藭。亦作营。

悺　憂。

䓖　~籠。又去龍反溪鍾。

〇窮　渠隆反群東三。三。

藭　芎~。

竆　邑,羿所封。

〇馮　扶隆反並東三。人姓。從冫,音冰。五。

汎　浮。又孚劔反滂梵。亦作渢。

校注:字又見梵韻敷梵反滂梵。

芃　草皃。

鄬　姬姓之國。

梵　木得風。又防欠反並梵。

校注:字又見梵韻扶泛反並梵。

〇豐　敷隆反滂東三。多。正作豐。六。

校注:字原作"豊",俗誤。

酆　邑名。

校注:字原從"豊",俗誤。本紐從"豐"之字皆如是。

蘴　無菁。

校注:"無"字誤,《切二》《廣韻》作"蕪"。字又見鍾韻敷容反滂鍾。

灃　水名,在咸陽。

豐　大屋。

麷　煑麥。[又]芳風(鳳)反滂送三。

校注:字原從"麦"從"豊",俗誤。"又"字原奪。芳風反與敷隆反音同,"風"當爲"鳳"字之誤。字又見送韻孚鳳反滂送三。

〇風　方隆反幫東三。氣。二。

楓　木。亦作檒。

〇充　處隆反昌東三。滿。五。

校注:字原作"兖",誤,《切二》《王二》《廣韻》作"充"。

琉　~耳。

茺　~蔚,草。

䖝　黄色。

校注:字又見宋韻他宋反透宋。

㤝　心動。

〇隆　力中反來東三。高。三。

癃　病。亦作瘽。

鼜　鼓聲。

〇空　苦紅反溪東一。虚。七。

箜　~篌。

崆　~峒,山名。

硿　~青,色。

椌　~稈。

涳　~濛。

校注:字又見江韻苦江反溪江。

埪　土~。

〇公　古紅反見東一。九。

功　勳。力。

校注：字原作“玏”，俗誤，《王二》《廣韻》作“功”。《王二》云：“勳也，案王功曰勳，從力。”本書“力”上當補“從”字。

工　~巧。

疘　下病。

蚣　蜈~，虫名。

校注：字又見鍾韻職容反章鍾。

玒　玉名。

校注：字又見江韻古雙反見江。

釭　車釭。又古雙反見江。

校注：字又見冬韻古冬反見冬、江韻古雙反見江。

愩　憒~。

校注：“憒”字誤，《王二》《廣韻》作“慣”。

攻　擊。又古冬反見冬。又作玫。

校注：字又見冬韻古冬反見冬。

〇蒙　莫紅反明東一。草密。又覆。十七。

校注：“莫”字原下從“廾”，爲俗書。紐字數作“十七”而實收十六字。

濛　小雨。

朦　大皃。

校注：字又見董韻莫孔反明董一。

矇　~瞽。

艨　~艟，戰舩。又武用[反]明用。

校注：“反”字原脱。又武用反，本書無明母用韻一紐。字又見送韻莫弄反明送一。

饛　盛食滿皃。

鬕

校注：底本注文奪。《廣韻》云：“馬垂鬣也。”

［驜］　驢子。

校注：底本字頭奪，“驢子”二字誤繫於“鬕”字下。《廣韻》云：“驢子曰驜。”

檬　似槐，黄色。

醿　麴生衣皃。亦作䉷。

校注：注文首字爲“麴”字俗書。

冡　覆。或作冡。

校注：正、注文“冡”字同形，必有一誤。

醯　酒濁。

校注：字原從“心”不從“必”，誤。《王二》《廣韻》作“醯”。

幪　巾~。

校注：字亦作“幏”，“幏”字見送韻莫弄反明送一。

鸏　鳩。

校注：字又見董韻莫孔反明董一。

盠　器。

霿　零雨。

〇籠　盧紅反來東一。篝。通俗作篭。十八。

校注：紐字數作“十八”而實收十七字。字又見董韻力董反來董一。

豅　大谷。

櫳　房。

校注：《廣韻》“櫳”下云：“《説文》云：房室之疏也。亦作櫳。”本書注文疑有脱漏。

嚨　大聲。

巃　~嵸，山高皃。又力董反來董一。

校注：字又見董韻力董反來董一。

瓏　玲~。

**巃** 馬頭。

**校注：**《王二》注“馬巃頭”，本書有奪文。

**瀧** ~涷，沾漬。

**校注：**“涷”字誤，《廣韻》作“涷”。字又見江韻吕江反來江。

**聾** 耳閇。

**轆** 軸頭。

**礱** 斵。

**校注：**字又見送韻盧貢反來送一。

**嚨** 喉~。

**穠** 黍。

**蘢** 草名。

**甕** 瓦礰。

**襱** 袴。又力董反來董一、直隴反澄腫三。亦作裥字。

**校注：**字又見董韻力董反來董一、腫韻直隴反澄腫三。

**蠪** ~蛭。

〇**洪** 胡籠反匣東一。大。十四。

**訌** 諠潰。

**鉷** 弩牙。

**紅** 色。

**虹** 螮蝀。又古巷反見絳。

**校注：**字又見送韻古送反見送一、絳韻古巷反見絳。

**鴻** 陽鳥。

**葓** 水草。

**谼** 大壑。

**粠** 赤米。

**葒** 草名。

**肛** 身肥大皃。

**校注：**字又見江韻許江反曉江。

**㬴** 坑。

**校注：**“坑”字誤，《廣韻》《集韻》作“坑”。

**翃** 飛聲。

**洚** 水不遵其道。一曰洚下。又[下]江反匣江。

**校注：**“下”字原奪，《廣韻》云“又户冬、下江二切”。字又見江韻下江反匣江、絳韻古巷反見絳。

〇**叢** 徂紅反從東一。或作藂。草木聚生。一。

〇**翁** 烏紅反影東一。老父。五。

**螉** 蠮~。

**鰯** 魚~。

**蓊** ~鬱。又烏孔反影董一。多。

**校注：**字又見董韻阿孔反影董一。

**頷** 頸下毛。

〇**悤** 倉紅反清東一。古作悤。速。十二。

**葱** 辛菜。

**樬** 檐~。

**轇** 檻車，載冈。

**校注：**“冈”字誤，《切二》《王二》《廣韻》作“囚”。

**聦** 睿。正作聰。

**緫** 色青黄。又細絹。

**璁** 石似玉。

**驄** 馬色。

**鏓** 大鑿中木。

**熜**　煴。又子孔反精董一。

**校注：**字又見董韻作孔反精董一。

**㥮**　屋中會。又子孔反精董一。

**校注：**《王二》："屋階中會也，出《説文》。"《説文·广部》："㥮，屋階中會也。"本書有奪文。字又見董韻作孔反精董一。

**蜙**　青蚙。

〇**通**　他紅反透東一。徹。四〖四〗。

**校注：**底本衍一"四"字。

**蓪**　~草，藥名。

**侗**　大。

**校注：**字又見董韻他孔反透董一。

**恫**　痛。

〇**葼**　子紅反精東一。木細枝。十九。

**椶**　栟櫚。

**緵**　縷~。

**騣**　馬鬣

**校注：**字原從"馬"不從"镸"，誤。字又見董韻作孔反精董一。

**鬷**　釜屬。

**嵸**　九嵸，山名。

**猣**　犬生三子。

**豵**　豕生三子。

**鯼**　石首魚。

**校注：**字又見送韻作弄反精送一。

**揔**　~滅。

**校注：**字原作"椶"，俗誤，《王二》作"揔"。"滅"字誤，《集韻》作"搣"。

**翪**　飛而斂足。又則貢反精送一，吳人音。

**校注：**字又見送韻作弄反精送一。

**鬉**　毛。

**校注：**《王二》注"鬉乱"，《廣韻》注"毛亂"，本書有奪文。

**㚇**　種。又楚江初江、楚絳初絳二反。

**校注：**字亦作"稯"，"稯"字見江韻楚江反初江、絳韻叉降反初絳。

**從**　龍從。［又］作孔反精董一。

**校注：**"又"字原奪，《廣韻》有字。字又見董韻作孔反精董一。

**傻**　數。

**艐**　舩著沙不行。

**翪**　竦翅上下。

**蝬**　蝓~。

**稯**　十莒。

**校注：**"莒"爲"筥"字俗誤。《儀禮·聘禮》："四秉曰筥，十筥曰稯，十稯曰秅。"

〇**蓬**　薄紅反並東一。□草。□。

**校注：**龍校云："注文不清，唐氏定為'薄紅反根草反五'七字。案根字模糊不能辨。草下反字誤衍，旁有小點為識。五字亦不能辨，唐氏定為五字，盖以所見凡五字，想當然耳；疑不然。"據"䡘"字龍氏校箋，龍氏以爲模糊不能辨之紐字數當爲五或六，參"篷"字條校注。

**筑**　舩~□□盖舩。

**校注：**注文間有字隙，似爲二字空，"盖舩"上一字空，"舩~"下一字空，分列左右。

**髼**　髮亂。

**䡘**

校注：底本注文奪。《廣韻》云："鼓聲。"

［篷］　舩車帳。亦作芃。

校注：底本字頭奪，"舩車帳亦作芃"六字誤繫於"韸"字下。《廣韻》云："織竹夾箬，覆舟也。"龍校云："亦作芃者：切二、王二、廣韻並芃字別出，此或由正文誤入；或芃當作笂。"

篷　車~，在上。

〇烘　呼紅反曉東一。二。

魟　河魚，似鼈。

〇檧　蘇公反心東一。小籠。又先孔反心董一。一。

校注：字又見董韻先揔反心董一。

# 二冬

〇冬　都宗反端冬。時。二。

苳　草名。

〇彤　徒冬反定冬。亦從丹，音□。十五。

校注：字原作"彨"，俗誤。"音"下字不可辨見。

疼　痛。

佟　姓。

烔　火盛皃。又他冬反透冬。

鴤　鳥名，出《山海經》。

鼕　鼓聲。

憹　憂。

㣚　惶。

痋　動病。

狆　剌矛。

㲚　擊宮聲。

校注："宮"字誤，《廣韻》作"空"，合《說文》。

鉵　大鉏。

爞　旱熱。又除中反澄東三。

校注：字又見東韻直隆反澄東三。

赨　□。亦作㹏。

校注：底本漫漶，注文首字不可辨。P. 2014、P. 2015 注："赤盛。"《廣韻》注："赤色。"《王二》是紐字作"䞒"，注："赤色。"

䶂　鼅。又之戎反章東三。

校注：字又見東韻職隆反章東三。

〇賨　在宗反從冬。西戎。七。

琮　玉名。

悰　慮。一曰樂。

潀　小水入大水。又職隆反章東三。

校注：字又見東韻職隆反章東三。

淙　水聲。

慒　謀。又似冬反邪(從)冬。

校注：一等韻例不配邪母，又似冬反從邪混切。似冬反與正切重出。字又見尤韻似由反邪尤。

鬃　髻高皃。

〇農　奴冬反泥冬。業田。正作農，亦作辳。四。

校注：紐字數作"四"而實收三字。

儂　我。乃公，漢高祖猶有此稱。

濃　亦濃~。多露。

〇恭　駒冬反見冬(鍾)。恪。六。

校注：龍校云："本紐六字廣韻入鍾韻，云陸以恭蜙縱等入冬韻，非也。韻鏡、七音略恭字並在鍾韻。本書此沿陸書之舊。”上古東部字中古入東韻一等韻、江韻、鍾韻。上古冬部字中古入冬韻、江韻、東韻三等韻。“恭”以“共”爲聲符，“共”聲字上古入東部。因此，“恭”字中古如爲一等韻當入東韻，如爲三等韻當入鍾韻，入冬韻於理不合。陸氏以“恭”爲冬韻字，誤，《韻鏡》《七音略》列字鍾韻，是。

**龔**　姓。

**供**　祇命。

**校注：**“祇”爲“祗”字俗誤。本書注文二字右列書，左列無字。字又見用韻居用反見用。

**珙**　壁。又居勇反見腫三。

**校注：**字又見腫韻居悚反見腫三。

**哄**　㖫。

**廾**　竦手。又渠龍反群鍾。

**校注：**字原作“𠬞”。字又見鍾韻渠容反群鍾。

〇**蜙**　先恭反心冬(鍾)。蜙蝑，蟲。亦作蚣。四。

**校注：**龍校云：“廣韻本紐四字入鍾韻。此沿陸書之舊。”

**淞**　水名，出吴郡。

**凇**　凍落。又詳容反邪鍾。

**校注：**字又見鍾韻詳容反邪鍾。

**倯**　轉語。

〇**樅**　七容反清冬。木名，松葉栢身曰~樅。四。

**校注：**龍校云：“本紐四字廣韻入鍾韻。此沿陸氏之舊。本書音七容反，容字在鍾韻。切二、王二云七恭反。”“曰~樅”義不詳，或“樅”字衍。

**鏦**　短矛。亦作鉨。

**校注：**“鉨”當依《説文》作“錄”。字亦作“𥫱”，“𥫱”字見江韻楚江反初江。

**從**　~容，緩步皃。

**校注：**字当作“從”，“從”字又見鍾韻疾容反從鍾、用韻従用反從用。

**鬆**　亂髮。

〇**攻**　古冬反見冬。伐。二。

**校注：**字又見東韻古紅反見東一。

**釭**　燈。又古雙反見江。

**校注：**字又見東韻古紅反見東一、江韻古雙反見江。

〇**碚**　户冬反匣冬。在石聲。□。

**校注：**底本剥蝕，“聲”下字不可辨見，當作“二”。字又見宋韻匣宋。

**㗾**　哥。又胡宋反匣宋。

**校注：**字又見送韻徒弄反定送一、宋韻“碚”紐匣宋。

〇**䃙**　□□□□□來冬□。

**校注：**龍校云：“注文二行皆不可見，唐氏定為‘力宗反碚䃙二’。”《廣韻》本紐力冬切來冬，與力宗反來冬同。

**鼕**　鼓聲。

**校注：**字又見錫韻倉歷反清錫開。

〇**宗**　作琮反精冬。尊。一。

## 三鍾

〇**鍾**　職容反章鍾。酒器。十。

**鐘**　樂器。

**蚣**　虫動。

**校注:**《切二》注:"虫名。"《王二》注:"蟲",《廣韻》注:"蟲螽,蟲。"本書"動"字蓋涉下"忪"字注文而誤。字又見東韻古紅反見東一。

**忪**　心動。

**笗**　長節竹。

**妐**　夫兄。

**衳**　□□。

**校注:**龍校云:"注文二字不清,唐氏定為小褌。"

**彸**　征□□□。

**校注:**龍校云:"注文大體皆不可見,征字右半尚存,……唐氏定為'征彸行皃'。"

□(橦)　□□□□□。

**校注:**龍校云:"正文及注文模糊不可見,唐氏定為'橦今作木橦又'。""橦"字又見東韻徒紅反定東一、江韻宅江反澄江。

**伀**　志及衆。

〇**龍**　力鍾反來鍾。竉。通俗作龍。四。

**校注:**"竉"字誤,《廣韻》作"寵"。通俗作字與字頭同形,誤,當作"龍"。

**瓏**　圭為龍文。

**校注:**字原作"瓏",誤。

**蹱**　~踵,小行皃。

**鸗**　鳥名。

〇**舂**　書容反書鍾。杵擣。六。

**摏**　撞。

**踳**　蹋。

**鶺**　鸀~,鳥名。

□(蟲)　□□。

**校注:**龍校云:"正文及注文皆不可辨,唐氏定為'蟲蟲蝑'。"

**惷**　愚。[又]丑江反徹江。

**校注:**"又"字原奪,《王二》有字。字又見江韻丑江反徹江、用韻丑用反徹用。

〇**松**　詳容反邪鍾。梓道。亦作榕。三。

**訟**　爭獄。又徐用反邪用。

**校注:**字又見用韻似用反邪用。

**淞**　凍落。又先容反心鍾。

**校注:**字又見冬韻先恭反心冬(鍾)。

〇**衝**　尺容反昌鍾。觸。八。

**罿**　網。

**校注:**字又見東韻徒紅反定東一。

**憧**　~,往來皃。

**校注:**字又見絳韻直降反澄絳。

**幢**　陷陣車。

**校注:**字又見絳韻直降反澄絳。

**艟**　單舩。

**校注:**"單"字誤,《切二》《王二》《廣韻》作"戰"。

**潼**　關名。又□□□。

**校注:**龍校云:"注文左行不清,唐氏定為徒紅反三字,徒反二字似可辨。"字又見東韻徒紅反定東一。

□(穜)　□□□。

**校注:**龍校云:"正文及注文多不清,唐氏定為'穜短矛亦'。左行應更有字。集韻穜又作穜,此或是'作穜'二字。"

□(襘) □□。

校注：龍校云："正文及注文不可辨，唐氏定為'襘襘褣'。"字亦作"褈"，"褈"字見鍾韻直容反澄鍾。

〇容 餘封反以鍾。形。[十九]。

校注：底本漫漶，"十九"二字不可見。龍校云："注文左行當更有字，唐氏定為'十九'二字。"

溶 水皃。

校注：字又見腫韻餘隴反以腫三。

滽 水名，出□□□。

校注：龍校云："注文左行不可見，唐氏定為宜蘇山三字。"P. 3798、《切二》、《王二》、《廣韻》作"宜蘇山"。

庸 用。

校注：字原作"傭"，誤，"傭"字又見下文，同紐不當一字重出，此處當作"庸"。P. 3798、《切二》、《廣韻》"滽""庸"上下字，《廣韻》"庸"字訓正有"用也"義。

墉 垣。亦作𨻳。

犝 似牛，領有肉。

鎔 鑄。

鏞 大鐘。

鄘 國名。

傭 ~賃。又丑凶反徹鍾。

校注：字又見鍾韻刃(丑)凶反徹鍾。

鷛 鳥名。

䧡 罌。

鱅 魚名。又蜀容反禪鍾。

校注：字又見鍾韻蜀容反禪鍾。

蓉 芙~。

㺋 猛獸。

褣 襘~。

校注：字左原從"衤"，俗誤。注文首字爲"襘"字俗誤。

頌 形容。又似用反邪用。讃。

校注：字又見用韻似用反邪用。

搈 動。

槦 箭。

校注：《廣韻》注："榪槦，木中箭笴。"《集韻》注："榪槦，木名，材中箭笴。"本書有奪文。

〇封 府容反幫鍾。壃土。二。

校注：字又見用韻方用反幫用。

犎 野牛。

〇胷 許容反曉鍾。胷。亦作胷。八。

凶 不吉。

銎 柄孔。

忷 懼。

洶 水勢。

校注：字又見腫韻許拱反曉腫三。

兇 恶。

訩 衆語。

匈 ~奴。

〇顒 〖瓦〗魚容反疑鍾。大皃。亦作𩣺。三。

校注：《切二》《王二》《廣韻》"魚容"上無字，蓋"瓦""魚"同疑母而衍。

鰅 魚名。

校注：字又見虞韻語俱反疑虞。

喁 噞~。

〇邕 於容反影鍾。和。十二。

**雍** 睦。

**校注：** 字又見用韻於用反影用。

**嗈** 鳥鳴。

**毴** ~氄，多皃。

**校注：** 字又見董韻阿孔反影董一。

**澭** 水名，在宋。〖又以隹反以脂A合〗。

**校注：** 又以隹反，本書脂韻以隹反無此字。鍾、脂韻無異讀之理。又以隹反或爲"濰"字之音，因"澭""濰"形混而妄增。

**罋** 汲器。

**校注：** 字又見送韻烏貢反影送一。

**廱** 辟~。

**校注：** 字原作"癰"，俗誤，《王二》《廣韻》作"廱"。

**饔** 熟食。

**鶅** ~渠，鳥。

**癰** 疽~。

**壅** 又於隴反影腫三。

**校注：** 字又見腫韻於隴反影腫三。

**壅** 玉器。

〇**醲** 女容反娘鍾。厚酒。四。

**氄** 毴~。

**校注：** 字又見董韻奴動反泥董一。

**濃** 厚~。

**穠** 花皃。又而容反日鍾。

**校注：** 字又見鍾韻而容反日鍾。

〇**重** 直容反澄鍾。□□。五。

**校注：** 注文"直容反"列右，"□□五"列左。龍校云："注文左行第一字不清，似叠字。叠下似有一重文。"字又見腫韻直隴反澄腫三、用韻持用反澄用。

**穜** 晚孰。

**鶇** 鶻~，鳥。

**校注：** "鶻""~"倒誤，《廣韻》作"鶇鶻"。

**褈** 複。亦作緟。

**校注：** 字左原從"礻"，俗誤。注文首字爲"複"字俗誤。《廣韻》二字作"褈""複"。

**蝩** 蠶~。

〇**從** 疾容反從鍾。一。

**校注：** 字又見用韻従用反從用。字亦作"従"，"従"字見冬韻七容反清冬。

〇**蹱** 刃（丑）凶反徹鍾。蹱蹱，行。三。

**校注：** "刃"字誤，《王二》《廣韻》作"丑"。

**傭** 均，直。亦作牗。又餘封反以鍾。

**校注：** 字又見鍾韻餘封反以鍾。

**邉** 不行。

〇**逢** 符容反並鍾。遇。俗作，夆，音降，誤。[五]。

**校注：** "作"後脱"逢"字，"夆"前脱"從"字。底本紐字數奪。

**縫** 紩。

**校注：** 字又見用韻房用反並用。

**漨** 水澤。

**夆** 拖。又敷恭反滂冬（鍾）。

**校注：** 本書"恭"字入冬韻。字又見鍾韻敷容反滂鍾。

**䄬** ~䄰，矛。

〇**峯** 敷容反滂鍾。山尖。[十]。

**校注：** 底本紐字數奪。

鋒　刃類。亦作鏠。

丰　~茸。又伏風反並鍾。

妦　好。亦作夆。

蜂　毒虫。

蘴　菜。又敷隆反滂東三。

校注：字下原從"豊"，俗誤。字又見東韻敷隆反滂東三。

棒　木上。

夆　甹夆，掣曳。甹字普經反滂青開。

校注：字又見鍾韻符容反並鍾。

烽　~火。

逢　使。

〇縱　即容反精鍾。又子用反精用。［五］。

校注：底本紐字數奪。字又見用韻子用反精用。

蹤　迹。

蹤　車迹。亦蹤。

磫　~礭。

毮　毲。

〇茸　而容反日鍾。草生皃。八。

鞲　毳飾。

校注：此爲"鞲"字俗省之形。字又見用韻而用反日用。

髶　髮多。

茸　竹頭有文。

穠　花皃。

校注：字又見鍾韻女容反娘鍾。

搑　擣~。

校注：字又見腫韻而隴反日腫。

𥞊　䅉~。

襛　厚~。

校注：字左原從"礻"，俗誤，《王二》《廣韻》作"襛"。

〇蛩　渠容反群鍾。蛩蟬。十一。

邛　臨邛縣。從卬非。

舼　小船。

笻　竹名。

輁　軸，所以支棺。

校注："攴"字誤，《切二》《王二》《廣韻》作"支"。

茾　蕢莢實。

髸　亂髮。

栱　柜，石。

校注：《王二》注"柜栱"，"石"字蓋涉下"巩"字注文而誤。

巩　水邊石。

校注：字又見腫韻居悚反見腫三。

梁　稍。又渠隴反群腫三。

校注：字又見腫韻渠隴反群腫三。

廾　□□。□(又)駒冬反見冬(鍾)。

校注：字原作"𠬞"。龍校云："注文右行殘缺，末一字當為又。"字又見冬韻駒冬反見冬(鍾)。

〇鱅　蜀容反禪鍾。魚名。二。

校注：紐字數作"二"而實收三字。字又見鍾韻餘封反以鍾。

慵　懶。亦嬾。

艨　~船。

校注：龍校云："各韻書本紐無此字。鱅下云蜀容反二；此字字體与全書亦不類，當出後增。”此紐實三字而注爲“二”，亦可知“艭”字後增。“艭”爲“䑳”字换旁異體字。《廣韻》收“䑳”字，注：“《通俗文》云牽乾也。”蔡夢麒校曰：“牽乾，當作‘牽船’。”《集韻》：“䑳，引船淺水中。”

# 四江

〇江　古雙反見江。水港。七。

扛　對舉。

杠　旌旗飾。一曰牀頭横木。

茳　~蘺。

釭　燈。又古紅反見東一。

**校注：**字又見東韻古紅反見東一、冬韻古冬反見冬。

玒　玉名。又古紅反見東一。

**校注：**字又見東韻古紅反見東一。

舡　舉角。

〇庬　莫江反明江。厚大。□。

**校注：**底本紐字數不可辨，當作“九”。

駹　黑馬白面。

狵　犬。

浝　水名。

哤　語雜亂曰~。

牻　牛黑白雜。

娏　神女名。

黣　暗。

蛖　~螻。

〇聰　女江反娘江。耳中聲。四。

髶　髮多。

鬞　亂髮。

饢　強食。

〇窓　楚江反初江。向。正作窻，亦作牕。

**校注：**正作字爲“窻”字俗誤，《廣韻》字頭作“窻”。

䆫　~種。又楚降反初絳。亦作㻛。

**校注：**字又見絳韻又降反初絳。字亦作“㻛”，“㻛”字見東韻子紅反精東一。

摐　朾鐘鼓。

**校注：**字原作“樅”，俗誤，《王二》《廣韻》作“摐”。“朾”爲“打”字俗誤，《切二》《王二》《廣韻》作“打”。

䅊　矛。亦作鏦。

**校注：**字原作“䅊”，爲俗書。字亦作“鏦”，“鏦”字見鍾韻七容反清鍾。

〇邦　博江反幫江。國。一。

〇栙　下江反匣江。栙雙，帆。五。

跭　~躞，胡豆。

降　伏。又苦(古)巷反見絳。亦作夅。

**校注：**“苦”字誤，《切二》《王二》《廣韻》作“古”。字又見絳韻古巷反見絳。

缸　罌類。

洚　消。又古巷反見絳。

**校注：**字又見東韻胡籠反匣東一、絳韻古巷反見絳。

〇胮　栢(拍)江反滂江。胮脹。又彭江反並江。或作痝。二。

**校注：**龍校云：“栢讀幫母，此當是拍字之誤。切三、切二、王二、廣韻並音匹江反滂江。”

龍校斷"栢"字誤,是,然《切韻》系韻書未見以"拍"作上字者。字又見江韻薄江反並江。

䗶 鼓聲。

〇瀧 吕江反來江。南人名湍。一。

校注:字又見東韻盧紅反來東一。

〇雙 所江反生江。耦。四。

艭 帆。

䏁 豆。

㹦 《左傳》曰:"駟氏㹦。"

校注:《切二》《廣韻》字作"䉶"。

〇龐 蒲江反並江。人姓。二。

胮 ~肛,大脹皃。

校注:字又見江韻栢(拍)江反滂江。

〇肛 許江反曉江。大。二。

校注:字又見東韻胡籠反匣東一。

舡 舡䑫,舩。

校注:字原作"䑫",誤。《廣雅・釋水》:"䑫舡,舟也。"曹憲"䑫"音"扶江反","舡"音"呼江反"。注文"舡""䑫"二字倒誤。

〇腔 苦江反溪江。羊腔。五。

控 打。

校注:字又見送韻苦貢反溪送一。

悾 信皃。

校注:字又見送韻苦貢反溪送一。

跫 蹋地聲。

涳 直流。

校注:字又見東韻苦紅反溪東一。

〇幢 宅江反澄江。旛憧。三。

校注:"憧"爲"幢"字俗誤。字又見絳韻直降反澄絳。

撞 ~突。

橦 木名。又徒東反定東一,花可為布。

校注:字又見東韻徒紅反定東一。

〇惷 丑江反徹江。愚。又丑龍徹鍾、丑用反徹用。三音。二。

校注:"三音"指徹母鍾韻、徹母用韻、徹母江韻三讀。《可洪音義》卷三"惷愚"條:"上丑降反徹絳,愚也,出應和尚音義,又《切韻》作丑用徹用、丑龍徹鍾、丑江徹江三反。"知此三音爲《切韻》原貌。字又見鍾韻書容反書鍾、用韻丑用反徹用。

䚒 直視皃,目不明。又丑巷反徹絳。

校注:字又見絳韻"惷"紐徹絳。

〇椿 都江反端(知)江。橛。一。

校注:"都"端母字,都江反端知類隔。

# 五支

〇支 章移反章支開。計。十五。

巵 酒器。

枝 條。

疷 病。

祇 適。又渠脂(脂)反群脂A開。

校注:"脂"爲"脂"字之誤。《切二》《廣韻》云"又巨支反"。字又見支韻巨支反群支A開。

衼 秖衼,胡衣。

校注:字原作"衼",俗誤。注文"秖""衼"爲"祇""衼"二字俗誤。

肢　體~。

禔　福。

校注：字又見齊韻度嵇反定齊開。

梔　~子，林蘭。

蓰　榆莢。亦作菭。

校注：注文末二字原倒誤，“作”旁識一小鉤。亦作字誤，當作“藆”。

榰　拄。

馶　馬強。

校注：字又見支韻巨支反群支A開、寘韻舉企反見寘A開。

雉　~鵲，觀名。

㐌　雜。

校注：“雜”字不可解。《廣雅·釋器》：“毻㐌，罽也。”《廣韻》：“毻㐌者，輕毛皃。”

㚇　~。〖又得何反端歌一〗。

校注：字原作“多”，壞誤，《廣韻》作“㚇”。又得何反爲“多”字音，當刪。字又見寘韻支義反章寘開。

○移　弋支反以支A開。卄五。

校注：紐字數作“卄五”而實收二十一字。

暆　東暆，縣，在樂浪。

迤　逶~。

校注：字亦作“迆”，“迆”字見紙韻移尒反以紙A開。

狢　獸名，似犬，見則有兵。

栘　扶移，木名。

校注：“移”字誤，《切二》《王二》《廣韻》作“栘”。字又見齊韻成西反禪齊開。

搋　~歈，手相弄。又以遮反以麻開三。歈字以周反以尤。

校注：字亦作“擨”，“擨”字見麻韻以遮反以麻開三。

酏　酒。

校注：字亦作“酏”，“酏”字見紙韻移尒反以紙A開。

匜　杯匜，似稀。又羊氏反以紙A開。

校注：“稀”字誤，《廣韻》作“椸”。字又見紙韻移尒反以紙A開。

椸　衣架。

拸　加。文離。

校注：字原作“栘”，俗誤，《王二》《廣韻》作“拸”，《廣雅·釋詁》：“拸，加也。”“文”字誤，《王二》作“又”。

蝷　蝓。

校注：字又見支韻息移反心支開。

袘　袖。

校注：字又見紙韻移尒反以紙A開。

蛇　《詩》云“委蛇”，古云“噫蛇是畏”。［又］音乘遮反船麻開三二。

校注：“又”字原奪。據“反”下“二”字疑此誤脱一又音，“二”當乙至“反”上。字亦作“它”“虵”，“它”字見哥韻託何反透歌一，“虵”字見哥韻夷柯反以歌三、麻韻食遮反船麻開三。

扅　扊。亦作扂。

爒　㷻。

怟　愛。又渠支反群支A開。

校注：字又見支韻巨支反群支A開。

㒆　不憂事。又餘枳反以紙A開。

校注：字又見紙韻移尒反以紙A開。

𧨏　淺意。

校注：字亦作“訑”，“訑”字見支韻香支反曉支A開、哥韻吐和反透戈一。

傂　~揄。亦作㱰。

校注：字原作“傂”，俗誤，《王二》作“傂”。字又見支韻息移反心支開、支韻直知反澄支開、紙韻池尒反澄紙開。

箷　閣連邊小屋。

校注：字又見支韻直知反澄支開。

葹　萎~。

○爲　薳支反云支B合。作。通俗作為。又榮偽反云寘B合。二。

校注：“支”開口字，薳支反開合憑切。字又見寘韻榮偽反云寘B合。

潙　水名，出新陽。又君偽（為）反見支B合。

校注：“偽”寘韻字，誤，當作“為”。字又見支韻居為反見支B合。

○嬀　君為反見支B合。姓。二。

溈　水，出新陽。

校注：字又見支韻薳支反云支B合。

○麾　許為反曉支B合。指。五。

撝　謙。一曰手指。

噅　口不正。

隝　鄭地。一。又爲詭反云紙B合。

校注：“一”字不詳。字又見紙韻為委反云紙B合。

鰞　大魚名。

○逶　於爲反影支B合。八。

痿　枯死。

萎　蔫菸。

桵　細器。

校注：“細”字誤，《王二》《廣韻》《集韻》作“田”。

覣　好視。

䅗　䅗。

螐　水精名。

倭　慎皃。又烏和反影戈一。

校注：字又見哥韻烏和反影戈一。

○縻　靡為反明支B開。粥。亦作縻、糜。五。

校注：字原作“縻”，誤，P. 3696、《切二》、《切三》、《王二》、《廣韻》作“縻”。《集韻》以“䊳”爲“縻”字或體，《王二》云“又作糜”，本書亦作二字可據正爲“䊳”“糜”。

蘼　穄。

縻　~爵。亦作絼。或牛轡。

校注：字又見寘韻靡寄反明寘B開。字亦作“絼”，“絼”字見至韻羊至反以至A開。

靡　乘輿金耳。又文彼反明紙B開。

校注：此字《切二》《王二》注“~爛”，本書注文八字當屬下“𪎭”字，是故下“𪎭”字注文云“上是~爛”。

𪎭　乘輿金耳。上是~爛。

校注：字又見紙韻文彼反明紙B開。

○隳　許隨反曉支A合。毀。六。

眭　~盱，健皃。盱字旭俱反曉虞。

校注：字又見支韻息為反心支合、脂韻許維反曉脂A合、齊韻户圭反匣齊合。

觿　角錐，童子佩之。又胡圭反匣齊合。

隓　相毀。

**蓏**　果實見皃。

**睢**　仰目。又許蔡(葵)反曉脂A合。

**校注：**“蔡”字誤，《王二》作“葵”。字又見脂韻息遺反心脂合、脂韻許維反曉脂A合、至韻許鼻反曉至A合。

〇**䞓**　直垂反澄支合。髮落。三。

**校注：**字原作“䞓”，誤，《王二》《廣韻》可證。字又見哿韻丁果反端果一、哿韻徒果反定果一。

**錘**　八銖。又馳偽反澄寘合。

**校注：**字又見寘韻池累反澄寘合。

**甀**　罌。又馳累反澄寘合。

**校注：**字又見寘韻池累反澄寘合。

〇**垂**　是為反禪支合。下。七。

**陲**　邊。

**倕**　重。

**𦉪**　小口罌。

**校注：**字原作“𦈢”，誤，《廣韻》作“𦉪”。

**甀**　雅。又時惴反禪寘合。

**校注：**字又見寘韻是偽反禪寘合。

**篅**　笹。亦圌。又市緣反禪仙合。

**校注：**字亦作“圌”，“圌”字見仙韻市緣反禪仙合。

**𠂹**　草木華懸。

**校注：**字原作“𡍮”，誤。

〇**羸**　力為反來支合。瘦劣。一。

〇**吹**　昌為反昌支合。又尺偽反昌寘合。三。

**校注：**字又見寘韻尺偽反昌寘合。

**炊**　火氣。

**籥**　習管。又尺偽反昌寘合。

**校注：**字又見寘韻尺偽反昌寘合。

〇**鈹**　敷羈反滂支B開。戟。八。

**帔**　巾。又芳髮(髲)反滂寘B開。

**校注：**“髮”字誤，《王二》《廣韻》作“髲”。字又見寘韻披義反滂寘B開。

**鮍**　魚~。

**披**　散衣曰~。

**校注：**字又見紙韻匹靡反滂紙B開。

**畈**　耕外畬埸。亦作䎱字。

**旇**　旗。

**皶**　器破。又皮美反並旨B開。

**校注：**字又見旨韻匹鄙反滂旨B開。

**秛**　水租。

**校注：**“水”字誤，《廣韻》作“禾”。

〇**陂**　彼為反幫支B開。塘。或作坡。七。

**詖**　辯辞。

**校注：**字又見寘韻彼義反幫寘B開。

**碑**　行記。

**羆**　貑~。

**鑼**　抬屬。

**校注：**“抬”爲“枱”字俗誤。

**鎜**　鋸鉏。

**藣**　草。又碑賜反幫寘B開。

**校注：**字又見寘韻彼義反幫寘B開。

〇**隨**　旬爲反邪支合。從。二。

**隋**　國名。

**校注：**字又見哿韻他果反透果一。

〇**虧**　去為反溪支B合。損。通俗作虧。一。

校注：通俗作字與字頭同形，誤，當作“虧”。

〇闚　去隨反溪支A合。亦作窺。一。

〇奇　渠羈反群支B開。異。又居宜反見支B開。通俗作竒。九。

校注：字亦作“竒”，“竒”字見支韻居宜反見支B開。

琦　玉名。

騎　乘馬。

校注：字原從“竒”，本紐從“奇”之字皆如是。字又見寘韻竒寄反群寘B開。

鵸　似烏，三首六尾。

魌　小皃鬼。又渠寄反群寘B開。

校注：“皃”字誤，《切二》《切三》《王二》《廣韻》作“皃”。字又見寘韻竒寄反群寘B開。

碕　曲岸。又巨機反群微開。

校注：字又見紙韻墟彼反溪紙B開。字亦作“崎”，“崎”字見微韻渠希反群微開。

岐　山名。又巨支反群支A開。亦作嶅。

校注：亦作字誤，當作“嶅”。字又見支韻巨支反群支A開。

錡　釜屬。又魚倚反疑紙B開。三足。

校注：底本“屬”字爲雌黄所掩，據龍氏摹本録。字又見紙韻渠綺反群紙B開、紙韻魚倚反疑紙B開。

枝　木別生。

〇祇　巨支反群支A開。從示。十五。

衹　~秖。

校注：字又見支韻章移反章支開。

岐　山名。又渠羈反群支B開。

校注：“羈”字原下從“騎”，形誤。又見支韻渠羈反群支B開。

郊　邑。

歧　~路。合從山，從止非。

敁　勁。

校注：字又見支韻章移反章支開、寘韻舉企反見寘A開。

疷　病。《詩》云：“俾我底兮。”

校注：“底”爲“疷”字俗誤。

軝　軔。

蚔　蛊。亦作蝁、蟼。

忯　愛。又弋支反以支A開。

校注：字又見支韻弋支反以支A開。

跂　行皃。又墟豉反溪寘A開。亦作趆。

校注：字又見寘韻去智反溪寘A開。字亦作“趆”，“趆”字見紙韻墟彼反溪紙B開。

芪　~母。

軧　長轂。

鴲　鷄。

汥　水都。

校注：字又見寘韻竒寄反群寘B開。

〇犠　許羈反曉支B開。牲。十二。

校注：P. 3696字頭同本書，“犠”爲“犧”字省書。“羈”字原從“竒”。

羲　帝号。

焁　~欥，貪者見食皃。

校注：字原作“焱”，誤，《切二》《切三》《廣韻》《集韻》作"燹"。

**桸** 杓。

校注：字又見微韻虛機反曉微開。

**巇** 險~。

**義** 地名，在魏。

校注：字又見紙韻魚倚反疑紙B開。

**瀸** 水名，在新豊。

校注：字原作"瀸"，俗誤。"豊"爲"豐"字俗書。

**壦** 毀。

校注：字原作"壦"，俗誤。

**攕** 擊。

校注：字原作"攕"，俗誤，《王二》《廣韻》作"攕"。

**欥** 欸。

校注：注文脱省代號，《廣雅·釋詁》："欸欥，息也。"

**曦** 赫~。

**蠘** 蝨。

校注：字原作"蠘"，《切二》《王二》《廣韻》字左從"虫"。

〇**攲** 去奇反溪支B開。或敧。不正~。八。

校注：字左原從"卮"，誤，《切二》《王二》《廣韻》作"攲"。紐字數作"八"而實收九字，紐末"攲"字當因此條誤從"卮"而後增。

**崎** ~嶇。

校注：字原從"竒"。本紐從"奇"之字均如是。

**觭** 角一俯一仰。又居倚反見紙B開。

**踦** 脚跛。

校注：字亦作"掎"，"掎"字見紙韻居綺反見紙B開。

**猗** 武牙。

校注：字原作"猗"，誤，《王二》《廣韻》作"猗"。

**倚** 減。又去倚反溪紙B開。

校注："減"字誤，《王二》《廣韻》作"慽"。底本脱省代號，《廣韻》："慽倚，儉急。"字又見紙韻墟彼反溪紙B開。

**碕** 石橋。

校注：字又見紙韻渠綺反群紙B開。

**踦** 弃。又九奇見支B開、九紙見紙B開二反。

校注：字又見支韻居宜反見支B開、紙韻居綺反見紙B開。

**攲** ~器。

〇**宜** 魚羈反疑支B開。當~。五。

**儀** 容。

**鄯** 地名，在徐。

**鸃** 鵔~。

**轙** 車上環。

〇**皮** 符羈反並支B開。膚。五。

校注："羈"字原從"竒"。

**疲** 乏。

**郫** ~氏，縣，在蜀。

校注：字又見佳韻薄佳反並佳開。

**椑** 木上交。

校注："木""上"二字原倒誤，"木"旁識一小鉤。字又見齊韻方奚反幫齊開。

**犤** 牛。又蒲佳(佳)反並佳開。

校注:"隹"字誤,當作"佳"。字又見佳韻薄佳反並佳開。

〇提　是支反禪支開。飛。又弟泥[反]定齊開。八。

校注:字原作"楻",俗誤,《切二》《王二》《廣韻》作"提"。"反"字原奪,《切二》《王二》有字。字又見齊韻度嵇反定齊開。

匙　大匕。

堤　~封。又丁奚反端齊開。

校注:字又見薺韻都礼反端薺開。字亦作"隄","隄"字見齊韻當嵇反端齊開。

眂　~,役目。

校注:"役""目"二字爲"督"字誤析,本書昔韻許役反曉昔合"督"字注"眂",《王一》同。

箟　簣屬。

葟　藥名。

柢　名。

校注:注文《王二》《廣韻》作"碓衡",本書誤。

扺　挑。

〇兒　如移反日支開。俗作兒。反。一。

校注:字原作"兒"。次"反"字不可解,似誤衍。字又見齊韻五嵇反疑齊開。

〇離　吕移反來支開。別。卄六。

校注:字又見寘韻力智反來寘開。

籬　〖吕移反〗柵。

校注:"吕移反"三字涉上"離"字反切而衍。

醨　酒薄。

攡　心憂。

璃　瑠~。

䍦　陣。

校注:字右原從"支",俗誤,《王二》作"䍦"。字又見薺韻盧啓反來薺開。

驪　馬。

鼶　小鼠相銜行。

樆　山梨。

鸝　~黄,鳥。或作鶩。

縭　婦人香纓。

蘺　茳~。

蘼　草木附地生皃。

校注:字又見霽韻魚(魯)帝反來霽開。

穲　~,黍稷行皃。

蠡　蚰蜒。又山奇反生支開。

校注:字又見支韻所宜反生支開。

穤　二把。

校注:字又見脂韻力脂反來脂開。

嫠　又力脂反來脂開。

校注:"又""力"二字原倒誤,"又"旁識一小鉤。字又見脂韻力脂反來脂開。

攡　張。

嫠　引。又力脂反來脂開。

校注:字原作"嫠",誤,脂韻處字不誤。字又見脂韻力脂反來脂開。

慲　多端。

謧　弄言。又言(落)泥反來齊開。

校注:下"言"字爲涉上"言"字而誤,兹據又見處切語正作"落"字。字又見齊韻落奚反來齊開。

漓　水入地。

劙　分割。

**校注**：字原作"劙"。字又見霽韻魚(魯)帝反來霽開。

**鷀** 鵜。

**校注**："鵜"下奪省代號，《廣雅·釋鳥》："鵜離，怪鳥屬也。"《廣韻》"鷀"字注："又鵜鷀，自爲牝牡。"

**黐** 黏。

**校注**：字原作"穪"，俗誤，《廣韻》作"黐"。字又見支韻丑知反徹支開。

**鸝** 羃~。

〇**疵** 疾移反從支開。病。七。

**骴** 殘骨。

**校注**：字亦作"殨"，"殨"字見寘韻在智反從寘開。

**玼** 玉病。

**校注**：字又見紙韻雌氏反清紙開、薺韻千礼反清薺開。

**鴜** 水鳥。又即知反精支開。

**校注**：字又見支韻即移反精支開。

**訾** 嫌。或作疵。

**胔** 人子腸。

**校注**：字又見支韻七移反清支開、寘韻在智反從寘開。

**柴** 棆。

〇**貲** 即移反精支開。貲財。十四。

**髭** 口上毛。

**鴜** 水鳥。又疾移反從支開。

**校注**：字又見支韻疾移反從支開。

**鼒**

**校注**：底本注文奪。《王一》注："鼠，似鷄。"《廣韻》注："鼠名，似雞。"

**訾** 思。

**校注**：字亦作"訿"，"訿"字見紙韻玆尔反精紙開。

**鮆** 魚名。

**校注**：字亦作"魮"，"魮"字見薺韻徂礼反從薺開。

**郜** ~，城縣，在北海。

**校注**："縣"字誤，當作"名"，《切三》《切二》《王一》《廣韻》注"城名"，無"縣"字。

**媸** 婦人皃。又且紫反清紙開。

**校注**：字又見支韻七移反清支開。

**觜** 星名。

**校注**：字又見支韻姊規反精支合。字亦作"厜"，"厜"字見紙韻即委反精紙合。

**欰** 歐。

**校注**：字亦作"吹"，"吹"字見寘韻紫智反精寘開。

**鉴** 斧。又千支反清支開。

**校注**：字又見支韻七移反清支開。

**帋** 細布。

**郿** 谷名，在西縣。

**嫡** 明星。又子踐反精獮開。

**校注**：龍校云："明字不甚清楚，似誤作胡而改之。"字又見獮韻即踐反精獮開。

〇**羈** 居宜反見支B開。絡頭。七。

**校注**："居""宜"二字原倒誤，"居"旁識一小鉤。

**畸** 殘田。

**校注**：字原從"竒"。本紐從"奇"之字均如是。

**羇** 寄。

掎　~角。

校注：字原從“木”從“奇”，俗誤，《王一》《王二》《廣韻》作“掎”。字又見紙韻居綺反見紙B開。

攲　~取物。

校注：字又見紙韻居綺反見紙B開。

竒　不偶。

校注：字亦作“奇”，“奇”字見支韻渠羈反群支B開。

㱦　弃。又丘知〖反〗溪支B開、九紙見紙B開二反。

校注：字又見支韻去奇反溪支B開、紙韻居綺反見紙B開。

○卑　府移反幫支A開。下。八。

鵯　~居，鳥。

椑　木名，似柹。

校注：字又見齊韻薄迷反並齊開、錫韻扶歷反並錫開、昔韻房益反並昔開。

箄　取魚。

校注：字又見齊韻方奚反幫齊開、紙韻卑婢反幫支A開。

裨　盖。

校注：字左原從“衤”，俗誤，《王二》《廣韻》從“衤”。“盖”字誤，《王一》作“益”。

鞞　牛鞞，縣名，在蜀。

校注：字又見紙韻卑婢反幫紙A開、迥韻補鼎反幫迥開。

顐　頯類。

校注：《廣韻》訓“須髮半白”。

錍　鉴錍。又普啼反滂齊開。

校注：字又見齊韻普鷄反滂齊開。

○陴　苻支反並支A開。城上女牆。六。

脾　心~。

麲　䴷，餅𪍿~。

校注：字左原從“麦”，俗書。注文首字、第三字分別爲“䴷”“𪍿”字俗書。

埤　附。或作裨。

校注：或作字誤，當作“裨”。

𪍿　~䵚，䴷。

校注：字原作“𪍿”，俗書。注文“䵚”字爲“黎”字俗書，注文末字爲“麶”字之誤，《王二》可證。

蜱　蛸。或作蠡、螷。

校注：字又見宵韻無遥反明宵A。

○絁　式支反書支開。繒，似布。五。

校注：字又見哥韻徒何反定歌一。

施　爲。亦作㢮。

校注：字又見寘韻施智反書寘開。

葹　草名，拔心不死。

覗　誘。亦面柔。

鼊　蟾蠩。

○斯　息移反心支開。此。卄二。

校注：紐字數作“卄二”而實收二十一字。

磃　館名。亦作虒。

虒　似虎，有角，能入水行。

霼　小雨。

榹　桃。

㴲　涯。

廝　~養。

校注：字原作“㽄”，俗誤，《王二》《廣

韻》作"𣂔"。

澌　凌~。

㾷　疼病痛。又斯齊反心齊開。

校注:《切三》《王一》《王二》《廣韻》並注:"瘦㾷,疼痛。"本書注文有誤。字原作"㾷",俗誤,《切三》《王一》《王二》《廣韻》作"㾷"。字又見齊韻素雞反心齊開。

傂　~祁,地名,在平陽。

校注:字又見支韻弋支反以支A開、支韻直知反澄支開、紙韻池尓反澄紙開。

縰　經緯不同。又尺移反昌支開。亦作纚。

校注:字又見支韻叱支反昌支開。

鼶　鼠。

㴲　賤役。

校注:字左原從"亻",俗誤,《王一》《王二》作"㴲"。

䫆　鶣。~字子庭反精青開。

校注:龍校云:"鶣當是䪼字之誤,而子庭反當為䪼字之音。惟本書青韻無此音此字,廣韻同。……當以作顛者為是。""顛""䪼""鶣"輾轉而誤。《廣韻》子盈切精清開:"䪼,䫆䪼。"《玉篇·頁部》:"䪼,子庭切,䫆䪼"。重文號重前字"鶣"而非省代字頭"䫆"。

謕　謜。

校注:底本注文字誤。龍校云:"當是諒字涉正文謕字从厂而誤。"字又見齊韻度嵇反定齊開、齊韻湯稽反透齊開。

㽄　甕破聲。

校注:字又見齊韻素雞反心齊開。

虒　守宫。

校注:字又見支韻弋支反以支A開。

螔　蚣蝑。

菥　草,生水中,花可食。

校注:龍校疑此處奪"菥"字注文及字頭"蘄",遂誤繫"蘄"字注文於"菥"字下。

燍　焦臭。

磃　摩。

校注:"摩"字誤,《王二》《廣韻》《集韻》作"磨"。

〇差　楚宜反初支開。不齊。一。

校注:字又見皆韻楚皆反初皆開、卦韻楚懈反初卦開。

〇摛　丑知反徹支開。布。七。

校注:字原作"樆",俗誤,《王一》《廣韻》作"摛"。

螭　~龍。

誺　不知。

校注:字又見至韻丑利反徹至開、代韻洛代反來代開。

魑　~魅。

黐　所以黏鳥。

校注:字又見支韻吕移反來支開。

熇　火。

离　猛獸。

校注:底本"猛"字缺"皿",爲殘文。

〇弥　武移反明支A開。甚。十。

鸍　鳩鳥。

镾　~枸,山名。

校注:字又見薺韻乃礼反泥薺開。

猕　~猴。

麊　縣名,在交阯。

𥥛　深入。

婆　齊人呼母。

校注：字又見齊韻莫奚反明齊開。

鑒　鎌，青州云。

瓕　玉名。

篻　竹篾。從𦥑。亦作籋。

〇雌　七移反清支開。牝。五。

胔　小腸。

校注：字又見支韻疾移反從支開、寘韻在智反從寘開。

鈭　~錍。

校注：字又見支韻即移反精支開。

姕　婦人皃。又子兒反精支開。

校注：字又見支韻即移反精支開。

羞　羊，蹄皮。

校注：《説文》注：“羞，羊名，蹏皮可以割桼。”《廣韻》引之，本書注文有脱漏。

〇知　陟移反知支開。恣。四。

蜘　~蛛，虫。

𨠵　酒。

賯　質當。

校注：字原作“賗”，誤。此條《廣韻》字頭作“賀”，云“亦作賯”。

〇漪　於離反影支B開。水汶。八。

校注：字原從“竒”，本紐從“竒”之字皆如是。

猗　美。

椅　木名。

校注：字又見紙韻於綺反影紙B開。

禕　美皃。

陭　~氏，縣，在河東。

𩕳　美容。

欹　歎詞。

掎　長。

校注：龍校云：“各書本紐無此字，義亦不詳。……猗与掎形近，義亦相通，疑即一字。”

〇馳　直知反澄支開。駈。十三。

池　畜水。

簃　連閣。

校注：字又見支韻弋支反以支A開。

篪　樂器。

踟　~蹰。

校注：底本“蹰”字脱筆作“跼”。

褫　褥衣。

校注：字又見紙韻池尔反澄紙開、紙韻勑豸反徹紙開。

齝　齗齒。

校注：《廣韻》作“齒齗”，周祖謨校曰：“齝，《萬象名義》《玉篇》均訓‘齒齗見’，此注‘齗’下宜補‘見’字。”

誃　別。又舒紙反書紙開。亦作謻。

校注：字又見紙韻尺尔反昌紙開。

韷　施，黄帝樂。

校注：《玉篇零卷·音部》：“韷，《禮記》：‘咸韷備矣。’鄭玄曰：‘黄帝所作樂名也。韷之言施也，言德無所不施也。’今爲咸池。”《廣韻》注：“咸韷，黄帝樂名，《樂記》作池。”

箎　竹埵。亦作笹。

校注：龍校云：“埵當是壥字之誤。”

傂　仳傂。又除子反澄止開。

校注：字原作“𧼮”，與紐末字錯置，《王二》《廣韻》《集韻》可證誤。字又見支韻弋支反以支A開、支韻息移反心支開、支韻直知反澄支開。

趍　《説文》：“趍趙，久。”《玉篇》為“趨”字，失。後人行之大謬，不考“趍”從多音支聲，趨從芻聲。

𧼮　輕薄。

校注：字原作“傂”，與“𪗉”下一字錯置，《王二》《廣韻》《集韻》可證。

〇眭　息為反心支合。姓。今作眭。又下圭反匣齊合。一。

校注：字又見支韻許隨反曉支A合、脂韻許維反曉脂A合、齊韻户圭反匣齊合。

〇危　魚為反疑支B合。不安。三。

㕒　㕒㕒。又牛規反疑支A合。

校注：又牛規反，本書無疑母支韻合口重紐四等一紐。

洈　水名，在南郡。

〇詑　香支反曉支A開。自多皃。一。

校注：字又見哥韻吐和反透戈一。字亦作“訑”，“訑”字見支韻弋支反以支A開。

〇眵　叱支反昌支開。目汁凝。二。

䌤　粗細。又息移反心支開。亦作纚。

校注：字又見支韻息移反心支開。

〇釃　所宜反生支開。又山尒反生紙開。四。

校注：字又見魚韻色魚反生魚。

簁　下物。

校注：字又見紙韻所綺反生紙開。

籭　篩。亦作簁。又所佳反生佳開。亦篩、簛。

校注：字又見佳韻山佳反生佳開。

䗍　蚰蜒。又力支反來支開。

校注：字又見支韻吕移反來支開。

〇韉　山垂反生支合。韋鞘。一曰垂皃。一。

校注：字亦作“韄”，“韄”字見灰韻素回反心灰合。

〇痿　人垂反日支合。［又］於佳(隹)反影脂合。濕病。一曰兩足不能相及。二。

校注：“又”字原奪，《王二》《廣韻》有字。“佳”字誤，《切二》《切三》《王二》《廣韻》作“隹”。

娞　小餟。又始鋭反書祭合。

校注：字又見泰韻郎外反來泰合、祭韻舒芮反書祭合。

〇厜　姉規反精支合。㕒厜，山巔狀。五。

校注：“姉規反”與“劑”紐“觜隨反”音同，參下“劑”字條校注。

觜　星。

校注：字又見支韻即移反精支開。字亦作“策”，“策”字見紙韻即委反精紙合。

纗　細繩。

校注：《説文》：“纗，維綱中繩也。”“細”當爲“綱”字之誤。字又見寘韻以睡反以寘A合、卦韻胡卦反匣卦合。

惢　善。又垂(桑)果反心果一。

校注："垂"字誤,《王二》作"㮃"。字又見紙韻才捶反從紙合、哿韻蘇果反心果一。

嫢　盈姿。又衢癸反群旨A合。

校注：字原作"嫢",俗誤,《廣韻》作"嫢"。字又見旨韻葵癸反群旨A合。

○槻　居隨反見支A合。木,可作牀弓。六。

規　圓。

鬹　三足釜,有柄。

雉　鸛鳩别名。

摫　裁。

頍　小頭。

○劑　紫隨反精支合。券。又在細反從霽開。三。

校注：龍校云:"紫隨反精支合,切三、切二、王一、王二同。与上文厜字姊規反精支合同音。廣韻集韻音遵為切,為支B合与規支A合異類,厜劑二字盖以此别讀。隨字當是'切韻之疏'。"字又見霽韻在計反從霽開。

蘂　地葜。

臇　~膗。又子兖反精獮合。

校注："膗"字誤,《王一》《廣韻》作"臛"。字亦作"臇","臇"字見獮韻姊兖反精獮合。

○衰　楚危反初支合。減。[一]。

校注：底本紐字數奪。字又見脂韻所追反生脂合、脂韻丘追反溪脂B合。

○腄　竹垂反知支合。瘢眂也。二。

校注：《王二》《廣韻》注:"瘢胝。"本書字誤。字又見尤韻羽求反云尤、寘韻池累反澄寘合。

箠　節。

校注：字又見紙韻之累反章紙合。

# 六脂

○脂　旨夷反章脂開。膏。正作脂。六。

校注：字右原從"旨"。

祗　敬。正作祗。

校注：字右原類"丘"形。

砥　石。

校注：字右原類"丘"形。字又見旨韻職雉反章旨開。

胑　四胑。或作躰。

疻　積血腫。

栺　朽木。

校注：字又見霽韻五計反疑霽開。

○姨　以脂反以脂A開。母之姊妹。通俗姨。十五。

彝　~倫。或作𢑱。

寅　~卯。上通。正作寅。

校注：字又見真韻余真反以真A。

夷　平。

痍　瘢。

恞　悦樂。

陝　陚~。

荑　茎。

校注：字又見齊韻度嵇反定齊開。

桋　木名。

校注：字又見齊韻度嵇反定齊開。

蛦　蝩~。

胂　夾~脊骨。

校注：字原作“胰”，誤，《切二》《切三》作“胂”。

眱　孰視下言。又大奚反定齊開。

校注：“下”字誤，《廣韻》作“不”。字又見齊韻度嵇反定齊開。

侇　移尸。

校注：字原作“徺”，俗誤，《王二》作“侇”。

榛　木。

洟　涕~。

校注：字又見霽韻他計反透霽開。

○師　踈脂反生脂開。可範。通作師。二。

鰤　老魚。

校注：字又見合韻子荅反精合。

○毗　房脂反並脂A開。比。十六。

校注：字原作“魮”，誤，《切二》《切三》《王二》作“毗”。

比　相次。又必履幫旨A開、婢四〖四〗並至A開、扶必並質A三反。

校注：本書衍一“四”字。字又見旨韻卑履反幫旨A開、寘韻婢義反並寘A開、至韻毗四反並至A開、質韻毗必反並質A。

琵　~琶。

梍　楣。又方奚[反]幫齊開。

校注：“反”字原奪，《切三》有字。

芘　藜芘，荊蕃。

校注：字又見至韻毗四反並至A開。

阰　水名。

貔　獸。亦作豼。

膍　牛百葉。亦作肶。

校注：字又見齊韻薄迷反並齊開。

蚍　~蜉，虫。

枇　~杷。

校注：字又見至韻毗四反並至A開。

仳　~倠，醜女。

校注：字又見旨韻符鄙反並旨B開。

舭　骻~。

魮　腹齋。

蓖　蒿。

魮　魚。

毘　篝笭。

校注：字原作“毘”，誤，《廣韻》《集韻》作“毘”。

○咨　即夷反精脂開。嗟。十一。

資　取。

粢　祭餅餚。或作粢。

校注：字亦作“餈”，“餈”字見脂韻疾脂反從脂開。

齋　~縗，凶服。亦作齌。

校注：亦作字誤，《廣韻》作“禥”。

諮　請問。

姿　儀。

校注：字又見至韻資四反精至開。

齍　黍稷在器。

澬　水名，在邵陵郡。

校注：字又見脂韻疾脂反從脂開。

齎　持。又子奚反精齊開。

校注：字又見齊韻即黎反精齊開。

差　薺實。

校注：字又見哥韻昨何反從歌一。

**霠** 雨聲。

**校注：**字亦作"澬"，"澬"字又見脂韻疾脂反從脂開。

〇**飢** 居脂反見脂B開。餓。二。

**校注：**紐字數"二"字誤，當作"三"。字又見微韻居希反見微開。

**饑** ~饉。

**校注：**字又見微韻居希反見微開。

**肌** 膚肉。

〇**鴟** 處脂反昌脂開。鳥。亦作鵄。五。

**胵** 膍~。

**校注：**字原作"胵"，誤，《切二》《王二》《廣韻》作"胵"。

**鴲** 魚名。

**諸** 怒。

**校注：**字原作"諸"，誤，《廣韻》作"諸"。

**鵄** ~夷，草囊。

〇**絺** 丑脂反徹脂開。細葛。三。

**䚦** 笑皃。又勑展（辰）反徹真開。

**校注：**"展"字誤，《切三》《切二》《王二》《廣韻》作"辰"。字又見軫韻勑忍反徹軫。

**郗** 人姓。

〇**郪** 取私反清脂開。縣名，在廣陵。六。

**校注：**字左原從"麦"，誤，《切二》《切三》《王二》《廣韻》字作"郪"。

**趑** ~趄，行皃。

**䡹** 却車抵階。又士諧崇皆開、疾脂從脂開、士佳崇佳開三反。

**校注：**字又見脂韻疾脂反從脂開。字亦作"䡹"，"䡹"字見皆韻士諧反崇皆開、佳韻士佳反崇佳開。

**覗** 盜視。

**校注：**字左原從"朿"，俗誤，《王二》作"覗"。

**屎** 此~。

**校注：**字原從"甫"不從"朩"，誤，《王二》《廣韻》作"屎"。

**趀** 食卒。

**校注：**字原作"趀"，俗誤。

〇**茨** 疾脂反從脂開。茅舍。十。

**薋** 又蒺藜〚反〛。

**校注：**"反"字衍，《切二》《切三》《廣韻》無。

**餈** 餅餠。亦作𩜖、粢。

**校注：**字亦作"粢"，"粢"字見脂韻即夷反精脂開。

**垐** 以土增道。又才即反從職開。亦作堲、瓷。

**䖪** ~螬。又在奚反從齊開。

**校注：**字亦作"蠐"，"蠐"字見齊韻徂嵇反從齊開。

**穦** 積。

**絧** 補。又同尭反定蕭開。

**校注：**龍校云："又同尭反定蕭開，疑是旬邪思之二字之誤。"本書之韻似兹反邪之無"絧"字，《廣韻》收字。

**䡹** 次。又連車。又士諧崇皆開、士佳崇佳開、取私清脂開三反。

**校注：**字又見脂韻取私反清脂開。字亦作"䡹"，"䡹"字見皆韻士諧反崇皆開、佳韻士佳反崇佳開。

**澬** 久雨曰涔資。或霠。

校注：字原作“資”，誤，《廣韻》作“濱”，合《説文》。字又見脂韻即夷反精脂開。字亦作“饋”，“饋”字見脂韻即夷反精脂開。

蠙　蝎。

〇尼　女脂反娘脂開。丘。四。

柅　木名。

校注：字又見紙韻女氏反娘紙開、旨韻女履反娘旨開。

怩　忸~。

蚭　蚎~。

〇墀　直尼反澄脂開。丹墀。十。

坻　小渚曰~。亦作坛、坻。

校注：亦作字“坻”爲類“坧”之俗形。字又見薺韻都礼反端薺開。字亦作“坻”，“坻”字見紙韻諸氏反章紙開。

泜　水名，陳餘死處。或作沶。

校注：字亦作“沶”，“沶”字見之韻与之反以之。

遲　緩。又直利反澄至開。亦作遅。

校注：字又見至韻直利反澄至開。

蚳　蟻卵。

校注：字亦作“蝷”，“蝷”字見霽韻都計反端霽開。

彽　徊。又直連反澄仙開。

校注：又直連反，《王二》《廣韻》無又反，本書仙韻直連反無此字。

岻　丘名。

貾　黄質白點。

茌　著，蒢。

謘　語諄謘。

校注：“諄”字誤，《王二》《廣韻》作“諄”。字又見至韻直利反澄至開。

〇私　息脂反心脂開。不公。五。

銹　平木器。

校注：此字《切三》《切二》《王二》《廣韻》《集韻》作“鋖”。

玜　石似玉。

厶　姦。

菘　芧莠。

校注：“芧”字誤，《王二》《廣韻》作“茅”。

〇尸　式脂反書脂開。主。四。

鳲　~鳩。

屍　柩。

校注：字又見至韻矢利反書至開。

蓍　蒆草。

〇鬐　渠脂反群脂B開。馬項上。八。

耆　老。

鍺　衞軸鐵。

鰭　魚脊上骨。

鮨　鮓。

祁　盛皃。又縣名，在太原。又市支反禪支開。

覩　視。

稓　麦下種。

校注：“麦”爲“麥”字俗書。

〇伊　於脂反影脂A開。是。四。

咿　喔。

蛜　~蝛。

黟　黒木。

校注：字又見齊韻烏鷄反影齊開。

〇梨　力脂反來脂開。果。十五。

剺　直破。

穲　禾二把，長沙云。

校注：字又見支韻吕移反來支開。

秜　稻來年死更生。

校注：龍校云："切三、切二、王二、廣韻並云稻死來年更生。"注文爲雙行小字，蓋抄者原但書"稻死"，漏脱"來年更生"四字，又立覺，補書四字於下，致今所見作"稻來年死更生"。

蜊　蛤~。

蔾　蒺~，刺草。

犂　牛駁文。

校注：字原作"黎"，誤，《王二》作"犁"，《廣韻》作"犂"。字又見齊韻落奚反來齊開。

黧　黒。

鑗　金屬。

悡　悦。

䴥　䵆~。

校注：字原作"䴥"，俗誤。"䵆"爲"䵆"字俗書。

蟍　蟧~，蝍蛆。

㦒　恨。

校注：字原作"㦒"，誤，《説文》云"从心黎聲"。

筣　微書。

校注：字又見支韻吕移反來支開。

䔧　引。

校注：字又見支韻吕移反來支開。

〇葵　渠隹反群脂A合。菜。正作芺。七。

鄈　~丘，地名，在陳留。又地名，在河東，漢祭后土處。

楑　柊~。

校注：字又見旨韻葵癸反群旨A合。

鯜　魚名。

睽　矄~。

校注：注文首字誤，《廣韻》作"矄"。

悷　悚。又祇癸反群旨A合。

校注：字又見旨韻葵癸反群旨A合。

鵻　鳩。

〇追　陟隹反知脂合。攝。三。

靁　靁，出《韓詩》。

娺　疾悍。

校注：字又見黠韻丁滑反端(知)黠合。

〇龜　居追反見脂B合。内肉外骨。正作龜。俗作龜。二。

校注：字原作"龜"。

䠏　脚曲。

校注：字原作"跰"，誤，《廣韻》作"䠏"，合《説文》。字又見脂韻渠追反群脂B合。

〇蕤　儒隹反日脂合。葳蕤。或作甤。五。

緌　纓~。

桵　白~，木桵，木名。

校注："木桵"二字衍，《切二》《切三》《王二》《廣韻》無。

擩　染。又而樹反日遇。

校注：字原作"擩"，俗誤，《廣韻》作"擩"。字又見遇韻而遇反日遇、候韻如(奴)豆反泥候。

**挼** 摧。又而專反日仙合。

**校注：**字原作“棲”，俗誤，《廣韻》作“挼”。字又見灰韻乃回反泥灰。字亦作“撋”，“撋”字見仙韻而緣反日仙合。

〇**衰** 所追反生脂合。三。

**校注：**字又見支韻楚危反初支合、脂韻丘追反溪脂B合。

**榱** 屋橑。

**瘊** 病。

〇**惟** 以隹反以脂A合。思。十。

**旞** 旌。

**校注：**字亦作“旞”，“旞”字見至韻徐醉反邪至合。

**壝** 埒~。

**校注：**字又見旨韻以水反以旨A合、至韻逵位反群至B合。

**維** 繫~。

**琟** 石似玉。

**遺** 失。

**校注：**字又見至韻以醉反以至A合。

**潍** 水名，在瑯琊。

**唯** 獨。又[以]水反以旨A合。

**校注：**“以”字原脱，此據又見處切語補字。字又見旨韻以水反以旨A合。

**誰** 就。又十隹反禪脂合。

**校注：**字右原從“雀”，俗誤，《廣韻》作“誰”。又十隹反，本書脂韻視隹反禪脂合無此字，《廣韻》《集韻》見字。曹憲子隹反，《釋文》千隹清脂合、子隹精脂合二反。十隹反或“十”字是，或“十”爲“千”字之誤。字又見幽韻千侯(隹)反。

**蠝** 虵，見則大旱。

〇**瀥** 力追反來脂合。水名，出鴈門。十二。

**校注：**字又見旨韻力軌反來旨合。

**纍** 索。

**樏** 禹行山所乘。

**校注：**字又見紙韻力委反來紙合。

**虆** 蔓~。

**犦** 求子牛。

**嫘** ~祖，黄帝妻。

**嵳** 㟪嵳。又力罪反來賄。

**校注：**“又”“力”二字原倒誤，“又”旁識一小鉤。字亦作“藟”，“藟”字見賄韻落猥反來賄。

**瓃** 玉器。又力遂反來至合。

**校注：**字又見灰韻路回反來灰、至韻力遂反來至合。

**儽** 嬾懈皃。又力罪反來賄。或儡。

**校注：**字又見賄韻落猥反來賄、隊韻盧對反來隊。

**瞜** 視。

**鸓** 飛生。

**校注：**字又見旨韻力軌反來旨合。

**縲** 落。

〇**綏** 息遺反心脂合。安。七。

**雖** 不定。

**荽** 胡荽，香菜。

**校注：**字原作“荾”，誤，《王二》《廣韻》作“荽”。注文字亦誤。

**浽** ~微，小雨。亦作溛。

**校注：**字又見賄韻奴罪反泥賄。

睢　水名，在梁郡。又許葵反曉脂A合。

校注：字又見支韻許隨反曉支A合、脂韻許維反曉脂A合、至韻許鼻反曉至A合。

稯　禾四把，長沙云。

校注：字亦作“稜”，“稜”字見寘韻思累反心寘合。

荾　薑屬，可以香口。

校注：字又見哿韻蘇果反心果一、馬韻蘇寡反心馬合二。

〇逵　渠追反群脂B合。道。亦作馗。十。

校注：亦作字誤，當作“馗”，《廣韻》“馗”字注“與逵同”。

夔　~龍。俗作夒。

騤　馬行皃。

戣　兵名。

踍　脛曲。

校注：字右原從“乎”，誤，《王二》《廣韻》作“踍”。字又見脂韻居追反見脂B合。

揆　左右視。

僞　使。

頯　小頭。又居隋反見支A合。

校注：字原作“頟”，誤，《廣韻》作“頯”。字又見旨韻居洧反見旨B合。

䠐　淫視。又飢位反見至B合。

校注：字又見至韻軌位反見至B合。

弅　持。

校注：字原作“弅”，不成字，《廣韻》作“弅”，合《説文》。

〇眉　武悲反明脂B開。正作睂。十一。

校注：紐字數作“十一”而實收十字。

湄　水~。亦作瀿字。

校注：亦作字誤，《廣韻》作“瀿”。

瑂　石似玉。

矀　伺視。亦作䁼。

校注：“作”“䁼”二字原倒誤，“作”旁識一小鉤。

黴　~䵑，垢腐皃。又莫背反明隊，~筆。

校注：字又見隊韻莫佩反明隊。

䉋　竹名。又無非反明微合。

校注：字原脱筆作“䉋”，誤。字又見微韻無非反明微合。

麋　麢。

蘪　~蕪。

鶥　鴀。

葿　菇~。

校注：“菇”字誤，《廣韻》作“菇”。

〇悲　府眉反幫脂B開。哀。一。

〇錐　職維反章脂合。鋒鐵。七。

校注：紐字數作“七”而實收六字。

隹　鳥。

麈　鹿一歲曰~。

鵻　~鴡，鶌鳩。

萑　木名，似桂。

鼪　鼠名。

〇誰　視隹反禪脂合。何。二。

脽　坐處。又之流反章尤。

校注：字原作“䧳”，俗誤，《切三》《切二》《王二》《廣韻》作“脽”。字又見尤韻職鳩反章尤。

〇帷　洧悲反云脂B合。幔。一。

〇邳　符悲反並脂B開。下邳郡。四。

校注：字原作“邳”，爲俗書。注文字亦俗。

岯　山。

校注：字原作“岯”，爲俗書。

魾　大鱗。

校注：字原作“魾”，爲俗書。

䰦　短鬚髮皃。

〇丕　敷悲反滂脂B開。大。七。

伾　有力。

校注：字原作“伾”，爲俗書。

秠　黑黍二米。

校注：字原作“秠”，爲俗書。字又見尤韻匹尤反滂尤、旨韻匹鄙反滂旨B開。

頚　大面。

校注：字又見皆韻步皆反並皆開、灰韻薄恢反並灰。

駓　桃花馬色。

豾　貍。

〇倠　許維反曉脂A合。仳倠，醜女。四。

睢　水名。

校注：字又見支韻許隨反曉支A合、脂韻息遺反心脂合、至韻許鼻反曉至A合。

眭　~盱，皃。

校注：“皃”上脫“健”字，《廣韻》注及本書許隨反“眭”字均注：“健皃。”字又見支韻息為反心支合、支韻許隨反曉支A合、齊韻户圭反匣齊合。

䧿　恣。亦作婎。

校注：字亦作“婎”，“婎”字見至韻許鼻反曉至A合。

〇鎚　直追反澄脂合。打。四。

槌　籊持。又馳累反澄寘合。

校注：“持”字俗誤，當作“梼”。字又見寘韻池累反澄寘合。

頧　頭垤。

椎　柊楑。

〇推　尺隹反昌脂合。一。

校注：字又見灰韻他回反透灰。

〇胝　丁私反端(知)脂開。皮厚。俗作胝。亦作疷。[二]。

校注：“丁”端母字，丁私反端知類隔。俗作字右旁原類“丘”形。底本紐字數奪。

秪　穀始孰。

〇紕　匹夷反滂脂A開。繒欲壞。一。

校注：字亦作“絓”，“絓”字見齊韻方奚反幫齊開。

〇嶉　醉唯反精脂合。高皃。二。

校注：字又見旨韻遵誄反精旨合。字亦作“崔”，“崔”字見灰韻此回反清灰。

檇　以木有所擣。春秋越敗吳於檇李。

校注：字又見灰韻昨回反從灰、至韻將遂反精至合。

〇狋　生(牛)肌反疑脂開。犬怒皃。又巨負反群仙B合。一。

校注：“生”字誤，《切三》《切二》《王二》《廣韻》作“牛”。字又見仙韻巨負反群仙B合。

〇巋　丘追反溪脂B合。小山而衆。又丘誄反溪旨B合。二。

校注：又丘誄反，本書無溪母旨韻合口重紐三等一紐。

衰　減。又所追反生脂合。

校注：字又見支韻楚危反初支合、字又見脂韻所追反生脂合。

## 七之

〇之　止而反章之。往。又詞。三。

芝　瑞草。

臸　到。又如一反日質。

校注：字又見質韻人質反日質。

〇飴　与之反以之。餹。亦作餦、飤。十九。

怡　悅。又作熙。

圯　橋名。

貽　貺遺。

頤　頦。亦作𦣞。

詒　~言。

珆　玉名。

宧　室東北隅。

洔　水名。

校注：字亦作“泜”，“泜”字見脂韻直尼反澄脂開。

胹　豕息肉。

鮐　魚名。

姬　王妻别稱。

校注：字又見之韻居之反見之。

瓵　甂。

瓯　小甖。

屎　踞。

枱　舩斗。

鉯　戟無刃。

异　已。又餘使反以志。

校注：“使”字《王一》《王二》作“吏”。字又見志韻餘吏反以志。

洍　水名。《詩》云：“江有洍。”

〇時　市之[反]禪之。辰。三。

校注：“反”字原奪，《切二》《切三》《王二》有字。

塒　鑿垣栖鷄。

鼭　鼠。

〇疑　語基反疑之。三。

嶷　九嶷，山名。

校注：字亦作“嶷”，“嶷”字見職韻魚力反疑職開。

鷟　~，岳~。又五刀(力)反疑職開。

校注：“岳”上省代號省代“鷟”字，下重文號重“岳”字，《玉篇》：“鷟鷟，猶岳岳也。”“刀”字誤，《王二》《廣韻》作“力”。字又見職韻魚力反疑職開。

〇思　息兹反心之。念。十一。

司　署府。

罳　罘~。

絲　蠶絲。

伺　候。

校注：字又見志韻相吏反心志。

緦　~麻。

楒　相思木。

箟　竹,有毒,傷人即死。

禗　神不安,欲去意。

覗　覷~。

獄　辯獄相察。

**校注:** 字原作"獄",誤,《廣韻》《集韻》作"獄",合《説文》。

〇輜　楚持反初之。又側持反莊之。車。二。

**校注:** 字又見之韻側持反莊之。

颸　風。

〇其　渠之反群之。語第。古作开。□一。

**校注:** "开"字誤,當從《集韻》作"丌"或"亓"。"一"上之字底本模糊不可辨,本紐收二十一字,"一"上當爲"廿"字。

期　指信。

旗　旍。

萁　豆莖。

**校注:** 字又見之韻居之反見之。

騏　如馬,不角。

蜞　蟚蜞,似蟹而小。

琪　玉。

綦　履飾。亦綥,木嫁女所服。

麒　~麟。

淇　水名。

鵸　鳥名。

綦　紫綦,似蕨。

錤　鎡~。

棊　弈。

璂　弁餅。

**校注:** "餅"字誤,《王一》作"飾"。

鯕　鯿魚。

祺　福祥。

綨　白倉色。

麒　鬣。

艩　~艃,舩。

畁　舉。又渠記反群志。

**校注:** 字原作"畀",俗誤,《廣韻》作"畁",合《説文》。字又見志韻渠記反群志。

〇詩　書之反書之。志。二。

邿　地名。

〇而　如之反日之。詞。十三。

栭　木名,子似栗而細。一曰梁上短柱。

檽　木耳。

陑　地名。又峻岥。

轜　柩車。亦作輀。

臑　煑熟。亦作胹、洏。

洏　漣洏,涕流皃。

鮞　魚子。

**校注:** 字又見屋韻如竹反日屋三。

耏　多毛。《説文》為"而",今用各別。通俗作髵。

**校注:** 字又見代韻奴代反泥代。

咡　吻。

**校注:** 字又見志韻仍吏反日志。

胹　九熟。

**校注:** 字原作"胹",俗誤,《廣韻》作"胹"。

“九”爲“丸”字之誤。字又見寒韻胡官反匣桓。

誀　誘。

茾　草多葉。

〇欺　去其反溪之。六。

娸　姓。一曰醜。

魌　大頭。

校注：字又見賄韻口猥反溪賄、賄韻五罪反疑賄。

頙　方相。

僛　舞皃。

䲯　鴱，鳥。

〇姬　居之反見之。周姓。七。

校注：字又見之韻与之反以之。

朞　晬。古作其。今通俗作稘。

校注：“晬”爲“晬”字俗誤。

基　始。

箕　簸器。

萁　菜，似蕨。

校注：字又見之韻渠之反群之。

筐　可以取蟣。

諆　~，《詩》云：“周爰咨諆。”

〇詞　似茲反邪之。文言。五。

祠　祭。

柌　鎌柄。亦作枱。

辭　獄訟。亦作辤。

辝　訟~。

〇釐　理之反來之。理。一曰福。十二。

貍　似貓。

氂　十毫。

校注：字又見豪韻莫袍反明豪。

漦　無夫。

剺　剥~。

梩　徙土轝。字出《六韜》。又都皆反端(知)皆開。

校注：“都”端母字，又都皆反端知類隔。

犛　牛。又莫交反明肴。

校注：字又見肴韻莫交反明肴。

艃　䑧~。

秏　毛起。又刀(力)臺反來咍。

校注：“刀”字誤，《王一》作“力”。字又見咍韻落哀反來咍。

斄　~孷，雙生。

憖　愁憂。

校注：字又見志韻力置反來志。

漦　龍吐沫。

校注：字又見之韻俟淄反俟之。

〇甾　側持反莊之。不耕田。或作菑。十一。

緇

校注：底本注文奪。《廣韻》《集韻》注：“耕也。”

［菑］　一歲田。

校注：底本字頭奪，“一歲田”三字誤繫於“緇”字下。《爾雅·釋地》：“田一歲曰菑。”郭璞注：“今江東呼初耕地反草爲菑。”

淄　水名。

輜

校注：底本注文奪。《廣韻》云：“輜軿，車。”

字又見之韻楚持反初之。

［錙］ 銖～。

**校注：**底本字頭奪，"銖～"誤繫於"輜"字下。《廣韻》《集韻》"輜""錙"上下字。《廣韻》"錙"字注："錙銖。"

緇 黑色。亦作紂。

鶅 東方雉名。

**校注：**字又見志韻側吏反莊志。

椔 木立死。

**校注：**字又見志韻側吏反莊志。

鯔 魚名。

鄑 鄉名。

〇僖 許其反曉之。樂。十五。

歖 卒喜。

**校注：**字又見旨韻於几反影旨A開。

熙 和。

嬉 美。一曰遊。

禧 福。

譆 痛聲。亦作誒。

熹 盛。

揨 坼。

瞦 目精。

烸 火盛。

**校注：**字又見咍韻烏開反影咍。

嘻 噫～。

欸 喜笑。

**校注：**字原作"欪"，誤，《廣韻》作"欸"。

娭 善～。

娭 戲～。

嘻 熱。

〇醫 於其反影之。俗通醫。三。

噫 恨聲。

**校注：**字又見怪韻烏界反影怪開。字亦作"譩"，"譩"字見微韻於機反影微開、止韻於擬反影止。

瘕 羸。又乙賣反影卦開。

**校注：**字又見卦韻烏懈反影卦開。

〇癡 刃(丑)之反徹之。騃。四。

**校注：**"刃"字誤，《切二》《王一》《廣韻》作"丑"。

齝 牛吐食。或作飼。

笞 撻。

痴 ～瘵，不達。瘵子直廉反澄鹽，又勑慮反徹御。

**校注：**"子"爲"字"字之誤。龍校云："廉鹽字疑當是庶御字之誤。"

〇治 直之反澄之。理。大帝諱。二。

**校注：**字又見至韻直利反澄至開、志韻直吏反澄志。

持 執。

〇蚩 尺之反昌之。虫名。六。

嗤 笑。亦作歖。

詈 告。又乃經反泥青開。

**校注：**字又見青韻奴丁反泥青開。

嵩 羽盛。

媸 妍～。

妛 侮輕。

**校注：**字原作"妟"，誤，《廣韻》作"妛"。

〇慈 疾之反從之。孝。三。

磁 石。

鶿 鸕～，鳥名。

〇兹　子慈反精之。此。十二。

孶　息~。

校注：字又見志韻疾置反從志。

嵫　崦~。

孜　篤愛。

滋　多。或作稵。

嗞　~嗟，憂聲。

鰦　染黑。

鎡　鋤之別名。

鼒　小鼎。

鰦　鮦。

校注：注文《王一》作“鮰”，本書誤。

孖　雙生。

仔　克。

校注：字又見止韻即里反精止。

〇茌　士之反崇之。茌平，縣名。一。

〇漦　俟淄反俟之。龍次。又順流。一。

校注：字又見之韻理之反來之。

## 八微

〇微　無非反明微合。妙。通俗作微。五。

溦　小雨。

校注：字原作“濊”，誤，《切三》《廣韻》作“溦”。

篃　竹名。又武悲反明脂B開。

校注：字又見脂韻武悲反明脂B開。

薇　菜。

鐖　縣物鉤。

〇輝　許歸反曉微合。光。亦作煇、暉。十。

揮　奮。

徽　美。

翬　飛皃。

褘　后祭服。

鰴　魚有力。

瀈　竭。

旟　動~。

楎　犂頭。

校注：字又見魂韻户昆反匣魂。

微　憢。

校注：字左原從“亻”，俗誤，《廣韻》作“微”。“憢”爲“巇”字俗書。

〇幃　王非反云微合。香囊。十二。

校注：紐字數作“十二”而實收十一字。

闈　宫中。

圍　周合。

韋　皮。

韗　束~。

違　乖。

湋　水名。

韙　戾。

禕　重衣。

䙟　衺。

褢　裹。

〇霏　芳非反滂微合。雰。或作霏。七。

妃　女官。又普佩反滂隊。

校注：字又見隊韻普佩反滂隊。

菲　芳。又芳尾滂尾合、苻未並未合二反。

校注：字又見尾韻妃尾反滂尾合、未韻扶沸反並未合。

蠹　細毛皃。

婓　~，往來皃。一曰醜。

騑　驂馬。

瞢　大目。又方巾反幫真B。

校注：字又見真韻"斌"紐幫真B。

〇裴　匪肥反幫微合。裴豹，見《左傳》。八。

飛　翔~。

扉　户。

緋　赤色。

非　不是。

犤　似牛，一曰白首。

校注："曰"字誤，《切二》《廣韻》《集韻》作"目"。

鯡　魚名。

騛　~兔，馬而兔走。

〇肥　符非反並微合。豊。或作肥。八。

腓　脚腨腸。

校注：字又見未韻扶沸反並未合。

筂　竹。

痱　風病。或作疿。

校注：字亦作"疿"，"疿"字見賄韻鋪(蒱)罪反並賄。

淝　水名。

藠　聚石，在河東聞喜。

校注："石"字誤，《王一》作"名"。字又見灰韻薄恢反並灰。

蟦　蠀螬。

蜰　負蠜，虫。

〇威　於非反影微合。可畏。七。

葳　~蕤。

喂　~𡼥。又於鬼影尾合、於罪影賄二反。

校注：字亦作"嵔"，"嵔"字見尾韻於鬼反影尾合。賄韻烏賄反影賄收"磈"字，注："磈𥔲。亦作碨。"

隇　~陝，歎危。

校注："歎"字誤，《切三》作"艱"，《切二》《王一》作"難"。

蝛　蛜~，虫。

媁　美。

楲　決塘。

〇祈　渠希反群微開。求。十二。

校注：紐字數作"十二"而實收十一字。

頎　長。

旂　旗。

畿　王~。或作圻。

校注：字亦作"圻"，"圻"字見殷韻語斤反疑欣。

碕　水傍曲岸。亦作圻。又渠羇反群支B開。

校注：字又見支韻去奇反溪支B開。又渠羇反，本書支韻渠羈反群支B開無此字，有"碕"字，云："曲岸。又巨機反群微開。""碕""碕"换旁異體字。

刉　以血塗門。

**校注**：字原作“钊”，俗誤，《切三》《切二》《王一》右從“刀”，《廣韻》作“刉”，從《廣韻》録。

蘄　縣名。

**校注**：字又見微韻居希反見微開。云：“縣名，在譙郡。今音祈群微開。”龍校云：“王一、切二無此字，廣韻同，疑此涉居希反見微開誤衍。”本書言“今音”者共六處，當有依斷。《廣韻》同《切二》《王一》渠希切群微開未收“蘄”字，然於欣韻巨斤切群欣下云“又巨希反群微開”。蓋今音未爲典正，故記作又音。“蘄”群母一讀可信。

嘰　危。又公哀反見咍。

膱　頬肉。又居希〚反〛見微開、〚又〛古亥見海二反。

肵　俎。

獑　犬生一三子。

**校注**：“三”字衍，《切二》《王一》《廣韻》無。

〇機　居希反見微開。織具。十四。

**校注**：紐字數作“十四”而實收十五字。

譏　誹。

蘄　縣名，在譙郡。今音祈群微開。

**校注**：字又見微韻渠希反群微開。

嘰　小食。

璣　珠不圓。

幾　微~。

**校注**：字又見尾韻居豨反見尾開。

蘐　葅蘐，草。

磯　大石激水。

羈　繫馬。

饑　穀不孰。

**校注**：字又見脂韻居脂反見脂B開。

禨　祥。

**校注**：字又見未韻居未反見未開。

鐖　血祭。

**校注**：字原從“皿”不從“血”，誤，《王一》《廣韻》作“鐖”。

鐖　釣金。

**校注**：“釣”字誤，《切二》《廣韻》《集韻》作“鉤”。

刏　斷。

**校注**：字又見隊韻古對反見隊。

飢　同饑。

**校注**：字又見脂韻居脂反見脂B開。

〇希　虚機反曉微開。少。八。

晞　日氣乾。

莃　菟蔡。

**校注**：《切三》《切二》《廣韻》云“菟葵”，本書“蔡”爲“葵”字之誤。

鵗　北方雉名。

睎　視。

稀　~穊。

**校注**：字左原從“耒”，俗誤。注文次字爲“概”字俗誤。正、注文《切三》《王一》《王二》字作“稀”“穊”。

趘　走~。

桸　木，汁可食。

**校注**：字又見支韻許羈反曉支B開。

〇依　於機反影微開。倚。六。

衣　~服。

校注：字又見未韻於既反影未開。

譩　痛聲。

校注：字又見止韻於擬反影止。字亦作“噫”，“噫”字見之韻於其反影之、怪韻烏界反影怪開。

陎　大陎縣，在酒泉。

校注：“大陎”《切三》《王一》《廣韻》作“天依”。

悘　念痛。

校注：字又見尾韻依豈反影尾開。

郼　殷國。

〇沂　魚機反疑微開。水名。一。

〇蘬　丘韋反溪微合。馬蓼，似蓼而大。一。

〇歸　俱韋反見微合。還。亦帰。一。

〇巍　語韋反疑微合。闕。二。

犩　牛。又牛畏反疑未合。

校注：字又見未韻魚貴反疑未合。

## 九魚

〇魚　語居反疑魚。水虫。六。

漁　水名，在漁陽。

𩼔　捕魚。或作魰。

齬　齒不相值。又魚舉[反]疑語。

校注：“反”字原奪，《王一》有字。字又見語韻魚舉反疑語。

鋙　鉏~，可以止樂。

𩦠　馬二目白。

〇初　楚魚反初魚。始。一。

〇書　傷魚反書魚。文~。七。

䲹　鳥名，似梟。

璑　玉。

舒　散。

紓　緩。

校注：字又見語韻“紓”紐船語。

鄃　地名，在廬江。

蒣　魚薺。

〇居　舉魚反見魚。或作凥。九。

据　手病。《詩》云：“予手拮据。”

裾　衣下。

琚　玉。

䝻　貯。

鶋　鶢~，鳥。

涺　水名。

莒　草，苴莒，草。

腒　乾雉。又鉅扵反群魚。

校注：字又見魚韻強魚反群魚。

〇渠　強魚反群魚。水溝。廿。

校注：紐字數作“廿”而實收二十一字。

轃　輌~。

縹　履緣。

校注：字原作“椠”。

璩　玉。

磲　碑磲，次玉。

蕖　芙~。

籧　~篨。

簴　牛匡。

校注：字亦作“篋”，“篋”字見語韻居許反見語。

渠 ~挐~渠。

校注：《切二》《王一》作"渠挐之渠"，本書後一"~"號當因類"之"字草寫而誤書。《方言》卷五："杷，宋魏之間謂之渠挐。""渠"爲"渠"字俗書。

醵 合錢飲酒。

腒 鳥腊。又九魚反見魚。

校注：字又見魚韻舉魚反見魚。

鶏 鶢鶏，鳥。

校注：字原作"鶋"，涉上"腒"字偏旁誤寫。《切三》作"鶏"，《切二》《廣韻》作"鶏"。

臄 獸。

櫨 ~拵，藩籬。

蘧 菜。

校注：字又見語韻其吕反群語。

蘧 ~麥。

校注：字又見虞韻其俱反群虞。

趪 小跳。

校注：字原作"趪"，俗誤，《王一》《廣韻》作"趪"。

蘧 菜，似蘇。

校注：字原作"蘧"，俗誤。《説文·艸部》："蘧，菜也，似蘇者。"此與上文字頭重出。

蝶 ~螈，蜉蝣。

豦 豕。又居御反見御。

校注：字又見御韻居御反見御。

璩 姓。又璩。玉名。

校注：此與上文字頭重出。

○余 与魚反以魚。我。亦作予，同。廿一。

蜍 蜘蛛。

餘 殘。

輿 車。又与庶反以御。

校注：字又見御韻余攄反以御。

旟 旃。

鵌 同穴鳥。

校注：字亦作"鵌"，"鵌"字見模韻度都反定模。

璵 魯寶玉。

艅 ~艎。

畬 田二歲。

校注："二"當作"三"。《爾雅·釋地》："田一歲曰菑，二歲曰新田，三歲曰畬。"字又見麻韻式車反書麻開三。

澳 水名。

歟 詞未。猰。亦同與。

校注："未"當作"末"。字又見語韻余筥反以語。

譽 美稱。又以攄反以御。

校注：字又見御韻余攄反以御。

嬩 女字。

舁 對舉。亦作擧。

校注：亦作字誤，當作"擧"。《説文·手部》："擧，對舉也。从手輿聲。"大徐音"以諸切"，《説文·手部》："擧，對擧也。从手與聲。"大徐音"居許切"。

妤 婕~，女官。

𪊷 山驢。

校注：字又見御韻余攄反以御。

䢩 馬行皃。

校注：字又見御韻余攄反以御。

**愳**　謹敬皃。

**趣**　安行。亦作忥。

**籅**　篆~。

**鵸**　蜀雞。

〇**胥**　息魚反心魚。相。通俗作肙。九。

**鱈**　魚名。

**篬**　竹名。

**湑**　露~。

**校注**：字又見語韻私吕反心語。

**稰**

**校注**：底本注文奪。《切三》《切二》《王一》："稰，落。"《廣韻》："稰，落也。"字又見語韻私吕反心語。

［**楈**］　木名。

**校注**：底本字頭奪，"木名"二字誤繫於"稰"字下。《切三》《切二》《廣韻》"楈"訓"木名"。

**蝑**　虫。

**校注**：字又見禡韻司夜反心禡開三。

**揟**　取水。

**諝**　有才之稱。又相旅反心語。亦作惰。

**校注**："有""才"二字原倒誤，"有"旁識一小鉤。字又見語韻私吕反心語。

〇**疽**　七余反清魚。瘫。十三。

**岨**　石山載土。亦或作宜。

**校注**："載"字誤，《切三》《切二》《王一》《廣韻》作"戴"。字亦作"砠"，"砠"字見魚韻子魚反精魚。

**趄**　趑~。

**苴**　履中籍。

**校注**："籍"爲"藉"之俗誤，《切二》《王一》《廣韻》作"藉"。字又見語韻子与反精語。

**沮**　水名，在北地。又慈与反從語。亦作瀘。

**校注**：字又見語韻慈吕反從語、御韻子據反精御。

**狙**　猨~。

**雎**　~鳩。

**胆**　虫，在肉中。俗作蛆，又子魚反精魚。

**校注**：字又見御韻七慮反清御。子魚反精魚爲"蛆"字之讀。

**葅**　苞。

**校注**：字又見模韻則胡反精模。

**耶**　鄉名，在鄠縣。

**坥**　螾場。又七慮反清御。

**校注**：字又見御韻七慮反清御。

**覻**　相伺視。又七慮反清御。

**眉**　此~。

〇**鋤**　助魚反崇魚。大斸。三。

**鉏**　齬。又士舉反崇語。

**校注**：龍校云："正、注文王一同（士字作仕）。五刊本紐亦鋤鉏豠三字，鉏下云人姓。本書齬字似當作鋙。然語韻鋤吕反崇語有齟無鉏，又似正文有誤。廣韻語韻則亦有鉏字。"

**豠**　豕屬。

〇**攄**　勑居反徹魚。舒。三。

**校注**：字原作"攎"，俗誤，《切三》《切二》《王一》《廣韻》作"攄"。

樗　悪木。

篨　篴。

〇踈　色魚反生魚。遠。九。

練　~葛之~。

蔬　菜~。

梳　櫛~。

疏　條。亦作綻。又所去反生御。

校注：字又見御韻所據反生御。字亦作"綻"，"綻"字見語韻羌舉反溪語。

𦟝　青疏。

校注：字左旁"朋"原作微傾之形，是字如是書爲"𨁫"字俗書。《説文·疋部》："𨁫，門戶疏窻也。"

𨀉　通。

釃　下酒。又所宜反生支開。亦作麗。

校注：字又見支韻所宜反生支開。

疋　《詩》古文為雅字。又山舉反生語。

校注：字又見語韻踈舉反生語、馬韻五下反疑馬開二。

〇虛　許魚反曉魚。空。亦作虗。通俗作虚。五。

校注：亦作字有誤。

驉　駏驉，畜生。

歔　~欷。

嘘　吹。

魖　~秏。

校注："秏"爲"耗"字俗誤，《廣韻》作"耗"。

〇徐　似魚反邪魚。緩步。四。

郤　地名。

羭　野羊。

俆　人姓。

〇於　央魚反影魚。俗作扵。又哀都反影模。五。

校注：字又見模韻哀都反影模。

箊　箖箊，竹名。

淤　~泥。

校注：字又見御韻於據反影御。

菸　~邑，茹熟之皃。

校注：字又見御韻於據反影御。

唹　笑皃。

〇猪　陟魚反知魚。豕。正作豬。畜生。三。

櫫　揭櫫，有所表識。

潴　水所停。正猪。

〇臚　力魚反来魚。皮臚。通作臚。十。

驢　毛~。

校注：字又見模韻落胡反来模。

閭　~閈。

廬　舍。

蘆　漏蘆，藥名。

校注：字又見模韻落胡反来模。

驢　下畧。

櫚　栟~。

藘　~蕠。

校注：字原作"蘆"，誤，《切二》《廣韻》可證。

蕳　菴~。

爐　火燒山家。

**校注**：字原作"爐"，誤，《切二》《廣韻》可證。

〇諸　章魚反章魚。衆。六。

櫧　木名。

潴　水名，在北岳。

藷　~蔗，甘蔗。

**校注**：字又見魚韻直魚反澄魚。

磠　磁磠，攻玉礪石。

藸　薯芋。又直閭反澄魚。

**校注**：字亦作"藷"，"藷"字又見魚韻直魚反澄魚。

〇除　直魚反澄魚。去。十。

躇　躊躇，進退。亦作𨅊。

儲　副貳。

涂　水名，在堂邑。又直胡反澄(定)模，水名，在建寧。

**校注**：字又見模韻度都反定模。"直"澄母字，又直胡反定澄類隔。

篨　籧~。

蒢　蒢蒢，菍名。

宁　門屏閒。又直旅反澄語。

**校注**：字又見語韻除吕反澄語。

藷　薯芋。又章魚反章魚。

**校注**：字又見魚韻章魚反章魚，然義不當對。章魚反章魚有"藸"字，義當。或"藷""藸"字通。

著　茎著。又張慮知御、張略知藥開、除略澄藥開三反。

**校注**：字又見御韻張慮反知御、藥韻竹略反知藥開、藥韻直略反澄藥開。

瘵　瘵~。

〇如　汝魚反日魚。然。六。

蕠　蘆~。

洳　水名，在南郡。又人慮反日御，在晉。

**校注**：字又見御韻而據反日御。

鴽　鴿。或作翟。

如　地名。

𤺌　假寐。又乙疾(庶)影御、如与日語二反。

**校注**："疾"爲質韻字，誤，本書語韻如与反下云"又仁諸日魚、乙庶影御二反"，此處"疾"當爲"庶"字之誤。字又見語韻如与反日語、御韻於據反影御。

〇且　子魚反精魚。詞。[三]。

**校注**：底本紐字數奪。字又見馬韻七也反清馬開三。

砠　山。又七余反清魚。

**校注**：字亦作"岨"，"岨"字見魚韻七余反清魚。

蛆　蝍蛆，食蛇虫。

〇墟　去魚反溪魚。丘落。八。

筡　飲器。

**校注**："飲"字誤，《切二》《切三》《廣韻》作"飯"。

祛　袖。

阹　依山谷為牛馬圈。

椐　木名。

**校注**：字又見御韻居御反見御。

攎　繫~。

**校注**：字原作"樝"，俗誤。"繫"當作"擊"。《廣韻》《集韻》不誤。

胠　脅。又却據反溪御。

校注：字又見御韻却據反溪御。

袪　极~。

○葅　側魚反莊魚。三。

校注：本紐僅見一字，當有奪字。

○稌　薯蕷，藥名。禪魚

校注：《切三》《切二》該紐首字爲“蜍”，注：“署魚反禪魚。二。”本書“蜍”字條奪。字又模韻他胡反透模、姥韻他古反透姥。

○袽　女余反娘魚。《易》曰：“衣有袽。”又奴下反泥(娘)馬開二。亦作絮，緼。四。

校注：“奴”泥母字，又奴下反泥娘類隔。字亦作“絮”，“絮”字見馬韻奴下反泥(娘)馬開二。

帤　幡布。

挐　犬多毛。

校注：字又見麻韻女加反娘麻開二。

蒘　豬蒘，草。

校注：字亦作“茹”，“茹”字見麻韻女加反娘麻開二。

## 十虞

○虞　語俱反疑虞。防。通俗作(虞)。十七。

愚　癡~。

娛　樂~。

澞　齊藪名。又水名，在襄陽。

校注：龍校云：“國字誤作陽，以雌黄塗改。今國字脱落，仍顯陽字。切三、廣韻並云水在襄國。”

堣　~夷，日所出處。

鸆　鳥名，見則大旱。

嵎　山名，在吳。

禺　番禺縣，在南海。

校注：字又見遇韻虞樹反疑遇。

髃　骨名。

校注：字又見厚韻五口反疑厚。

隅　屋角。

鷜　鳥，似鴉鶩。

鰅　魚名，有文，出樂浪。

校注：字又見鍾韻魚容反疑鍾。

齵　齒重。又側遊反莊尤。

校注：龍校云：“疑此云‘又齱，齱側遊反’。”字又見侯韻五侯反疑侯。

澞　陳夾水曰澞。

校注：“陳”字誤，《廣韻》作“陵”。

鍝　鋸。

鸆　鸅~。

蜗　蠍~。

○芻　測禺反初虞。草。俗作萏、蒭。一。

○無　武夫反明虞。有無。十五。

校注：紐字數作“十五”而實收十四字。

毋　止之。

膴　無骨腊。又荒烏反曉模。

校注：字又見模韻荒烏反曉模、麌韻無主反明麌。

瞴　~瞜。

校注：字又見麌韻無主反明麌。

蕪　~穢。

誣　誑。

巫　事神曰巫。男子師為覡，女師曰~。

莁　~荑。

璑　三采玉。

隖　地名，在弘農。

墲　冢~。

校注：字又見模韻莫胡反明模。

鵐　鳥~。

无　虛~。

憮　空~。

校注：字又見麌韻無主反明麌。

〇于　羽俱反云虞。於。正作亐。十二。

盂　大盌。

迂　曲。又憶俱反影虞。

校注：字又見虞韻憶俱反影虞、麌韻於武反影麌。

邘　地名，在河南。

雩　祭名。又況于反曉虞。

校注：字又見虞韻況于反曉虞。

竽　笙~。

玗　玉名。

骬　髑骬，缺盆骨。

謣　妄言。

雩　草木盛皃。

靬　鞰。

校注：“鞰”當作“鞡”，《廣韻》可證。字又見虞韻憶俱反影虞。

衺　褎。亦作衧。

〇訏　況于反曉虞。大。十三。

吁　歎。

肝　~胎，鄉名。

雩　~婁縣，在廬江。

校注：字又見虞韻羽俱反云虞。

欨　吹欨。又呼禹反曉麌。

校注：“吹”字誤，《切三》作“炊”。字又見麌韻況羽反曉麌。

疛　病。

盱　舉目。亦作眝。

袏　大袥衣。

校注：字原作“袏”，俗誤。

歍　樂~。

栗　巫。

校注：“巫”字誤，《廣韻》作“舌”。

虖　虎吼。

忓　憂。

扜　指麾。又憶俱反影虞。

校注：字原作“杅”，俗誤，《廣韻》作“扜”。字又見虞韻憶俱反影虞、模韻哀都反影模、模韻苦胡反溪模。

〇劬　其俱反群虞。勤。亦作劬。廿五。

校注：字原作“欨”，誤，《切三》《廣韻》作“劬”，無或體“欨”。本書“亦作劬”當刪。紐字數作“廿五”而實收二十六字，参“臞”字條校注。

衢　街。

軥　車軛。

氍　~毹。

朐　脯。一屈。又地名，出東海。

**陑**　地名,在河東。

**校注:** 字又見麌韻況羽反曉麌。

**瘽**　少肉。

**校注:** 字亦作"臞","臞"字又見遇韻其遇反群遇。

**屨**　屨頭飾。亦作絇。

**校注:** 字亦作"絇","絇"字又見遇韻俱遇反見遇。

**鴝**　~鵒。

**灈**　水名,在汝南。

**躍**　行皃。作䢗。

**校注:** "作"上脱"亦"字。

**䳢**　鳥名足白。

**校注:** 字原作"鴝",誤,《切三》《廣韻》作"䳢"。"鳥""名"二字原倒誤,"鳥"旁識一小鉤。《切三》注"馬右足白",《廣韻》注"馬左足白",本書"鳥"當作"馬"。字亦作"翑","翑"字見麌韻俱羽反見麌。

**鼩**　鼱鼩,小鼠。

**鑺**　兵器。《書》云:"執鑺於西垂。"

**蘧**　~麥。又巨居反群魚。

**校注:** 字又見魚韻強魚反群魚。

**斪**　鉏屬。

**蚼**　~蛘,蚍蜉。又呼口反曉厚。

**校注:** 字又見厚韻呼后反曉厚。

**䶚**　□屬。亦作鼁。

**校注:** 底本注文首字右從"黽",左旁不清,《廣韻》字作"䵶"。

**蒟**　~醬。又俱羽反見麌。

**校注:** 字又見麌韻俱羽反見麌、遇韻俱遇反見遇。

**欋**　四齒杷。

**姁**　然,相樂。又況羽〖反〗曉麌、有句云遇二反。

**校注:** 字又見麌韻況羽反曉麌、遇韻香句反曉遇。

**趯**　走顧反。

**校注:** 字又見藥韻居縛反見藥合。

**痀**　曲脊。

**蒟**　芀。

**絇**　救絲。

**校注:** 字又見遇韻俱遇反見遇。

**臞**　瘠。亦作臞。

**校注:** "臞"即"瘽"字,此條與上文"瘽"字重出。亦作字與字頭同形,必有一誤。本紐實收多一字,此字蓋增者。字又見遇韻其遇反群遇。

**○儒**　日朱反日虞。碩德。九。

**獳**　朱獳,獸名。

**校注:** 字又見侯韻奴溝反泥侯。

**濡**　濕~。

**襦**　衣。

**懦**　弱。又乃亂反泥换。

**校注:** 字又見翰韻乃亂反泥换。字亦作"愞","愞"字見獮韻而兖反日獮合、箇韻乃卧反泥過一。

**嚅**　囁嚅,多言。

**鱬**　朱鱬,魚名,魚身人面。

**顬**　顳顬,耳前動。

**魗**　鬼魅不止。

**○䰰**　相俞反心虞。須下毛。古作須。十。

頚　待。亦作竘~。

須　古從彡。俗從水,誤。

校注:"水""誤"二字原倒誤,"水"旁識一小鉤。

繻　~傳。

顬　頭~。

嬃　女須,屈原姊。

需　卦。

麢　鹿子。

蕦　蓤蕪。

隃　陵名。又羊朱〖反〗以虞、〖又名〗式注書遇二反。

校注:本書"反""又""名"三字蓋衍。字又見虞韻羊朱反以虞、遇韻傷遇反書遇。

○株　陟輸反知虞。木根。七。

誅　殺。

邾　邑~。

蛛　蜘~。

跦　行皃。又直朱〖二〗反澄虞。

校注:"二"字疑衍。又直朱反,本書虞韻直朱反無此字,收"蹰"字,訓"踟蹰"。

鴸　鳥名。

校注:字又見虞韻止俱反知虞。

黐　黏。

○貙　勑俱反徹虞。獸名。一。

○殊　市朱反禪虞。異。八。

銖　十分。

洙　水名,在魯。

茱　~萸。

瓶　小罌。

殳　捧。《詩》云:"伯也執殳。"

杸　執羽之投。

胅　~膢。

○逾　羊朱反以虞。越。亦作踰。通俗作逾。三十。

校注:紐字數當作"三十一","三十"爲脱計"腧"字之數,參"腧"字條校注。底本字頭與通俗作字同形,字頭當從"舟"不從"月"。

窬　門邊小竇。

校注:字又見侯韻度侯反定侯。

臾　須~。

校注:字原作"史",俗書。

楰　木名。

校注:字又見麌韻以主反以麌。

腴　肥。

隃　~麋縣,在扶風。又作隃。

校注:字又見虞韻相俞反心虞、遇韻傷遇反書遇。

鄃　地名,在淥郡。

校注:"淥"字誤,《切三》《廣韻》作"涿"。字又見虞韻式朱反書虞。

覦　覬~。

校注:字又見遇韻羊孺反以遇。

闟　窺。

俞　然。又耻呪反徹宥。人姓。

校注:字又見宥韻許(丑)救反徹宥。

諛　諂。

愉　悦。

[腧]　亦作輸。

校注:底本字頭奪,"亦作輸"三字誤接於"愉"字注文"悦"字下。"腧"字又見虞韻山虞反生虞，訓"裂繒"。"輸"字見遇韻傷遇反書遇，訓"刀鞚"。

歈　巴歈哥。

校注：字又見侯韻度侯反定侯。

揄　廞揄，手相弄皃。或作耶揄。

校注：字原作"榆"，俗誤，《切三》作"揄"。

褕　衣。

校注：字又見宵韻余招反以宵A。

瑜　玉。

崳　~次山，在鴈門。

校注：底本"次"前有"讪"字，爲"次"字涉"山"而誤，旁識一小點，兹徑删。

愉　喜~。

羭　黒羝。

蝓　螔蝓，羸。又神朱反船虞。

校注："羸"字誤，《切三》作"蠃"。又神朱反，《切三》同，本書無船母虞韻一紐，《切三》《廣韻》《集韻》同。

萸　茱~。

堬　冢。

榆　木名。

牏　築垣桓板。

校注："桓"字誤，《切三》《廣韻》作"短"。字又見侯韻度侯反定侯、遇韻持遇反澄遇。

踰　變色豆。

䱓　鉼。

蕍　䒷蕍。又庾句[反]以遇。亦作蕍。

校注："反"字原奪，《集韻》俞戍切以遇下有字。"蕍"字誤，當作"蕍"。

渝　變。亦作㴲。

舀　臼。又翼州反以尤。

校注：字原作"鱼"，誤，《廣韻》作"舀"。"臼"當依《廣韻》作"臼"。字又見尤韻以周反以尤、小韻以沼反以小A。

踰　過~。

〇區　氣俱反溪虞。垣宛。六。

嶇　﨑嶇。亦作㗇。

鰸　魚名，出遼東。

驅　馳。亦駈、駈。

校注：字又見遇韻主(匡)遇反溪遇。

摳　褰裳。又苦侯反溪侯。

校注：字又見侯韻恪侯反溪侯。

軀　身~。

〇朱　止俱反知虞。丹。七。

珠　圓珤。

侏　~儒。

咮　讋~，多咮言也。

鴸　鳥，似鵄人首。

校注：字又見虞韻陟輸反知虞。

絑　繒純色。

袾　衣身。又充朱反昌虞。

校注：字亦作"姝"，"姝"字見虞韻昌朱反昌虞。

〇趨　七朱反清虞。疾行。俗作趣、趋。一。

〇慺　力朱反來虞。敬。正作慺。十二。

校注：字又見侯韻落侯反來侯、麌韻力主反來麌。

蔞　~蒿。又力矢(侯)反來侯。

校注：字原從"婁"。本紐從"婁"之字均如是。"矢"字誤，《王一》作"侯"。字又見麌韻力主反來麌。

氀　毛布。

膢　膴～。

校注：字又見侯韻落侯反來侯。

鱇　魚名。

校注：字又見侯韻落侯反來侯。

嶁　山頂。

鷜　鴰鷜，野鵞。

摟　曳。

校注：字又見侯韻落侯反來侯。

𤞵　猪求子。

校注：字亦作"貗"，"貗"字見侯韻落侯反來侯。

膢　䏶膢，所以遏求。

校注："求"字誤，《王一》《廣韻》作"水"。

膢　祭。又落侯反來侯。亦作褸。

校注：字又見侯韻落侯反來侯。

𡠐　空。

校注：字又見侯韻落侯反來侯。

〇扶　附夫反並虞。持。十六。

校注：紐字數作"十六"而實收十五字，《切三》《王一》"蚨"上有"苻"字，蓋即所脱之字。

芙　～蓉。

颫　風。

符　竹～。

鳧　野鴨。

榑　海外大業，日所出之。

校注："業"字誤，《切三》《廣韻》作"桑"。

扶　～踈，盛皃。

蚨　青蚨，青色小虫，子母不相離。

夫　苦夫，語端。

校注："苦"字誤，《王一》作"若"。字又見虞韻甫于反幫虞。

㭪　草李房。

校注："李"爲"木""子"二字誤合，《王一》《廣韻》作"木""子"。

坿　白石英。又英(扶)付反並遇。

校注："英"字涉上而誤，《王一》作"扶"。字又見遇韻符遇反並遇。

䖰　小。

莩　～茈，子。

澓　水名，出桂陽。

泭　水中草茂。又扶留反並尤。

校注：字又見尤韻縛(縛)謀反並尤。

〇穃　士于[反]崇虞。稷穰。俗作秵。二。

校注："反"字原奪，《切三》有字。

雛　鶵子。又作雏。

〇敷　撫扶反滂虞。布。卄五。

麩　麥皮。亦作麱。

孚　信。

郛　郭。亦作垺。

鄜　縣名，在馮翊。俗誤作敷州。

鋪　設。又普胡反滂模。

校注：字又見模韻博孤反幫模、模韻普胡反滂模、暮韻普故反滂暮。

筟　織緯者。

俘　囚。

痡　病。又普胡反滂模。

校注：字又見模韻普胡反滂模。

殍　餓死曰殍。

校注：字又見旨韻符鄙反並旨B開、小韻平表反並小B。

怤　思。

翐　翮下羽。又音鋪幫模、滂模、滂暮。

藪　花~。

孵　夘化。

校注：字左原從"夘"，爲俗書。

紨　麁紬。

痡　石閒見。

毰　解毛。

莆　~蒲。

稃　秠。亦作粖。

莆　穳。又扶用(甫)〖二〗反並麌。

校注："用"字誤，《王一》《廣韻》作"甫"。"二"字衍。字又見麌韻扶雨反並麌。

豧　豕息。又妨豆反滂候。

郙　亭名，在汝南上蔡。又方主反幫麌。

校注：字又見麌韻方主反幫麌。

䰳　須白。亦作髻。

校注：字原作"頦"，誤，《集韻》作"䰳"。亦作字誤，《集韻》作"髻"。

苦　花盛。

罦　罬。又扶尤[反]並尤。

校注："反"字原奪。字又見尤韻縛(縛)謀反並尤。

〇諏　子于反精虞。謀。又子侯反精侯。六。

啾　曦啾，不廉。

陬　嵎~。

娵　~訾，星名。

嶉　高皃。

掫　繫。

校注：字又見有韻側久反莊有。

〇跗　甫于反幫虞。足跗。亦作趺。十三。

膚　體肌。亦作肤。

邞　縣名，在瑯瑘。

鈇　~鉞。

袪　袍襦之類前襟。亦作袪。

校注：亦作字與字頭同形，必有一誤。據《廣韻》《集韻》，亦作字或爲"帓""袄"字之誤。

玞　珷玞，美石次玉。

鴩　鵸鴩，鳥名，三首六足六目三翼。

蒲　地蒲，藥名。

簠　~簋，祭器。又方羽反幫麌。

校注：字又見麌韻方主反幫麌、遇韻撫遇反滂遇。

夫　周制以八寸為尺，十尺為丈，故曰大夫。

校注："大"字誤，《王一》作"丈"。字又見虞韻附夫反並虞。

鳺　鴀。

鮇　鮧。

柎　欄足。

〇紆　憶俱反影虞。縈。十。

䩬　服䩬。

校注：字又見虞韻羽俱反云虞。

䧏　陽䧏，澤，在冀州。

扝　持。又口孤反溪模。

校注：字原作“杅”，俗誤，《廣韻》作“扝”。字又見虞韻况于反曉虞、模韻哀都反影模、模韻苦胡反溪模。

蓲　草。又烏侯反影侯。

校注：字又見尤韻去求反溪尤、侯韻烏侯反影侯。

尫　服。

校注：“服”字誤，《王一》作“股”。

軀　胡矛。

醧　能者飲，不能者止。

蚟　蛐蜒。

迂　曲。

校注：字又見虞韻羽俱反云虞、麌韻於武反影麌。

〇輸　式朱反書虞。送納。二。

校注：字又見遇韻傷遇反書遇。

鄃　縣名，在清河。

校注：字又見虞韻羊朱反以虞。

〇樞　昌朱反昌虞。扇臼。三。

姝　好。亦作袾。

校注：字亦作“袾”，“袾”字見虞韻止俱反知虞。

筙　篅～。

〇廚　直朱反澄虞。饔室。二。

蹰　踟～。

校注：此字原脱筆“厂”。

〇拘　舉隅反見虞。執。十一。

駒　馬子。

岣　～嶁，衡山别名。

校注：字又見厚韻古厚反見厚。

瞿　左右視。

校注：此字《切三》《王一》《廣韻》《集韻》作“眗”，與《説文》合。字又見遇韻俱遇反見遇。

郥　挹。

捄　盛土。《詩》云：“梂之濡～。”

校注：字原作“梂”，俗誤，《廣韻》作“捄”。注文“梂”亦當從《廣韻》作“捄”，“濡”字誤，《切三》《王一》作“陾”。

跔　手足寒。

鮈　鮁鮈，魚名。

俱　偕。

䂂　磩䂂，礪石。

䀠　目邪。又許力反曉職開。

校注：字亦作“奭”，“奭”字見職韻許力反曉職開。

〇毹　山虞反生虞。氍毹，毛。三。

㡏　裂繒。

㯷　車轂内孔。

校注：字又見厚韻藪后反心厚。

## 十一模

〇模　莫胡反明模。法。九。

摸　以手摸。又毛搏反明鐸開。摸𢱢。

校注：字又見鐸韻慕各反明鐸開。

嫫　～母，黄帝妻。

𦨶 車衡上衣。

校注：字又見遇韻武遇反明遇。

鍪 ~醶，揄子醬。

校注：字又見尤韻莫浮反明尤。

謨 謀。亦作暮。

墲 規度墓地。又音無明虞。

校注：字原作"撫"，誤，《切三》《王一》《廣韻》作"墲"。字又見虞韻武夫反明虞。

嫫 醜。

校注：字又見陌韻莫百反明陌開二。

無 竹。

○匍 薄胡反並模。七。

莩 ~攎，收亂草。

校注：字又見暮韻薄故反並暮。

酺 大飲酒。

樸 ~剿縣，在武威。剿字户開（關）反匣刪合。

校注："剿""剸"二字並爲"剽"字之誤，《王一》作"剽"。字又見屋韻博木反幫屋一、覺韻匹角反滂覺。

菩 ~薩。

校注：字又見有韻房久反並有。

蒲 䱐魚。

蒱 大蔺。又作蒲。

○胡 户吳反匣模。何。十九。

壷 酒器。正作壺。

校注："壷"字《王一》作"壺"。

狐 狼屬。

瓳 甂~。

餬 寄食。亦作餂。

瑚 ~璉。

頶 牛頸下垂。或作咕。

校注：或作字誤，《廣韻》《集韻》出或體"咽"字。

鶘 鵜鶘，鳥名，食魚。

猢 獑猢，獸名，似猿。獑字士咸反崇咸。

醐 醍~。

𪎊 黏𪎊。亦作䴯。

弧 弓。

乎 詞。

箶 竹~。

瑚 瘻~。

楜 棗大鋭衣。

校注：字原作"槵"。

衚 裓。

湖 陂。

鶘 鱥。

○孤 古胡反見模。單。卄二。

苽 彫胡。

姑 父姊妹曰~。

辜 罪~。

呱 啼聲。

罛 舩上綱。

泒 水名，在鴈門。

酤 買酒。又胡鼓匣姥、古護見暮二反。

校注：字又見姥韻胡古反匣姥、暮韻古暮反見暮。

觚 酒器。

**蛄**　螻~。

**箛**　竹~。

**鴣**　鷓鴣,鳥名。

**橭**　木名。

**校注**:字又見模韻苦胡反溪模。

**軲**　《漢書》越至軲詞,在雲陽。

**校注**:字左原從"卯",誤,《廣韻》作"軲"。龍校云:"至字當從切三作巫。軲下祠字誤詞而改作,雌黄已脱,仍顯言旁。"是,"詞"爲"祠"字之誤。

**沽**　水名,在高密。

**校注**:字又見姥韻姑户反見姥。

**嫴**　保任。

**膍**　大脯。

**胍**　~肫。

**鯱**　息~。

**校注**:字原從"虔"不從"處",誤,《王一》《廣韻》作"鯱"。

**篽**　程~。

**瓡**　瓜~。

**柧**　~稜。

○**徒**　度都反定模。空。又或作辻,步行。廿二。

**屠**　害。

**瘏**　病。

**塗**　泥~。又丈如(加)反澄麻開二,泥飾。

**校注**:"如"字誤,當作"加"。字又見禡韻徒嫁反定(澄)禡開二。

**途**　道。与塗通。

**峹**　山~。

**酴**　酒~。

**騟**　騊騟,獸名。

**犒**　黄牛~。

**鵌**　鳥名,与鼠同穴。

**校注**:字亦作"鵌","鵌"字見魚韻与魚反以魚。

**涂**　水名,在益州。又直魚反澄魚。

**校注**:字又見魚韻直魚反澄魚。

**梌**　木名。

**荼**　苦菜。又丈加反澄麻開二。

**校注**:字又見麻韻宅加反澄麻開二。

**醶**　醔~。

**校注**:字又見侯韻度侯反定侯。

**啚**　思度。

**校注**:《説文·㐭部》:"啚,嗇也。"《説文·口部》:"圖,畫計難也。"顔元孫《干禄字書》:"啚圖:上俗,下正。"S. 388《正名要録》"右依顔監《字樣》甄録要用者,考定折衷,刊削紕繆"類:"圖,大盧反","啚,音鄙,俗用作圖字,非。"本書此處所收"啚"字爲"圖"字俗寫。字又見旨韻方美反幫旨B開。

**圖**　畫。

**廜**　~廯,草庵。

**校注**:字原作"瘏",俗誤,《切三》《王一》作"廜"。龍校云:"广旁兩点墨色較淡,盖曾以雌黄塗掩。"

**䖘**　烏~,虎名。

**鄌**　亭名,在馮翊。

**校注**:字又見麻韻宅加反澄麻開二。

**捈**　引。又他胡反透模。

**校注**：字原作"榇",俗誤,《廣韻》作"捈"。字又見模韻他胡反透模。

蒢　穗。又弋虵反以麻開三。

**校注**：字又見麻韻以遮反以麻開三、麻韻似嗟反邪麻開三。

蒤　虎杖。

〇奴　乃胡反泥模。下人。六。

砮　礪。

**校注**：字又見姥韻奴古反泥姥。

駑　駘馬。

帑　藏。

**校注**：字又見蕩韻他朗反透蕩開。

孥　子。

笯　籠鳥。又女如(加)反娘麻開二。

**校注**："如"字誤,當作"加"。字又見麻韻女加反娘麻開二、暮韻乃故反泥暮。

〇呼　荒烏反曉模。喚。八。

膴　無骨腊。又武夫明虞、〖又〗肝見禹麌二反。

**校注**：龍校云:"疑此文肝是肝曉或盱曉字之誤(本書盱眙字作肝)。"字又見虞韻武夫反明虞、麌韻無主反明麌。

幠　大。

葫　菻別名。

恗　怯。

魖　鬼皃。

謼　大叫。又呼故〖二〗反曉暮。

**校注**："二"字衍,《王一》無。又呼故反,本書無曉母暮韻一紐,《唐韻》始見,收於韻末,音荒故反曉暮。

虍　虎文。

〇吾　五胡反疑模。我。十二。

吳　國名。又姓。俗作吴。

鼯　似鼠。亦作鼯。

浯　水名。

菩　草名。

珸　猨~。

琝　琨琝,美石似玉。

蜈　~蚣,虫。

郚　鄉名,在東莞。

梧　桐。

**校注**：字又見暮韻吾故反疑暮。

鯃　鮈~。

鰞　大魚。

〇租　則胡反精模。田税。[二]。

**校注**：底本紐字數奪。

葙　茅藉,封諸侯葙以茅。

**校注**："茅"爲"茅"字之誤,《說文·艸部》:"葙,茅藉也。"字又見魚韻七余反清魚。

〇盧　落胡反来模。器。通俗作廬。廿三。

**校注**：紐字數作"廿三"而實收二十四字。

鑪　火烝。又錢号。

壚　黒田。

籚　竹~

蘆　葦。

**校注**：字又見魚韻力魚反来魚。

顱　頭~。亦作髗。

鱸　魚名。

攎　斂取。

櫨　柱～。黄～，木名。

爐　盛火。

轤　圓轉木曰轤。

黸　黒甚。

獹　韓獹，犬名。

鸕　～鷲，鳥名。

艫　舟後。

纑　布縷。

瓐　碧玉。

蠦　䖥。

校注：字又見魚韻力魚反來魚。

盧　飵器。

蘆　樂名器。

校注：字原脱筆“巛”，《廣韻》《集韻》作“蘆”。

廬　廡。

校注：字原作“廬”，誤，《王一》《廣韻》作“廬”。字又見姥韻郎古反來姥。

皻　敀音。

校注：字右原從“攵”。《王一》：“（皻）音秖端薺。”《廣韻》：“敀也。敀音邸端薺。”本書注文有脱誤。

蠦　蛩。

校注：“蛩”字誤，當作“蜸”，《廣韻》：“蠦蜸，一曰蜚，又名蟦蠜。”《爾雅・釋蟲》：“蜚，蠦蜸。”

枑　木名。又力粗（祖）反來姥。

校注：“粗”字誤，《王一》作“祖”。字又見姥韻郎古反來姥。

○蘓　息吾反心模。荏類。三。

穌　更生。

蘇　𢉼～。

○殂　昨姑反從模。死。三。

校注：“反”“死”二字原倒誤，“反”旁識一小鉤。

徂　往。亦作迋。

校注：亦作字誤，《王一》作“退”。

虘　虎不柔。又才他反從歌一。

校注：字又見哥韻昨何反從歌一。

○烏　哀都反影模。鳥。十五。

杇　泥墁。～，草（莫）寒反明桓。

校注：重文號重“墁”字。“草”字誤，《王一》作“莫”。

洿　水不流。

鰞　～鰂，魚。

鋘　鍚～。

校注：字又見麻韻户花反匣麻合二。

歍　口相就。

鎢　～錥，温器。

弙　满弓，有所向。又口孤反溪模。

校注：字又見模韻苦胡反溪模。

瑦　石似玉。又於古反影姥。

校注：字又見姥韻烏古反影姥。

槝　～椑，青柹。

鴮　鵜鴮。

螐　蠋，蜾。

扜　引。又口孤反溪模。

校注：字原作“㐲”，誤，《廣韻》作“扜”。字又見虞韻況于反曉虞、虞韻憶俱反影虞、模韻苦胡反溪模。

於　～戲。又央魚反影魚。

校注：字又見魚韻央魚反影魚。

嗚　~呼。

〇逋　博孤反幫模。賒懸。八。

鋪　設。又普故反滂暮。

校注：字又見虞韻撫扶反滂虞、模韻普胡反滂模、暮韻普故反滂暮。

餔　歠。

校注：字又見暮韻薄故反並暮。

晡　申時。

庯　屋平。

抪　展舒。又補路反幫暮。

校注：字又見暮韻博故反幫暮。

逋　~逾。

鵏　鳺。

〇枯　苦胡反溪模。死木。亦作殆。七。

刳　剖破。

郀　地名。

扜　楊。又於娱反影虞。

校注：字原作"圩"，誤，《王一》《廣韻》作"扜"。字又見虞韻况于反曉虞、虞韻憶俱反影虞、模韻哀都反影模。

玗　張弓。又於孤反影模。亦作㺩。

校注：亦作字當作"扜"。字又見模韻哀都反影模。

軲　車。

㮺　木四布。又古胡反見模。

校注：字又見模韻古胡反見模。

〇麁　倉胡反清模。米不精。三。

麤　行路遠。

蘆　草履。

〇稌　他胡反透模。美玉。五。

稌　稻。又地(他)古反透姥。

校注："地"字誤，《切三》《王一》《廣韻》作"他"。字又見魚韻"稌"紐禪魚、姥韻他古反透姥。

瑹　琈~。

捈　鋭。又達胡反定模。

校注：字原作"梌"，俗誤，《廣雅・釋詁四》："捈，鋭也。"字又見模韻度都反定模。

逾　伏地。

〇都　丁姑反端模。大邑〖反〗。四。

校注："反"字衍，《王一》無。

箌　竹名。

闍　闉。又時遮反禪麻開三。

校注：字又見麻韻視奢反禪麻開三。

醏　醵醏，醬名。

〇䴺　普胡反滂模。豆䴺。六。

鋪　設。

校注：字又見虞韻撫扶反滂虞、模韻博孤反幫模、暮韻普故反滂暮。

鯆　魚名。

校注：字亦作"鮪"，"鮪"字見麌韻方主反幫麌。

踊　馬跡。

痡　病。

校注：字又見虞韻撫扶反滂虞。

陠　衺。

# 十二齊

〇齊　徂嵇反從齊開。中。七。

校注：“嵇”字原上從“秋”。

臍　䐡臍。亦作齎。

校注：亦作字誤，當作“齏”。

麡　~狼，獸名，似麋。

蠐　~螬。或作蠀。

校注：字亦作“蠀”，“蠀”字見脂韻疾脂反從脂開。

嫧　好皃。

銯　利。又子奚反精齊開。

校注：字又見齊韻即黎反精齊開。

齍　等。又子(七)嵇反清齊開。

校注：“子”字誤，《王一》作“七”。“嵇”字原上從“秋”。

〇黎　落奚反來齊開。衆。亦作黎、梨。十五。

犂　耕具。

校注：字又見脂韻力脂反來脂開。

䍦　~廔，綺窓。

藜　藋。

莉　~笓，織荆。又力底反來薺開。

校注：字原作“蒚”，俗誤，《切三》《廣韻》作“莉”。“笓”爲“芘”俗誤，《切三》《廣韻》可證。

黧　黑而黄。

縭　綷縭，恶絮。

蠡　以瓠為飲器。

校注：字又見薺韻盧啓反來薺開。

邌　徐行。

鼊　亭名，在上黨。

慴　謑。

謧　弄言。又力支反來支開。

校注：字又見支韻吕移反來支開。

驪　馬屬。

鵹　~黄，鳥。

鯬　鯠，魚，似虵而黄。

〇妻　七嵇反清齊開。齊。九。

校注：“嵇”字原上從“秋”。字又見霽韻七計反清霽開。

萋　草盛皃。

淒　雲皃。

凄　寒。《詩》云：“凄其以風。”

悽　慘。

霋　雨止。

鶈　怪鳥。

緀　文章。

校注：字又見薺韻千礼反清薺開。

齋　炊疾。又即嵇反精齊開。

校注：“嵇”字原上從“秋”。字又見齊韻即黎反精齊開、霽韻在計反從霽開。

〇低　當嵇反端齊開。下。正作低。十七。

校注：字原作“𠍋”。“嵇”字原上從“秋”。

氐　~羌。通俗作𠀁。正作氐。

校注：字原作“𠀁”。本紐“衹”“羝”“䍕”“紙”字及下紐“詆”字均從此形。

衹　短衣。

磾　《漢書》“金日磾”。

鞮　革履。

䏲　~胵，肤腹。胵字胡嵇反匣齊開。

校注：“嵇”字原上從“秋”。字又見霽韻都計反端霽開。

羝　羊。

腿　脣。

䬾　餬~。

𠜱　刭~。

氐　至。又丁計反端霽開。

校注：字原作“氏”。此字本紐重出。

𩨒　不正。

紙　絲宰。

揥　捐。[又]勑細反徹霽開。

校注：“又”字原奪,《王一》有字。字又見祭韻丑勢反徹祭開。

隄　防。亦作堤。

校注：字亦作“堤”,“堤”字見支韻是支反禪支開、薺韻都礼反端薺開。

㡗　大。

校注：字下原從“氏”。字又見霽韻都計反端霽開。

䠙　不能行,為人所引~。

校注：字原從“㫐”不從“是”,誤,《王一》《廣韻》作“䠙”。

〇啼　度嵆反定齊開。悲聲。四十。

校注：“嵆”字原上從“秋”。紐字數作“四十”而實收三十八字。

蹄　足名。亦作蹏。

篪　竹名。

提　持。

校注：字又見支韻是支反禪支開。

詆　訶。又丁礼反端薺開。

校注：字又見薺韻都礼反端薺開、錫韻他歷反透錫開。

瑅　玉~。

桋　木名。

校注：字又見脂韻以脂反以脂A開。

題　楄頭。

媞　笑好。

校注：字又見紙韻丞紙反禪紙開。

題　視。又徒計[反]定霽開。次。亦作䚫。

校注：“反”字原奪,《王一》有字。字又見霽韻特計反定霽開。

綈　厚繒,色緑而深。

罤　兔網。

浾　研米槌。

締　結。又徒帝反定霽開。〖二十五〗。

校注：“二十五”三字衍。字又見霽韻特計反定霽開。

稊　~子草。或作苐。

銻　鎕銻,膏糜。

校注：“糜”字誤,當作“䊳”。

醍　酒。又天礼反透薺開。亦醍醐。

校注：字又見薺韻他礼反透薺開。

騠　駃騠,馬名。又丁奚反端齊開。

禔　衣服好。

校注：字又見紙韻丞紙反禪紙開。

鵜　~鶘,鳥名。

荑　苐。

校注：字又見脂韻以脂反以脂A開。

鍗　器。

㔸　虒。

校注：正、注文二字原從“兀”,俗誤。

**庢**　唐庢，石。

**騠**　～肩。又違（達）麗反定霽開。亦作鶙。

**校注：**四等韻例不配云母，又音切上字“違云”字誤，本書特計反定霽開下注“又達鶏反定齊開”，此處“違”蓋爲“達定”字形誤。字又見霽韻特計反定霽開。

**鶗**　鴂，鳥。又才（大）計反定霽開。

**校注：**又才計反，本書霽韻在計反從霽開無此字，“才”當爲“大”字之誤。字又見寒韻徒干反定寒、霽韻特計反定霽開。

**蛦**　螗蛦，小蟬。

**暆**　直視。又与支反以支A開。

**校注：**又与支反，支脂混韻。字又見脂韻以脂反以脂A開。

**睼**　迎視。又吐見反透霰開。

**謕**　轉語。又他奚反透齊開。

**校注：**字又見支韻息移反心支開、齊韻湯稽反透齊開。

**趧**　～鞻，四夷樂名～。

**瓶**　瓷～。

**校注：**字左原從“苐”，誤。

**蕛**　荑～。

**銻**　鎕～。

**鮷**　魚，四足。

**幒**　帢。

**校注：**字原作“㡆”，俗誤。注文“帢”爲“帟”字俗書。《爾雅·釋器》：“幗幒謂之帟。”《玉篇》：“帟，帟幒也。”

**徲**　久。

**禔**　福。又章移反章支開。

**校注：**字又見支韻章移反章支開。

〇**豍**　方奚反幫齊開。豍豆。十三。

**幒**　車簾。

**螕**　牛蝨。

**椑**　～撕，小樹。又樹栽。

**校注：**字又見支韻符羈反並支B開。

**萞**　～麻。

**紕**　謬。又芳脂反滂脂A開。或作誰。

**校注：**字亦作“紕”，“紕”字見脂韻匹夷反滂脂A開。

**篦**　眉～。

**梐**　門外行馬。又防啓反並薺開。

**校注：**字又見薺韻傍礼反並薺開。

**婢**　～竮，短皃。

**悂**　誤。

**狴**　～牢。

**觶**　横角牛。

**箄**　冠飾。

**校注：**字又見支韻府移反幫支A開、紙韻卑婢反幫紙A開。

〇**奚**　胡鷄反匣齊開。何。十四。

**嵇**　山。

**校注：**字原上從“秋”，俗書。

**兮**　詞。從八。丂音考，俗作兮，非真，謬。

**鼷**　鼠小。

**豯**　豕生三月。

**傒**　有所望。又胡礼反匣薺開。待。

**校注：**字又見薺韻胡礼反匣薺開。

嫨　女好。

校注：“好”字誤，《廣韻》作“奴”。

蹊　徑~。

螇　~蚸，似蟬。

榽　~蘇，木名，似檀。

騱　馬，前足白。又驒騱，野馬。

腓　膌腓。又古蜀(蠲)反見齊合。

校注：又古蜀反，本書燭韻居玉反見燭無此字，“蜀”蓋爲“蠲”字之誤。字又見齊韻古攜反見齊合。

郋　里名。

䲣　水虫。

〇鷄　古嵇反見齊開。司晨鳥。正作雞。八。

校注：“嵇”字原上從“秋”。

稽　久。從禾，音雞。古今從禾乡~。

楷　~楓，木，扶杓木。

校注：字右上原從“九”不從“尤”，誤。

枅　乗桁木。

校注：字亦作“秉”，“秉”字見銑韻古典反見銑開。

笄　簪。

蠎　螢火。又口妍反溪先開。

校注：字又見先韻苦賢反溪先開。

鎞　堅~。

卟　卜以疑問。

校注：字又見薺韻康礼反溪薺開。

〇鷖　烏鷄反影齊開。鳧鷖。十。

翳　翳詞。

校注：字又見霽韻於計反影霽開。

譼　相然詞。

嫛　~婗。

磬　美石，黑色。

堅　埃。

校注：字又見霽韻於計反影霽開。

㜣　~撕。

校注：字原左從“女”右從“未”，誤，《廣韻》《集韻》作“㜣”。

緊　赤黑色繒。

黳　小黑。

黟　黑木。

校注：字又見脂韻於脂反影脂A開。

〇倪　五嵇反疑齊開。孩。正作倪。十二。

校注：“嵇”字原上從“秋”。

齯　老人齒更生。

校注：“老人”上原有“雌虹”二字，爲涉下“蜺”字注文誤衍，旁各識兩點。

蜺　雌虹。又五結反疑屑開、五計反疑霽開。亦作霓。

校注：字又見屑韻五結反疑屑開。

婗　小皃。

輗　東轅端。

猊　猿皃。

鯢　雌鯨。

郳　~城，在東海。

貎　~鞔。又五礼反疑薺開。

校注：字又見薺韻吾體反疑薺開。

麑　麛。或作貎。

裞　衣裗。

校注：字又見薺韻吾體反疑薺開、屑韻五結反疑屑開。

兒　~寬。

校注：字又見支韻如移反日支開。

○醯　呼鷄反曉齊開。俗作醯。醋酸。五。

㖒　痛聲。

㿜　病色。

忚　欺謾。

榏　木名。

○西　素雞反心齊開。十二。

棲　日入。或作栖。

校注：字亦作“栖”，“栖”字見霽韻蕪計反心霽開。

㽄　瓦破聲。

校注：字又見支韻息移反心支開。

犀　牛。

嘶　馬~。

撕　提~。

㽄　瘦，痛。

校注：字又見支韻息移反心支開。

㯕　樺㯕，小樹。

屖　瓠~。

㽄　病。

誓　悲。

剸　剌。

校注：字原從“丰”不從“辛”，誤，《廣韻》《集韻》作“剸”。

○梯　湯稽反透齊開。木階。七。

校注：“稽”字右上原從“九”不從“尤”，俗書。

睇　視。又徒計反定霽開。

校注：字又見霽韻特計反定霽開。

鷉　鸊~，小鳥，皮可鎣刀刃。

匾　匾匾，薄。匾字方典反幫銑開。

虒　虎息微。

謕　轉語，相誘。又徒奚反定齊開。

校注：字又見支韻息移反心支開、齊韻度嵇反定齊開。

歋　唾聲。曰笑聲。

○鼙　薄迷反並齊開。鼓聲。[四]。

校注：底本紐字數奪。

椑　圜盖。

校注：字右原從“畁”，誤，《廣韻》作“椑”。字又見支韻府移反幫支A開、昔韻房益反並昔開、錫韻扶歷反並錫開。

膍　~臍。

校注：字又見脂韻房脂反並脂A開。

甈　瓶。

○臡　人兮反日齊開。又奴兮反泥齊開。一。

校注：四等韻例不配日母，人兮反爲例外反切。字又見齊韻奴低反泥齊開、哥韻諾何反泥歌一。

○批　普鷄反滂齊開。擊。四。

錍　斧。又方支反幫支A開。

校注：字又見支韻府移反幫支A開。

剕　斫~。

鷤　~鴂，名鳥。

○齎　即黎反精齊開。持。又子斯反精支開。亦賫。八。

校注：紐字數作“八”而實收七字。字又見脂韻即夷反精脂開。

**𪓰** 擣薑菻為。

**櫅** ~榆,木,堪木作車轂。

**𡛷** 𡠥~。

**呰** ［又］兹此反精紙開。《詩》云“紫~”即此,字別,義同《漢書》,呰字如此也。

**校注**:“又”字原奪,《廣韻》有字。字又見紙韻兹尔反精紙開、薺韻徂礼反從薺開。

**鉔** 利。又似奚反邪(從)齊開。

**校注**:字右原從“市”,俗誤。四等韻例不配邪母,又似奚反從邪混切。字又見齊韻徂嵇反從齊開。

**癠** 炊疾。又祚悌反從霽開。

**校注**:字原作“㢄”,誤,《廣韻》作“癠”。字又見齊韻七嵇反清齊開、霽韻在計反從霽開。

〇**迷** 莫奚反明齊開。失方。五。

**嫛** 齊人呼母。

**校注**:字又見支韻武移反明支A開。

**麛** 鹿兒。

**醯** 醭醯,醬醋上白。醭字怖僕反滂屋一。

**校注**:注文首字誤,《廣韻》作“醭”。字又見寒韻武安反明桓。

**覭** 病人視。

**校注**:字左原缺末筆,爲避太宗名諱之形。

〇**泥** 奴低反泥齊開。土。三。

**校注**:字又見薺韻乃礼反泥薺開、霽韻奴細反泥霽開。

**屔** 頂受水丘。

**臡** 醢有骨。又人兮反日齊開。

**校注**:字又見齊韻人兮反日齊開、哥韻諾何反泥歌一。

〇**谿** 苦嵆反溪齊開。亦作溪、磎。三。

**校注**:“嵆”字原上從“秋”。

**盻** 直視。又下圭反匣齊合。

**校注**:字右原從“开”。字又見齊韻户圭反匣齊合。

**螇** 小𧍘。

**校注**:《廣韻》《集韻》字作“蟿”,本書爲通俗之形。

〇**圭** 古攜反見齊合。十三為一合。十二。

**校注**:“三”字誤,《廣韻》作“圭”。

**珪** 郯上玉。

**邽** 下邽縣,在馮翊。

**閨** 門。

**袿** 婦人上衣。

**䠧** 跔。

**䏶** 膌。

**校注**:字又見齊韻胡鷄反匣齊開。

**㧓** 耶。又紆往反影養合。

**校注**:龍校云:“圭声之字入佳韻齊韻,不入養韻,廣韻、集韻佳韻作㧓,養韻作㧓是也。王氏以㧓㧓形近誤為一字,故此下云又紆往反。”“又疑㧓与㧓本只一字,俗書或作㧓,或作㧓,遂生娃枉二讀。”字又見養韻紆罔反影養合。

**麈** 鹿屬。

**校注**:字原作“麈”,誤,《廣韻》作“麈”。

**鮭** 鯸。

鞋　田器，可稜麦。

甐　或窐。又户圭反匣齊合。

校注："或"下脱"作"字。齊韻户圭反匣齊合收"䥶"，注曰："甐下孔。或作窐。"

〇睽　苦圭反溪齊合。異。又古携反見齊合。十。

奎　星名。

湀　泉，出通川。又古比反見旨A合。

校注：字又見旨韻葵癸反群旨A合、屑韻苦穴反溪屑合。

刲　割刺。

茥　缺盆草。

觟　六畜項中肉。

蔟　瓠瓤。亦作瓤。

圭　薑~。

蛙　蜆。

挂　中鉤。亦作刲。

校注：字原作"桂"，俗誤，《廣韻》作"挂"。

〇攜　户圭反匣齊合。十五。

校注：紐字數作"十五"而實收十三字，補回脱漏字頭"懏"(參"懏"字條校注)，亦止十四字。

蠵　大龜。

鑴　大錐。

蠲　人姓。

䥶　甐下孔。或作窐。

校注：齊韻古攜反見齊合收"甐"，注云："或窐。又户圭反匣齊合。"

畦　菜~。

嶲　似馬而一角。亦作驨。

酅

校注：本書注文奪。《切三》《廣韻》："地名，在東平。"

［懏］　離心。

校注：底本字頭奪，"離心"二字誤繫於"酅"字下。《切三》："離心。"《廣韻》："離心也。"

嶲　姓。亦作毒。

校注："毒"字誤，《廣韻》作"毒"。

攜　㩗。

校注：字原作"攜"，誤，《廣韻》不誤。

盻　~然能視。又口奚反溪齊開。

校注：字右原從"幵"。字又見齊韻苦嵆反溪齊開。

眭　深目。不(又)胥規反心支合。

校注："不"字誤，當作"又"。字又見支韻息為反心支合、支韻許隨反曉支A合、脂韻許維反曉脂A合。

劃　削。

〇移　成西反禪齊開。榶棣，木~名。又余氏以紙A開、以支以支A開二反。［一］。

校注：四等韻例不配禪母，成西反爲例外反切。底本紐字數奪。字又見支韻弋支反以支A開。

〇眭　呼圭反曉齊合。目瞢。一。

〇烓　烏攜反影齊合。行竈。一。

校注：字又見迥韻口迥反溪迥合。

# 十三佳

〇佳　古膎反見佳開。美。二。

街　道。

〇膎　户佳反匣佳開。脯。五。

鞵　屩。亦作鞋。

校注：注文首字誤，《廣韻》作"屩"。

慀　腨慀，心不平。

揳　挾。

褉　袖。

〇牌　薄佳反並佳開。牓。五。

校注：字又見皆韻步皆反並皆開。

鵯　魚名。

簰　大桴曰簰。

校注：字亦作"洴"，"洴"字見霽韻匹計反滂霽開。

郫　縣名，在蜀。又符羈反並支B開。

校注：字又見支韻符羈反並支B開。

犤　牛。又蒲池反並支B開。

校注：字又見支韻符羈反並支B開。

〇媧　姑柴反見佳合。七。

校注："柴"開口字，此開合憑切。

緺　青緺綬。

校注：字又見麻韻古華反見麻合二。

諣　譋惰。

校注：字右原"𦍌"作"口"形，俗書。

騧　馬色。

校注：字又見麻韻古華反見麻合二。

蝸　~牛，小螺。

校注：字又見麻韻古華反見麻合二。

腡　手理。

校注：字又見哥韻落過反來戈一。

歄　婗~。

〇蛙　烏緺反影佳合。蝦蟇屬。三。

絓　恶絲。

校注：字又見卦韻胡卦反匣卦合。

喎　口戾。

〇柴　士佳反崇佳開。薪。俗作[illegible]。七。

校注：字又見卦韻士懈反崇卦開。

祡　祭天。

齜　~齻，齒不正皃。

茈　~胡，藥名。又茲尔反精紙開。

校注：字又見紙韻茲尔反精紙開。

痄　疵~。

校注：字又見卦韻士懈反崇卦開。

厜　積~。

校注：字又見寘韻奇寄反群寘B開。

輂　連車。又士諧反崇皆開。

校注：字又見脂韻取私反清脂開。字亦作"輂"，"輂"字見脂韻疾私反從脂開、皆韻士諧反崇皆開。

〇釵　楚佳反初佳開。婦人歧笄。六。

校注：字又見麻韻初牙反初麻開二。

靫　鞴靫。鞴字薄布反並暮。也。

校注："也"字衍，各書無。字又見麻韻初牙反初麻開二。

叉　兩支。

校注：字又見麻韻初牙反初麻開二。

嗟　瑕。

校注：字又見麻韻初牙反初麻開二。

剎　剳。

校注：字又見麻韻初牙反初麻開二。

甋　~瓻。

校注：字又見麻韻初牙反初麻開二。

〇𠯈　火咼反曉佳合。不正。三。

校注：字右原“口”“𠀆”皆作“厶”形，俗書。本書“咼”字入馬韻，《廣韻》佳韻有“咼”字，音苦緺切溪佳合，本書無是紐。

喎　口偏。

校注：字右原“口”“𠀆”皆作“厶”形，俗書。

䔳　外錯。

校注：注文首字《廣韻》《集韻》作“舛”。

〇羪　妳佳反娘佳開。羪~，胡羊。二。

校注：“羪~”，《王二》《集韻》作“羪𦏳”，《廣韻》作“𦏳羪”，本書誤。

諕　言不正。

〇崖　五佳反疑佳開。山崖。六。

啀　犬鬬。

涯　水際。

齷　齹~。

霂　兩聲。又牛林反疑侵B。

校注：字下原從“辰”不從“㐺”，誤。“兩”字誤，《王二》《廣韻》作“雨”。字又見侵韻魚音反疑侵B。

厓　山邊。

〇娃　於佳反影佳合。美女皃。四。

洼　水名。

校注：字又見麻韻烏瓜反影麻合二。

哇　淫聲。又烏瓜反影麻合二。

校注：龍校云：“疑此下又烏瓜反係洼下又切誤植。王二沿其誤，廣韻又收之麻韻耳。”

哯　嘔。

〇崽　山佳反生佳開。呼彼之稱。又山皆反生皆開。二。

校注：又山皆反，本書無生母皆韻開口一紐。

簁　濾。又山猗反生支開。

校注：字又見支韻所宜反生支開。

〇睯　火佳反曉佳開。笑。二。

欥　㰤吹，氣逆。

校注：注文首二字誤，《王二》《廣韻》作“欸欥”。

〇扠　丑佳反徹佳開。以拳加人。亦作搋，~音丑皆反徹皆開。一。

校注：丑皆反，本書無徹母皆韻開口一紐。

〇䁅　草（莫）佳反明佳開。視皃。二。

校注：字原作“䁅”，俗誤，《王二》《廣韻》作“䁅”。“草”字誤，《切三》《王二》作“莫”。

䩈　䩠。

〇諰　所柴反生佳開。語。一。

校注：此紐與山佳反生佳開“崽”紐重出。字又見止韻胥里反心止。

# 十四皆

〇皆　古諧反見皆開。皆。正作皆。十四。

校注：正作字當作“皆”。

偕　俱。

䅳　麻稈。

校注：字又見黠韻胡八反匣黠開。

**喈**　鳥聲。

**階**　級~。

**腊**　瘦~。

**校注**：字又見蟹韻口解反溪蟹開。

**薢**　~苦，藥名，決明子是。

**校注**：“苦”字誤，《切三》《廣韻》作“苦”。字又見蟹韻加買反見蟹開、卦韻古隘反見卦開。

**荄**　草根。又古哀反見咍。

**校注**：字又見咍韻古哀反見咍。

**痎**　虎。

**校注**：“虎”字誤，《切三》《廣韻》作“瘧”。

**堦**　砌。

**瓶**　牝瓦。

**颽**　疾風。

**鍇**　九江謂鐵。又古駭反見駭。

**校注**：字又見駭韻苦駭反溪駭、駭韻古駭反見駭。

**鶛**　鶷鶡，鳥。

〇**諧**　户皆反匣皆開。和。七。

**湝**　風雨不止。

**骸**　骨。

**瑎**　黑石。

**騇**　馬性和。

**龤**　樂名。

**蕆**　~蔽。

〇**排**　步皆反並皆開。推。五。

**輫**　車箱。

**校注**：字又見灰韻薄恢反並灰。

**俳**　優。從大，彳是徘徊字。

**校注**：“大”當作“人”。

**牌**　~牓。

**校注**：字又見佳韻薄佳反並佳開。

**碩**　曲頤。又蒲來反並咍。

**校注**：字又見脂韻敷悲反滂脂B開、灰韻薄恢反並灰。

〇**乖**　古懷反見皆合。背。亦作乖。一。

〇**懷**　户乖反匣皆合。又胡來反匣咍。八。

**褱**　~夾。

**櫰**　木。又古迴反見灰。

**校注**：字又見灰韻公迴反見灰。

**鱞**　戎狄鹽。

**褢**　崴~。

**犪**　似牛，四角。

**淮**　水名。

**孃**　和。

〇**匯**　苦淮反溪皆合。澤名。又胡罪反匣賄。三。

**搉**　摩~。

**劥**　劥。

〇**豺**　士諧反崇皆開。狼。四。

**儕**　等。

**輂**　次。又却車廂。又士佳崇佳開、取私清脂開、疾離從支開三反。

**校注**：又疾離反，支脂混韻。字又見佳韻士佳反崇佳開。字亦作“輂”，“輂”字見脂韻取私反清脂開、脂韻疾脂反從脂開。

**嵙**　山，在五林。

〇差　楚皆反初皆開。簡。二。

校注：字又見支韻楚宜反初支開、卦韻楚懈反初卦開。

赽　起去。

校注：字又見咍韻倉來反清咍。

〇虺　呼懷反曉皆合。虺𤛆，馬病。一。

校注：字又見尾韻許偉反曉尾合。

〇埋　草(莫)皆反明皆開。藏。亦作薶。三。

校注："草"字誤，《廣韻》作"莫"。

霾　風而雨土。

䨪　慧~。

〇齋　側皆反莊皆開。齊。一。

〇崴　乙乖反影皆合。不平狀。三。

溾　~涹，濊濁。

校注：字又見賄韻胡罪反匣賄。

𩞄　亦作䫌。

〇𪎭　卓皆反知皆開。𪎭。一。

〇揩　客皆反溪皆開。揩摨，摩拭。二。

緒　大絲。

〇摨　諾皆反泥(娘)皆開。揩~。一。

校注："諾"泥母字，諾皆反泥娘類隔。

〇俙　呼皆反曉皆開。訟。一。

校注：字又見尾韻希豈反曉尾開。

## 十五灰

〇灰　呼恢反曉灰。俗作灰。四。

豗　豕掘地。

䖶　黄白色。

瘣　馬病。

〇恢　苦回反溪灰。大。亦作㞀。六。

詼　~嘲。

悝　病。一曰悲聲。

魁　師。一曰北斗星。

簂　箭竹。又苦懷(壞)反溪怪合。

校注："懷"皆韻字，此當爲"壞"字之誤。字又見怪韻苦壞反溪怪合。

顝　醜。又口兀溪沒、口猥溪賄二反。

校注：字又見賄韻口猥反溪賄、沒韻苦骨反溪沒。

〇隈　烏恢反影灰。水曲。

煨　煻煨，火。

緭　五色絲飾。

椳　樞。

偎　國名。

䫿　風低。又乃罪反泥賄。

校注：字亦作"颾"，"颾"字見賄韻奴罪反泥賄。

䚈　角曲中。

校注：字原作"䚈"，俗誤，《廣韻》作"䚈"。

〇回　户恢反匣灰。旋。九。

洄　逆流。

佪　徘~。

迴　覆轉。

校注：字又見隊韻胡對反匣隊。

瑰　玫瑰，火齊珠。

槐　守宫槐，木名。

蚘　人腹中虫。

郱　鄉名,在睢陽。

焨　光色。

〇枚　莫盃反明灰。一箇。十二。

媒　妁。

玫　~瑰。

梅　似杏而酸。亦作楳。

煤　~炱。

脢　胎經二月。又苦(莫)背反明隊。

校注:"苦"字誤,當作"莫"。字又見隊韻莫佩反明隊。

脄　背肉。又亡代反明代。

校注:字又見代韻莫代反明代。

腜　孕始兆。

禖　求子祭。

罞　雉網。

鋂　大環。

莓　~,美盛皃。

校注:字又見隊韻莫佩反明隊。字亦作"苺","苺"字見候韻莫候反明候。

〇瓌　公迴反見灰。瑋。四。

傀　大皃。

校注:字又見賄韻口猥反溪賄。

藱　菜。又胡罪反匣賄。

校注:字又見賄韻胡罪反匣賄。

櫰　木,食多力。又為乖反云(匣)皆合。

校注:二等韻例不配云母,又為乖反云匣混切。字又見皆韻户乖反匣皆合。

〇雷　路回反來灰。小霆。正作靁。八。

罍　酒器。或作鑘。

儡　~同。

校注:字又見賄韻落猥反來賄。

勵　勉。

校注:字又見隊韻盧對反來隊。

畾　田閒。

甂　橊。又[力]救反來宥。

校注:"力"字原奪,《王一》有字。龍校云:"甂字王一同。廣韻集韻作甂。……字又見宥韻力救反來宥下,注云擂又力迴反來灰。……甂又讀力迴反來灰者,盖俗書譌為甂字,遂從雷灰字讀之耳。"字又見宥韻力救反來宥。

轠　轤~,不絶。

瓃　玉名。

校注:字又見脂韻力追反來脂合、至韻力遂反來至合。

〇穨　杜回反定灰。暴風。十一。

癀　陰病。

墤　下墜。

魋　以熊而小。又人名。

校注:"以"字誤,《切三》《王一》《廣韻》作"似"。

膭　膗膭,屋破狀。

頹　禿。

穨　棺覆。

校注:字原作"撴",誤,《廣韻》作"穨"。

蹪　蹪仆。

校注:字右原從"遺",誤,《廣韻》作"蹪"。

讉　誺。

校注：注文字誤，《王一》《廣韻》作“謀”。

蘬　牛~。

雇　壓。或作隤字。

○崔　此回反清灰。人姓。又子雖反精脂合。三。

校注：字又見灰韻昨回反從灰。字亦作“嶉”，“嶉”字見脂韻醉唯反精脂合，訓“高皃”，又見㕦韻遵誄反精旨合，訓“山状”。

催　促期。

縗　喪衣。

○磓　都回反端灰。落。五。

餹　餅。

堆　聚土。

頧　冠名。

搥　擿。亦作䜅。

校注：字原作“槌”，俗誤，《王一》不誤。

○摧　昨回反從灰。折。四。

校注：字原作“榷”，俗誤，《王一》《廣韻》作“摧”。

嶊　~嵬。与人姓崔者同音呼別。

校注：字又見灰韻此回反清灰，訓“人姓”。“崔嵬”字亦作“嶉”，“嶉”字見脂韻醉唯反精脂合，訓“高皃”。

慛　傷~。

檇　木擣。又子涙反精至合。

校注：字又見脂韻醉唯反精脂合、至韻將遂反精至合。

○膗　素回反心灰。膭膗。三。

挼　擊。

校注：字原作“桵”，俗誤，《切三》《王一》《廣韻》作“挼”。字又見哥韻奴和反泥戈一。

鞴　鞘。

校注：字亦作“韉”，“韉”字見支韻山垂反生支合。

○裴　薄恢反並灰。人姓。七。

徘　~徊。

培　益。

陪　厠。

䣙　鄉名，在河東聞喜。

校注：字又見微韻符非反並微合。

頯　曲頣。

校注：字又見脂韻敷悲反滂脂B開、皆韻步皆反並皆開。

輫　箱。

校注：字又見皆韻步皆反並皆開。

○杯　布回反幫灰。盞。一。

○肧　芳杯反滂灰。肧胎一月。五。

校注：字又見尤韻匹尤反滂尤。

坏　瓦未燒。

痞　弱。

醅　酒未漉。

校注：字又見尤韻匹尤反滂尤。

衃　凝血。又匹尤反滂尤。

校注：字又見尤韻匹尤反滂尤。

○鮠　五回反疑灰。魚名，似鮎。三。

桅　舩上幢。

校注：字又見紙韻居委反見紙合B。

嵬　崔~。

○鮐　他回反透灰。亦作䩬。四。

蓷　草名，益知。一名鵻葵。

校注：《爾雅·釋草》：“蓷……又名益母。”“知”字誤。

屦　履~。

校注：字亦作“屦”，“屦”字見灰韻子回反精灰。

推　進。

校注：字又見脂韻尺隹反昌脂合。

〇𡡉　乃回反泥灰。古之善塗者。又奴旦反泥翰。二。

校注：字原作“㦻”，誤。字又見翰韻奴旦反泥翰。

捼　摩。

校注：字又見脂韻儒隹反日脂合。字亦作“撋”，“撋”字見仙韻而緣反日仙合。

〇朘　子回反精灰。赤子陰。亦作痠、峻，見《老子》。二。

校注：“痠”字誤，《廣韻》《集韻》作“屡”。

屦　粗者。

校注：字亦作“屦”，“屦”字見灰韻他回反透灰。

# 十六咍

〇咍　呼來反曉咍。笑。亦作欸。二。

㰻　誒㰻，笑聲。

校注：字原作“㰻”。龍校云：“㰻當是䝮字之誤，訓作笑聲則誤䝮為吹耳，當云剛卯也。”注文“㰻”字亦爲“䝮”字之誤。

〇開　苦哀反溪咍。張。或作闓。三。

校注：字亦作“闓”，“闓”字見代韻苦愛反溪代。

誒　~㰻。

校注：“㰻”字誤，《集韻》作“䝮”。

𡖅　多。亦作奃。

〇哀　烏開反影咍。悲。五。

埃　塵~。

唉　慢膺。又於其反影之。

校注：字又見駭韻於駭反影駭。

欸　歎。

校注：字又見海韻於改反影海。

焕　熱。

校注：字又見之韻許其反曉之。

〇臺　徒哀反定咍。高。九。

擡　舉。

落　魚衣濕者曰濡落。

校注：“落”字誤，《切三》《王一》《廣韻》作“菭”。

炱　~煤。

嬯　鈍劣。

薹　蕓~。

跆　蹋。

箈　竹萌。

校注：字又見止韻胥里反心止、海韻徒亥反定海。

苔　水衣。

〇該　古哀反見咍。市。十六。

校注：“市”字誤，《王一》作“帀”。

孩　豕四蹄白。

校注：字亦作“豥”，“豥”字見咍韻胡來反匣咍。

垓　八極。又垓下，隄名。

荄　草根。又〖根〗古諧反見皆開。

校注：下“根”字衍，《切三》《王一》《廣韻》

無。字又見皆韻古諧反見皆開。

郂　鄉名，在陳留。

殰　羊胎。

校注：字又見咍韻五來反疑咍。

剴　木鐮。一曰摩。又五哀反疑咍。

校注："木"字誤，《廣韻》作"大"。字又見咍韻五來反疑咍。

陔　殿階之次序。

姟　數，十萬曰姟。

餩　餄。

校注：字又見德韻愛墨反影德開。

祴　《～夏》，樂章。

齸　牙。亦作殰。

校注：字原作"齛"。

絯　挂。

胲　足大指肉毛。

賅　奇，非常。又〖改〗胡改［反］匣海。亦作侅。

校注：上"改"字衍，"胡改"下奪"反"字，《王一》云"又胡改反"。字又見海韻胡改反匣海。

晐　備。

校注：字原作"晐"，俗誤，《王一》《廣韻》作"晐"。

〇裁　昨來反從咍。製。七。

校注：字又見代韻在代反從代。

纔　僅。

校注：字又見銜韻所銜反生銜。

財　貨。

材　物好。

豺　麴。

芓　蔽～。

才　能～。

〇來　落哀反來咍。往。十九。

萊　藜。又東萊郡，在青州。

校注：字又見代韻洛代反來代。

郲　～，地名，在蜀。

校注：字又見賄韻落猥反來賄。

騋　馬高七尺。

崍　～嵦，山。

斄　鄉名，在扶風。又力之反來之。

秣　毛起。又力咨反來脂開。亦作綵。

校注：又力咨反，脂之混韻。字又見之韻理之反來之。

鶆　鵣鳩。

鯠　鮤。

貍　貍別名。

麳　小麥。亦作秣。

梾　椋。

琜　瓄玉。

睞　耕外土奮。

徠

校注：底本注文奪。《王一》："徠，還。又力代反。"《廣韻》："徠，還也。又力代切。"

［黧］　～黵，大黑。

校注：底本字頭奪，"～黵大黑"誤繫於"徠"字下。

庲　舍。

淶　水名，出北。

校注："北"下脫字，《王一》云："在北地"，當據補。《廣韻》云:"水名,出涿郡。"

逨　至。又力代反來代。

校注:字又見代韻洛代反來代。

〇灾　祖才反精咍。禍。正作裁、災。五。

栽　種。

哉　詞。俗作𢦏。

睵　睬~。

渽　水名。

〇猜　倉來反清咍。疑作猜。三。

偲　才。

赿　疑。

校注:字又見皆韻楚皆反初皆開。

〇胎　湯來反透咍。孕三月。亦 炲。四。

鮐　魚。

台　三台星。

邰　地名,在始平。

〇孩　胡來反匣咍。始生小兒。八。

咳　小兒笑。

䯊　長皃。

頦　頦車。又胡乃反匣海。

校注:字又見海韻古亥反見海、海韻胡改反匣海。

揩　觸。

趩　留意。

鰔　鯹。

豥　豕白蹄。又五哀反疑咍。

校注:字亦作"狢","狢"字見咍韻古哀反見咍。

〇鰓　蘇來反心咍。魚頰。四。

揌　擡~。

粞　碎米。

䚡　角中骨。

〇皚　五來反疑咍。白雪。七。

嵦　崍~。

敳　有所料理。

殪　殺羊出胎。一曰痴。[又]公哀反見咍。

校注:"又"字原奪。字又見咍韻古哀反見咍。

剴　木鎌。

校注:字又見咍韻古哀反見咍。

膯　肥。

隑　長。

〇能　年來反泥咍。獸。又奴代反泥代。又作䏻。二。

校注:字又見登韻奴登反泥登開、代韻奴代反泥代。

痭　病。

〇䣙　扶來反並咍。版。二。

棓　人姓。

校注:字又見講韻步項反並講。

〇黸　丁來反端咍。大黑。一。

# 十七眞

〇眞　職鄰反章真。俗作真。十三。

甄　姓。又居延反見仙A開。

校注:字又見仙韻居延反見仙A開。

振　震。又之忍(刃)反章震。

校注："忍"字誤，《切三》《廣韻》作"刃"。字又見震韻職刃反章震。

禛　以真受福。

眕　塲。又之忍反章軫。俗作昣字。

校注：字亦作"昣"，"昣"字見軫韻之忍反章軫。

唇　驚。亦作㖘。

鼖　鼓敵。

䵋　豖首。

萛　茚。

桭　抰振。亦作拒。

校注："抰""振""拒"爲"柍""桭""梐"字俗誤。

磌　礩。又徒賢反定先開。

校注：字又見先韻徒賢反定先開。

帪　馬囊。

稹　穊。又之忍反章軫。

校注：字又見軫韻之忍反章軫。

〇春　昌脣反昌諄。首時。一。

〇脣　食倫反船諄。口~。三。

蓐　牛蓐，草名，似蘭。

漘　水際。

〇匀　羊倫反以諄。遍。一。

〇淪　力屯反來諄。没。十二。

倫　等理。

論　語。又盧昆反來魂。

校注：字又見魂韻盧昆反來魂、慁韻盧寸反來慁。

舲　舩。

輪　車~。

陯　山阜。

鯩　魚名。

蜦　神虵，能興雲雨。

校注：字又見霽韻魚(魯)帝反來霽開。

棆　木名。

綸　絲~。

惀　思。［又］力衮反來混。亦作侖。

校注："又"字原脱。字又見混韻盧本反來混。

踚　行。

〇屯　陟倫反知諄。三。

校注：字又見魂韻徒渾反定魂。

窀　~穸，下棺。

校注：字又見魂韻徒渾反定魂、山韻除頑反澄山合。

帽　布貯。又丈旬反澄諄。

校注：字原作"惛"，俗誤，《廣韻》作"帽"。字又見真韻文(丈)倫反澄諄、混韻徒損反定混。

〇純　常倫反禪諄。又充(之)允反章準。縁。十。

校注：又充允反，本書軫韻尺尹反昌準無此字，另見處上字作"之"，"充"蓋爲"之"字之誤。字又見軫韻之尹反章準。

蒓　蒲秀。

蒓　水葵菜。

醇　醲酒。

鶉　鵪鶉，鳥名。

忳　憂。

錞　所以和鼓。

淳　清~。俗淳。

校注："俗"下脱"作"字。

陙　小阜。

奄　大~。

〇犉　如均反日諄。牛七尺。三。

瞤　目動。或作旬。

䨺　䨺雞。

校注：字左下原從"火"不從"大"，俗誤。

〇因　於鄰反影真A。十六。

茵　褥~。

禋　祭六宗。

闉　~闍，城上門。

校注：底本字頭下雙行小注，右行"~城上"，左行"闍門"，當讀如録文。然款式不合例。蓋已書"~闍"，又覺"城上門"漏書，遂補書如是。

駰　馬文。又於巾反影真B。

烟　~熅，天地氣。

湮　沉。

氤　~氳。

垔　塞。

諲　敬。

姻　婚。

捆　就。

校注：字原作"栶"，俗誤，《廣韻》作"捆"。

茵　車中重席。

裀　衣身。

絪　~緼，元氣。

洇　水名。

〇珍　陟鄰反知真。寶。三。

校注：字右原作"尔"形。

填　壓。又徒堅反定先開。

校注：字又見先韻徒堅反定先開。

鎮　戍。又陟刃反知震。

校注：字又見震韻陟刃反知震。

〇新　思鄰反心真。初。三。

辛　罪~。

薪　炊火木。

〇辰　植鄰反禪真。十一。

晨　早。

校注：字亦作"晨"，"晨"字見真韻食鄰反船真。

宸　屋，天子所宫。

鷐　~風，鸇。

麎　牡麋。

校注："牡"字誤，《爾雅》《切三》《廣韻》作"牝"。

臣　卑稱。

脣　重脣。

校注：字原作"辰"，誤，《廣韻》《集韻》作"脣"。"辰"爲"脣"字之誤，《廣韻》《集韻》可證。

茞　草。

㖘　擊聲。

鄑　人姓。

郇　地名。又之刃反章震。

校注：字又見震韻職刃反章震。

〇仁　如鄰反日真。能。三。

人　八為人。

杒　屋上。

〇申　書鄰反書真。舒。十。

伸　展。

娠　孕。又脂刃反章震。

校注：字又見震韻職刃反章震。

紳　大帶。

呻　~吟。

身　己。

胂　胸。

㑗　妊。

𠬪　引。

校注：字原作“叟”，誤，字見《説文·又部》。

魋　山神。

○神　食鄰反船真。精氣。二。

晨　平旦。又時真反禪真。通俗作晨。

校注：字亦作“晨”，“晨”字見真韻植鄰反禪真。

○獜　丑珍反徹真。三。

校注：紐字數作“三”而實收二字。

縝　狂。一曰欲仆。

校注：字又見軫韻之忍反章軫。

○鄰　力珍反來真。俗隣。十六。

校注：“俗”下脱“作”字。

轔　車聲。

嶙　~峋，深崖狀。

校注：字又見軫韻力軫反來軫。

粼　水在石間。

校注：此爲“粼”字俗書。

疄　田壠。

校注：字又見震韻力晉反來震。

麟　麒~，獸。亦作麐。

驎　大鹿。

駗　馬色。

鱗　木屬。

翷　飛皃。

鱗　魚名。

校注：字“魚”旁原從“未”“支”，誤，兹據《説文》《廣韻》《集韻》録字。

粦　鬼火。又力辰(震)反來震。

校注：“力辰反來真”即“力珍反來真”，又音與正切同，又音誤。“辰真”蓋爲“震震”字之誤。字亦作“燐”，“燐”字見震韻力晉反來震。

璘　隴~。

鏻　健皃。又力丁反來青開。

繗　紹~。

獜　似豕，黄身。

○穜　巨巾反群真B。又己陵[反]見蒸開。三。

校注：字原作“槿”，誤。“反”字原奪，《廣韻》“穜”字注：“古作矜”，本書蒸韻居陵反見蒸開下有“矜”字。

堇　黏土。

校注：字原作“堇”，爲俗書。

蛉　虫連行。又力丁反來青開。

校注：字又見青韻郎丁反來青開。

○陳　直珍反澄真。布。五。

䍵　獸名，似羊，目在耳後。

校注：字又見送韻多貢反端送一。

塵　土埃。

敶　烈~。

校注：“烈”字誤，《廣韻》作“列”。字又見震韻直刃反澄震。

**趁** 𧽈~。

**校注：**字又見獮韻居(尼)展反娘獮開、震韻丑刃反徹震。

〇**津** 將鄰反精真。際。三。

**璡** 美石次玉。

**濜** 氣液。

〇**瞋** 昌鄰反昌真。怒。亦作謓。秘書作瞚字。三。

**䐜** 肉脹起。

**䡩** 縊~。

**校注：**字左原從"籴"，誤，《廣韻》字作"䡩"。

〇**秦** 匠鄰反從真。從禾俗秦字。三。

**螓** 蜻，虫。

**㩦** 牛。

〇**親** 七鄰反清真。近屬。一。

**校注：**字又見震韻七刃反清震。

〇**礥** 下珍反匣(云)真B。又下憐反匣先開。一。

**校注：**三等韻例不配匣母，下珍反云匣混切。字又見先韻胡千反匣先開。

〇**夤** 余真反以真A開。敬。四。

**寅** 平旦。又以脂反以脂A開。

**校注：**字又見脂韻以脂反以脂A開。

**䏶** 脊~。

**黃** 菟爪草。

〇**銀** 語巾反疑真B。白金。十。

**犾** 犬聲。又作㹞。

**校注：**字亦作"犾"，"犾"字見殷韻語斤反疑欣。

**𧴥** 獸，多力，西國人家養之。亦作兩虎爭。

**校注：**字亦作"贙"，"贙"字見銑韻胡犬反匣銑合、霰韻黃練反匣霰合。

**㮕** 木名，白色。

**鄞** 縣名，在會稽。又牛斤反疑欣。

**校注：**字又見殷韻語斤反疑欣。

**圁** ~陽縣，在西河。又語斤反疑欣。

**校注：**字又見殷韻語斤反疑欣、山韻五閑反疑山開。

**誾** 和。或作訔。

**珢** 石次玉。又公恨反見恨。

**泿** 漄。

**嚚** 愚。

〇**紉** 女人反娘真。單繩。一。

〇**巾** 居鄰反見真B。一。

〇**民** 弥鄰反明真A。文帝諱。四。

**䁕** 低目視。

**校注：**字原作"䁕"，俗誤，《廣韻》作"䁕"。

**泯** 沒。又武忍反明軫A。今作汦。

**校注：**今作字缺末筆，爲避太宗名諱之形。字又見軫韻武盡反明軫A。

〇**賓** 必鄰反幫真A。客。作賔。七。

**校注：**字原作"賔"，俗書。"作"上脫"俗"字。紐字數作"七"而實收六字。

**濱** 水際。或作瀕。

**檳** ~榔。

**顮** 頭憒滿。

**校注：**字左原從"賔"。"憒滿"二字《廣韻》作"憒懣"。

**矉** 恨悵。

校注：字右原從"賔"。

覩　~覵，蹔見。又匹刃反滂震A。

校注：字左原從"賔"。字又見震韻必刃反幫震A。

〇荀　相倫反心諄。人姓。十五。

郇　地名，在河東。

詢　諮~。

眴　眩。

校注：字又見霰韻黄練反匣霰合。

峋　嶙~。

珣　玉。

栒　木名。

栒　~邑縣，在扶風。

洵　水名。又詳遵反邪諄。

恂　信心。

欨　逆氣。

楯　杶~。

檈　圜~。

校注：字又見仙韻似宣反邪仙合。

畇　田。又徐均反邪諄。

校注：字又見真韻詳遵反邪諄、先韻徒賢反定先開。

姰　狂。又胡餇反匣霰合。

校注：字又見霰韻黄練反匣霰合。

〇遵　將倫反精諄。承。二。

跧　蹷。又阻圓〖二〗反莊仙合。

校注："二"字衍，《切三》《廣韻》無。字又見仙韻居負反（莊緣反莊仙合）。

〇逡　七旬反清諄。逡巡，退。［九］。

校注：底本紐字數奪。

竣　止。一曰改。

皴　細皮起。

㕙　東郭㕙，古之狡兔也。

校注：字又見震韻子峻反精稕。

墫　儛皃。

蹲　喜皃。

踆　追。亦作夋。

校注："追"字《廣韻》作"退"。

夋　倨~。

捘　□~。

校注：龍校云："注文首字右半以雌黄塗改，今脱落不可見。廣韻云推也，語見説文；廣雅釋詁云按也。並从手旁。未審此究係何字。"字又見隊韻子對反精隊，訓"推捘"，此處不可辨之字當亦爲"推"，合《廣韻》。

〇旬　詳遵反邪諄。十日。十三。

巡　方行。

馴　擾習。

循　善。

揗　從。又摩。

犉　牛行遲。

紃　圜采絛。又食倫反船諄。

畇　~，墾田辟。又蕭均反心諄。

校注：字又見真韻相倫反心諄、先韻徒賢反定先開。

畬　田力均反。

校注：龍校云："力均反，本書力屯反來諄無此字，各書同。廣韻云均也，集韻銑韻胡犬切匣銑合下云田平均也，疑此是田平均之誤。"

**鱻** 三泉。又俱選反見獮合/見線合。

**校注**：又俱選反，本書無見母獮韻合口一紐，亦無見母線韻合口一紐。字又見仙韻昌緣反昌仙合。

**緍** 繞。

**校注**：字原作"紿"，誤，《廣韻》作"緍"。

**趨** 大皃。

**校注**：字原作"趨"，誤，"大"當作"走"，《廣韻》《説文》可證。

**楯** 欄檻。

**校注**：字又見軫韻食尹反船準。

〇**頻** 符鄰反並真A。～。十一。

**嬪** 九嬪。一曰妻死曰～。正作嬪。

**蘋** 大萍。又作蕒。

**校注**：又作字誤，《廣韻》以"蕒"爲"蘋"字或體。

**櫇** 木名。

**玭** 珠。

**蠙** 珠母。

**校注**：字又見先韻蒲田反並先開。

**獱** 獺別名。

**矉** 蹙眉～。

**嚬** 笑～。

**顰** 蹙皃。

**校注**：此字蓋即"矉"字俗誤，然上文已出"矉"字。

**䫌** 鬼皃。〖又必鄰反幫真A〗。

**校注**：字原從"見"不從"鬼"，且"宀""貝"間作"步"形，誤，《廣韻》作"䫌"，合《説文》。又必鄰反爲"覿"字音，此又反因形而衍。

〇**繽** 敷賓反滂真A。亦繽紛。［三］。

**校注**：底本紐字數奪。

**翸** 飛皃。亦作翂。

**校注**：字左原從"賔"。

**幩** 蔽皃。

**校注**：字原從"忄"從"賔"，從"忄"爲俗書。"蔽"當作"敝"，《萬象名義・巾部》："幩，敝皃。"

〇**均** 居春反見諄A。平匀。三。

**鈞** 卅斤。

**袀** 服。

〇**鷷** 昨匀反從諄。西方名雉。一。

〇**椿** 勑屯反徹諄。木名。五。

**校注**：紐字數作"五"而實收四字，底本次列列首有"鶞"字，同切重出，當即此紐抄漏之字，參"鶞"字條校注。

**輴** 載柩車。亦作軘。

**校注**：注文次字誤，《切三》《廣韻》作"柩"。

**橁** 似榑。

**杶** ～榦。

〇**䣮** 文(丈)倫反澄諄。純美。二。

**校注**："文"字誤，《切三》作"丈"，《廣韻》作"直"。

**帪** 布帍。又陟倫反知諄。

**校注**：字原作"愖"，俗誤，《廣韻》作"帪"。字又見真韻陟倫反知諄、混韻徒損反定混。

〇**鶞** 勑屯反徹諄。鷹。上杶遺。一。

**校注**：此與"椿"紐同切，然居次列列首，當爲補書，可併入"椿"紐，參"椿"字條校注。

〇**諄** 之純反章諄。至。二。

**校注：**字又見震韻之閏反章稕。

**肫**　面頫。又子罪反精賄。

**校注：**注文次字誤，當作“頯”，《説文》可證。字又見賄韻子罪反精賄。

○**蘙**　於巾反影真B。又於玄反影先合。一。

**校注：**字又見先韻烏玄反影先合。

○**贇**　於倫反影諄B。美好。五。

**奫**　水皃。

**頵**　頭曲。

**校注：**字又見真韻居筠反見諄B。

**蝹**　~，龍皃。

**壼**　鬱。又於芬反影文。

**校注：**字原作“壺”，誤，兹據《廣韻》録。字又見文韻於云反影文。

○**囷**　去倫反溪諄B。稟。三。

**校注：**“稟”字誤，《切三》作“廩”。

**箘**　桂。又渠隕反群軫B合。

**校注：**字又見軫韻渠殞反群軫B合。

**箟**　箭竹。

○**斌**　□□反幫真B。□質。九。

**校注：**龍校云：“此字廣韻為彬字或体，集韻云斌為彬俗体。注文曾經雌黄塗改，第一字為鄙幫，左半依稀可辨。第二字似旻真B，質上當是文字，全不可見。唐氏跋云‘斌下原為於倫反美好，改為鄙□反文質’，所謂原為於倫反美好，畧無痕跡，或唐氏所見原本可辨之如此。”

**玢**　文采狀。

**豳**　地名，美陽亭。即邠。

**校注：**底本“美”上奪“在”字。“即邠”指“豳”同“邠”，《廣韻》注“亦作邠”。

**彬**　文~。

**彪**　虎文。又方閑反幫山開。

**校注：**字又見山韻方閑反幫山開。

**份**　文質備。

**朏**　大目。又匹非反滂微合。

**校注：**字又見微韻芳非反滂微合。

**汃**　西極國。

**校注：**字又見黠韻普八反滂黠開。

**攽**　分。

**校注：**字右原從“攴”。

○**珉**　武巾反明真B。十五。

**岷**　山名，江水所出。

**校注：**字原作“岻”，爲避太宗名諱之形。本紐從“民”之字除“珉”字外皆如是。

**閩**　~越。又武云反明文。

**校注：**字原作“闉”，誤，《廣韻》作“閩”。字又見文韻武分反明文。

**罠**　彘網。

**緡**　錢貫。又曰絲緒，釣魚綸。

**頣**　強。

**鴖**　名，似翠赤喙。亦作鶻，字同。

**笢**　竹皮。

**校注：**字又見軫韻武盡反明軫A。

**旻**　天。

**旼**　和。

**痻**　病。

**鍲**　稅。亦作昀。

**校注：**“昀”當作“敃”。

**搢**　摸。

**忞**　息勉強。

校注:“息”字爲“自”字涉“恣”衍“心”之形,《廣韻》作“自”。

眅　視皃。

〇貧　符巾反並真B。乏貨。一。

〇筠　王鷵反云諄B。竹心。二。

縜　繩細。

校注:“細”字誤,此字《廣韻》注“繩紐”。

〇鷵　麕。居筠反見諄B。亦麏、麐。三。

校注:字亦作“麏”,“麏”字見殷韻語斤反疑欣。

頵　大。又於筠反影諄B。

校注:字又見真韻於倫反影諄B。

汮　水名。

## 十八臻

〇臻　側詵反莊臻。至。五。

蓁　草盛。

搸　琴瑟音。

校注:“琴”“瑟”二字原倒誤,“琴”旁識一小鉤。

溱　水名,在河南。

業　栗~。

校注:字原作“亲”,誤。《説文·木部》:“業,果實如小栗。”《廣韻》亦作“業”。

〇莘　踈臻反生臻。地名,在虢國。十三。

㜪　有㜪,國氏名。

校注:龍校云:“廣韻、集韻並云有㜪國名,氏字疑衍,旁有小點,盖識其誤者。”

扟　從上取物。

駪　馬名。

校注:“名”字誤,《廣韻》作“多”。

籸　粉宰。

校注:“宰”字誤,《廣韻》作“滓”。

䲢　衆盛皃。

甡　衆多皃。

兟　進。

詵　衆人言。亦作辬、㜸。

侁　~,行聲。

瘁　寒病。

校注:字又見混韻蘇本反心混、寑韻踈錦反生寑。

燊　熾~。

阠　八陵名。又息晉反心震。

校注:字又見震韻息晉反心震。

〇榛　仕臻反崇臻。木叢。一。

## 十九文

〇文　武分反明文。晝采。十二。

聞　有知。

蚊　虫。亦作蟁。

校注:“蟁”即“蠠”字,爲避太宗名諱之形。

彣　青与青雜。

校注:下“青”字誤,《切三》《廣韻》作“赤”。

紋　綾~。

駇　馬赤鬣縞身,目如黄金,文王以獻紂。

鴍　鳥,能吐蚊。

閺　~鄉,縣名,在弘農。
汶　水名。黏唾。
校注:字又見問韻無運反明問。
鼤　斑鼠。
閩　~越。又武巾反明真B。
校注:字又見真韻武巾反明真B。
敺　摩上。
校注:字原作"敯",俗誤,《廣韻》《集韻》作"敺"。《集韻》義引《字林》"糜上汁",則底本"摩"字誤,且"上"下脱"汁"字。
〇雲　王分反云文。氣。十六。
芸　青英,可以死復生。或作蒷。
校注:或作字《集韻》以爲下"蕓"字或體。
蕓　薹~。
鄖　國名。
妘　女字。
紜　紛~。
溳　水名,在美陽。
澐　江水大波。
篔　~簹,竹名。
云　言。
耘　除草。
耺　耳中聲。
愪　悅。動。
沄　轉。
賱　亂。
邧　邑。
〇煴　於云反影文。煙氣。八。
氳　氤~。
緼　亂麻。〖反〗又於粉反影吻。
校注:上"反"字衍。字又見問韻於問反影問。
馧　香。
輼　輴輼,兵車。又於粉反影吻。
校注:"輴"字誤,《切三》《廣韻》作"轒"。字又見吻韻於粉反影吻。
蕴　~積。束草。又於粉反影吻。
校注:字又見吻韻於粉反影吻、問韻於問反影問。
壼　又於神反影諄B。
校注:字原作"壺",誤,兹據《廣韻》録。又於神反影諄B,開合憑切。字又見真韻於倫反影諄B。
蒀　蒕~。
〇汾　符分反並文。水名。在太原。卄三。
墳　~藉。
校注:"藉"爲"籍"字俗誤,《廣韻》作"籍"。
氛　~氳。
校注:字亦作"雰","雰"字見文韻撫云反滂文。
鼖　大鼓。
轒　~輼。
濆　水際。
焚　燒。亦作〖賁〗燌。
校注:"賁"字衍,《廣韻》但收或體"燌"。
羒　羊~。
豶　豕~。
校注:字又見混韻盆本反並混。
頒　魚大頭。又布還反幫刪開。
校注:字又見刪韻布還反幫刪開。

饙　土中恠羊。

校注：字又見吻韻房吻反並吻。

鵤　似鴿，白身，赤尾，六足。

校注：字又見魂韻博昆反幫魂。

枌　木名。

蕡　草木多實。

黂　麻實。亦作萉。

棼　屋棟。

顐　醜皃。

盼　大首。

校注：字又見删韻布還反幫删開。

葐　~蒀，盛皃。又蒱昆反並魂。

校注：字又見魂韻蒲昆反並魂。

谾　~谷，在臨汾。

鐼　鐵類。

校注：字又見問韻許運反曉問。

檟　枰。

幩　飾~。

〇分　府文反幫文。兩得。四。

校注：字又見問韻扶問反並問。

坌　掃弃。

校注：字又見問韻府問反幫問。

饙　一蒸餅。正作餴。

校注：正作字誤，當作"餴"，《説文》可證。

毹　毦。

〇羣　渠云反群文。衆。五。

裠　裳。亦作帬。

宭　羣居。又九文反見文。

校注：字又見文韻舉云反見文。

瘽　癉。

校注：字又見删韻五還反疑删合。

㪊　多侵。

校注：《説文・攴部》："㪊，朋侵也。"本書"多"當作"朋"。

〇薰　許云反曉文。香。十一。

校注：字又見問韻許運反曉問。

曛　日入。

纁　三染絳。

勳　功。

熏　火氣。

勛　放~。

醺　著酒。

葷　臭菜。

臐　曉。

校注："曉"爲"膮"字俗誤，《廣韻》可證。字又見問韻許運反曉問。

熏　火煙止山。

校注：字原作"熏"，誤，《切三》《廣韻》作"熏"。

獯　粥，北方胡名。

〇君　舉云反見文。尊。五。

軍　戎伍。

皸　足坼。又居運反見問。坼字丑格反徹陌開二。

校注：字又見問韻居運反見問。

桾　~櫏，木名。

宭　羣居。又渠云反群文。

校注：字又見文韻渠云反群文。

〇芬　撫云反滂文。香。九。

雰　霧氣。

紛　~紜。

帉　巾。

㲂　毛落。

翂　繽翂，飛。或作紛。

氛　祲，妖氣。又符文反並文。

校注：字亦作"雰"，"雰"字見文韻符分反並文。

芬　草初生，香分布。

校注：字上原從"山"，據其義可斷誤，《說文》字見"屮"部。

棻　香木。

# 廿殷

〇殷　於斤反影欣。盛。三。

校注：字又見山韻烏閑反影山開。

慇　勤~。

濦　水名，在潁川。

校注：字又見隱韻於謹反影隱。字亦作"㶏"，"㶏"字見焮韻於靳反影焮。

〇勤　其斤反群欣。勞。勤慇字亦從俗。四。

芹　菜，生水中。

厪　少劣居。

校注：字又見震韻渠遴反群震B。

懄　憂。又居近反見隱。

校注：字又見隱韻居隱反見隱。

〇斤　舉忻反見欣。十六兩。二。

筋　《說文》從竹肉，疑竹~物之多。

校注：《說文·筋部》："肉之力也，从力从肉从竹。竹，物之多筋者。"底本注文有訛脱。

〇欣　許斤反曉欣。或作忻、憘。三。

昕　日欲出。

邤　鄰。

〇虒　語斤反疑欣。虎聲。十。

犾　犬相咋。亦作狺。

校注：字亦作"狺"，"狺"字見真韻語巾反疑真B。

齗　齒根肉。

圻　~鄂。亦作垠。又語奇反疑支B開。

校注：字亦作"畿""垠"，"畿"字見微韻渠希反群微開，"垠"字見痕韻五根反疑痕。

菦　亭名，在江夏。

麠　獸，如貉。

校注：字亦作"麏"，"麏"字見真韻居筠反見諄B。

鳹　大鱵。

圁　縣名，在西河。又宜巾反疑真B。

校注：字又見真韻語巾反疑真B、山韻五閑反疑山開。

鄞　縣名，在會稽。又語巾反疑真B。

校注：字又見真韻語巾反疑真B。

所　二斤。

# 廿一元

〇元　愚袁反疑元合。始。十七。

原　本~。

源　泉始。亦作灥。

校注：亦作字誤，當作"厵"，《說文·灥部》：

"灥,水泉本也。从灥出厂下。"

杬　木名。一曰藏卵。

嫄　姜。

沅　水名,在牂牁。

騵　赤馬白腹。

羱　~羊。

校注:字又見寒韻五丸反疑桓。

黿　似鼈。又五丸反疑桓。

校注:字又見寒韻五丸反疑桓。

蚖　蠑蚖,蜥蜴別名。又五丸反疑桓。

芫　~花,藥名。

蠠　晚蠶。

邧　地名。

校注:字又見阮韻虞遠反疑阮合。

謜　測量。

校注:字又見仙韻此緣反清仙合。

蒝　莖菜布。

榞　木,實甘,核味亦如之。

㹉　獸,如牛。

〇袁　韋元反云元合。人姓。十。

爰　於。

垣　~牆。亦作𡑞。

園　圃。

援　引。

校注:字又見線韻王眷反云線B合。

榬　絡絲籰。亦作篗。

轅　車~。

猿　猴~。

鶢　~鶋,鳥。

趄　易田。亦作爰。

〇飜　孚袁反滂元合。亦作翻。六。

旛　旗~。

校注:字又見元韻附袁反並元合。

番　~數。又疋柈反滂桓。

校注:"柈"字未見於字頭,本書"盤"下注"亦作柈"。字又見寒韻普官反滂桓。

幡　帬~。

潘　大波。又匹柈反滂桓。

校注:字又見元韻附袁反並元合。

潘　汰米汁。

〇暄　況袁反曉元合。煖。十五。

喧　語多。

萱　亡憂草。

校注:"亡"字誤,當作"忘",《切三》《集韻》可證。

睅　大目。

校注:字又見阮韻況晚反曉阮、旱韻何滿反匣旱。字亦作"睆","睆"字見潸韻胡板反匣潸合。

諼　詐。

塤　~箎。亦作壎。

鶰　~鴝,鳥名。

吅　喚聲。又和(私)全反心仙A合。

校注:三等韻例不配匣母,"和匣"當爲"私心"字之誤,《廣韻》作"私"。

喛　恚。又呼亂反曉換。

校注:字又見翰韻呼段反曉換。

愋　佷。亦作憓。

讙　嚻。又呼丸反曉桓。

校注:"嚻"當從《廣韻》作"囂"。字亦作"歡","歡"字見寒韻呼丸反曉桓。

䚙　牛角一俯一仰。

蝖　蟦螬。

翻　飛來。

觾　揮角。

○煩　附表反並元合。閙。卌四。

繁　多。

校注：字亦作"緐"，"緐"字見哥韻薄何反並戈一。

蘋　似莎而大。

㯋　~搂。

樊　籠。

繙　~帑，乱取。帑字於元反影元合。

燔　炙~。

膰　祭餘肉。

瀿　水波。

羳　羊黄腹。

蹯　熊掌。

䪛　百合蒜。

鷭　~鶋，鳥，似班頸。

蟠　蟃蝜。又扶干反並桓。

校注：字又見寒韻薄官反並桓。

蠜　皇螽。

蘩　皤蒿。

礬　~石，藥。

䎐　~鼠。

鄱　~，鄉名，在京兆。

鐇　廣斧。

璠　璵璠，魯之寶玉。

䋣　生。

𣏟　藩屏。

緐　馬飾。亦作絣。

藩　□□，葉如韭。

校注：字又見元韻甫煩反幫元合。

墦　冢~。

䪤　覵~。

蹞　足有文。

潘　大波。

校注：字又見元韻孚表反滂元合。

旛　旐~。

校注："旐"字誤，《廣韻》作"旐"。字又見元韻孚表反滂元合。

蕃　草盛。陸以為蕃屏，失。

校注：字又見元韻甫煩反幫元合。

𩦄　止。

袢　絹絺。

校注：字原作"袢"，俗誤，《廣韻》作"袢"。注文首字爲"縐"字誤寫。

播　杷，~。

○鴛　於表反影元合。鳥。十三。

宛　屈。又宛句，縣名，在濟陰。

帑　繙~。

鵷　~鶵。

涴　水名。

校注：字原作"涴"，誤。

㭇　~枉。

鋺　鉏頭。

苑　屈，草自覆。又宛縣，在南陽。

校注：字又見阮韻於阮反影阮合。

婉　婉。

校注：字右原從"宛"，誤。

饒　貪~。

菀　遠志。

蒬　敗。

韈　量物。亦作鞔。

〇言　語軒反疑元開。文。四。

琂　石似玉。

甗　無底甑。又語戰反疑線B開。又魚堰反疑願開。通俗作甗。

校注：字又見線韻魚變反疑線B開。

菅　草。

〇攑　丘言反溪元開。二。

騫　走皃。又虚言反曉元開。

校注：字又見元韻虚言反曉元開。

〇軒　虚言反曉元開。車。六。

掀　高舉。

騫　飛舉皃。

軘　車前輕。

校注：字又見魂韻户昆反匣魂。

蘐　~芋，草。

騫　走皃。又丘言反溪元開。

校注：字又見元韻丘言反溪元開。

〇揵　居言反見元開。揵蒲，采名，八。

校注：字原作"揵"。紐字數作"八"而實收七字。

靬　就革。又下旦反匣翰。

校注："就"字誤，《切三》《廣韻》作"乾"。《切三》"又下旦反"下有"驪靬縣，在張掖"字。字又見寒韻苦寒反溪寒、翰韻苦旦反溪翰。

鞬　馬上盛弄器。韇。

校注："韇"字上脱"亦作"二字。

犍　以力去牛勢。或作揵，通。

校注："力"字誤，《切三》《廣韻》作"刀"。"揵"字誤，《廣韻》作"犍"。"通"字蓋指"犍""犍"二字關係。

腱　筋肉。一曰筋頭。

校注：二"筋"字並爲"筋"字之誤，《切三》《廣韻》作"筋"。

饘　鬻。亦作飦、餰、鬻、餈。

校注：次"鬻"字當爲"鬻"字之誤，《廣韻》以"鬻"爲"饘"字籀文。字亦作"餈"，"餈"字見仙韻諸延反章仙開。

鬻　古。

校注：字原脱筆"亻"，《廣韻》作"鬻"，合《説文》。

〇蔫　謁言反影元開。蔫菸，草。一。

〇蕃　甫煩反幫元合。屏。三。

校注：字又見元韻附袁反並元合。

藩　籬。此是藩屏字。

校注：字又見元韻附袁反並元合。

轓　車箱。

〇籧　渠言反群元開。筋鳴。二。

校注："筋"爲"筋"字俗誤，《廣韻》作"筋"。

赶　舉尾去。

校注："去"字誤，當作"走"，《説文》《廣韻》《集韻》可證。

## 廿二䰟

〇䰟　户昆反匣䰟。神氣。十二。

**棞**　大木未剖。

**校注：** 字又見混韻胡夲反匣混。

**驔**　~騱，野馬。

**狿**　似犬人面。

**餛**　~飩。

**麧**　麥不破。又胡綰反匣潸合。

**校注：** 字又見潸韻户板反匣潸合。

**鼲**　鼠名，出丁零。

**楎**　三爪犂。一曰犂上曲木。

**校注：** 字又見微韻許歸反曉微合。

**渾**　濁。又胡夲反匣混。

**校注：** 字又見混韻胡夲反匣混。

**僤**　女字。又牛昆反疑魂。

**校注：** 字又見魂韻牛昆反疑魂。

**轋**　還。

**校注：** 字又見元韻虚言反曉元開。

**堚**　里名，在雒陽。

**○昆**　古渾反見魂。兄。正作翼。一夷。十。

**校注：** “一”下脱“曰”字。

**菎**　香草。

**裩**　涼衣。亦作幝。

**崐**　~崘，山名。

**琨**　~珸，玉名。

**鶤**　~鷄，三尺曰~。亦鵾。

**鯤**　北溟大魚。

**蜫**　~，虫。亦作蚰。

**騉**　秦時有騉蹄苑。

**歞**　不可知。

**校注：**《説文·欠部》：“歞，昆干，不可知也。”段注：“歞干各本作昆干，……歞干蓋古語。讀如䰟寒二音。不可知之意也。若云汗曼。”

**○温**　烏渾反影魂。煖。四。

**輼**　~，車。

**薀**　~藻，節中生細莖。

**驅**　~驪，駿馬。

**○門**　莫奔反明魂。大户。十。

**捫**　以手撫持。

**樠**　木名。又無表反明元合。

**校注：** 又無表反，本書無明母元韻合口一紐，《廣韻》韻末增收，音武元切明元合。

**虋**　赤粱粟。

**璊**　玉赤色。亦作璊。

**怋**　怟~，不惀。

**校注：** 字原作“怟”，爲避太宗名諱之形，注文“怟”字亦然。“惀”字誤，當作“憭”，《説文·心部》：“惛，不憭也。”

**顐**　頭多殟。

**鶡**　鵜。又亡姦反明刪開。

**校注：** 字又見刪韻莫還反明刪開。

**趧**　行遲。

**糒**　粥凝。亦蔏。

**校注：** 龍校云：“各書此字無或体。集韻字又見桓韻謨官切明桓，与蔏字同音。此當是亦音蔏而誤脱音字。”本書“蔏”字見寒韻武安反明桓，然是反無“糒”字。又本書例無注“亦音某”者，龍校據《集韻》斷言，似可榷。

**○孫**　思渾反心魂。子之子。五。

**蓀**　草香。亦作蕵。

殙 ~餅。

搎 捫。

蒣 烏蓀。

〇尊 即昆反精魂。人所敬。三。

樽 酒器。或作罇。

嶟 山皃。

〇存 徂尊反從魂。生。二。

蹲 坐。

〇敦 鄉名。都昆反端魂。俗敦。四。

校注："俗"下脱"作"字。

惇 厚。

校注：字又見庚韻許庚反曉庚開二。

瓺 器，似甌瓿。

校注："瓿"字誤，《廣韻》作"瓿"。

弴 弓。又子孫。又或弤。

校注："弤"字原右從"氏"，誤。字又見蕭韻都聊反端蕭。

〇暾 他昆反透魂。日出皃。亦作吨。七。

校注：亦作字爲"吨"字俗書。

焞 火色。

涒 ~灘，歲在申。灘字他丹反透寒。

黗 黄黑。

校注：字原作"黗"。字又見混韻他本反透混。

蘋 《礼》曰："孺子蘋之喪。"

校注：字又見寒韻他端反透桓。

啍 口氣。又徒孫反定魂。

校注：字又見魂韻徒渾反定魂。

蜳 蝺~。

〇屯 徒渾反定魂。聚。十三。

校注：字原作"乇"，爲俗書。本紐從"屯"之字皆作從"乇"之形。字又見真韻陟倫反知諄。

肫 豕子。亦作豚。

窀 犬見穴中。

校注：字又見真韻陟倫反知諄、山韻除頑反澄山合。

臋 坐處。

軘 兵車。

飩 餛~。

篼 榜。

校注：注文原爲"搒"字，俗誤，《切三》《廣韻》作"榜"。

忳 ~悶。

屍 尻。

校注：字原作"𡱂"，誤，《廣韻》作"屍"。

黗 黄色。

瓟 瓝。

校注：字左原從"爪"，俗書。注文字誤，當作"瓝"，可據者《廣韻》《集韻》《廣雅》。

芚 菜。

啍 口氣。又勑孫反徹(透)魂。

校注："勑"徹母字，又勑孫反透徹類隔。字又見魂韻他昆反透魂。

〇村 此尊反清魂。一。

〇僤 牛昆反疑魂。女字。又户昆反匣魂。一。

校注：字又見魂韻户昆反匣魂。

〇盆 蒲昆反並魂。大盎。四。

葐 覆葐，草名。又扶云反並文。

校注：字又見文韻符分反並文。

湓　水名，在尋陽。一曰水涌皃。

校注：字又見問韻匹問反滂問。

鳻　鳩。又捕（補）姦反幫刪開。

校注：又捕姦反，本書無並母刪韻一紐，且本書未另見以“捕”作上字之音切，“捕”當爲“補”字之誤。字又見刪韻布還反幫刪開。

〇奔　博昆反幫魂。疾走。正作犇。三。

校注：正作字當作“犇”。

賁　勇。亦人姓。又扶非反並微合。

校注：字又見寘韻彼義反幫寘B開。

鷭　如鵲，六尺。

校注：字又見文韻符分反並文。

〇論　盧昆反來魂。説。文（又）力旬來諄、〖又〗盧鈍來慁三反。三。

校注：“文”字誤，《切三》《廣韻》作“又”。上“三”字誤，《切三》《廣韻》作“二”。字又見真韻力屯反來諄、慁韻盧寸反來慁。

崙　崐~。

菕　~蘬。

〇坤　苦昆反溪魂。地。或作巛。四。

髡　去髮。

䫀　~䪼，禿無髮皃。又苦鈍反溪慁。

校注：字左原從“田”，誤，《廣韻》及本書慁韻苦悶反溪慁下字作“䫀”。字又見慁韻苦悶反溪慁。

髖　髀上。又九見官桓反。亦作臗。

校注：龍校云：“又九官反，本書寒韻古丸反見桓下無此字，字見苦官反溪桓下，各書同。切語不得上下字双声，九字誤。”“亦”“作”二字原倒誤，“亦”旁識一小鉤。字又見寒韻苦官反溪桓。

〇昏　呼昆反曉魂。七。

惛　不明。

婚　親。

棔　木名，朝舒暮卷。

閽　守門人。

歖　不可知。

殙　病。亦作顧。

校注：字左原從“夕”，爲俗書，《廣韻》《集韻》作“殙”。亦作字誤，《集韻》作“顧”。

〇馨　晉有□。泥魂

校注：底本注文右列空，未見切語，注文但見左列，書寫狹促，此當爲增字。此字《切三》無，《廣韻》：“馨，香也。亦人名。姚興太史令郭馨。奴昆切泥魂。”《集韻》：“奴昆切泥魂，香也。”

# 廿三痕

〇痕　户恩反匣痕。瘢。[四]。

校注：底本紐字數奪。

拫　急引。

鞎　車~革前。

槝　所以平量。

校注：字原作“㨝”，俗誤，《切三》《廣韻》作“槝”。

〇根　古痕反見痕。草木夲。二。

跟　足後。亦作垠。

校注：亦作字誤，當作“跟”，《廣韻》《集韻》以“跟”爲“跟”字或體。

〇恩　烏痕反影痕。愛。二。

衮　熻。亦作煾。

〇吞　吐根反透痕。咽。又吐蓮反透先開。一。

**校注**：字又見先韻他前反透先開。

〇垠　五根反疑痕。又語巾反疑真B。一。

**校注**：《切三》又語巾疑真B、語斤疑欣二反。《廣韻》又語斤切疑欣。字亦作"圻"，"圻"字見殷韻語斤反疑欣。

# 廿四寒

〇寒　胡安反匣寒。冰。七。

韓　井垣。一曰國名。

蘘　~蒋，草。

翰　飛。又胡旦反匣翰。

**校注**：字又見翰韻胡旦反匣翰。

邯　~鄲，縣名。

韓　白韓。又何旦反匣翰。

**校注**：字又見翰韻胡旦反匣翰。

豻　貙屬。又牛翰反疑翰。

**校注**：字又見翰韻五旦反疑翰。

〇桓　胡官反匣桓。廿六。

完　全。

麑　鹿一歲。

鳩　~鶨，鳥名。

丸　一小圓。

瓛　圭名。

紈　生綃。

雚　葦~。

萑　木兔，鳥。

洹　水名。

汍　~瀾，泣皃。

絙　綾~。

**校注**："綾"字誤，《切三》作"綬"。字亦作"縆"，"縆"字見登韻古恒反見登開。

芄　~蘭，草名。

獂　豕屬。又獂道縣，在天水。

梡　木名，出蒼梧，子可食。

**校注**：字亦作"棵"，"棵"字見旱韻苦管反溪緩。

峘　山~。

**校注**：字又見登韻胡登反匣登開。

羦　羊~。

**校注**：字原作"羪"，爲俗書。

皖　病皮。

貆　貊。

**校注**：字又見寒韻呼丸反曉桓。

𪌹　又如之反日之。

**校注**：字又見之韻如之反日之。

垸　漆和骨。

**校注**：字又見翰韻胡段反匣换。

寏　周垣。或院。

莞　小蒲席。

**校注**：字原作"莧"，爲俗寫。字又見寒韻古丸反見桓、潸韻胡板反匣潸合。

蔬　蒲。又胡混反匣混。

**校注**：字原下從"晥"，爲俗書。龍校云："又胡混反……切語不當上下二字雙聲，疑或有譌誤。"

萓　葦~。

綄　候風羽。又胡管反匣緩。

校注：字原作"綂"，爲俗書。字又見旱韻胡管反匣緩。

〇剜　一丸反影桓。削陡，~字當苟反端厚。四。

校注：重文號重"陡"字。

眢　井無水。曰目精。

校注："曰目精"，《切三》云："一曰目無精"，《廣韻》云："一曰目無睛"，《説文》云："目無明也"。此奪"一""無"二字，"精"當作"睛"。

豌　~豆。

婠　好皃。

校注：字又見翰韻古段反見換、黠韻烏八反影黠合。

〇鑾　落官反來桓。車。十一。

鸞　鳥。

巒　山小而鋭。

欒　木名。又姓。

䜌　南䜌，縣名，在鉅。俗誤作欒。

校注：《切三》《王一》"鉅"下有"鹿"字，本書誤脱。字又見仙韻目(吕)緣反來仙A合。

灓　水清。

校注："清"當作"漬"，《廣雅·釋詁二》："灓，漬也。"字又見翰韻落段反來換。

䜌　米或不解。

校注："米或"當從《廣韻》作"迷惑"。

羉　彘網。

虊　梟葵。一曰茆。《詩》云："言採其蓆"。

校注：注文末字誤，當作"茆"。

䜌　日曰昏時。

校注：字原作"䜌"，俗誤，《廣韻》作"䜌"。"曰"即"旦"字，爲避睿宗名諱之形。《説文·日部》："日旦昏時"，段注本改字並云："旦各本作旦。今正。"《切韻》系韻書蓋本《説文》而襲誤。

〇岏　五丸反疑桓。巑岏，小山皃。七。

刓　削。亦作园。

黿　似鼈而大。又愚表反疑元合。

校注：字又見元韻愚表反疑元合。

骯　骭。

羱　野羊。又語園反疑元合。

校注：字又見元韻愚表反疑元合。

逸　魏。

頑　餌~。

〇欑　在丸反從桓。木叢。三。

校注：字原作"攢"，俗誤，《切三》《王一》《廣韻》作"欑"。

巑　~岏，小山。

穳　穛。亦作簒。

校注：亦作字誤，《廣韻》《集韻》或體作"簒"。

〇寬　苦官反溪桓。大。二。

髖　兩胯間。

校注：字又見魂韻苦昆反溪魂。

〇歡　呼丸反曉桓。樂。九。

校注：紐字數作"九"而實收八字，當依《切三》《王一》於紐末補"貛"字。蓋本紐第二字"驩"誤作"貛"，遂致紐末"貛"字妄删。字亦作"讙"，"讙"字見元韻況表反曉元合。

驩　馬名。

校注：字原作"貛"，誤，《切三》《王一》《廣韻》作"驩"。

貆　~貉。

校注：字又見寒韻胡官反匣桓。

鸛　~鸜，如鵲，短尾，射之銜矢射人。亦作鳻。

校注：亦作字爲"鴗"字俗書，《王一》《集韻》作"鴗"。

鵍　鳥名，人面鳥喙。

酄　邑名，在魯郡。

䲃　四凶名。

獾　狼。亦作犿。

校注：亦作字誤，《王一》《廣韻》《集韻》作"犿"。

○湍　他端反透桓。急瀨。五。

貒　~豚，似豕而肥。又吐亂反透換。

煓　漢太上皇后妃。

校注："皇""后"二字原倒誤，"皇"旁識一小鉤。

黗　黄色。

黆　上同。

校注：字又見魂韻他昆反透魂。

○酸　素丸反心桓。醋。四。

狻　~猊，西國猛獸，日行五百里。亦貘。

痠　~，疼痛。

霰　小雨。

○端　多官反端桓。首。九。

褍　衣長。又衣正幅。

剬　齊。

校注：字亦作"剸"，"剸"字見寒韻度官反定桓、獮韻旨兖反章獮合、線韻之轉反章線合。

觽　角~，獸名。

耑　正~。

漙　齊。又都端耎反。

校注：本書"耎"字未見於字頭。獮韻而兖反"愞"下云："亦作耎"。"愞"另見於翰韻乃亂反（字作"懦"）、箇韻乃卧反。都，端母字，獮韻例無。本書獮韻陟兖反知獮合無"漙"字，翰、箇韻亦無"漙"字。又都耎反，《王一》同，音讀不詳。《廣韻》作"又之耎切"，獮韻旨兖切章獮合正收"漙"字。

篅　竹。

鍴　鑽。

穑　禾垂。又丁果反端果一。

校注：字又見哿韻丁果反端果一。

○鑽　借官反精桓。又子玩反精換。二。

校注：字又見翰韻子筭反精換。

欑　曲轅。

○官　古丸反見桓。公。九。

莞　草名，可以為席。

校注：字又見寒韻胡官反匣桓、潸韻胡板反匣潸合。

棺　小椁。

觀　視。又古玩反見換。

校注：字又見翰韻古段反見換。

貫　係。俗作貫。

校注：字又見翰韻古段反見換。

冠　首飾。又古玩反見換。

校注：字又見翰韻古段反見換。

涫　沸。又樂涫縣，在酒泉。

悹　憂無告。

校注：字又見翰韻古段反見換。

毌　穿物持。

○團　度官反定桓。九。

篿　圓竹器。

校注：字又見仙韻職緣反章仙合。

剸　截。又之兖反章獮合。

校注：字又見獮韻旨兖反章獮合、線韻之囀反章線合。字亦作"剬"，"剬"字見寒韻多官反端桓。

摶　～風。

慱　《詩》云："勞心慱～。"

漙　《詩》云："零露漙兮。"

鄟　邾鄟之邑。又之緣反章仙合。

校注：字又見仙韻職緣反章仙合、獮韻視兖反禪獮合。

霻　零露。

校注：字原作"雭"，誤，《廣韻》作"霻"，《集韻》出或體"霻"字，本書字蓋爲"霻"字之誤。

鷻　鳶。

○單　都寒反端寒。八。

校注：字又見仙韻市連反禪仙開、獮韻常演反禪獮開、線韻視戰反禪線開。

襌　～衣。

鄲　邯鄲，縣名。

丹　赤。

殫　盡。

簞　小筐。

校注："筐"字《切三》《王一》作"筐"。

膻　大腹。

匰　器名。

○安　烏寒反影寒。泰。五。

盦　～鐙，大盂。

鞍　馬～。

郯　地名。

校注：字又見翰韻烏旦反影翰。

侒　宴。

○干　古寒反見寒。求。十一。

乾　燥。古作漧。

校注：字亦作"乹"，"乹"字見仙韻渠焉反群仙B開。

竿　竹～。

肝　～膓。

奸　以淫犯。

鳱　～鵲，鳥，知來事。

玕　美石次玉。

邗　越別名。又胡干反匣寒，江名。

盂

校注：底本注文奪。《王一》云："盤。"《廣韻》云："盤也，又大盌名。"

［戰］　盾～。

校注：底本字頭奪，"盾～"誤繫於"盂"字下。《王一》云："盾。"《廣韻》云："戰盾。"

鄿　地名。

校注：字原作"鄿"，誤。

○壇　徒干反定寒。封土祭處。十。

檀　木名。

鷭　鸛~。

校注：字又見齊韻度嵇反定齊開、霽韻特計反定霽開。

癉　風在手足。又都彈反端寒。

校注："彈"字本書二收於寒韻徒干反定寒、翰韻徒旦反定翰。然本書寒韻都寒反端寒、翰韻得案反端翰下均無"癉"字。《廣韻》寒韻都寒切端寒下收字，又都彈反蓋指又音端母寒韻。字又見箇韻丁佐反端箇。

撣　觸。《太玄經》云："撣其名。"

彈　擊。又徒旦反定翰。

校注："旦"即"旦"字，爲避睿宗名諱之形。字又見翰韻徒旦反定翰。

驒　連錢驄，馬。一曰青驪白文。又丁年反端先開。驒騱，匈奴畜，似馬而小也。

校注：字又見先韻都賢反端先開、哥韻徒何反定歌一。

聅　軍法矢貫因。

校注："因"字誤，《廣韻》作"耳"。

嘽　歎~。

貚　貙屬。

〇盤　薄官反並桓。盂。亦作柈。十七。

校注："盂"字誤，當作"盂"，《廣雅·釋器》："盤謂之盂"。紐字數作"十七"而實收十六字。

瘢　~痕。

磐　大石。

磻　磎~。

鬆　~頭，屈髮為之。

校注：字又見刪韻布還反幫刪開。

般　樂。又博干反幫桓。數。

校注：字又見寒韻北潘反幫桓。

蹣　~跚。

搫　~拨，婉轉。

鞶　革帶。

媻　奢。

督　轉目視。

箹　篋。

槃　~曲。

黰　下色。

鵉　~鶪，宵飛。

校注："鶪"字誤，《廣韻》作"鶡"。

蟠　木~。

校注：字又見元韻附袁反並元合。

〇看　苦寒反溪寒。視。五。

校注：字又見翰韻苦旦反溪翰。

靬　弓衣。又口旦反溪翰。

校注：底本"口"下有粗筆一橫，似"旦"字避睿宗名諱之形。然橫旁識一濃點，以示當刪。字又見元韻居言反見元開、翰韻苦旦反溪翰。

刊　削~。

栞　槎木。

校注：字原作"栞"，誤，《廣韻》作"栞"。

臤　堅。又[口]間溪山開、口耕溪耕開[二]反。

校注：字左原從"巨"，誤，《王一》《廣韻》作"臤"。"口""二"二字原奪，《王一》有字。字又見山韻苦閒反溪山開、耕韻口莖反溪耕開。

○瞞　武安反明桓。目不明。十五。

校注：紐字數作"十五"而實收十四字，"謾"下《切三》《王一》《廣韻》並有"蹣"字，訓"蹣墻"，蓋所脱者。

顢　~頇。

謾　~欺，慢言。

校注：字又見仙韻武連反明仙A開、諫韻莫晏反明諫開。

饅　~頭，餅。

慲　忘。

校注：字原作"懣"，《切三》《王一》《廣韻》《集韻》作"慲"。

鏝　所以泥辟。

菡　無穿孔狀。

鞔　覆。又莫阮反明阮合。

校注：字又見阮韻無遠反明阮合。

鬗　長髮。

鰻　魚名。

悗　惑。

鄤　~鄉，亭名，在上艾。

醂　醭~。

校注：字又見齊韻莫奚反明齊開。

芇　相當。又云(亡)殄反明銑開。

校注：字原作"芾"，誤。"云"字誤，《廣韻》作"亡"。字又見銑韻亡典反明銑開。

○飡　倉干反清寒。進食。正作飱。一。

○蘭　落干反來寒。香草。從柬，音簡。從東非。九。

校注："音簡"爲"柬"字音。紐字數作"九"而實收八字。

瀾　大波。

校注：字又見翰韻盧旦反來翰。

闌　階際木。

讕　逸言。又言(力)誕[反]來旱，誣讕。

校注：下"言"字爲涉上"言"字而誤，《切三》《廣韻》作"力"。"反"字原脱，《王一》有字。又力誕反，本書旱韻落旱反來旱無此字。

闌　妄入宫門。

籣　盛弩，夭人所負。亦作韊。

囒　~哰，傝拏。

躝　踰~。

○殘　昨干反從寒。餘。六。

殘　獸食餘。亦作殂。

校注：字左原從"日"，俗誤，《切三》《王一》《廣韻》作"殘"。字亦作"殂"，"殂"字見鎋韻五割(刮)反疑鎋合。

戔　《易》曰："束帛戔~。"

殘　盔殘。

校注："殘"字誤，《王一》《廣韻》作"盞"。

奴　穿。亦作叙。

校注：字原作"奴"，脱筆，《廣韻》作"奴"。

帴　狀。

校注：字原作"帴"，俗誤，《廣韻》作"帴"。字又見先韻則前反精先開、翰韻蕪旦反心翰、黠韻所八反生黠開。

○嘽　他單反透寒。馬喘。八。

嘆　長息。

校注：字亦作"歎"，"歎"字見翰韻他半反透翰。

攤　蒲~。

校注：字又見旱韻奴但反泥旱、翰韻奴旦反泥翰。

灘　水名。

校注：字又見翰韻奴旦反泥翰。

嬗　緩。

譠　~謾，欺謾。又几山反見山開。

校注：字又見山韻几山反見山開。

瘏　力極。又馬病。又託何反透歌一。

校注：字又見哥韻託何反透歌一、箇韻丁佐反端箇。

譂　~誕，言不正。

校注："誕"字俗誤，《廣韻》作"誕"。字又見先韻徒賢反定先開。

〇潘　普官反滂桓。人姓。五。

甂　~胡，大甎。

校注："胡"字誤，當作"瓳"，《廣雅·釋器》："甂瓳，甎也。"

番　~禺縣，在交阯。

校注：字又見元韻孚袁反滂元合。

拌　弃。又蒲嬾反並緩。

校注：字又見旱韻薄旱反並緩。

磻　時居。

〇難　乃干反泥寒。叵解。一。

校注：字又見翰韻奴旦反泥翰。

〇跚　蘇干反心寒。肪脂。五。

跚　~蹣，大行皃。

珊　~瑚。又先曷反心曷。

校注：字又見末韻桑割反心曷。

姍　醜。

籣　竹器。

〇頇　許安反曉寒。又胡安反匣寒。一。

校注：字又見翰韻五旦反疑翰。

〇䞶　北潘反幫桓。三。

般　別。又薄干反並桓。樂。

校注：字又見寒韻薄官反並桓。

畢　器具。又畀密(蜜)反幫質A。

校注："密"字誤，《王一》作"蜜"。字又見質韻比蜜反幫質A。

# 廿五删

〇删　所姦反生删開。除。五。

訕　謗~。

校注：字又見諫韻所晏反生諫開。

珊　单于名。

狦　狼。

校注：字又見諫韻所晏反生諫開。

潸　悲涕。又數板反生潸開。

校注：字又見潸韻數板反生潸開。

〇關　古還反見删合。三。

瘝　病。

綸　織貫抒。

校注："抒"爲"杼"字俗誤。

〇彎　烏關反影删合。引弓。三。

灣　水曲。

濴　潫~。

〇還　胡關反匣删合。旋。十二。

**環** 玉~。

**劃** 撲劃,縣名,在武威。

**校注:** 字原脱筆“亠”,誤。

**鬟** 髻~。

**寰** 王者封畿内縣。又玄見反匣霰合。

**校注:** 字又見霰韻黄練反匣霰合,“縣”下云:“古作寰”。

**闤** 闤~,市門。

**糫** 膏糫,粔籹。

**鍰** 六兩。

**鐶** 指~。

**騡** 馬一歲。又音絃徹脂開。

**校注:** 字亦作“駭”,“駭”字見先韻胡涓反匣先合。龍校以爲“絃徹脂開”爲“絃匣先開”字之誤,然“絃匣先開”“胡涓反匣先合”存開合之異。

**戉** 屋牝瓦,下。

**䍺** 獸名,似羊,無口。又胡慢反匣諫合。

**校注:** 字又見諫韻胡慣反匣諫合。

〇**斑** 布還反幫删開。又百闗(閑)反幫山開。亦作班、辬。八。

**校注:** 又反與正切音同,“闗”字誤,當作“閑”。紐字數作“八”而實收九字。字亦作“斒”,“斒”字見山韻方閑反幫山開。

**鳻** 大~鳩。

**校注:** 字又見魂韻蒲昆反並魂。

**朌** 爪瑞。

**校注:** “爪”字誤,《切三》作“分”。字又見文韻符分反並文。

**螌** ~蝥,毒虫。

**班** 分瑞。

**鬆** 半白。

**校注:** 字又見寒韻薄官反並桓。

**𢍰** 賤事。

**斑** 亦。

**頒** 布。

**校注:** 字又見文韻符分反並文。

〇**蠻** 莫還反明删開。南夷。三。

**鸞** 似鳧,一目一足一翼,相得乃飛。

**校注:** 字又見魂韻莫奔反明魂。

**獌** 狼屬。又武頗反明願合。

**校注:** 字又見翰韻莫半反明换。

〇**姦** 古顔反見删開。詐。三。

**菅** 草名。

**葌** 香草名。亦作蕑。

〇**顔** 五姦反疑删開。色。一。

〇**攀** 普班反滂删開。引。或作扳。二。

**校注:** 或作字俗誤,《廣韻》作“扳”。

**眅** 目多白皃。

**校注:** 字又見潸韻普板反滂潸開。

〇**奻** 女還反娘删合。訟。一。

**校注:** 字又見諫韻女患反娘諫合。

〇**瘝** 五還反疑删合。一。

**校注:** 字原從“广”,俗誤,《切三》《廣韻》作“瘝”。字又見文韻渠云反群文。

〇**豩** 呼闗反曉删合。毅豕。一。

**校注:** 《切三》《廣韻》本韻無此字此紐。《説文·豕部》“豩”字訓“二豕也”。

〇撰　几見焉仙B開反。援。又所山反生山開。一。

**校注：**《切三》《廣韻》本韻無此字。"焉"仙韻字，刪韻字不當以之作反切下字。本韻已有古顔反見刪開"姦"紐、古還反見刪合"關"紐，若"几見"字不誤，則同紐重出。疑"几""焉"二字並誤，或仙韻字誤書於此。

## 廿六山

〇山　所閒反生山開。宣。三。

疝　~痂，腹病。

邖　地名。

〇鰥　古頑反見山合。又魚名。一。

**校注：**字又見襇韻古盼反見襇合。

〇閒　古閑反見山開。二。

**校注：**字又見襇韻古莧反見襇開。

艱　~難。

〇閑　胡山反匣山開。安。九。

嫺　雅~。

癇　小兒瘨病。

驏　馬目白。

蝒　虫名。

瞯　人目白~。

鷳　白閑，鳥~。

藖　莖餘。又侯辨反匣襇開。

**校注：**字又見襇韻侯辧反匣襇開。

憪　靜。

〇慳　苦閒反溪山開。悋。七。

覵　人名，出《孟子》。亦佷視。或作覸。

顅　少髮。又苦班反溪刪開。

**校注：**又苦班反，本書無溪母刪韻開口一紐。

掔　固。又却賢反溪先開。

**校注：**字又見先韻苦賢反溪先開。

羥　羊名。

㰢　又口肝反溪寒、又口耕反溪耕開。

**校注：**字又見寒韻苦寒反溪寒、耕韻口莖反溪耕開。

擊　堅悋。

〇虥　昨閑反從(崇)山開。虎淺文皃。七。

**校注：**"昨"從母字，昨閑反從崇混切，《廣韻》作"士山切崇山開"，是。字又見仙韻士連反崇仙開、產韻士限反崇產開、諫韻士諫反崇諫開。

鬜　髮禿。

**校注：**《切三》《廣韻》本紐無此字，《廣韻》字入上一紐苦閑切溪山開。字又見黠韻苦八反溪黠開。

潺　~湲，水聲。

**校注：**字又見仙韻士連反崇仙開。

鏟　小~鑿。

**校注：**字又見仙韻士連反崇仙開。

孱　弱。

**校注：**字又見仙韻士連反崇仙開、產韻士限反崇產開。

墌　門，聚。

**校注：**字又見仙韻士連反崇仙開。

**轓** 軒。

**校注：**字又見仙韻士連反崇仙開。

〇**羴** 許閒反曉山開。羊臭。又失然反書仙開。一。

**校注：**字亦作"羶"，"羶"字見仙韻式連反書仙開。

〇**㹀** 五閑[反]疑山開。犬鬭聲。五。

**校注：**底本切語二字塗污，"反"字亦脱，《切三》作"五閑反"，《廣韻》作"五閑切"。

**訮** 爭。

**校注：**字又見先韻呵憐反曉先開。

**虥** 虎奴。

**校注：**"奴"字誤，《廣韻》作"怒"。

**嘽** 訟詞。亦作狠。

**校注：**"亦作狠"《廣韻》繫於"㹀"字下，《説文》可證是。

**圁** 縣名。又宜巾反疑真B。

**校注：**字又見真韻語巾反疑真B、殷韻語斤反疑欣。

〇**頑** 吳鰥反疑山合。鈍~。一。

〇**黰** 烏閑反影山開。深黑。三。

**校注：**字亦作"㐱"，"㐱"字見畛韻之忍反章軫。

**羥** 黑羊。

**殷** 又於斤反影欣。

**校注：**字又見殷韻於斤反影欣。

〇**編** 方閑反幫山開。又百閑(關)反幫刪開。編，色不純。二。

**校注：**又反與正切音同，"閑"字誤，當作"關"。《切三》作"又方蠻反幫刪開"。字亦作"斑"，"斑"字見刪韻布還反幫刪開。

**虨** 虎文。又甫斤反幫欣。

**校注：**又甫斤反，本書無幫母欣韻一紐。字又見真韻"斌"紐幫真B。

〇**斕** 力闌(閑)反來山開。又力蠻反來刪開。一。

**校注：**"闌"爲寒韻字，誤，《切三》《廣韻》作"閑"。又力蠻反，本書無來母刪韻開口一紐。

〇**嘫** 奴閒反泥(娘)山開。語聲。二。

**校注：**"奴"泥母字，奴閒反泥娘類隔。

**𩭿** 喝𩭿，煖狀。

**校注：**"喝"字誤，《切三》《廣韻》作"暍"。字又見翰韻奴旦反泥翰。

〇**狦** 充山反昌(初)山開。噬。一。

**校注：**二等韻例不配昌母，充山反初昌混切。

〇**窀** 除頑反澄山合。穴中見犬。一。

**校注：**字原作"穵"，俗誤，《廣韻》作"窀"。字又見真韻陟倫反知諄、魂韻徒渾反定魂。

〇**譠** 几山反見山開。謾。一。

**校注：**字又見寒韻他單反透寒。

〇**嬛** 於鰥反影山合。媚。一。

**校注：**字原作"嫚"，誤，《廣韻》《集韻》作"嬛"。字又見仙韻於權反影仙B合。

## 廿七先

〇**先** 蘇前反心先開。又蘇見反心霰開。三。

校注：字又見霰韻蘇見反心霰開。

躚　蹁躚，旋。

校注："旋"下脱"行"字，《切三》作"旋行"，《廣韻》作"旋行皃"。字又見仙韻相然反心仙開。

珗　石次玉。

〇歬　昨先反從先開。進。正作歬。《説文》從舟，謂止舟而進。或作前。四。

蕑　~葫，藥草。又王芻，似黎。又子賤反精線開。

校注："芻""黎"二字當依《集韻》作"彗""藜"。字又見獮韻即踐反精獮開。字亦作"葥"，"葥"字見線韻子賤反精線開。

箈　籠。又子田反精先開。籛。

校注：字原作"箈"，誤，《廣韻》作"箈"。"反"下當有"亦作"二字。字又見先韻則前反精先開、鹽韻昨鹽反從鹽。

騚　四驕白。

〇千　倉先反清先開。六。

阡　~陌。亦杜、俗。又且見反清霰開。

校注："杜""俗"二字誤，當作"阡""谸"。本書字亦作"谸"，"谸"字見霰韻舍(倉)見反清霰開。

汧　水名。

仟　人長。

校注："人"上奪"千"字，《切三》《廣韻》《集韻》有字。

芊　草盛皃。

千　進。

〇牋　則前反精先開。牋表。亦作箋。亦作菚、蕑。七。

濺　水名。

校注：字頭《切三》同，《廣韻》《説文》作"濺"，《集韻》以爲或體。字亦作"湔"，"湔"字見仙韻子仙反精仙開。

帴　小兒籍。

校注：字又見寒韻昨干反從寒、翰韻蘇旦反心翰、黠韻所八反生黠開。

韉　韋~。

箈　簀。亦作籛。又才田反從先開。

校注：字原作"箈"，誤。字又見先韻昨先反從先開、鹽韻昨鹽反從鹽。

葏　草□。

校注：注文末字底本塗污。

逮　至。

校注：字原從"津"不從"聿"，誤，《説文·辵部》作"逮"。

〇天　他前反透先開。上玄。三。

詆　~蟬，語不正。

校注："蟬"字俗誤，《廣韻》作"譂"。

吞　咽。又吐根反透痕。

校注：字又見痕韻吐根反透痕。

〇祆　呵憐反曉先開。胡神。二。

訮　訶。

校注：字又見山韻五閑反疑山開。

〇堅　古賢反見先開。固。十[四]。

校注：底本紐字數奪"四"字。

豎　剛。

校注：字又見霰韻古電反見霰開。

掔　縣名，在東萊。

**校注：**字亦作“䃶”，“䃶”字見先韻胡千反匣先開。

幋 布~。

**校注：**字原從“虫”不從“玄”，誤，《廣韻》作“幋”。

幵 羌別名。

**校注：**字原作“开”，誤，《廣韻》作“幵”。字又見先韻五賢反疑先開。

肩 髆。亦作肩。

鳽 鳥名。又五革反疑麥開。

**校注：**又五革反，本書無疑母麥韻開口一紐。字又見先韻五賢反疑先開、耕韻口莖反溪耕開。字亦作“鴈”，“鴈”字見先韻苦賢反溪先開。

豣 犬豕。一曰豕三歲。亦作猏。

**校注：**字原作“豜”，俗誤，《切三》《廣韻》作“豣”，合《說文》。“犬”字誤，《廣韻》作“大”。

菺 蜀葵。

麉 鹿有力。

**校注：**字又見先韻苦賢反溪先開。

𪓔 龍鬐。

鵳 鶬~。

鰹 大鮦。

緊 堅。

**校注：**字原作“絚”，誤，《廣韻》作“緊”。

○賢 胡千反匣先開。聖。十三。

弦 弓~。

舷 舩邊。

絃 琴~。

蚿 馬蚿，虫。

胘 肝~。

**校注：**字又見先韻胡涓反匣先合。

婜 有守。

**校注：**字原作“婜”，誤，《廣韻》作“婜”。

刻 剄。

礥 難~。

**校注：**字又見真韻下珍反匣真B。

趚 急走。

娊 縊女。又呼典反曉銑開。

**校注：**字又見先韻呼典反曉銑開。

慈 急~。

𣐀 地名。又古賢反見先開。

**校注：**字亦作“㧥”，“㧥”字見先韻古賢反見先開。

○煙 烏前反影先開。火氣。五。

燕 國名。又作鄢。又於見反影霰開。

**校注：**字又見霰韻烏見反影霰開。

咽 ~喉。亦作咽。

𦮼 ~支，香草。

篶 竹~。

○蓮 路賢反來先開。芙蕖實。五。

憐 愛。俗作怜。

嗹 ~嘍，煩挐皃。或作謰。

**校注：**字原作𨘱，誤，《切三》《廣韻》作“嗹”。

縺 ~縷，寒具。

𪍑 ~𪍘，餅。𪍘字𠡠（勒）走反來厚。

**校注：**“𠡠”字誤，《切三》作“勒”。

○田 徒賢反定先開。地。十三。

佃　作田。

校注：字又見霰韻堂見反定霰開。

畋　取獸。

校注：字又見霰韻堂見反定霰開。

畇　地名，在絳。

校注：字又見真韻相倫反心諄、真韻詳遵反邪諄。

塡　塞。又陟陳反知真，又壓。亦作窴。

校注：字又見真韻陟鄰反知真。

闐　車聲。亦作嗔。

校注："作""嗔"二字原倒誤，"作"旁識一小鉤。霰韻堂見反定霰開"寘"下注"亦作闐"。

蹎　蹹地聲。

䗺　蜓蟬。〖又時延反禪仙開〗。

校注：字原作"蟬"，俗誤。"蜓蟬"爲"蜒䗺"俗誤。又時延反爲"蟬"字音，此又反因形而衍。字又見寒韻他單反透寒。

鈿　金花。

校注：字又見霰韻堂見反定霰開。

滇　~汙，大水皃。

校注：字又見先韻都賢反端先開、霰韻他見反透霰開。

搷　擊。

磌　聞。又之忍反章軫。

校注：字又見真韻職鄰反章真。

鷏　蝨母。

〇年　奴賢反泥先開。載。正作秊。二。

郱　鄉名，在馮翊。

〇顛　都賢反端先開。十一。

齻　牙。

校注：字原作"齷"，誤，《切三》《廣韻》作"齻"。

瘨　病。

驒　馬項白。

槇　木上。

校注：字又見軫韻之忍反章軫。

滇　~池，在建寧。

校注：字又見先韻徒賢反定先開、霰韻他見反透霰開。

趚　走。

傎　殞。

蹎　仆。

驒　~騱，馬。又徒何反定歌一。

校注：字又見寒韻徒干反定寒、哥韻徒何反定歌一。

㥲　冢~。

〇牽　苦賢反溪先開。引。又作𤛛。八。

縴　~縑，恶絮。縑字落嵆反來齊開。

校注："嵆"字原上從"秋"，俗書。

汧　水名，在安定。又苦見反溪霰開。

掔　厚。又苦閑反溪山開。

校注：字又見山韻苦閒反溪山開。

鳽　䳺，鳥。［又］苦耕溪耕開二反。

校注：底本誤脱一又音，且脱"又"字。字亦作"鳽"，"鳽"字見先韻古賢反見先開、先韻五賢反疑先開、耕韻口莖反溪耕開。

郱　周公所封。

麙 鹿絶有力。又五年反疑先開。

校注：注文有剥損，此據龍氏摩本録字。字又見先韻古賢反見先開。

蛢 螢火。又古奚兮(反)見齊開。

校注：字原作"蛢"，誤，本書另見處作"蛢"。"兮"當爲"反"字之誤。字又見齊韻古嵇反見齊開。

〇妍 五賢反疑先開。淨。六。

鳽 □鶄。

校注：底本注文首字右半存"鳥"旁，注文《切三》《廣韻》云"鵁鶄"。字又見先韻古賢反見先開、耕韻口莖反溪耕開。字亦作"鳽"，"鳽"字見先韻苦賢反溪先開。

研 摩。或作揅。

俓 急。又牛耕反疑耕開。

校注：字又見耕韻五莖反疑耕開。

岍 蹬~。

幵 平。

校注：字又見先韻古賢反見先開。

〇眠 莫賢反明先開。卧。亦作瞑。五。

校注：字亦作"瞑"，"瞑"字見霰韻莫見反明霰開。

矈 目旁薄密。

瞑 住聽。

校注：字右原從"宜"，誤，《王一》《廣韻》作"瞑"。

鬢 燒烟畫眉。

寡 不見~。

〇蹁 蒱田反並先開。七。

校注：字又見先韻布玄反幫先開。

蠙 ~珠。

校注：字又見真韻符鄰反並真A。

骿 骿肋。

校注：注文首字左半不清，從龍氏録字。

軿 四面屏蔽婦人。

校注：字又見青韻薄經反並青開。

駢 駕二馬。羅駢猶羅烈。

瓟 黄瓜。亦作縈。

䀻 益~。

校注：字左原從"目"，俗誤，《王一》《廣韻》《集韻》作"䀻"。

〇淵 烏玄反影先合。武帝諱。八。

痟 骨節疼。

弲 弓勢。

校注：字又見仙韻許緣反曉仙A合。

鼘 鼓聲。又於巾反影真B。

校注：字又見真韻於巾反影真B。

剈 曲剪。

䠙 行皃。

鼝 鳥羣。

蜎 撓。又甌泫反影銑合。

校注：又甌泫反，本書無影母銑韻合口一紐。字又見獮韻狂兖反群獮A合。

〇涓 古玄反見先合。水流。六。

蠲 除。

莒 草。

稍 麦莖。

鵑 杜鵑，鳥。

睊 視皃。

校注：字又見霰韻古縣反見霰合。

〇鋗　火玄反曉先合。銅銚。五。

駽　青驪，馬。

校注：字又見霰韻黄練反匣霰合。

矎　直視。

梋　椀。

圓　規。又辝沿反邪仙合。

校注：字原作"圎"，誤。字又見仙韻似宣反邪仙合、仙韻王權反云仙B合。

〇邊　布玄反幫先開。十二。

籩　竹器。

甂　小盆。

蝙　~蝠，虫。

編　次。又甫連幫仙A開、步藊並銑開[二]反。

校注："二"字原奪。又音《切三》作"又甫連、方顯反"，《王一》作"又甫連、方藊二反"，本書"步"字或誤。字又見仙韻卑連反幫仙A開、銑韻方藊反幫銑開。

猵　獺屬。

校注：字又見軫韻毗忍反並軫A。

穆　籬上豆。又垂（北）藊反幫銑開。

校注：字原作"稹"，誤，《廣韻》作"穆"。"垂"字誤，《王一》作"北"。

萹　~竹，菜。又北藊反幫銑開。

校注：字又見仙韻芳便反滂仙A開、銑韻方藊反幫銑開。

㥏　身不正。

校注：字右原從"梟"，俗誤，《集韻》收"㥏"字。

蹁　足不正。

校注：字又見先韻蒱田反並先開。

邊　水名。

牑　牀上板。

〇玄　胡涓反匣先合。天。七。

懸　垂~。

眩　~亂。

校注：字又見霰韻黄練反匣霰合。

駭　馬一歲。

校注：字亦作"睪"，"睪"字見刪韻胡關反匣刪合。

玹　漢有趙玹。

校注：字又見銑韻胡犬反匣銑合。

昀　目大皃。

肱　牛百葉。

校注：字又見先韻胡千反匣先開。

## 廿八仙

〇仙　相然反心仙開。神壽。八。

籼　竹名。

校注：字又見銑韻蘓典反心銑開。

茴　草名，似莞。

躚　舞皃。

校注：字又見先韻蘓前反心先開。

秈　秔稻。

鮮　生魚。

毨　毽~。

碰　以石衦繒。

校注："衦"字誤，《廣韻》作"衦"。字又見線韻尺戰反昌線開。

〇錢　昨仙反從仙開。帛貨。一。

校注：字又見獮韻即踐反精獮開。

〇遷　七然反清仙開。徙。一。

櫏　楫~，木名。

〇煎　子仙反精仙開。熟煑。二。

校注：字又見線韻子賤反精線開。

湔　洗。一曰水名，在蜀。又子先反精先開。

校注：字亦作"濺"，"濺"字見先韻則前反精先開。

〇然　如延反日仙開。是。七。

燃　燒。上從火。

校注：《王一》注："燒。上然从火，已是燒，更加火，非。同梁加木，失。"本書有脱漏。

狱　猓狱，獸名，質黑文。

嫸　姓~。

校注：字又見獮韻式善反書獮開、霰韻奴見反泥霰開。

肰　犬肉。

篜　竹~。

蘸　草~。

〇延　以然反以仙A開。引。九。

埏　墓道。

筵　席~。

郔　地名。

校注：字原書誤，《切三》《廣韻》作"郔"。

綖　冠上覆。

蜒　蚰蜒，虫。

裢　帑裢，牛項上衣。

校注：字又見仙韻式連反書仙開。

鋋　小矛。又市延反禪仙開。

校注：字又見仙韻市連反禪仙開。

道　相顧視。

校注：字原作"趄"，誤，《廣韻》作"道"。《説文・目部》："道，相顧視而行也，从目从延，延亦聲。"

〇饘　諸延反章仙開。正作饘。亦作饆。六。

校注：字亦作"饘"，"饘"字見獮韻旨善反章獮開。字亦作"健"，"健"字見元韻居言反見元開。

旃　之。亦旜。

襢　~旌。

校注：字原作"襢"，俗誤。字又見線韻陟彦反知線開。

栴　~檀，香木。

氈　毛席。

鸇　晨風，鳥。亦作鸇。

〇甄　居延反見仙A開。姓。一。

校注：字又見真韻職鄰反章真。

〇邅　張連反知仙開。又直連澄仙開、持戰澄線開二反。三。

校注：《切三》："迍邅，張連反，又直連、治戰二反。"《王一》："張連反，又直連、持戰二反，迍邅。"字亦作"趲"，"趲"字見仙韻直連反澄仙開。

驙　馬載重行難。又徒安反定寒。白馬黑脊。

鱣　黄魚。亦作鱣。

〇潺　士連反崇仙開。流皃。六。

校注：字又見山韻畦閑反從（崇）山開。

虥　虎淺文白。又士限崇產開二反。

校注:“白”字《王一》作“皃”。《王一》作“仕限崇產開、□嶋諫開二反”。本書“二”上當脱漏一音。字又見山韻昨閑反從(崇)山開、產韻士限反崇產開、諫韻士諫反崇諫開。

鏬 小鑿。

校注:字又見山韻昨閑反從(崇)山開。

孱 弱~。

校注:字又見山韻昨閑反從(崇)山開、產韻士限反崇產開。

塽 門,聚。

校注:字又見山韻昨閑反從(崇)山開。

轏 軒。

校注:字又見山韻昨閑反從(崇)山開。

〇羶 式連反書仙開。羊臭。六。

校注:字亦作“羴”,“羴”字見山韻許閒反曉山開。

挻 打瓦。又柔挻。又丑連反徹仙開。二。

校注:“二”字當删。

煽 盛火皃。

校注:字又見線韻式戰反書線開。

脠 生肉醬。

校注:字又見仙韻丑連反徹仙開。

鯅 魚醬。

裓 帑。

校注:字左原從“衤”,俗誤,《王一》《廣韻》作“裓”。字又見仙韻以然反以仙A開。

〇脡 丑連反徹仙開。又式連反書仙開。

校注:字又見仙韻式連反書仙開。

梴 木長。

鏈 鈆朴。又力延反來仙開。

校注:字又見仙韻力延反來仙開。

辿 緩步。又丑連反徹仙開。

校注:此字爲“延”字俗書。又反與正切同,誤。字又見獮韻丑善反徹獮開。

〇鋋 市連反禪仙開。小矛。又以然反以仙A開。六。

校注:字又見仙韻以然反以仙A開。

単 ~于。

校注:字又見寒韻都寒反端寒、獮韻常演反禪獮開、線韻視戰反禪線開。

蟬 虫~。正作蟬。

嬋 ~媛,牽引。

校注:字右原作“単”形。

儃 能~。

禪 靜~。

校注:字右原作“単”形。字又見線韻視戰反禪線開。

〇纏 直連反澄仙開。繞。通俗作緾。八。

校注:“直”“連”二字原倒誤,“直”旁識一小鉤。紐字數作“八”而實收七字。

躔 日月行。或蹍。

瀍 水名,在河南。

壥 一畝半。曰城市内空地。

校注:《王一》云:“一曰城市内空地。”本書“曰”上脱“一”字。

鄽 市。俗作廛。郊鄽。作厘,從省作鄽字。

邅 移。又除善反澄獮開。

校注：又除善反，本書無澄母獮韻開口一紐。字亦作“邅”，“邅”字見仙韻張連反知仙開。

蠷　守宮。

〇嗎　許延反曉仙B開。笑皃。四。

嫣　長好皃。又於建反影願開。又於遠反影阮合。

校注：字又見願韻於建反影願開。

翾　飛~。

仚　輕舉皃。

校注：“皃”下原有“十”字，旁識四點，爲刪字符。

〇連　力延反來仙開。及。十。

聯　~緜不絶。

漣　~，風動水。

䮠　~䎆，飛相及皃。

鰱　魚，似鱅。

鏈　鈆朴。又丑連反徹仙開。

校注：字又見仙韻丑連反徹仙開。

瀍　水名，出王屋山。

鹽　鹵露。

謰　泣血。

槤　簃~。

〇篇　芳便反滂仙A開。札反。六。

偏　不正。

翩　飛~。

媥　身輕便皃。

痛　身輕。

萹　筑，菜。又補殄反幫銑開。

校注：“筑”字俗誤，《王一》作“蓫”。字又見先韻布玄反幫先開、銑韻方繭反幫銑開。

〇便　房連反並仙A開。正作便。六。

校注：字又見線韻婢面反並線A開。

緶　縫~。

校注：字又見銑韻方繭反幫銑開。

箯　竹輿。

校注：字又見仙韻卑連反幫仙A開。

楄　木食不噎。

蝙　沙蝨。亦作蝡。

諞　巧言。《論語》云：“佞人也。”

校注：字又見獮韻符蹇反並獮B開。

〇綿　武連反明仙A開。絮。正作緜。十。

棉　屋聯棉梠。

謾　欺，出《漢書》。

校注：字又見寒韻武安反明桓、諫韻莫晏反明諫開。

矊　瞳子黑。

蝒　馬蜩。

䰓　雙生。

愢　忘。

杨　木名。

校注：字右原從“丏”，俗誤，《廣韻》作“杨”。

蚵　木名。

校注：字右原從“丏”，俗誤，《廣韻》作“蚵”。注文二字蒙上“杨”字注文而誤，《廣韻》云：“《説文》曰蚵蚗蟬屬。”《王一》作“蟬屋”，“屋”爲“屬”字之誤。

宀　深屋。

〇全　聚緣反從仙合。具。亦作

仝。四。

泉　水源。

蒝　莘~。

蝝　白質黄文貝。

〇宣　須緣反心仙合。吐。四。

揎　手發衣。或捋。

**校注：**或作字誤，《王一》《廣韻》作“搙”。

愃　决，吳人云。又況晚曉阮合〖二〗反。

**校注：**“决”字誤，《王一》《廣韻》作“快”。“二”字疑衍，《王一》無。字又見阮韻況晚反曉阮合。

䪾　圓面。或作圖。

**校注：**“圖”字誤，《王一》《廣韻》《集韻》作“圚”。

〇鐫　子泉反精仙合。鑽斵。亦作鋑。通俗作鎸。二。

剶　刖。又且全反清仙合。

**校注：**字又見仙韻此緣反清仙合、仙韻丑專反徹仙合。

〇翾　許緣反曉仙A合。小飛。七。

儇　知。

弲　角弓。

**校注：**字又見先韻烏玄反影先合。

趯　疾走。

蠉　虫行。

**校注：**字又見獮韻香兖反曉獮A合。

䩤　妍。又有矩反云麌。

**校注：**字又見麌韻于矩反云麌、霰韻博見反幫霰開。

䁔　童子。又下犬反匣銑合。

**校注：**字又見銑韻胡犬反匣銑合。

〇堧　而緣反日仙合。又奴亂反泥换。三。

袻　促衣縫。

撋　摧。亦作撝、捼。又而為日支合、乃知(和)泥戈一二反。

**校注：**字原作“撊”，俗誤，《王一》《廣韻》作“撋”。又而為反，脂支混韻。“知”當爲“和”字之誤，本書哥韻奴和反泥戈一有“挼”字，“挼”即“捼”，《詩·葛覃》釋文“捼”字音奴禾反泥戈一。字亦作“捼”，“捼”字見脂韻儒隹反日脂合、灰韻乃回反泥灰。

〇穿　昌緣反昌仙合。穴過。三。

川　谷。俗作巛。

𩕄　三泉。

**校注：**字又見真韻詳遵反邪諄。

〇沿　与專反以仙A合。從流而下。又作㳂。十一。

鉛　~錫。通俗作鈆。

櫞　枸櫞，可作粽。

捐　弃~。

鳶　鴟。正作鳶。

**校注：**正作字誤，《集韻》或體作“鳶”。

緣　歷~。

**校注：**字又見線韻以絹反以線A合。

蝝　蝗子。曰蟻子。

**校注：**“曰”上當從《切三》《王一》《廣韻》補“一”字。

蔦　~尾，射干。

阭　高。

鰇　魚~。

腚　短~。

〇旋　似宣反邪仙合。還。十。

檈　圓案。

校注：字又見真韻相倫反心諄。

璿　玉名。

漩　回流。

校注：字又見線韻辝選反邪線合。

琁　美石次玉。

𠥈　炊薁。

校注："薁"字俗誤，《王一》作"箅"。

鏇　負鑪。又囚絹反邪線合。

校注：底本字頭"金"旁塗污，此據龍校録。字又見線韻辝選反邪線合。

𪾢　好。亦作嫙。

校注：字亦作"嫙"，"嫙"字見線韻辝選反邪線合。

蜁　螝蜁。亦作蠒。

圓　規。又於沿反影仙A合。

校注：字又見先韻火玄反曉先合、仙韻王權反云仙B合。

〇娟　於緣反影仙A合。好皃。三。

嬛　身輕便。

校注：字又見清韻渠營反群清合。

悁　~，悒憂。

〇船　繩川反船仙合。舟。通俗作舩。一。

〇鞭　畀連反幫仙A開。撾馬杖。五。

鯾　魚名。

編　次。又布千反幫先開、又方藊反幫銑開。

校注：字又見先韻布玄反幫先開、銑韻方藊反幫銑開。

箯　竹~輿。

校注：字又見仙韻房連反並仙A開。

揙　擊。又符善反並獮A開。

校注：字又見獮韻符善反並獮A開。

〇涎　敘連反邪仙開。口液。正作次。亦作湺。一。

〇詮　此緣反清仙合。平。十六。

銓　~衡。亦作硂。

痊　病瘳。

佺　偓佺，仛人。

校注："仛"字誤，《切三》《王一》《廣韻》作"仙"。

悛　改~。

駩　白馬黑脊。

荃　香草。

筌　取魚竹。

絟　細布。

校注：字又見薛韻七絶反清薛合。

譔　善言。又士卷反崇線合。

謜　言語和悅。

校注：字又見元韻愚袁反疑元合。

恮　謹~。

𠥐　薄~。

校注：此字"乚"原作"辶"形，爲俗寫。

剶　剔。又先全反心仙合。

校注：字又見仙韻子泉反精仙合、仙韻丑專反徹仙合。

峑　山巔。

栓　丁~。

〇專　職緣反章仙合。精。俗作専字。六。

甎　燒墼。

顓　~頊。

篿　竹器。

校注：字又見寒韻度官反定桓。

鄟　邾婁邑。又徒桓定桓二反。

校注："二"字上或誤脱一音。字又見寒韻度官反定桓、獮韻視兖反禪獮合。

嫥　好皃。

〇遄　市緣反禪仙合。速。六。

圌　倉。或作篅。又時規反禪支合。

校注：字亦作"篅"，"篅"字見支韻是為反禪支合。

輲　無輪車。

椯　木名。

諯　相讓。又充絹反昌線合。

歂　口氣。又視兖反禪獮合。

校注："氣"下奪"引"字，《廣韻》《集韻》有字。字又見獮韻視兖反禪獮合。

〇員　王權反云仙B合。官數。三。

圓　團~。

校注：字又見先韻火玄反曉先合、仙韻似宣反邪仙合。

湲　潺~。

〇栓　山負反生仙合。木釘。二。

篳　~，車軸。又所眷反生線合。

校注：字又見線韻所眷反生線合。

〇鏇　丑專反徹仙合。所以鉤門。二。

剶　去枝。

校注：字又見仙韻子泉反精仙合、仙韻此緣反清仙合。

〇乹　渠焉反群仙B開。乹坤，天地。六。

校注：字亦作"乾"，"乾"字見寒韻古寒反見寒。

虔　敬。

犍　~為縣，在益州置。

鰬　魚名。

鄭　聚名，在河東聞喜縣。

驜　駠馬，黄脊。

〇愆　去乹反溪仙B開。罪。俗倦。五。

五。

褰　~衣。

騫　虧少。一曰馬腹縶。又許言反曉元開。

校注：又許言反，本書元韻虚言反曉元開無此字。

攐　齊魯言袴。又己偃反見阮開。

校注：又己偃反，本書阮韻"湕"紐見阮開無此字。

攓　蹇足根。

〇權　巨負反群仙B合。~常道禾。亦作寉。十九。

校注：紐字數作"十九"而實收十八字。

拳　屈手。

觠　曲角。

狋　~氏，縣名，在代郡。氏字即盈反

精清開。同。

校注：字又見脂韻生(牛)肌反疑脂開。

顴　頄骨。

婘　美皃。

踡　曲脊行。

跧　跼~，不行。

痽　手屈病。

牶　牛黑耳。又居万反見願合。

蠸　食瓜菜虫。

齤　齒曲。

鸛　鵂鶹。

蜷　虫形詰詘。

校注："詰""詘"二字原倒誤，"詰"旁識一小鉤。

巻　盌。

鬈　髮好。

校注：字又見仙韻去負反溪仙B合。

䟫　曲脊。

膗　~朕，醜皃。

○椽　直緣反澄仙合。屋椽。二。

傳　又持戀反澄線合。俗傳。

校注：字又見線韻直戀反澄線合、線韻知戀反知線合。

○攣　吕緣反来仙A合。亦作䜌。四。

校注：亦作字原不成字。

癵　病~。

䜌　南䜌縣，在鉅鹿。又[力丸反]来桓。

校注：底本"又"下奪字，《切三》云"又力丸反"，兹據補。字又見寒韻落官反来桓。

蠻　蜛~。

○巻　去負反溪仙B合。縣名，在熒陽。五。

弮　小憤。

校注："憤"字誤，《切三》《廣韻》作"幘"。

棬　器，似升，屈木為之。

校注：字原作"捲"，俗誤，《切三》《王一》《廣韻》作"棬"。

彏　弓曲。

校注：字亦作"蘿"，"蘿"字見阮韻去阮反溪阮合。

鬈　髮好。

校注：字下原從"叏"，誤，《切三》《廣韻》作"鬈"。字又見仙韻巨負反群仙B合。

○焉　於乹反影仙B開。[又]矣乹反云仙B開。氣巳聲。三。

校注："又"字原奪，《王一》有字。又矣乹反，本書無云母仙韻開口重紐三等一紐。

漹

校注：底本注文奪。《王一》注："水名，出西河，又於彦反。"《廣韻》注："水名，出西河也，有乾切。"

[蔫]　~蠻，音灣影删合。

校注：底本字頭奪，"~蠻音灣"誤繫於"漹"字下。《王一》《廣韻》"漹""蔫"上下字。"蔫"字《王一》注："蔫蠻，音灣。"《廣韻》注："蔫蠻，蟲名。"

○嬽　於權反影仙B合。娥眉皃。一。

校注：字原作"嫚"，誤，《王一》《廣韻》作"嬽"。字又見山韻於鰥反影山合。

○跧　居負反見仙B合（莊緣反莊仙合）。曲卷伏。三。

校注：底本作“居負反見仙B合”，實爲“勬”字音切，《切三》此字“莊緣反莊仙合”，《廣韻》“莊緣切”。字又見真韻將倫反精諄。

勬　強健。

校注：底本“跧”下作“居負反見仙B合”，實爲此字音切，《切三》此字“居負反見仙B合”，《廣韻》“居負切”。此字又見線韻居倦反見線B合。

睉　目眇。

校注：此字與“跧”同音，底本音“居負反見仙B合”，誤，當音“莊緣反莊仙合”。

## 廿九蕭

○蕭　蘇彫反心蕭。草名。又縣名，在沛郡。十三。

校注：“十”“三”二字原倒誤，“十”旁識一小鉤。

簫　管。

彇　弓弭。

蟰　蛸~，虫名。

校注：字又見屋韻息逐反心屋三。

橚　~椮，樹長皃。

潚　水名。

飍　涼風。

校注：此字《切三》《王一》《廣韻》《集韻》作“飂”。字又見屋韻所六反生屋三。

綃　生絲絹。又相焦反心宵。

校注：字又見宵韻相焦反心宵。

撨　擇。又先鈎反心侯。

校注：字又見宵韻昨焦反從宵、侯韻束（速）侯反心侯。

箾　舞箾。又山草（卓）反生覺。

校注：“草”字誤，《王一》作“卓”。字又見覺韻所角反生覺。

翛　然~。

䱜　魚名。

校注：字又見肴韻所交反生肴。

［䎘］　羽翼。

校注：底本字頭奪，“羽翼”二字誤接於“䱜”字注文“魚名”下。《王一》“䱜”“䎘”上下字，各訓“魚”“羽翼蔽皃，亦作毹”。

○祧　吐彫反透蕭。遠祖廟。亦作庣。九。

校注：紐字數作“九”而實收八字。字又見笑韻丑召反徹笑。

佻　輕~。

挑　撥~。

朓　月見西方。

校注：字又見篠韻吐鳥反透篠。

恌　薄輕。

校注：字又見宵韻余招反以宵A。

聎　耳病。

趒　雀行。又他弔反透嘯。

校注：字又見嘯韻他弔反透嘯。

蓧　苗~。

校注：字亦作“盄”，“盄”字見嘯韻徒弔反定嘯。

○貂　都聊反端蕭。十九。

校注：紐字數作“十九”而實收十八字。

髫　小兒髮。

校注：字又見蕭韻徒聊反定蕭。

彫　刻。俗作雕，誤，非。

刁　姓。

校注：字原作“刀”形，爲俗寫。

琱　琢。

凋　落。亦作彫。

矪　短尾反。

校注：“反”字誤，《王一》《廣韻》作“犬”。

鯛　魚名。

鵰　鶚鳥別名。亦作雕。

蛁　～蟟，茅中小虫也。

鵰　熟視。

苕　葦花。亦作苕。又音追（迢）定蕭。

校注：《說文·艸部》：“芀，葦華也。”段注：“凡言芀秀者，多借苕字爲之。”《說文·艸部》：“苕，艸也。”段注：“《詩》：苕之華。”是“葦花”義“芀”爲本字，“苕”爲借字，二字常混，本書字頭當作“芀”。又音追，“追定海”爲“迢定蕭”字之誤，《王一》作“又音迢”。字又見蕭韻徒聊反定蕭。

弴　天子弓。又丁昆反端魂。

校注：字又見魂韻都昆反端魂。

刐　取穗。亦作郈。

校注：字左原從“夕”，俗誤。亦作字當從《王一》作“召阝”。

奝　大。亦作奝。

鴷　～鷯。又作聊反精蕭。

校注：字左原從“夕”，俗誤。又作聊反，本書無精母蕭韻一紐。字又見宵韻即遥反精宵。

列　同上。

校注：“列”“鴷”同字，理未通，《王一》亦無此字。又底本“弴”下一字亦作“列”，與此處字頭重，此處當刪。

裯　棺中衣。

校注：字原作“衰”，誤，《廣韻》作“裯”。

○迢　徒聊反定蕭。迢遰。十七。

條　枝～。

髫　小兒髮。

跳　躍。

鋚　紖頭銅飾。

鯈　似虵，魚翼，見則大旱。

蜩　大蟬。亦作蚒。

佻　獨行。《詩》云：“佻～公子”。

苕　菜～。

校注：字又見蕭韻都聊反端蕭。

芀　葦花。又音彫端蕭。

校注：字亦作“苕”，“苕”字見蕭韻都聊反端蕭。

調　正。

嬥　獨行皃。又徒了反定篠。

校注：字又見篠韻徒了反定篠、覺韻直角反澄覺。

髫　髮名。

校注：“名”當作“多”，《廣韻》《說文》可證。字又見蕭韻都聊反端蕭。

卣　草木實卣～然。

樤　柚。

鰷　魚。又直流反澄尤。

校注：字又見尤韻直由反澄尤。

𤬪　瓿。又許幺反曉蕭。

校注：字亦作"𢏝"，"𢏝"字見蕭韻許幺反曉蕭。

〇驍　古堯反見蕭。驍武。九。

梟　鳥名。

校注："鳥""名"二字原倒誤，"鳥"旁識一小鉤。

県　倒懸首。

澆　涘。

校注：字又見嘯韻五弔反疑嘯。

儌　~幸。或作儌倖。亦作僥。

邀　遮。又扵宵反影宵A。

校注：字又見宵韻於宵反影宵A。

釗　弩械。又周康王名。又指遥反章宵。

校注：字又見宵韻止遥反章宵。

蟂　似虵，四足，水居，能食人。

校注：字右原從"梟"。

僥　偽。又五聊反疑蕭。

校注：字又見蕭韻五聊反疑蕭。

〇聊　落蕭反來蕭。誠然。三十一。

校注：底本此條小字書於"膠"字條右旁行隙，當爲抄漏後補書。

膠　耳中鳴。俗作聊。

校注：字又見豪韻盧刀反來豪。

膋　腸間脂。〖卅一〗。

校注："卅一"爲紐字數，當刪。

飂　風~。

遼　遠。又水名。

憀　無情賴~。

校注：字又見尤韻力求反來尤。

寥　空室。

寮　穿~。

料　~理。

校注：字又見嘯韻力弔反來嘯。

墩　周垣。

校注：字又見笑韻力照反來笑。

橑　〖周〗短椽。又〖垣〗力道反來晧。

校注：底本注文小字兩列書，"周""垣"爲兩列首字，涉"墩"字注文抄衍而未及刪。字又見晧韻盧浩反來晧。

撩　取物。

校注：字又見篠韻盧鳥反來篠。

摷　擊~。

廖　左氏有辛伯廖。

校注：字又見宥韻力救反來宥。

僚　同官為僚。字或作寮。

鐐　有孔鑪。

校注：字又見嘯韻力弔反來嘯、笑韻力照反來笑。

繆　空谷。

嶚　~巢，山皃。

簝　宗廟盛肉方竹器。

校注：字又見豪韻盧刀反來豪。

鷯　鷦~。

篛　竹名。

璙　玉名。

嫽　相戲。又力弔反來嘯，嫽戾，性自是。

校注：字又見小韻力小反來小、嘯韻力弔反來嘯。

漻　水清。

瞭　明目。

**校注：** 字又見篠韻盧鳥反來篠。

藔　草器。又力弋(戈)反來戈一。

**校注：** 字原從“田”不從“曰”，誤。龍校云：“盖虆省作藔，俗从二糸作藔，又譌作藔。虆變作藔，猶灅濕互乱也。唯此字入本韻，疑有譌誤。”“藔”字見哥韻落過反來戈一。

蹽　草木踈莖。

癆　痛。又力到反來号。

**校注：** 字又見号韻盧到反來号。

廫　虚~。

蟧　馬蛁。亦作蟟。

寮　宲~。

〇堯　五聊反疑蕭。或作尭。五。

嶢

**校注：** 底本注文奪。《切三》：“嶢，山。”《王一》：“嶢，嶕嶢，山危。”《廣韻》：“嶢，嶕嶢，山危。”

［僥］　僬僥，短人。

**校注：** 底本字頭奪，“僬僥短人”四字誤繫於“嶢”字下。《切三》《王一》《廣韻》“嶢”“僥”上下字。《切三》：“僥，雌僥，短人。”《王一》：“僥，僬僥，短人。”《廣韻》：“僥，僬僥”。字又見蕭韻古堯反見蕭。

垚　土高皃。

顤　頭長。

**校注：** 字又見嘯韻五弔反疑嘯。

〇膮　許幺反曉蕭。豕羹。六。

嘵　聲~。

顥　額大。又去遥反溪宵A。

**校注：** 字又見宵韻去遥反溪宵A。

膔　~膸。

**校注：** 字右原上從“白”不從“自”，俗誤。

奃　肥大。又去遥反溪宵A。

**校注：** 字又見宵韻去遥反溪宵A。

弨　毦。亦作鴭、毭。

**校注：** 字亦作“毭”，“毭”字見蕭韻徒聊反定蕭。

〇幺　於尭反影蕭。幺~，小。二。

怮　~，憂。又於流反影尤。

**校注：** 字又見尤韻於求反影尤、幽韻於虯反影幽、黝韻於糾反影黝。

〇鄡　苦聊反溪蕭。鄡陽，縣名，在鄱陽郡。三。

**校注：** 字左原從“臯”。

郻　縣名，在鉅鹿。正作鄡。

**校注：** 正作字誤，《廣韻》作“鄡”。

𣪧　擊。又五交疑肴、口的溪錫開二反。

**校注：** 字又見錫韻去激反溪錫開。字亦作“敫”，“敫”字見肴韻五交反疑肴。

# 卅宵

〇宵　相焦反心宵。夜。十五。

消　滅~。

霄　近天赤氣。

捎　摇捎，動。

**校注：** 字又見肴韻所交反生肴。

逍　~遥。

痟　~渴，病。

綃　生絲。又蘇彫反心蕭。

校注：字又見蕭韻蘇彫反心蕭。

銷　鑠。亦作焇。

硝　矿~。

蛸　螵蛸，虫。

校注：字又見肴韻所交反生肴。

㨾　長皃。又史學反生覺。

校注：字又見效韻所教反生效、覺韻所角反生覺。

踃　跳。

莦　恶草。反（又）所交反生肴。

校注：上"反"字誤，當作"又"。字又見肴韻所交反生肴。

䴛　煎鹽。

䎅　張羽毛。

〇超　勑宵反徹宵。越。三。

怊　~悵。

校注：字又見宵韻尺招反昌宵。

昭　鳴。

〇朝　知遥反知宵。又直遥〚二〛反澄宵。旦朝。五。

校注："二"字衍，《廣韻》無。"旦"即"旦"字，爲避睿宗名諱之形。紐字數當作"一"，"五"爲合計"鼂"紐四字之數，參"鼂"字條校注。字又見宵韻直遥反澄宵。

〇鼂　姓。直遥反澄宵。［四］。

校注：依例"姓"當在"反"字下。底本紐字數奪。

潮　水潮。亦作淖。

鼂　鼉~。

校注：字原作"鼂"，俗誤，《説文・黽部》作"鼂"。底本注文右行塗污，左行見一省代號，"鼉"字從《王一》録。

朝　参覲。

校注：字又見宵韻知遥反知宵。

〇䎘　許喬反曉宵B。喧。或作嚻。又五高反疑豪。十。

校注：字又見豪韻五勞反疑豪。

枵　玄~，星名。

歊　熱氣。

嚻　犬聲。

校注："犬聲"誤，《切三》《廣韻》作"大聲"。字又見宵韻奇嬌反群宵B。

獢　猲獢，犬，短喙。

獟　犬，黄白色。

虈　白芷别名。

僑　驕~。

校注：字原從"夂"不從"叉"，俗誤。

䰥　炊氣。

校注：字下原作"喬"，誤，《廣韻》作"䰥"。《説文・鬲部》："䰥，炊气皃，从鬲䎘聲。"

蒿　草木盛肥。又許交反曉肴。

校注：字又見肴韻許交反曉肴。

〇蕉　昨焦反從宵。柴。亦作樵。十一。

校注：字原從"椎"，俗誤。《集韻》作"蕉"。

劁　刈草。

校注：字又見笑韻才笑反從笑。

僬　~僥，南方短人。

校注：字又見笑韻子肖反精笑。

䜈　耳中聲。又才高反從豪。

校注：字又見豪韻昨勞反從豪。

憔　~悴。或作顦。

譙　國名。

校注：字又見笑韻才笑反從笑。

嶕　~嶢。

巢　~嶚㗋，山高皃。

校注："㗋"字爲誤重"巢"字且誤形者。

醮　面焦枯皃。

校注：字又見宵韻即遥反精宵。

撨　取~。

校注：字原作"推"，誤，《廣韻》作"撨"。字又見蕭韻蘇彫反心蕭、侯韻束（速）侯反心侯。

蕉　草~。

〇驕　舉高反見宵B。馬高八尺。八。

嬌　矜女字~。

校注："矜"字《切三》《廣韻》無，此處涉下"憍"字注文而衍。字又見小韻居沼反見小B。

憍　矜~。

穚　禾秀。

簥　大管。

鷮　似雉而小。

校注：字又見宵韻奇嬌反群宵B。

蕎　草，小支上。

撟　舉手。

〇焦　即遥反精宵。火焦。亦作爑。十二。

毦　兜鍪上飾。

蕉　芭~。

膲　人之心三膲胞。

鷦　~鷯，鳥名，似鳳。

椒　椴。又子蕭反精蕭。亦作茮、菽。

校注：字原作"𣗥"。又子蕭反，本書無精母蕭韻一紐。

噍　啁噍，鳥聲。

校注：字又見尤韻即由反精尤、笑韻才笑反從笑。

鐎　温器，三足，有柄。

䵲　灼龜不兆。

校注：字下原從"火"。

雧　生枲。

䲖　~鶇。又都聊反端蕭。

校注：字左原從"夕"，爲俗寫。字又見蕭韻都聊反端蕭。

顦　面焦枯小。

校注：字又見宵韻昨焦反從宵。

〇饒　如招反日宵。多。十二。

校注：紐字數作"十二"而實收六字，涉上"焦"紐字數而誤同。字又見笑韻人要反日笑。

襓　劒衣。

橈　楫。又女挍反娘效。

校注：字原作"撓"，俗誤，《切三》《廣韻》作"橈"。字又見效韻奴効反泥（娘）效。

犪　牛馴伏。又而紹反日小。

校注：字又見小韻而沼反日小。

蟯　人腹中短虫。又伊消反影宵A。

校注：字又見宵韻於宵反影宵A。

蕘　芻~。

〇燒　式招反書宵。火然。二。

校注：字又見笑韻失召反書笑。

䍃　瓜。

校注：字原作“㴭”，誤，《廣韻》《集韻》作“䍃”。《説文·瓜部》：“从瓜䍃省聲。”

〇遥　余招反以宵A。遠。卄八。

媱　美好。

傜　役。亦作䌛，由。或傛。

校注：或作字誤，《廣韻》作“偣”。

䫲　飄~。

歈　氣出皃。

窯　燒瓦竈。

䔄　蒲葉，草名。

校注：字又見笑韻弋笑反以笑A。

䍃　~茂，萇楚。

校注：“茂”字誤，《廣韻》作“芅”。

珧　玉珧，蜃甲。

鰩　鳥翼，能飛，夜東海過南海。

銚　燒器。又徒弔反定嘯。

校注：字又見嘯韻徒弔反定嘯。

姚　~娧，美好皃。又人姓。

摇　動。

校注：字又見笑韻弋笑反以笑A。

瑶　美石次玉。

謡　~歌。

軺　~，車名。又以以焦宵A反。

校注：龍校云：“正切為余招反以宵A，不得又切為以焦反以宵A。切三以作似，以以當即似邪字之誤。唯本書本韻無邪母，切三、廣韻、集韻同。”字又見宵韻市昭反禪宵。

愮　憂。

恌　情理。

校注：字又見蕭韻吐彫反透蕭。

踰　跳。

䌛　相隨行。又翼州反以尤。

校注：字中“缶”原作“罒”形，誤，《廣韻》《集韻》作“䌛”。字又見尤韻以周反以尤。

䕠　茂。亦作蒏。

校注：字又見尤韻以周反以尤。

旟　旗~。

𢐀　弓利。

嗂　樂~。

校注：字原作“㗵”，誤，《廣韻》作“嗂”。

榣　木名。

烑　光~。

褕　~翟。

校注：字又見虞韻羊朱反以虞。

㾢　座。

校注：此字爲“瘫”字俗形。“座”字誤，《集韻》作“痤”。

〇韶　市招反禪宵。舜樂。一曰美。[七]。

校注：底本紐字數奪。

佋　廟佋穆。或作昭。又市沼反禪小。

校注：字又見小韻市沼反禪小。

柖　牀~。

卲　卜問。

𩰫　擊~。

校注：字右原從“已”，爲俗書，《集韻》作“𩰫”，合《説文》。

卲　高。又時耀反禪笑。

校注：字原作“邵”，誤，《説文·卩部》作

"卲"。字又見笑韻寔曜反禪笑。

軺　使車。

校注：字又見宵韻余招反以宵A。

〇昭　止遥反章宵。明。七。

鴶　鶻鴶，鳥名，似斑鳩。

鉊　淮南人呼鎌。

招　呼~。

盄　器。

校注：字上原從"予"，誤，《廣韻》作"盄"。

弨　施~。

校注：字又見宵韻尺招反昌宵、小韻尺紹反昌小。

釗　周康王名。

校注：字又見蕭韻古堯反見蕭。

〇飇　甫遥反幫宵A。風。十一。

摽　舉。或作㪗。又扶小反並小A。

校注：字又見小韻符小反並小A。

猋　群犬走。

杓　北斗柄星。又撫昭反滂宵A。

校注：字又見宵韻撫遥反滂宵A、錫韻都歷反端錫開、藥韻市若反禪藥開。

瘭　~疽，病名。

幖　頭上幟。

熛　飛火。

髟　長髮。又所銜反生銜。

校注：字又見幽韻甫休反幫幽、銜韻所銜反生銜。

標　木。又扶小並小A、扶表並小B二反。

校注：又扶小反，小韻符小反並小A無此字，收"摽"字。又扶表反，小韻平表反並小B無此字。

賆　貝，居陸。

旚　旌旗飛皃。

〇鑣　甫嬌反幫宵B。馬銜。四。

儦　行皃。

瀌　雪皃。

穮　除田薉。

〇瓢　符遥反並宵A。瓢瓠。四。

飄　風。亦作飃。

薸　萍。

槖　槖。〖又公混反見混〗。

校注：字原作"槖"，誤。"槖"即"橐"字，《説文・槖部》："橐，囊張大皃。从槖省，匋省聲。"大徐音"符宵切"。又公混反，本書混韻古夲反見混無此字，有"槖"字。"槖""槖"二字，《説文・槖部》："槖，槖也。从束圂聲。"大徐音"胡本切"。又公混反爲"槖"字音讀，當刪。

〇蜱　無遥反明宵A。小虫名。［五］。

校注：底本紐字數奪。字又見支韻符支反並支A開。

蚴　蠶初生。

藨　江東呼萍。

篻　竹名。

校注：字又見小韻敷沼反滂小A。

鷅　工雀。

〇苗　武儦反明宵B。卉苗。二。

貓　獸名，食鼠。又莫交反明肴。

校注：字又見肴韻莫交反明肴。

〇腰　於宵反影宵A。脊。十。

**校注**：紐字數作"十"而實收九字。

要　勒。又於笑反影笑A。約。

**校注**：字又見笑韻於笑反影笑A。

葽　秀葽，草名。

蝧　蛇名。

褄　~襻。

玅　小意，急戾。

**校注**：字原作"紗"，誤，《説文·弦部》："玅，急戾也。从弦省，少聲。"

䳱　鳥，如山鷄。

蟯　腹中虫。又如消反日宵。

**校注**：字又見宵韻如招反日宵。

邀　遮。又古堯反見蕭。

**校注**：字又見蕭韻古堯反見蕭。

○鴞　于驕反云宵B。二。鴞。

鄡　鄉名，在育陽。

**校注**：字又見豪韻胡刀反匣豪。

○喬　竒驕反群宵B。木高。通俗作喬。十一。

橋　梁~。

趫

**校注**：底本注文奪。《切三》："趫，美走，又去遥反，懸足。""美"爲"善"字之誤。《廣韻》："趫，善走，又去遥切。"字又見宵韻去遥反溪宵A、宵韻去遥反溪宵B。

［僑］　寄。

**校注**：底本字頭奪，"寄"字誤繫於"趫"字下。《切三》"趫""嶠""僑"上下字，"僑"字注："寄。"《廣韻》"趫""僑"上下字，"僑"字注："寄也，客也。"

鐈　似鼎，長足。

嶠　山鋭而高。又其廟反群笑B。

**校注**：字又見笑韻渠廟反群笑B。

鷮　雉。又舉喬反見宵B。

**校注**：字又見宵韻舉喬反見宵B。

僑　客~。

謈　大磬。

**校注**：字又見宵韻許喬反曉宵B。

轎　輀。又竒召反群笑B。

**校注**：字又見笑韻渠廟反群笑B。

橇　盂。

○鍫　七遥反清宵。鍬。亦作鍱。四。

**校注**：字亦作"鍱"，"鍱"字見豪韻昨勞反從豪。

幧　斂髮謂之幓頭。亦帑。

**校注**：字原作"幓"，爲俗書。注文"幓"亦爲"幧"字俗書。字又見豪韻七刀反清豪。

𪏞　麻苦雨生壞。

**校注**：字又見尤韻即由反精尤、尤韻字秋反從尤。

篍　吹筩。又且周反清尤。

**校注**：字又見尤韻七遊反清尤、笑韻七笑反清笑。

○妖　於高反影宵B。詉詐。四。

祅　~。亦作䄏。

枖　盛皃。亦夭。

**校注**：字原作"袄"，俗誤，《廣韻》作"枖"，合《説文》。

媄　巧。

**校注**：字右原從"芺"，俗誤，《説文·女部》作"媄"。

○蹻　去遥反溪宵A。又其略反群

藥開。六。

校注："趫"紐亦作"去遥反溪宵B"，"趫"紐重紐三等韻，此重紐四等韻。字又見藥韻其虐反群藥開。

繑　禹所乘。又綺遥反溪宵B。

校注：字亦作"橇"，"橇"字見宵韻去遥反溪宵B。

顤　額大。

校注：字又見蕭韻許幺反曉蕭。

趬　起～。

校注：字又見笑韻丘召反溪笑A。

奝　肥大。

校注：字又見蕭韻許幺反曉蕭。

趫　善走。

校注：字又見宵韻奇嬌反群宵B、宵韻去遥反溪宵B。

○怊　尺招反昌宵。又敕朝反徹宵。帞帳。二。

校注：字原作"帞"，俗誤，《切三》《廣韻》《集韻》作"怊"。注文"帞""帳"爲"怊""悵"字俗書，《集韻》可證。字又見宵韻勅宵反徹宵。

弨　彤弓弨兮。

校注：字又見宵韻止遥反章宵、小韻尺紹反昌小。

○漂　撫遥反滂宵A。浮。十七。

校注：字又見笑韻匹笑反滂笑A。

杓　北斗。

校注：字原作"扚"，俗誤，《切三》《廣韻》《集韻》作"杓"。字又見宵韻甫遥反幫宵A、錫韻都歷反端錫開、藥韻市若反禪藥開。

飄　～飆，風吹皃。

嫖　身輕便。

旚　旌旗動。

犥　牛色。

校注：字又見小韻敷沼反滂小A。

鏢　刀劒鞘下飾。

僄　輕。

校注：字又見笑韻匹笑反滂笑A。

翲　鳥飛。

飃　～颻。

瞟　～瞭，明視。

校注：字又見小韻敷沼反滂小A。

螵　蛸～。

嘌　疾。

慓　急。

校注：字又見笑韻匹笑反滂笑A。

蹼　輕行。亦作趬。

膘　～膘。

票　火烈。

○翹　去(渠)遥反群宵A。鳥尾。五。

校注："去"字誤，《切三》《廣韻》作"渠"，《韻鏡》《七音略》列位群母。字又見笑韻渠要反群笑A。

荍　草名，荊葵。

校注：字下原從"牧"，俗誤，《切三》《廣韻》作"荍"。

嘺　不知。

翹　側飛。

㲿　几。

○燎　力昭反來宵。庭火。又力耀

反來笑。二。

校注：字又見小韻力小反來小、笑韻力照反來笑。

髎　髖。正作髎。

〇趫　去遥反溪宵B。又巨朝反群宵B。三。

校注："蹻"紐亦作"去遥反溪宵A"，"蹻"紐重紐四等韻，此重紐三等韻。字又見宵韻奇嬌反群宵B、宵韻去遥反溪宵A。

橇　踏擿行。又去遥反溪宵A。亦繑。又子銳精祭合、綿蕝二反明祭合/明薛合。擿音竹革反知麥開。作鞽。

校注：字原作"撬"，俗誤，《廣韻》作"橇"。又綿蕝反，"蕝"字入祭、薛二韻，均爲合口，然本書祭韻、薛韻均無明母合口一紐。字亦作"繑"，"繑"字見宵韻去遥反溪宵A。

幧　紑。

## 卅一肴

〇肴　胡茅反匣肴。乾肉。亦作餚。十五。

崤　山名，在弘農。又下高反匣豪。

校注：字又見豪韻胡刀反匣豪。

蓇　茅根。

校注：字原從"攴"不從"殳"。

殽　溷雜。

校注：字右原從"攴"。

洨　水名。又縣名，在沛郡。

筊　竹索。

校注：字又見肴韻古肴反見肴。

姣　~淫。

校注：字又見巧韻古巧反見巧。

虓　虎聲。

校注：字又見肴韻許交反曉肴。

梢　~桃，桅子。

爻　易卦。

倄　痛聲。

恔　快。

絞　黄色。

酘　沾。

淆　渾。

〇交　古肴反見肴。杖過。亦作这，道。十四。

蛟　~龍。

茭　乾草。

鵁　鵲~，鳥名。

鮫　魚名，皮有文，可飾刀劍。

膠　黏~。

郊　邑外。

咬　鳥聲。

嘐　~，鷄鳴。又古包反見肴。

校注：古包反即古肴反，又音與正切同，又音有誤。字又見肴韻薄交反並肴。

詨　鳥鳴。又詡教反曉效。

校注：字又見效韻呼教反曉效。

筊　竹索。

校注：字又見肴韻胡茅反匣肴。

轇　~轕，長遠。

孝　挍胄子。

䡈　衰。

**校注**："衰"字誤，《廣韻》《集韻》作"轈"。

〇巢　鋤肴反崇肴。鳥巢。又居巢縣，在廬江。六。

**校注**：字又見效韻仕稍反崇效。

轈　兵車。

勦　輕捷。又子小反精小。

**校注**：字又見小韻子小反精小。

𡏋　陽，田，在聊域。

鄛　鄉名，在南郡。

窼　鳥穴居。

**校注**：字原從"宀"，俗誤。

〇鐃　女交反娘肴。鐃鼓。七。

呶　喧。

譊　諍。

怓　心亂。

鵃　鳴鵃，鳥名。

**校注**："鳴"誤，《切三》《廣韻》作"鳭"。

䫐　〖鳴鵃〗忓〖鳥名〗。

**校注**：底本"鳴鵃忓"居右列、"鳥名"居左列，"鳴""鵃""鳥""名"四字旁皆識一小點，當是抄者誤抄"鵃"字注文，覺之，故刪四字，並補"忓"於下。

獶　犬多毛。又乃勞反泥豪。

**校注**：字原作"𤢗"，誤。字又見豪韻奴刀反泥豪。

〇梢　所交反生肴。船上梢木。十六。

**校注**：字又見巧韻所絞反生巧。

捎　蒲捎，良馬名。又芟。

**校注**：字又見宵韻相焦反心宵。

髾　髮尾。

輎　兵車。

旓　旗旒。

弰　弓~。

箾　𩝐帚。

**校注**：字又見銑韻蘇典反心銑開。

筲　斗~。

鞘　鞭頭。

蛸　蟰蛸，似喜子，小。

**校注**：字又見宵韻相焦反心宵。

鮹　魚名。

**校注**：字又見蕭韻蘇彫反心蕭。

莦　惡草。又胥遥反心宵。

**校注**：字又見宵韻相焦反心宵。

䘯　袥。

**校注**：字原作"䘯"，俗誤，《王一》《廣韻》作"䘯"。注文"袥"爲"祐"字俗誤。《方言》卷九："䘯謂之袥。"

娋　小~侵。

䴛　呼姊。

**校注**：字上原從"捎"，誤，《王一》《廣韻》《集韻》字作"䴛"。

箾　木名。

〇茅　莫交反明肴。草，似藺。六。

蝥　盤蝥，虫毒。

**校注**：字又見尤韻莫浮反明尤。

貓　獸，食鼠。又莫儦反明宵B。

**校注**：字又見宵韻武儦反明宵B。

犛　牛名。又力之反來之。

**校注**：字又見之韻理之反來之。字亦作"氂"，"氂"字見豪韻莫袍反明豪。

嫹　好皃。又莫佼反明巧。

校注：字又見巧韻莫飽反明巧。

鴹　鴟～。

〇虓　許交反曉肴。虎聲。亦作唬。十二。

校注：字亦作"唬"，"唬"字見禡韻呼訝反曉禡開二。字亦作"猇"，"猇"字見肴韻胡茅反匣肴。

髇　～箭。

蔽　禾傷肥。

校注：字又見宵韻許高反曉宵B。

𡨋　高氣。

嗃　～暴，恚。

校注："暴"字誤，《切三》《廣韻》作"㬥"。字又見效韻呼教反曉效、鐸韻呵各反曉鐸開。

颮　～，風。

髐　髑髏。

涍　水名，在河南。

校注：字又見效韻呼教反曉效。

烋　熇～。

庨

校注：底本注文奪。《廣韻》注："庨豁，宮殿形狀。"

［哮］　～闞。又呼教反曉效。

校注：底本字頭奪，"～闞又呼教反"誤繫於"庨"字下。《切三》《廣韻》"哮"字注："哮闞。"字又見效韻呼教反曉效。

猇　虎聲。亦作嗃。

校注：亦作字當作"唬"。字又見肴韻胡茅反匣肴。字亦作"唬"，"唬"字見禡韻呼訝反曉禡開二。字亦作"虓"，"虓"字見肴韻許交反曉肴。

〇包　布交反幫肴。裹。俗作勹。二。

胞　胎衣。又正（匹）交反滂肴。

校注："正"字誤，當作"匹"。字又見肴韻匹交反滂肴。

〇胞　匹交反滂肴。又布交反幫肴。八。

校注：字又見肴韻布交反幫肴。

郇　邑名。又博毛反幫豪。

校注：字又見豪韻博毛反幫豪。

罞　冈。

脬　腹中水府。

抛　～擲。

校注：龍校云："抛字右半以雌黄塗改，剥脱不清。"此據龍氏録字。字又見效韻匹皃反滂效。

泡　水上浮漚。

儱　盛～。

芀　藥。

校注：字下原從"七"，誤，《王一》《廣韻》作"芀"。

〇敲　口交反溪肴。擊。七。

校注：字又見效韻苦教反溪效。

骹　脛骨近足細處。亦胶。

膠　胁膠，面不平。胁字於交反影肴。

校注：二"胁"字爲"眑"字俗誤。

恷　～忓，伏能皃。

磽　石地。亦作墽。

校注：字又見篠韻苦皎反溪篠。字亦作"墽"，"墽"字見效韻苦教反溪效。

� 不媚。

墝 地肥。

〇聱 五交反疑肴。［又五］勞反疑豪、又魚幽反疑幽。六。

校注：《切三》："不聽，五交反，又五勞反。"《廣韻》："不聽也，五交切，又五勞、語彪二切。"本書"勞"上奪"又五"二字。字又見豪韻五勞反疑豪、幽韻語虬反疑幽。

警 不肖。又五勞反疑豪。

校注：字又見豪韻五勞反疑豪。

摮 擊~。

磝 山多大石。

敫 擊。又口彫溪蕭、口的溪錫開二反。

校注：字亦作"㪣"，"㪣"字見蕭韻苦聊反溪蕭、錫韻去激反溪錫開。

〇䝟 側交反莊肴。耳中聲。三。

罺 杪冈。又楚筲初肴、楚朔初覺二反。

校注："杪"爲"抄"字俗誤，《切三》《王一》《王二》《廣韻》作"抄"。字亦作"罺"，"罺"字見效韻初教反初效。

抓 搯。

校注："搯"字俗誤，《廣韻》作"掐"。字又見巧韻側絞反莊巧、效韻側教反莊效。

〇嘲 張交反知肴。言調。三。

趙 ~趟，跳。趟字竹盲反知庚開二。

鵃 ~鶫，黄鳥。

〇譟 楚交反初肴。代人説。五。

抄 略。又初初聲清開反。亦作鈔。

校注："聲"字蓋誤。字又見效韻初教反初效。

摷 ~取。

訬 㦟~。

魑 疾~。

〇庖 薄交反並肴。廚。十二。

咆 虎聲。

匏 瓠。

炮 合毛炙肉。一曰裹物燒。

校注：字又見效韻匹皃反滂效。

瓟 以瓠，為飲器。

校注：《王一》《王二》《廣韻》"以"作"似"。

麃 似鹿。

掊 手~。

校注：字原作"棓"，俗誤，《切三》《王一》《王二》《廣韻》作"掊"。字又見厚韻方垢反幫厚。

皰 赤黒之桼。

校注：字左原從"朩"，俗。

尥 脛相交。

校注：字原從"兀"不從"尢"，俗誤。字又見嘯韻力弔反來嘯、職韻良直反來職開。

狍 獸，羊身，人面。

鉋 ~刷。今音白教反並效。

校注：字又見效韻防孝反並效。

嘐 ~，不實事而大語。

校注：字又見肴韻古肴反見肴。

〇䶌 於交反影肴。頭凹。五。

呅 ~昨，多聲。

校注："昨"字誤，《切三》《王一》《王二》《廣韻》作"咋"。

眑 ~膠，面不平皃。

校注：字又見黝韻於糾反影黝。

梎　捎祠。

校注：字原作"梘"，誤，《廣韻》作"梎"。

坳　地不平。

## 卅二豪

○豪　胡刀反匣豪。俠。亦作豪。通俗作豪。十一。

校注：亦作字當作"豪"。

號　哭~。

毫　毛~。

嘷　熊虎聲。亦作嗥。

濠　城~。

崤　山名。又胡交反匣肴。

校注：字又見肴韻胡茅反匣肴。

鄗　鄉名，在南陽。

校注：字又見宵韻于驕反云宵B。

敖　俊~。

校注：字原作"敖"，誤，《王一》《王二》《廣韻》作"敖"。

號　木名。

隯　城下道。

獆　犬聲。

○高　古勞反見豪。或作髙。十九。

校注：紐字數作"十九"而實收十八字。

膏　脂~。

校注：此字"高"下原作"冋"形。

羔　羊~。

皐　九~。

餻　~麋。

校注："麋"字誤，《廣韻》作"糜"。

嵲　山峰，古亭。

櫜　弢。一曰車上大囊~。

咎　~繇。

校注：字亦作"咎"，"咎"字見有韻強久反群有。

鼛　鼓，長丈二尺。

鶾　鳥名。

槔　桔~。

篙　棹竿。

校注："棹"原作"掉"，俗誤，《王一》作"棹"。

偺　毀。

覩　見。

恔　局知。

校注：字原作"怜"，誤，《廣韻》作"恔"。

昝　食之不飢。

鄗　鄉名，在范陽。

麔　牝麔。

校注：字又見小韻平表反並小B、有韻強久反群有。

○勞　盧刀反來豪。効。［十四］。

校注：底本紐字數奪。字又見号韻盧到反來号。

澇　水名，在京兆。

牢　養牛馬。

簩　竹名，一枝百葉，有毒。

豋　野豆。

醪　濁酒。

撈　取。

**琍** 玉名。

**嫪** 妬。又力報反來号。

**校注：** 字又見号韻盧到反來号。

**膠** 耳鳴。又力彫反來蕭。

**校注：** 字又見蕭韻落蕭反來蕭。

**哰** 嘮哰，傮䜎。

**簝** 肉籠。又落蕭反來蕭。

**校注：** 字又見蕭韻落蕭反來蕭。

**䜎** 䆢䜎，深谷。

**栁** 木名。

〇**蒿** 呼高反曉豪。蓬蒿。五〖九〗。

**校注：** "九"字衍。

**撓** 攪~。

**校注：** 字又見巧韻奴巧反泥(娘)巧。

**薨** 死人里。

**薅** 耘。亦作茠、鎒。

**䆢** ~䜎，深谷。

〇**毛** 莫袍反明豪。膚毫。[八]。

**校注：** 底本紐字數奪。

**髦** 髮。又髦俊。

**芼** ~菜。

**校注：** 字又見号韻莫報反明号。

**渵** 水名。

**旄** ~鉞。

**犛** ~牛。又莫交反明肴。

**校注：** 字又見之韻理之反來之。字亦作"犛"，"犛"字見肴韻莫交反明肴。

**堥** 前高後下[丘]。[又]汝周反日尤。亦作嵍。

**校注：** "丘""又"二字原奪，《王一》有字。字又見尤韻耳由反日尤、尤韻莫浮反明尤。字亦作"嵍"，"嵍"字見遇韻武遇反明遇。

**楙** 冬桃。亦作秏。

〇**饕** 吐高反透豪。貪。十九。

**洮** 水名，在安定。

**韜** 藏。

**校注：** 字又見号韻他到反透号。

**謟** ~疑。又樟舟反徹尤。

**滔** 水流皃。

**叨** 濫~。

**弢** 弓衣。

**䠞** 行皃。

**犢** 牛無子，羊無子。又高(昌)來昌咍、元(充)牢昌豪二反。

**校注：** "高"字誤，《切三》《王一》《王二》《廣韻》作"昌"。"元"字誤，《切三》《王二》作"充"。然又昌來反，本書無昌母咍韻一紐，又充牢反，本書無昌母豪韻一紐。字又見豪韻徒刀反定豪。

**牧** 牛行遲。

**掐** ~棺。《周書》云："師乃掐"。棺字烏活反影末。　梅。

**校注：** 字原作"㨶"，俗誤。注文"棺""掐""梅"字爲"搯""搯""掏"字俗誤，《切三》《王一》《廣韻》可證。底本"反""梅"二字間一字空，龍校云："反下當是亦作二字，盖經補貼而脱失，故略無痕跡，王一云亦作掏。"字亦作"掏"，"掏"字見豪韻徒刀反定豪。

**慆** 悅樂。

**絛** 編絲。

脩　目通白。

㕞　滑。

詜　謟。

半　進趣。

校注：字原作“平”，誤，《王一》作“半”。

匋　古器。

箌　牛篋。

〇刀　都勞反端豪。一刃釖。五。

校注：“刃”“釖”二字原倒誤，“刃”旁識一小鉤。

魛　魚名。

忉　憂心皃。

裯　襌被。又逐抽反澄尤。

校注：字又見尤韻直由反澄尤。

舠　小舟。

〇騷　蘓刀反心豪。摩動皃。八。

校注：字原從“夂”不從“叉”，俗誤。本紐從“叉”之字皆作此俗形。

搔　爬刮。

繅　絡繭取絲。

校注：字右原從“參”，爲俗書。

臊　腥臊。亦作鱢。

鰠　魚名。

校注：字原作“鱢”，誤，《切三》《王一》《王二》《廣韻》《集韻》作“鰠”。

慅　愁状。

溞　淅米。

艘　舩數。

〇袍　薄褒反並豪。綿衣。二。

軳　戾。

〇褒　博毛反幫豪。衺。二。

郀　地名。

校注：字又見肴韻匹交反滂肴。

〇陶　徒刀反定豪。瓦器。正作匋。十九。

校注：紐字數作“十九”而實收十七字，誤奪者二。《王一》亦十九字，所多者“濤”“錭”字。

謟　多言。

咷　號～。

校注：字又見嘯韻他弔反透嘯。

桃　～果。

校注：《王一》訓“毛果”。

綯　似帳草繩。

燾　覆～。

校注：字又見号韻徒到反定号。

逃　走～。

鼗　鼓。亦作鞀。

掏　棺出。

校注：字左原從“木”，俗誤，《切三》《王一》《王二》《廣韻》作“掏”。注文“棺”爲“搯”字俗誤。字亦作“搯”，“搯”字見豪韻吐高反透豪。

檮　～抏。

校注：字原作“擣”，俗誤。注文“抏”爲“杌”字俗誤。《王一》《廣韻》作“檮”“杌”。字又見尤韻直由反澄尤、晧韻都浩反端晧。

騊　～駼，似馬，善陞獻。

裪　襦。

校注：“襦”爲“襧”字俗誤，《王一》《廣韻》作“襧”。

**蜪**　~,蝗子,有翅。又敇高反徹(透)豪。

**校注:**“敇”徹母字,又敇高反透徹類隔。

**駣**　馬四歲。又徒浩反定皓。

**校注:**字又見晧韻徒浩反定晧。

**犓**　牛羊無子。

**校注:**字又見豪韻吐高反透豪。

**翢**　羽幢。又吐高反透豪。

**萄**　蒲萄。或作陶。

〇**糟**　作曹反精豪。酒滓。亦作醩。八。

**遭**　須。

**煿**　火餘木。

**槽**　果花實相半。

**校注:**字又見豪韻昨勞反從豪。

**殭**　殀。又祀牛反邪尤。

**校注:**字左原從“夕”,爲俗寫。字又見尤韻字秋反從尤。

**轃**　日出遭東日明。

**褿**　袟。又才勞反從豪。

**校注:**字原作“襌”,俗誤。注文首字爲“袟”字俗誤。字又見豪韻昨勞反從豪。

**嶆**　籍~。

**校注:**字原作“慒”,俗誤。注文“籍”爲“藉”字俗誤。《廣韻》作“嶆”“藉”。

〇**敖**　五勞反疑豪。遊。俗作遨。廿。

**翱**　~翔。

**聱**　不聽。又五交反疑肴。

**校注:**字又見肴韻五交反疑肴、幽韻語虬反疑幽。

**謷**　不省語。又五交反疑肴。

**校注:**字又見豪韻五交反疑肴。

**驁**　駿馬。

**校注:**字又見号韻五到反疑号。

**獒**　犬高四尺。

**熬**　煎~。

**滶**　水名。

**鷔**　鳥白身赤口。

**校注:**“白”“身”二字原倒誤,“白”旁識一小鉤。

**鼇**　海中大鼈。

**校注:**字下原從“黽”。

**螯**　似蟹。

**蔜**　蘩縷,蔓生細草。

**礬**　解。

**校注:**此字注文《王二》作“蟹礬”,《廣韻》作“蟹大腳也”,《集韻》作“蟹大足”,“解”爲“蟹”字之誤,且有奪文。

**頶**　~顤,高皃。

**校注:**字原作“顤”,俗。字又見号韻五到反疑号。

**嚻**　喧。又許驕反曉宵B。

**校注:**字又見宵韻許鴞反曉宵B。

**摮**　戈鋒。

**璈**　大。

**鰲**　衛大夫名。

**嗸**　~,衆口愁。

**校注:**字上原從“敹”,俗。

**鏊**　釜~。

**校注:**字又見号韻五到反疑号。

〇**爊**　於刃(刀)反影豪。埋灰大令熟。二。

校注：字原作"爊"，誤，《廣韻》作"熝"。"刃"字誤，《切三》《王一》《王二》《廣韻》作"刀"。龍校云："大字又似火字，旁有黑點，盖經塗改。……切三云埋灰火令熟，當从正。"

鏕　銅盆。

校注：字原作"鏕"，俗誤，《廣韻》作"鏕"。字又見屋韻盧谷反來屋一、屋韻於六反影屋三。

○曹　昨勞反從豪。姓。十一。

槽　木櫪。

校注：字又見豪韻作曺反精豪。

螬　蠐螬，蟲。

嘈　喧~。

鏪　鐵剛析。

校注："析"爲"折"字俗誤，《切三》《王一》《廣韻》作"折"。字亦作"鍪"，"鍪"字見宵韻七遥反清宵。

褿　祭豕先。

艚　舩~。

䏆　耳鳴。又在宵反從宵。

校注：字又見宵韻昨焦反從宵。

蓸　草~。

䄚　䘹。又𡆥(且)勞反清豪。

校注："𡆥"即"旦"字，爲避睿宗名諱之形。然"旦"字誤，《王一》作"且"。字又見豪韻作曺反精豪。

䳠　高~。

·

·

·

校注：底本"䳠"下"猱"上無字，留一段空隙，間施三圓點。龍校云："空隙及三小點，不詳。王一韻末有橐字，注云普勞反滂豪橐張大皃(皃下脱一字)。王二字在尻下，云普勞反滂豪橐大皃一，正与此隙同長，疑原是此字正注文，盖經剜補而後脱去。"

○猱　奴刀反泥豪。猴。四。

校注：紐字數當作"五"，"四"爲脱計"獿"字之數，參"獿"字條校注。

獶　深毛犬。又了(乃)交反泥(娘)肴。

校注："了"字誤，《王一》《王二》作"乃"。"乃"泥母字，又了(乃)交反泥娘類隔。字又見肴韻女交反娘肴。

嶩　山名。亦作峱。

瓇

校注：此字注文奪。《王一》《廣韻》注："玉名。"《集韻》注："玉也。"

[獿]　貪獸。

校注：底本字頭奪，"貪獸"二字誤繫於"瓇"字下。《王一》"瓇""夒"上下字，《廣韻》"瓇""獿"上下字，《集韻》"夒""獿"同字。《王一》："夒，貪獸。"《廣韻》："獿，獸名。"《集韻》引《説文》義"貪獸也"。字又見巧韻奴巧反泥(娘)巧。

○尻　苦勞反溪豪。一。

○操　七刀反清豪。持。又千到反清号。亦作𣪻。二。

校注：字又見号韻七到反清号。

幧　所以裹髻。又七遥反清宵。

校注：字原作"𢞧"，俗誤，《切三》《王二》《廣韻》作"幧"。字又見宵韻七遥反清宵。

# 卅三哥

〇哥　古俄反見歌一。音曲。亦作謌。通俗作歌。八。

**校注**：紐字數當作"七","八"爲合計"牂"字之數,參"牁"字條校注。

柯　枝~。

㓝　法~。

滒　澤名,在山陽。

牁　所以係舟。牂牁,郡名。或作舸。

**校注**：《切三》《王一》"牁"下云:"所以繫舟。牂牁,郡名。或作舸。"《王二》亦然。底本"牂牁郡名或作舸"七字原另作字條,"牂"爲字頭,"牁郡名或作舸"爲注文,誤。兹徑移七字續於"舟"字後。字又見陽韻疾良反從陽開。

溰　多汁。

舸　同上。

**校注**："牁"下云"或作舸",此條當移至"溰"條上。

〇和　胡過反匣戈一。諧。四。

**校注**：字又見箇韻胡卧反匣過一。

脉　棺材頭版。

禾　穀。

龢　管合。或作和字。

〇過　古和反見戈一。經。七。

**校注**：字又見箇韻古卧反見過一。

渦　水名,在淮陽。

**校注**：字又見哥韻烏和反影戈一。

戈　勾~矛戟。

鍋　温器。

輠　車盛膏器。亦作檛。

**校注**：亦作字俗誤,《王一》《王二》《廣韻》作"楇"。

鴰　鳥名。

蝸　蠟蠰。又古卧反見過一。

**校注**：字又見箇韻古卧反見過一。

〇羸　落過反來戈一。魚身鳥翼。十三。

摞　理。

**校注**：字原作"樏",俗誤,《切三》《王二》《廣韻》作"摞"。

騾　~馬。或作驘。

**校注**：或作字誤,《切三》《王一》《王二》《廣韻》作"驘"。

螺　水虫。亦作蠃。

臝　木名,堪為箭笴。

蘿　草名,生水中。

**校注**：字原從"革"不從"羊",誤,《王二》《廣韻》作"蘿"。

臝　穀積。或作稞。

鑹　銼鑹,小釜。或作鬲。

**校注**：字原從"禾"不從"羊",爲涉上一字字頭而誤,《切三》《廣韻》作"鑹",合《說文》。注文"鑹"原亦誤從"禾"。或作字誤,當作"鬲"。

覶　~縷,委曲。

腡　手裏~文。

**校注**：字又見佳韻姑柴反見佳合。

融　亦鑹。又公科反見戈一。

**校注**：字原作"融",誤,《說文·鬲部》作"融"。

蔂　盛土器。又力隹反來脂合。

校注：字又見蕭韻落蕭反來蕭。又力隹反來脂合爲“虆”字音，“虆”字見脂韻力追反來脂合。

贏　桒飛。

〇莎　蘇禾反心戈一。草名。八。

魦　魚名。

挱　挼~。

𡵆　~題，縣名，在涿郡。

校注：《漢書·地理志》見收“清河郡”。

趖　~疾。

蓑　草名，可為雨衣。与莎別。

校注：字原作“蘘”，誤，《切三》《王一》《王二》《廣韻》作“蓑”。

梭　織梭。亦作梻。

校注：亦作字當作“梻”，誤。

唆　嗢~。

〇痤　昨和反從戈一。癤。五。

矬　~短。

銼　小釜。又倉卧反清過一。

校注：字又見箇韻麁卧反清過一、屋韻昨木反從屋一。

睉　小目。

桗　麦李。

〇訛　五和反疑戈一。謬。亦作吪。六。

鈋　~角。

囮　細鳥者媒。又余周反以尤。

校注：“細”字誤，《切三》《王一》《王二》作“網”。字又見尤韻以周反以尤。

戹　木節。

校注：字原作“卬”，誤，《廣韻》作“戹”。字又見哿韻五果反疑果一。

蔿　草。又于彼反云紙B合。

校注：字又見紙韻為委反云紙B合。

譌　動。亦作訛。

〇科　苦和反溪戈一。段。十一。

窠　~窟。

薖　草名。

稞　青麥。

校注：字又見馬韻胡瓦反匣馬合二。

萪　~藤，生海邊，茱肕可為箆用。

蝌　~蚪。

校注：“蚪”字誤，《廣韻》作“蚪”。

牱　牛無角。亦作牸。

校注：字亦作“牠，“牠”字見哥韻徒和反定戈一。

窠　竹名。

疴　秃。

課　差。又苦卧反溪過一。

校注：字又見箇韻苦卧反溪過一。

簻　~軸。

〇倭　烏和反影戈一。東海中女王國。四。

濄　水迴。

渦　水坳。又人姓。又古禾反見戈一。

校注：字又見哥韻古和反見戈一。

涹　濁~。

〇蹉　七河反清歌一。跌。六。

瑳　玉名。

校注:"名"字誤,《王一》《王二》《廣韻》作"色"。字又見哿韻千可反清哿一。

搓 ~碎。

磋 飾象。

校注:字又見箇韻七箇反清箇一。

傞 ~,舞不正。

齹 齒跌。

校注:字原作"𪘂",誤。

○多 得河反端歌一。二。

倗 《漢書》群盜倗宗。

校注:字右原從"萠",誤。注文第五字爲"倗"字之訛。周祖謨校《廣韻》云:"漢書注蘇林曰倗音朋,晉灼曰音倍。無得何切一音。後以倗譌作傰,又由傰譌作㑊。字既訛變,音由字生,去古彌遠。"

○婆 薄何反並戈一。老女稱。四。

鄱 ~陽,郡名。

皤 白頭皃。

校注:字亦作"皤","皤"字見哥韻博何反幫戈一。

緐 人姓,漢緐延壽。又扶蕃反並元合。

校注:字亦作"繁","繁"字見元韻附袁反並元合。

○摩 莫何反明戈一。搓。六。

校注:字又見箇韻莫箇反明過一。

麽 ~尼。

魔 鬼~。

𤻲 偏病。

𦝫 漏病。

校注:字原作"𩩲",誤,《廣韻》《集韻》作"𦝫"。

䃺 杯。又莫加反明麻開二。

校注:字又見麻韻莫霞反明麻開二。

○駞 徒何反定歌一。駱駞,此獸出北道,有肉鞍,日行三百里,負千斤,知水脉。十六。

鼉 黿類。又徒寒反定寒。

袉 裾。又達何(可)反定哿一。

校注:又反與正切音同,"何"字誤,《廣韻》作"可"。字又見哿韻徒可反定哿一。

沲 滂~。

鮀 鼠~。

瓿 瓦甖。

乾 疾皃。

驒 連錢驄。又丁年反端先開。

校注:字又見寒韻徒干反定寒、先韻都賢反端先開。

䑨 負~。

校注:字原作𩍀,誤,《切三》《王一》《王二》《廣韻》《集韻》作"䑨"。

紽 絲數。

校注:字又見支韻式支反書支開。

鮀 魚名。

陀 坡。

羍 似羊,四耳九尾。

跎 馬蹉尾~。

校注:底本"馬蹉"右列書,"尾~"左列書,"馬""尾"二字涉下一字注文誤衍而未及删去。

鞁 馬尾。

鼉 神~。

校注:字原作"鼉",誤,《王二》《廣韻》作"鼉"。

〇醝　昨何反從歌一。白酒。十三。

瘥　殘歲。

瘥　病。

校注：字又見怪韻楚介反初怪開。

酇　縣名，在沛郡。

校注：字又見麻韻鋤加反崇麻開二。

殅　小疾病。

校注：字左原從“夕”，俗。字又見麻韻子邪反精麻開三。

鹾　鹹~。

嵯　~峨。

荖　薺實。

校注：字又見脂韻即夷反精脂開。

𪎮　擣。亦作𪍘。

校注：字左原從“麦”，俗書。

酇　縣名。又子旦精翰、子管精緩二反。

校注：字又見緩韻作管反精緩、翰韻作幹反精翰。

虘　虎不信。又在都反從模。

校注：字又見模韻昨姑反從模。

齹　齒。

躦　踏。亦作𨄔。

〇莪　五歌反疑歌一。草名，似斜蒿。十。

哦　吟~。

峨　嵯~。

鵞　~鴨。

蛾　蠶~。

校注：底本“蠶~”後有“頃”字，旁識兩點，茲徑删。“頃”當是涉“俄”字注文而衍。

俄　~頃。

䅷　齊~。

校注：字又見哿韻五可反疑哿一。

誐　善~。

涐　水，出蜀汶江。

娥　美好。

〇他　託何反透歌一。非己。四。

拕　曳。

痑　馬病。又他單反透寒。

校注：字又見寒韻他單反透寒、箇韻丁佐反端箇。

它　虵，害人。

〇羅　盧何反來歌一。五。

蘿　~葛。

籮　~篩。

儸　僬~。

欏　椓木。

校注：底本“椓”字上部塗污，龍校曰：“當作椓。”

〇郍　諾何反泥歌一。六。

校注：紐字數當作“七”，“六”爲脱計“䛐”字之數，参“䛐”字條校注。

儺　獸名。

犅　似牛，白尾。

校注：字右原從“冊”，俗誤，《王二》《廣韻》作“㸰”。

挪

校注：字中原從“冊”，俗誤。底本注文奪。《切三》《王二》《廣韻》注：“搓挪。”

［䛐］　多~。

校注：底本字頭奪，“多~”誤繫於“挪”字下。《王一》《王二》注：“多。”《廣韻》注：“多也。”

<br>

䴡 麋鹿。亦作㮚。

校注：亦作字誤，《王二》作“腝”。字又見齊韻人兮反日齊開、齊韻奴低反泥齊開。

罣 除疫人。俗作儺。

〇何 韓柯反匣歌一。問。六。

河 ~水。

荷 蓮~。

苛 煩政。

校注：字又見哿韻胡可反匣哿一。

魺 魠。

蚵 蜉。作蚵。

〇訶 虎何反曉歌一。責。或何呵。［四］。

校注：下“何”字爲“作”字之誤，《王一》云“或作呵”。底本紐字數奪。

頙 傾頭。

校注：字又見哿韻徒可反定哿一、哿韻呼我反曉哿一。

婀 女字。又於何反影歌一。

抲 擔~。

〇波 博何反幫戈一。水汶。四。

皤 人老色白皃。又薄波反並戈一。

校注：字亦作“顙”，“顙”字見哥韻薄何反並戈一。

紴 錦類。又補靡反幫紙B開。

校注：字又見紙韻匹靡反滂紙B開。

嶓 ~冢，山名，在隴西。

〇頗 滂何反滂戈一。語第。二。

校注：字又見哿韻普可反滂果一、箇韻普卧反滂過一。

坡 坂。

〇珂 苦何反溪歌一。馬，珮飾。二。

軻 轗軻。又苦賀反溪箇一。

校注：字又見哿韻枯我反溪哿一、箇韻口佐反溪箇一。

〇阿 烏何反影歌一。五。

娿 㛖娿，不決。

痾 病。亦作阿。

校注：亦作字誤，《王一》《王二》《廣韻》《集韻》作“疴”。字亦作“疴”，“疴”字見禡韻口訝反溪禡開二。

鈳 ~鏻。

緺 細繒。

〇詑 吐和反透戈一。欺。四。

校注：字又見支韻香支反曉支A開。字亦作“訑”，“訑”字見支韻弋支反以支A開。

涶 水名，在西河。

誂 讁誂。又吐谷反透屋一。讁字他擊反透錫開。

校注：字又見屋韻他谷反透屋一。

讁 慧~。

〇挼 奴和反泥戈一。莏。一。

校注：字又見灰韻素回反心灰合。

〇牠 徒和反定戈一。牛無角。亦作觽。二。

校注：字亦作“牠”，“牠”字見哥韻苦和反溪戈一。

碢 碾輪。

〇韡 ~鞋。無反語。火戈反曉戈

三。又希波反曉戈一。陸無反語。古今。二。

校注：《王一》“語”下云“何、李誣於今古”。又希波反，本書無曉母戈韻一等一紐。

抲　搗。

〇隓　丁戈反端戈一。［又］丁果反端果一。小堆。亦埵、垜。一。

校注：“又”字原奪，《王一》《王二》有字。字亦作“埵”，“埵”字見哿韻丁果反端果一。

〇呿　墟迦反溪戈三。張口。二。

校注：字又見御韻却擄反溪御。

㰦　去。

校注：字又見御韻却擄反溪御。

〇迦　居呿反見戈三。佛名。一。

校注：字又見麻韻古牙反見麻開二。

〇伽　求迦反群戈三。法。一。

〇虵　夷柯反以歌三。又吐何透歌一、食遮船麻開三二反。一。

校注：“柯”一等韻字，夷柯反等第憑切。字又見麻韻食遮反船麻開三。字亦作“它”，“它”字見哥韻託何反透歌一。

〇噕　于戈反云（匣）戈一。一。

校注：《切三》無此紐此字。《王一》新出，注：“于戈反，小人相應。”《王二》注：“丁戈反，十人應。”“丁端”爲“于云”字之誤，“十”或爲“小”字之誤。《廣韻》收入戶戈反匣戈一“和”紐，注“小兒相應”。一等韻例不配云母，于戈反云匣混切。

〇脞　食（倉）和反清戈一。脆。二。

校注：“食”字誤，《王一》《王二》作“倉”。字又見哿韻倉顆反清果一。

㛗　訬疾。又子和反精戈一。

〇侳　子過反精戈一。二。

校注：字又見箇韻□卧□（反）精過“挫”紐。

挫　小。又倉和反清戈一。

# 卌四麻

〇麻　莫霞反明麻開二。枲。四。

犘　~牛。

蟇　蝦~。

䃺　杯。又莫柯反明戈一。

校注：字又見哥韻莫何反明戈一。

〇車　昌遮反昌麻開三。［又音］居見魚。二。

校注：“居”上有奪文，當據《王二》《廣韻》補“又音”二字。

硨　~磲，寶石。

〇奢　式車反書麻開三。侈。三。

賒　不交。

畬　~田。

校注：字又見魚韻与魚反以魚。

〇耶　以遮反以麻開三。瑯耶郡。九。

斜　裒中谷名。又似嗟反邪麻開三。

釾　鏌鎁，劍人。

椰　木名。

箾　竹名，生臨海。

擨　~歈，手相弄。歈字以朱反以虞。

校注：字原從“攴”不從“欠”，誤。

茀　菜~。

荈　枲屬。

蒣　穗。又達胡反定模。

校注：字又見模韻度都反定模、麻韻似嗟反邪麻開三。

○遮　止奢反章麻開三。斷。三。

奢　吳人呼父。

㧽　~儸。

○嗟　子邪反精麻開三。亦作謎。六。

罝　冈。亦作羀，同。

㜘　驕。亦作岨。

祖　縣名。又似与反邪語。

校注：字又見語韻慈吕反從語。

㾪　小疫。

校注：字又見哥韻㖢何反從歌一。

謯　詠~。

校注：字又見馬韻側下反莊馬開二。

○虵　食遮反船麻開三。虫。一。

校注：字又見哥韻夷柯反以歌三。

○華　户花反匣麻合二。茂。七。

校注：字又見禡韻胡化反匣禡合二。

驊　~騮，周穆王馬。

鷨　鳥，似雉。

蕐　虫名，似虵。

鋘　~鍪。

鏵　錘。

校注："錘"當作"鍤"，《釋名・釋用器》："鍤，或曰鏵。"

釪　兩刃垂。或苿。

校注："垂"當作"臿"。字又見模韻哀都反影模。

○瓜　古華反見麻合二。蓏屬。五。

校注：字原作"爪"，俗書。紐字數當作"六"，"五"爲脱計"婐"字之數，參"婐"字條校注。

騧　馬名。

校注：字又見佳韻姑柴反見佳合。

緺　青綬。

校注：字又見佳韻姑柴反見佳合。

蝸　~牛，小螺。

校注：字又見佳韻姑柴反見佳合。

［婐］　女侍。又於果反影果一。

校注：底本字頭奪，"女侍又於果反"六字誤繫於"蝸"字注文"小螺"下。《王二》作"婐，女侍"，"蝸，蝸牛，小螺"。《廣韻》作"婐，女侍，又於果切"，"蝸，蝸牛，小螺"。字又見哿韻烏果反影果一。

抓　引。

校注：字右原從"爪"，俗書。

○花　呼瓜反曉麻合二。樹采。二。

譁　諠~。

○誇　苦瓜反溪麻合二。大言。四。

骻　~骫，以體柔人。

姱　奢~。

髂　髂上骨。

○拏　女加反娘麻開二。牽。六。

詉　謣詉，語。謣字張家反知麻開二。

校注：《切三》《王二》"語"下並有"不正"二字，本書麻韻陟加反"謣"字下亦云"謣詉，語不正"，此處有脱文。

挐　絲絮相牽。亦作誀、詉。

校注：字又見魚韻女余反娘魚。

笯　鳥籠。又拏胡反泥模。

校注：字又見模韻乃胡反泥模、暮韻乃故反泥暮。

蒰 豬蒰。

校注：字亦作"䕬"，"䕬"字見魚韻女余反娘魚。

袈 衣。

校注：《廣韻》"衣"下有"敝"字，當據補。

〇嘉 古牙反見麻開二。善。十九。

家 室。

加 增。

葭 ~蘆。

笳 ~，卷蘆葉吹之。

麚 鹿。

猳 ~，斗豕。

痂 瘡~。

鴐 ~鵞，鳥名。

枷 ~瑣。又連枷，朾穀。

校注："朾"字俗誤，《切三》《王二》《廣韻》作"打"。"穀"下當據《王二》《廣韻》補"具"字。

袈 ~裟，胡人衣。

蛪 米中黑虫。

茄 荷莖。

迦 釋迦。又居呿反見戈三。

校注：字又見哥韻居呿反見戈三。

珈 婦人首飾。

迦 不得進。

校注：字原從"扌"不從"木"，俗誤，《王一》《王二》《廣韻》作"迦"。

犌 牛絶有力。

豭 玃。

瘕 病。

校注：字又見馬韻古雅反見馬開二、禡韻古訝反見禡開二。

〇遐 胡加反匣麻開二。遠。十一。

蝦 水中虫。

鍜 鍜~。

霞 赤雲。

瑕 玉。

校注：《切三》《廣韻》云"玉病"，《王二》云"玉疵"，此有脱文。

騢 馬色。

鰕 大蝦。

校注："蝦"字誤，《切三》《王一》《廣韻》作"鯢"。

蝦 脚下。

顗 傾顗，言語不節。

碬 礪石。

校注：周祖謨校《廣韻》云："此字從段，已見換韻丁貫切下。此處作碬當刪。"

鞎 履根。亦作緞。

〇葩 普巴反滂麻開二。草花。俗作葩。二。

蚆 贏屬。[又]百加反幫麻開二。

校注："贏"字誤，《集韻》作"蠃"。"又"字原脱。字又見麻韻伯加反幫麻開二。

〇鵶 烏加反影麻開二。鴟。四。

錏 ~鍜。

䆛 ~奈，姿態皃。奈字宅加反澄麻開二。

校注："奈"，本書麻韻宅加反處作"䆫"。

剄 自刎。

〇巴　伯加反幫麻開二。六。

鈀　兵車。

笆　有刺竹。

校注：字又見馬韻博下反幫馬開二。

豝　牡豕。

校注："牡"字誤，《集韻》作"牝"。

蚆　蠃屬。

校注：字又見麻韻普巴反滂麻開二。

芭　~蕉。

〇叉　初牙反初麻開二。六。

校注：字又見佳韻楚佳反初佳開。

釵　婦人笄。

校注：字又見佳韻楚佳反初佳開。

靫　鞴靫。鞴字音步並暮。

校注：字又見佳韻楚佳反初佳開。

膗　瑕。

校注：字又見佳韻楚佳反初佳開。

釗　藅~。

校注：注文首字誤，《廣韻》作"㓩"。字又見佳韻楚佳反初佳開。

甊　~甀。

校注：字又見佳韻楚佳反初佳開。

〇砂　所加反生麻開二。或作沙。六。

鯊　魚名。

裟　袈~。

桬　木名，在崑崙山。

紗　~絹。一纑。

校注：《切三》《王一》《王二》"纑"上有"曰"字，本書奪。

鞕　履。

〇牙　五加反疑麻開二。大齒。四。

衙　縣名，在馮翊。

校注：字又見語韻魚舉反疑語。

芽　萌~。

齖　~齵，齒不正。

〇樝　側加反莊麻開二。似梨而醋。［八］。

校注：底本紐字數奪。

葅　菜，楚葵，生水中。

觰　似指按。

校注："似"字誤，《切三》《王一》《王二》《廣韻》作"以"。

皻　皰鼻。或作齇。

齇　牙齒不正。

抯　取。又才野從馬開三、子野精馬開三二反。

校注：字原作"柤"，俗誤，《王二》《廣韻》作"抯"。又才野反，本書無從母馬韻開口三等一紐。字又見馬韻慈（兹）野反精馬開三。

摣　取。

溠　棠汁。

〇茶　宅加反澄麻開二。窋茶。九。

校注：紐字數作"九"而實收七字，當移"衺"紐"秅"字入此紐，參"秅"字條校注。

蹅　跱，行難皃。

荼　苦菜。又度胡反定模。

校注：字又見模韻度都反定模。

鄈　亭名，在郃陽。

校注：字又見模韻度都反定模。

樣　春藏草，可為飲用。

隮　丘~。

梌　剈木。

○衺　〖又〗似嗟反邪麻開三。不正。二。

校注："又"字衍。

秅　二柿。

校注："秅"字誤植此處,各書"秅"字並音宅加反澄麻開二,此處當與"衺"字互乙。字又見暮韻當故反端暮。

𦬁　~蒿。

校注：字又見模韻度都反定模、麻韻以遮反以麻開三。

○闍　視奢反禪麻開三。[又]德胡反端模。城上重門。一。

校注："又"字原脱。字又見模韻丁姑反端模。

○窊　烏瓜反影麻合二。㾚。二。

校注：字下原從"瓜",俗書。

洼　深。又於佳反影佳合。

校注：字又見佳韻於佳反影佳合。

○髽　莊花反莊麻合二。婦人喪冠。一。

○撾　陟瓜反知麻合二。捶。二。

篹　箠。

校注：字原從"刀"不從"乃",誤。字又見哿韻徒果反定果一。

○爬　蒲巴反並麻開二。或作把。三。

杷　枇杷,木名。

校注：字又見禡韻白駕反並禡開二。

琶　樂器。

○楂　鋤加反崇麻開二。亦作槎。四。

校注：字右原從"査"。字亦作"槎","槎"字見馬韻士下反崇馬開二。

齇　牙~。

䃎　欲壞。

鄌　地名。又昨歌反從歌一。

校注：字又見哥韻昨何反從歌一。

○侘　勑加反徹麻開二。傺,失志皃。二。

奓　緩皃。

○奓　陟加反知麻開二。張。七。

謯　~詉,語不正。

觰　角上長下大。

校注：字又見馬韻都下反端馬開二。

秺　開張。又縣名。

校注："張"下《王二》《廣韻》有"屋"字,當補。字又見禡韻徒嫁反定(澄)禡開二。

譇　~拏,詐。

膪　不密。

䶥　嗻聲。

○煆　許加反曉麻開二。又呼嫁反曉禡開二。火氣猛。三。

校注：字又見禡韻呼訝反曉禡開二。

呀　啥呀。啥字呼啥(含)反曉覃。

校注："呼"下"啥"字誤,《切三》作"含"。

颬　吐氣。

○齣　客加反溪麻開二。齧。一。

○婼　而遮反日麻開三。婼羌,國名。一。

校注：字又見藥韻丑略反徹藥開。

○査　才耶反從麻開三。大口。一。

# 卅五覃

〇覃　徒南反定覃。及。十四。

鄿　~城，在濟南。

潭　深水。

曇　雲布。

藫　水衣。或作蕁。

橝　木名，灰可染。

校注：字又見忝韻徒玷反定忝。

蟫　衣中白虫。

校注：字又見侵韻餘針反以侵A。

譚　大~。又徒感反定感。姓。

趯　趁~，走皃。

燂　大熱。

校注：字亦作"焬"，"焬"字見鹽韻徐廉反邪鹽。

壜　甀屬。

鐔　劍鼻。又徐林邪侵、余針以侵A二反。

校注：字又見侵韻徐林反邪侵、侵韻餘針反以侵A。

瞫　長味。又徒紺反定勘。

校注：字亦作"醰"，"醰"字見勘韻徒紺反定勘。

𣢾　~，室邃。

校注：字右原從"冗"，俗書。字又見侵韻許金反曉侵B。

〇参　倉含反清覃。敬。四。

校注：字原作"叅"，俗書。字又見侵韻所今反生侵、勘韻七紺反清勘。

驂　~駕。

傪　好皃。

校注：字又見感韻七感反清感、感韻素感反心感。

趁　趯~，走皃。

校注：字又見合韻七合反清合。

〇南　那含反泥覃。火南。七。

校注：龍校云："注文南字當从王一、王二作方。本書原似曾以雌黃塗改。"

男　子稱。字從田、力。

柟　木名，可作船。

校注：字亦作"枏"，"枏"字見鹽韻汝鹽反日鹽。

弇　人名。又古南反見覃。

校注：字又見覃韻古南反見覃、琰韻應儉反影琰。

聃　耳曼。又他甘反透談。

校注：字又見談韻他酣反透談。

抩　併侍。又生兼反生添。

校注："侍"字誤，《王二》《廣韻》作"持"。字又見鹽韻汝鹽反日鹽。

䑙　䑙距。亦作舺。

校注：字原作"䑙"，誤，《廣韻》作"䑙"。亦作字誤，《廣韻》作"舺"。

〇諳　烏含反影覃。託。亦作諳。九。

校注："託"字誤，《切三》《王二》《廣韻》作"記"。

鶕　~鶉，鳥。

馣　香。

媕　~婯，不決。

校注：字又見琰韻於琰反影琰A。

庵　小草舍。

腤　煑肉。

喑　啼無聲。又於今反影侵B。

校注：字又見侵韻於吟反影侵B、沁韻“蔭”紐影沁。

韽　聲小。又於林反影侵B。

校注：字又見陷韻於陷反影陷。字亦作“醅”，“醅”字見侵韻於吟反影侵B。

盦　覆盖。

校注：字原作“盒”，誤，《王二》《廣韻》作“盦”。字又見盍韻安盍反影盍。

○含　胡南反匣覃。容物。十四。

涵　~泳。

校注：字右原從“凾”，俗誤。

梒　~桃。

校注：字右原從“凾”，俗誤。

脴　排囊柄。

鋡　鎧別名。

校注：字右原從“凾”，俗誤。

顄　輔車。亦作顧。

校注：字原作“**頟**”，誤，《廣韻》作“顄”。

涵　水澤名。

校注：字原作“**涠**”，誤，《廣韻》作“涵”。

霫　久雨。亦作靏。

校注：字原從“幸”不從“羊”，誤，《廣韻》作“霫”。

鋡　受盛。

瓫　似瓶，有耳。又渠劒反群梵。

校注：又渠劒反，本書無群母梵韻一紐。

匲　舩沒。

鼢　鼠屬，似蜥蜴。又工含反見覃。

校注：字又見覃韻古南反見覃。

笒　中實竹。

函　銜~。

校注：字原從“幸”不從“羊”，誤，《廣韻》作“凾”。

○婪　盧含反来覃。或作惏。四。

校注：字又見談韻盧甘反来談。

燷　焦色。又[音]壈来感。

校注：“壈”上奪“音”字。字又見感韻盧感反来感。

葻　草得風。

嵐　地名。

○貪　他含反透覃。不知足。二。

探　取。

○簪　作含反精覃。又側岑反莊侵。笄。五。

校注：字亦作“簮”，“簮”字見侵韻側岑反莊侵。

篸　所以篸衣。又作憾反精勘。

校注：字亦作“撍”，“撍”字見感韻子感反精感、勘韻祖紺反精勘。

朁　腤~。

鐕　篋~。

鐟　無盖釘。

○蠶　昨含反從覃。虫。三。

撏　取。

校注：字又見侵韻徐林反邪侵。

蹔　止~。

○躭　丁含反端覃。淫翫。七。

校注：字右原從“冗”，俗。本紐從“冘”之字皆如是。

眈　視近而遠志。

校注：字又見感韻都感反端感。

妉　~樂。

酖　~酒。

媅　樂甚。

䚝　内視~。

校注：字又見侵韻充針反昌侵。

㚲　多~。

○龕　口含反溪覃。經~。一曰龍皃。七。

戡　殺。

顉　醜皃。一顉頓。

校注：“一”下當補“曰”字。字又見感韻胡感反匣感。

堪　任。

磨　和。又紅談反匣談。

校注：字原作“磨”，誤，《廣韻》作“磨”。字又見談韻胡甘反匣談。

嵁　崿。又五男反疑覃。

校注：字又見覃韻五含反疑覃、檻韻士擸（檻）反崇檻。

戡　翦~。

○峆　火含反曉覃。大谷。五。

䤴　面紅。

馠　小香。

䆾　不脕冠帶寐。亦作䆿。

校注：“脕”字誤，《王一》《王二》《廣韻》作“脱”。

欦　貪。又呼恬反曉添。或㰹。

校注：字又見添韻許兼反曉添、豏韻火斬反曉豏、广韻丘广反溪儼。

○毿　蘇含反心覃。毛長皃。二。

校注：字左原作“叅”，俗書。

蔘　~綏。又所金反生侵。

校注：字原作“蔘”，俗書。字又見侵韻所今反生侵。

○弇　古南反見覃。五。

校注：字又見覃韻邮含反泥覃、琰韻應儉反影琰。

䶲　~鼠。

校注：字又見覃韻胡男反匣覃。

淦　水入舩。又古暗反見勘。

校注：字又見勘韻古暗反見勘。

縑　持意。又呼兼反曉添、公廉（兼）見添二反。

校注：字原作“縑”，俗誤，《廣韻》《集韻》作“縑”。“廉”字誤，當作“兼”。字又見添韻苦兼反溪添、添韻許兼反曉添、咸韻古咸反見咸。

蜬　蠃大者。

校注：字右原從“凾”，俗誤。“大”字《廣韻》作“小”。

○儑　五含反疑覃。又五紺反疑勘。三。

校注：字又見勘韻五紺反疑勘、盍韻五盍反疑盍。

㝿　寐語。

嵁　~崿。又苦男反溪覃。

校注：字又見覃韻口含反溪覃、檻韻士擸（檻）反崇檻。

## 卌六談

○談　徒甘反定談。言語。八。

郯　國名,在東海。

惔　憂~。

鉸　長鏻。

校注:"鏻"字誤,《切三》《王二》作"鉾"。

淡　水皃。又徒濫反定闞。

校注:字又見闞韻徒濫反定闞。

痰　胷上水病。

𦒆　刮馬用。

炗　小熱。

〇甘　古三反見談。恬。六。

校注:《王一》注"甜味",本書"恬"字誤。

笘　~竹。

柑　~橘。

苷　~草,藥名。

泔　米瀋。

媣　媞。

〇擔　都甘反端談。負。五。

校注:字又見闞韻都濫反端闞。

儋　人名,《漢書》有田儋。

聸　垂耳。

頕　頰緩。

甔　小甖。亦儲。

校注:字又見闞韻都濫反端闞。

〇三　蘇甘反心談。數。二。

毵　衣破。

〇藍　盧甘反來談。染草。八。

襤　~褸。亦作繿、檻。

鬛　鬖髮疎皃。

擥　持。

校注:字又見敢韻盧敢反來敢。

籃　籠。

婪　貧。又力貪反來覃。

校注:"貧"當作"貪"。字又見覃韻盧含反來覃。

灆　瓜俎。

㰕　~㰕,薄大。

〇坩　苦甘反溪談。坩甒。七。

校注:紐字數當作"一","七"爲合計"甜"紐六字之數。

〇甜　他酣反透談。吐舌皃。六。

校注:字原作"甜",俗書。

聃　耳漫無輪。老子名。又那含反泥覃。或耼。

校注:字原作"聃",俗書。字又見覃韻郍含反泥覃。

坍　水衝岸壞。

校注:字原作"坍",俗書。

菻　菼~。

校注:字原作"菻",俗書。

㰕　䆲。

緂　色鮮。

校注:字又見敢韻吐敢反透敢。

〇慙　昨甘反從談。恧。三。

鏨　鑿~。

校注:字又見咸韻士咸反崇咸、闞韻慙濫反從闞。

鷙　鶚。又在咸反從(崇)咸。

校注:"在"從母字,又在咸反從崇混切。

〇酣　胡甘反匣談。樂酒不醉。七。

䖘　白虎。

蚶　桑蟇上虫。

校注：字又見闞韻下瞰反匣闞。

䃭　和。又公見[□]、[□]含覃〖反〗二反。

校注：字原作"䃭"，誤，《廣韻》作"䃭"。《廣韻》注"又口含溪覃、古三見談二切"，本書有脱文。字又見覃韻口含反溪覃。

㴸　阮湘人言。

校注：字原作"邯"，誤，《王二》作"㴸"。"阮"爲"沅"字之誤。

炶　火上行。亦作煔。

校注：字亦作"煔"，"煔"字見鹽韻式贍反書鹽、㮇韻他念反透㮇。

䱃　蛤~。

○姏　武酣反明談。老女稱。一。

○䟃　昨(作)三反精談。長面。一。

校注："昨"字誤，《切三》《王二》作"作"。

○蚶　火談反曉談。蚌，出會稽。四。

憨　癡。

校注：字又見闞韻下瞰反匣闞。

婪　貪妄。

歛　欲。又呼濫反曉闞。

校注：字亦作"䀶"，"䀶"字見闞韻呼濫反曉闞。

○笘　食(倉)甘反清談。竹箠。又都頰反端帖。一。

校注："食"字誤，《王一》《王二》作"倉"。字又見怗韻丁篋反端帖。

## 卅七陽

○陽　与章反以陽開。日氣。卄三。

暘　日出暘谷。

煬　釋金。

校注：字又見漾韻餘亮反以漾開。

錫　鈴，在馬額。

揚　舉。

校注：字又見宕韻他浪反透宕開。

禓　道上祭。一曰道神。又舒羊反書陽開。

校注：字亦作"䄃"，"䄃"字見陽韻書羊反書陽開。

昜　飛。又曲昜縣，在交阯。

羊　羖。

瘍　頭瘡。

蛘　虫名。

徉　儴徉，徙倚。

騴　馬額白。

鰑　赤鱺。

样　搥。又子郎反精唐開。

校注：字原作"睴"，誤，《王二》《廣韻》作"样"。"搥"字俗誤，《廣韻》作"槌"。字又見唐韻則郎反精唐開。

𡖖　多。

鸉　白鷹。

詳　~狂。又似羊反邪陽開。審。

校注：字又見陽韻似羊反邪陽開。

眻　美目。又餘尚反以漾開。

校注：字又見漾韻餘亮反以漾開。

𥂴　杯。

痒　病。又似姜反邪陽開。

校注：字又見陽韻似羊反邪陽開、養韻餘兩反以養開。

羊 藥草。

暢 䍼。

楊 木名。一曰姓。

〇詳 似羊反邪陽開。又詳狂,以章反以陽開。七。

校注:《切三》《王一》"又"上有"審"字,當據補。字又見陽韻与章反以陽開。

翔 飛~。

洋 水流。

祥 吉~。

庠 養老宮。

痒 病。

校注:字又見陽韻与章反以陽開、養韻餘兩反以養開。

殍 女鬼。

校注:字左原從"夕",俗誤。

〇良 呂張反來陽開。善。十六。

梁 亡瘤。

校注:"亡瘤"爲"宊廇"之誤,《爾雅·釋宮》:"宊廇謂之梁。"

涼 小冷。

粱 ~米。亦作梁。

校注:"梁"當作"粱",《廣韻》"粱"字注"俗作梁"。

蜋 蜣。

校注:字又見唐韻魯當反來唐開。

颹 北風。又力尚反來漾開。

校注:字又見漾韻力讓反來漾開。

量 ~數。亦量。

粮 食。亦作糧。

踉 跳踉。

校注:字又見唐韻魯當反來唐開。

輬 轀輬,車。

蒗 薄。[又]力尚反來漾開。

校注:字原從"无"不從"旡",俗書。"又"字原奪,《王二》有字。

綡 纚。

醇 漿。

犅 牛。又力向反來漾開。

校注:字當又見漾韻力讓反來漾開,然底本漾韻奪字條。

椋 木名。

賬 賦~。

〇香 許良反曉陽開。五。

校注:字原下從"甘"。

薌 穀氣。

鄉 土邑。

膷 牛羹。

皀 穀香。又方立反幫緝。

校注:又方立反,本書無幫母緝韻一紐。字又見緝韻居立反見緝。

〇商 書羊反書陽開。度。十四。

賫 ~賈。

傷 哀~。

校注:字又見漾韻式亮反書漾開。

蔏 ~陸。

殤 少死。

觴 酒。

校注:"酒"下當據《切三》《王二》《廣韻》補"器"字。

禓 道上祭。

校注：字亦作"禓"，"禓"字見陽韻書羊反書陽開。

鷵　~庚，鳥。

塲　耕~。

〖幛〗

校注：底本字旁有兩點，爲刪字符。

餦　饋。又式尚反書漾開。

校注：字亦作"餉"，"餉"字見漾韻式亮反書漾開。

鸘　羮。亦作鬺。

校注：亦作字誤，《廣韻》《集韻》作"鬺"。

沕　水名。又乃見泥霰開、又力京來庚開三四音。

校注：字原作"洶"，誤，《廣韻》作"沕"。此言"四音"而僅見二切，當有脱漏。又力京反，本書無來母庚韻開口三等一紐。

鴋　傷。又直(且)羊反清陽開。

校注："直"字誤，《王一》《王二》《廣韻》作"且"。字又見陽韻七將反清陽開。

痫　憂思。又尺(尸)向反書漾開。

校注："尺"字誤，《王一》作"尸"。字亦作"慯"，"慯"字見漾韻式亮反書漾開。

〇房　符方反並陽合。室。四。

防　虛度。

校注：字又見漾韻扶浪反並漾合。

魴　~魚鱮。

鴋　澤虞，鳥。又敷冈反滂養合。

校注：字又見陽韻府長反幫陽合、養韻芳兩反滂養合、漾韻府妄反幫漾合。

〇章　諸良反章陽開。什。十一。

漳　水名。

樟　豫~。

慞　㦒~。

校注：字原作"幛"，俗誤，注文首字爲"懼"字書誤，《廣韻》："慞，懼也。"

彰　采~。

墇　壅。又止讓反章漾開。

校注："壅"字誤，《王一》《王二》《廣韻》作"壅"。字又見漾韻之亮反章漾開。

麞　似鹿而小。

鄣　邑名，在紀。

蔁　草~。

暲　明。

璋　大圭。

〇昌　處良反昌陽開。盛。六。

裮　披衣不帶。

倡　優~。

猖　~狂。

閶　~闔，門。

鯧　鮍，魚。

〇羌　去良反溪陽開。發語端。三。

蜣　蜋，虫。

校注：字亦作"蝍"，"蝍"字見藥韻其虐反群藥開。

羗　西戎牧羊人。

〇薑　居良反見陽開。菜。十。

犟　牛長脊。一曰白脊牛。

韁　馬絡。

殭　白死不朽。

礓　~石。

壃　界。亦作疆。

橿　一名橿,万年木。一曰鋤橿。

姜　人姓。

蠕　蠶自死。

校注:"自"字誤,《切三》《廣韻》《集韻》作"白"。

僵　~仆。又巨良反群陽開。

校注:字又見陽韻巨良反群陽開。

○長　直良反澄陽開。[又音]仗澄漾開。八。

校注:"又音"二字原脱。字又見養韻中兩反知養開、漾韻直亮反澄漾開。

萇　~楚,似桃,蔓生草。

踼　~跪。

腸　腹~。

場　祭神處。

塲　道~。

瓺　缾。又除向反澄漾開。

校注:字又見漾韻直亮反澄漾開。

蟐　~蠰。

○張　陟良反知陽開。開。三。

餦　~餭,餳。

校注:"餳"當作"餳"。

粻　食米。

○穰　汝陽反日陽開。禾莖。十三。

校注:字又見養韻如兩反日養開。

攘　以手禦。又而亮反日漾開。

校注:字又見養韻如兩反日養開、漾韻如狀反日漾開。

鄽　縣名,在南陽郡。

躟　疾行。

校注:字又見養韻如兩反日養開。

蘘　~荷,菜似薑~。

瀼　露濃。

獽　戎屬。

禳　除殃祭。

勷　劻勷,迫皃。

鬤　被髪。又女行反娘庚開二。又或作髵。

校注:字又見庚韻乃庚反泥(娘)庚開二。

瓤　瓜内實。又女良反娘陽開。

校注:字又見陽韻女良反娘陽開。

孃　亂。又如掌日養開、女良娘陽開二反。

校注:字又見陽韻女良反娘陽開、養韻如兩反日養開。

籑　篡~。

○方　府長反幫陽合。亦作汸字。十。

坊　聚。

肪　~晵。

校注:字原作"昉",俗誤。"晵"爲"脂"字俗誤。《切三》《王一》《王二》《廣韻》二字不誤。

蚄　好~。

校注:"好"字誤,《切三》《王二》《廣韻》作"蚄"。

邡　什邡縣,在廣漢。

旊　鶊旊,鳥。

校注:字又見陽韻符方反並陽合、養韻芳兩反滂養合、漾韻府妄反幫漾合。

枋　木名。又蜀以木偃爲枋。

鈁　鑊屬。

牥　牛。

匚　受物器。

〇襄　息良反心陽開。郡名。九。

校注：紐字數作"九"而實收十字。

廂　序~。

湘　水名，在零陵。

箱　竹器。

緗　淺黄。

相　視。

校注：字又見漾韻息亮反心漾開。

儴　~佯。

纕　馬腹帶。《國語》曰："懷侯纕纓。"

校注："懷侯纕纓"《切三》《王一》《廣韻》作"懷挾纓纕"。

驤　馬騰驤。

鬤　冠。

校注：字右原從"攵"，俗誤。

〇將　即良反精陽開。并。六。

校注：字又見漾韻即亮反精漾開。

漿　米津。

鱂　鱋，魚。

蔣　菰~，草，可作薦用。

校注：字又見養韻即兩反精養開。

螿　寒~。

牂　恃扶。亦作搇。

校注："恃"字誤，《王一》作"持"。

〇瘡　楚良反初陽開。古作創。二。

刅　刃傷。

〇亡　武方反明陽合。十。

望　看。又武放反明漾合。

校注：字又見漾韻武放反明漾合。

朢　弦朢月，与日相望，臣以日朝君。從月從臣。

莣　草名。

芒　草端。

硭　~硝，藥名。

宋　屋梁。

校注：字又見唐韻莫郎反明唐開。

邙　縣名。一曰洛北邙。

忘　遺。又武放［反］明漾合。不記曰~。

校注："反"字原脱。字又見漾韻武放反明漾合。

莔　悪。又莫郎反明唐開。

校注：字又見唐韻莫郎反明唐開、敬韻莫鞕反明映開二。

〇孃　女良反娘陽開。姥稱。四。

校注：字又見陽韻汝陽反日陽開、養韻如兩反日養開。

瓤　瓜~。又如羊反日陽開。

校注：字又見陽韻汝陽反日陽開。

娘　女号。

鑲　兵名。

〇牀　士莊反崇陽開。俗作床。簀。二。

疒　病。又女戹反娘麥開。

〇莊　側羊反莊陽開。通俗作。四。

裝　行具。又側亮反莊漾開。

校注：字又見漾韻側亮反莊漾開。

妝　女人~飾。
粧　~粉。
○常　時羊反禪陽開。恒。六。
裳　下衣。
甞　曾。
鏛　車輪繞鐵。
鱨　魚名。
鷱　鷱鷱,鳥。
○霜　所良反生陽開。露夕。四。
孀　寡婦孀居。
騻　驌騻,馬。
鸘　鷫鸘,西方神鳥。
○牆　疾良反從陽開。六。
**校注**:紐字數當作"七","六"爲脱計"戕"字之數,參"戕"字條校注。
檣　舩柱。亦作牀。
薔　~薇。
**校注**:字又見職韻所力反生職開。
嬙　婦人。
戕　他國臣來殺君。
**校注**:字又見哥韻古俄反見歌一。
奘　強大。〖又在朗反從蕩開〗。
**校注**:字原作"奘",誤,"大"當作"犬",《王二》《廣韻》《集韻》"奘""犬"字不誤。又在朗反爲"奘"字音,此又反因形而衍。
○鏘　七將反清陽開。兵器。十一。
**校注**:紐字數當作"十","十一"爲合計"戕"字之數,參"戕"字條校注。
戕　弱~。
**校注**:《王一》《王二》《廣韻》《集韻》"戕"入"墻"紐,本書"鏘""戕"二字條當互乙。
瑲　和鳴玉聲。
蹌　和鳴蹌~。
蹡　行皃。
**校注**:字又見漾韻七亮反清漾開。
斨　斧。
搶　拒。
**校注**:字又見養韻測兩反初養開。
蹩　趨皃。
闛　門聲和。
鴋　又尸羊反書陽開。
**校注**:字又見陽韻書羊反書陽開。
牄　鳥獸來食。
○匡　去王反溪陽合。正。九。
筐　籠~。
蛀　海中大蝦。
郋　邑名。
框　棺土不虞框。
恇　怯。
劻　~勷,迫皃。
洭　水名,在始興。
軭　車戾。
○王　雨方反云陽合。往天下之所歸往。二。
**校注**:字又見漾韻于放反云漾合。
虹　~孫。蜻蛚。
○央　於良反影陽開。七。
鴦　鴛~。
**校注**:字又見唐韻烏郎反影唐開。
殃　禍~。
鉠　玲聲。

校注：字又見庚韻於京反影庚開三。

秧　~稻。又於丈反影養開。

校注：字又見養韻於兩反影養開。

泱　水流皃。

校注：字又見蕩韻烏朗反影蕩開。

胦　䏚日。

校注：字原作"映"，俗誤，《王二》《廣韻》《集韻》作"胦"。"䏚日"誤，《王二》作"脝胦"。

○強　巨良反群陽開。壯。七。

校注：紐字數當作"四"，"七"爲合計"募"紐三字之數，參"募"字條校注。

僵　横身。又已良反見陽開。

校注：字又見陽韻居良反見陽開。

彊　弓有力。亦作壃。[又]渠丈反群養開。

校注："又"字原奪，《王一》有字。字亦作"弜"，"弜"字見養韻其兩反群養開。

鱷　鯨魚别名。

校注：字亦作"鯨"，"鯨"字見庚韻渠京反群庚開三。

○募　諸(褚)良反徹陽開。草名。[三]。

校注：底本紐字數奪。字又見唐韻吐郎反透唐開。

倀　失道皃，出《礼記》。

校注：字又見敬韻猪孟反知映開二。

鼚　鼓聲。

○芳　敷方反滂陽合。芬。三。

妨　害。

校注：字又見漾韻敷亮反滂漾合。

汸　水名。

○狂　渠王反群陽合。病。正作狂。三。

校注：字又見漾韻渠放反群漾合。

軖　紡車。

鵟　鴟~。

# 卌八唐

○唐　徒郎反定唐開。國名。二十八。

煻　~煨，火。煨字烏回反影灰。

糖　飴~。

堂　基。

䗂　鼠，一曰三易腸。

校注："曰"字誤，《廣韻》《集韻》作"月"。

搪　~突，揬~。

棠　木，似梨。

蓎　~蒙，女蘿。

瑭　玉。

餹　~餅，黍膏。餅字杜嵆反定齊開。

校注："嵆"字原上從"秋"，俗書。

篖　笭篖，竹。

螳　~蜋。

犻　陂。

校注："陂"爲"塘"字注文，此脱"犻"字注文及字頭"塘"。"犻"字《切三》《王一》《王二》注"~牛"。

螗　蜩蟬。

毻　毦。

踼　跌。又杜浪反定宕開。或逷。

**校注：**字又見宕韻杜浪反定宕開。

**闛** 盛皃。又吐郎反透唐開。

**閬** 門高。又力盎反來宕開。

**校注：**字又見宕韻郎宕反來宕開。

**糖** ~棣。

**樘** 車樘。又達庚反透(徹)庚開二。

**校注：**"達"作上字慣取定母讀，又達庚反取"達"字透母讀，然透徹類隔。字又見庚韻丑庚反徹庚開二。

**隚** 殿~。

**隨** 隄。

**鄌** 地名。

**甗** 瓷。

**鎕** ~銻。瓷。

**校注：**底本字頭左旁塗污。"瓷"字蒙上一字注文誤衍，《唐韻》《廣韻》無。

**篖** 罩。

**轄** ~輹，軖軨。

**校注：**注文末字誤，《王一》《廣韻》作"軨"。

**塘** 陂，盛水。

**校注：**上文奪"塘"字，此爲增加字，參"糖"字條校注。

〇**郎** 魯當反來唐開。卄四。

**稂** 似莠。

**桹** 桄桹，木名，心中出麵，大者數百斛，出嶺南交州。

**廊** 步~。

**榔** 檳~。

**鋃** ~鐺，瑣頭。

**硠** ~磕。

**鵖** ~鶊，鳥名。

**浪** 滄浪。又盧宕反來宕開。

**校注：**字又見宕韻郎宕反來宕開。

**艆** 骯艆，股肉。

**蜋** 螳。

**校注：**字又見陽韻吕張反來陽開。

**狼** ~虎。

**艆** 魚脂。

**琅** ~玕，玉。

**㝗** 㝩㝗，空皃。

**校注：**注文首字誤，《切三》《王二》《唐韻》作"㝩"。字又見蕩韻盧黨反來蕩開。

**蓈** ~毒，藥名。

**㰠** ~欴，貪皃。

**校注：**字原作"㰠"，俗書。

**踉** ~蹡。

**校注：**字又見陽韻吕張反來陽開。

**莨** 童梁。

**崀** 岐崀，山，冬日所入。

**校注：**"岐"字誤，《切三》《王一》《廣韻》作"峻"。

**狼** 短皴。

**艆** 海舩。

**駺** 馬尾白。

**筤** 籃~。

〇**當** 都郎反端唐開。正。八。

**鐺** 鋃~。

**簹** 竹~。

**襠** 衣。

**璫** 珠。

**欓**　車~。

**瓤**　~瓤，瓜中。

**蟷**　蟷蜋。亦作蟷。

○**倉**　七崗反清唐開。困。五。

**蒼**　青。

**鶬**　鳥名。

**滄**　水名。

**鶬**　雕鶬。

○**剛**　古郎反見唐開。強。俗剛。十一。

**校注**：俗作字誤，《廣韻》作“剛”。

**崗**　山脊。正作岡。

**掆**　舉~。

**笐**　樂器，以為之，有絃。

**校注**：《切三》《王一》“以”下有“竹”字。

**鋼**　鐵~。

**綱**　紀~。

**亢**　星名。

**校注**：字又見宕韻苦浪反溪宕開。

**犅**　特牛。

**堈**　甕~。亦甌。

**魧**　魚名。又胡郎反匣唐開。

**校注**：字又見唐韻胡郎反匣唐開。

**瓬**　罌~。

**校注**：字原作“邟”，誤，《王一》《王二》作“瓬”。

○**桒**　息郎反心唐開。養蠶木。俗作桑。四。

**校注**：“俗”字當作“正”。

**喪**　亡。字或從哭、亡曰。

**校注**：字亦作“嗓”，“嗓”字見宕韻蕪浪反心宕開。

**騻**　馬色。

**校注**：字原作“駹”，誤。

**縔**　淺黃。

**校注**：字右原從“嗓”。

○**康**　苦岡反溪唐開。泰。亦作康字。八。

**校注**：亦作字與字頭同，誤，《王一》作“穅”，《王二》作“康”。

**穅**　米皮。亦作糠。

**歁**　穀不升謂之歁。

**㱂**　㱂~。

**軀**　長皃。

**校注**：字原作“躿”，誤，《廣韻》作“軀”。

**甈**　瓠。亦作甂。

**漮**　水虛。

**蠊**　~蚸，蜻蛉。

○**荒**　呼光反曉唐合。田不孰。十。

**校注**：字又見宕韻呼浪反曉宕合。

**穅**　果蓏不孰。

**肓**　心上鬲。

**衁**　血~。

**巟**　韓意子名。

**幌**　蒙。又莫郎反明唐開。

**校注**：字原作“慌”，誤，《王一》《王二》《廣韻》作“幌”。字又見唐韻莫郎反明唐開。

**巿**　幭~。

**統**　絲延。

**謊**　夢言。

校注：字又見養韻許昉反曉養合。

𩢍　馬奔。

〇黄　胡光反匣唐合。地色。二十八。

皇　大，謂大道洎如。

校注："洎"字誤，《王一》作"泊"。

璜　璧。

遑　急。

惶　悚。

潢　積水。又胡浪反匣宕合。

校注：字又見宕韻胡浪反匣宕合。

堭　堂~。

煌　火狀。

餭　餦餭，餳。

校注："餳"字誤，《廣韻》作"餳"。

騜　馬色。

艎　艎艅，吳舟。

簧　笙~。

隍　城池~。

癀　病。

鄺　古國名。

湟　水名，在安定。

徨　彷~。

鰉　魚名。

篁　竹叢。

葟　草木盛。

郋　縣名，在會稽，下郋。

堭　合殿。

校注：此字本紐重出。

媓　母。

𦏁　榮。

翌　羽無。

校注："無"字誤，《王一》作"舞"。

穔　穃~。

蟥　蛢，爪虫。

蝗　灾虫。又下孟反匣映合二。

校注：字又見庚韻胡盲反匣庚合二、敬韻胡孟反匣映合二。

〇光　古皇反見唐合。明。九。

校注：此字《王二》又見宕韻姑曠反見宕合，注："飾。"《唐韻》又見宕韻古曠反見宕合，注："上色，又古黄反，加。"本書此處未注又音，且宕韻正切未收字，然"光"字用作宕韻字之切下字，如宕韻"汪"烏光反影宕合。

洸　水名。又烏光反影唐合。

校注：字又見唐韻烏光反影唐合。

垙　陌~。

桄　~桹，木。

轒　車下横木。

胱　膀~。

横　長安西北門名。又槗名。又胡萠反匣映合二。

校注：字又見庚韻胡盲反匣庚合二、敬韻胡孟反匣映合二。

茪　芙~。

僙　~，武。亦作趪。

〇湯　吐郎反透唐開。沸水。五。

校注："水"下原有"熱"字，旁識一點，兹徑删。

鏜　鼓聲。

蕩　水名，在鄴。

**校注：**字原作“簜”，俗誤。《説文·水部》：“蕩，水，出河内蕩陰，東入黄澤。从水募聲。”大徐音徒朗切。《玉篇·水部》：“蕩，達朗切，《漢書》蕩水出河内陰縣。又音湯。”

蝪　蛈~。

募　蓫募，馬尾。

**校注：**字又見陽韻諸（褚）良反徹陽開。

〇滂　普郎反滂唐開。~沲。五。

鎊　削。

霶　~霈。

斛　量溢。又薄庚反並庚開二。

**校注：**字又見庚韻薄庚反並庚開二。

雱　雪盛。

〇汪　烏光反影唐合。汪~雅量。五。

**校注：**字又見養韻紆罔反影養合、宕韻烏光反影宕合。

鴦　雉鳴。

尪　弱。

**校注：**字原作“尩”，俗誤，《廣韻》作“尪”。

洸　水名。又古皇反見唐合。

**校注：**字又見唐韻古皇反見唐合。

尣　曲脛。

**校注：**字原作“兀”，誤，《廣韻》作“尣”，合《説文》。

〇鴦　烏郎反影唐開。四。

**校注：**字又見陽韻於良反影陽開。

佒　體不申皃。

咉　瘖。

姎　女人自稱。又烏黨反影蕩開。

**校注：**字又見蕩韻烏朗反影蕩開。

〇炕　呼郎反曉唐開。肓眩。二。

**校注：**“眩”字俗誤，《切三》《王二》《廣韻》作“胘”。字又見宕韻苦浪反溪宕開。

欣　飲~。

〇航　胡郎反匣唐開。舩。亦作斻。十二。

笐　~篖，竹。又户庚反匣庚開二。

**校注：**字又見庚韻户庚反匣庚開二。

桁　柱。

**校注：**字又見庚韻户庚反匣庚開二。

行　伍。

**校注：**字又見庚韻户庚反匣庚開二、宕韻下浪反匣宕開、敬韻胡孟反匣映開二。

迒　獸。亦作𨖠。

**校注：**“獸”下《切三》《王一》有“迹”字，此當補。亦作字不成字，當誤。

頏　頡~。

**校注：**字又見宕韻苦浪反溪宕開。

魧　魚名。又古郎反見唐開。

**校注：**字又見唐韻古郎反見唐開。

肮　脛~。

邟　餘邟縣，在吴郡。

芫　東蠡。

蚢　食蒿棻虫。

杭　今州名。〖又苦浪反溪宕開〗。

**校注：**字原作“抗”，俗誤，《王一》不誤。又苦浪反爲“抗”字音，此又反因形而衍。

〇茫　莫郎反明唐開。~。十一。

**校注：**字原作“茳”。

盲　不知。

**校注**：字又見宕韻無浪反明宕開。

䀮　目不明。

汒　谷名。

**校注**：字又見漾韻武放反明漾合。

恾　怖。

莣　遽。又武方反明陽合。

**校注**：字又見陽韻武方反明陽合、敬韻莫鞕反明映開二。

蘉　勉~。

㡆　帛。又呼光反曉唐合。

**校注**：字又見唐韻呼光反曉唐合。

寣　寐語。

宊　大梁。

**校注**：字又見陽韻武方反明陽合。

鄒　縣名，在藍田郡。

〇臧　則郎反精唐開。善。四。

牂　羊。

牂　橲。又餘章反以陽開。

**校注**：字又見陽韻与章反以陽開。

贓　~賄。

〇囊　奴當反泥唐開。㑵。二。

蠰　蟷~。

〇傍　步光反並唐開。他。八。

**校注**："他"字誤，《王一》作"依"。字又見宕韻蒲浪反並宕開。

彷　~徨。

膀　~胱。亦作肪。

蹖　踉蹖，急行。

趽　走。

**校注**：字又見漾韻府妄反幫漾合。

旁　側。又亭名，在汝南。

磅　~稈，穄。

騯　馬盛。

**校注**：字原作"䮝"。字又見庚韻薄庚反並庚開二。

〇卬　五崗反疑唐開。高。六。

駠　千里駒。

枊　繫馬柱。

**校注**：字又見宕韻五浪反疑宕開。

昂　舉~。

茚　菖蒲，草。

鞅　履。

〇藏　昨郎反從唐開。一。

**校注**：字又見宕韻徂浪反從宕開。

〇骯　苦光反溪唐合。骨。一。

**校注**："骨"字誤，《王一》《王二》《廣韻》並注"骯髒"。

# 卅九庚

〇庚　古行反見庚開二。六。

鶊　鶬~，鳥名。

**校注**：字又見庚韻户庚反匣庚開二。

更　代。又古孟反見映開二。古作㪅。

**校注**：字又見敬韻古孟反見映開二。

秔　稻。或作粳。

逕　徑。

羹　和味。亦作鬻。

**校注**：亦作字誤，當作"鬻"。

〇坑　客庚反溪庚開二。坎。亦作砌。四。

劥　勑。

硎　硠。

阬　壑。又口盎反溪宕開。

校注：字又見宕韻苦浪反溪宕開。

〇盲　武庚反明庚開二。無目。六。

蝱　虫。

鄳　縣名，在江夏。

校注：字又見梗韻莫杏反明梗開二。

䁅　~盯，直視。

校注：字原作“矘”，俗誤。字又見梗韻莫杏反明梗開二。

莔　貝母。

鄍　縣名，在義昌。

〇横　胡盲反匣庚合二。又古皇反見唐合。十四。

校注：“又”上《王一》有“從横”字。字又見唐韻古皇反見唐合、敬韻胡孟反匣映合二。

黌　學。

蝗　虫。又户光反匣唐合。

校注：字又見唐韻胡光反匣唐合、敬韻胡孟反匣映合二。

鐄　大鍾。

瑝　玉聲。

喤　泣聲。

校注：字又見庚韻虎横反曉庚合二。

鍠　鍾聲。

飉　~颮，風皃。

潢　方舟。一曰荆州人呼渡津舫為横。

校注：字原從“擴”，俗誤。字又見敬韻胡孟反匣映合二。

禜　禜禜，祭名。

䊨　織。

㤺　憕~。

諻　聲。

趪　起皃。

〇閍　甫盲反幫庚開二。宫中門。一曰巷門。四。

祊　廣門傍祭名。

校注：“廣”字誤，《切三》《王一》《王二》作“廟”。

嗙　謞聲。

校注：“謞”當作“誩”。

𠡠　大。

〇諻　虎横反曉庚合二。語聲。三。

喤　聲。

校注：字又見唐韻胡盲反匣庚合二。

𠹕　~，啨聲。

校注：“啨”字誤，《王一》作“嘖”。

〇觥　古横反見庚合二。以兕角為酒器。通俗作觵。三。

侊　小壺。

校注：“壺”字《王二》《廣韻》作“皃”。

罯　冈滿。亦作槖。

校注：亦作字誤，《王一》《廣韻》作“橐”。

〇彭　薄庚反並庚開二。姓。十五。

澎　地名。又撫庚反滂庚開二。

校注：字又見庚韻撫庚反滂庚開二。

膨　~脝，脹皃。

校注：字又見敬韻蒱孟反並映開二。

蟚　~蜎，似蟹而小。

鬡　~鬤，髮亂。鬤字乃庚反泥（娘）庚開二。

校注："乃"泥母字，乃庚反泥娘類隔。字又見蕩韻博朗反幫蕩開。

棚　~閣。又步崩反並登開。

校注：字又見耕韻扶萠反並耕開、蒸韻筆陵反幫蒸開、登韻步崩反並登開。

搒　笞杙。又甫孟反幫映開二，引舩。

校注：字原作"榜"，龍校云："搒是榜後起字，古字止作榜。"本書補孟反幫映開二收"榜"未收"搒"，注"棹人哥"。

祊　禓，祭。

榜　輔。

校注：字原作"搒"，誤，《切三》《王二》《廣韻》作"榜"，合《説文》。字又見蕩韻博朗反幫蕩開、敬韻補孟反幫映開二。

憉　~悙，自強。

㪣　量溢。又普郎反滂唐開。

校注：字又見唐韻普郎反滂唐開。

篣　籠~。

蒡　隐葱。

輣　車音。

騯　行。

校注：字又見唐韻步光反並唐開。

〇脝　許庚反曉庚開二。膨脝~。四。

亨　通。又普庚反滂庚開二。

校注：字又見庚韻撫庚反滂庚開二、養韻許兩反曉養開。

悙　憉~。

校注：字又見魂韻都昆反端魂。

湞　水名。又直耕反澄耕開。

校注：字原作"湞"，誤。龍校云："切三本紐無此字，廣韻亦無。貞声之字例不讀曉母，漢書武帝紀'下湞水'，蘇林音摚柱之摚，故集韻字又見抽庚切徹庚開二，本書此下即丑庚反徹庚開二，疑王氏誤增於本紐下。"字又見耕韻直耕反澄耕開。

〇瞠　丑庚反徹庚開二。直視。亦作瞸。三。

橖　~撥。

校注：字又見唐韻徒郎反定唐開。

䁚　正視。

〇鎗　楚庚反初庚開二。俗作鐺。二。

校注：《王一》釋義"鎗鼎"。

槍　攙搶，妖星。

校注：字原作"搶"，俗誤。注文"攙""搶"爲"欃""槍"字俗誤。《廣韻》均從"木"。

〇傖　助庚反崇庚開二。傖，楚人别種。三。

衜　角長皃。

鬇　~鬤，髮亂皃。

校注：字又見耕韻仕耕反崇耕開。

〇霙　於京反影庚開三。雨雪雜下。八。

鍈　鈴聲。

校注：字又見陽韻於良反影陽開。

韺　六韺，湯氏樂名。

渶　水名，出青丘。

英　俊。又於香反影陽開，稻初生。

瑛　玉光。

楧　雀梅。

鶧　継~。

○磅　撫庚反滂庚開二。五。

怲　滿~。

亨　烹。又許兩反曉養開、許庚曉庚開二二反。

校注：字又見庚韻許庚反曉庚開二、養韻許兩反曉養開。

榑　木弩。

澎　水聲。又薄庚反並庚開二。

校注：字又見庚韻薄庚反並庚開二。

○平　蒲兵反並庚開三。六。

評　~量。

校注：字又見敬韻皮敬反並映開三。

苹　葭。一曰蒲白。

胓　牛羊脂。

泙　谷名。

蚲　蛘。

校注：底本字頭右旁塗污，此據龍氏摹本録字。

○驚　舉卿反見庚開三。恐。四。

京　《大古音經》："通俗作京。"

荊　楚地。

麖　麃~。

○明　武兵反明庚開三。淨皎。字從囧從月。四。

盟　約。亦作盟。

校注：字亦作"盟"，"盟"字見梗韻武永反明梗開三。

鵬　鴸鵬，似鳳。

鳴　鳥~。

校注：《王一》訓"鳥聲"。

○棖　直庚反澄庚開二。門旁木。七。

盯　䁔，直視皃。

校注：字又見梗韻張梗反知梗開二。

澄　水清定。又直陵反澄蒸開。

校注：字又見蒸韻直陵反澄蒸開。

振　觸~。

瞪　直視。

校注：字亦作"眙"，"眙"字見證韻丈證反澄證開。

揨　舉。

憕　~怓，失志皃。

校注："怓"字誤，《王一》《廣韻》作"悾"。字又見蒸韻直陵反澄蒸開。

○趟　竹盲反知庚開二。趟趟，跳躍。趟字張交反知肴。二。

校注：字又見敬韻猪孟反知映開二。

飄　狂風。

○榮　永兵反云庚合三。美。六。

蠑　~蚖，蜥蜴别名。亦作螢。

校注："螢"字誤。

瑩　玉色。《詩》云："琇耳琇瑩。"又烏定反影徑合。□。

校注："反"下一字類"牛"形，爲未成字。又烏定反影徑合，開合憑切。

揘　拔。

嶸　崢嶸。又户萌反匣耕合。

校注：字又見耕韻户萌反匣耕合。

禜　祭名。

校注：字又見敬韻為柄反云映合三。

〇兵　補榮反幫庚開三。戎卒。一。

〇兄　許榮反曉庚合三。一。

〇卿　去京反溪庚開三。官名。一。

〇生　所京反生庚開二。出。七。

校注："生"二等韻字，"京"三等韻字，所京反例外反切。字又見敬韻生更反生映開二。

笙　樂器。

甡　犧~。

猩　~，獸名。

校注：字又見青韻桑經反心青開。

鉎　鐵~。

校注：字又見青韻桑經反心青開。

甥　姊妹之子。

麠　似麞而小。

校注："小"字上原有"主"字，旁識兩點，兹徑刪。

〇擎　渠京反群庚開三。舉。八。

勍　強力。

鯨　大魚，雄曰鯨，雌曰鯢。亦作鱷。

校注：字亦作"鱷"，"鱷"字見陽韻巨良反群陽開。

黥　墨刑。

檠　所以正弓。

橈　鑿柄。

校注：字原作"梡"，誤，《切三》《王二》《廣韻》作"橈"。

葝　小薤。又渠征反群清開。

校注："小"字誤，《切三》《王二》《廣韻》作"山"。字又見清韻巨成反群清開、勁韻居盛反見勁開。

頗　頸~。

校注：字又見清韻市征反禪清開。

〇迎　語京反疑庚開三。一。

校注：字又見敬韻魚更反疑映開三。

〇行　户庚反匣庚開二。征。九。

校注：字又見唐韻胡郎反匣唐開、宕韻下浪反匣宕開、敬韻胡孟反匣映開二。

衡　平~。

笐　~簹，竹笪。

校注：字又見唐韻胡郎反匣唐開。

珩　珮上玉。

蘅　杜~，藥名。

胻　孰肉。

洐　行水。

桁　牀。

校注：字又見唐韻胡郎反匣唐開。

鶊　離黄，楚雀。

校注：字又見庚韻古行反見庚開二。

〇鬤　乃庚反泥（娘）庚開二。鬡鬤。三。

校注："乃"泥母字，乃庚反泥娘類隔。字又見陽韻汝陽反日陽開。

犻　犬多毛。

莻　可作縻纆。

校注：字原作"蘘"，爲"蘘"之形誤，《説文》作"莻"。

〇賡　古行□見庚開二。□。

校注：本韻"庚"紐切古行反見庚開二，此又重出音切，當爲後人所增。底本模糊，注文末字左旁依稀可辨"糸"形。龍校云:"注文左行盖反續二字。"

## 卌耕

〇耕　古□反見耕開。犂。一。

校注:龍校云:"古下一字諦審是莖字,切三、王二、廣韻下字並用莖字。"

〇鏗　口莖反溪耕開。亦作鎮。十二。

校注:亦作字誤,《王二》《廣韻》或體作"鍞"字。

聲　車鞕。

鳽　鵁鶄,鳥。亦作雃。又枯堅反溪先開。

校注:字又見先韻古賢反見先開、先韻五賢反疑先開。字亦作"雃","雃"字見先韻苦賢反溪先開。

諲　《莊子》曰:"諲~如。"

牼　牛骨。宋有司空挳。

校注:"空"字誤,《切三》《廣韻》作"馬"。"挳"爲"牼"字之誤。字又見耕韻尸(户)耕反匣耕開。

摼　撞~。

校注:字原作"樫",俗誤,《王一》《廣韻》作"摼"。

搫　琴聲。亦鏗。

輎　堅。

崨　谷。

硻　堅。

臤　堅。又〖口〗口肝溪寒、口間溪山開二反。

校注:"又"下"口"字衍。字又見寒韻苦寒反溪寒、山韻苦閒反溪山開。

硜　~,小人。

〇甍　莫耕反明耕開。屋棟。七。

篣　竹~。

萌　竹牙。

校注:"竹"字蒙上字注文而誤,《切三》《王二》《廣韻》作"萌"。

氓　民。亦作甿。

校注:底本字頭及注文"民"字缺末筆,爲避太宗名諱之形。

娦　嫈~。

校注:字又見青韻莫經反明青開、迥韻莫迥反明迥開。

薨　苕,可為箒。

校注:字原作"蕚",誤,《廣韻》作"薨"。

葂　在心。

〇宏　户萌反匣耕合。大。亦作宖。十二。

紘　冠卷。

綋　冈綱。

閎　巷。

校注:"巷"下《切三》《王二》有"門"字,本書奪。

嶸　~崢。

校注:字又見庚韻永兵反云庚合三。

峪　谷中響。一曰谷名。

耾　耳語。

翃　蟲飛。

弦　屋響。

校注：字又見耕韻烏宏反影耕合。

竑　輪輻廣。

宖　大屋深響。

翃　壯飛。

〇莖　尸（户）耕反匣耕開。草木榦。三。

校注：“尸”字誤，《切三》《王二》《廣韻》作“户”。

謍　樂名。

牼　牛膝下。

校注：字又見耕韻口莖反溪耕開。

〇朾　中莖反知耕開。伐木聲。三。

校注：字又見青韻特丁反定青開。

玎　~玲，玉。

窰　~宏，闊大。

〇甖　烏莖反影耕開。瓦器。或作罃。八。

嚶　鳥聲。

鶯　鳥，羽文。

櫻　含桃。

嫈　~娙，新婦皃。又［乙］諍影諍開、又於營反影清合。

校注：“乙”字原奪，《切三》《廣韻》有字。字又見諍韻一諍反影諍開、清韻於營反影清合。

鸚　~䳇，鳥。

譻　小聲。

鸎　春鳥。

〇崢　仕耕反崇耕開。山峻。亦作嵴。三。

䓴　~薴，草亂。

鬇　~鬡，髮亂。

校注：字又見庚韻助庚反崇庚開二。

〇琤　楚莖反初耕開。玉聲。三。

校注：字右原從“爭”。

錚　金聲。

校注：字右原從“爭”。

拲　剌。

校注：字左原從“木”，俗誤，《廣雅·釋詁一》：“拲，刺也。”

〇儜　女耕反娘耕開。儜~。五。

薴　䓴~。

譍　譻譍，小聲。

嚀　亂~。

校注：字原作“𧮪”，爲“𪉻”字形誤。《説文·吅部》：“嚀，亂也。”

鑏　充實。

〇怦　普耕反滂耕開。心急皃。八。

姘　齊与女交罰金四兩曰姘。

校注：字又見青韻普丁反滂青開。

閛　門扉聲。

抨　牛，色駁如星。

抨　揮。

校注：“揮”字誤，《切三》作“彈”。

〖磕〗

校注：底本字旁識一墨點，爲刪字符。

砰　~磕，如雷聲。或作硑。

姅　急。

拼　使。

〇轟　呼宏反曉耕合。五。

䎕　群鳥弄翅。

掏　擊聲。

訇　水聲。

拘　擊。又盱縣反曉霰合。

**校注：**字又見霰韻許縣反曉霰合。

〇繃　甫萌反幫耕開。《墨子》曰："葛以繃之。"二。

絣　振繩墨。亦作滋。

**校注：**亦作字爲"凼"字之誤，《廣韻》作"凼"。

〇橙　直耕反澄耕開。柚屬。九。

**校注：**"九"當作"七"，本紐至"窨"字止，共七字。底本抄誤致"謍""弦"二字併入，遂增計字數，參"窨"字條校注。

揨　撞。亦作敦。

**校注：**字原作"掙"，誤，《王二》《廣韻》作"揨"。亦作字誤，《王二》《廣韻》作"敦"。

湞　水，出南海。

**校注：**字又見庚韻許庚反曉庚開二。

瞠　安審。

敞　撞。

穿　突。

窨　響。窨。

**校注：**底本注文"響""窨"二字分居右、左列首，二字下各有字"烏宏反""泓水深"。"烏宏反""水深"五字當爲下一字條"泓"字注文，小字書而羼入此條，參"泓"字條校注。

〇泓　烏宏反影耕合。水深。［三］。

**校注：**此條原作小字羼入"窨"字注文，今析出。底本紐字數奪。

謍　~譠。

弦　室響。

**校注：**字又見耕韻户萌反匣耕合。

〇軿　扶萌反並耕開。兵車。三。

棚　棧。又薄崩反並登開。

**校注：**字又見庚韻薄庚反並庚開二、蒸韻筆陵反幫蒸開、登韻步崩反並登開。

庄　平。

〇娙　五莖反疑耕開。身長好皃。漢武夫人名曰娙娥。二。

俓　急。又牛燕反疑先開。

**校注：**字又見先韻五賢反疑先開。

〇爭　側莖反莊耕開。競。六。

箏　樂器。

綪　縈~。

**校注：**字右原從"爭"。

狰　獸名，似豹。

**校注：**字又見靜韻疾郢反從靜開。

埩　理。

**校注：**字右原從"爭"。

鯖　魚長頭。

**校注：**字右原從"爭"。

## 卌一清

〇清　七精反清清開。天氣。正作凊。二。

圊　廁。

〇情　疾盈反從清開。心意。四。

晴　雲除。

請　受。又在性從勁開、七井清靜開

二反。

校注：字又見靜韻七靜反清靜開。

殅　雨夜晴見星曰殅。

校注：字原作“殅”，俗誤，此字《王二》《廣韻》作“姓”，合《説文》。注文“殅”亦爲“姓”字俗書。

〇精　子清反精清開。粹。十一。

校注：字又見勁韻子性反精勁開。

氏　狋氏，縣名。

校注：字又見紙韻丞紙反禪紙開。

菁　蕪~。

旍　~旗。亦作旌。

鶄　鵁~。

蜻　~蛪，虫。

晶　光。

鼱　~鼩，小鼠。

婧　竦立。又慈性反從勁開。

校注：字又見勁韻疾政反從勁開。

睛　聽聡。

溠　水名，在南郡。

〇盈　以成反以清開。作盈。十。

校注：正、注文原均上從“夃”，本紐從“盈”之字皆是。正、注文字形同，當有一誤。“作”上有奪文。

嬴　美好之皃。

瀛　大海。

籯　竹器。俗曰竹　笭。《漢書》云：“遺子黄金滿籯。”是。

校注：底本“竹”下有一字隙，未詳。“金”“滿”二字原倒誤，“金”旁識一小鉤。

嬴　姓，秦王姓此。

楹　柱。

贏　財長。

猛　猩~，似狐也。

攍　擔。

校注：字右原從“贏”，誤，《廣韻》作“攍”。

瀛　魯大夫名。

〇營　余傾反以清合。部。三。

塋　墓域。

瞢　或耳目。又黄亭反匣青合。或作覺。

校注：字又見青韻胡丁反匣青合、梗韻烏猛反影梗合二。

〇嬰　於盈反影清開。嬰兒。六。

瓔　~珞。

纓　~冠。

攖　亂~。

郹　地名。又一井反影靜開。

校注：字又見靜韻於郢反影靜開。

賏　頸飾。

校注：字又見敬韻於敬反影映開三。

〇貞　陟盈反知清開。正。五。

楨　楨，陵冬木。

禎　祥。

郥　地名。又直貞反澄清開。

隕　丘山名。

〇檉　勑貞反徹清開。木六。六。

校注：“木”下“六”字誤，《王二》《廣韻》作“名”。

偵　候~。

校注：字又見敬韻猪孟反知映開二。

䞓　赤色。亦作浾。

酲　病酒。又直貞反澄清開。

校注：字又見清韻直貞反澄清開。

跉　跉跉~，行不正。

虰　蠪。亦作蟶。

○成　市征反禪清開。形。九。

城　墉。亦作䧑。

校注：亦作字誤，當作"䧑"。

誠　信。

宬　屋容受。

郕　地名，在東平。

筬　~筐，織具。

頳　頸~。

校注：字又見庚韻渠京反群庚開三。

盛　~貯。又似邪逕徑開反。

校注：又似逕反，四等韻例不配邪母。字又見勁韻承政反禪勁開。

晟　日~。

○呈　直貞反澄清開。示。六。

程　~期。

酲　病酒。

校注：字又見清韻勑貞反徹清開。

珵　玉名。

筳　筵~。

校注：字下原從"逞"，誤，《王二》《廣韻》《集韻》作"筳"。

裎　佩帶。

校注：字又見靜韻丑郢反徹靜開。

○聲　書盈反書清開。立音。通俗作聲。二。

眲　無形而響。

○征　諸盈反章清開。作延字。六。

鉦　~鐃。

征　~彸，遽行皃。

鯖　煑魚煎食曰侯鯖。又於形反影青開。

校注：字又見青韻於形反影青開。

正　~翔。又之盛反章勁開。

校注：字又見勁韻之盛反章勁開。

怔　~忪，懼。

○輕　去盈反溪清開。去重。三。

鑋　金聲。

校注：字又見徑韻苦定反溪徑開。

蹔　~足行。又墟潁反曉靜開。

校注：又墟潁反，本書無曉母靜韻開口一紐。

○名　武并反明清開。正言。二。

洺　水名，在廣平。

○跉　呂貞反來清開。~跉。二。

令　使人。又呂鄭反來勁開。

校注：字又見勁韻力正反來勁開。

○并　補盈反幫清開。三。

栟　~櫚，木名。

箳　~篂，車轓。

校注："篂"字誤，《集韻》作"篂"，《爾雅·釋器》："箳篂，蔽篚也。"

○傾　去營反溪清合。㚃。一。

○餳　徐盈反邪清開。飴。一。

○縈　於營反影清合。繞。五。

嫈　小心態。[又]烏莖反影耕開。

校注："又"字原奪。字又見諍韻一諍反影諍開、耕韻烏莖反影耕開。

篬　聲~。

帡　覆~。

褮　鬼衣。又胡垧（坰）反匣青合。

校注："垧"爲"坰"字之誤。字又見青韻胡丁反匣青合。

〇瓊　渠營反群清合。玉~。俗作𤪌。十一。

煢　獨。一曰迴飛皃。

校注："迴"當作"迴"，《廣韻》可證。

睘　驚視。

惸　無兄弟。

撍　博撍子。一曰投。

蓃　~茅，草名。

傑　特。

赹　獨行無所依。

縈　草旋皃。

輂　車擊規。

嬛　好。亦作㜏。

校注：字右原從"睘"。字又見仙韻於緣反影仙A合。

〇騂　息營反心清開。馬赤色。四。

垶　赤土。

觪　角弓。

牸　牛。

〇頸　巨成反群清開。頃。又居郢反見靜開。三。

校注："頃"字誤，《王二》《廣韻》作"項"。字又見靜韻居郢反見靜開。

鯁　魚名。

校注：字又見迥韻下娗反匣迥開。

葝　鼠尾草。又居盛反見勁開。

校注：字又見庚韻渠京反群庚開三、勁韻居盛反見勁開。

# 卌二青

〇青　倉經反清青開。物色。正作𤯞，從生丹。一。

〇經　古靈反見青開。常。三。

校注：字又見徑韻古定反見徑開。

涇　水。

校注：字又見徑韻古定反見徑開。

鵛　鶁~。

〇形　户經反匣青開。身。十一。

刑　戮~。

邢　地名。又~姓，在鄭。

桯　牀前長机。

校注：字又見青韻他丁反透青開。

鉶　祭器。

型　鑄鐵。

陘　連山中絶。

侀　成。

瓶　酒器。亦作甄、鈃、缾。

熒　小瓜。

鄄　鄉名，在密。

校注：字又見線韻吉掾反見線A合。

〇庭　特丁反定青開。霤前。十九。

停　止~。

校注：字右原從"亭"。本紐從"亭"之字皆如是。

鼮　似鼠，豹文。

亭　客舍。

莛　莁。

校注："莁"字誤，《切三》注"莖"，《王二》《廣韻》注云"草莖"。

葶　~藶，薺菜。

校注：字又見迥韻丁挺反端迥開。

筳　竹~。

聤　耳出汁。

霆　雷~。

挺　縣名，在膠東。

校注：此字《廣韻》同，《王二》《集韻》作"梃"。字又見迥韻徒鼎反定迥開。

楟　木名。

蝏　蠶卧。

娗　見~。

校注：字又見迥韻徒鼎反定迥開。

甋　甎。

朾　撞~。

校注：字原作"打"，俗誤，《集韻》作"朾"，合《說文》。字又見耕韻中莖反知耕開。

鯙　魚名。

綎　綬~。

校注：字又見青韻他丁反透青開。

涏　猱屬。

甼　定息。

〇丁　當經反端青開。壯。三。

釘　鐵~。

校注：字又見徑韻丁定反端徑開。

玎　五名。

校注："五"字誤，《王二》《廣韻》作"丘"。

〇馨　呼形反曉青開。香。三。

甹　言應聲。

校注：字左上"由"原作"中"，誤，《王二》《廣韻》作"甹"。

蛵　虰~。

〇星　桑經反心青開。晶光。亦作曐。亦姓。九。

腥　豕息肉。又先定反心徑開。

校注：字又見徑韻息定反心徑開。

胜　犬膏臭。亦作鮏。

鯹　魚名。

稈　稀~。

醒　~酒。又所定反生(心)徑開。

校注："所"生母字，又所定反心生混切。字又見迥韻蘇挺反心迥開、徑韻息定反心徑開。

鉎　鐵鉎。又所庚反生庚開二。

校注：字又見庚韻所京反生庚開二。

篂　篺篂，别駕車。

狌　犬吠聲。

校注：字又見庚韻所京反生庚開二。

〇竮　普丁反滂青開。竛竮，行不正。或作俜。五。

校注：或作字誤，當作"俜"。字又見青韻薄經反並青開。

甹　~夆，掣曳。又匹丁反滂青開。

校注：又音與正切音同，誤。

頩　色。又普冷反滂迥開。

校注：字又見迥韻匹迥反滂迥開。

姘　男女會合。

**校注**：字又見耕韻普耕反滂耕開。

**㶇** 使~。

**校注**：字右上"由"原作"中"，俗誤，《王二》《廣韻》作"㶇"。

〇**靈** 郎丁反來青開。神。亦作霊、䴇。卌八。

**柃** ~檻，際欄木。或作櫺。

**校注**：字又見靜韻李郢反來靜開。

**舲** 舟有窓。亦作艫。

**齡** 十年。

**校注**："十"字誤，《切三》《王二》爲省代號。

**囹** ~圄，獄名。

**麢** ~羊。

**鴒** 鶺鴒，鳥名。

**篈** 竹名。

〖螟〗

**校注**：此字涉下"蛉"字注文而衍，當刪。

**蛉** 螟蛉，小青虫。亦作蠕。

**鈴** 似鍾而小。

**零** ~雨。

**校注**：字又見徑韻力徑反來徑開。

**櫺** 窓櫺。

**伶** 樂人。

**泠** 清泠水。

**瓴** ~甋，瓦。一曰似罃有耳。

**玲** 玉聲。

**郶** 地名，在湘東。又力鼎反來迴開。

**鐳** 似缾，有耳。

**顬** 瘦。

**聆** 以耳取聲。

**跉** 跰~，行不正皃。

**鴒** 鼩鴒，鼠。

**蘦** 菜名，似葵，可茹。

**笭** ~箐，小籠。

**校注**：字又見迴韻力鼎反來迴開。

**軨** 車闌。亦作轜。司馬相如説。

**龗** 龍~，山神名。

**龗** 龍皃。

**岭** 深~。

**蛉** 虫連行。又渠巾反群真B。

**校注**：字又見真韻巨巾反群真B。

**醽** 醁~，酒名。

**苓** 伏苓，藥名。

**毹** 毛毵。

**翎** 羽。

**霝** 雨客。

**校注**："客"爲"零"字之誤，《説文·雨部》："霝，雨零也。"

**婁** 女字。

**鈴** 飾~。

**校注**：字原作"鈴"，誤。"飾"當作"餌"。《王二》："鈴，餌。"《廣韻》："鈴，餌也。"

**紷** 紼絲百廿。

**校注**："廿"字誤，《廣韻》作"升"。

**霛** 空。亦作䨩。

〇**寧** 奴丁反泥青開。靖。五。

**聹** 告。又乃之反泥(娘)之。

**校注**："乃"泥母字，又乃之反泥娘類隔，然本書無娘母之韻一紐。字又見之韻尺之反昌之。

寍　安。

鸋　鴂~。

𧍢　螻蛵。

〇汀　他丁反透青開。水際平地。亦作矴。十。

校注：字又見徑韻他定反透徑開。

訂　平。

校注：字又見迥韻徒鼎反定迥開。

桯　碓~。

校注：字原作"捏"，俗誤，《王二》《廣韻》作"桯"。字又見青韻户經反匣青開。

綎　絲綬帶綎。

校注：字又見青韻特丁反定青開。

聽　聆。

校注：字又見徑韻他定反透徑開。

廳　屋~。

町　田處。又他頂反透迥開。

校注：字又見迥韻他鼎反透迥開。

綎　綬。亦作縕。

校注："綬"字誤，《廣韻》《集韻》作"緩"。

頲　狹頭。又他頂反透迥開。

校注：字又見迥韻他鼎反透迥開。

艼　葋。又禿泠反透迥開。

校注：注文首字俗誤，當作"葋"，《爾雅·釋草》："葋，艼熒。"字又見迥韻他鼎反透迥開。

〇鯖　於形反影青開。魚青色，頭有枕骨。一。

校注：字又見清韻諸盈反章清開。

〇冥　莫經反明青開。暗。冖音扃。從日從六。通俗作冥。十二。

校注：紐字數作"十二"而實收十一字。

榠　~樝。

銘　刻石記功。

鄍　晉邑。

顛　眉目閒。

螟　~蛉。

猽　小犺。

蓂　~莢，瑞草，知月大小。

嫇　~奵。

校注：字又見耕韻莫耕反明耕開、迥韻莫迥反明迥開。

覭　小見。又亡狄反明錫開。

校注：字又見錫韻莫歷反明錫開。

𥻆　潰米。

校注：字原作"𥻆"，誤，《廣韻》作"𥻆"。

〇瓶　薄經反並青開。汲水器。十三。

蛢　以翼飛虫。

鼩　鼠子。

屏　~風。又必郢反幫静開。

校注：字又見静韻必郢反幫静開。

荓　~翳，雨師名。

箳　竹~。

軿　韜~。

校注："韜"字誤，《王二》《廣韻》作"輜"。字又見先韻蒱田反並先開。

蓱　水上浮蓱。

竮　竛~。

校注：字又見青韻普丁反滂青開。

荓　馬帚，草名，似蓍。

郱　~城，在東莞。

㼩　竹器在。亦作䍈。

校注："在"爲衍文，《王二》無。

甈　甂。又音犯。

校注：字右原從"凡"，俗誤。"又音犯"爲據"凡"而音者。

〇熒　胡丁反匣青合。光。六。

校注："丁"開口字，胡丁反開合憑切。字又見徑韻胡定反匣徑合。

褮　衣開孔。

校注：字又見清韻於營反影清合。

螢　虫~。

濙　小水。

謍　或。又唯并反以清合。

校注：字又見清韻余傾反以清合、梗韻烏猛反影梗合二。

眴　貨~，財~。

〇扃　古螢反見青合。户外閇關。八。

駉　駿馬，強也。

校注：字原作"駧"，誤，《切三》《王二》作"駉"。

駫　馬肥壯也。

校注：字右原從"㕣"。

坰　郊外林外。夲作冋。

校注：《廣韻》注："野外曰林，林外曰坰。"本書有奪誤。

熲　光。又古鼎反見迥合。

校注：字又見迥韻古鼎反見迥合。

鼩　~鼩，鼠。

絅　急引。

校注：字亦作"褧"，"褧"字見迥韻口迥反溪迥合。

冋　象遠界。

校注：字又見迥韻户鼎反匣迥合。

# 卌三尤

〇尤　羽求反云尤。甚。七。

訧　木名。

郵　縣名，在東萊。

校注：字原作"睡"，俗誤，《切三》《王一》《王二》《廣韻》作"郵"。字又見支韻竹垂反知支合、寘韻池累反澄寘合。

疣　~結，病。

沋　水名，在高密。

訧　過~。

郵　境上舍。

〇憂　於求反影尤。愁甚。亦作惪。十四。

校注：紐字數作"十四"而實收十五字。

優　~倡。

瀀　~渥。

麀　~鹿。又於虯反影幽。亦麢。

校注：字又見幽韻於虯反影幽。

優　~遊。

櫌　打塊槌。

校注：字原作"擾"，俗誤，《切三》《王一》《王二》《廣韻》作"櫌"。

鄾　邑名。

幽　微小。

校注：字又見幽韻於虯反影幽。

㤡　含怒不言。

校注：字又見蕭韻於堯反影蕭、幽韻於虯反影幽、黝韻於糾反影黝。

嚘　歐嚘。

穛　覆種。

妋　鼻目閒恨。

纋　笄中。

蘷　菜。

歔　氣逆。

〇劉　力求反來尤。名。今人姓。廿七。

留　上。正畱字。

校注："上"爲"止"字之誤，《廣韻》有"止也"之訓。

蒥　蒴~，藥名。

校注：字下原從"畱"。

勠　并力。《右傳》："勠力同心。"

校注："右"字誤，《切三》《王一》《王二》作"左"。字又見屋韻力竹反來屋三。

摎　縛殺，秦有摎土母。

校注：底本"土""母"上下字，實當合爲"毐"字，《切三》《王一》作"毐"。

鶹　~離，鳥，美長醜。

校注：字左原從"畱"。

駵　馬白腹紫~。

騮　驊騮，周穆王馬。

畱　田不耕而火種。

粖　粰粖，饊。

校注：注文末字誤，《切三》《王一》《廣韻》作"饊"。

流　水逝。

旒　~旗。亦作統。

飅　高風。

瘤　肉起病。

榴　石~。

鎏　美金。

瑠　~璃。

鼦　食竹根鼠。又力久反來有。

校注：字又見有韻力久反來有。

憀　賴。又力彫反來蕭。

校注：字又見蕭韻落蕭反來蕭。

蜦　蜉蜦。又余周反以尤。

校注："余""周"二字原倒誤，"余"旁識一小鉤。字又見尤韻以周反以尤。

蟉　又力幽反來幽。又渠糾反群黝。

校注：上"又"字與"力"字原倒誤，"又"旁識一小鉤。字又見幽韻力幽反來幽、黝韻渠糾反群黝。

旈　裞~。

懰　烈~。

蹓　豆~。

鎦　竹聲。又力久反來有。

校注：字又見有韻力久反來有。

硫　~黄，藥。

鶹　飛鸓。

〇秋　七遊反清尤。十。

鞧　車鞧。亦作鞦、緧。

鶖　鴜鶖，鳥。亦作鳺。

鰍　魚名。

楸　木名。

萩　蕭似蒿。

篍　吹筩。又且燒反清宵。

校注："筩"字誤，《王一》《廣韻》作"筩"。字又見宵韻七遥反清宵、笑韻七笑反清笑。

鵻　鷄雛。

鰌　鰼~。

龝　蛀蚁。亦作鼁。

〇猷　以周反以尤。謀~。卅五。

悠　遠~。

油　脂~。

由　從。亦作畓。

校注：亦作字誤，當作"畓"，《廣韻》另出字頭"畓"。

猶　大。又尚。

攸　所。

蕕　水中細草。

滺　水流皃。

遊　遨~。俗作遊。

逌　氣行。

校注：《廣韻》字頭作"卣"，注"或作逌"。

廠　擏廠，手相弄皃。

冘　~豫不定。

校注：字亦作"冗"，"冗"字見侵韻餘針反以侵A。

遙　行。

校注：字又見宵韻余招反以宵A。

輶　輕車。又易受以有、易授以宥二反。

校注：字又見有韻与久反以有、宥韻余救反以宥。

蘨　草盛。

校注：字又見宵韻余招反以宵A。

秞　禾盛。

蚰　~蜓蝣。

校注："蝣"字《王一》無，蓋涉下一字頭而衍。

蝣　蜉~。

櫾　木名，出崐崙。

庮　久屋木。又弋久反以有。亦圝。

校注："亦圝"二字當乙至本紐"囮"字下。字又見有韻与久反以有。

鳨　鳥~。

囮　細鳥媒。又五戈反疑戈一。亦庮。

校注："亦庮"二字當乙至本紐"庮"字下。字又見哥韻五和反疑戈一。

舀　臼。又翼珠反以虞。

校注："臼"上脱"抒"字，《廣韻》有字。字又見虞韻羊朱反以虞、小韻以沼反以小A。

甹　空。

校注：字原作"甹"，《王一》同，不成字，《說文·马部》作"甹"。

柚　木更生。亦作甴。

蜹　蜉蜹。又力周反來尤。

校注：字又見尤韻力求反來尤。

褚　褿。又以帚反以有。

校注：字又見有韻与久反以有。

瑬　遺玉。又餘九〖反〗以有、余昭以宵A二反。

校注：字原作"遖"，誤，《說文·玉部》作"瑬"。字又見有韻与久反以有、笑韻弋笑反以笑A。

郵　亭名，在高陵。

校注：字又見錫韻徒歷反定錫開。

覷　深視。

校注：字原作"覷"，誤，《王二》作"覷"，《廣韻》作"覻"。

缶　瓦器。

校注：字原作"銮"，俗誤，《説文·缶部》作"缶"。

斿　十二斿。

㾏　病。

蓾　草。

校注：字原作"遒"，誤，《説文·艸部》作"蓾"。

蘇　薰~。

〇牛　語求反疑尤。大武。一。

〇遒　即由反精尤。又字秋反從尤。盡。十。

校注：字亦作"迺"，"迺"字見尤韻字秋反從尤。

鮂　鳥化為，項上有細骨如鳥毛。

校注："為"下奪"魚"字，《切三》《王一》《王二》《廣韻》有字。字又見尤韻似由反邪尤。

啾　耳鳴。

校注：字又見尤韻字秋反從尤。

蝤　~蛑，似蟹而生，大海邊。

校注："生""大"二字倒誤，《切三》《王一》《廣韻》可證。字又見尤韻字秋反從尤。

啾　小聲。

湫　水。又子小反精小。溢。

校注：字又見篠韻子了反精篠、有韻在久反從有。

雥　聚。又束臬。又字秋反從尤。

校注：字又見宵韻七遥反清宵、尤韻字秋反從尤。

噍　雀聲。又才笑反從笑。

校注：字又見宵韻即遥反精宵、笑韻才笑反從笑。

鬌　接髮。

揫　束。又字秋反從尤。亦雥。

校注：亦作字，誤，《王一》作"雥"。

〇酋　字秋反從尤。長。亦作醔。［十一］。

校注：底本紐字數奪。

慒　傲~。

啾　耳鳴。

校注：字又見尤韻即由反精尤。

迺　回。亦作遒。

校注：字亦作"遒"，"遒"字見尤韻即由反精尤。

雥　束臬。

校注：字又見宵韻七遥反清宵、尤韻即由反精尤。

蕕　夜。

校注："夜"字誤，《王一》《王二》作"液"。

殨　殁。又子牢反精豪。

校注：字又見豪韻作曹反精豪。

熷　燿~。

校注："燿"字誤，《王一》《王二》作"熮"。

鰌　雉射收繁角。亦作。

校注：《王一》"作"下有"觛"字，底本奪。

緧

校注：底本注文奪。《王一》注："緧，馬紂。"《王二》注："緧，馬緧。"

［蝤］　蝎~。

校注：底本字頭奪，“蝎~”誤繫於“緧”字下。《王一》《王二》“緧”“蝤”上下字，“蝤”字《王一》《王二》並注：“蝎。”字又見尤韻即由反精尤。

〇脩　息流反心尤。脯。七。

羞　進。亦作饈。

修　理。

餐　~饋。~字甫文反幫文。

校注：“字”前重文號重“饋”字。

鎀　鋌。

校注：“鋌”字誤，《廣韻》作“鋌”。

鱃　輕。

校注：“輕”字誤，《廣韻》《集韻》作“鯥”。

橚　木名。

〇抽　敕鳩反徹尤。拔。亦作搊。正作㨨。五。

惆　~悵。

瘳　病瘥。

婤　好皃。又止由反章尤。

校注：字又見尤韻職鳩反章尤。

瞗　失意視。又他狄反透錫開。

校注：字亦作“䁖”，“䁖”字見錫韻他歷反透錫開。

〇犨　赤周反昌尤。白色牛。一。

〇周　職鳩反章尤。帀。亦作賙、淍。九。

校注：亦作字《王一》作“匊”。

州　~，水中河居。

洲　~渚。

賙　~贍。

㖨　呼鷄聲。

校注：字又見屋韻之竹反章屋三。

舟　舩~。

婤　女字。又音抽徹尤。

校注：字又見尤韻敕鳩反徹尤。

脽　尻。又時惟反禪脂合。

校注：字又見脂韻視隹反禪脂合。

輈　重。

〇讎　市流反禪尤。匹。六。

酬　~昨。或作醻。

校注：“昨”字誤，《切三》《王一》《王二》作“酢”。

詶　以言荅。又時又反禪宥。

校注：字又見宥韻承秀反禪宥。

雔　雙鳥。

𩿧　弃。亦作㪮。

鮋　魚。又直流反澄尤。

校注：字又見尤韻直由反澄尤。

〇柔　耳由反日尤。韌。十一。

鍒　~鐵。

睬　良田。

騥　馬青驪。

葇　香葇，草。

校注：字又見有韻人久反日有。

鞣　~皮。又人有反日有。

校注：字又見宥韻人又反日宥。

蹂　踐穀。

校注：字又見有韻人久反日有、宥韻人又反日宥。

嵍　前高後下丘。又莫侯反明侯。

校注：又莫侯反，本書無明母侯韻一紐。字又見豪韻莫袍反明豪、尤韻莫浮反明尤。

腹　面和~。

腬　肥~。

校注：字又見宥韻女究反娘宥。

鄹　鄉名。

〇收　式州反書尤。取。正又作収。一。

校注：字又見宥韻舒救反書宥。

〇丘　去求反溪尤。作㐀。大阜。五。

校注：此與"啯"紐去愁反溪尤重出。

蓲　烏蓲，草名。又盎富反影宥。

校注：又盎富反，本書無影母宥韻一紐。字又見虞韻憶俱反影虞、侯韻烏侯反影侯。

蚯　~蚓。

尩　迫。又巨尩(鳩)反群尤。

校注："反"上"尩"字誤，《王一》《王二》作"鳩"。字又見尤韻巨鳩反群尤。

邱　地名。

〇飆　匹尤反滂尤。風吹皃。七。

秠　一穀二米。又芳鄙反滂旨B開。

校注：字又見脂韻敷悲反滂脂B開、旨韻匹鄙反滂旨B開。

衃　凝血。又匹才反滂咍。

校注：又匹才反，本書無滂母咍韻一紐。字又見灰韻芳杯反滂灰。

肧　孕一月。又普才反滂咍。

校注：又普才反，本書無滂母咍韻一紐。字又見灰韻芳杯反滂灰。

㲉　坏。

校注：字下"缶"原作"缶"形，俗。字又見屋韻空谷反溪屋一。

紑　盛皃。又孚不反滂有。

校注：字又見有韻芳酒反滂有。

醅　醉飽。

校注：字又見灰韻芳杯反滂灰。

〇鳩　居求反見尤。鴿。四。

校注：紐字數當作"八"，"四"爲脱計本紐後四字之數，参"屰"字條校注。

鬮　鬪取。

校注：字原從"門"，俗誤。

丩　糾繚。

校注：字原作"丩"，爲俗形。

芁　草相繚。

校注：字中原作"丩"形，爲俗形。

屰　[又]居虬反見幽。大力。〖四〗。

校注：字原作"屰"，誤，《廣韻》作"屰"。"又"字原脱，此字《切三》《王二》《廣韻》俱在"鳩"紐下。"四"字衍。

艽　秦艽，藥。或作摎。[又]居由反見尤。

校注：正、注文字原作"艽"，俗誤。"又"字原奪，《王二》《廣韻》有字。又音與正切同音，誤。或作字俗誤，《王一》《王二》作"樛"。"樛"字見幽韻居虯反見幽。

朻　亦樛。木下垂。

校注：字亦作"樛"，"樛"字見幽韻居虯反見幽。

疝　腹中急病。

〇不　甫鳩反幫尤。弗。又甫救幫宥、甫阜幫有二反。一。

校注：字又見有韻方久反幫有。

〇捘　所鳩反生尤。索。俗作搜字。

十四。

校注：字右下原從"攴"不從"又"，俗。下"餿""颼""溲"字亦同。

餿　餅壞。

颼　~飅，風皃。

溲　小便。

校注：字亦作"溲"，"溲"字見有韻踈有反生有。

鎪　鏤也，鍬鉎也。

廋　《論語》曰："仁焉廋哉。"

蒐　春獵。

鱐　乾魚。

校注：字又見嘯韻蘸弔反心嘯。

鄋　北方國。

螋　蛷螋，虫。

犙　牛三歲。

校注：字又見幽韻山幽反生幽。

趨　不進。

校注：底本"進"後有"獵"字，旁識兩點，茲徑刪。字又見屋韻所六反生屋三。

獀　~獵。

醙　白酒。

○掫　楚尤反初尤。手掫。三。

校注：此字爲"搊"字俗形。

篘　~酒。或作醔。

校注：此字爲"篘"字俗形。

榅　栒~。

校注：此字爲"棷"字俗形。

○鄒　側鳩反莊尤。地名。亦俗作鄹、郰、鄹。十。

騶　廐禦。一曰騶虞。

齺　~齵，齒偏。

陬　鄉名。一曰隅。

緅　青赤色。

校注：字又見遇韻子句反精遇。

蔍　麻莁。亦作菆。

校注："莁"爲"莖"字之誤。"亦"後原有"莁"字，旁識兩點，茲徑刪。

蹵　獸足。

菆　草名~。

校注：字亦作"蒩"，"蒩"字見遇韻芻注反初遇。

棷　薪。又叉垢反初(清)厚。

校注："叉"初母字，又叉垢反清初混切。字又見厚韻倉垢反清厚。

艗　艆~。

○愁　士求反崇尤。憂。二。

湫　腹中水。

○休　許尤反曉尤。正。俗作加點作烋，謬。九。

校注："正"當作"止"。字又見幽韻許彪反曉幽。

貅　貔~。

鵂　~鶹，鳥。

庥　廕~。

脙　脊腹。又渠尤反群尤。或作膌。

校注：字又見尤韻巨鳩反群尤。

髹　赤里桼。

校注：字原從"桼"不從"桼"，俗書。"里"字誤，《王一》作"黑"。

鵂　馬名。

猌　鷙獸。

脮　汗面。

校注：字右“叟”上原有衍筆“亠”，《廣韻》作“脮”。

〇㥢　去愁反溪尤。戾。一。

校注：字原作“惆”，誤，《廣韻》作“㥢”。此與“丘”紐去求反溪尤重出。

〇囚　似由反邪尤。人固在獄。五。

泅　浮。亦作汓。又餘州反以尤。

慒　慮。又似冬反邪(從)冬。

校注：一等韻例不配邪母，又似冬反從邪混切。字又見冬韻在宗反從冬。

苬　芝。

鮂　白鰷。

校注：字又見尤韻即由反精尤。

〇儔　直由反澄尤。侶。卄三。

校注：紐字數作“卄三”而實收二十二字。

躊　~躇。

幬　帳~。

裯　襌被。襌丹。

校注：“襌”字俗誤，《廣韻》作“襌”。“襌”“丹”字間當有“音”字。字又見豪韻都勞反端豪。

疇　田~。

紬　~綾。

綢　~繆。

稠　概~。

薵　草。

檮　木名。

校注：字又見豪韻徒刀反定豪、晧韻都浩反端晧。

鯈　魚子。

校注：字又見蕭韻徒聊反定蕭。

籌　筭~。

翿　咨。

怞　朗。

嚋　否~。

颱　颮~。

菗　荼草。

妯　動。又遲陸反澄屋三。

校注：字又見屋韻直六反澄屋三。

殳　亦作𣪠。

校注：字原作“殳”，誤。亦作字俗誤，《王一》作“𣪠”。

鮋　魚。又常州反禪尤。

校注：字又見尤韻市流反禪尤。

鄐　~江，在屬。

校注：“屬”字誤，《王一》《王二》作“蜀”。字又見有韻植酉反禪有。

鵃　南方雉名。

〇輈　張流反知尤。車轅。四。

盩　~厔縣，在扶風。

啁　~噍，鳥聲。

譸　~張，誑。亦作侜。

〇裘　巨鳩反群尤。皮衣。卅。

求　干。

銶　鑿屬。

仇　讎。

厹　地名，在臨淮。亦作叴。又人久反日有。

校注：字又見有韻人久反日有。

頄　頬。
蛷　~螋。亦作蠤。
逑　匹。
球　玉聲。
賕　~財。
艽　地名。《詩》云:"至於艽野。"
朹　《月令》曰:"民多朹嚏。"
校注:底本"民"字缺末筆,爲避太宗名諱之形。
訅　安。
芁　白芷。
殏　殀。
釚　弩。
梵　荆。
莍　椒實。
觓　觓觓,亭。
校注:注文首字誤,《王一》《廣韻》作"觓"。
朹　似李。
絿　求。俗作~毬,皮裹毛。
紌　引。
俅　戴。亦作頛。
扏　緩~。
脙　瘠。又呼尤反曉尤。亦作脂。
校注:字又見尤韻許尤反曉尤。
肍　肉醬。
恷　怨仇。
尯　迫。又去牛反溪尤。
校注:字又見尤韻去求反溪尤。
邦　地名。
宩　索。

毬　俗作。
〇浮　縛(縛)謀反並尤。虚。卄一。
校注:"縛"字誤,《廣韻》作"縛"。
呼　吹氣。又拂謀反滂尤。
桴　齊人云屋棟。
枹　鼓槌。
箁　竹有文。
罦　車上輞。或作罘、罟。
校注:字又見虞韻撫扶反滂虞。
琈　玉名。
涪　水名,在巴西。
粰　~梳。
鴔　~鳩,鳥。
罘　~罝。
鮒　魚名。
芣　~苢,車前。
蜉　蚍蜉。亦蠹。
校注:亦作字誤,《王一》作"蠹"。
烰　火氣。
裒　減。又蒲溝反並侯。
校注:又蒲溝反,本書侯韻無並母一紐。本韻末有"裒"字,音"蒲溝反",爲後人增加字。
鉜　~鏂。
雺　雨雪雺~。
泭　編竹木渡水~。
校注:字又見虞韻附夫反並虞。
艀　舟。
姇　多。
〇謀　莫浮反明尤。圖。十七。
雺　天氣降地不應。又莫貢反明

送一。

**校注:** 字又見宋韻莫綜反明宋。字亦作“霿”,“霿”字見送韻莫弄反明送一。

眸　目瞳子。

牟　牛。

**校注:**“牛”下《切三》《王一》《王二》有“聲”字。

侔　等。

矛　戟。

鍪　兜~。

麰　麥~。

**校注:** 字左原從“麦”,爲俗書。

鮶　魚名。

蝥　食穀虫。亦作蟊、蛑、蝨。

**校注:** 字又見肴韻莫交反明肴。

堥　~隴。

**校注:**《切三》《王一》《王二》《廣韻》並注“堆堥小隴”。字又見豪韻莫袍反明豪、尤韻耳由反日尤。

鴾　鴿。

劺　勵~。

苿　草~。

瞀　醞~。

**校注:** 字又見模韻莫胡反明模。

仵　夲亦作侔字,今為仵。又渠於反群獮B開。

**校注:** 字又見獮韻其輦反群獮B開。

鬏　髮生至眉。或作髳。

○裒　蒲溝反並侯。

**校注:** 蒲溝反,本書侯韻無並母一紐,《切三》《王一》《王二》亦無。此條四字字體與全書有異,且格局狹促,當爲後人所補。“浮”紐“裒”下注“又蒲溝反”,蓋增補所據。

# 卌四侯

○侯　胡溝反匣侯。帿。亦作帿。十五。

**校注:** 亦作字誤,《集韻》作“帿”。

猴　猿~。

糇　粮~。

翭　鳥羽。

喉　咽~。

篌　箜~。

帿　射張布。

頨　~顄,大言。

鍭　大箭。又胡遘反匣候。

**校注:** 字又見候韻胡遘反匣候。

鯸　~鮐,魚。

餱　乾食。

鍭　鏂鍭,所以鉗頸。

睺　半盲。又胡遘反匣候。

**校注:** 字又見候韻胡遘反匣候。

骺　~骨。

缑　~谷,在成皋。

○謳　烏侯反影侯。吟歌。或作慪、嘔。十。

褔　小兒涎衣。

**校注:** 字又見厚韻烏口反影厚、候韻於候反影候。

**鏂**　鉗鏂，丁。鉐~。

**甌**　器~。

**膒**　久脂。

**鷗**　水鳥。

**藲**　刺楡。

按：“刺”字誤，《切三》《王一》《廣韻》作“刺”。字又見虞韻憶俱反影虞、尤韻去求反溪尤。

**歐**　~陽，姓。亦~打。

**校注**：字又見厚韻烏口反影厚。

**瞘**　深目。又口投反溪侯。

**校注**：字又見侯韻恪侯反溪侯。

**劻**　剜。又恪侯反溪侯。

**校注**：字又見侯韻恪侯反溪侯。

〇**羺**　奴溝反泥侯。胡羊。三。

**䨲**　兔子。

**獳**　犬怒。

**校注**：字又見虞韻日朱反日虞。

〇**樓**　落侯反來侯。臺榭。正作樓。卄三。

**校注**：字右原從“婁”。本紐從“婁”之字皆如是。

**婁**　星名。

**校注**：字亦見虞韻力朱反來虞。

**耬**　種具。

**髏**　髑髏。亦作𩓿。

**摟**　深取。

**校注**：“深”字誤，《切三》《王一》《王二》《廣韻》作“探”。字又見虞韻力朱反來虞。

**膢**　祭名。又方（力）于反來虞。亦作𥜗。

**校注**：“方”字誤，《切三》《王一》《王二》作“力”。字又見虞韻力朱反來虞。

**瓻**　𤬪瓻，土瓜。

**廔**　䴑廔，綺窓。

**剅**　小穿。

**校注**：字又見侯韻當侯反定侯。

**嘍**　~嗹，鳴聲。

**校注**：字又見厚韻盧斗反來厚。

**瞜**　視皃。

**校注**：字又見虞韻力朱反來虞。

**羻**　土羻，似羊。

**螻**　~蛄。

**簍**　籠~。

**校注**：字又見麌韻力主反來麌、厚韻盧斗反來厚。

**褸**　衣領。

**校注**：字又見麌韻力主反來麌。

**貗**　求豕子。

**校注**：字亦作“豭”，“豭”字見虞韻力朱反來虞。

**鄤**　縣鄉名，在南陽。

**僂**　軀身。

**校注**：字又見麌韻力主反來麌。

**慺**　敬。

**校注**：字又見虞韻力朱反來虞、麌韻力主反來麌。

**艛**　舟~。

**隩**　縣名。

**校注**：字又見麌韻力主反來麌。

**鏤**　魚名。

**校注**：字又見虞韻力朱反來虞。

鞻 鞮鞻氏，掌夷樂。

○涑 束（速）侯反心侯。浣。三。

校注：“束”字誤，《切三》《王一》《王二》《廣韻》作“速”。字又見燭韻相玉反心燭。

撨 推。又先幺［反］心蕭。

校注：“反”字原奪，《王一》《王二》有字。字又見蕭韻蘇彫反心蕭、宵韻昨焦反從宵。

嗾 使犬。又桒苟反心厚。或作籔。

校注：或作字不成字，《王一》《王二》《集韻》作“嗾”。字又見厚韻蘓后反心厚、候韻蘓豆反心候、候韻倉候反清候。

○彄 恪侯反溪侯。弓彄。九。

摳 ~衣。

校注：字又見虞韻氣俱反溪虞。

剾 剜裏。又乙侯反影侯。

校注：字又見侯韻烏侯反影侯。

韝 射韝。

校注：字又見侯韻古侯反見侯。

㺏 指~。

校注：字原作“㺏”，俗誤，《切三》《王一》《廣韻》作“㺏”。

漚 水名，在北地。又口候反溪候。

校注：字又見候韻苦候反溪候。

瞘 深目。又一投反影侯。

校注：字又見侯韻烏侯反影侯。

夠 多~。

校注：字右原從“旬”，誤，《王一》《王二》《廣韻》作“夠”。

縠 縛。

○齁 呼侯反曉侯。鼾，鼻息。一。

○緅 子侯反精侯。豎叢麻曰緅。二。

校注：正、注文字右原從“冣”。

緅 色。

○偷 託侯反透侯。竊。四。

鍮 ~石。亦作鋀。

媮 女巧黠。又苟且。

緰 紫。

校注：字又見侯韻度侯反定侯。

○頭 度侯反定侯。頂。十。

削 剾削足筋。又刻~。

投 擲~。

褕 延身衣。

校注：“延”字誤，《王一》《王二》作“近”。字又見虞韻羊朱反以虞、遇韻持遇反澄遇。

歈 歌~。

校注：字又見虞韻羊朱反以虞。

鴘 鴳~。

麻 麻麻。

窬 穿~。或作窬。

校注：字又見虞韻羊朱反以虞。

酳 酳~，醬。

校注：字又見模韻度都反定模。

緰 布。

校注：字又見侯韻託侯反透侯。

○齵 五侯反疑侯。一。

校注：字又見虞韻語俱反疑虞。

○鉤 古侯反見侯。曲針。十四。

句 鎌。

溝 渠。俗作溝。

褠 蟬衣。亦幘。

**韝** 韝捍。

**校注**：字又見侯韻恪侯反溪侯。

**緱** ~氏縣，在河南。又刀劒頭纏絲。

**篝** 籠~。

**篘** 桃枝竹。

**鼃** 鼈，似黿。

**嘍** 唱~。

**瓵** ~瓯。

**䑦** ~艫，舩名。

**茥** 數名，十秭曰茥。

**校注**：字又見候韻古候反見候。

**句** ~龍。俗作勾。

**校注**：字又見遇韻俱遇反見遇、候韻古候反見候。

〇**兜** 當侯反定侯。兜鍪。七。

**侸** 佔侸，垂下皃。

**吺** 輕出言。或作呇。

**篼** 食馬籠。

**眗** ~眵，目汁凝。眵字赤支反昌支開。亦作䁆。

**校注**：亦作字不成字，《集韻》作"䁆"。

**剅** 削。

**校注**：字又見侯韻落侯反來侯。

**㓱** 小裂。

〇**鯫** 徂鉤反從侯。細斷。二。

**校注**：字又見候韻昨候反從候。

**鯫** 魚名。又子〖子〗溝精侯、〖又〗士垢崇（從）厚二反。

**校注**：下"子"字及下"又"字衍，《王一》《王二》"又子溝、士垢二反"。"士"崇母字，又士垢反從崇混切。字又見厚韻士垢反崇厚。

# 卌五幽

〇**幽** 於虯反影幽。暗。六。

**校注**：紐字數當作"七"，"六"爲脱計"呦"字之數，參"呦"字條校注。

**泑**

**校注**：底本注文奪。《切三》："泑，澤名，在崑崙山下。"《王二》："泑，澤，在崑崙山下。"《廣韻》："泑，澤，在崐崘山下。"字又見黝韻於糾反影黝。

［**呦**］ 鹿鳴。亦作欭。

**校注**：底本字頭奪，"鹿鳴亦作欭"五字誤繫於"泑"字下。《切三》："呦，鹿鳴。"《王二》："呦，鹿鳴。"《廣韻》："呦，鹿鳴。"

**怮** ~，憂懣。又於聊反影蕭。

**校注**：字又見蕭韻於堯反影蕭、尤韻於求反影尤、黝韻於糾反影黝。

**麀** 牝鹿。亦麔。

**校注**：字又見尤韻於求反影尤。

**蟉** ~蟉。又於糾反影黝。亦作蚴。

**校注**：字又見黝韻於糾反影黝。

**幺** 微。

**校注**：字又見尤韻於求反影尤。

〇**虯** 渠幽反群幽。虯龍。又居幽反見幽。或作虬。四。

**觩** 七曲。

**校注**："七"字誤，《王二》《廣韻》作"匕"。

**璆** 玉名。

𧤼　角爵皃。

〇彪　甫休反幫幽。虎文皃。四。

**校注：** 紐字數作"四"而實收三字。

髟　髮垂皃。又所銜反生銜。

**校注：** 字又見宵韻甫遥反幫宵A、銜韻所銜反生銜。

驫　馬走。

〇樛　居虯反見幽。木下垂。[一]。

**校注：** 底本紐字數奪。字亦作"朻"，"朻"字見尤韻居求反見尤。

〇鏐　力幽反來幽。紫磨金。二。

**校注：** 底本此條小字書於"蟉"字條右旁行隙，當爲抄漏後補書。

蟉　蛐蟉。又力攸來尤、渠糾群黝二反。

**校注：** 龍校云："此字原誤作鏐，而以雌黄塗改，今虫旁剥落。"字又見尤韻力求反來尤、黝韻渠糾反群黝。

〇滮　扶彪反並幽。水流。一。

〇稵　子幽反精幽。禾生石。一。

〇犙　山幽反生幽。牛三歲。一。

**校注：** 字又見尤韻所鳩反生尤。

〇聱　語虯反疑幽。聱耴，魚鳥狀。一。

**校注：** 字又見肴韻五交反疑肴、豪韻五勞反疑豪。

〇飍　香幽反曉幽。風。又風幽〖二〗反幫幽。一。

**校注：** "二"字衍，《切三》《王二》《廣韻》無。

〇休　許彪反曉幽。美。加火失。一。

**校注：** 字又見尤韻許尤反曉尤。

〇繆　武彪反明幽。綢繆。又靡幼反明幼。一。

**校注：** 字又見幼韻靡幼反明幼。

〇誰　千侯(隹)反清侯。就。又于(子)隹反云(精)脂合。一。

**校注：** "隺"聲字不當入幽韻，"侯"作下字者亦不當入幽韻。《切三》侯、幽韻未收字。《王一》卷殘，侯、幽韻韻末未見收字。《王二》收於幽韻末字，注："千侯反，就也。又千隹反。"與底本略同，蓋並爲增補而誤置。《廣韻》字入侯韻，位列韻末第二紐，云："就也。千侯切。"當是據音切移正。然"隺"聲字入侯韻亦悖音理。龍校引《釋文》音千隹清脂合、子隹精脂合二反，曹憲音子隹反精脂合，斷"侯"爲"隹"字之誤，"于"為"子"字之誤，是。字又見脂韻以隹反以脂A合。

# 卌六侵

〇侵　七林反清侵。漸進。正作侵。三。

駸　馬行。

𡭴　幽豆。

〇尋　徐林反邪侵。八尺曰。十二。

鐔　劍鼻。又餘針以侵A、徒南定覃二反。

**校注：** 字又見覃韻徒南反定覃、侵韻餘針反以侵A。

潯　傍深。

鱏　魚名。又餘針反以侵A。

**校注：** 字又見侵韻餘針反以侵A。

樳　木名。

鄩　古姓。

隝　小堆阜,在三輔。

撏　取。

校注:字又見覃韻昨含反從覃。

縭　續。

鬵　釜屬。

校注:字又見鹽韻昨鹽反從鹽。

灊　水名,出巴郡。

校注:字亦作"灊","灊"字見鹽韻昨鹽反從鹽。

襑　衣大。又他感反透感。

校注:字又見侵韻他感反透感。

〇林　力尋反來侵。檟木。八。

琳　玉名。

淋　以水沃物。

瀶　水出皃。

霖　三日雨。

臨　抗~。

校注:字又見沁韻力浸反來沁。

痳　病~。

箖　竹名。

〇琛　丑林反徹侵。寶。七。

棽　木枝長。又所今反生侵。

校注:字又見侵韻所今反生侵。

彤　舩行。

綝　善。

郴　縣名,在桂陽。

覘　私出頭視。又丑鴆反徹沁。

校注:字原作"覞",俗誤,《説文·見部》作"覘"。字又見沁韻"闖"紐徹沁。

睬　~□,賫。

校注:注文次字原塗污,龍校云:"重文下原似作賫字,後以雌黄塗去。"

〇斟　職深反章侵。酌。九。

針　縫衣具。或作鍼。

校注:字又見沁韻軄鴆反章沁。

鱵　~鴜,鳥名。

校注:字左原從"葴",爲俗書。

箴　竹名。

鱵　魚名。

斟　~鄩,古國。

葴　規誡。

校注:字當爲"箴"字俗誤,然與上文重出。

澵　酸蔣,草名。

黰　晢黑。又居咸反見咸。

校注:字又見咸韻古咸反見咸。

〇沉　除深反澄侵。沒。又或(式)捻(稔)枕反書寢,人姓。俗以出頭作姓汖。四。

校注:"或捻"二字誤,《王一》作"式稔"。"枕"字未詳。字又見沁韻直妊反澄沁。

牤　水牛。

校注:字右原從"冗"。

芫　草名。又丁敢反端敢。

校注:字又見敢韻都敢反端敢。

霃　久陰。

〇碪　知林反知侵。擣衣石。一。

〇諶　氏林反禪侵。誠。亦作訦、愖。四。

校注:字亦作"訦","訦"字見寑韻食枕反禪寑。

忱　信。

煁　行竈。

瘎　復故病。或作疣。

〇任　如林反日侵。堪。五。

校注：字又見沁韻汝鴆反日沁。

鵀　鳥名。

校注：字又見沁韻汝鴆反日沁。

恁　信~。

校注：字又見寑韻如甚反日寑。

壬　北方。

紝　機上縷。又女林反娘侵。亦作絍。

校注：字又見沁韻汝鴆反日沁。字亦作"䋻"，"䋻"字見侵韻乃心反泥(娘)侵。

〇深　式針反書侵。逺。二。

蒤　蒲蒻。

〇淫　餘針反以侵A。久雨。十一。

婬　~蕩。

箮　竹名。

蟫　白魚虫。

校注：字又見覃韻徒南反定覃。

鷣　鷂之別名。

烎　熱。

冘　行皃。從人出冖，音。

校注："音"下有奪文，當爲"冖"字音。字亦作"冘"，"冘"字見尤韻以周反以尤。

鱏　魚名。又徐林反邪侵。

校注：字又見侵韻徐林反邪侵。

鐔　劎鼻。又徐林邪侵、徒南定覃二反。

校注：字又見覃韻徒南反定覃、侵韻徐林反邪侵。

鄩　地名。

校注：字原從"冋"不從"亩"，誤。

至　貪。

〇心　息林反心侵。二。

杺　車劎杺。

校注："劎"字誤，《切三》、S. 6187、《王二》作"鉤"。

〇愔　於淫反影侵A。靖。二。

窨　地室。又猗禁反影沁B。

校注：字又見沁韻"蔭"紐影沁B。

〇祲　姊心反精侵。又姊禁〖二〗反精沁。九。

校注："二"字衍，《王一》無。字又見沁韻作鴆反精沁。

梫　木名。

校注：字又見寑韻七稔反清寑。

殜　~，鋭意。

埐　地。又才心反從侵。

校注：字又見侵韻昨淫反從侵。

鼞　高鼻。

稄　錐~。

瀸　揳。或作礛。

校注：字原作"攕"，俗誤。注文"揳"爲"楔"字俗誤。《集韻》作"瀸""楔"。"礛"字見㮇韻先念反心㮇。

䱜　魚名。

校注："魚名"爲涉下"鱔"字注文而誤，《王二》訓"雞"，《廣韻》訓"雞之別名"。

鱘　魚名。

〇鱘　昨淫反從侵。大魚。六。

校注：字亦作“魿”，“魿”字見感韻徂感反從感、寑韻式稔反書寑。

㟊　～嵒。

梣　木名。

校注：字又見侵韻鋤金反崇侵。

埐　地名。又子心反精侵。

校注：字又見侵韻姊心反精侵。

𣄃　掘地。亦作鈂。

校注：“鈂”爲“鈂”字之誤。《廣韻》“𣄃”“鈂”上下字，“鈂”字注“上同”。

醋　熟麴。

〇誑　女心反娘侵。誑譀，喉聲。一。

〇琴　渠金反群侵B。舜樂器。十九。

襟　急持。或作捦。

黔　黑而黄。一曰黔首，衆。

禽　鳥。

芩　黄芩。亦作莶。

檎　林～。

澟　寒狀。又力朕反來寑。

校注：字又見寑韻力稔反來寑。

㲉　禁。又竹甚反知寑。

校注：字原作“㲉”，俗誤，本書寑韻字作“㲉”。字又見寑韻竹甚反知寑。

鈙　持止。

鵮　鳥。又渠炎反群鹽B。

校注：字亦作“雂”，“雂”字見鹽韻巨淹反群鹽B。

紟　單被。又渠禁反群沁B。

校注：字又見沁韻巨禁反群沁B。字亦作“衿”，“衿”字見侵韻居音反見侵B。

擒　捉。

㘦　石地。

䅤　禾欲秀。

耹　音。又其廉反群鹽B。

校注：字又見鹽韻巨淹反群鹽B。

黚　又渠炎反群鹽B。

校注：字又見鹽韻巨淹反群鹽B。

庈　～父。

靲　竹密。

邻　亭名。

〇欽　去音反溪侵B。四。

衾　被。

嶔　～岑。

校注：“岑”字誤，S. 6187、《廣韻》作“崟”。

菳　似蒿，草名。

校注：字又見侵韻魚音反疑侵B。

〇吟　魚音反疑侵B。亦作芩、訡。五。

校注：“芩”字誤，《王一》《王二》《廣韻》作“訡”。字又見沁韻宜禁反疑沁B。

崟　嶔～。

菳　菜～。

校注：字又見侵韻去音反溪侵B。

霠　霠雨。又牛皆[反]疑皆開。

校注：字下原從“㡀”，俗書，《廣韻》作“霠”。“反”字原奪，《王二》有字。又牛皆反，本書無疑母皆韻開口一紐。字又見佳韻五佳反疑佳開。

㢞　崄。又口敢反溪敢。

校注：又口敢反，本書無溪母敢韻一紐。字又見敢韻吐敢反透敢。

○歆　許金反曉侵B。神食氣。三。
廞　陳車服。又虚錦反曉寑B。
校注：字又見寑韻羲錦反曉寑B。
甚火　火盛皃。
校注：字又見覃韻徒南反定覃。
○金　居音反見侵B。銑。六。
今　古。
黅　黄色。
衿　小帶。又琴禁反群沁B。
校注：字亦作"紟"，"紟"字見侵韻渠金反群侵B、沁韻巨禁反群沁B。
襟　袍襦前袂。
黔　淺黄黑。
○音　於吟反影侵B。聲。七。
〖陽〗
校注：此字衍，底本字旁有小點爲識。
陰　~陽。
霒　雲覆日皃。
瘖　瘂~。
喑　於啼無聲。又於含反影覃。
校注：字又見覃韻烏含反影覃、沁韻"蔭"紐影沁B。
醅　又於南反影覃。
校注：字亦作"韽"，"韽"字見覃韻烏含反影覃。
踣　豉。
○森　所今反生侵。木長皃。六。
蔘　人蔘，藥名。或作蓡。
校注：字又見覃韻蘇含反心覃。
參　~辰。

校注：字又見覃韻倉含反清覃、勘韻七紺反清勘。
槮　樹長皃。亦作篸。
校注："長""皃"二字原倒誤，"長"旁識一小鉤。字亦作"橬"，"橬"字見侵韻楚今反初侵。
棽　木枝長。又丑林反徹侵。
校注：字又見侵韻丑林反徹侵。
罙　灾。
校注："灾"字誤，《王二》《廣韻》作"突"。
○岑　鋤金反崇侵。高山。五。
涔　~陽，地名。又士監反崇銜。
校注：字又見銜韻鋤銜反崇銜。
霽　雨聲。
梣　青皮木。亦作梫。
校注：字又見侵韻昨淫反從侵。
宊　入山深。
校注：字下原從"人"，誤，《廣韻》《説文·入部》作"宊"。
○簪　側岑反莊侵。笄。四。
校注：字亦作"簮"，"簮"字見覃韻作含反精覃。
璔　石似玉。
撍　連。
校注：字原作"揩"，俗誤，《王二》《廣韻》可證。
兂　首笄。
○嵾　楚今反初侵。木齊皃。二。
校注："木"字誤，S. 6187、《王二》、《唐韻》作"不"。
橬　木長。

校注：字亦作"槮"，"槮"字見侵韻所今反生侵。

〇縆　乃心反泥(娘)侵。織。一。

校注："乃"泥母字，乃心反泥娘類隔。此紐與上文女心反娘侵"誑"紐重出。字亦作"紝"，"紝"字見侵韻如林反日侵、沁韻汝鴆反日沁。

〇覘　充針反昌侵。内視。一。

校注：字又見覃韻丁含反端覃。

# 卌七鹽

〇鹽　余廉反以鹽A。鹹味。亦作塩、壛、盬。十二。

櫩　木名。

校注：字右原從"盬"不從"鹽"，脱筆，誤。《廣韻》作"櫩"。

閻　里中門。

校注：字原作"閻"，從"臽"，俗誤。本紐從"臽"之字均如是。

阽　辟危。

簷　屋前。

校注：字原作"蒼"，俗誤，S. 6187、《王二》作"簷"。

鵮　離。

壛　埸。

餤　進。亦作灩。

閻　門屋。

潤　深池。

檐　屋招。亦作檐。

癎　病。

〇廉　力鹽反來鹽。儉。十五。

鐮　~刀。或作鐮。

霝　久雨。

慊　慊~。

校注：字原作"慊"，俗誤。注文"慊"字爲"幨"字俗誤。《切三》、S. 6187、《廣韻》作"慊""幨"。

簾　~簿。

蘼　~薑。

蘞　白蘞，藥名。

校注：字又見琰韻力冉反來琰。

奩　盛器。

磏　礪。亦作磏。

獫　犬長喙。又虛檢又(反)曉琰B，獫狁。

校注：下"又"字誤，《切三》《王二》作"反"。字又見琰韻虛檢反曉琰B、豔韻力驗反來豔。

籢　鏡~。

覝　察視。

校注：字原從"亠"不從"干"，誤，《廣韻》作"覝"。

蠊　飛~。

賺　賣。又佇陷反澄陷。

校注：字又見陷韻佇陷反澄陷。

鬑　鬋。又勒兼反來添。

校注：字又見添韻勒兼反來添。

〇砭　府廉反幫鹽B。以石刺病。亦作砲。一。

校注：亦作字誤，《集韻》《玉篇》作"砭"。字又見豔韻方驗反幫豔B。

〇籤　七廉反清鹽。牋。六。

臉　~臛。

校注：字又見豏韻力减反來豏。

鹼　水和鹽。又公斬反見豏。

校注：字又見豏韻古斬反見豏。

槧　削板。又公(才)斬(敢)反從敢。

校注：又公斬反涉上“鹼”字又反而誤，《切三》《王二》作“又才敢反”。字又見敢韻才敢反從敢、豔韻七贍反清豔。

憸　~詖。

校注：字又見琰韻七漸反清琰。

僉　咸~。

〇詹　職廉反章鹽。詹省。四。

占　視兆。

校注：字又見豔韻支艷反章豔。

瞻　視。

蟾　~蠩，蝦蟆。

〇銛　息廉反心鹽。銛利。十二。

校注：字又見忝韻他點反透忝。

暹　進。

枮　木名。

綅　白經黑緯。

韱　似韭而細，出五原。

襳　小襦。卒衫子。

纖　細~。

嬐　繁美疾。又彦奄反疑琰B。

校注：字又見琰韻魚檢反疑琰B。

孅　銳，細。

思　利口。

校注：字上原從“囟”，誤，《切三》《王二》《廣韻》作“思”，合《説文》。

彡　毛飾。又所銜反生銜。

校注：字又見銜韻所銜反生銜。

攕　女手皃。又所□(咸)反生咸。

校注：底本“所”下字污墨，龍校云：“所下咸字為墨所掩，細審可辨。”字又見咸韻所咸反生咸。

〇棎　視詹反禪鹽。果名，似棕而酸。一。

〇苫　失廉反書鹽。草覆。三。

痁　病。又都念反端㮇。

婆　妗。又丑兼(廉)反徹鹽。

校注：“兼”爲“廉”字之誤。字又見鹽韻丑廉反徹鹽。

〇韂　處詹反昌鹽。屏。九。

校注：字又見豔韻充艷反昌豔。

姑　~㚾，輕薄皃。

校注：字又見葉韻叱涉反昌葉。

幨　帷。

襜　~褕，蔽膝。亦作裧、襝。

䄏　衣動皃。

校注：字亦作“裧”，“裧”字見敢韻吐敢反透敢。

痄　皮剥。

妗　善皃。

校注：字又見咸韻許咸反曉咸。

惉　懘。又徒頰反定帖。

校注：字又見怗韻徒協反定帖。

惔　愰。亦作裧。

校注：“愰”字俗誤，《王一》作“幨”。

〇髯　汝鹽反日鹽。領毛。通俗䰅。十。

校注："領"字誤,《切三》《王一》《王二》作"頷"。

蚺　虵,出南方,膽可為藥。

呥　唯皃。

校注："唯"字誤,《切三》《廣韻》作"噍"。

柟　梅。

校注：字亦作"枏","枏"字見覃韻那含反泥覃。

詽　多言。

蛅　~蟖。

䫇　美~。

抩　持。又乃甘反泥談。

校注：又乃甘反,本書無泥母談韻一紐。字又見覃韻那含反泥覃。

袡　緟~。

冄　毛~。

校注：字亦作"冉","冉"字見琰韻而琰反日琰。

〇黏　女廉反娘鹽。黐。一。

〇炎　于廉反云鹽B。炎熱。又餘以念㮇反。一。

校注：又餘念反,《王一》《王二》同,然四等韻例不配以母。字又見豔韻以贍反以豔A。

〇霑　張廉反知鹽。霑濕字。二。

沾　~預。

校注：字又見㮇韻都念反端㮇。

〇覘　丑廉反徹鹽。視。二。

校注：字又見豔韻丑厭反徹豔。

姿　妗。又失廉反書鹽。

校注：字又見鹽韻失廉反書鹽。

〇淹　英廉反影鹽B。沒。四。

校注：紐字數作"四"而實收五字。字又見嚴韻(去聲)於嚴反影釅。

菴　~蔄。

崦　~嵫。亦作淹、崦。又音奄影琰B。

校注：字亦作"崦","崦"字見琰韻應儉反影琰B。

醃　葅。又於紺反影勘。

校注：字又見嚴韻於嚴反影嚴、勘韻烏紺反影勘。

腌　~魚,以鹽漬魚。

校注：字又見業韻於業反影業。

〇憸　丘廉反溪鹽B。憸㥦,意不安。一。

〇䶢　語廉反疑鹽B。齒差。二。

校注：字又見嚴韻(去聲)魚淹反疑釅。

噞　魚喁。又魚儉反疑琰B。或作嶮。

校注："喁"下原有"反"字,旁識一小點,茲徑刪。或作字誤,《王一》《王二》作"𩹸"。字又見琰韻魚檢反疑琰B、豔韻語窆反疑豔B。

〇尖　子廉反精鹽。上小下大。十一。

校注：紐字數作"十一"而實收十字。

熸　火滅。

殲　盡。

嚱　~㖃,不廉。㖃字子俱反精虞。

瀸　泉出水出。

蘞　百足。

霡　小雨。又力艶反來豔。

校注：字又見豔韻力驗反來豔。

㲠　漬。又山廉反生鹽。

校注：字原作"霦"，誤，《廣韻》作"㲠"。又山廉反，本書無生母鹽韻一紐。字又見咸韻所咸反生咸、銜韻所銜反生銜。

鑯　鐫~。

懺　拭。

校注：字原作"懴"，俗誤，《廣韻》作"懺"。

○潛　昨鹽反從鹽。水涨流。六。

晉　縣名，在吳興。

校注：字又見感韻七感反清感。

鬵　甑。

校注：字又見侵韻徐林反邪侵。

箈　漂絮簀。

校注：字又見先韻昨先反從先開、先韻則前反精先開。

灊　縣名，在廬江。

校注：字亦作"灊"，"灊"字見侵韻徐林反邪侵。

蟖　離。

○箝　巨淹反群鹽B。鎖頭。或作鉗。亦作拑、柑。八。

帢　絹頭。

鉗　持鐵。

黚　淺黑。又黚陽縣，在武陵。

校注：字又見侵韻渠金反群侵B。

拑　持。

鴒　白鳥。

校注："白"下《王一》《廣韻》有"喙"字，此當補。

雂　鳥。又渠林反群侵B。

校注：字亦作"鵭"，"鵭"字見侵韻渠金反群侵B。

黔　音。又其林反群侵B。

校注：字又見侵韻渠金反群侵B。

○厭　於鹽反影鹽A。安靜。正作厭。五。

猒　飽。正作猒。

校注："飽"下原有"俗"字，旁識一小點，兹徑刪。字亦作"饜"，"饜"字見豔韻於艶反影豔A。

懕　和靜。

校注：字又見葉韻於菜反影葉A。

·

·

校注：底本"懕"下有兩點，佔一大字空，不詳何出。

媕　含怒。又魚檢反疑琰B。

校注：字原作"媥"，誤，《説文・女部》作"媕"。字又見感韻五感反疑感、感韻胡感反匣感、琰韻魚檢反疑琰B。

穘　~~，苗美。又於鴆反影沁B。

○燖　徐廉反邪鹽。湯瀹肉。或作燂。四。

校注：字亦作"燂"，"燂"字見覃韻徒南反定覃。

蕁　山菜。

櫼　采細菜。

校注：字原從"亲"不從"夳"，俗誤。"采"字誤，《廣韻》《集韻》作"木"。

韂　巾。

**校注**：字原作"韈"，誤，《王二》《廣韻》作"韂"。

## 卌八添

〇添　他兼反透添。益。三。

黇　黄色。

舚　~蚦，吐舌。

**校注**：字原作"蟾"，俗誤。注文"蚦"爲"甜"字俗誤。《王二》《廣韻》不誤。字又見桥韻他念反透桥。

〇髺　丁廉(兼)反端添。髺髮。七。

**校注**："廉"字誤，《王二》《廣韻》作"兼"。

聑　耳垂。

貼　目垂。又丁念反端桥。

**校注**：字又見闞韻吐濫反透闞、豔韻丑厭反徹豔、桥韻都念反端桥。

敁　稱量。

佔　~佢。

詀　轉語。

**校注**：字又見咸韻竹咸反知咸、葉韻叱涉反昌葉。字亦作"呫"，"呫"字見怗韻他協反透怗。

帹　衣領。又丁頰反端怗。亦作裀。

**校注**：字頭及亦作字皆俗形，正作字當右從"耴"。字又見怗韻他協反透怗。

〇甜　徒兼反定添。甘。五。

恬　靖~。

湉　水靖。

菾　菜名。

菾　藥草。

**校注**：字原作"菨"，誤，《廣韻》《集韻》作"菾"。

〇鬑　勒兼反來添。鬑䰈。四。

**校注**：字又見鹽韻力鹽反來鹽。

濂　薄。亦作溓。又理染反來琰。

**校注**：字亦作"溓"，"溓"字見琰韻力冉反來琰。

熑　𢘬軸絶。

熑　火不絶。

〇謙　苦兼反溪添。自卑。二。

緊　堅持。又呼廉(兼)曉添、公函見咸二反。

**校注**：字原作"歁"，誤，《廣韻》作"緊"。"廉"爲"兼"字之誤。字又見覃韻古南反見覃、添韻許兼反曉添、咸韻古咸反見咸。

〇兼　古甜反見添。并。六。

**校注**：字又見桥韻古念反見桥。

縑　絹。

**校注**：字又見忝韻苦簟反溪忝。

鶼　比翼鳥。

䅐　青稻白米。

蒹　荻未秀。

罤　網。

〇嫌　户兼反匣添。心不平。二。

稴　稻不黏。又胡緘反匣咸。

**校注**：字又見咸韻胡讒反匣咸、桥韻力店反來桥。

〇鲇　奴兼反泥添。魚名。三。

拈　指取物。

䭇　飵。

〇馦　許兼反曉添。氣香。六。

黬　黄色。

欦　貪欲。又呼男反曉覃。亦作㰹。

校注：字又見覃韻火含反曉覃、𧮰韻火斬反曉𧮰。字亦作"㰹","㰹"字見嚴韻丘嚴反溪嚴、广韻丘广反溪儼、嚴韻（去聲）丘嚴反溪釅。

䪜　持意。又公廉見鹽A、公凾見咸二反。

校注：又公廉反，本書無見母鹽韻一紐。字又見覃韻古南反見覃、添韻苦兼反溪添、咸韻古咸反見咸。

𪏮　香。

校注：字原作"𪏮"，誤，《王一》《廣韻》作"𪏮"。

𤺐　瘌瘦。

## 卌九蒸

〇蒸　諸膺反章蒸開。衆丞字。六。

校注：字又見證韻諸膺反章證開。

烝　冬祭。又熱氣上。此是承衆字。

校注：字又見證韻時證反禪證開。

脀　熟～。

蓋　菹～。

胥　癡～。

烝　熱氣。

〇承　署陵反禪蒸開。次。一曰奉。二。

丞　佐。

〇澄　直陵反澄蒸開。水清定。又直庚反澄庚開二。四。

校注：紐字數作"四"而實收三字。字又見蒸韻直庚反澄庚開二。

憕　平。又竹萌反知耕開。

校注：字又見庚韻直庚反澄庚開二。

徵　戒。

〇陵　六應反來蒸開。曲阜。又欺。亦作㔖。十二。

淩　瀝。又水名。

凌　冰～。

蔆　芰。

倰　怜。

鯪　魚名。

綾　～錦。

餕　馬食穀。又力甑反來證開。

校注：字又見證韻子孕反精證開、證韻里甑反來證開。

掕　止。

夌　越。

棱　去。又居力反見職開。

校注：字又見職韻紀力反見職開。

祾　馬福。

〇膺　於陵反影蒸開。胷。亦作膺。四。

校注：紐字數作"四"而實收三字。《切三》《王二》此字下有"應"字，注云"當"，《王一》"鷹"字下有"應，當"。

鷹　鳥名。

𧌒　寒蟬。

〇憑　扶冰反並蒸開。託。四。

校注：紐字數當作“三”，“四”爲合計“磳”字之數，参“磳”字條校注。字亦作“凴”，“凴”字見證韻火（皮）孕反並證開。

凭　依几。

淜　無舟渡河。

校注：字原作“淵”，誤，《廣韻》作“淜”。

〇磳　［仕兢反］崇蒸開。硱磳。又子騰精登開、奇兢群蒸開二反。

校注：底本反切奪，兹據《廣韻》録。字又見登韻昨（作）滕反精登開。

〇冰　筆陵反幫蒸開。凍。三。

棚　盛箭器。又薄登反並登開，棧閣也。

校注：龍校云：“案詩大叔于田：抑釋掤忌。毛傳云所以覆矢。廣雅釋器掤，矢藏也。字並作掤，与棚二字。疑陸書此原作掤，字誤為棚，遂增又薄登反棧閣諸字，而本書沿之。”字又見庚韻薄庚反並庚開二、耕韻扶萌反並耕開、登韻步崩反並登開。

掤　覆矢。亦作弸。

校注：龍校云：“此字實不當有，盖上文掤誤作棚，遂又出此字。”

〇蠅　余陵反以蒸開。俗作蝿。一。

〇繩　食陵反船蒸開。索。九。

校注：紐字數作“九”而實收八字。《切三》《王二》“乘”“溗”之間有“澠”字，訓“水名，在齊”。

譝　稱。

鱦　魚名。

校注：字又見梗韻莫杏反明梗開二、證韻以證反以證開、證韻實證反船證開。

乘　駕。

校注：字又見證韻實證反船證開。

溗　波前後相淩。

校注：字右原從“乗”。“前”字前原另有一“前”字，旁識一小點，兹徑刪。

塍　畦。又埒。亦作堘。

校注：字原作“艧”，俗誤，《切三》《廣韻》《説文》作“塍”。

憴　譽~。

騬　犗馬。

校注：字右原從“乗”。

〇升　識承反書蒸開。十合。正作。五。

校注：字原作“𠦃”。本紐從“升”之字皆作此形。“作”下當有字，《王二》作“升”。

陞　登。

勝　任。又書證反書證開。亦𢞀。

校注：亦作字誤，右當從“劵”，《王一》《王二》可證。字又見證韻詩證反書證開。

昇　日上。

抍　上舉。

校注：字亦作“拯”，“拯”字見拯韻，取蒸之上聲章拯開。

〇仍　如承反日蒸開。因。四。

艿　陳草。

訒　就。

杒　木名。

〇兢　居陵反見蒸開。悚。二。

矜　慜。又渠巾反群真B。

校注：“慜”字左上原從“氏”，爲避太宗名諱之形。字亦作“矡”，“矡”字見真韻巨巾反群真 B。

〇徵　陟陵反知蒸開。召。四。

校注：“陟”“陵”二字原倒誤，“陟”旁識一小鉤。字又見止韻陟里反知止。

癥　腹病。

於　旌旗柱皃。

校注：字又見獮韻丑善反徹獮開。

峃　召~。

〇繒　疾陵反從蒸開。帛。五。

鄫　國名，在瑯琊。

驓　馬名。

橧　豕所寢。

竲　高皃。

校注：字又見登韻昨（作）滕反精登開。

〇凝　魚陵反疑蒸開。水結。二。

氷　堅~。

〇興　虚陵反曉蒸開。起。又許膺（應）反曉證開。二。

校注：“膺”字誤，《王一》作“應”。字又見證韻許應反曉證開。

鄳　地名。

〇稱　處陵反昌蒸開。知輕重。三。

校注：字又見證韻尺證反昌證開。

偁　宣揚美事。

再　夲稱。

〇殑　其矜反群蒸開。二。

蕶　根可纏器物用。

〇殊　山矜反生蒸開。殑殊。一。

〇僜　丑升反徹蒸開。醉行皃。又曾（魯）鄧〖二〗反來嶝開。一。

校注：《王一》《王二》作“又魯鄧反”，本書“曾”字誤，“二”字衍。字又見嶝韻魯鄧反來嶝開。

〇硱　綺兢反溪蒸開。又口夲反溪混。一。

校注：字原作“硱”，誤，《王一》《王二》《廣韻》作“硱”。字又見混韻苦本反溪混。

# 五十登

〇登　都滕反端登開。上。七。

璒　石似玉。

燈　~火。

簦　長柄笠。

㲪　毾~。

蕿　金蕿，草名。

豋　礼器。亦作鐙。

校注：字原作上“名”下“并”，誤，《說文·豆部》作“豋”。

〇楞　慮登反來登開。方木。或作棱。五。

校注：字原作“㮫”，俗誤，《廣韻》作“楞”。

輘　車聲。

稜　廉謂威稜。

倰　長皃。

棱　抓~。

校注：字原作“捘”，俗誤。注文“抓”字爲“柧”字俗誤。《王一》作“棱”“柧”。

〇僧　蘓曽反心登開。緇徒。正作僧。一。

校注：字右原從“曽”。

〇崩　北騰反幫登開。頹。一。

〇增　昨(作)滕反精登開。加。亦作譄。九。

校注：字右原從"曽"。本紐從"曾"之字均如是。"昨"字誤，《切三》《廣韻》作"作"。字又見嶝韻子蹭反精嶝開。

憎　惡。

曾　人姓。又昨稜反從登開。甞。

矰　戈射矢。

校注："戈"字誤，《廣韻》作"弋"。

罾　魚網。

磳　山皃。又仕冰反崇蒸開。

校注：字又見蒸韻崇蒸開。

熷　蜀人取生肉以竹中炙。

竲　巢。

校注：字又見蒸韻疾陵反從蒸開。

翻　飛~。

〇曹　武登反明登開。目不明。二。

校注：字又見東韻莫中反明東三、送韻莫諷反明送三。

瞢　~，無光。又亡贈反明嶝開。

校注：字原從"日"不從"目"，俗誤，本書另見處作"瞢"。字又見嶝韻武亘反明嶝開。

〇層　昨稜反從登開。又昨(作)滕反精登開。一。

校注："昨"字誤，《切三》《王一》《廣韻》作"作"。"一"字原在"又"字後。

〇朋　步崩反並登開。五。

堋　射~。

校注：字亦作"塴"，"塴"字見嶝韻方鄧反幫嶝開。

鵬　大鳥。

棚　~閣。又薄庚並庚開二、筆稜(陵)幫蒸開二反。

校注：龍校云："閣字原誤作閤，有雌黃塗改之迹。""稜"字誤，《切三》《王一》作"陵"。字又見庚韻薄庚反並庚開二、耕韻扶萌反並耕開、蒸韻筆陵反幫蒸開。

倗　輔。又普等反滂等開。

校注：字又見等韻普等反滂等開、嶝韻文(父)鄧反並嶝開。

〇弘　胡肱反匣登合。大。通俗作引。二。

苰　藤苰，胡麻。

〇肱　古弘反見登合。髀。二。

鞃　軾中。亦作鞆。

〇薨　呼弘反曉登合。二。

儚　惛迷。或作顭。

〇能　奴登反泥登開。又奴代反泥代、又奴來反泥咍。一。

校注：字又見咍韻年來反泥咍、代韻奴代反泥代。

〇滕　徒登反定登開。國名。正作縢。十一。

校注："作""縢"二字原倒誤，"作"旁識一小鉤。

騰　躍。

縢　行~。

幐　囊，可帶。

校注：字亦作"縢"，"縢"字見嶝韻徒亘反定嶝開。

螣　~蛇。或食禾虫。

**藤**　~弦。草名。

**幐**　移書。

**賸**　美目。又以證反以證開。

**校注：**字亦作“䞡”，“䞡”字見證韻詩證反書證開。

**鼟**　鼓聲。

**校注：**字原作“鼞”，誤，《集韻》作“鼟”。“鼓”“聲”二字原倒誤，“鼓”旁識一小鉤。字又見登韻他登反透登開。

**䲢**　魚~。

**䲍**　黑虎。

○**恒**　胡登反匣登開。常。二。

**校注：**字當從“亙”作“恆”。《説文》“恆”字小篆楷化作“恆”。許慎云：“从心从舟在二之間上下，心以舟施恆也。”“恒”爲“恆”之形變。“恒”字上古入蒸部，中古入登韻可安。

**峘**　~山，北岳名。

**校注：**字右當從“亙”。字又見寒韻胡官反匣桓。

○**揯**　古恒反見登開。急。《淮南子》曰：“大絃揯則小絃絶。”二。

**校注：**字又見嶝韻古嶝反見嶝開。

**緪**　大索。

**校注：**字亦作“絙”，“絙”字見寒韻胡官反匣桓。

○**鼟**　他登反透登開。鼓聲。一。

**校注：**字又見登韻徒登反定登開。

## 五十一咸

○**咸**　胡讒反匣咸。皆。八。

**鹹**　不淡。或作醎。

**校注：**字又見闞韻公蹔反見闞。

**圅**　~谷，關名。

**䮳**　~驩，縣名。

**椷**　栝。又古咸反見咸。

**校注：**字又見咸韻古咸反見咸。

**𥡧**　稻不黏。又胡兼反匣添。亦作糠。

**校注：**字又見添韻户兼反匣添、㮇韻力店反來㮇。字亦作“糠”，“糠”字見添韻古甜反見添。

**蠊**　海虫可食。

**校注：**“可”“食”二字原倒誤，“可”旁識一小鉤。

**諴**　至誠感神。又五咸反疑咸。

**校注：**字又見咸韻五咸反疑咸。

○**緘**　古咸反見咸。緘封。八。

**瑊**　美石次玉。

**㯺**　慳悋~。

**校注：**字又見覃韻古南反見覃、添韻苦兼反溪添、添韻許兼反曉添。

**尲**　~尬，中間者，謂非好非悪。

**校注：**字原從“元”不從“尢”，俗誤。注文次字誤。《切三》《王二》《廣韻》二字作“尲”“尬”。

**椷**　栝。不（又）胡緘反匣咸。

**校注：**“不”字誤，《王一》作“又”。字又見咸韻胡讒反匣咸。

**黬**　黑。又上林反禪侵。

**校注：**字又見侵韻職深反章侵。

**黬**　釜底黑。

**轗**　車聲。

○**攕**　所咸反生咸。女手。五。

校注：字又見鹽韻息廉反心鹽。

櫼　木名。

縿　旌旗旒。

校注：字又見銜韻所銜反生銜。

霰　微小雨。

校注：字原作"霎"，誤，《廣韻》作"霰"。字又見鹽韻子廉反精鹽、銜韻所銜反生銜。

椾　木名。亦作杉。

〇猪　乙咸反影咸。大吠。又乙陷反影陷。[一]。

校注："大"當從《切三》《王一》《王二》作"犬"。底本紐字數奪。字又見陷韻於陷反影陷。

〇喦　五咸反疑咸。山高。六。

校注：字又見葉韻而涉反日葉。

顩　長面皃。又丘檻反溪檻。

校注：又丘檻反，本書無溪母檻韻一紐。字又見豏韻苦減反溪豏。

羬　山羊。亦作麙。

麙　羊絶有力。

諴　和。

校注：字又見咸韻胡讒反匣咸。

碞　僭差。又午金反疑侵B。

校注：字下原作"右"不從"石"，誤，《王一》《王二》《廣韻》作"碞"。

〇㰹　許咸反曉咸。笑皃。四。

䗡　似蛤，出海中。

妗　喜皃。

校注：字又見鹽韻處詹反昌鹽。

黔　黏~。

〇詀　竹咸反知咸。詀諵，語聲。又尺涉反昌葉。詀讘，耳語。三。

校注：字又見添韻丁廉(兼)反端添、葉韻叱涉反昌葉。字亦作"呫"，"呫"字見怗韻他協反透帖。

鵮　鳥啄物。[又]苦咸反溪咸。

校注：字原作"鷂"，俗誤。"又"字原脱，《王一》《王二》《廣韻》有字。字又見咸韻苦咸反溪咸。字亦作"㪁"，"㪁"字見陷韻口陷反溪陷。

黏　~黔，小頭。

〇諵　女咸反娘咸。一。

校注：字又見陷韻儜賺反娘陷。

〇讒　士咸反崇咸。譖。作讒。九。

校注："作"上有奪文，《王一》有"通俗"二字。本書注文與字頭同形，蓋注文字誤。字又見陷韻士陷反崇陷。

㺥　~猢。

校注：字又見銜韻鋤銜反崇銜。

鏨　小鑿。

校注：字又見談韻昨甘反從談、闞韻慙濫反從闞。

饞　不廉。

毚　狡兔。又士銜反崇銜。

鼈　高鼻皃。

儳　貪。

校注：字又見陷韻士陷反崇陷、鑑韻楚鑑反初鑑。

劖　剗。

酁　宋地。

〇鵮　苦咸反溪咸。鳥鵮物。又竹咸反知咸。或作㪁。一。

校注：字原作"䳽"，俗誤。注文"䳽"亦俗誤。字又見咸韻竹咸反知咸。字亦作"㪇"，"㪇"字見陷韻口陷反溪陷。

〇嵌　溪銜

校注：字左下原從"日"，誤。《王二》爲銜韻末字，𢱧銜反，又口銜反，唯字左下誤從"音"。《廣韻》亦銜韻末字，口銜反。本書此字與全書字體有異，字形較其他字頭偏小，當爲後人增字，然誤植，當入銜韻。

## 五十二銜

〇銜　户監反匣銜。馬羈口。三。

譀　調。

校注：字又見闞韻下瞰反匣闞、狎韻呼甲反曉狎。

甋　乾瓦屋。

〇巉　鋤銜反崇銜。險。七。

校注：字又見檻韻士擥(檻)反崇檻。

嶃　~嵒。亦作磛。

校注：字亦作"嶃"，"嶃"字見琰韻自冉反從琰。

劖　刺。

艬　合木舟。

鑱　犁鐵，吳人云。[又]士懺反崇鑑。

校注："又"字原脱，《切三》《王一》《王二》《廣韻》有字。字又見鑑韻士懺反崇鑑。

獑　~猢，名。又[士]咸反崇咸。

校注：底本"咸"上空一小字隙，《王一》《王二》《廣韻》作"士"。字又見咸韻士咸反崇咸。

涔　潛。又鋤簪反崇侵。

校注：字又見侵韻鋤金反崇侵。

〇巖　五銜反疑銜。山~。二。

嚵　呻。

〇攙　楚銜反初銜。[又]初咸反初咸。攙搶，祅星。二。

校注："又"字原脱，《切三》有字。又初咸反，本書無初母咸韻一紐。

鼸　鼠黒白胥~。

校注：字原從"䜌"不從"鑯"。

〇衫　所銜反生銜。九。

繸　帛青色。又昨來反從咍。

校注：字又見咍韻昨來反從咍。

彡　毛長。

校注：字又見鹽韻息廉反心鹽。

縿　旌旗。

校注：字又見咸韻所咸反生咸。

髟　長髮。

校注：字又見宵韻甫遥反幫宵A、幽韻甫休反幫幽。

芟　伐草。

襂　旌旗所著。

瞰　瞻。又格懺反見鑑。

校注：字又見銜韻古銜反見銜。

霎　微雨。又子廉反精鹽。

校注：字原作"霰"，誤。字又見鹽韻子廉反精鹽、咸韻所咸反生咸。

〇監　古銜反見銜。又古懺反見鑑。明。五。

校注：字又見鑑韻格懺反見鑑。

鑒　~諸，以取月水。

校注：字亦作"鑑"，"鑑"字見鑑韻格懺反見鑑。

礛　~礷，青礪石。

劖　細切。

校注：字又見闞韻盧瞰反來闞。

瞰　視。

## ［五十三嚴］

〇嚴　語驗反疑嚴。肅。二。

校注：底本此字上脱"五十三"三字。字又見嚴韻（去聲）魚淹反疑釅。

籢　射翳。

校注：字原作"蘞"，俗誤，《廣韻》作"籢"。

〇驗　虚嚴反曉嚴。胡被。二。

校注：字又見琰韻虚檢反曉琰B。

杴　~鍬。古作櫶。

〇醃　於嚴反影嚴。鹽漬魚。亦作腌字，同。一。

校注：字又見鹽韻英廉反影鹽B、勘韻烏紺反影勘。

〇㰹　丘嚴反溪嚴。㰹歁，不齊。又丘凡反溪凡。一。

校注：又丘凡反，本書無溪母凡韻一紐。字又見广韻丘广反溪儼、嚴韻（去聲）丘嚴反溪釅。字亦作"欦"，"欦"字見覃韻火含反曉覃、添韻許兼反曉添、豏韻火斬反曉豏。

## ［五十四凡］

〇凡　符芝反並凡。常。六。

校注：底本此字上脱"五十四"三字。

帆　舩上帆。又扶泛反並梵。

校注：字又見梵韻扶泛反並梵。

仉　輕。又孚劔反滂梵。

校注：字又見梵韻敷梵反滂梵。

颿　舷。

颱　舩張。亦作颶。

杋　木，皮可索。

〇芝　匹凡反滂凡。草浮水皃。三。

欦　多智。

校注：此字周祖謨校《廣韻》以爲誤收於此紐，當音丘凡反溪凡。

汎　水名。

# 上聲卷

## 一董

○董　多動反端董一。正。三。

蝀　螮~,虹。

蓳　薡~。又曰蕮根。

校注:"根"字誤,《廣韻》作"根"。

○蠓　莫孔反明董一。蠛蠓,蟲。三。

校注:"蠛"字誤,《切三》《廣韻》作"蠛"。

鸏　小鳥。

校注:"小"字誤,《切三》《王二》《廣韻》作"水"。字又見東韻莫紅反明東一。

幪　大皃。

校注:字又見東韻莫紅反明東一。

○孔　康董反溪董一。後。一。

○敵　先惣反心董一。摶擊。二。

檧　箸桶。又蘇公反心東一。

校注:字原從"扌",俗誤,《王一》《廣韻》作"檧"。字又見東韻蘇公反心東一。

○侗　他孔反透董一。直。一曰長皃。三。

校注:字又見東韻他紅反透東一。

桶　木~。

曈　~曨,欲曙。

校注:字又見東韻徒紅反定東一。

○揔　作孔反精董一。率。俗作捴。九。

嵸　巃~,山皃。

校注:字又見東韻子紅反精東一。

偬　衆立。

葼　奉~,草皃。

鬆　~角。亦作鬉。

熜　愠。又青公反清東一。

校注:"愠"字誤,《王二》《廣韻》作"煴"。字又見東韻倉紅反清東一。

廖　屋會。又且公反清東一。

校注:字又見東韻倉紅反清東一。

輚　輪~。

校注:字原作"輘",誤,《廣韻》作"輚"。

総　聚束。

○澒　胡孔反匣董一。水溶皃。二。

汞　水銀。

○蓊　阿孔反影董一。~鬱。六。

校注:字又見東韻烏紅反影東一。

滃　大水皃。

暡　氣盛日。

校注:"日"字誤,《切三》《王一》《廣韻》作"皃"。

𩾳　~䍶,多。

校注：字又見鍾韻於容反影鍾。

勜　屈強皃。

篛　竹盛。

〇䙞　奴動反泥董一。䙢䙞。一。

校注：字又見鍾韻女容反娘鍾。

〇琫　方孔反幫董一。佩刀飾。亦作鞛。四。

菶　草盛。又蒲蠓反並董一。

校注：字又見董韻蒲蠓反並董一。

紺　小兒履。又繩履。

俸　屏～。

校注：字又見用韻房用反並用。

〇曨　力董反來董一。曈～。五。

襱　袴。又直隴反澄腫三。亦作裥。又來公反來東一。

校注：字又見東韻盧紅反來東一、腫韻直隴反澄腫三。

巃　～嵸。

校注：字又見東韻盧紅反來東一。

籠　竹器。又盧紅反來東一。

校注：字又見東韻盧紅反來東一。

竉　孔～。

〇動　徒揔反定董一。摇。五。

酮　酒壞。

娴　項直皃。

眮　瞋目。又大貢反定送一。

校注：字又見送韻徒弄反定送一。

挏　推引。

〇菶　蒲蠓反並董一。草盛。二。

校注：字又見董韻方孔反幫董一。

唪　大聲。

〇懵　莫孔反明董一。心亂皃。一。

校注：字又見嶝韻武亘反明嶝開。

# 二腫

〇腫　之隴反章腫三。病。四。

種　類生。又之用反章用。

校注：字又見用韻之用反章用。

踵　足後跟。亦作歱。

校注：亦作字當作"歱"。

徸　相迹。

〇寵　丑隴反徹腫三。愛～。二。

埫　～塎，不安。

〇隴　力奉反來腫三。大坂。三。

壠　丘～。

壟　塗～。

校注：字原作"沈"，誤，《廣韻》作"壟"。

〇擁　於隴反影腫三。手～。三。

擥　持。

壅　～堨。又於龍反影鍾。

校注：字又見鍾韻於容反影鍾。

〇宂　而隴反日腫三。散。從宀從人。通俗作亢。八。

校注：底本"宀""從"二字誤合爲一字。

㲰　不肖。一曰傷～，劣，或作搑茸。

校注：字原作"㲯"，誤，《集韻》作"㲰"。

稙　稻稍。

毦　鳥毛。亦作毴、氄。又而[尹]反日準。

**校注**：“尹”字原脱，《王二》有字。字亦作“甊”，“甊”字見軫韻而尹反日準。

**鼲** 鼠~。

**�** 拒。亦作軵。

**犺** 水牛。

**搑** 推擣。

**校注**：字又見鍾韻而容反日鍾。

〇**重** 直隴反澄腫三。不輕。又直龍〖反〗澄鍾、直用澄用三（二）反。四。

**校注**：《切三》《王一》注作“又直龍、直用二反”，《王二》作“又直用、直龍反”，本書“三”字誤，當作“二”。字又見鍾韻直容反澄鍾、用韻持用反澄用。

**鮦** 魚名。又直柳反澄有。

**校注**：字又見有韻直柳反澄有。

**憅** 遅。

**襱** 袴。又來公反來東一、力董反來董一。亦作裥。

**校注**：字又見東韻盧紅反來東一、董韻力董反來董一。

〇**冢** 知壠反知腫三。大。二。

**塚** 墓~。

〇**奉** 扶隴反並腫三。進上。一。

〇**捧** 敷隴反滂腫三。掬掬。一。

〇**勇** 餘隴反以腫三。武健。十。

**甬** 草花欲發。

**涌** ~泉。

**踊** 跳。亦作踴。

**溶** 水皃。

**校注**：字又見鍾韻餘封反以鍾。

**蛹** 老蠶。

**㙀** 㟅~，不安。

**俑** 木人，送葬。

**悀** 出。

**傛** 不安。

〇**恐** 墟隴反溪腫三。懼。一。

**校注**：字又見用韻區用反溪用。

〇**尰** 時冗反禪腫三。足腫病。亦作瘇。一。

〇**拱** 居悚反見腫三。手抱。十二。

**校注**：紐字數作“十二”而實收十三字。

**拲** 兩手械。亦作恭。又居辱反見燭。

**校注**：亦作字誤，《集韻》作“桊”。字又見燭韻居玉反見燭。

**砻** 水邊石。

**校注**：字原從“巛”不從“巩”，誤，《切三》《王一》《王二》《廣韻》《集韻》作“砻”。字又見鍾韻渠容反群鍾。

**鞏** 以皮束物。又縣名，在河南。

**蛬** 蟋蟀。亦作蛩字。

**珙** 璧~。

**校注**：字又見冬韻駒冬反見冬（鍾）“恭”紐。此字《切二》冬韻駒東反“恭”紐、《王二》冬韻駒冬反“恭”紐、《廣韻》鍾韻九容切“恭”紐收字。

**拜** 兩手。

**銎** 缺。

**拲** 抱持。

**巩** 抱。

**供** 慄。

**鞏** 冈~。

**校注：**字下原從"革"，誤，《王二》《廣韻》作"鞏"。

**鮮** 鯤，魚子。

○**悚** 息拱反心腫三。怖。九。

**竦** 敬。《國語》："竦善抑惡。"

**慫** 驚~。

**聳** 高~。

**縱** 絆前足。

**校注：**字又見麌韻思主反心麌、有韻息有反心有。

**摗** 執。亦推。

**愯** 懼~。

**傱** 傱~，走皃。

**校注：**字原脱筆"彳"，《王二》《廣韻》作"傱"。注文首字當作"傱"。

**駷** 馬摇銜走。又思口〖二〗反心厚。

**校注：**"二"字衍，《王二》無。字又見厚韻藪后反心厚。

○**洶** 許拱反曉腫三。洶溶，水勢。又許恭反曉冬(鍾)。一。

**校注：**本書"恭"字入冬韻。字又見鍾韻許容反曉鍾。

○**湩** 都隴反端腫一。濁多。此是冬字之上聲。陸云冬無上聲，何失甚。一。

**校注：**"重"聲字上古入東部，中古不入冬韻，入腫韻可安，故此李榮《切韻音系》將"湩"字定爲腫韻字，是。本條注云："此是冬字之上聲。"又非陸氏"冬無上聲"之説，誤。反切上字"都"爲一等韻字，反切下字"隴"爲三等韻字，"湩"字李榮《切韻音系》列爲腫韻一等，即都隴反等第凴切。潘悟雲《反切行爲與反切原則》一文指出李説以"湩"字爲腫韻一等韻字，欠妥。潘文認爲，其一，據反切原則，都隴反據反切下字定等第，當爲腫韻三等，但與知壠反"冢"小韻重出。其二，"湩"字本書另見兩處，多貢反端送一注："又都綜端宋、竹用知用二反。"竹用反知用注："又都貢反端送一。"均無腫韻讀。《切三》腫韻亦不收"湩"字。其三，音義也不讀腫韻，如《漢書·匈奴傳》："得漢食物皆去之，以視不如重酪之便美也。"顔師古注："重，乳汁也。重音竹用反知用，字本作湩，其音則同。"因此，"湩"字腫韻一讀實可疑。"此""是"二字原倒誤，"此"旁識一小鉤。字又見送韻多貢反端送一、用韻竹用反知用。

○**覂** 方奉反幫腫三。覆巢。或泛。一。

**校注：**字下原從"之"，俗誤，《廣韻》作"覂"。

○**鵩** 莫湩反明腫一。鴟，鳥。二。

**校注：**字又見講韻武項反明講。

**朦** 豐大。

○**梁** 渠隴反群腫三。穜。[又]渠恭反群冬(鍾)。二。

**校注：**字原作"梁"，俗誤，《廣韻》作"梁"。本書"恭"字入冬韻。"二"當作"一"。字又見鍾韻渠容反群鍾。

○**雗** 充隴反昌腫三。鳥飛。一。

○**幒** 且勇反溪腫三。褌。或作忪、裕。

**校注：**字原作"忪"，俗誤，《廣韻》作"幒"。或作字"忪"俗誤,當作"蚣"。

〇縱　子冢反精腫三。褌衣。一。

**校注:**"褌"字誤,《王二》《廣韻》作"襌"。

## 三講

〇講　古項反見講。教。四。

港　水流。

耩　~地。

傋　佬~。

〇棒　步項反並講。杖。或作棒。四。

玤　周邑,地名。

棓　大杖。

**校注:**字又見咍韻扶來反並咍。

蚌　蛤。或作蜯。亦作硥。

**校注:**亦作字誤,《王一》《王二》作"蜯"。

〇慃　烏項反影講。佷戾。一。

〇項　胡講反匣講。頸後。二。

缿　受錢器。

**校注:**字又見候韻胡遘反匣候。

〇佬　武項反明講。佬傋,不媚皃。二。

鳩　~頫。又莫奉反明腫一。

**校注:**"頫"字誤,《切三》作"鳿"。"奉"腫韻三等字,又莫奉反等第凴切。字又見腫韻莫湩反明腫一。

## 四紙

〇紙　諸氏反章紙開。蔡綸所造。十五。

只　詞。又諸移反章支開。

坻　隴坻。又當礼反端薺開。

**校注:**字亦作"坻","坻"字見脂韻直尼反澄脂開、薺韻都礼反端薺開。

軹　縣名,在河南。

枳　□~。

**校注:**底本注文首字左半爲"朿",右半不可辨,《王二》作"棘",《廣韻》訓"木名"。

咫　~尺。

抵　~掌。

沢　水名,出拘扶山。

**校注:**龍校云:"水字不清,據他書補。"此據龍氏摩本録字。

恀　□。

**校注:**底本注文左旁龍氏摹本作"忄"。龍校云:"注文右半不清,王二作怙,唐氏所書亦作怙,然當作怙。爾雅恀、怙、恃也。"

稸　曲　果。

**校注:**底本"曲"下留一字隙,《王一》作"曲枝果"。字亦作"椒","椒"字見麌韻俱羽反見麌。

汦　著正。

**校注:**龍校云:"汦字右半及著字下半日字不清,依諸書補。"

芷　~陽縣。

坻　著。

鴃　鳥,如烏,鳥也。

抧　開。

**校注:**字又見蟹韻側解反莊蟹開。

〇是　丞紙反禪紙開。無非。八。

氏　是。

校注：字又見清韻子清反精清開。

媞　江淮閒呼母。

校注：字又見齊韻度嵇反定齊開。

跐　積聚。

諟　審~。

徥　行皃。

褆　衣服端下。

校注：字又見齊韻度嵇反定齊開。

狏　~狼。

校注：字又見紙韻食紙反船紙開。

〇靡　文彼反明紙B開。無。四。

䃺　乘輿金耳。又美為反明支B開。

校注：字又見支韻靡為反明支B開。

𪎭　孰寐。又莫礼反明薺開。

校注：字又見薺韻莫礼反明薺開。

㣆　~，猶遲~。亦作𠊱。

校注："遲"下重文號重"遲"字。

〇彼　補靡反幫紙B開。此。二。

𦵮　相分解。

〇被　皮彼反並紙B開。衾。又皮義反並寘B開。二。

校注：字又見寘韻皮義反並寘B開。

罷　遣有罪。又平陂並支B開、薄解並蟹開二反。

校注：字又見蟹韻薄解反並蟹開。"罷"通"疲"，"疲"字見支韻符羈反並支B開。

〇毀　許委反曉紙B合。壞。七。

燬　火。亦作焜、烜。

校注：字亦作"烜"，"烜"字見尾韻許偉反曉尾合。

嫛　恶口。

撆　傷擊。

檓　椒木者。

校注：底本"椒"上有"舂"字，爲涉下"篹"字注文而衍，旁識兩點。

篹　舂。

𩿧　鳥吐毛如丸。

校注：字又見紙韻於詭反影紙B合。

〇委　於詭反影紙B合。依。四。

骫　骨曲。

校注：字原作"骫"，俗誤，《廣韻》作"骫"，合《説文》。

𩿧　鷙鳥食吐毛。

校注：字原從"几"不從"丸"，俗誤，《廣韻》作"𩿧"，合《説文》。字又見紙韻許委反曉紙B合。

蜲　鼠婦。

〇跪　去委反溪紙B合。拜。二。

校注：字亦作"𧼯"，"𧼯"字見紙韻求累反群紙B合。

𡯁　刖一足。

校注：字原從"无"不從"旡"，俗誤。

〇詭　居委反見紙B合。詐。十。

垝　~垣。亦作陒、𡨴。又於為反影寘B合。

校注："𡨴"字俗誤，《王二》作"寛"。字亦作"寛"，"寛"字見寘韻詭偽反見寘B合。

錡　戾鋸齒。

觤　獸角不齊皃。亦作䩈。

校注：亦作字誤，當作"𧤵"，《説文》《集韻》可證。

跂　抗。又九僞反見寘B合。

校注：字右原從"攴"，俗誤，《切三》《廣韻》作"跂"。字又見寘韻詭僞反見寘B合。

恑　變。

蛫　蟹。

祪　毀廟之祖。

桅　短矛。

校注：字原作"捤"，俗誤，《王一》《王二》《廣韻》作"桅"。字又見灰韻五回反疑灰。

庋　上懸。

〇髓　息委反心紙合。骨肉行。亦作髓。四。

嶲　越嶲郡。

靃　~靡，草弱皃。

鰖　餹餅。

校注：底本注文首字左旁塗污。龍校云："此餹字，盖誤作鎕而改之。"

〇累　力委反來紙合。多。三。

校注：字又見寘韻羸僞反來寘合。

樏　似小盤，中有隔。

校注：字又見脂韻力追反來脂合。

纍　法者纍，可以網人心。

〇技　渠綺反群紙B開。藝。俗作伎。五。

妓　女樂。

徛　立~。

校注：字右原從"竒"。字又見支韻去奇反溪支B開。

錡　釜。又魚倚反疑紙B開。

校注：字右原從"竒"。字又見支韻渠羈反群支B開、紙韻魚倚反疑紙B開。

蟜　蟬~。

校注：字右原從"竒"。

〇倚　於綺反影紙B開。恃。三。

校注：字又見寘韻於義反影寘B開。

椅　~柅。

校注：字右原從"竒"。字又見支韻於離反影支B開。

旖　旗。又河(阿)我反影哿一。

校注：《廣韻》云："旖旎，旌旗從風皃。"本書有脱文。"河"字誤，《王二》作"阿"。字又見哿韻烏可反影哿一。

〇掎　居綺反見紙B開。牽一脚。六。

校注：字原從"竒"，本紐從"奇"之字皆如是。字又見支韻居宜反見支B開。

剞　曲刀。亦作剢。

庪　食閣。

踦　弃。又丘知溪支B開、九奇見支B開二反。

校注：字又見支韻去奇反溪支B開、居宜反見支B開。

尯　一足。亦作踦。

校注：字原從"兀"不從"尢"，俗書。字亦作"踦"，"踦"字見支韻去奇反溪支B開。

攲　去。

校注：字又見支韻居宜反見支B開。

〇綺　墟彼反溪紙B開。綾~。七。

校注：紐字數作"七"而實收六字。

婍　好。亦作裿。

校注：字原從"竒"，本紐從"奇"之字皆如是。亦作字俗誤，《王一》作"裿"。

碕　~磯。

校注：字又見支韻渠羈反群支B開。

趚　行皃。

校注：字亦作“跂”，“跂”字見支韻巨支反群支A開、寘韻去智反溪寘A開。

愔　減。又去奇反溪支B開。

校注：“減”字誤，當作“椷”。字又見支韻去奇反溪支B開。

痏　痤。又於蟹反影蟹開。

校注：字又見蟹韻烏解反影蟹開。

○蟻　魚倚反疑紙B開。蚍蜉。亦作螘。七。

錡　三足鼎。一曰兵蔵為蘭錡。或作錡。

校注：字又見支韻渠羈反群支B開、紙韻渠綺反群紙B開。

礒　碕~，石巖皃。

齮　齧。

校注：字右原從“竒”。

檥　整舟向岸。亦作艤。

羛　~陽鄉，在魏郡。

校注：字又見支韻許羈反曉支B開。

敧　釜。亦作錡。

校注：字左原從“畐”，誤，《王二》《廣韻》作“敧”。

○蔿　為委反云紙B合。姓。又干見戈戈一反。九。

校注：“干”字誤，疑當爲“午”字。字又見哥韻五和反疑戈一。

鄬　地名。

蘤　花~。

瘍　口咼。

校注：字原從“爲”。

闖　門。亦作闕。

校注：“門”字誤，《切三》《王二》《廣韻》作“闢”。

薳　人姓。又~復。

僞　不安。

校注：字原作上“艹”下“偽”。

寪　屋皃。

隝　鄭地。又丘(虛)為反曉支B合。

校注：又丘為反，本書支韻去為反溪支B合無此字，又本書無溪母寘韻開口重紐三等一紐。龍校云：“王二云又虛為反曉支B合，字正見許為反曉支B合下，注云又為詭反云紙B合，与此互見。丘字誤。”核《王二》，“虛”字作俗形“虗”。底本“丘”或因“虗”字脱筆而誤。字又見支韻許為反曉支B合。

○觜　即委反精紙合。鳥啄。或作㭰。通俗作觜。一。

校注：字下原從“朿”，俗誤，《説文・此部》作“觜”。字亦作“觜”，“觜”字見支韻即移反精支開、支韻姊規反精支合。

○蘂　而髓反日紙合。花心。一。

○此　雌氏反清紙開。正作此。斯。九。

校注：字原作“𣥂”。本紐從“此”之字皆作此形。紐字數作“九”而實收八字。

佌　舞皃。亦作𡙻。

跐　蹈。

玼　色鮮。

校注：字又見支韻疾移反從支開、薺韻千礼反清薺開。

泚　水清。

校注：字又見薺韻千礼反清薺開。

佨　小皃。

校注：字原作“佪”，誤，《王二》《廣韻》作“佨”。

越　淺度。

校注：“度”字誤，《王二》《廣韻》作“渡”。

柴　直大。

〇豸　池尔反澄紙開。蟲豸~。十。

校注：紐字數作“十”而實收九字。字又見蟹韻宅買反澄蟹開。

褫　奮衣。

校注：“奮”字誤，《廣韻》作“奪”。字又見支韻直知反澄支開、紙韻勑豸反徹紙開。

粻　黏~。

校注：字又見寘韻是義反禪寘開。

陊　山崩。

校注：字又見哿韻徒可反定哿一。

傂　仳~。又直知反澄支開。

校注：字又見支韻弋支反以支A開、支韻息移反心支開、支韻直知反澄支開。

柁　折薪。又達可反定哿一。

校注：字原作“牠”，誤，《王二》作“柁”。“折”字俗誤，《廣韻》作“析”。字又見哿韻徒可反定哿一。

阤　落~。

觽　角端不正。

廌　解~。又子見反精霰開。亦作觽。

校注：龍校云：“又子見反……四字不當有。薦字音子見反，別為一字。本書及王二霰韻作見反收此字，誤甚。”字又見霰韻作見反精霰開。

〇徙　斯氏反心紙開。移。正作䢷。二。

璽　印別名。

〇酏　移尔反以紙A開。酒。八。

校注：字亦作“酡”，“酡”字見支韻弋支反以支A開。

迆　邐~，相連接皃。

校注：字亦作“迤”，“迤”字見支韻弋支反以支A開。

匜　杯~。

校注：字又見支韻弋支反以支A開。

袘　中衣袖。

校注：字又見支韻弋支反以支A開。

貤　引腸。《莊子》曰：“長洪~。”

箷　峛~，沙丘状。

椸　架。又離。又弋支反以支A開。

惿　不憂事。又餘支反以支A開。

校注：字又見支韻弋支反以支A開。

〇邐　力氏反來紙開。迤，連山。二。

峛　~箷。

〇躧　所綺反生紙開。躧步。亦作𩌦。又所解反生蟹開。五。

校注：又所解反，本書無生母蟹韻開口一紐。

灑　~掃。

校注：字又見寘韻所寄反生寘開。

纚　韜髪。

屣　~不攝根。亦作韃。

校注：省代號《切三》《王二》《廣韻》作"履"，是。字又見寘韻所寄反生寘開。

簁　籭~。

校注：字又見支韻所宜反生支開。

○俾　畀婢反幫紙A開。彼。九。

校注：字右原從"畀"，本紐從"卑"之字除"鞞""蓖"外均如是。

鞞　刀~。

校注：字又見支韻府移反幫支A開、迥韻補鼎反幫迥開。

箄　竹器。

校注：字又見支韻府移反幫支A開、齊韻方奚反幫齊開。

鞞　黍屬。又平懈反並卦開。

校注：字右原從"畀"，俗誤，《切三》《王二》《廣韻》作"鞞"。字又見卦韻傍卦反並卦開。

髀　~股。

校注：字又見薺韻傍礼反並薺開。

崥　山足。

俾　使。

蓖　鼠莞。

校注：字下原從"痹"，俗誤，《王二》《廣韻》作"蓖"。

埤　客。

○爾　兒氏反日紙開。亦作尒、尓。［二］。

校注：底本紐字數奪。

邇　近。亦作迩、途。〖二〗。

校注："二"字衍。

○渳　弥婢反明紙A開。~水。七。

瀰　水流皃。亦作洋。

芈　羊鳴。一曰楚姓。亦作嘪。

校注：字亦作"嘪"，"嘪"字見蟹韻莫解反明蟹開。

侎　安。亦作敉、敉。

闢　力揙。反(又)乃弟反泥薺開。

校注：字原作"闢"，誤，《王二》《廣韻》作"闢"，亦誤，《説文・門部》作"闢"。"揙"字誤，《王二》《廣韻》作"褊"。"反"字誤，《王二》《廣韻》作"又"。

葞　春草。

弭　弓~。

○婢　便俾反並紙A開。女奴。二。

校注：字右原從"畀"。

庳　下。或作堺。又音被。

校注：字原從"畀"。或作字爲俗形，當作"埤"。"被"字音紙韻並母並紙B開、寘韻並母並寘B開，本書"庳"字未另見，不詳"又音被"之所指。《廣韻》作"又音卑並支A開"。字亦作"埤"，"埤"字見支韻符支反並支A開。

○侈　尺尒反昌紙開。奢。十一。

姼　姑~，輕薄皃。

誃　甑。

垑　恃土地。

哆　張口。

校注：字又見馬韻車下反昌馬開三、箇韻丁佐反端箇一。

誃　離。又直移反澄支開。

校注：字又見支韻直知反澄支開。

**灩**　音不和。又昌厲反昌祭開。

**校注：** 字又見祭韻尺制反昌祭開。

**㢋**　廣~。

**炵**　晟。

**袳**　衣張。亦作袲。

**彖**　豕。

**校注：** 字原作“豕”，誤，《説文·彑部》作“彖”。

〇**弛**　式是反書紙開。廢。亦作㢮、弛。二。

**校注：** 亦作次字與字頭同形，當有一誤。

**豕**　腊。

〇**紫**　兹尔反精紙開。色。七。

**校注：** 字原從“𣥂”。本紐從“此”之字皆作此形。

**訿**　~毁。或作呰。

**校注：** 字亦作“呰”，“呰”字見韻支韻即移反精支開。

**呰**　弱。《謹書》曰：“呰窳媮。”又姊西精齊開、徂礼從薺開二反。

**校注：** “謹”字誤，《王一》《王二》作“漢”。“媮”下《王一》《王二》有“生”字，當補。字又見齊韻即黎反精齊開、薺韻徂礼反從薺開。

**泚**　水名，在長沙。

**茈**　生薑。

**校注：** 字又見佳韻士佳反崇佳開。

**呰**　口毁。

**批**　梓。又子米精薺開、側氏莊紙開二反。

**校注：** “梓”字誤，《王二》《廣韻》作“捽”。字又見紙韻側氏反莊紙開。

〇**捶**　之累反章紙合。擊。五。

**箠**　策。又時蘂反禪紙合。

**校注：** 又時蘂反，本書無禪母紙韻合口一紐。字又見支韻竹垂反知支合。

**沝**　二水。又資遺反。

**校注：** 本書“遺”字見脂、至二韻，“沝”字未見另出，又資遺反，不詳所指。《廣韻》作“又音資精脂開”。

**腨**　小巵。又之兖反章獮合。

**校注：** 字又見獮韻旨兖反章獮合。

**騅**　馬小。又子垂反精支合。

〇**揣**　初委反初紙合。度。亦作敾。又丁果〖反〗端果一、〖又〗尺轡昌獮合二反。一。

**校注：** 字又見哿韻丁果反端果一。字亦作“敾”，“敾”字又見獮韻昌兖反昌獮合。

〇**𤞞**　隨婢反邪紙合。牸豚。一。

〇**舐**　食紙反船紙開。舌取物。或作𦧧。亦作䑛。二。

**校注：** 或作字誤，《切三》《王一》《王二》《廣韻》作“䑛”。

**狏**　獸名，似狐，見則有兵。

**校注：** 字又見紙韻丞紙反禪紙開。

〇**輢**　於綺反影紙B開。車騎。陸於倚韻作於綺反，之於此輢韻又於綺反，之音既同反，不合兩處出韻，失何傷甚。一。

**校注：** 字右原從“竒”。龍校云：“切三前有倚椅等字音於綺反，後又有輢字音於綺反。王二輢字併於倚下，廣韻同。本書注文云云,亦謂兩反當合為一。其中三韻字即小韻之義。騎字當从切三、王二、廣韻作輢。又下王一有作字,疑此誤脱。"字又見寘韻奇寄反群寘B開。

〇破 匹靡反滂紙B開。枝折。三。

披 開。

校注:字又見支韻敷羈反滂支B開。

紴 水波錦文。有(又)祐(補)柯反幫戈一。

校注:"有""祐"字誤,《王一》《王二》《廣韻》作"又""補"。字又見哥韻博何反幫戈一。

〇諀 匹婢反滂紙A開。諀訾。四。

校注:字原作"諀",俗誤,《切三》《王二》《廣韻》作"諀"。

庀 具。又匹几反滂旨B開。

疕 瘡上甲。

校注:字又見旨韻畀履反幫旨A開。

訛 離。具。

〇蓶 羊捶反以紙A合。雞頭。五。

校注:字又見昔韻營隻反以昔合。

蔿 草木花初出。

荓 草木初生。又惟畢反以術A。

校注:字又見質韻餘律反以術A。

豨 小豬。亦作隊。

瘺 創裂。

〇惢 才捶反從紙合。疑。一。

校注:字又見支韻姉規反精支合、哿韻蘇果反心果一。

〇跬 去弭反溪紙A合。舉一足。亦作趌,蹞半步。二。

頍 弁皃。

校注:字左原從"攴",俗誤,《切三》《王二》《廣韻》作"頍"。

〇狔 女氏反娘紙開。猗~,従風皃。[三]。

校注:底本紐字數奪。

柅 椅~。

校注:字又見脂韻女脂反娘脂開、旨韻女履反娘旨開。

旎 旖~,柔弱。

〇硊 魚毀反疑紙B合。磈~,石皃。四。

顀 閑習。又五罪反疑賄。

校注:字又見賄韻五罪反疑賄。

姽 好皃。又牛疑累紙合/寘合反。

校注:字原從"巴"不從"㔾",俗誤。龍校云:"又牛累反:案累讀上声,則牛累与魚毀同音;讀去声,則寘韻危賜反疑寘B合無此字,各書同。王一、王二牛字作才,各書紙寘二韻從母亦無此字。(案:才當是牛字之誤。)廣韻云又過累反見紙B合,字又見過委切見紙B合下。集韻過委切見紙B合之外,又見麻韻吾瓜切疑麻合二。"恐龍氏迂曲,疑"累"字爲"果"字形近之誤。字又見果韻五果反疑果一。

鴝 布穀。

校注:字原從"巴"不從"㔾",俗誤。

〇跪 求累反群紙B合。跟~。一。

校注:字原從"巴"不從"㔾",俗誤。字亦作"跪","跪"字見紙韻去委反溪紙B合。

〇褫 勑豸反徹紙開。衣絮偏。又直尔反澄紙開。一。

校注：字又見支韻直知反澄支開、紙韻池尔反澄紙開。

〇搋　陟侈反知紙開。指。二。

校注：字右原從"支"。字又見至韻陟利反知至開。

襹　衸。

校注：字左原從"衤"，字右原從"支"，俗誤。注文爲"衸"字俗誤。《王一》《王二》作"襹""衸"。

〇䙡　興倚反曉紙B開。去涕。一。

校注：字亦作"豨"，"豨"字見尾韻希豈反曉尾開。

〇批　側氏反莊紙開。拳加人也。一。

校注：字右原作"此"形。字又見紙韻兹尔反精紙開。

# 五旨

〇旨　職雉反章旨開。正作旨。美。四。

指　手~。

恉　意~。

砥　~礪。

校注：字又見脂韻旨夷反章脂開。

〇視　承旨反禪旨開。望見。一。

校注：字又見至韻常利反禪至開。

〇美　無鄙反明旨B開。從羊從大。精好。三。

犛　獸，似牛。

校注：字又見軫韻眉殞反明軫B。

媄　善。

〇鄙　方美反幫旨B開。邑。二。

啚　嗇。

校注：字又見模韻度都反定模。

〇兕　徐姊反邪旨開。正作兕。似牛，青色。四。

羠　犍羊。又餘几反以旨A開。

校注：又餘几反，本書無以母旨韻開口一紐。

薙　燒草。又直履〖反〗澄旨開、〖又〗他計透霽開[二]反。

校注：字又見旨韻直几反澄旨開、霽韻他計反透霽開。

茦　蒿。

〇几　居履反見旨B開。曲机杖。八。

机　木。

麂　獸，似麞。

屼　女~山，弱水所出。

郮　地名。

犱　獸，如兔。

校注：字原作"犱"，俗誤。周祖謨校《廣韻》云："犱當是犱字之譌。"

屌　赤舄。

校注：字原從"扌"不從"彳"，誤，《廣韻》作"屌"。

硋　石墮聲。

校注：字右上原從"夕"，俗誤，《廣韻》作"硋"，合《説文》。字又見陌韻所戟反生陌開二。

〇姊　將几反精旨開。女兄。二。

秭　万億。

校注：字右原從“市”。

〇匕　畀履反幫旨A開。匕匙。八。

妣　母。又甫至反幫至A開。

秕　穅~。或作粃。

比　方。又婢四並至A開、方(房)脂並脂A開、扶必並質A三反。

校注：“方”字誤，《切三》《王二》作“房”。字又見脂韻房脂反並脂A開、寘韻婢義反並寘A開、至韻毗四反並至A開、質韻毗必反並質A。

祉　以豚祀司命。

校注：字又見至韻毗四反並至A開。

沘　水名，出廬江潏縣，入芍陂，今謂之渒水。芍音張略反知藥開。

疕　頭禿。

校注：字又見紙韻匹婢反滂紙A開。

髀　股外。之(又)旁礼反並薺開。

校注：字右原從“畢”。“之”字誤，《王二》作“又”。

〇軌　居洧反見旨B合。法。從古杂音匭省。非從几。八。

校注：字原作“軓”，俗誤，《廣韻》作“軌”。

簋　簠簋，祭器。

晷　日。

厬　~泉。或作漸。

頯　小頭。又巨追反群脂B合。

校注：字原作“頯”，俗誤，《王一》《廣韻》作“頯”。字又見脂韻渠追反群脂B合。

宄　内盜。

匭　匣~。

氿　水涯枯土。

〇洧　榮美反云旨B合。水名，在鄭。四。

鮪　魚名。

痏　瘡~。

蔿　黄皃。又下悔反匣隊。

〇矢　式視反書旨開。陳。三。

校注：“式”字原從“戈”不從“弋”，誤。

笶　箭。

屎　糞。亦作菌、戻。

〇死　息姊反心旨開。止歸。一。

〇雉　直几反澄旨開。野雞。三。

滍　水者名，在魯陽。

薙　芟。又徐姊反邪旨開。〖一〗。

校注：“一”字衍。字又見盲韻徐姊反邪旨開、霽韻他計反透霽開。

〇牝　扶履反並旨A開。[又]毗忍反並軫A。雌。一。

校注：“又”字原奪，《切三》《王一》《王二》《廣韻》有字。字又見軫韻毗忍反並軫A。

〇履　力几反來旨開。從彳、舟、夂。一。

〇水　式軌反書旨合。流津。一。

〇壘　力軌反來旨合。塹。十。

磊　碨~。

校注：字又見賄韻落猥反來賄、隊韻盧對反來隊。

猚　抗~。

校注：“抗”字誤，《切三》作“犺”。字亦作“蜼”，“蜼”字見至韻以醉反以至A合、宥韻余救反以宥。

鸓　飛生，鳥名，飛且乳也。

**校注：**字又見脂韻力追反來脂合。

**藟**　葛~。

**櫐**　藤~。

**誄**　述行。

**耒**　田器。又盧猥反來賄。

**校注：**字又見隊韻盧對反來隊。

**讄**　禱。亦作讚。

**灅**　水名，出鴈門。

**校注：**字又見脂韻力追反來脂合。

**〇揆**　葵癸反群旨A合。度。五。

**楑**　木名。

**校注：**字又見脂韻渠隹反群脂A合。

**㥯**　悸。又視隹反禪脂A合。

**校注：**龍校云："癸声之字例不讀齒音，疑視原作示，本讀羣母，誤改為視。"字又見脂韻渠隹反群脂A合。

**嫢**　細。又聚惟反群脂A合。

**校注：**字原作"嫢"，誤，《廣韻》作"嫢"。字又見支韻姊規反精支合。

**湀**　泉，出通川。又水名。

**校注：**字又見齊韻苦圭反溪齊合、屑韻苦穴反溪屑合。

**〇趡**　千水反清旨合。走。三。

**校注：**紐字數作"三"而實收二字。字又見笑韻弋笑反以笑A、笑韻才笑反從笑。

**踓**　蹩~。

**校注：**字又見旨韻以水反以旨A合。

**〇柅**　女履反娘旨開。絡絲樹。《易》："金柅。"[一]。

**校注：**底本紐字數不可見，龍氏摹本有"一"字。字又見脂韻女脂反娘脂開、紙韻女氏反娘紙開。

**〇否**　符鄙反並旨B開。塞。[又]方久反幫有。七。

**校注：**"又"字奪，《切三》《王一》《王二》有字。字又見有韻方久反幫有。

**痞**　腹内結病。

**校注：**字原從"不"不從"否"，《切三》《王一》《王二》《廣韻》《集韻》作"痞"。字又見有韻方久反幫有。

**圮**　岸毀。亦作嶏。

**校注：**亦作字爲俗誤之形，當作"嶏"。

**仳**　離。又方(芳)匕反滂旨A開。

**校注：**"方"字誤，《切三》《王一》《王二》作"芳"。字又見脂韻房脂反並脂A開。

**殍**　草木枯落。

**校注：**字又見虞韻撫扶反滂虞、小韻平表反並小B。

**帔**　㥯裂。

**校注：**字原作"忆"，俗誤。"㥯"爲"㨐"字俗誤。《廣韻》可證。

**醅**　覆。或作嶏。

**校注：**或作字爲俗誤之形，當作"嶏"。

**〇嶉**　徂礨(壘)反從旨合。嵬。一。

**校注：**"礨"字誤，《王一》《王二》作"壘"。字又見賄韻徂賄反從賄。

**〇嚭**　匹鄙反滂旨B開。大。三。

**校注：**字原作"噽"，誤，《王一》《廣韻》作"嚭"。

**岥**

**校注：**字右原從"攴"，俗誤。底本注文漏脱，《王一》云："破，又匹支反。"《王二》云：

“破,又疋支反。”字又見支韻敷羈反滂支B開。

秠　一稃二米。又卿悲反溪脂B開。

校注:又卿悲反,本書無溪母脂韻開口重紐三等一紐。字又見脂韻敷悲反滂脂B開、尤韻匹尤反滂尤。

○蕊　如蘂反日旨合。草木實節生。一。

○唯　以水反以旨A合。諾。八。

校注:字又見脂韻以隹反以脂A合。

蓶　以馬薤而黄,可食。

校注:“以”“薤”當作“似”“韮”,《切三》《王一》《王二》可證。

鮪　蟹子。

校注:字又見哿韻徒果反定果一。

瀢　魚盛皃。

壝　埒。又逵位反群至B合。

校注:字又見脂韻以隹反以脂A合、至韻逵位反群至B合。

孈　愚贛多態。又尤卦反云(匣)卦合。

校注:“贛”字誤,《廣韻》作“戇”。二等韻例不配云母,又尤卦反云匣混切。《廣韻》《集韻》“胡卦切匣卦合”下見字。本書胡卦反下奪字。

擠　弃。

校注:字右下原從“目”,俗誤,《王一》《王二》《廣韻》作“擠”。

踓　走皃。

校注:字又見旨韻千水反清旨合。

○歖　於几反影旨A開。~欸,驢鳴。一。

校注:字又見之韻許其反曉之。

○澤　遵誄反精旨合。汁漬。三。

校注:字又見至韻七醉反清至合。

嗺　鳥~。

嶉　山状。又醉綏反精脂合。

校注:字又見脂韻醉唯反精脂合。

○黹　胝几反知旨開。鍼鏤所紩。三。

校注:“鏤”字誤,《切三》《王一》作“縷”。

黻　刺~。

夂　從後至。

○䨷　絺履反徹旨開。靏就寬。一。

校注:字原作“䨴”,俗誤。字又見至韻丑利反徹至開。

○跽　暨几反群旨A開。長。或作亶。又暨軌反群旨B開。一。

校注:亦作字誤,《王一》作“曩”。

○瞲　許癸反曉旨A合。〖一〗。恚視。又許類反曉至A合。一。

校注:字原作“睊”,誤。上“一”字衍。字又見至韻許鼻反曉至A合。

○跽　暨軌反群旨B開。上跪。亦作亶。二。

校注:暨軌反群旨B開,“軌”爲合口字,此開合憑切。亦作字誤,《王一》作“曩”。

鄃　山名。

校注:“跽”字《韻鏡》《七音略》在群母旨韻開口重三一格,“鄃”字《韻鏡》《七音略》在群母旨韻合口重三一格,二字存開合之别,本書合二字爲一紐,失。

# 六止

〇止　諸市反章止。巳。九。

**校注：**“巳”字誤，當作“已”。

時　蔡地。又時止反禪止。

**校注：**“蔡”字誤，《王一》作“祭”。

沚　小渚。或作沚。

茝　香草。又昌待反昌海。

**校注：**字又見海韻昌殆反昌海。

趾　足。

址　基。

阯　郊阯，郡名。

**校注：**“郊”字誤，《王一》作“交”。

䛗　計～。

𢊁　～柱。

**校注：**字原爲“底”之俗形，誤，《廣韻》可證。

〇市　時止反禪止。廛。二。

恃　依～。

〇徵　陟里反知止。配火。一。

**校注：**字又見蒸韻陟陵反知蒸開。

〇喜　虛里反曉止。忻。一。

〇以　羊止反以止。古作㠯。用。五。

已　止。

**校注：**字原作“巳”，誤。

苡　薏～。芣～。

**校注：**“芣”字誤，《切三》《王二》作“芣”。

佁　癡。

**校注：**字又見志韻丑吏反徹志。字亦作“儓”，“儓”字見代韻他代反透代。

攺　大堅。

〇似　詳里反邪止。類。七。

祀　年。一曰祭。

姒　夏禹姓。一曰娣～。

巳　辰～。

耜　耒～。

汜　音似者在成皋東，是曹咎所度水。音凡者在襄城縣南，汜城，是周王出居城，曰南汜。音匹劒反者在中牟縣，汜澤，是晉伐師子汜，曰東汜。三所各別，陸訓不當。亦作洍字。

鈶　鋌～。

〇紀　居以反見止。經。四。

己　身。

改　女字。

㠯　説文。

**校注：**“文”字衍，《切三》《王一》《王二》無。

〇史　疎士反生止。記言。三。

使　役。又疎事反生志。

**校注：**字又見志韻所吏反生志。

𩚨　香之美者。

**校注：**字原作“𩚨”，誤，《切三》《廣韻》作“𩚨”。字又見志韻所吏反生志。

〇耳　而止反日止。聽。五。

洱　水名，出罷谷山。又而志反日志。

**校注：**字又見志韻仍吏反日志。

駬　騄～，周穆王馬。

緝　～，轡盛。

齟　鼠。

〇里　良士反來止。五鄰。九。

裏　内。

鯉　魚名。

李　似梅。又姓。

痩　病。

理　直。

娌　妯。

俚　南蠻屬。

郹　亭名,在西鄂。一曰邑名。

〇始　詩止反書止。初。一。

〇枲　胥里反心止。麻。六。

簑　竹篾曰簑。

**校注:** 字又見咍韻徒哀反定咍、海韻徒亥反定海。

葟　胡~。亦作葈。

**校注:** 字下原從“畀”,俗誤,《切三》《王二》《廣韻》作“葟”。

葸　質慤皃。

諰　言且思之。

**校注:** 字又見佳韻所柴反生佳開。

厞　石利。

〇峙　直里反澄止。從。六。

**校注:** “從”字誤,《王一》《王二》作“聳”。

痔　病。

跱　躇跱,行難進皃。

庤　儲置舍。

偫　且。亦作峙。

**校注:** “且”字誤,《王一》《王二》《廣韻》作“具”。

畤　儲~。

〇起　墟里反溪止。興。六。

杞　木。苟杞。

屺　山無草木。亦作峐。

玘　珮玉。

芑　曰粱粟。

**校注:** “曰粱”當作“白粱”,《廣韻》可證。

邔　縣,在南郡。又〖粱〗渠記反群志。

**校注:** “粱”字衍,《王一》《王二》《廣韻》無。字又見志韻渠記反群志。

〇士　鉏里反崇止。一命。七。

**校注:** 紐字數當作“三”,“七”爲合計“俟”紐四字之數,參“俟”字條校注。

仕　從宦。

柹　木名。

**校注:** 字原作“柹”,俗誤。

〇俟　待。漦史反俟止。待。亦作竢、妃。[四]。

**校注:** 底本紐字數奪。

涘　水涯。

戺　霤外。

**校注:** 字原作“戺”,俗誤,《王一》《王二》作“戺”。

絫　繩履。

**校注:** 字原作“絫”,《廣韻》同,周祖謨校《廣韻》云:“此字當爲絫字之譌。”

〇子　即里反精止。生。七。

虸　~蚄,虫。

耔　擁苗。亦作秄。

梓　木名。

仔　克。

校注：字又見之韻子慈反精之。

朿　草木盛。

杍　~材。

〇矣　于紀反云止。詞。二。

葈　蒿~。

校注：字原作"茣"，誤，《王二》《廣韻》作"葈"。

〇擬　魚紀反疑止。度。五。

儗　僭。

校注：字又見志韻魚記反疑志、代韻五愛反疑代。

薿　草盛皃。又牛力反疑職開。

校注：字又見職韻魚力反疑職開。

孴　盛。

㠜　黍稷盛。

〇齒　昌里反昌止。牡牙。一。

〇恥　勑里反徹止。恧。俗作耻。二。

祉　福~。

〇剩　初紀反初止。割聲。二。

校注：字原作"刺"，俗誤，《廣韻》《集韻》作"剩"。

欼　齧聲。

〇滓　側李反莊止。料。亦作莘。三。

校注："料"字誤，《王二》作"粈"。龍氏疑"亦作莘"原是"苐"字注文，"苐"字誤奪。

笫　牀板。又側几反莊(精)旨開。

校注：字原作"苐"。本書無莊母旨韻開口一紐，有精母，音將几反精旨開，"側"莊母字，又側几反精莊混切。

胏　脯。《易》曰："食乾胏。"亦作䏢。

校注：字右原從"朿"。

〇譩　於擬反影止。恨。又噟。又於其反影之。二。

校注：字又見微韻於機反影微開。字亦作"噫"，"噫"字見之韻於其反影之、怪韻烏界反影怪開。

醷　《周礼》云："梅漿。"

校注：字又見職韻於力反影職開。

# 七尾

〇尾　無匪反明尾合。髾後毛。俗作尾。四。

亹　美皃。又音門明魂。又羲覲反曉震B。俗作亹。

校注：字下"分"原作連點。字又見震韻許覲反曉震B。

浘　水流皃。

娓　微~。

〇豈　氣豨反溪尾開。無有。二。

萓　菜~。

〇扆　依豈反影尾開。户牖閒。五。

偯　痛。

校注：字又見微韻於機反影微開。

偯　哭餘聲。

㡯　蔵。

校注：字又見海韻於改反影海、隊韻烏繢

反影隊。

僾　~狶,見不了皃。

校注:"狶"字誤,《王一》《廣韻》作"俙"。字又見代韻烏代反影代。

〇蟣　居俙反見尾開。蝨。四。

幾　~何。又既希反見微開,何。俗作幾。

校注:俗作字與字頭同,誤,當如《王一》作"㡬"。字又見微韻居希反見微開。

穖　禾~。

䰟　鬼俗。

〇斐　妃尾反滂尾合。文。十二。

校注:紐字數當作"五","十二"爲合計"匪"紐七字之數,參"匪"字條校注。

朏　月。亦朗。

校注:字又見隊韻普佩反滂隊、沒韻苦骨反溪沒。

菲　芳。又芳非反滂微合。

校注:龍氏摹本"反"下有"三"字,核底本,未見。字又見微韻芳非反滂微合、未韻扶沸反並未合。

𩿡　鳥如梟。又平利反並至B開。

校注:字下原從"巳",誤。字又見至韻平祕反並至B開。

悱　口~,説。

〇匪　非尾反幫尾合。不。[七]。

校注:底本紐字數奪。

棐　輔。

篚　竹器。

餥　餱。一曰相請食。

榧　木名,子可食。

蜚　虫。或作蜚。又扶沸反並未合。

校注:字又見未韻扶沸反並未合。

蕜　猝。

〇韙　韋鬼反云尾合。是。亦作愇。九。

煒　光~。

暐　~曄。

偉　大~。

瑋　玉~。

葦　蘆~。

椲　木名,可屈為盂。

韡　盛皃。

撝　廷追。

校注:"廷"字誤,《王一》《廣韻》作"逆"。

〇鬼　居偉反見尾合。歸。黠無於鬼。正作㙙。一。

〇虺　許偉反曉尾合。虵。六。

校注:紐字數當作"五","六"爲合計"顗"字之數,參"顗"字條校注。字又見皆韻呼懷反曉皆合。

焜　齊人云火。

校注:字亦作"燬","燬"字見紙韻許委反曉紙B合。

娓　美。又忘秘反明至B開。

校注:字又見至韻美秘反明至B開。

䨻　震雷。

虫　鮮介物名。又除中反澄東三。

校注:"鮮"字誤,各書作"鱗"。又除中反澄東三爲"蟲"字音。"蟲"字見東韻直隆反澄東三。

〇顗　〖又〗魚豈反疑尾開。靖。一。

校注：“又”字衍，故誤爲“虺”紐之字，《王一》《王二》無“又”字。

○豨　希豈反曉尾開。楚人呼豬。三。

俙　僾～。

校注：字又見皆韻呼皆反曉皆開。

鯑　～鼻。又虚几反曉旨B開。

校注：又虚几反，本書無曉母旨韻開口重紐三等一紐。字亦作“齂”，“齂”字見紙韻興倚反曉紙B開。

○磈　於鬼反影尾合。山石皃。二。

嵔　～嵬，山高下曲。

校注：字亦作“㟪”，“㟪”字見微韻於非反影微合。

○膹　浮鬼反並尾合。臛多汁。二。

穳　稻，紫莖，不黏。又扶畏反並未合。

校注：字原作“穳”，俗誤，《王一》《王二》《廣韻》作“穳”。字又見未韻扶沸反並未合。

## 八語

○語　魚舉反疑語。對言。十。

校注：字又見御韻魚據反疑御。

籞　菀。

校注：字原作“蘌”，俗誤，《集韻》作“籞”。“菀”字誤，《王一》作“苑”。

圉　養馬人。

敔　柷～，樂器。

圄　囹～，獄。

衙　《楚辞》云：“遵飛廉之衙。”

校注：“遵”字誤，《切三》《王一》《王二》《廣韻》作“導”。字又見麻韻五加反疑麻開二。

齬　齟～。又魚家反疑麻開二。

校注：又魚家反疑麻開二爲“衙”字又音，當移上。字又見魚韻語居反疑魚。

禦　禁。

鋙　鉏～。

簛　毉。亦吕～。

校注：“毉”字誤，《王一》《王二》作“翳”。

○吕　力舉反來語。陰管。十二。

旅　師。

祣　祭名。

膂　脊～。

篖　筥器。亦作籚、筥。

校注：亦作首字當作“籚”。字亦作“筥”，“筥”字見語韻居許反見語。

穭　野自生出。

梠　桶木。

校注：“木”下當據各書補“端”字。

儢　心不勤。

校注：字原作“儢”，誤，《王一》《王二》作“儢”。“勤”字誤，《切三》《王一》《王二》作“力”。

侶　伴～。

郘　晉大夫名。

梠　箭笴。

校注：注文《王一》《王二》同。《廣韻》云：“木名，可爲箭笴。”

絽　絣~。

○佇　除吕反澄語。待。亦作竚。十。

眝　張目皃。

苧　草。

紵　布。

杼　機~。

校注：字又見語韻"紓"紐船語。

羜　五月生羔。

盂　器。亦作𥁰。

校注：亦作字誤，當作"𥁰"。

坾　塵~。

竽　織~。

宁　門塾間。又直居反澄魚。

校注：字又見魚韻直魚反澄魚。

○與　余筥反以語。付。五。

歟　歎。

校注：字又見魚韻与魚反以魚。

与　與。

予　我。

萸　~，蓄蕪。又除（徐）與反邪語。或作藇。

校注："除"字誤，《王一》《王二》作"徐"。或作字誤，《廣韻》作"稬"。字又見語韻徐吕反邪語。

○煑　諸与反章語。湯熟。三。

陼　丘~。

渚　沚~。

○汝　如与反日語。尒。五。

肗　魚不鮮。

茹　熟菜。又而恕反日御。

校注：字又見御韻而據反日御。

寱　楚人呼寐。又仁諸日魚、乙庶影御二反。

校注：字上原從"穴"，俗誤，《廣韻》作"寱"。"寐"爲"寐"之俗。字又見魚韻汝魚反日魚、御韻於據反影御。

黐　黏。

○暑　舒莒反書語。熱。五。

鼠　穴虫。

黍　黏禾。

蠩　~蝜，虫。

癙　病。

○杵　昌与反昌語。擣~臼。九。

校注：紐字數當作"二"，"九"爲合計"貯"紐所見七字頭之數，參"貯"字條校注。

處　在所。又昌慮反昌御。

校注：字又見御韻杵去反昌御。

○貯　端（知）語

校注：底本注文奪。《切三》《王一》《王二》訓"居"，音"丁吕反"。《廣韻》云："居也，積也。丁吕切。""丁"端母字，丁吕反端知類隔。

［衶］　棺衣。亦作褚。

校注：底本字頭奪，注文五字誤繫於"貯"字下。《切三》《王一》《廣韻》云："棺衣。"《王二》云："棺衣。亦着。"

褚　裵衣。

校注：字又見語韻丑吕反徹語。

佇　知~。

詝　智。

**𧈢**　愲，載盛黍。亦作䡯。

**校注：** 字原作"䖸"，誤。亦作字當作"䡯"。

**杼**　栩。又時渚反禪語。

**校注：** 龍校云："當依王一作杼，即説文柔字。説文柔，栩也。"又時渚反，《王一》同，然本書語韻署与反禪語無此字，語韻"紓"紐船語有"杼"字。字亦作"楮"，"楮"字見語韻丑吕反徹語、姹韻當古反端姹。

**衧**　衣。

〇**諝**　私吕反心語。智。亦作㥠、～。四。

**校注：** 省代號《王一》作"諝"。紐字數當作"五"，"四"爲脱計"湑"字之數，參"湑"字條校注。字又見魚韻息魚反心魚。

**稰**　熟穫。

**校注：** 字又見魚韻息魚反心魚。

**醑**　麁酒。

[**湑**]　露皃。

**校注：** 底本字頭奪，"露皃"二字誤接於"醑"字注文"麁酒"下。《切三》《王一》《廣韻》"醑""湑"上下字，皆訓"醑，麁酒。""湑，露皃。"字又見魚韻息魚反心魚。

**糈**　祭神米。又音所生語。

**校注：** 字又見語韻踈舉反生語。

〇**女**　尼与反娘語。子～。二。

**校注：** 字又見御韻娘舉反娘御。

**敉**　粔～。

〇**楮**　丑吕反徹語。木名。二。

**校注：** 字又見姹韻當古反端姹。字亦作"柠"，"柠"字見語韻"貯"紐端(知)語。

**褚**　姓。

**校注：** 字原作"褚"，俗誤，《王一》《王二》《廣韻》作"褚"。字又見語韻"貯"紐端(知)語。

〇**許**　虚吕反曉語。然。一。

〇**巨**　其吕反群語。十六。

**拒**　抗。

**秬**　黑黍。

**距**　鳥爪。

**校注：** "鳥"字誤，《王一》作"鷄"。

**炬**　～火。

**虡**　栒～，懸鍾磬木。

**校注：** 字亦作"虞"，"虞"字見語韻其吕反群語。

**粔**　～敉。

**鉅**　澤名。

**苣**　～藕，胡麻。藕字書證反書證開。

**駏**　～驢，畜。

**蒙**　苦菜。

**校注：** 字又見魚韻強魚反群魚。

**罝**　罟。

**齟**　齗腫。

**岠**　違。

**蘧**　蕢。

**校注：** 字原從"虚"不從"虡"，誤，《集韻》作"蘧"。

**虞**　神獸。亦作虡。

**校注：** 字亦作"虡"，"虡"字見語韻其吕反群語。

〇**所**　踈舉反生語。俗作所。五。

**糈**　祭神米。又先吕反心語。

**校注：** 字又見語韻私吕反心語。

齭　傷醋。

校注：龍校云："齭原誤作斷而塗改，斤字之跡猶可辨見。"字亦作"齼"，"齼"字見語韻初舉反初語。

𥂢　戴器。

疋　記。又山於反生魚。

校注：字又見魚韻色魚反生魚、馬韻五下反疑馬開二。

〇楚　初舉反初語。國名。[五]。

校注：底本紐字數奪。字又見御韻初據反初御。

礎　柱下石。

齼　齒~。

校注：字亦作"齭"，"齭"字見語韻踈舉反生語。

濋　水名。

鱋　鮮~。

校注：字左原從"萵"，俗誤，《廣韻》作"鱋"，合《説文》。

〇阻　側吕反莊語。礙。二。

俎　豆~。

〇齟　鉏吕反崇語。~齬。一。

〇咀　慈吕反從語。嚼。五。

沮　止。又七余反清魚。

校注：字又見魚韻七余反清魚、御韻子據反精御。

跙　行不進。亦趄、趑。

䞣　邪出前。

校注：字亦作"𧿸"，"𧿸"字見屑韻昨結反從屑開。

袓　嫧。又子邪反精麻開三。

校注：字原作"租"，誤，《王一》《王二》《廣韻》作"袓"。字又見麻韻子邪反精麻開三。

〇淤　於許反影語。擊。二。

膂　肩骨。

〇舉　居許反見語。薦。九。

莒　草名。一曰國名。

櫸　木名。

筥　匡~。

校注：字亦作"簇"，"簇"字見語韻力舉反來語。

趄　行皃。

籧　養蠶。

校注：字亦作"篆"，"篆"字見魚韻強魚反群魚。

柜　~柳。

郘　亭，在長沙。

𦦝　共舉。通俗作舁。

校注：字原作"舁"，誤，《王一》作"𦦝"。

〇敘　徐吕反邪語。緒。十一。

序　敘~。

漵　水浦。

緒　業~。

杼　泄水。

校注："泄"字誤，《切三》《王一》《王二》《廣韻》作"渫"。

嶼　海中洲。

潊　浦名，在洞庭。

醑　美酒。

鱮　魚名。亦作䱒。

屐　履屬。又餘去反以御。

**校注:** 字又見御韻余據反以御。

萸　美皃。又以舉反以語。

**校注:** 字又見語韻余筥反以語。

○去　羌舉反溪語。又丘據反溪御。却。正去、厺。三。

**校注:** 字又見御韻却據反溪御。

麮　麦粥汁。

**校注:** 字左原從"麦",俗書。字又見御韻却據反溪御。

綻　繼。又所除反生魚。〖又除反〗又丘(所)據[反]生御。

**校注:** 龍校云:"本書魚韻疏下云:亦作綻,又所去反。疋声之字例不讀溪母,疑所去反所去二字誤倒,遂收之於此。""又除反"衍,《王一》可證。"丘"當爲"所"字之誤。字亦作"疏","疏"字見魚韻色魚反生魚、御韻所據反生御。

○墅　署与反禪語。田。又与者反以馬開三。二。

**校注:** 紐字數當作"一","二"爲合計"紓"字之數,參"紓"字條校注。

○紓　船語

**校注:** 底本注文奪。《切三》云:"紓,緩,神與反船語。又式余反書魚。二。"《王一》云:"紓,神与反船語。又式余反書魚。緩。二。"《王二》云:"紓,神与反船語。又式余反書魚。二。"字又見魚韻傷魚反書魚。

[杼]　《莊子》云:"狙公賦杼。"

**校注:** 底本字頭奪,"莊子云狙公賦杼"七字誤繫於"紓"字下。《切三》《王一》《王二》"紓""杼"均爲上下字。"杼"字《切三》注:"莊子徂公賦杼。"《王一》注:"莊子狙公賦杼。"《王二》注:"莊子徂公賦杼。"字又見語韻除吕反澄語。

○䟺　七与反清語。皴䟺,皮裂。一。

**校注:** 底本"七"下有"且"字,旁識兩點,茲徑刪。

○苴　子与反精語。履中草。又子餘反精魚。一。

**校注:** 又子餘反精魚,《王一》《王二》《廣韻》同,《切三》作"又七餘反清魚"。字又見魚韻七余反清魚。

## 九麌

栩　祋~,縣名,在馮翊。祋字都會反端泰合。況羽反曉麌。〖三〗。

**校注:** 底本此字條書於列首,"麌"爲下一字頭。龍校云:"況上當从廣韻補又字。""此字本在于矩反云麌下,盖抄寫漏脱而補之於此,後人遂刪況上又字及麌字注文鹿下二字,而於此增三字。"紐字數"三"字當刪。

○麌　虞矩反疑麌。牝鹿。[二]。

**校注:** 底本紐字數奪。

俁　大。

○羽　于矩反云麌。鳥~。十二。

**校注:** 紐字數當作"十三","十二"爲脱計"栩"字之數,參"栩"字條校注。

禹　夏~。

校注：注文《王一》《王二》作"夏王"。

雨　雲液。

宇　四垂。籒亦作寓。

校注："籒亦"《王一》《王二》作"籒文"。"寓"字誤，《王二》作"寓"。

瑀　玉。

栩

校注：底本注文奪。《切三》："栩，祋栩縣，在馮翊。祋字都會反。"《王一》："栩，祋栩，縣名，在馮翊。祋字都會反。"《王二》："栩，袂～，縣名，在馮翊。袂字都會反。"《廣韻》："栩，祋栩，縣名，在馮翊。又況羽切。"字又見"麌"紐上，有"況羽反曉麌"之注。

［栩］　～陽，地名。

校注：底本字頭奪，"～陽地名"誤繫於"栩"字下。《切三》《王一》《王二》《廣韻》"栩""栩"均爲上下字。"栩"字《切三》注："～陽，地名。"《王一》注："～陽，地名。"《王二》注："陽，地名。"《廣韻》："栩陽，地名。又況羽切。"字又見麌韻況羽反曉麌。

鄅　國名，地在瑯琊。

頨　孔子頭如反～。

校注：字又見仙韻許緣反曉仙A合、霰韻博見反幫霰開。

楀　椇木。

校注：字又見麌韻俱羽反見麌。

萬　～餘粮，藥名。

鄅　亭名，在南陽。

霱　雨～。

校注：字又見遇韻羽遇反云遇。

〇聚　慈雨反從麌。斂。又似喻反邪(從)遇。鄹。二。

校注：本書無邪母遇韻一紐，又似喻反從邪混切。字又見遇韻才句反從遇。

鄹　新豊，～亭。

校注：字原作"鄹"，誤，《王一》作"鄹"。

〇甫　方主反幫麌。近。十三。

校注：紐字數作"十三"而實收十二字。

脯　乾～。

斧　越～。

校注："越"字誤，《王一》《王二》作"鉞"。

俯　俛。

府　公～。

簠　～簋。

校注：字又見虞韻甫于反幫虞、遇韻撫遇反滂遇。

蚰　小蟹。

莆　萐～，尭時瑞草。

郙　亭名。又芳洙反滂虞。

校注：字又見虞韻撫扶反滂虞。

硧　碿。

鯆　大。

校注："大"下《廣韻》《集韻》有"魚"字，本書奪。字亦作"鯆"，"鯆"字見模韻普胡反滂模。

頫　低頭。又靡卷反明獮B開，又他叫反透嘯。

校注：字亦作"俛"，"俛"字見獮韻亡辯反明獮B開。

〇武　無主反明麌。止戈為～。俗作武。十六。

校注：底本字頭與俗作字字形同，當有一誤。

舞　萬樂。亦作儛。

嫵　媚~。

侮　慢。

䍢　窻中網。

憮　失意皃。字或作㷻。又荒烏反曉模。

校注：字又見虞韻武夫反明虞。

煤　憐~。

校注：字又見姥韻莫補反明姥。

廡　堂下。

珷　~玞。

甒　罌。

潕　水名，在南陽。

鵡　鸚~。

校注：字亦作"鵡"，"鵡"字見厚韻莫厚反明厚。

瞴　微視。又妄尤反明尤。

校注：字又見虞韻武夫反明虞。

罞　雉罔。

蕪　蕃茲。

校注：字上原從"無"，誤。"茲"字誤，《王一》《王二》作"滋"。

膴　周京~~。

校注："京"字誤，《王一》作"原"。字又見虞韻武夫反明虞、模韻荒烏反曉模。

〇父　扶雨反並麌。天乹矩。十二。

輔　毗。

䩉　頰輔䩉。亦作輔。

校注：亦作字誤，《王一》《王二》作"頫"。

腐　朽~。

釜　鼎屬。

鳺　~鴀，鳥。

䱙　九河名。

䄮　穦。

校注：字又見虞韻撫扶反滂虞。

㕊　咀，嚼皃。

蚥　蟾蠩。

疳　病。

校注：字原作"㾈"，誤，《王一》《王二》《廣韻》作"疳"。

滏　~陽縣。

〇撫　孚武反滂麌。安。九。

弣　弓杷中。

校注："杷"字誤，《王一》《王二》作"把"。

殕　食上生毛。

校注："毛"字誤，《切三》《王一》作"白"。字又見有韻方久反幫有。

拊　拍。

紨　~綿。

俌　輔。

赴　健。或作詂。

攺　撫。

校注：字右原從"攴"。《廣韻》"撫""攺"上下字，"攺"注"上同"。

髩　髮皃。

校注：字原作"髻"，誤，《王二》作"髩"，《廣韻》作"髩"。

〇柱　直主反澄麌。楹~。一。

〇詡　況羽反曉麌。和。九。

冔　殷冠。

姁　漢高后字娀姁。又求俱群虞、香句曉遇二反。

校注：字又見虞韻其俱反群虞、遇韻香句反曉遇。

珝　吴有薛~。

栩　木名。

校注：字又見麌韻于矩反云麌。

欨　吹。又况于反曉虞。

校注：字又見虞韻况于反曉虞。

煦　呈尒。

校注："尒"字誤，《王二》《廣韻》作"示"。

郇　鄉名，在安邑。

校注：字又見虞韻其俱反群虞。

眗　温。又香句反曉遇。

校注：字亦作"煦"，"煦"字見遇韻香句反曉遇。

〇竪　殊主反禪麌。立。正作豎。二。

裋　弊布襦。亦作襡。

〇庾　以主反以麌。倉。逾。十一。

校注："逾"爲"匬"字俗誤。

瘐　囚以飢寒死。《漢書》曰："囚瘐死獄中。"

窳　器病。亦作窪。

校注：字又見禡韻烏坬反影禡合二。

瘉　病。

愈　差。

貐　猰貐，食人，迅走。貐如龕音，如嬰兒啼，見天下大水。

楰　鼠梓，似山楸而黑。

校注：字又見虞韻羊朱反以虞。

㼌　卒不勝朱。

校注："朱"字誤，《切三》《王一》《王二》《廣韻》作"末"。

悇　懼。

斞　量。

蕍　草。

〇主　之□□(庾反)章麌。執。四。

校注：底本"之"下二字模糊不可辨。《切三》《王一》《王二》作"之庾反"，《廣韻》作"之庾切"。

麈　鹿屬。

枓　斟水器。或作斗。

校注：字又見厚韻當口反端厚。

宔　宙~。亦作砫。

〇傴　於武反影麌。不申。二。

迂　曲迴。

校注：字原從"亏"。字又見虞韻羽俱反云虞、虞韻憶俱反影虞。

〇齲　驅主反溪麌。齒病。亦㸏。一。

校注："亦"下奪"作"字。亦作字誤，當從《王二》作"㾜"。

〇黈　智主反知麌。~點。二。

拄　從傍指。合從手。

〇乳　而主反日麌。肉津。二。

校注：字又見遇韻而遇反日遇。

醹　厚酒。

〇窶　其矩反群麌。貧無礼。下。二。

校注：字下原從"婁"。

貗　貗~。

校注：字右原從"婁"。省代號《王一》《王二》作"子"字，是。

〇數　所矩反生麌。又所角生覺二反。速。一。

校注：《廣韻》云"又所句、所角二切"，本書脱又反，所脱者蓋"所句"二字。字又見遇韻色句反生遇。

〇矩　俱羽反見麌。或作榘。側。八。

校注："側"字誤，《王二》作"則"。紐字數當作"九"，"八"爲脱計"翑"字之數，參"翑"字條校注。

踽　獨行。

椇　枳~。

枸　木名，出蜀。

蒟　~醤，出蜀。又求于群虞、俱付見遇二反。

校注：字又見虞韻其俱反群虞、遇韻俱遇反見遇。

聥　張耳有所聞。

楰　曲枝果。

校注：字右原從"攴"。字亦作"積"，"積"字見紙韻諸氏反章紙開。

楀　~氏。

校注：字原作"㮲"，俗誤，《王一》《廣韻》作"楀"。字又見麌韻于矩反云麌。

翑　曲羽〖反〗。又求俱反群虞。〖一〗

校注：《王一》："曲羽。又求俱反。"《王二》："曲羽。"《廣韻》："曲羽。又求俱切。"底本"反""一"二字衍。字亦作"翵"，"翵"字見虞韻其俱反群虞。

〇取　七庾反清麌。得。一。

校注：字又見厚韻倉垢反清厚。

〇縷　力主反來麌。正作縷。絲~。十。

校注：字右原從"婁"。本紐從"婁"之字均如是。

僂　羸~，縣名，在交止。羸字浴(洛)千反來先開。

校注："止"字誤，《王一》《王二》《廣韻》作"阯"。"浴"字誤，《王一》《王二》作"洛"。字又見侯韻落侯反來侯。

僂　~傴。

校注：字又見侯韻落侯反來侯。

褸　襤。

校注：字又見侯韻落侯反來侯。

簍　小筐。

校注：字又見侯韻落侯反來侯、厚韻盧斗反來厚。

嶁　~峋，衡山别名。

校注：字又見厚韻盧斗反來厚。

漊　雨~~。又汝南謂飲酒習之下醉為漊。

校注："下"字誤，《廣韻》作"不"。

蔞　草，可烹魚。又力俱反來虞。

校注：底本此字正、注文皆偏小，續於"漊"字注文末空白處，當爲漏抄而補書。字又見虞韻力朱反來虞。

茵　小蔞。

校注：字原作"莤"，俗誤，《玉篇》作"茵"。

慺　古姓。

校注：字又見虞韻力朱反來虞、侯韻落侯反來侯。

〇須　思主反心麌。紲前兩脚。又先酒反心有。一。

校注：字又見腫韻息拱反心腫三、有韻息有反心有。

## 十姥

〇姥　莫補反明姥。老母。五。

莽　宿草。

校注：字又見蕩韻莫朗反明蕩開、厚韻莫厚反明厚。

鏻　鈷~。又莫朗反明蕩開。

校注：字又見蕩韻莫朗反明蕩開。

媽　母~。

慔　愛。

校注：字又見麌韻無主反明麌。

〇土　他古反透姥。地。四。

吐　歐。

校注：字又見暮韻湯故反透暮。

稌　稻。

校注：字又見魚韻"稌"紐禪魚、模韻他胡反透模。

芏　似莧，生海邊。

校注："莧"爲"莞"字俗形，《廣韻》作"莞"。

〇杜　徒古反定姥。棠樹。五。

敷　塞。

肚　腹~。又當古反端姥。

校注：字又見姥韻當古反端姥。

坻　瓶。

鞋　韉。

校注：字原作"䩯"，誤，《王一》《王二》《廣韻》作"鞋"。

〇魯　郎古反來姥。國名。十三。

櫓　城上守禦。

滷　鹹~。

校注：字又見錫韻徒歷反定錫開、昔韻昌石反昌昔開。

擄　摇動。

虜　北虜。又平名。

樐　彭排。

鱸　魚~。

艣　所以進舡。

鐪　釜屬。

蓾　草名。

枰　木名。

校注：字又見模韻落胡反來模。

廣　庵。

校注：字又見模韻落胡反來模。

鹵　~薄。

校注："薄"字誤，《廣韻》作"簿"。

〇覩　當古反端姥。見。亦作睹。九。

校注：亦作字俗誤，《王一》作"睹"。

睹　詰旦欲明。

肚　腹~。又徒古反定姥。

校注：字又見姥韻徒古反定姥。

賭　戲~。

堵　垣。

楮　木名。亦作杼。

**校注：** 字又見語韻丑吕反徹語。字亦作“杼”，“杼”字見語韻“貯”紐端（知）語。

䵔　枲皮。

帾　幡～。

岵　美石。又胡古反匣姥。

**校注：** 字又見姥韻胡古反匣姥。

〇古　姑户反見姥。昔～。十六。

鼓　動。

鼔　鍾～。

瞽　無目。

股　髀。亦作骰。

罟　網。又古胡反見模。

蠱　虫毒。

估　市稅。

鹽　河東鹽。

**校注：** 字原脱筆“𠂉”。

鈷　～鏻。

羖　羊。

詁　～訓。

盬　器～。

𠝹　多質利。

**校注：** 字原作“𠝹”。

沽　屠～。

**校注：** 字又見模韻古胡反見模。

兜　象人左右蔽兜從此。

**校注：** 字原作“兜”，誤，《説文・兜部》作“兜”。

〇蘆　采古反清姥。草死。一。

〇五　五古反疑姥。數。五。

午　日正南。

**校注：** “南”字誤，《切三》《王二》作“中”。

旿　明～。

伍　人～。又姓。亦作仵。

逜　相干。又吾故反疑暮。

**校注：** 字又見暮韻吾故反疑暮。

〇簿　□□□並姥。文～。二。

**校注：** 注文前三字不可辨，《王一》作“裴古反並姥”，《切三》《王二》《廣韻》同。

部　～五。

**校注：** “五”字誤，《王一》作“伍”。字又見厚韻蒱口反並厚。

〇粗　徂古反從姥。不精。四。

**校注：** 龍校云：“徂古反不四字不甚清楚，依切三、王一審定如此，唐氏所書同。”

麈　大。

**校注：** 字又見御韻鋤據反崇御。

伹　淺。亦作粗。

**校注：** 字原作“徂”，俗誤，《王二》《廣韻》作“伹”。

觕　長角。又助角反崇覺。亦作觩。

**校注：** 字原作“捔”，俗誤，《廣韻》《集韻》作“觕”。又助角反崇覺爲“捔”字之音，“捔”字見覺韻士角反崇覺。

〇祖　則古反精姥。宗。三。

珇　圭上起。

組　～綬。

〇虎　呼古反曉姥。四。

琥　發兵符，為虎文。～珀。

戽　洩水器。又呼故反曉暮。

**校注：** 字又見姥韻胡古反匣姥。

滸　水岸。亦作汻。

〇塢　烏古反影姥。村~。七。

潙　水名。

鄔　縣名,在太原。

校注:字又見御韻於據反影御。

瑦　石似玉。

校注:字又見模韻哀都反影模。

誣　相毀。

校注:字又見暮韻烏故反影暮。

趋　走輕。

鰞　頭中。

〇苦　康杜反溪姥。不甘。二。

箬　竹。

〇怒　奴古反泥姥。嗔。四。

校注:字又見暮韻乃故反泥暮。

砮　牙弓。

砮　石,可作矢。又乃故反泥暮。

校注:字又見模韻乃胡反泥模。

努　力。

〇户　胡古反匣姥。十□。

校注:龍校云:"十字不清,下一字不可見。"本紐實收十七字。

楛　~矢。

扈　跋~。

怙　恃~。

鄠　縣名,在扶风。

帍　巾。

祜　福。

昈　文采狀。

嵱　山多草木。亦作岵。

校注:諸書皆"嵱""岵"上下字。《切三》:"嵱,山卑而大。""岵,多山草木。"《王二》:"嵱,山卑而大。""岵,山多草木。"《廣韻》:"嵱,山卑而大曰嵱。""岵,山多草木。"本書奪"嵱"字注文及字頭"岵","亦作岵"爲後人因"山多草木"而增之注。

鳸　鳥。

苄　地黄。

酤　一宿酒。又古胡見模、古慕見暮二反。

校注:字又見模韻古胡反見模、暮韻古暮反見暮。

婟　貪~。

校注:字上原從"汗",誤,《廣韻》作"婟",同《説文》。

戽　杼。

校注:"杼"字誤,《王一》《廣韻》作"抒"。字又見姥韻呼古反曉姥。

滬　需龜負書,水。

校注:注文《王二》同,《王一》:"靈龜負書,一曰水名。"《廣韻》:"靈龜負書,出玄滬水。"

居　美石。

校注:字又見姥韻當古反端姥。

鳫　竊脂鳥。亦作鶚。

〇普　滂古反滂姥。徧。五。

溥　大。

浦　水口。

誧　大。又徒布反定暮。

校注:龍校云:"廣韻模韻博孤切有此字,(与説文云讀若逋音同。)此或是又步徒反之誤倒。"字又見暮韻普故反滂暮。

烳　火皃。

〇補　博古反幫姥。蔽破。三。

譜　載職。亦作。

校注："亦作"下奪字，當從《集韻》補"諩"字。

圃　園。又博故反幫暮。

校注：字又見暮韻博故反幫暮。

## 十一薺

〇薺　徂礼反從薺開。菜。三。

鮆　刀魚。

校注：字亦作"鮆"，"鮆"字見支韻即移反精支開。

呰　弱。又茲此反精紙開，又子西反精齊開。

校注：字又見齊韻即黎反精齊開、紙韻茲尒反精紙開。

〇禮　盧啓反來薺開。體。亦作礼。十二。

簟　竹名。

蠡　~吾，縣名，在涿郡。

艜　小船。

澧　水名，在武陵。

醴　~酒。

鱧　魚名。

豊　行禮之器。

欐　希。

校注：字又見支韻吕移反來支開。

欚　小船。又力計反來霽開。

校注：字又見霽韻魚(魯)帝反來霽開。

欚　海中大船。

蠡　箅。又力西反來齊開。

校注：字原作"蠡"，誤，《廣韻》作"蠡"。"箅"字誤，《王二》《廣韻》作"箄"。字又見齊韻落奚反來齊開。

〇體　他礼反透薺開。膚。或作軆。六。

醍　~酒。

校注：字又見齊韻度嵇反定齊開。

涕　涙~。

校注：字又見霽韻他計反透霽開。

挮　去涙。

緹　纁色。又音提定齊開。

校注：本書"緹"字未另見，"提"字見收於是支禪支開、度嵇定齊開二反。《廣韻》"緹"字注"又音啼定齊開"，且見收於齊韻杜奚反定齊開。

䟼　横首杖。

校注：字右原從"大"，俗誤，《廣韻》作"䟼"。

〇頩　匹米反滂薺開。傾頭。一。

〇濟　子礼反精薺開。水名。或作泲。又子計反精霽開。四。

校注：字又見霽韻子計反精霽開。

擠　手洒。

校注：《切三》《王二》《廣韻》"手"下有"搦"字，當補。

癠　生而不長。

夘　事之之制。

〇邸　都礼反端薺開。店。或作邸。十一。

底　下。一曰止。

詆　~訶。或作詆、呧。

校注：字又見齊韻度嵇反定齊開、錫韻他歷反透錫開。

瞕　耳膿。

校注："膿"字誤，《廣韻》作"聵"。

坻　隴坂。又支氐反章紙開。亦作氐、坥。

校注：字又見脂韻直尼反澄脂開。字亦作"坘"，"坘"字見紙韻諸氏反章紙開。

抵　擲。或作扺。

牴　角觸。亦作觝、牴。

校注：亦作字"牴"字與字頭同形，誤，右當作類"丘"之俗形。

弤　彛弓。

㧑　隱。

軧　大車後。

堤　帶。又度嵇反定齊開。

校注："帶"字誤，《廣韻》作"滯"。"嵇"字原上從"秋"。字又見支韻是支反禪支開。字亦作"隄"，"隄"字見齊韻當嵇反端齊開。

○禰　乃礼反泥薺開。祖。亦作祢。十。

嬭　楚人呼母。或作㚷、妳。

校注：字亦作"㚷"，"㚷"字見蟹韻奴解反泥（娘）蟹開。

闣　智劣。或作閉。又莫氏反明紙A開。

苨　薺~，草。

泥　濃露。

校注：字又見齊韻奴低反泥齊開、霽韻奴細反泥霽開。

坭　地名。

鬍　髮皃。

薾　茂。

檷　絡絲。

校注：字又見支韻武移反明支A開。

韉　轡垂皃。

○弟　徒礼反定薺開。悌。五。

娣　~姒。

校注：字又見霽韻特計反定霽開。

悌　愷~。

校注：字又見霽韻特計反定霽開。

遞　更代。俗作逓。又亭細反定霽開。

瓺　小瓮。[亦]作鍉。

校注："亦"字原奪，《王二》有字。

○洗　先礼反心薺開。又蘇典反心銑開。一。

校注：字又見銑韻蘚典反心銑開。

○泚　千礼反清薺開。水清淺。三。

校注：字又見紙韻雌氏反清紙開。

緀　帛文。

校注：字又見齊韻七嵇反清齊開。

玼　色鮮。或作玭。

校注：字又見支韻疾移反從支開、紙韻雌氏反清紙開。

○啓　康礼反溪薺開。開。俗作启。九。

棨　兵闌~。

䃘　戟支。曰戟衣。

校注：字原從“石”不從“户”。“曰”上脱“一”字，《切三》《廣韻》有字。

䭫　首至地。亦作稽。

校注：字原作“䭫”，俗誤，《廣韻》作“䭫”。

叶　卜問。

校注：字又見齊韻古嵇反見齊開。

䁓　雨晝晴。又苦見反溪霰開。

校注：字又見霰韻苦見反溪霰開、線韻去戰反溪線A開。

㩉　開衣領。亦作。

校注：字原作“㑧”，不成字，兹從《廣韻》《集韻》録。亦作字脱。

䏪　肥腹。又公悌反見霽開。

校注：“腹”字誤，《王二》《廣韻》作“腸”。字又見霽韻苦計反溪霽開。

軫　至。

〇傒　胡礼反匣薺開。有所望。五。

校注：字又見齊韻胡鷄反匣齊開。

謑　耻辱。亦作謨。

校注：亦作字誤，《集韻》或體作“譲”。字又見卦韻許懈反曉卦開。

篕　所以安重舩。

校注：字原作“莫”，俗誤，《王二》《廣韻》《集韻》作“篕”。

㥍　待。亦作謑。

匸　有所挾藏。

校注：字原作“匕”，誤，《王二》《廣韻》作“匸”。

〇米　莫礼反明薺開。穀實。六。

眯　物入目。

絲　繡文，如聚米。

洣　水名，在蔡陵。

䆅　寐不覺。又明几反明旨B開。

校注：又明几反，紙旨混韻。字又見紙韻文彼反明紙B開。

蔝　草~。

〇陛　傍礼反並薺開。陛階。四。

梐　揩梐，行皃。

校注：字左原從“扌”，俗誤，《切三》《廣韻》作“梐”。字又見齊韻方奚反幫齊開。

髀　~股。又卑婢反幫紙A開。

校注：字又見紙韻卑婢反幫紙A開。

蜌　蚌。

校注：注文字誤，《王二》作“蚌”。

〇吟　一弟反影薺開。可。二。

詅　譍~。

〇堄　吾體反疑薺開。女牆。六。

掜　不從。

晲　明。亦作唵。

校注：亦作字誤，《王二》作“晻”。

䝟　~轂。又五鷄反疑齊開。

校注：字又見齊韻五嵇反疑齊開。

艗　角曲。

䘌　裗。又牛姪反疑屑開。

校注：字左原從“ネ”，俗誤。注文首字爲“裗”字俗誤。《王二》《廣韻》作“䘌”“裗”。字又見齊韻五嵇反疑齊開、屑韻五結反疑屑開。

〇鞞　補米反幫薺開。鞞䝟。又補計反幫霽開。[一]。

校注：底本紐字數奪。字又見霽韻博計反幫霽開。

# 十二蟹

〇蟹　鞵買反匣蟹開。水虫。五。

解　曉。又佳買見蟹開、佳賣見卦開二反。

校注：字又見蟹韻加買反見蟹開、卦韻古隘反見卦開、卦韻胡薢反匣卦開。

澥　潡~。

嶰　山澗閒。

校注：字又見蟹韻加買反見蟹開。

獬　鮰~。

校注：《切三》云："獬，~豸，獸名。"《廣韻》曰："《字林》《字樣》俱作解廌，《廣雅》作貈㹼，陸作獬豸也。"《集韻》另有"鮭"字，云："魚名，鮰也。"本書疑脱"獬"字注文及"鮰~"之字頭。

〇豸　宅買反澄蟹開。一。

校注：字又見紙韻池尔反澄紙開。

〇妳　奴解反泥(娘)蟹開。乳。一。

校注："奴"泥母字，奴解反泥娘類隔。字亦作"嬭"，"嬭"字見薺韻乃礼反泥薺開。

〇抧　側解反莊蟹開。擊。一。

校注：字又見紙韻諸氏反章紙開。

〇買　莫解反明蟹開。市入。五。

嘪　羊聲。

校注：字亦作"芈"，"芈"字見紙韻弥婢反明紙A開。

蕒　吴人呼苦苣。

濵　水名，在豫章。

鷶　鳺子。

〇芐　口解反溪蟹開。〖口〗戾。三。

校注："口"字衍，《切三》《廣韻》無。

嫛　意難。

校注：字又見霽韻苦計反溪霽開、卦韻苦賣反溪卦開。

腊　廋。又古諧反見皆開。

校注：字又見皆韻古諧反見皆開。

〇罷　薄解反並蟹開。休。四。

校注：字又見紙韻皮彼反並紙B開。

矲　~猎，短皃。

貏　犬短項。一曰案下狗。

鑼　大鐵杖。

〇擺　北買反幫蟹開。撥。亦作捭。一。

〇矮　烏解反影蟹開。短皃。二。

痔　座。又於倚反影紙B開。

校注：字原作"庴"，俗誤。"座"字爲"痤"字俗誤。《廣雅·釋言》："痔，痤也。"字又見紙韻墟彼反溪紙B開。

〇覭　牛買反疑蟹開。視。一。

〇解　加買反見蟹開。説議。[四]。

校注：底本紐字數奪。字又見蟹韻鞵買反匣蟹開、卦韻古隘反見卦開、卦韻胡薢反匣卦開。

薢　芵。薐。又古隘反見卦開。

校注：字又見皆韻古諧反見皆開、卦韻古隘反見卦開。

檞　松樠。

校注："樠"字右旁原爲墨所掩，從龍氏録。

嶰　谷名。又胡賣反匣卦開。

校注：字又見蟹韻鞵買反匣蟹開。

〖駭〗

**校注：** 底本此字旁識一墨點，爲刪字符。新起一韻按例當間一大字空，此當爲抄者忽覺逾矩而刪字以另書。

## 十三駭

〇駭　諧楷反匣駭。驚。二。

駴　擊鼓。

〇楷　苦駭反溪駭。模楷。三。

揩　糴~。

鍇　鐵~。

**校注：** 字又見皆韻古諧反見皆開、駭韻古駭反見駭。

〇騃　五駭反疑駭。癡。二。

娾　喜樂皃。

〇挨　於駭反影駭。打。二。

**校注：** 字又見海韻於改反影海。

唉　飽聲。

**校注：** 字又見咍韻烏開反影咍。

〇鍇　古駭反見駭。堅。又古諧反見皆開。一。

**校注：** 字又見皆韻古諧反見皆開、駭韻苦駭反溪駭。

〇枴　孤買[反]見蟹合。

**校注：** "反"字原脱。此字《切三》蟹、駭二韻無，《王二》蟹韻卷缺，駭韻無字。《廣韻》"枴"見蟹韻乖買切見蟹合。此條字跡與全書不類，字小且狹促，當爲後人所增，然錯韻，當補於蟹韻。

## 十四賄

〇賄　呼猥反曉賄。財。亦作賄。四。

脜　腜~，大腫皃。腜字都罪反端賄。

**校注：** 字右原從"目"，俗誤，《廣韻》作"脜"。龍校云："脜腜二字誤讀。""腜"當讀曉母，"脜"當讀端母。此條當從《集韻》作"腜，脜腜"。

燗　爛皃。又亡罪反明賄。

**校注：** 字又見賄韻武罪反明賄。

煤　火。

**校注：** 字又見翰韻古段反見換。

〇猥　烏賄反影賄。大聲。七。

**校注：** "大"字誤，《切三》《王二》《廣韻》作"犬"。

腲　~腇，肥弱病。

鍡　~鑸，不平。

娓　~㛱，好皃。

㱬　~㱌，不知人。

尯　~尯，病庳。

**校注：** 字原從"兀"不從"尢"，俗誤。"庳"爲"痺"字俗誤。

磈　~鑸。亦作磥。

**校注：** "鑸"字誤，《廣韻》作"磊"，《萬象名義》《玉篇》作"礧"。

〇磥　落猥反来賄。或作磊，衆石。十二。

**校注：** 字原作"硯"，誤，《王二》《廣韻》作"磥"。

瘖　厞~，皮外小起。

校注：“厞”字俗誤，《切三》《廣韻》作“痱”。

嵔　~嵔，山狀。

校注：字亦作“壘”，“壘”字見脂韻力追反來脂合。

礧　~硌，大石皃。又勒潰反來隊。

校注：“硌”字誤，《切三》《王二》《廣韻》作“硌”。字又見旨韻力軌反來旨合、隊韻盧對反來隊。

郲　~陽縣，在桂陽。

校注：字又見隊韻盧對反來隊。

儡

校注：底本此字補書於“郲”下地腳處，字小且無注文。《王一》：“儡，傀儡。又力追反來脂合。”《王二》：“儡，傀~子。”《廣韻》：“儡，傀儡戲。”字又見灰韻路回反來灰。

鑸　鍡~。

灅　水名，在古北平。

磥　磈磥，不平皃。磈字胡罪反匣賄。

校注：“磈”“磈”二字《切三》作“磈”，是。字又見咍韻落哀反來咍。

儽　垂皃。又力追反來脂合。

校注：字又見脂韻力追反來脂合、隊韻盧對反來隊。

頛　頭不正。

纍　~嵬。

○鐓　徒猥反定賄。矛戟下。三。

校注：字又見隊韻徒對反定隊。

陮　高。亦作嵟。

錞　車轄。又徒果反定果一。

校注：字又見哿韻徒果反定果一。

○浼　武罪反明賄。流皃。四。

莓　頻。俗作每。

校注：字又見隊韻莫佩反明隊。

燘　爛皃。又呼猥反曉賄。

校注：字又見賄韻呼猥反曉賄。

踠　碎其。

校注：注文末字誤，《王一》《王二》《廣韻》作“萁”。

○罪　徂賄反從賄。辠。秦始皇改辠。二。

校注：《王二》注文有言“秦始皇改辠頭以皇字”，本書“改”下字當作“辠”。

嶵　嵬~。

校注：字又見旨韻徂壘(壘)反從旨合。

○骽　吐猥反透賄。股。七。

瘣　重。

校注：字亦作“膇”，“膇”字見寘韻池累反澄寘合。

聉　~頪，癡頭皃。頪字五罪反疑賄。

校注：字又見質韻魚乙反疑質B、黠韻丁滑反端(知)黠合。

脮　腲~。

校注：字亦作“餒”，“餒”字見賄韻奴罪反泥賄。

儨　長好皃。

校注：字又見隊韻胡對反匣隊。

尵　㞂~。

校注：字原從“兀”不從“尢”，俗誤。

崣　山長皃。

校注：字原作“崾”，誤，《王二》《廣韻》

作“崾”。

〇瘣　胡罪反匣賄。木病無枝。六。

溾　~浽，穢濁。

**校注：**字又見皆韻乙乖反影皆合。

磈　~磑。

**校注：**字原作“碨”，誤，“磑”當作“郲”，從龍氏校。字又見尾韻於鬼反影尾合。

簂　竹扶節。

蘬　懷羊。又孤迴反見灰。

**校注：**字又見灰韻公迴反見灰。

輠　轉。又胡瓦反匣馬合二。

**校注：**字又見哿韻古火反見果一、馬韻胡瓦反匣馬合二。

〇頠　口猥反溪賄。大頭。又五罪反疑賄。三。

**校注：**字又見之韻去其反溪之、賄韻五罪反疑賄。

顝　大首。又口瓦(兀)溪沒、口懷溪灰二反。

**校注：**“瓦”字誤，《王二》作“兀”。字又見灰韻苦回反溪灰、沒韻苦骨反溪沒。

傀　儡子。

**校注：**字又見灰韻公迴反見灰。

〇腿　都罪反端賄。~脂。二。

**校注：**字當作“脂”，参本韻呼猥反“脂”字條校注。

錞　木實垂皃。

〇餒　奴罪反泥賄。餓。六。

**校注：**字亦作“餧”，“餧”字見寘韻於偽反影寘B合。

娞　媿~。

飈　風動。又烏迴反影灰。

**校注：**字亦作“颾”，“颾”字見灰韻烏恢反影灰。

鮾　魚敗。或作脮。

**校注：**字亦作“脮”，“脮”字見賄韻吐猥反透賄。

浽　溾~。

**校注：**字又見脂韻息遺反心脂合。

瓾　傷瓜。

**校注：**字左原從“委”，俗誤。

〇顪　五罪反疑賄。頭。一曰閑習。又五毀反疑紙B合。五。

**校注：**字又見紙韻魚毀反疑紙B合。

顡　聉~。

**校注：**字原作“顡”，誤，《説文》作“顡”。

隗　姓~。

嵔　~藟。

魄　頭不正。

**校注：**字又見之韻去其反溪之、賄韻口猥反溪賄。

〇皠　七罪反清賄。霜雪狀。五。

漼　水深。亦作淬。

**校注：**亦作字爲“滜”字俗書。字亦作“滜”，“滜”字見隊韻七碎反清隊。

璀　玉色。

䊴　物粗。

**校注：**字原從“幸”不從“辛”，俗誤，《切三》《廣韻》作“䊴”。

滜　新~。

**校注：**字原從“幸”不從“辛”，俗誤，《廣韻》作“滜”。

〇琲　鋪(蒲)罪反並賄。珠五百枚。亦作蜚。二。

校注:"鋪"字誤,《切三》《廣韻》作"蒲"。

痱　~瘖。

校注:字亦作"疶","疶"字見微韻符非反並微合。

〇倄　素(羽)罪反云(匣)賄。痛叫。一。

校注:字原作"脩",誤,從周祖謨《廣韻》校及龍宇純《王三》校正字。素罪反心賄,《王一》同,《切三》作"羽罪反云賄",《王二》作"羽罪反云賄",《廣韻》作"于罪反云賄",上字《王韻》誤。一等韻例不配云母,素(羽)罪反云匣混切。字又見宥韻尤救反云宥。

〇摧　子罪反精賄。崇積。二。

校注:字原從"椎",俗誤。

肫　面頯。又之春反章諄。

校注:字右原從"乇",俗書。注文次字爲"頯"字之誤。字又見真韻之純反章諄。

# 十五海

〇海　呼改反曉海。二。

醢　肉醬。

〇愷　苦亥反溪海。樂。六。

颽　南風。

塏　地高。

暟　美~。

校注:字原作"脰",俗誤,《切三》《廣韻》《集韻》作"暟"。

輆　~軩,不平。

凱　~樂。

〇宰　作亥反精海。官。二。

校注:"二"字誤,當作"三"。

䏁　耳聾。

載　年。又作代反精代,出《方言》。

校注:字又見代韻作代反精代、代韻在代反從代。

〇駘　徒亥反定海。疲駑。九。

殆　危。

待　住。

迨　及。

怠　懈。

紿　言不實。

嚎　~嗯,言不正。

篙　笥。

校注:字又見咍韻徒哀反定咍、止韻胥里反心止。

軩　輆~。

〇乃　奴亥反泥海。古作迺。詢。三。

疠　病~。

輮　撓~。

校注:《集韻》曩亥切字作"轃",注:"輗也。"似本書字右爲"袤"之形誤。然"轃"字原本《玉篇》殘卷注:"乃左反。《埤蒼》:'轃,輗也。'"《萬象名義》注:"乃左反。輗字。"均與本書及《集韻》反切不相合。多聲字中古可入歌韻系,不當入咍韻系。故本書字形和讀音不詳。

〇改　古亥反見海。換。亦作

㘬。二。

頦 頰~。又胡改反匣海。

**校注：** 字又見咍韻胡來反匣咍、海韻胡改反匣海。

〇亥 胡改反匣海。方名。四。

頦 頷。又胡來反匣咍。

**校注：** 字又見咍韻胡來反匣咍、海韻古亥反見海。

賅 奇，非常。又古來反見咍。亦作侅。

**校注：** 字又見咍韻古哀反見咍。

怞 恃。

〇啡 疋愷反滂海。出唾聲。一。

〇採 倉宰反清海。取。古卒作采。六。

采 文~。

綵 綾~。

彩 彫~。

寀 寮~。

倸 恨~。

〇茝 昌殆反昌海。香草。一。

**校注：** 一等韻例不配昌母，昌殆反爲例外反切。字又見止韻諸市反章止。

〇等 多改反端海。齊。又多肯反端等開。一。

**校注：** 字又見等韻多肯反端等開。

〇穤 莫亥反明海。禾傷雨。又莫代反明代。二。

**校注：** 字又見代韻莫代反明代。

挴 貪。

〇在 昨宰反從海。存。一。

〇俖 普乃反滂海。不肯。一。

〇欸 於改反影海。相然辞。四。

**校注：** 字又見咍韻烏開反影咍。

毐 嫪毐，秦皇父。嫪字浪報反來号。

挨 擊。

**校注：** 字又見駭韻於駭反影駭。

㕈 藏~。

**校注：** 字又見尾韻依豈反影尾開、隊韻烏繢反影隊。

〇倍 薄亥反並海。~多。二。

蓓 黄~，草。

# 十六軫

〇軫 之忍反章軫。憂慮。俗作軳。十五。

縝 結。

**校注：** 字又見真韻丑珍反徹真。

胗 癮~，皮外小起。又之忍反章軫。

**校注：** 又反與正切同，失，蓋“之”字誤，《廣韻》作“又音緊”。字又見軫韻居忍反見軫A。

畛 田閒道。

**校注：** 字亦作“畛”，“畛”字見真韻職鄰反章真。

賑 隱~。又之刃反章震。亦作眕。

**校注：** 字又見震韻職刃反章震。

鬒 髮。

槙 木密。

校注：字又見先韻都賢反端先開。

稹　緻。又之仁反章真。

校注：字又見真韻職鄰反章真。

紾　衣單。

㐱　黑髮。亦作鬒。

校注：字亦作"鬒"，"鬒"字見山韻烏閑反影山開。

袗　絺綌。又之刃石(反)章震。

校注："石"字誤，《王一》《王二》作"反"。字又見震韻職刃反章震。

彰　顏色。彰麟，慎事皃。

校注：字原作"彡"，誤，《王一》《王二》《廣韻》作"彰"。"色"下二字誤，《王二》《廣韻》作"彰驎"。

眕　目有所恨。

眡　《礼記》："～於鬼神。"

校注：字原作"眡"，誤，《王二》作"眡"。

訬　～候。亦作脉、～。

校注：字又見震韻直刃反澄震。

〇蠢　尺尹反昌準。虫動。九。

賰　肥。

惷　擾動。

偆　富～。

踳　雜～。

校注：字亦作"舛"，"舛"字見獮韻昌兖反昌獮合。

僢　差。

萶　推。

䓴　出。亦作蠢。

敼　亂～。

〇准　之尹反章準。古作準。平。三。

埻　射的。

純　緣～。

校注：字又見真韻常倫反禪諄。

〇尹　余准反以準A。官。又人姓。七。

允　信。

狁　獫～。

駺　馬毛逆。

校注：字又見獮韻以轉反以獮A合。

玧　蠻夷充耳。

頵　面斜。

鞆　進。

校注：字原作"鞆"，俗誤，《廣韻》作"鞆"。

〇筍　思尹反心準。弱竹。亦作箰，又作笋。竹。四。

隼　鳩鳥。

簨　～簴。

榫　懸鍾悲。

校注："悲"字誤，《王二》作"磬"。

〇愍　眉殞反明軫B。悲。十。

校注：字左上原從"氏"，爲避太宗名諱之形。

憫　默。亦作潣。

閔　傷。

敏　聰～。

篔　竹，中空。亦作愍。

校注：亦作字即"愍"字，爲避太宗名諱之形。然亦作字誤，當作"篾"，《王二》《廣韻》可證。

暋　不畏死。

犩　獸,如牛。

校注:字又見旨韻無鄙反明旨B開。

罠　細冈。

校注:此爲"罠"字俗誤。

轒　伏兔下草。

校注:字原作"轒",誤,《廣韻》作"轒"。"草"字誤,《王一》《王二》作"革"。

潤　水流浼~。

校注:重文號重"浼"字。

○牝　毗忍反並軫A。雌。四。

校注:字又見旨韻扶履反並旨A開。

臏　膝骨。

校注:字右原從"賔"。

髕　斷足刑。

猵　獺屬。又布玄反幫先開。

校注:字又見先韻布玄反幫先開。

○殞　于閔反云軫合B。沒。五。

校注:紐字數作"五"而實收四字。

隕　墜。亦作殞。

校注:亦作字誤,《王二》作"碩"。

苭　蔽。

霣　星落。

○窘　渠殞反群軫B合。急迫。七。

珚　玉名。

菌　地~,蕈也。

箘　竹名。

校注:字又見真韻去倫反溪諄B。

咽　欲吐。

胭　腹中脂。

蜠　貝大而險。

○紖　直引反澄軫。亦作靷、絼。二。

校注:字亦作"靷","靷"字見震韻与晉反以震A。

朄　腫處。又餘刃反以震A。

校注:字又見震韻与晉反以震A。

○辴　勑忍反徹軫。又勑私反徹脂開。大笑。一。

校注:字又見脂韻丑脂反徹脂開。

○引　余畛反以軫A。延。八。

校注:字又見震韻与晉反以震A。

蚓　蚯~。亦螾。

嗔　大笑。

校注:字又見線韻餘見反以線A開。

揗　布。

廴　長行。

戭　長瘡。亦作戭。

校注:"瘡"字誤,《廣韻》作"槍"。

縯　齊武王名。

校注:字又見獮韻以淺反以獮A開、線韻餘見反以線A開。

演　引。一曰水門。

校注:字又見獮韻以淺反以獮A開。

○忍　而軫反日軫。耐事。三。

荵　草名。

涊　水名,在上黨。

校注:字又見銑韻奴典反泥銑開。

○矧　式忍反書軫。況。亦作矤、訠。三。

哂　笑。亦作吲。

頣　舉目視人。

〇緊　居忍反見軫A。亦作絵。二。

胗　脣瘡。又之忍反章軫。

校注：字又見軫韻之忍反章軫。

〇盡　詞引反邪(從)軫。澌。亦作盡。一。

校注："盡"字《切一》《切三》《王一》"慈引反從軫"，《王二》"慈忍反從軫"，《韻鏡》《七音略》均在從母一格，詞引反從邪混切。

〇泯　武盡反明軫A。水皃。五。

校注：字原作"泜"，爲避太宗名諱之形。字又見真韻弥鄰反明真A。

眡　細理。或作晚。

校注：字左原從"氏"，爲避太宗名諱之形。"晚"字爲"脕"字俗誤，《王一》《王二》作"脕"。

僶　~俛。通俗作僶。

笢　竹膚。

校注：字原作"笢"，爲避太宗名諱之形。字又見真韻武巾反明真B。

黽　黽池縣，在弘農。又亡善反明獮A開。通俗作黽。

校注：字又見獮韻無兖反明獮A開、耿韻武幸反明耿開。

〇腎　時忍反禪軫。水府。四。

蜃　蛤~。

脤　祭餘肉。

欣　指~。

〇齗　宜引反疑軫B。齊。三。

齽　齒正。

校注：字上原從"敕"，誤。"猌"字《説文》云："从犬來聲，讀又若銀。"本書魚覲反。本書無"敕"字，"敕"字即"勑"字。"勑"字本書褚力反。軫韻字從"敕"於聲不諧，當從"猌"。

磭　大脣。

校注：龍校云："字當从脣石声，此讀誤。"字又見藥韻處灼反昌藥開。

〇盾　食尹反船準。干。[二]。

校注：底本紐字數奪。字又見混韻徒損反定混。

楯　欄檻。

校注：字又見真韻詳遵反邪諄。

〇笉　千忍反清準B。筊。一。

〇僯　力軫反來軫。恥。四。

鬜　少髮皃。

校注：字又見震韻力晉反來震。

橉　牛車絶。又力進反來震。

校注：字左原從"牛"，誤，《王一》《王二》《廣韻》作"橉"。

嶙　山形，嶙~。

校注：字又見真韻力珍反來真。

〇榼　子忍反精軫。盂。一。

〇輪　力尹反來準。輴。一。

〇毴　而尹反日準。毛聚。又而勇反日腫三。一。

校注：字原作"毴"，誤，《王一》作"毴"。字亦作"氄"，"氄"字見腫韻而隴反日腫三。"毴"字見号韻莫報反明号。

〇麇　丘隕反溪準B。束縛。[一]。

校注：字原作"麇"，誤，《王一》《王二》《廣韻》作"麇"。底本紐字數奪。

○螼　丘引反溪軫A。螼蚓，虫。二。

趣　行皃。又渠人群諄A、去刃溪震B三反。

校注：又渠人反，本書無群母真韻合口重紐四等一紐，《集韻》諄韻渠人切群諄A有字。“三”字誤，《王一》《王二》作“二”。字又見震韻去刃反溪震B。

○賰　式尹反書準。暉，富。一。

校注：“暉”字俗誤，《王一》《王二》《廣韻》《集韻》作“賱”。

○輑　牛隕反疑準A。軸。一。

## 十七吻

○吻　武粉反明吻。口吻。亦作䫉。五。

校注：“䫉”字俗誤，《王一》《王二》作“脗”，《廣韻》作“脗”。

抆　式。

校注：“式”字誤，《切三》《王一》《王二》作“拭”。

刎　~頸。

㧙　離。又武弗反明物。

校注：字又見物韻無佛反明物。

勿　覆~。

○粉　方吻反幫吻。化米如麵。二。

黺　~，綵文。

校注：字左原從“黹”，誤，《廣韻》作“黺”。

○憤　房吻反並吻。怨。亦作憤。九。

𤸰　病悶。

校注：字又見問韻扶問反並問。

鼢　鼠。

坋　分。又扶問並問、蒲頓並慁三反。

校注：“三”字誤，《王一》《王二》作“二”。字又見問韻扶問反並問、慁韻蒲悶反並慁。

扮　握。

膹　切熟肉。

校注：字又見尾韻浮鬼反並尾合。

豶　土精。又扶云反並文。

校注：字又見文韻符分反並文。

幩　田穀囊滿裂。

校注：字原作“憤”，俗誤，《王一》《王二》《廣韻》作“幩”。

獖　犳~。

校注：“犳”字誤，《王一》《王二》作“狗”。字又見文韻符分反並文。

○忿　敷粉反滂粉。恕。又敷問反滂問。二。

校注：“恕”字誤，《切三》《王一》《王二》作“怒”。字又見問韻匹問反滂問。

魵　蝦別名。

○惲　於粉反影吻。厚重。七。

蘊

校注：底本此字注文“藏”字與“韞”字注文誤合，參“韞”字條校注。字又見文韻於云反影文、問韻於問反影問。

［韞］　~藏韇。

校注：底本字頭奪，“~韇”誤繫於“蘊”字下，且與“蘊”字注文“藏”字誤合，作“~藏轒”。《切三》《王一》《王二》“藴”“轀”上下字,“藴,藏。”“轀,~轒。”

輼　兵車。又於云反影文。

校注:字又見文韻於云反影文。

醞　釀。又於問反影問。

校注:字又見問韻於問反影問。

搵　柱。

校注:字原作“榅”,俗誤。注文“柱”爲“拄”字俗誤。《廣雅·釋詁四》:“抐、搵、搙、揷,拄也。”字又見慁韻烏困反影慁。

腪　賰腪,富。

校注:“賱”字誤,《王一》《王二》作“腪”。

○齳　魚吻反疑吻。無齒。亦作齫。三。

趣　走意。

会　~~,大。

○抎　于粉反云吻。有所失。三。

顛　~,面急。

校注:字原作“顛”,誤,《説文》作“顛”。

癀　病。又尤問反云問。

校注:字又見問韻云問反云問。

# 十八隱

○隱　於謹反影隱。正作㥯。十。

校注:“㥯”字誤,當作“𤔌”,《説文》可證。

磤　雷聲。

癮　~胗,皮外小起。

轞　車聲。

縺　縫衣相著。

濦　水名,出汝南。

校注:字又見殷韻於斤反影欣。字亦作“濦”,“濦”字見焮韻於靳反影焮。

㥯　病。

校注:字原作“𢚩”,誤,《集韻》作“㥯”。此與下“㥯”字字形重出。

乚　匿。

校注:字原作“乚”,誤,《廣韻》作“乚”。

㥯　謹。

月　歸依。又於幾反影微開。

○謹　居隱反見隱。愼。十。

靳　黏皃。

犍　牛馴。

堇　菜~。

校注:字原作“堇”,誤,《説文·艸部》作“堇”。

槿　木,菜似李,朝生花,夕殞。

𢀩　敬。

巹　瓢酒器,婚礼用,酌濁酒。

擡　清。

墐　黄土黏。

校注:字原作上“堇”下“坴”。

慬　愨。又渠殷反群欣。

校注:字又見殷韻其斤反群欣。

○赾　丘謹反溪隱。跛皃。一。

○听　牛謹反疑隱。笑。一。

○齔　初謹反初隱。齠齔,毁齒。一。男八歲、女七歲換齒。

校注:字又見震韻初遴反初震。

○近　其謹反群隱。迩。二。

校注:“二”字誤,當作“一”。字又見焮韻巨靳反群焮。

〇脪　興近反曉隱。腫起。[二]。

校注：底本紐字數奪。字又見焮韻許靳反曉焮。

炘　熱。

## 十九阮

〇阮　虞遠反疑阮合。阪。三。

㝹　小皃。

校注：字原從"元"不從"亢"，誤。

邧　秦邑。

校注：字又見元韻愚袁反疑元合。

〇遠　雲晚反云阮合。遥。二。

校注：字又見願韻于万反云願合。

𩓩　面不正。

〇偃　於憶（𢡆）反影阮開。仰。十三。

校注："憶"爲"𢡆"字俗書，《王一》作"𢡆"。紐字數當作"九"，"十三"爲合計"湕"紐四字之數，參"湕"字條校注。

㫃　旌旗杜旒。

校注：字又見獮韻於蹇反影獮B開。

躽　物相當~。

校注：字又見願韻於建反影願開。

鶠　鳳。

郾　縣名。

鼴　㲋名。

校注：注文首字不成字，《切一》《切三》《王一》作"鼠"。

鰋　魚名。

褗　衣領。

蝘　螗蜩。

校注：字又見銑韻於殄反影銑開。

〇湕　[居偃反]見阮開。水名，在南郡。[四]。

校注：底本反切及紐字數奪。《切一》《切三》《王一》云"居偃反"，《廣韻》"居偃切"，據補。

揵　難。

㔟　吃。

校注：字左原從"干"，誤。

𥎊　矛。

〇寋　其偃反群阮開。女字。二。

校注：字下原從"巴"，俗誤。

楗　關~。亦作鍵。

校注：字亦作"鍵"，"鍵"字見獮韻其輦反群獮B開。

〇言　去偃反溪阮開。一。

校注：字原作"言"，誤，《切三》《廣韻》作"言"。

〇言　語偃反疑阮開。四。

校注：字原作"言"，誤，《切三》《廣韻》作"言"。

㟻　~礹，大脣皃。

校注：字又見末韻五割反疑曷。

巘　山如甑，上大下小。

校注：字又見獮韻魚蹇反疑獮B開。

齞　露齒。又五板反疑潸開。

校注：字又見潸韻五板反疑潸開。

〇𢡆　虛偃反曉阮開。車。亦作幰。三。

校注："車"下當據《王一》補"幪"字。

攄　手約物。

蠦　寒~。

〇晚　無遠反明阮合。晏。六。

娩　婉~，女態。

校注：字又見獮韻亡辯反明獮B開、願韻芳万反滂願合。

挽　引。

脕　色，肌澤。[又]無怨反明願合。

校注：字原作“晚”，俗誤，《王一》《廣韻》作“脕”。“肌”字誤，《王一》《廣韻》作“肥”。“又”字原奪。字又見願韻無販反明願合。

𩈠　皮悅。又無貟反明願合。

校注：“悅”字誤，《王一》作“肥”。字亦作“㝃”，“㝃”字見願韻無販反明願合。

鞔　履空。又莫安反明桓。

校注：字又見寒韻武安反明桓。

〇反　府遠反幫阮合。覆。五。

返　還。亦彶。

坂　大坡。阪。

校注：《廣韻》《集韻》“坂”“阪”或體，本書“阪”上奪“亦作”字。字亦作“阪”，“阪”字見潸韻扶板反並潸開。

橎　木名。

軬　車耳。

〇卷　求晚反群阮合。黄豆。二。

校注：字又見線韻居倦反見線B合。

圈　獸欄。又其卷反群獮B合。

校注：字又見獮韻渠篆反群獮B合。

〇婉　於阮反影阮合。美。亦作畹。十一。

校注：字亦作“畹”，“畹”字見末韻烏活反影末。

菀　紫~，藥名。

苑　園。

踠　體屈。

蜿　~蟮。亦作蛩。

畹　田卅畝。

琬　圭。

校注：字又見翰韻烏段反影換。

婏　歡。

䛄　慰。又於萬反影願合。

校注：字又見願韻於願反影願合。

宛　~然。

校注：字又見元韻於表反影元合。

裷　幭。又去遠反溪阮合。

〇綣　去阮反溪阮合。相近皃禾。[四]。

校注：底本紐字數奪。

綣　繾~。

藋　蘆筍。亦作蘿。

校注：字原作“蘿”，宜從《王一》《廣韻》作“藋”。字亦作“蘿”，“蘿”字見仙韻去貟反溪仙B合。

粭　粉。亦作粗。

校注：“粗”字誤，《王一》作“粽”。

〇晅　況晚反曉阮合。日氣。又古鄧反見嶝開。五。

校注：字又見嶝韻古嶝反見嶝開。

暖　大目。

校注：字又見元韻況表反曉元合、旱韻何滿反匣旱。字亦作“睅”，“睅”字見潸韻胡板反匣潸合。

咺　皃啼不正。

校注："正"字誤，《切三》《王一》《廣韻》作"止"。

愃　寬閑心。

校注：字又見仙韻須縁反心仙合。

烜　火。

〇𡘲　丘（扶）遠反並阮合。車~。[二]。

校注：字原作"𡘲"，俗書，《切三》《王一》《廣韻》作"𡘲"。"丘"字誤，《切三》《王一》《廣韻》作"扶"。底本紐字數奪。

飯　進餅。

校注：字亦作"餅"，"餅"字見願韻符万反並願合。

## 廿混

〇混　胡本反匣混。陰陽未分。十三。

渾　~元。又户昆反匣魂。

校注：字又見魂韻户昆反匣魂。

鯶　魚名。亦作鯤。

校注："鯤"字誤，《王一》《集韻》作"鯇"。字亦作"鯇"，"鯇"字見潸韻户板反匣潸合。

緷　大束緯長也。

焜　火光。

倱　~化，四凶。

校注："化"字，《切三》《王一》作"伅"。

掍　同~。

睴　視皃。

校注：字又見慁韻古鈍反見慁。

睔　大目。又古遜反見慁。

校注：字又見慁韻古鈍反見慁。

滚　流皃。

校注：字原作"滚"，不成字，龍氏斷爲"滚"，兹從録。

梱　未折。亦作鯤、僒。

校注："鯤"字俗誤，《王一》作"鯤"。字又見魂韻户昆反匣魂。

𨻻　大阜。

䡅　醯酒相沃。

〇忖　倉本反清混。度。二。

刌　細切。

〇本　布忖反幫混。正作本，根。四。

畚　草器。亦作奋。

校注：字原作"畚"，俗書，《切一》《切三》《王一》《廣韻》作"畚"。亦作字誤，《王一》《廣韻》作"畚"。

苯　~䔿。

笨　竹裏。又盆本反並混。

校注：字又見混韻盆本反並混。

〇損　蘇本反心混。四。

瘁　~痳，寒。痳字所革反生麥開。

校注："痳"爲"㾊"字俗誤。"寒"上當據《切一》《切三》《王一》《廣韻》補"惡"字。字又見臻韻踈臻反生臻、寢韻踈錦反生寢。

膶　膹屬。

䐣　切熟肉更煑。

〇剸　兹損反精混。減。五。

噂　~沓。

䔿　草叢生。

僔　衆~。

撙　從。

〇穩　烏本反影混。一。

〇囤　徒損反定混。小廩。七。

校注：字原作"囯"，本紐從"屯"之字"屯"均作俗形。

盾　視。又食准反船準。

校注：字又見軫韻食尹反船準。

沌　混沌。亦作阤、圫。

校注："作""阤"二字原倒誤，"作"旁識一小鉤。字又見獮韻持兗反澄獮合。

伅　倱~。

帲　貯~。

校注：字原作"惼"，俗誤，《王一》《廣韻》作"帲"。字又見真韻陟倫反知諄、真韻文(丈)倫反澄諄。

笹　篪~。

庉　屋下藏。

〇鱒　徂本反從混。魚，魚魴。二。

噂　大口。

校注：龍校云："軍声之字例不讀從紐，此恐誤。"

〇鯀　古本反見混。禹父。八。

橐　大束。

袞　~衣。

緄　~帶，織成章也。

惃　亂。

錕　車釭。

輥　穀齊等皃。

校注："穀"字誤，《説文·車部》："輥，轂齊等皃。"

硍　高聲。

〇畽　他本反透混。~怨，行無廉隅。二。

黗　黑狀。

校注：字原作"黗"。字又見魂韻他昆反透魂。

〇惣　盧本反來混。畽~。[二]。

校注：字原作"怨"，誤，《廣韻》作"惣"。底本紐字數奪。

惀　怨。又力均反來諄、力尹反來準。

校注：字又見真韻力屯反來諄。

〇閫　苦本反溪混。門限。八。

壼　宮中道。

稇　成就。

悃　至誠。

頵　秃頭。又口沒反溪沒。

校注：字又見沒韻苦骨反溪沒。

捆　織。

踞

校注：底本注文奪。《王一》："踞，椽足。"

[硱]　~磳。又口冰反溪蒸開。

校注：底本字頭奪，"~磳又口冰反"誤繫於"踞"字下。《王一》"踞""硱"上下字，《王一》"硱，~磳。又口水反。"《廣韻》："硱，碖硱，石落皃。"字又見蒸韻綺兢反溪蒸開。

〇獖　盆本反並混。守犬。六。

笨　竹裹。

校注：字又見混韻布忖反幫混。

体　麁夫。

校注："夫"字誤，《王一》《廣韻》作"皃"。

**麐** 牝。

**棆** 車弓。

**校注：** 字右原從"畚"。

**䅺** 穩~。

〇**懣** 莫本反明混。愁悶。又亡頓明慁、亡但明旱(緩)二反。[一]。

**校注：** 又亡但反，"但"旱韻字，此唇音不分開合之例。底本紐字數奪。字又見旱韻莫旱反明旱(緩)、慁韻莫困反明慁。

## 廿一佷

〇**佷** 痕墾反匣很。佷戾。一。

〇**墾** 康佷反溪很。耕~。三。

**懇** ~側，誠至。

**校注：** "側"字誤，《切一》《廣韻》作"惻"。

**齦** 齧。

**校注：** 字又見産韻口限反溪産開。

〇**頣** 古佷反見很。頰後。一。

**校注：** 字亦作"頣"，"頣"字見銑韻多繭反端銑開。

## 廿二旱

〇**旱** 何滿反匣旱。亢陽。[四]。

**校注：** 底本紐字數奪。

**峼** 山名，在南郡。

**校注：** "郡"字誤，《切一》《切三》《王一》《廣韻》作"鄭"。

**睅** 大目。

**校注：** 字又見元韻況袁反曉元合、阮韻況晚反曉阮合。字亦作"睅"，"睅"字見潸韻胡板反匣潸合。

**皔** 白。

〇**緩** 胡管反匣緩。七。

**澣** 濯。亦作浣。

**校注：** 亦作字爲俗書，《切三》作"浣"。

**覒** 大視。

**篹** 筩~。

**校注：** "筩"字誤，《王一》《廣韻》作"篙"。

**𣊫** 人姓。

**綄** 候風羽。又胡官反匣桓。

**校注：** 字原作"綩"，爲俗書，《廣韻》作"綄"。字又見寒韻胡官反匣桓。

**腨** 腕~，小有。

〇**短** 都管反端緩。不長。三。

**斷** 當~。

**校注：** 字又見旱韻徒管反定緩、翰韻都亂反端換。

**攤** 轉簇。

〇**算** 蘇管反心緩。數~。二。

**篹** 籮。

**校注：** 字原作"簒"，《廣韻》作"篹"。

〇**款** 苦管反溪緩。申。亦作款、款，俗欵。四。

**窾** 空。

**梡** 斷木。亦作梡。又胡管反匣緩。

**校注：** 亦作字爲"梡"字俗書。字亦作"梡"，"梡"字見寒韻胡官反匣桓。

**裿** 襬~。

〇**餪** 乃管反泥緩。女嫁食。三。

**暖** 暄~。

渜　湯。又奴館反泥換。

校注：字又見翰韻乃亂反泥換。

○纂　作管反精緩。集。[五]。

校注：底本紐字數奪。

纘

校注：底本注文奪。《切三》《王一》："纘，承系。"P. 2014："纘，継也。"《廣韻》："纘，繼也。"

[儹]　聚。

校注：底本字頭奪，"聚"字誤繫於"纘"字下。諸書"纘""儹"上下字，《切三》《王一》："儹，聚。"P. 2014："儹，~聚。"《廣韻》："儹，聚也。"

鄼　百家。又子旦精翰、在何從歌一二反。縣名。

校注：字又見哥韻昨何反從歌一、翰韻作幹反精翰。

穳　鋋。

校注：字又見翰韻子筭反精換。

○椀　烏管反影緩。亦作盌。二。

晼　~腨。

校注：字原作"晼"，俗誤。注文次字爲"腨"字俗誤。《王一》《廣韻》作"晼""腨"。

○板　博管反幫緩。盾米餅。三。

校注："盾"字誤，《切一》《切三》《王一》《廣韻》作"屑"。

瓪　牝瓦。又布綰反幫潸開。

校注：字又見潸韻布綰反幫潸開。

暵　熱氣。又呼半反曉翰。

校注：龍校云："莫声之字例不讀脣音，此疑有誤。"字又見翰韻呼半反曉翰。

○管　古纂反見緩。籥。七。

脘　胃府。

輨　車轂鐵。

盥　洗。又古段反見換。

琯　玉。

校注：字又見慁韻古鈍反見慁。

痯　病。

鞘　車具。

○斷　徒管反定緩。截。俗作斷。二。

校注：字又見旱韻都管反端緩、翰韻都亂反端換。

緞　履後帖。

校注："怗"字俗誤，《王一》《廣韻》作"帖"。

○疃　他管反透緩。鹿迹。亦作墥。二。

躖　行速。

○伴　薄旱反並緩。侶。三。

扶　耦~。

拌　弃。又普般反滂桓。

校注：字又見寒韻普官反滂桓。

○卵　落管反來緩。鳥胎。一。

○滿　莫旱反明旱(緩)。平。三。

懣　憤。又亡本明混、[亡頓明慁]二反。

校注："亡頓"二字據《王一》補。字又見混韻莫本反明混、慁韻莫困反明慁。

篅　竹器。

校注：字原作"篅"，誤，《廣韻》作"篅"。

○但　徒旱反定旱。語第。八。

蜑　南方夷。

袒　~裼。又大莧反定(澄)襇開。

校注:"大"定母字,又大莧反定澄類隔。字又見襇韻大莧反定(澄)襇開。

誕　大。

潬　水中沙出。

鞁　馬帶。

膻　免衣。

僤　掉。又大旦反定翰。

校注:字又見翰韻徒旦反定翰。

〇坦　他但反透旱。平。二。

閶　閶~。

校注:"閶"字誤,《廣韻》作"闌"。

〇亶　多旱反端旱。信。六。

担　笞~。

笪　籧篨。又都達反端曷。

校注:字又見翰韻得案反端翰、末韻當割反端曷、末韻他達反透曷。

癉　病。

舤　小艥。又都爛反端翰。

校注:字又見翰韻得案反端翰。

狚　獦~。

校注:字又見翰韻得案反端翰。

〇嬾　落旱反来旱。或作懶。二。

糷　餅相著。亦作粷。

〇笴　各旱反見旱。箭笴。五。

皯　面黑。

稈　禾莖。亦秆。

衦　摩展衣。亦作紆。

䅳　草。

〇散　蕵旱反心旱。亢眾。正散。亦作㪚。又桒旦反心翰。六。

校注:"正"下奪"作"字。字又見翰韻蕵旦反心翰。

饊　餅~。

校注:"餅"字誤,《切一》《切三》作"餅"。

篹　桃枝竹。

繖　~,絲綾。今作繖扇。

校注:字又見翰韻蕵旦反心翰。

傘　~盖。

鏾　弩牙。

〇瓚　昨旱反從旱。圭~。二。

趲　散走。又則幹反精翰。

校注:字又見翰韻作幹反精翰。

〇罕　呼稈反曉旱。希。五。

校注:紐字數當作"四","五"爲合計"侃"字之數,參"侃"字條校注。

䓍　菜~。

鶾　難。

厂　山厓。又呼半反曉翰。

校注:字又見翰韻呼半反曉翰。

〇侃　空旱[反]溪旱。[又]空旦〖二〗反溪翰。正作侃。[二]。

校注:底本上"反"字、"又"字奪,"旦"下"二"字衍,《切一》《切三》《王一》可證。底本紐字數奪。字又見翰韻苦旦反溪翰。

侃　同上。

〇攤　奴但反泥旱。按。又他單透寒、奴旦泥翰二反。一。

校注:字又見寒韻他單反透寒、翰韻奴旦反泥翰。

## 廿三潸

○潸　數板反生潸開。悲涕。一。

校注：字又見删韻所姦反生删開。

○綰　烏板反影潸合。繫。一。

○板　布綰反幫潸開。薄木。五。

版　大。

瓪　牝瓦。又博稈反幫緩。

校注：字又見旱韻博管反幫緩。

鈑　金餅鉼。

校注：《爾雅·釋器》："鉼金谓之鈑。"本書"餅"字衍，且"金""鉼"二字倒誤。"餅"旁原識一小鉤，誤，當識小點，且於"鉼"旁識小鉤。

蝂　負。

○酢　側板反莊潸開。面皶。[一]。

校注：底本紐字數奪。

○赧　奴板反泥（娘）潸開。面赤。四。

校注："奴"泥母字，奴板反泥娘類隔。

醂　酢。

㬊　温濕。

戁　慙。又人善反日獮開。

校注：字又見獮韻人善反日獮開。

○僩　胡板反匣潸開。武皃。一曰寛大。又姑限反見産開。二。

橺　木大。

○睆　户板反匣潸合。大目。四。

校注：紐字數作"四"而實收三字。

鯇　魚名。

校注：字亦作"鯶"，"鯶"字見混韻胡本反匣混。

麧　全麥麴。又胡昆反匣魂。

校注：字原從"麦"不從"麥"。字又見魂韻户昆反匣魂。

○阪　扶板反並潸開。坂。又方晚反幫阮合。[一]。

校注："坂"上奪"亦"字。底本紐字數奪。字亦作"坂"，"坂"字見阮韻府遠反幫阮合。

○矕　武板反明潸開。視皃。二。

蔄　子可食。

校注：字又見質韻居蜜反見術A。

○齴　士板反崇潸開。齒不正。一。

○㹌　初板反初潸開。䶩~。一。

○齞　五板反疑潸開。齴~。一。

校注：字又見阮韻語偃反疑阮開。

○莞　胡板反匣潸合。莞尔，笑皃。二。

校注：字原作"莧"，俗書，《廣韻》作"莞"。此紐與户板反匣潸合"睆"紐重出。字又見寒韻胡官反匣桓、寒韻古丸反見桓。

睅　大目。

校注：字亦作"暖"，"暖"字見元韻況袁反曉元合、阮韻況晚反曉阮合、旱韻何滿反匣旱。

○眅　普板反滂潸開。目中白。一。

校注：字又見删韻普班反滂删開。

## 廿四産

○産　所簡反生産開。生。[五]。

校注：底本紐字數奪。

嵼　蹇~。

汕　魚浮。

校注：字又見諫韻所晏反生諫開。

滻　水名，在京兆。

摌　以手抆物。

〇限　胡簡反匣産開。礙。四。

硍　而石聲。

校注："而"字衍，《王一》無。

䀍　䁙~。

㹞　牛佷不從牽。

校注：字又見獮韻去演反溪獮A開、屑韻胡結反匣屑開。

〇䁙　武限反明産開。䁙䀍，無畏視皃。一。

〇簡　古限反見産開。札。六。

柬　分別。一曰縣名，在新寧。

暕　明~。

揀　擇~。

校注：字又見霰韻落見反來霰開。

瀾　洗。

襇　~帬。

〇剗　初限反初産開。削。三。

鏟　平木鐵。

校注：字又見諫韻初鴈反初諫開。

弗　炙肉鐵。

〇棧　士限反崇産開。閣。又士免反崇獮開、士晏反崇諫開。六。

校注：又士免反，本書無崇母獮韻開口一紐。紐字數作"六"而實收五字。字又見諫韻士諫反崇諫開。

峸　山皃。

轏　車名，士所乘。

校注：字又見諫韻士諫反崇諫開。

孱　~陵縣，在武陵郡。又鋤連反崇仙開。

校注：字又見山韻昨閑反從(崇)山開、仙韻士連反崇仙開。

虥　竊毛。又士諫反崇諫開。

校注：字又見山韻昨閑反從(崇)山開、仙韻士連反崇仙開、諫韻士諫反崇諫開。

〇眼　五限反疑産開。目。亦作皃。一。

校注："皃"字誤，《集韻》作"㫋"。

〇醆　側限反莊産開。或作盞、琖字。三。

校注：字又見獮韻旨善反章獮開。

㦃　又色産反生産開。有令德。

校注：此字及下"䱤"字《切一》《切三》"醆"紐無，《廣韻》音"初綰切初産合"，《集韻》音"揣綰切初産合"，"綰"爲潸韻字。

䱤　礷粟。

校注：字左原上"鹵"下"木"，誤，《廣韻》《集韻》作"䱤"。

〇齦　口限反溪産開。一。

校注：字原作"艮"，誤，《廣韻》《集韻》作"齦"。字又見很韻康佷反溪很。

## 廿五銑

〇銑　蘇典反心銑開。金~。七。

**校注**：《切一》《切三》切"蕸顯反"，"典"爲避中宗名諱而改字。

**跣** ~足。

**毨** 鳥獸秋毛。

**姺** 古國商之諸侯。

**洗** 沽~，律名。

**校注**："沽"字誤，《廣韻》作"姑"。字又見薺韻先礼反心薺開。

**箾** 箸箾。又所交反生肴。

**校注**：龍校云："廣雅釋器云箾謂之籲，曹憲籲音素典反心銑開，故集韻云箾謂之籲。本書此誤收箾字。"字又見肴韻所交反生肴。

**籭** 簡~。

**校注**："簡"字誤，《廣韻》作"篇"。字又見仙韻相然反心仙開。

〇**腆** 他典反透銑開。厚。十。

**淟** ~涊，熱風。

**畽** ~疃，鹿迹。

**錪** 釜。

**琠** 玉~。

**靦** 面慙。

**圢** 坦。

**校注**：字又迥韻他鼎反透迴開。

**蹥** 行處。

**悿** 慙。

**蚕** 堅~，丘蚓。

**校注**："堅"字誤，《廣韻》作"豎"。

〇**典** 多蕸反端銑開。亦箕作、敟。［三］。

**校注**："作""箕"二字倒誤。底本紐字數奪。

**蕇** 葶藶。

**䫖** 頬後。

**校注**：字亦作"頣"，"頣"字見很韻古很反見很。

〇**蝘** 於殄反影銑開。守宮，虫。四。

**校注**：字又見阮韻於幰反影阮開。

**宴** 安。又於見反影霰開。

**校注**：字又見霰韻烏見反影霰開。

**嬿** 女字。又於見反影霰開。

**校注**：字又見霰韻烏見反影霰開。

**睍** 視。又烏見反影霰開。

**校注**：字又見諫韻烏澗反影諫開、霰韻烏見反影霰開。

〇**殄** 徒典反定銑開。滅。［二］。

**校注**：字右原從"尔"。底本紐字數奪。

**蜓** 蝘~。

〇**蕸** 古典反見銑開。蠶口出絲自裹。九。

**䩞** 皮起。

**秉** 小束。亦作枅。

**校注**：字亦作"枅"，"枅"字見齊韻古嵇反見齊開。

**垷** 塗。

**筧** 以竹通水。

**㨵** 拭面。亦作挸。

**趼** 行傷。

**校注**：字又見霰韻五見反疑霰開。

**㹸** 罰。

**襺** 纊著袍。

〇**峴** 胡蕸反匣銑開。峻嶺。十。

䁘　肉急。

哯　小兒歐乳。亦作吚。

校注：底本注文右行不清，據龍氏摩本録字。龍校云："兒歐乳三字並有殘脱，據王一、廣韻審定如此。"

俔　譬喻。又苦見反溪霰開。

校注：字又見霰韻苦見反溪霰開、線韻去戰反溪線A開。

晛　~睆。

㦓　意難。

詪　語。又古恨反見恨。

校注：字又見恨韻古恨反見恨。

黰　里。

校注：字下原從"里"，俗誤，注文"里"爲"黑"字之誤，《王一》《廣韻》二字作"黰""黑"。

纇　綴。

現　□。

校注：底本注文不成字，類"了"形，龍校云："此盖見字殘文。"字又見霰韻户見反匣霰開。

〇顯　呼典反曉銑開。明。今上諱。四。

韅　在背曰~。亦作韗。又呼見反曉霰開。

校注：底本"背"下有"在"字，旁識兩點，玆徑删。字又見霰韻呼見反曉霰開。

蜆　小蛤。

校注：字又見先韻胡千反匣先開。

抮　引戾。

校注：字右原從"尒"。

〇撚　奴典反泥銑開。以指按物。三。

涊　涀~。

校注：字又見軫韻而軫反日軫。

蹨　蹂~。

校注：字又見獮韻人善反日獮開。

〇㴐　亡典反明銑開。塗。二。

芇　相當。又亡寒反明桓。

校注：字原作"苧"，誤，《王一》《廣韻》作"芇"。字又見寒韻武安反明桓。

〇編　方繭反幫銑開。又畁連反幫仙A開。五。

校注：字又見先韻布玄反幫先開、仙韻卑連反幫仙A開。

匾　~匾。[匾]字湯嵇反透齊開。

校注："字"上脱重文號或"匾"字。

緶　褰裳。

校注：字又見仙韻房連反並仙A開。

萹　~竹，草。又匹便反滂仙A開。

校注：字又見先韻布玄反幫先開、仙韻芳便反滂仙A開。

扁　署，門户。〖又〗亦作碥。

校注："又"字衍。

〇泫　胡犬反匣銑合。光。八。

校注："光"上《切三》《廣韻》有"露"字。

獧　獸名，似犬，多力，西國人家養之。一曰對争皃。或作獧。

校注：字又見霰韻黄練反匣霰合。字亦作"䝯"，"䝯"字見真韻語巾反疑真B。

鉉　鼎耳。

玹　玉名。

校注：字又見先韻胡涓反匣先合。

鞙　鞲~。

縣　童子。又下𦉩反匣先合。

校注：字又見仙韻許緣反曉仙A合。

𨻰　阬~。

校注：字原作"隕"，俗誤，《王一》《廣韻》作"𨻰"。注文首字原右從"宂"，俗誤，《廣韻》作"坑"。

旬　目搖。

校注：字亦作"眴"，"眴"字見真韻相倫反心諄、霰韻黄練反匣霰合。

琄　玉皃。

校注：底本此條小字書於"旬""辮"字條右旁行隙，當爲抄漏後補書。

〇辮　薄典反並銑開。編髮。四。

艑　吳舡。

校注：字又見獮韻符善反並獮A開。

鯿　蜀人呼鹽。

校注：字原作"扁"，壞誤，《切三》《廣韻》作"鯿"。

毿　毛領。

〇畎　古泫反見銑合。田上渠。四。

泫　誘~。

罥　挂。

校注：字又見霰韻古縣反見霰合。

埍　女牢。

〇犬　苦泫反溪銑合。狗。一。

〇蜸　口典反溪銑開。四。

狠　齧地。

繫　𥠻。又口見反溪霰開。

校注：字又見霰韻口見反溪霰開。

豎　~蚕，寒蚓。

# 廿六獮

〇獮　息淺反心獮開。秋獵。六。

尟　少。

校注：字又見遇韻思句反心遇。

廯　廩。

癬　疥~。

尠　寡~。

燹　火。

校注：字又見至韻許偽反曉至B合。

〇演　以淺反以獮A開。廣。正作演。[三]。

校注：正作字與字頭同，當有一誤。底本紐字數奪。字又見軫韻余晒反以軫A。

縯　長。

校注：字又見軫韻余晒反以軫A、線韻餘見反以線A開。

衍　達。又餘見反以線A開。

校注："見"霰韻字，四等韻例不配以母，又餘見反霰線混韻。字又見線韻餘見反以線A開。

〇踐　疾演反從獮開。蹈。亦作後。六。

諓　謟。

校注："謟"爲俗書，《廣韻》作"諂"。

餞　酒食送。又疾箭反從線開。

校注：字又見線韻在線反從線開。

衟　踐。

𤺺　小蛘。

俴　駟馬不著甲。

〇瞎　旨善反章獮開。耳門。十四。
剼　以槌去牛勢。
樿　木名。
饘　糜。又諸延反章仙開。
校注：字亦作"飦","飦"字見仙韻諸延反章仙開。
皽　皮。
校注：字又見獮韻知演反知獮開。
襢　束。
軆　倮無蔽。或作襢。
嫸　萹帔。
校注："萹帔"誤,《廣韻》作"偏忮"。
顫　倨視。
校注："倨"字誤,《廣韻》作"倨"。
瞎　視止。
剷　擊。亦作鏟。
樿　木榴。
戩　武。又摯。
醆　盃~。
校注：字又見產韻側限反莊產開。
〇展　知演反知獮開。申。五。
搌　束縛。
皽　皮寬。
校注：字又見獮韻旨善反章獮開。
輾　~轉。
校注：字又見線韻女箭反娘線開。
㠭　極巧視之。又視戰反禪線開。
〇趁　居(尼)展反娘獮開。踐。又且(丑)忮反徹震。五。
校注：字原從"尒"。"居"字誤,《廣韻》作"尼"。據另見處之切語可斷"且"爲"丑"字之誤。字又見真韻直珍反澄真、震韻丑刃反徹震。
輾　車轢物。或作碾。
㞋　柔弱。
校注：字又見獮韻而兖反日獮合。
蹍　蹈。
跈　履。
〇淺　七演反清獮開。不深。一。
〇闡　昌善反昌獮開。大。六。
燀　燒~。
黗　黄色。
䦩　魯邑。
幝　緩。亦作繟。
緂　偏緩。又酋箭(翦)反從(邪)獮開。
校注："酋"從母字,又酋箭(翦)反從邪混切。《廣韻》作"又徐翦切",本書"箭線"字誤。字又見獮韻徐輦反邪獮開。
〇遣　去演反溪獮A開。送。七。
繾　~綣。
鑓　黏。又進。
校注："進"當作"嗺",《萬象名義》《玉篇》可證。
篬　~籐,户籍。
𥬶　小塊。
掔　牛偲。又胡結反匣屑開。
校注："偲"字誤,產、屑二韻處作"很"。字又見產韻胡簡反匣產開、屑韻胡結反匣屑開。
糙　乾麵餅。
〇善　常演反禪獮開。今亦作善。

正作譱。六。

校注：亦作字與字頭同，誤，當作"善"。《廣韻》"譱"字注："又作善。"

墠　壇~。

鱓　魚，似蛇。亦作䱇。

校注："䱇"字誤，《集韻》作"觛"。

蟺　蚯蚓。亦作蟮。

單　人姓。又都寒反端寒。

校注：字又見寒韻都寒反端寒、仙韻市連反禪仙開、線韻視戰反禪線開。

僐　姿。又布（市）戰反禪線開。

校注："布"字爲"市"字之誤。字又見線韻視戰反禪線開。

○蹇　居輦反見獮B開。跛。四。

謇　吃。亦作讙，犳謇字。

校注："字"上二字當作"犳""謇"。

搴　取。

縒　縮。

校注：字右原從"虔"。

○剪　即踐反精獮開。截。九。

搣　滅。

戩　福祥。正作戩。

嫥　明星。又子離反精支開。

校注：字又見支韻即移反精支開。

鬋　垂髮。

校注：字又見線韻子賤反精線開。

揃　切。

錢　銚。又似連反邪仙開。

校注：字又見仙韻昨仙反從仙開。

翦　羽生。今作剪，割。

蕑　玉彗。

校注：字原作"湔"，誤，《廣韻》作"蕑"。"玉"當作"王"，《爾雅·釋草》："蕑，王彗。"字又見先韻昨先反從先開。字亦作"葥"，"葥"字見線韻子賤反精線開。

○蹨　人善反日獮開。踐。五。

校注：紐字數作"五"而實收四字。字又見銑韻奴典反泥銑開。

戁　懼。又奴盞反奴（娘）產開。慙。

校注："奴"泥母字，又奴盞反泥娘類隔，然本書無娘母產韻開口一紐。字又見潸韻奴板反娘潸開。

熯　爇。

校注：字又見翰韻呼半反曉翰。

僐　物。又式善反書獮開。

校注：字又見獮韻式善反書獮開。

○輦　力演反來獮開。運。六。

璉　瑚~。

鄻　地名，在周。

僆　雙生子。

摙　載~。

爈　小然。

○件　其輦反群獮B開。分次。三。

校注：字又見尤韻莫浮反明尤。

嵃　~嶮。

校注：字原作"鑳"，誤，《廣韻》作"嵃"。

鍵　管籥。

校注：字亦作"楗"，"楗"字見阮韻其偃反群阮開。

○繾　徐輦反邪獮開。綬。又昌善反昌獮開。一。

校注：字原作"繾"。"昌""善"二字原倒誤，

"昌"旁識一小鉤。字又見獮韻昌善反昌獮開。

〇齴　魚蹇反疑獮B開。齒露。二。

校注：字原作"齞"，誤，《切三》《廣韻》作"齴"。

巘　山峯。

校注：字又見阮韻語偃反疑阮開。

〇辯　符蹇反並獮B開。詞。從言在辡音辯問。三。

校注：《説文·辡部》："辯，治也，从言在辡之間。""辡"爲"辡"字之誤。

辨　判。又薄諫反並諫開。濟事。

校注：又薄諫反，本書無並母諫韻開口一紐。字亦作"辦"，"辦"字見襇韻薄莧反並襇開。

諞　巧言。又得(便)蟬反並仙A開。

校注："得"字誤，當爲"便"。字又見仙韻房連反並仙A開。

〇緬　無兖反明獮A開。遠。亦作緜。六。

校注：亦作字當作"緜"。"緜"字見屑韻莫結反明屑開。

沔　漢水別名。

愐　思。

勔　自強。

湎　酖酒。亦作醽。

黽　~池，縣名，在弘農。又亡忍反明軫A。或作黾。

校注：字原作"黽"，俗書。字又見軫韻武盡反明軫A、耿韻武幸反明耿開。

〇褊　方緬反幫獮A開。衣急。一。

〇臇　姊兖反精獮合。臛少汁。或作膗。二。

校注：或作字誤，《廣韻》作"熼"。字亦作"臎"，"臎"字見支韻觜隨反精支合。

蠶　虫食。

〇雋　徂兖反從獮合。鳥肥肉。俗作隽。四。

吮　嗽。又徐兖反邪獮合。

校注：又徐兖反，本書無邪母獮韻合口一紐。

蔿　菖蔿，菜。

校注：字原作"蔿"，誤。注文字亦誤。《切三》《廣韻》作"蔿"。

瘍　大蛘。

〇辡　方免反幫獮B開。罪人相訟。三。

矇　蔽目。

覵　視。

〇兖　以轉反以獮A合。州名。五。

沇　濟水別名。

台　山澗閒泥。

菸　雀弁草。

駚　馬毛逆。

校注：字又見軫韻余准反以準A。

〇臠　力兖反来獮合。大臠肉。三。

孌　美好。

嫋　從。

校注：字中"冂"内原作"弁"，誤，《廣韻》作"嫋"。

〇轉　陟兖反知獮合。迴~。一。

〇卷　居轉反見獮B合。又居援反

見線B合。二。

校注：字又見線韻居倦反見線B合。

菤 ~耳。

〇圈 渠篆反群獮B合。圈獸。又求晚反群阮合。二。

校注：字又見阮韻求晚反群阮合。

蔨 鹿藿。

〇輭 而兖反日獮合。柔。亦作唇、輭。八。

蝡 虫動。亦作蠕。

楰 紅藍。一曰棗名。

萸 木耳。

碝 石次玉。

愞 弱。又奴亂反泥換。亦作耎、荛字。

校注：字又見箇韻乃卧反泥過一。字亦作"懦"，"懦"字見虞韻日朱反日虞、翰韻乃亂反泥換。

媆 好皃。

反 弱。

校注：字又見獮韻居(尼)展反娘獮開。

〇歼 昌兖反昌獮合。舛剥。或作踳。五。

校注：字亦作"踳"，"踳"字見軫韻尺尹反昌準。

喘 息。

荈 茗草。

腨 腓腸。

校注：字又見獮韻視兖反禪獮合。

敱 揣。又初委初紙合二反。

校注："二"上蓋奪一反，或爲"丁果"二字。字又見哿韻丁果反端果一。字亦作"揣"，"揣"字又見紙韻初委反初紙合。

〇膊 視兖反禪獮合。切肉。六。

腨 ~腸。

校注：字又見獮韻昌兖反昌獮合。

鄟 地名。亦作鄟。

校注：字又見寒韻度官反定桓、仙韻職緣反章仙合。

踹 脚跟。

校注：底本"跟"下有"根"字，旁識兩點，兹徑刪。字又見翰韻都亂反端换。

歂 口氣引。又視專反禪仙合。

校注：字又見仙韻市緣反禪仙合。

屗 小卮有盖。

校注：字又見遇韻符遇反並遇。

〇篆 持兖反澄獮合。~書。六。

瑑 壁上文。

沌 水名，在江夏。又徒混反定混。

校注：字原作"沋"。字又見混韻徒損反定混。

塚 耕土卷。

隊 道邊埒。

校注："埒"字俗誤，《廣韻》作"埤"。

縳 卷。《尔雅》云："十羽為縳。"

校注：字右原從"叀"，誤，《廣韻》作"縳"。字又見霰韻古縣反見霰合。

〇剸 旨兖反章獮合。細割。害(亦)作剬。六。

校注："害"字誤，當作"亦"。字又見寒韻度官反定桓、線韻之囀反章線合。字亦作

“剬”,“剬”字見寒韻多官反端桓。

孨　孤露可憐。又在(庄)卷反莊線合。

校注:“在”字誤,《切三》作“庄”,《廣韻》作“莊”。

腆　切。

校注:字右原從“叀”,誤。

腨　小卮。又之蘂反章紙合。

校注:字又見紙韻之累反章紙合。

闢　開閉門利。

校注:字原作“闒”,誤,《廣韻》作“闢”。

鱄　美魚。又士免反崇獮合。

校注:字又見獮韻士免反崇獮合。

○選　思兗反心獮合。又思絹反心線合。或作僎。一。

校注:字又見線韻息絹反心線合。

○撰　士免反崇獮合。述。亦作巽。三。

僎　具。

校注:字又見線韻渠卷反群線B合。

鱄　魚名。

校注:字又見獮韻旨兗反章獮合。

○蜎　狂兗反群獮A合。~蠉,井中虫。一。

校注:字又見先韻烏玄反影先合。

○蠉　香兗反曉獮A合。蜎~。三。

校注:紐字數作“三”而實收二字。字又見仙韻許緣反曉仙A合。

趫　走意。又九出[反]見術A。

校注:字原作“趫”,誤。“反”字原脱,《王一》有字。字又見質韻其聿反群術A。

○楩　符善反並獮A開。木名。五。

辮　憂。

校注:字原作“辨”,誤,《王一》可據證。

揙　擊。又雨云賢先反。

校注:四等韻例不配云母,又音切上字“雨”字誤。龍校云:“雨盖甫字之誤。”字又見仙韻畀連反幫仙A開。

緶　履底。

艑　舩~。

校注:字又見銑韻薄典反並銑開。

○免　亡辯反明獮B開。黜。七。

娩　婉~。

校注:字又見阮韻無遠反明阮合、願韻芳万反滂願合。

勉　勗。

俛　俯。亦作頫。

校注:字亦作“頫”,“頫”字見麌韻方主反幫麌。

冕　冠~。

鮸　魚名。

娩　生子免身。

○搴　基善反見獮B開。搌~。一。

○鏟　丑善反徹獮開。長。六。

扵　旌旗柱。

校注:字原作“㫃”,誤,《王一》《廣韻》作“扵”。字又見蒸韻陟陵反知蒸開。

蕆　備。一曰去貨。

校注:字原作“蒇”,誤,《廣韻》作“蕆”。

韂　驂具。又丑井反徹靜開。

校注:字又見靜韻丑郢反徹靜開。

蚩　行~。

校注：字上原從“山”，誤，《廣韻》作“蚩”。

辿　安步。又刃(丑)延反徹仙開。

校注：此爲俗書，《廣韻》作“延”。“刃”字誤，《廣韻》作“丑”。字又見仙韻丑連反徹仙開。

〇㫃　於蹇反影獮B開。旗偃。二。

校注：字又見阮韻於幰反影阮開。

趨　走~。

〇僲　式善反書獮開。物。二。

校注：字又見獮韻人善反日獮開。

嬒　女自姿。又奴見反泥霰開。

校注：字又見仙韻如延反日仙開、霰韻奴見反泥霰開。

# 廿七篠

〇篠　蘇鳥反心篠。細竹。俗作篠。四。

校注：俗作字與字頭同形，當有一誤。

鮍　魚名。

謏　誘。又所六[反]生屋三。正作謏。

校注：“反”字原奪。字又見厚韻蘇后反心厚、屋韻所六反生屋三。

礵　墨砥。又思六反心屋三。

校注：字又見屋韻息逐反心屋三。

〇皎　古了反見篠。光。十二。

校注：紐字數作“十二”而實收十一字。

璬　珮玉。

噭　行縢，~脛。

校注：字又見嘯韻古弔反見嘯。

皎　月光白。《詩》云：“月出皎兮。”

鐃　鐵。

校注：字原作“鐃”，誤，《廣韻》《說文》字作“鐃”。“鐵”下當據《王一》補“文”字。字又見篠韻呼鳥反曉篠。

皛　白。又匹白反滂陌開二。

皦　珠玉白皃。

闄　絞~。

譑　糾。

曒　明。亦作暞。

校　小袴。

〇鳥　都了反端篠。飛禽。七。

杓　絹帛頭~。

芍　垂~。

校注：字又見藥韻之藥反章藥開。

𠃊　懸皃。

蔦　樹上寄生。亦作樢。

褭　短衣。

杓　禾穗垂。

〇了　盧鳥反來篠。畢。十一。

蓼　菜。亦作蔾。

校注：字又見屋韻力竹反來屋三。

瞭　目精朗。

校注：字又見蕭韻落蕭反來蕭。

鬖　~鬖，長皃。

撩　快。又力彫反來蕭。

校注：“快”字誤，《廣韻》作“抉”。字又見蕭韻落蕭反來蕭。

潦　小衣。

校注：“衣”字誤，《廣韻》注云：“水清，又小水也。”

磟　~鳥，重。

幧　拭。

校注：字原作“憔”，俗誤，《廣韻》《集韻》作“幧”。

衵　裓。

鄝　地名。

憭　心朗。又力彫反來蕭。

校注：底本“朗”下有“反”字，旁識一點，茲徑删。字又見小韻力小反來小。

〇朓　吐鳥反透篠。月見西方。［二］。

校注：底本紐字數奪。字又見蕭韻吐彫反透蕭。

窱　窈~，深遠皃。

校注：字又見嘯韻他弔反透嘯。

〇曉　呼鳥反曉篠。旦明。亦作曉。二。

鐃　鐵~。

校注：字又見篠韻古了反見篠。

〇杳　烏皎反影篠。邃。九。

窅　深目。

窈　~窱。又窈窕，美皃。

校注：字又見嘯韻於弔反影嘯。

僄　~褭，身弱好皃。

驃　褭，神馬。亦作駠。

𨿹　~騕，長而不勁。

校注：注文次字誤，《王一》《廣韻》作“䠱”。

㒼　合。

葾　草長。

旚　~。

校注：《王一》云：“旗屬。”

〇嬲　奴鳥反泥篠。戲相擾。六。

嫋　長皃。又寧的反泥錫開。

䠱　~駠。

校注：字左原從“馬”，俗誤。

褭　騕~，馬。

校注：《切三》：“褭，騕~。”《王一》：“褭，僄褭。”“褭，騕褭。”本書“褭”“褭”二字注文互亂。

擾　擿~。

褭　僄~。

校注：此字注文與上“褭”字互亂。

〇皛　胡了反匣篠。白。三。

校注：字又見陌韻普百反滂陌開二。

菂　蔦茈，草。亦作葝。又胡激反匣錫開。

校注：字左下原從“扌”，俗誤，《切三》《廣韻》作“菂”。字亦作“葝”，“葝”字見錫韻胡狄反匣錫開。

芍　蓮中子。又且略清藥開、都歷端錫開二反。

校注：字又見錫韻都歷反端錫開、藥韻市若反禪藥開、藥韻七雀反清藥開、藥韻竹略反知藥開。

〇窕　徒了反定篠。窈~。四。

誂　弄。俗作挑。

嬥　獨行皃。又徒聊反定蕭。

校注：字又見蕭韻徒聊反定蕭、覺韻直角反澄覺。

掉　動。又徒弔反定嘯。

校注：字又見嘯韻徒弔反定嘯。

〇磽　苦皎反溪篠。山田。亦作硗。一。

校注：字又見肴韻口交反溪肴。字亦作“墽”，“墽”字見效韻苦教反溪效。

〇湫　子了反精篠。隘。又子攸反精尤。[三]。

校注：底本紐字數奪。字又見尤韻即由反精尤、有韻在久反從有。

揫　似薺。

朴　忽髙。

## 廿八小

〇小　私兆反心小。幺。一。

〇肇　直小反澄小。始。亦作肁。八。

校注：字左上原從“石”，俗書。

兆　十億。

趙　國名。

旐　旗~。

狣　犬有力。

羏　犬有力。

校注：“犬有力”涉“狣”字注文而誤，《切三》《王一》《廣韻》訓：“羊子。”

挑　牀板。

鮡　魚名。

〇沼　之少反章小。水止。一。

〇少　書沼反書小。不多。一。

校注：字又見笑韻失召反書笑。

〇夭　於兆反影小B。屈。三。

殀　殁。

校注：底本“殁”上有“於”字，旁識兩點，兹徑删。

仸　尪。

〇擾　而沼反日小。動。五。

繞　繚~。

遶　周~。

嬈　戲~。

犪　牛柔。

校注：字又見宵韻如招反日宵。

〇摽　符小反並小A。又平表反幫小B。三。

校注：紐字數當作“四”，“三”爲脱計“膘”字之數，參“膘”字條校注。字又見宵韻甫遥反幫宵A。

鰾　魚膠。

顠

校注：底本注文奪。《王一》：“顠，髮白皃。亦作鬃。”《廣韻》：“顠，髮白。”

[膘]　脅前。又子小反精小。

校注：底本字頭奪，“脅前又子小反”六字誤繫於“顠”字下。《王一》：“膘，脅前。又子小反。”《廣韻》：“膘，脅前。又音芆。”注文“脅”字爲“脅”字俗誤。字又見小韻子小反精小。

〇麨　尺紹反昌小。糗。或作麨。[三]。

校注：底本紐字數奪。

弨　弓~。

校注：字又見宵韻止遥反章宵、宵韻尺招反昌宵。

槱　木名。

校注：字又見有韻与久反以有。

〇縹　敷沼反滂小A。青白色。八。

校注：紐字數作"八"而實收七字。

醥　清酒。

犥　牛黄白色。

校注：字又見宵韻撫遥反滂宵A。

皫　鳥變色。

篻　竹名。

校注：字又見宵韻無遥反明宵A。

蔈　苕花。

瞟　瞭。又撫招反滂宵A。

校注：字又見宵韻撫遥反滂宵A。

〇眇　亡沼反明小A。小~。七。

淼　水大。

秒　禾芒。亦作穮。

杪　木末。

吵　雉鳴。

篎　管小。

萆　草。

〇紹　市沼反禪小。續。三。

佋　介。

校注：字又見宵韻市昭反禪宵。

袑　袴上。

〇矯　居沼反見小B。或作撟。七。

蟜　毒虫。

肌　目重瞼。

敿　盾。

觲　角長。

嬌　女字。又舉高反見宵B。

校注：字又見宵韻舉高反見宵B。

孂　竦身。

校注：字又見忝韻居點反見忝。

〇表　方小反幫小A。又方鴂反幫小B。三。

校注：字又見小韻方矯反幫小B。

褾　紬端。亦作衪。

校注："紬"字誤，《切三》《王一》《廣韻》作"袖"。

覫　目自省見皃。

〇藨　平表反並小B。草名，可為席。或作蔍。七。

殍　餓死。

校注：字又見虞韻撫扶反滂虞、旨韻符鄙反並旨B開。

歁　歐。又於垢反影厚。

校注：龍校云："歁声之字例不讀脣音。……《切三》本紐無此三字（歁猣麃），疑王氏誤增於此。"字又見厚韻烏口反影厚。

芆　草。又符小反並小A。亦作芆，又物。

校注："物"下《王一》有"落"字，當據補。

猣　獊~。

麃　牝麃。

校注：字又見豪韻古勞反見豪、有韻強久反群有。

貁　似狐，善睡。

〇鷕　以沼反以小A。雉聲。三。

溔　浩~，大水。

舀　杼臼。或作臼。

校注："杼"字俗誤，《切三》《王一》《廣韻》作

"抒"。或作字爲"留"字壞誤。字又見虞韻羊朱反以虞、尤韻以周反以尤。

〇悄 七小反清小。心憂。二。

釥 好~。

校注：字原作"釙"，誤，《王一》《廣韻》作"釥"。

〇勦 子小反精小。絶。亦作劋。六。

校注：字原作"勦"，俗誤，《王一》《廣韻》作"勦"。

勦 勞。又鋤交反崇肴。亦作巢。

校注：《切三》"又鋤交反"，《廣韻》"又音巢"，無言或體者，本書亦作誤，末三字當删。字又見肴韻鋤肴反崇肴。

摷 截。

膘 脅前。又扶了反並篠。

校注：又扶了反，本書無並母篠韻一紐。字又見小韻符小反並小A。

潐 湿。

校注：字原無"灬"，誤，《廣韻》作"潐"。

郻 魯地。

〇蟜 巨小反群小B。長皃。一。

〇繚 力小反來小。繞。六。

燎 炙。或𤏸。

校注：字又見宵韻力昭反來宵、笑韻力照反來笑。

嫽 好。

校注：字原作"嬌"，誤，《王一》《廣韻》作"嫽"。字又見蕭韻落蕭反來蕭、嘯韻力弔反來嘯。

𪋻 ~，面皃。

憭 慧。又音聊來蕭。

校注：字又見篠韻盧鳥反來篠。

敹 長皃。

校注：字原作"敹"，俗誤，《廣韻》作"敹"。

〇闄 於小反影小A。隔。一。

〇表 方矯反幫小B。上書。一。

校注：字又見小韻方小反幫小A。

# 廿九巧

〇巧 苦絞反溪巧。工。又苦教反溪效。一。

校注：字又見效韻苦教反溪效。

〇槊 下巧反匣巧。動聲。四。

校注：字又見覺韻户角反匣覺。

佼 庸人之敏。又古巧反見巧。

校注：字又見巧韻古巧反見巧。

鎣 器。又公巧反見巧。亦作㯱。

校注：字又見巧韻古巧反見巧。

菽 竹筍。又古飽反見巧。

校注：字又見巧韻古巧反見巧。

〇飽 博巧反幫巧。食滿。一。

〇獿 奴巧反泥(娘)巧。擾亂。一曰事露。又下巧反匣巧。三。

校注："奴"泥母字，奴巧反泥娘類隔。

撓 攪。又乃教反泥(娘)效、又如紹反日小。

校注："乃"泥母字，又乃教反泥娘類隔。乃教反爲"橈"字音。字又見豪韻呼高反曉豪。

獶 犬驚。

校注：字又見豪韻奴刀反泥豪。

〇昴　莫飽反明巧。星。五。

昴　日出。

茆　鳧葵。又力有反來有。

校注：字又見有韻力久反來有。

媌　好皃。又莫交反明肴。

校注：字又見肴韻莫交反明肴。

卯　猶冒。

〇絞　古巧反見巧。縛。九。

狡　狂~。

佼　女字。

校注：字又見巧韻下巧反匣巧。

攪　手動。

姣　妖媚。

校注：字又見肴韻胡茅反匣肴。

澩　濁。又胡巧反匣巧。亦作㶿。

校注：字又見巧韻下巧反匣巧。

薂　藕根。又下狡反匣巧。

校注：字又見巧韻下巧反匣巧。

敹　交炊木。

校注：字原從"夂"不從"爻"，誤。

烄　交木然。

校注：字又見号韻古到反見号。

〇爪　側絞反莊巧。䡡。五。

㺒　~獠。

瑵　玉。

校注：字原從"夂"不從"叉"，俗書。

抓　剳。

校注：字又見肴韻側交反莊肴、效韻側教反莊效。

叉　手足甲。

〇拗　於絞反影巧。手撥。二。

校注：字又見效韻乙罩反影效。

䀛　深目。

校注：底本字頭有塗改。

〇鮑　薄巧反並巧。魚敗。亦魚名。三。

骲　骨鏃。又白骹反並肴。

校注：字又見屋韻普木反滂屋一、覺韻蒲角反並覺。

麅　垂地。

校注："垂"字誤，《廣韻》作"臿"。

〇齩　五巧反疑巧。齧。亦作䶧。一。

〇煼　楚巧反初巧。熬。亦作炒。二。

𪎊　乾。亦作聚、𪏁。

校注：亦作次字爲"𪏁"字誤寫。

〇梢　所絞反生巧。長。二。

校注：字又見肴韻所交反生肴。

𢾂　攪。亦敹。

校注：字原作"敹"，誤，《廣韻》作"敹"。

## 卅晧

〇晧　胡老反匣晧。光。十二。

昊　天。

皞　少~。

浩　大水。

鎬　~京。

顥　大~。

鰝　大蝦。

鑒　土釜。亦作鏊。

校注：字原作"壄"，誤，《廣韻》作"鑒"。字又見号韻胡到反匣号。

䎛　細~。

蒿　~蔱，莎草。

郹　邑。

校注：字亦作"鄗"，"鄗"字見鐸韻呵各反曉鐸開。

皓　白~。

○抱　薄浩反並皓。扶擁。一。

○老　盧浩反來皓。耂。九。

獠　~，西南夷。亦作獠。

校注：《切三》《王一》省代號上有"犽"字，此當補。

轑　車軸。

橑　屋~，簷前木。

校注：字又見蕭韻落蕭反來蕭。

潦　雨水。

校注：字又見号韻盧到反來号。

蘮　乾梅。

䕩　黄色。

顟　廣大。

嘮　草~，寥靜。

○討　他浩反透皓。伐。三。

套　長皃。

槄　山楸木。又他刀反透豪。

○道　徒浩反定皓。路。三。

稻　穀~。

駣　馬四歲。[又]徒刀反定豪。

校注："又"字原奪。字又見豪韻徒刀反定豪。

○腦　奴浩反泥皓。髓。四。

校注：紐字數當作"五"，"四"爲脱計"碯"字之數，參"碯"字條校注。字又見号韻奴到反泥号。

惱

校注：底本注文奪。《切三》："惱，懊惱，古作㛴。"《王一》："惱，懊惱。"《廣韻》："惱，懊惱。"

[碯]　碼~，寶石。

校注：底本字頭奪，"碼~寶石"四字誤繫於"惱"字下。《王一》："碯，馬碯，寶石。"《廣韻》："碯，碼碯，寶石。"

㛴　有所恨。

髝　長皃。

校注：字又見号韻奴到反泥号。字亦作"䠷"，"䠷"字見号韻徒到反定号。

○倒　都浩反端皓。仆。八。

擣　築。亦作舂~。

㠀　海中山。

禂　馬祭。亦作騳。

壔　高土。

禱　請。又都道(導)反端号。

校注："道"字誤，《王一》作"導"。字又見号韻都導反端号。

㿒　病~。

校注：字亦作"疛"，"疛"字見宥韻直祐反澄宥。

檮　斷木。

校注：字又見豪韻徒刀反定豪、尤韻直由反澄尤。

〇嫂　蘓晧反心晧。老稱。正作㛐。俗作㛮。五。

燥　乾。正作𤏁。

校注："正"當作"俗"。

掃　刷。

埽　除。又蘓倒(到)反心号。

校注："倒"字誤，《王一》作"到"。字又見号韻蘓到反心号。

𧁉　蔜，草。

校注：注文首字當作"蔜"，《王一》《廣韻》可證。

〇草　七掃反清晧。四。

懆　憂心。

校注：字又見豪韻七刀反清豪。

嘈　~嘐，無人皃。

校注："嘐"字誤，《廣韻》作"嘐"。

騲　牝馬。

〇早　子浩反精晧。速。九。

澡　洗。

藻　文。

薻　~菜。

蚤　狗虫。

鰠　魚名。

璪　玉飾。

棗　赤稔。通俗作枣字。

校注：字原從二"朿"，俗誤。"稔"字誤，《王一》作"棯"。

璅　石似玉。

〇皂　昨早反從晧。黒色。三。

草　~斗，櫟實。

校注：字下原從"皂"。

造　修~。又七到反清号。

校注：字又見号韻七到反清号。

〇暠　古老反見晧。明。八。

杲　日出。

稾　草。

縞　~素。又古到反見号。

校注：字又見号韻古到反見号。

夰　放。又胡老反匣晧。

槹　木名。

臭　白澤。又昌石反昌昔開。

校注：字下原從"犬"，俗誤，《王一》《廣韻》作"臭"。字又見昔韻昌石反昌昔開。

稾　~簳。

〇好　呼浩反曉晧。精。一。

校注：字又見号韻呼到反曉号。

〇蓩　武道反明晧。毒草。又地名。又亡毒反明沃。二。

校注：字又見屋韻莫卜反明屋一。

冃　重覆。又亡救反明宥。~。

校注：又亡救反，本書無明母宥韻一紐。字又見候韻莫候反明候。

〇寶　博抱反幫晧。古作珤，𤣩~。十一。

保　任。

堢　墇。

褓　繈~。亦作緥。

鴇　鳥名。亦鴾。

校注：此字《廣韻》作“鴇”。

葆　草盛。又羽~，鼓吹飾。

皁　相次。

校注：字原作“卣”，誤，《廣韻》作“皁”。

賲　有~。

宲　藏。

䍚　采羽。

駂　馬騘。

校注：此字《廣韻》作“䮍”。“馬”字誤，《王一》《廣韻》作“烏”。

〇襖　烏浩反影皓。短袍。九。

䶧　䶧鬞。一曰早長。

校注：字原作“䶧”，俗書，《廣韻》作“䶧”。字又見号韻烏到反影号。

懊　~惱。

校注：字又見号韻烏到反影号。

媪　母。

芺　苦菜。

䐚　藏肉。又烏到反影号。

校注：字又見号韻烏到反影号、屋韻於六反影屋三。

䯉　藏骨。

鴁　鳥~。

校注：字原作“䳜”，誤，《王一》《廣韻》作“鴁”。

麇　麇子。

〇考　苦浩反溪皓。成。俗作考。七。

栲　木名。亦作朽。

校注：“朽”字誤，《王一》作“栲”。

槁　枯。

祰　禱。

丂　氣吹舒。

校注：“吹”字誤，《王一》《廣韻》作“欲”。

攷　挍。

攷　擊。

校注：字原從“夕”從“支”。《王一》字左從“丂”。此字與上一字實爲一字，《廣韻》《集韻》僅一見，作“攷”。

〇頶　五老反疑皓。大面醜。一。

校注：字左原從“芉”，誤。《廣韻》《集韻》作“頶”。

## 卌一哿

〇哿　古我反見哿一。嘉。二。

舸　輕舟。

〇火　呼果反曉果一。燬。二。

邩　地名。

〇果　古火反見果一。木實。加草者非。七。

猓　~猣，獸。

輠　車脂角。

校注：注文次字爲“脂”字俗誤，《切三》《王一》《廣韻》作“脂”。字又見賄韻胡罪反匣賄、馬韻胡瓦反匣馬合二。

裹　苞束。

蜾　~蠃，蟲。

校注：“蠃”字誤，《切三》《王一》《廣韻》作“蠃”。

划　刈。又公卧反見過一。

校注：字又見箇韻古卧反見過一。

倮　敢。

〇埵　丁果反端果一。堆。九。

校注：字亦作“㖤”，“㖤”字見哥韻丁戈反端戈一。

髼　亦□髼。小兒前髮。

校注：“亦”下一字原塗污，蓋爲“作”字。“前”字誤，《王一》作“剪”，《廣韻》作“翦”。字又見支韻直垂反澄支合、哿韻徒果反定果一。

挅　稱量。

綵　冕前垂。

朶　木上垂。

校注：“木”“上”二字原倒誤，“木”旁識一小鉤。

揣　摇。又初委反初紙合。量。

校注：字又見紙韻初委反初紙合。

鍒　缺。

校注：字右原從“朶”。“缺”字誤，《廣韻》《集韻》作“鈌”。

敊　試。又初委初紙合、尺孌昌獮合二反。

校注：字又見獮韻昌兖反昌獮合。字亦作“揣”，“揣”字見紙韻初委反初紙合。

䅜　禾垂皃。又丁丸反端桓。

校注：字又見寒韻多官反端桓。

〇鎖　蘇果反心果一。俗作鏁。九。

瑣　青~。

校注：字原作“璅”，俗書。

溑　水名。

校注：字原作“溑”，俗書。

葰　~人縣，在上黨。又蘓寡反心馬合二，醜~。

校注：字又見脂韻息遺反心脂合、馬韻蘇寡反心馬合二。

簑　竹名。

損　動。

惢　心疑。又才規反從支合。

校注：又才規反，本書無從母支韻合口一紐。字又見支韻姊規反精支合、紙韻才捶反從紙合。

麵　麦屑。

校注：字原從“麦”。

鄓　亭，在河南。

〇墮　徒果反定果一。又他果反透果一。十二。

校注：字又見哿韻他果反透果一。

垜　土聚。

㼠　長沙人呼甌。

䅜　小積。

校注：字又見寘韻是偽反禪寘合。

篫　竹名。

校注：字又見麻韻陟瓜反知麻合二。

鞣　履跟緣。

校注：字原作“鞖”，誤，《廣韻》作“鞣”。

髼　小兒遺髮。

校注：字又見支韻直垂反澄支合、哿韻丁果反端果一。

隨　山高。

鰖　魚子巳生。又翼水反以旨A合。

校注：字又見旨韻以水反以旨A合。

嫷　美。又辝觜反邪支開。

校注：又辝觜反，本書無邪母支韻開口一紐。

䅲　竹。

鬌　車鑙。又大罪反定賄。

校注：字又見賄韻徒猥反定賄。

〇妥　他果反透果一。安。五。

墮　倭~，髻。又徒果反定果一。

校注：字又見哿韻徒果反定果一。

隋　祭則藏。

校注：字又見支韻旬爲反邪支合。

橢　器。

隓　山皃。

校注：字右原作上"左"下"老"之形，誤，《廣韻》作"隓"。

〇叵　普可反滂果一。不可。二。

頗　~能。又浦河反滂戈一。

校注：字又見哥韻滂何反滂戈一、箇韻普卧反滂過一。

〇跛　布火反幫果一。跛足。亦作尳。三。

校注：亦作字誤，當作"尳"。

簸　~揚。又布箇反幫過一。

校注：字又見箇韻補箇反幫過一。

駊　~騀，馬行恶之皃。

〇躶　郎果反來果一。赤體。亦作臝、裸。夏禹化之解衣忻然。四。

瘰　~癧，筋結。亦作瘰。

蓏　果~。

臝　蜾~，虫名。

〇禍　胡果反匣果一。亦作𥛺。二。

夥　楚人云多。

〇顆　枯果反溪果一。小頭。二。

敤　研理。又口過反溪過一。

校注：字又見箇韻苦卧反溪過一。

〇坐　徂果反從果一。俗作坐。一。

校注：字又見箇韻在卧反從過一。

〇爹　徒可反定哿一。北方人呼父。六。

柁　正舟尾木。

校注：字又見紙韻池尔反澄紙開。

陊　下阪皃。

校注：字又見紙韻池尔反澄紙開。

𠰳　視皃。又火可反曉哿一。

校注：又火可反曉哿一，龍校云："可声之字例不讀舌音，疑'火可反'火曉誤為大定，遂收之於此。"字又見哥韻虎何反曉歌一、哿韻呼我反曉哿一。

炧　𤇾。又田（囚）者反邪馬開三。亦炨。

校注："田"字當爲"囚"字之誤。字又見馬韻徐雅反邪馬開三。

袉　衣帶。

校注：《王一》注："袉，又達柯反定歌一。"字又見哥韻徒何反定歌一。

〇可　枯我反溪哿一。中。二。

軻　轗~。又苦賀反溪箇一。

校注：字又見哥韻苦何反溪歌一、箇韻口佐反溪箇一。

〇我　五可反疑哿一。己。四。

騀　駊~。

頉　側弁。亦作俄。

校注：字又見哥韻五歌反疑歌一。

掜　差。

〇左　則可反精哿一。~右。一。

校注：字又見箇韻作箇反精箇一。

〇麼　莫可反明果一。幺~，細小。一。

〇吹　呼我反曉哿一。大笑。或作㗐。三。

校注：字又見箇韻呼箇反曉箇一、禡韻口訝反溪禡開二。字亦作"㗐"，"㗐"字見馬韻許下反曉馬開二。

攲　擊。亦作㪰。

校注：字右原從"支"，俗誤，《切三》《王一》《廣韻》作"攲"。字又見箇韻口佐反溪箇一。

頣　傾頭視。又達可反定哿一。

校注：又達可反定哿一，龍校云："疑火可反曉哿一火曉字誤為大定，遂收徒可反定哿一下，而於此云又達可反定哿一。"字又見哥韻虎何反曉歌一、哿韻徒可反定哿一。

〇婐　烏果反影果一。又烏華反影麻合二。二。

校注：字又見麻韻古華反見麻合二。

綏　多。

〇妮　奴果反泥果一。婐妮，女。二。

扼　摘。

校注：字亦作"搤"，"搤"字見麥韻烏革反影麥開。

〇閜　烏可反影哿一。欲傾。四。

椏　榡~。

榱　~㨰，木茂。亦作衺。

校注：字左原從"扌"，俗誤。"㨰"爲"榱"字俗誤。《切三》《王一》《廣韻》二字從"木"。

旖　旗旖。又猗蟻反影紙B開。

校注：字又見紙韻於綺反影紙B開。

〇榱　乃可反泥哿一。二。

校注：字原作"懐"，誤，《切三》《王一》作"榱"。

㑩　㑩。

校注：字原作"㑩"，俗誤，《王一》《廣韻》作"㑩"。

〇榡　勒可反來哿一。~椏，樹斜。四。

攞　裂~。

斪　擊。

校注：字左原從"良"。

砢　磊~，衆石。

〇姽　五果反疑果一。好皃。又五委反疑紙B合。二。

校注：字又見紙韻魚毀反疑紙B合。

厄　木節。又五戈反疑戈一。

校注：字原作"卬"，誤。字又見哥韻五和反疑戈一。

〇縒　蘇可反心哿一。鮮絜皃。一。

校注：字又見鐸韻倉反(各)反清鐸開。

〇瑳　千可反清哿一。玉色鮮。二。

校注：字又見哥韻七河反清歌一。

鬌　髮好皃。

〇䩠　丁可反端哿一。垂皃。三。

䩠　厚。

校注：字左下原從"早"，誤，《廣韻》作"䩠"。

頦　醜皃。

〇苛　胡可反匣哿一。急。一。

**校注**：字又見哥韻韓柯反匣歌一。

〇硰　倉顆反清果一。碎石。三。

**校注**：字又見馬韻又(叉)瓦反初馬合二。

脞　細碎。

**校注**：字又見哥韻食(倉)和反清戈一。

磌　小石。

**校注**：字原作"硝"，誤，《廣韻》《集韻》作"磌"。

〇爸　蒲可反並果一。父~。一。

〇過　丁(于)果反云(匣)果一。一。

**校注**：字原作"禍"，誤，《王一》《廣韻》《集韻》作"過"。《王一》："丁果反，秦晉之間語。"《廣韻》見胡果切"禍"紐，"過過也，秦人呼過爲過也。"本書另有"禍"紐，音胡果反匣果一，"過"爲後增字。一等韻例不配云母，丁(于)果反云匣混切。《方言》卷一第二十一條："自關而西秦晉之間凡人語而過謂之過，或曰僉。"郭璞注"于果反"。《廣雅·釋言》："僉，過也。"曹憲注"過"音"禍"，周祖謨校："于疑爲乎字之誤。"本書及《王一》蓋據《方言》補字，襲郭氏音注，然誤上字。

## 卅二馬

〇馬　莫下反明馬開二。駿畜。三。

碼　~碯，石。

罵　詈。又莫霸反明禡開二。

**校注**：字又見禡韻莫駕反明禡開二。

〇者　之野反章馬開三。詞絶。二。

赭　赤土。

〇野　以者[反]以馬開三。又埜〖反〗。三。

**校注**："者"下"反"字原脱，《切三》《王一》有字。"埜"下衍"反"字。

也　詞~。

冶　鑪~。

〇雅　五下反疑馬開二。楚。五。

**校注**："楚"下《切三》《王一》《廣韻》有"鳥"字，當補。

疋　正。又山居反生魚。

**校注**：字又見魚韻色魚反生魚、語韻踈舉反生語。

庌　廳~。

厗　痄痄，口不合。

**校注**：字原作"痄"，俗誤。注文"痄""痄"二字爲"厏""厗"俗誤。《切三》《廣韻》字作"厏""厗"。

瓨　酒器。俗作雅。

〇檟　古雅反見馬開二。木名。亦作榎。八。

嘏　大。一曰福。

假　借。又古訝反見禡開二。

**校注**：字又見禡韻古訝反見禡開二。

賈　人姓。

斝　以玉為酒盃。

叚　大~。

**校注**：《王一》注文作"本假"。

瘕　病。又公詐反見禡開二。

**校注**：字又見麻韻古牙反見麻開二、禡韻古訝反見禡開二。

椵　柚屬。

〇啞　烏雅反影馬開二。不能言。一。

校注：字又見麥韻烏革反影麥開、陌韻烏陌反影陌開二。

〇灺　徐雅反邪馬開三。又待可反定哿一。一。

校注："雅"二等韻字，徐雅反等第憑切。字又見哿韻徒可反定哿一。

〇下　胡雅反匣馬開二。不上。三。

校注：字又見禡韻胡訝反匣禡開二。

夏　中夏。又胡駕反匣禡開二。

校注：字又見禡韻胡訝反匣禡開二。

廈　舍。

校注：字又見禡韻色亞反生禡開二。

〇寫　悉野反心馬開三。轉卒曰～。四。

瀉　～水。

榪　案。

校注：字左原從"扌"，俗誤，《王一》《廣韻》作"榪"。

魯　獸。

〇閜　許下反曉馬開二。大笑聲。二。

校注：字亦作"呀"，"呀"字見哿韻呼我反曉哿一。

閜　大裂。

〇且　七也反清馬開三。一。

校注：字又見魚韻子魚反精魚。

〇跒　苦下反溪馬開二。跁～，行皃。二。

校注：紐字數當作"一"，"二"爲合計"跁"字之數，參"跁"字條校注，《切三》《王一》《廣韻》作"一"。

〇跁　短人皃。並馬開二

校注：《切三》《王一》《廣韻》本字條上有"跁"字條。《切三》："跁，傍下反。二。"《王一》："跁，傍下反。跁跒。二。"《廣韻》："跁，傍下切。三。"本書"跁"字條奪，本字條遂誤併入"跒"紐。"皃"字誤，《切三》《王一》作"立"。

〇社　市也反禪馬開三。一。

〇捨　書也反書馬開三。止。二。

舍　飴。

校注："飴"字誤，《王一》作"餇"。

〇姐　慈(兹)野反精馬開三。羌人呼母。一曰媿。三。

校注："慈"字誤，《廣韻》作"兹"。

担　取。又壯加莊麻開二、才野從馬開三二反。

校注：又才野反，本書無從母馬韻開口三等一紐。字又見麻韻側加反莊麻開二。

飷　無味。

〇把　博下反幫馬開二。手捉物。二。

笆　有刺竹。又百加反幫麻開二。

校注：字又見麻韻伯加反幫麻開二。

〇踝　胡瓦反匣馬合二。足骨。九。

稞　淨穀。

校注：字又見哥韻苦和反溪戈一。

黊　鮮明黄。又胡卦反匣卦合。

校注：字又見卦韻胡卦反匣卦合。

觟　楚冠。

校注：字原作"鮭"，俗誤，《廣韻》作"觟"。

踝　擊踝。

校注：字右原從"卂"，誤。

嘫　大口。

輠　轉。又明(胡)罪反匣賄。

校注："明"字誤，《王一》作"胡"。字又見賄韻胡罪反匣賄、哿韻古火反見果一。

鯠　鯉~。

麳　麴~。

校注：字原從"麦"不從"麥"，俗書。

〇寡　古瓦反見馬合二。無夫。俗作寡。二。

冎　剔肉置骨。

〇瓦　五寡反疑馬合二。一。

校注：底本此條小字書於"若"字條右旁行隙，當爲抄漏後補書。字又見禡韻五化反疑禡合二。

〇若　人者反日馬開三。乾草。二。

校注：字又見藥韻而灼反日藥開。

惹　亂。又奴(如)灼反日藥開。

校注："奴"字誤，當作"如"。字又見藥韻而灼反日藥開。

〇鮓　側下反莊馬開二。米腌魚。亦鮺。四。

厏　~痄。又士馬反崇馬開二。

校注：字原作"痄"，俗誤。"痄"爲"厏"字俗誤。字又見馬韻士下反崇馬開二。

譇　訝。

校注：字又見麻韻子邪反精麻開三。

筡　炭籠。亦作蒫。

〇觰　都下反端(知)馬開二。牛角横。一。

校注："都"端母字，都下反端知類隔。字又見麻韻陟加反知麻開二。

〇槎　士下反崇馬開二。[又]士加反崇麻開二。逆斫木。四。

校注："又"字原脱，《切三》《王一》有字。字亦作"楂"，"楂"字見麻韻鋤加反崇麻開二。

厏　~厏，厨舍。

校注：字原作"庢"，誤，《切三》作"厏"。注文"厏"字誤，《切三》："厏，~厊。"字又見馬韻側下反莊馬開二。

奓　大目。

校注：《王一》注："自大。"《集韻》注："夸奓，自大。"本書注誤。

〇奲　車下反昌馬開三。寛大。五。

校注："下"二等韻字，車下反等第憑切。

撦　裂壞。

䰩　醜~。

哆　脣垂。

校注：字又見紙韻尺尒反昌紙開、箇韻丁佐反端箇一。

奢　擊~。

〇縿　竹下反知馬開二。絮，相着皃。一。

校注：《王一》注："縿絮，相着皃。"《廣韻》同，本書"絮"字誤。

〇絮　奴下反泥(娘)馬開二。絚。或作袽。又女於反娘魚。一。

校注："奴"泥母字，奴下反泥娘類隔。或作字誤，當作"袽"。字亦作"袽"，"袽"字見魚韻女余反娘魚。

〇髁　口瓦反溪馬合二。髀骨。［二］。

校注：底本紐字數奪。字又見箇韻苦卧反溪過一。

𡕩　跨步。又口化反溪禡合二。

校注：字原作"另"，誤，《説文·夂部》："𡕩，跨步也。"

〇䂳　又(叉)瓦反初馬合二。好雌黄。一。

校注："又"字誤，《王一》《廣韻》作"叉"。字又見哿韻倉顆反清果一。

〇葰　蘇寡反心(生)馬合二。醜～。一。

校注："蘇"心母字，蘇寡反心生混切。字又見脂韻息遺反心脂合、哿韻蘇果反心果一。

## 卌三感

〇感　古禫反見感。動神靈。六。

籲　竹名。

鱤　魚名。

醰　酒味。

校注：字原作"贑"，誤。《切三》《王一》："醰，酒味。"《王二》："醰，酒名。"《廣韻》："醰，酒味淫也。"

灨　水名，在南康。

校注：字右上"夂"原脱筆，《廣韻》作"灨"。

灝　豆汁。

〇禫　徒感反定感。祭名。八。

糮　糌～，滓。

黮　黕～，雲。又他感反透感。

霮　～䨴，雲。

窞　坎旁入。《易》曰："入于埳窞。"

校注：字原作"窞"，俗誤。

髧　髮垂。

校注：字下原從"冗"，俗書，《王一》《廣韻》作"髧"。

萏　菡～，荷花。亦作藺、菩。

校注：字原作"萏"，俗誤。"菩"當爲"菡"字或體。

嘾　《莊子》云："大甘而嘾。"

〇晻　烏感反影感。暗。八。

校注：字原作"腌"，俗誤，《切三》《王一》《王二》《廣韻》作"晻"。

黤　～黮。

校注：字原作"黤"。

揞　手覆。

唵　手進食。

罯　魚網。亦罨。

校注：字又見合韻烏合反影合。

灂　水大至。又於甚反影寑。

校注：字又見寑韻於錦反影寑。

奄　蹇～。

校注：字原從"兀"不從"尢"，俗誤。

黤　青黑。又烏擥(檻)反影檻。

校注："擥"字俗誤，當作"檻"。字又見檻韻於檻反影檻。

〇腩　奴感反泥感。煑肉。亦作䐑。四。

湳　水名，在西河。

篛　竹弱。

蕳　長弱。

校注：《廣韻》訓"草長弱皃"。

〇禫　他感反透感。衣大。四。

校注：字又見侵韻徐林反邪侵。

醓　~醢。亦作醓。

校注：字右上原從"犯"，誤，《廣韻》作"醓"。

肬　肉汁。

校注：字原作"肮"，俗誤。

嗿　衆聲。

〇歜　徂感反從感。菖蒲葅。三。

校注：字又見燭韻尺玉反昌燭。

魿　大魚。又才沈反從寑。

校注：字又見寑韻式稔反書寑。字亦作"鱘"，"鱘"字見侵韻昨淫反從侵。疑"沈寑"當爲"沉侵"字。

弽　弓弦~。

〇慘　七感反清感。戚。六。

憯

校注：底本此字補書於"慘"字條之下地腳處，無義訓。《切三》《王一》《王二》訓"痛"，《廣韻》云"痛也"。

黲　瞋色。又倉敢反清敢。

校注：底本此條注文頂格寫，字頭出格，當爲脱漏而補書。字又見敢韻倉敢反清敢。

簪　曾~。

校注：字又見鹽韻昨鹽反從鹽。

傪　好。又先感反心感。

校注：字又見覃韻倉含反清覃、感韻素感反心感。

噆　銜。又子臘反精盍。

校注：又子臘反，本書無精母盍韻一紐。字又見合韻子荅反精合。

〇顉　五感反疑感。傪顉，摇頭。二。

嬸　含奴。

校注："奴"字誤，《王一》《王二》《廣韻》作"怒"。字又見鹽韻於鹽反影鹽A、感韻胡感反匣感、琰韻魚檢反疑琰B。

〇昝　子感反精感。人姓。三。

校注：字上原從"外"，誤，《切三》作"昝"。

寁　逺。

校注："逺"爲"速"字之誤，《廣韻》不誤。

揝　手動。

校注：字又見勘韻祖紺反精勘。字亦作"篸"，"篸"字見覃韻作含反精覃。

〇糂　素感反心感。亦作糝。四。

糣　~，滓。

校注：當據《切三》《王一》《廣韻》於省代號下補"糫"字。

傪　~顉。

校注：字又見覃韻倉含反清覃、感韻七感反清感。

粽　蜜蔵木瓜。

校注：字原作"粽"，誤，《切三》《王一》《王二》《廣韻》《集韻》作"粽"。

〇坎　苦感反溪感。亦作埳。四。

校注：亦作字爲"埳"字俗誤。字亦作"埳"，"埳"字見勘韻苦紺反溪勘。

歁　食未飽。

校注：字又見合韻口荅反溪合。

**惂**　恨～。

**校注：**字原作"慆"，俗誤。

**轗**　舞曲。

**校注：**字原作"轗"，誤，《廣韻》作"轗"。

**○頷**　胡感反匣感。頤。九。

**校注：**字又見覃韻口含反溪覃。

**嬐**　～害，悪性。

**校注：**字原作"嬐"，誤。字又見鹽韻於鹽反影鹽A、感韻五感反疑感、琰韻魚檢反疑琰B。

**撼**　動～。

**马**　嘾。

**校注：**字原作"戸"，誤，《廣韻》作"马"。

**淊**　水和泥。

**校注：**字原作"滔"，俗誤。字又見陷韻於陷反影陷。

**菡**　～萏。亦作菡、萳。

**校注：**"萳"爲"菡"字之誤。

**幨**　亦作襜。

**庳**　草木實皃。

**欿**　欲得，貪嘾得難厭。

**校注：**字左原從"舀"，俗誤。

**○壈**　盧感反來感。坎～。五。

**燣**　黄焦色。

**校注：**字又見覃韻盧含反來覃。

**顲**　面黄痟。又離甚反來寝。

**校注：**字原從"冋"從"亩"，誤，《廣韻》作"顲"，合《說文》。字又見寑韻力稔反來寑。

**轗**　坎～，困極。

**醂**　桃葅。

**校注：**字又見寑韻力稔反來寑。

**○黕**　都感反端感。滓垢。又丁甚反端(知)寑。五。

**校注：**"丁"端母字，又丁甚反端知類隔。

**眈**　虎視遠□近志。

**校注：**字右原從"冗"，俗。"近"上一字卷殘，龍校云"當是而字"。此字《王一》注："虎視近而志遠。"合《説文》，本書注文有倒誤。字又見覃韻丁含反端覃。

**抌**　擊。

**瓭**　罌。

**校注：**字原作"瓬"，俗誤。

**衴**　被。

**校注：**字右原從"冗"，俗書。《廣韻》云："《埤蒼》云被緑也。"

**○顑**　呼感反曉感。飯不飽。又呼紺反曉勘。[一]。

**校注：**底本紐字數奪。字又見勘韻呼紺反曉勘。

## 卌四敢

**○敢**　古覽反見敢。正作敢。果決。三。

**校注：**正作字不成字，龍校云"盖㪟字之誤"。

**橄**　～欖，木名，出交阯。

**澉**　～䭑，食無味。

**校注：**字又見闞韻吐濫反透闞。

**○覽**　盧敢反來敢。視。俗作覽。四。

**校注：**俗作字與字頭同形，當誤。

擥　手取。亦作欖。

校注：亦作字誤，《王二》《廣韻》作"攬"。

欖　橄~。

擥　持。又力甘反來談。

校注：字又見談韻盧甘反來談。

○菼　吐敢反透敢。荻。亦作萠。四。

緂　青黃色。亦作黬。

校注：字又見談韻他酣反透談。字亦作"黬"，"黬"字見鹽韻處詹反昌鹽。

厰　崄。又五今反疑侵B。

校注：字又見侵韻魚音反疑侵B。

緂　毳衣。

○膽　都敢反端敢。肝~。五。

紞　冕垂飾。

芫　藫，蕁。又除林反澄侵。

校注：字又見侵韻除深反澄侵。

磾　石~。

鶬　鷹鳥。

○噉　徒敢反定敢。食。或作啖。四。

澹　~淡，水皃。

校注：字又見闞韻徒濫反定闞。

簽　竹名。

憺　安人。又徒濫反定闞。

校注：字又見闞韻徒濫反定闞。

○黲　倉敢反清敢。日暗皃。一。

校注：字又見感韻七感反清感。

○姡　謨敢反明敢。鄉名，在河東猗氏。一。

校注：底本模糊不可辨，"在"上注文據龍氏摩本録字。龍校云："謨敢反鄉名五字不清，依切三、王一、王二審定如此。"

○饗　子敢反精敢。澉饗。一。

校注：底本模糊不可辨，"澉"上注文據龍氏摩本録字。龍校云："子敢反三字不清，依切三、王一、王二審定如此。"字又見琰韻子冉反精琰。

○槧　才敢反從敢。削板。又七廉清鹽、七猒清豔二反。一。

校注：底本字頭殘，注文亦有模糊不可辨見處，皆據龍氏摩本録字。龍校云："槧殘……依切三、王二及注文補。注文才字不清，依切三、王一審定。"字又見鹽韻七廉反清鹽、豔韻七贍反清豔。

○埯　安敢反影敢。坑。一。

校注：字又見广韻虞广反疑儼。

○噉　工覽反見敢。可。又工淡反見闞。亦作嚂。一。

校注：字亦作"嚂"，"嚂"字見闞韻盧瞰反來闞。字亦作"㖞"，"㖞"字見闞韻苦濫反溪闞。

## 卅五養

○養　餘兩反以養開。畜。亦作羧。四。

校注：字又見漾韻餘亮反以漾開。

痒　皮~。

校注：字又見陽韻与章反以陽開、陽韻似羊反邪陽開。

潒　洸~。

勨　勉。

○像　詳兩反邪養開。貌~。五。

象　似。正作㑥。

蟓　桒上蠭。

橡　木實。亦作樣。

襐　飾~。

○蔣　即兩反精養開。勸。四。

篣　剖竹未去節。又秦丈反從養開。

校注：又秦丈反，本書無從母養韻開口一紐。

槳　檝屬。

蔣　人姓。

校注：字又見陽韻即良反精陽開。

○兩　力蔣反來養開。再。夲作兩。七。

校注：本作字《王二》作"兩"。字又見漾韻力讓反來漾開。

魎　魍~。亦作蛃。

㮂　松脂。

䐂　膎~。

𠢞　~勥。

緉　履兩頭。

校注：字又見漾韻力讓反來漾開。

倆　伎~。

○勥　其兩反群養開。人壯。四。

校注："壯"字誤，《王二》作"姓"。

弜　弓力。又渠良反群陽開。

校注：字亦作"彊"，"彊"字見陽韻巨良反群陽開。

諳　競言。又大紺反定勘。

校注：字又見勘韻他紺反透勘、敬韻渠敬反群映開三。

滰　乾漬米。

校注：字右原從"竞"，俗誤。

○鞅　於兩反影養開。牛項羈。八。

柍　木名。

秧　~穰。

校注：字又見陽韻於良反影陽開。

鞅　飽皃。

校注：字又見漾韻於亮反影漾開。

怏　纓。

眏　無眥。

泱　氣流皃。

詇　早知。

校注：字又見漾韻於亮反影漾開。

○仰　魚兩反疑養開。偃~。一。

校注：字又見漾韻語向反疑漾開。

○磢　測兩反初養開。瓦石洗物。四。

剏　皮傷。

搶　頭~地，出《史記》。

校注：字又見陽韻七將反清陽開。

漺　淨~。

○想　息兩反心養開。一。

○掌　職兩反章養開。守物。二。

爪　反爪。

校注：字原作"穴"，誤。字見《説文・爪部》。

○爽　踈兩反生養開。明。亦塽。四。

縔　𦁤中絞繩。

校注：注文首字誤，當作“屩”。

鵏　~鳩。

瓬　半破。

○敞　昌兩反昌養開。闊。四。

惝　~怳。

氅　鶖鳥毛。

𧻓　踞。

校注：字原作上“尚”下“疋”，誤，《廣韻》作“𧻓”。

○響　許兩反曉養開。亦作嚮。五。

饗　神食。

蠁　虫~。

享　福。又普耕反滂耕開。

校注：字又見庚韻許庚反曉庚開二、庚韻撫庚反滂庚開二。

嚮　向。亦作蚼。

校注：“亦作蚼”三字當乙至本紐“蠁”字下，《説文》以“蚼”爲“蠁”字或體。字又見漾韻許亮反曉漾開。

○繈　居兩反見養開。絲有節。四。

鏹　錢~。

襁　~緥。

膙　筋膙。

校注：字原從“目”，俗誤。注文次字爲“膙”字俗誤。《王二》不誤。

○丈　直兩反澄養開。十尺。四。

杖　傷。

仗　凴。

校注：字又見漾韻直亮反澄漾開。

瘬　病。

○昶　丑兩反徹養開。通。一。

○壤　如兩反日養開。土。七。

蘘　蕪菁，葅~。

校注：字又見漾韻女亮反娘漾開。

曭　肥，蜀人云。

穰　豊~。

校注：字又見陽韻汝陽反日陽開。

攘　擾~。又汝陽反日陽開。

校注：字又見陽韻汝陽反日陽開、漾韻如狀反日漾開。

躟　疾行。又如羊反日陽開。

校注：字又見陽韻汝陽反日陽開。

孃　亂。又如章[反]日陽開。

校注：“反”字原奪。字又見陽韻汝陽反日陽開、陽韻女良反娘陽開。

○賞　識兩反書養開。酬功。二。

饟　日西食。亦作餳。

○髣　芳兩反滂養合。~髴。古作仿佛。三。

紡　~績。

鶭　~，鸐虞。又苻方反並陽合。

校注：字又見陽韻符方反並陽合、陽韻府長反幫陽合、漾韻府妄反幫漾合。

○罔　文兩反明養合。無。亦作冈、𦊱、𠳹、𡧦。七。

校注：“𡧦”字誤，《説文》作“𠕈”。

網　罻。

輞　車~。亦作祠。

校注：“祠”字誤，《王一》《王二》《廣韻》作“棢”。

莔　~草。

校注：字下原從“冈”。

魍　~魎。亦蜽。

校注：字原從"冈"不從"网"。

罔　誣~。

校注：字上原從"止"，誤，《王二》《廣韻》作"罔"。

罒　詈~。

〇昉　方兩反幫養合。日色。三。

倣　學。古作以。

校注："以"字誤。

瓬　瓴。

〇枉　紆罔反影養合。屈。四。

汪　~罔縣，在鴈門。又烏光反影唐合。

校注："罔"字誤，《切三》《王二》《廣韻》作"陶"。字又見唐韻烏光反影唐合、宕韻烏光反影宕合。

䁅　倿。〖人(又)居攜反見齊合〗。

校注：字原作"𢼸"，誤，《廣韻》《集韻》作"䁅"。"人"當爲"又"字之誤。又居攜反見齊合，龍校云："䁅譌从圭，遂有此誤讀。"字又見齊韻古攜反見齊合。

䞶　曲侵。

校注：字左原從"生"，誤，《廣韻》作"䞶"。

〇往　王兩反云養合。去。古迬。一。

校注："兩"開口字，王兩反開合憑切。字亦作"迋"，"迋"字見漾韻于放反云漾合。

〇怳　許昉反曉養合。狂。亦作兊。二。

詤　蔑言。

校注："蔑"字誤，《王二》《廣韻》作"夢"。字又見唐韻呼光反曉唐合。

〇上　時掌反禪養開。進。一。

校注：字又見漾韻常亮反禪漾開。

〇長　中兩反知養開。生出。一。

校注：字又見陽韻直良反澄陽開、漾韻直亮反澄漾開。

〇顙　义(叉)丈反初養開。醜。二。

傸　恧二。

校注："恧"字誤，《廣韻》《集韻》作"惡"。"二"字衍，《王二》無。

〇𦢊　渠往反群養合。乖。二。

校注：字原作"𦣛"，不成字，誤。龍校云："廣韻、集韻注文引説文驚走也，一曰往來皃，音俱往切見養合，与此音義俱異。説文亞字訓乖。集韻收𠀇字，与此下俇字同求往切群養合，廣韻俇字亦音求往切群養合。疑本書此脱𦢊字注文及正文亞字，渠往反乖二為亞字注文。"字又見梗韻舉永反見梗合三。

俇　往。

# 卅六蕩

〇蕩　堂朗反定蕩開。大。十。

像　放~。

惕　不憂。

盪　滌~。

璗　玉名。

暘　大春。

簜　大竹。

婸　戲~。

篣　竹箵。

校注：字又見蕩韻他朗反透蕩開。

潒　洸~。

〇廣　古晃反見蕩合。闊。一。

〇𩌓　鼓無皮匡木皮。蘇朗反心蕩開。三。

校注：字原作"𩌓"，不成字，誤。注文《切三》《王一》《廣韻》作"鼓匡木"，本書有衍文。

顙　額~。

磉　柱下石。

〇榜　博朗反幫蕩開。木片。五。

校注：字又見庚韻薄庚反並庚開二、敬韻補孟反幫映開二。

膀　題。

㲂　毛片。

髈　鬣~。

校注：字又見庚韻薄庚反並庚開二。

螃　似蝦蟆。

校注：字又見宕韻補曠反幫宕開。

〇駔　子朗反精蕩開。會馬市人。又在古反從姥。俗作䮶。一。

〇曩　奴朗反泥蕩開。久。一。

〇沆　胡朗反匣蕩開。沆瀣，氣。二。

䴚　直項。

〇曭　他朗反透蕩開。日不明。七。

儻　倜~。又他浪反透宕開。

校注：字又見宕韻他浪反透宕開。

傏　長皃。

戃　~慌，失意。

矘　~䀮，目無精。

篣　竹器。

校注：字又見蕩韻堂朗反定蕩開。

帑　~舍帛，金帛舍。

校注：《切三》《王二》《廣韻》作"金帛舍"，本書衍"~舍帛"。字又見模韻乃胡反泥模。

〇莽　莫朗反明蕩開。又莫古反明姥。草。七。

校注：字又見姥韻莫補反明姥、厚韻莫厚反明厚。

䁅　無二目。

㬒　日無光。

校注："日""無"二字原倒誤，"日"旁識一小鉤。

䒎　䒛~，無色狀。

蟒　鈷~。又莫補反明姥。

校注：字又見姥韻莫補反明姥。

蠎　大虵。

漭　~沆。

校注：字又見宕韻無浪反明宕開。

〇黨　德朗反端蕩開。聚衆。四。

校注：字亦作"攩"，"攩"字見蕩韻胡廣反匣蕩合。

欓　木名。又他黨反透蕩開，箵。

讜　直言。

鄣　地名。

〇朗　盧黨反來蕩開。明。二。亦作朖、誏。

㝗　㡉~，虛空皃。

校注：字又見唐韻魯當反來唐開。

〇坱　烏朗反影蕩開。塵埃，吴人云~。六。

映　~䁱，不明。

校注：字原作"朠"，俗誤。"䁱"爲"曭"字俗誤。二字《切三》《王二》《廣韻》作"映""曭"。

泱　翁泱，水皃。

校注："泱"字誤，《切三》《王二》《廣韻》作"泱"。字又見陽韻於良反影陽開。

醠　濁酒。又烏浪反影宕開。

校注：字亦作"醠"，"醠"字見宕韻阿浪反影宕開。

姎　女人自稱~我。又烏郎反影唐開。

校注：字又見唐韻烏郎反影唐開。

䇦　無色皃。

〇慷　苦朗反溪蕩開。~慨。三。

廣　大。又口廣[反]溪蕩合。

校注：字原作"廣"，誤，《廣韻》作"廣"。"反"字原脱，《王二》有字。又口廣反，本書無溪母蕩韻合口一紐。

軏　軻。

〇汪　烏晃反影蕩合。大水。一。

〇晃　胡廣反匣蕩合。光。六。

幌　帷~。

櫎　丘闌。

校注："丘"字誤，《切三》《王二》《廣韻》作"兵"。

榥　讀書牀。

滉　~瀁，海際。

擴　搥打。又黄浪反匣宕合。又都朗反端蕩開，衆~。

校注：字又見宕韻胡浪反匣宕合。字亦作"黨"，"黨"字見蕩韻德朗反端蕩開。

〇髈　普朗反滂蕩開。又髀，吴人云。二。

䠙　~䑺。

〇慌　虎晃反曉蕩合。爣~。四。

爌　開朗。

校注：字又見宕韻苦浪反溪宕合。

㡆　廣。

晄　旱熱。

〇航　各朗反見蕩開。又大澤。一。

〇奘　在朗反從蕩開。大。一。

校注：字又見宕韻徂浪反從宕開。

# 卅七梗

〇梗　古杏反見梗開二。桔~，藥。正作梗。八。

挭　大略。

哽　咽~。

郠　邑名，在莒。

鯁　刺在喉。亦作腰。

校注："剌"爲"刺"字俗誤。

綆　井索。

埂　堤封，吴人云~。

莄　莖。

〇丙　兵永反幫梗開三。南方。七。

昞　光。亦作昺、苪。

怲　憂。

校注：字又見敬韻彼病反幫映開三。

邴　邑名，在秦山。

校注："秦"字誤，《切三》《廣韻》作"泰"。字又見敬韻彼病反幫映開三。

秉　執～。

抦　持。

寎　明。

校注：《爾雅·釋天》："三月為寎。"本書注文有誤。字又見敬韻彼病反幫映開三。

○警　几影反見梗開三。戒。七。

景　日光。

境　界。

璥　起～。

校注：《切三》《廣韻》訓"玉名"，本書有誤。

憼　敬。

〖蛙〗

校注：底本旁識一點，此字當刪。

蟼　蛙類。

○影　於丙反影梗開三。物蔭。四。

璄　玉光。或作璟。

校注：字右原從"竟"，俗誤。

撹　中擊。

校注：字右原從"竟"，俗誤。

饋　飽。亦作餴。

○省　所景反生梗開二。減。又息井反心靜開。五。

校注："省"二等韻字，"景"三等韻字，所景反例外反切。字又見靜韻息井反心靜開。

眚　灾。

校注：字原作"省"，誤。

瘠　瘦～。

甑　瓶～。

渻　水門。

○永　榮丙反云梗合三。長。一。

○皿　武永反明梗開三。缶器。三。

盌　～户，土穴。

盟　盟。又靡京反明庚開三。

校注：字亦作"盟"，"盟"字見庚韻武兵反明庚開三。

○憬　舉永反見梗合三。遠。四。

囧　光。

奰　大。

校注：字右上原從"臣"，下原從"大"，誤，《切三》《廣韻》作"奰"。注文當作"火"，《切三》《廣韻》可證。

𩨨　驚走。

校注：字原從"大"不從"夰"，誤，《廣韻》作"𩨨"，合《說文》。字又見養韻渠往反群養合。

○杏　何梗反匣梗開二。果。二。

莕　～菜。亦作荇。

○猛　莫杏反明梗開二。剛健。［七］。

校注：底本紐字數奪。

䁅　～盯，視皃。

校注：字原作"䁅"，俗誤，《切三》《廣韻》作"䁅"。字又見庚韻武庚反明庚開二。

蜢　蚱～，虫名。

䱦　𧉮屬。

校注：字又見蒸韻食陵反船蒸開、證韻以證反以證開、證韻實證反船證開。

艋　舴～，小舟。舴字陟格反知陌開

二。〖七〗。

校注："七"字衍,《切三》無。

鄳　魯邑。

鄺　縣名,在江夏。亦磺~。

校注："亦磺~"爲涉下"磺"字注文而衍,《廣韻》無。字又見庚韻武庚反明庚開二。

〇礦　古猛反見梗合二。金璞。亦作磺。四。

穬　~麦地。

獷　犬。又居往反見養合,廣平縣,在魚陽。

校注:又居往反,本書無見母養韻合口一紐,但見養韻"臦"紐音渠往反群養合,"臦"紐《廣韻》《集韻》音俱往切見養合。"廣""魚"二字《切三》《廣韻》作"獷""漁"。

穬　穀芒。一曰稻未舂。

〖鄺　縣名〗

校注:底本三字旁以小點識之,此條當刪。

〇盯　張梗反知梗開二。瞷~。一。

校注:字又見庚韻直庚反澄庚開二。

〇瑒　徒杏反定(澄)梗開二。玉名。一。

校注："徒"定母字,徒杏反定澄類隔。

〇瞥　烏猛反影梗合二。清潔。一。

校注:字又見清韻余傾反以清合、青韻胡丁反匣青合。

〇打　德冷反端梗開二。又都端行反。擊。一。

校注:本書"行"字四見於唐韻胡郎反匣唐開、庚韻户庚反匣庚開二、宕韻下浪反匣宕開、敬韻胡孟反匣映開二,四韻皆未收"打"字。字又見迥韻丁挺反端迥開。

〇冷　魯打反來梗開二。又魯挺反來迥開,小寒。一。

校注:字又見迥韻力鼎反來迥開。

〇鮩　蒲杏反並梗開二。白魚虫。一。

校注:字又見迥韻萍迥反並迥開、質韻毗必反並質A。

# 卅八耿

〇耿　古杏反見耿開。明。二。

校注："杏"梗韻字,古杏反梗耿混韻。《切三》《廣韻》反切下字作"幸",是。

瞥　~瞌,視皃。

〇瞌　武幸反明耿開。瞥~。二。

黽　蛙~。

校注:字又見軫韻武盡反明軫A、獮韻無兖反明獮A開。

〇幸　胡耿反匣耿開。寵。正作㚔。[三]。

校注:底本紐字數奪。

倖　儌~。

甈　瓶有耳。

校注:字左原從"㚔"。

〇併　蒲幸反並耿開。且。或作并、並。[二]。

校注:底本紐字數奪。字又見諍韻蒲迸反並諍開。

鮩　蛤~。亦作。

校注:"亦作"下奪字。《廣韻》出或體

“匷”“蠆”。

〇皏　普幸反滂耿開。皏暍，薄皃。[一]。

校注：底本紐字數奪。

## 卅九静

〇静　疾郢反從静開。安。正作靜。七。

睜　略~，不悦視。

校注：“略”字誤，《廣韻》作“畧”。

姘　潔~。

彰　清飾。

校注：字左原從“青”。

靖　和~。

竫　靜~。

校注：字右原從“爭”。

狰　獸，如狐，有翼。又側耕反莊耕開。

校注：字又見耕韻側莖反莊耕開。

〇整　之郢反章静開。齊。一。

〇逞　丑郢反徹静開。疾。五。

騁　馳~。

悜　慎~，意不盡。

裎　襌衣。又除貞反澄清開。

校注：字又見清韻直貞反澄清開。

鞡　駼具。又祉善反徹獮開。

校注：字又見獮韻丑善反徹獮開。

〇郢　以整反以静開。楚地。亦作。三。

校注：“亦作”下奪字，《集韻》云：“或省作邘。”

梬　~，棗名。

涅　泥~。

〇痙　其郢反群静開。風強病。二。

涇　寒~。

〇潁　餘頃反以静合。水名，在汝南。二。

穎　禾末。

〇領　李郢反来静開。頭頸後。六。

嶺　山峻峯。

柃　木名，灰可染。

校注：字又見青韻郎丁反来青開。

侱　雨後侱。又丈井反澄静開。

校注：字又見静韻丈井反澄静開。字亦作“侱”，“侱”字見迥韻他鼎反透迥開。

阾　險阪。

衿　冕服衣~。

〇頸　居郢反見静開。又巨成反群清開。一。

校注：字又見清韻巨成反群清開。

〇餅　必郢反幫静開。粄。三。

校注：紐字數作“三”而實收二字。

屏　蔽。亦作帡、痹。

校注：字又見青韻薄經反並青開。

〇頃　去潁反溪静合。百畝。又少閒。三。

擷　竞~。

校注：字原從“示”不從“水”，誤，《廣韻》作“擷”。

䋼　枲草。亦作苘、蹟。

校注："苘"字誤,《廣韻》作"苘"。字又見迥韻口迥反溪迥合。

〇井　子郢反精静開。幽泉。正作丼。二。

邢　~,地名。

校注:《切三》省代號下有"邢"字,《廣韻》作"邢邢",《集韻》作"邢陘",底本脱字。

〇癭　於郢反影静開。病。三。

廮　安。一曰廮陶,縣名,在鉅鹿。亦作胃。

校注:亦作字爲"瞖"字形誤,然"廮""瞖"爲二字。

郹　地名。又烏盈反影清開。

校注:字又見清韻於盈反影清開。

〇請　七静反清静開。又疾盈從清開、疾性從勁開二反。言祈。二。

校注:字又見清韻疾盈反從清開。

睛　昭~。

校注:"昭"字誤,《廣韻》作"晵"。

〇省　息井反心静開。又所景反生梗開二。謁問。二。

校注:字又見梗韻所景反生梗開二。

眲　~~,昭視。

校注:"昭"字誤,《廣韻》《集韻》作"照"。

〇慏　弥井反明静開。慏悜,意不盡。[一]。

校注:底本紐字數奪。

〇徎　丈井反澄静開。兩後徎。又力整反來静開。二。

校注:字又見静韻李郢反來静開。字亦作"侱","侱"字見迥韻他鼎反透迥開。

埕　通。

校注:字原作"垷",誤,《玉篇》作"埕"。

# 卌迥

〇迥　户鼎反匣迥合。遠。三。

校注:"鼎"開口字,户鼎反開合憑切。

冋　空。

校注:字又見青韻古螢反見青合。

炯　光。

〇泂　古鼎反見迥合。迥。又清。六。

校注:字右原從"向",誤,《切三》作"泂"。"鼎"開口字,古鼎反開合憑切。

熲　火光。

校注:字又見青韻古螢反見青合。

炅　光。又古惠反見霽合,姓。

校注:字亦作"昋","昋"字見霽韻古惠反見霽合。

臩　目驚。

泂　冷~。

蝙　~蠐。

校注:字原作"蝙",誤,《廣韻》作"蝙"。

〇茗　莫迥反明迥開。茗草。亦作榠,可為飲。五。

嫇　~奵,自持皃。

校注:字又見耕韻莫耕反明耕開、青韻莫經反明青開。

酩　~酊,醉。

溟　~涬,大水皃。

眳　~睛。

〇頂　丁挺反端迥開。頂顊，頭上。九。

奵　嫇~。

酊　酩~。

耵　~聹，耳垢。

鼎　鐺~。

薡　草名。

打　擊。

校注：字又見梗韻德冷反端梗開二。

㢠　展~。

葶　~藶。毒魚草。正作葶。

校注：字又見青韻特丁反定青開。

〇挺　徒鼎反定迥開。出。七。

校注：字又見青韻特丁反定青開。

艇　小舟。

鋌　金~。

梃　木片。

娗　長好皃。

校注：字又見青韻特丁反定青開。

訂　平議。

校注：字又見青韻他丁反透青開。

誔　詭。

〇珽　他鼎反透迥開。玉名。十。

圢　平。

校注：字又見銑韻他典反透銑開。

脡　脯朐。

侹　長，直。

校注：字又見徑韻他定反透徑開。

町　田~。

校注：字又見青韻他丁反透青開。

頲　狹頭。又他經反透青開。

校注：字又見青韻他丁反透青開。

侱　侹。

校注：字亦作"裎"，"裎"字見靜韻李郢反來靜開、靜韻丈井反澄靜開。

艼　莂。又禿霝反透青開。

校注：字又見青韻他丁反透青開。

罜　~罣，小空。

壬　善。

〇汫　徂醒（醒）反從迥開。汫濙。又去挺反溪迥開。一。

校注："醒"字誤，《切三》《廣韻》作"醒"。字又見迥韻去挺反溪迥開。

〇濙　烏迥反影迥合。小水。亦作瀅。一。

〇謦　去挺反溪迥開。~欬。四。

廎　小堂。亦作。

校注：亦作字模糊不可辨見，《説文》作"高"。

汫　水名。

校注：字又見迥韻徂醒（醒）反從迥開。

褧　出酒。

〇顊　乃挺反泥迥開。頂~。三。

校注："頂""~"原倒誤，"頂"上識一小鉤。紐字數當作"四"，"三"爲脱計"蟶"字之數，参"蟶"字條校注。

聹　耵~。

薴　葶薴。

［蟶］　蝙蠵~，虫，似蛙。

校注：底本字頭奪，注文誤接於"薴"字注文"葶薴"字下。"蝙"當作"蝙"，"蝙"下字當作“䗴”，省代號誤衍。本書古鼎反見迥合“蝙”字注“～䗴”。“䗴”字《廣韻》云：“似蛙。”

〇婞　下娗反匣迥開。佷。亦作緈。六。

鯖　魚名。

校注：字又見清韻巨成反群清開。

鋞　似鍾而長。

悻　佷。

脛　脚～。又户定反匣徑開。

校注：字又見徑韻户定反匣徑開。

〇醒　蘇挺反心迥開。不醉。二。

校注：字又見青韻桑經反心青開、徑韻息定反心徑開。

箵　笭～。

〇鞞　補鼎反幫迥開。刀室。一。

校注：字又見支韻府移反幫支A開、紙韻卑婢反幫紙A開。

〇褧　口迥反溪迥合。衣。亦作絅。又布名。三。

校注：字亦作“絅”，“絅”字見青韻古螢反見青合。

檾　枲屬。

校注：字又見靜韻去潁反溪靜合。

烓　行竈。

校注：字又見齊韻烏攜反影齊合。

〇剄　古挺反見迥開。斷首。二。

烴　焦臭。

〇頩　匹迥反滂迥開。斂容。一。

校注：字又見青韻普丁反滂青開。

〇笭　力鼎反來迥開。箵～，籠。三。

校注：字又見青韻郎丁反來青開。

冷　小寒。又魯打反來梗開二。

校注：字又見梗韻魯打反來梗開二。

�　罒～。

〇竝　蒲迥反並迥開。比。通作並。三。

校注：《王一》云“通俗作”，本書“通”下有奪文。

鮩　白魚。亦作䲚。

校注：字又見梗韻蒲杏反並梗開二、質韻毗必反並質A。

併　立竝。

校注：字又見勁韻卑政反幫勁開。

〇䁝　五冷反疑迥開。直視。一。

# 卌一有

〇有　云久反云有。不無。七。

右　對左。

校注：字又見宥韻尤救反云宥。

鴧　鳥，似雉。

友　同志。

盍　器。又余救反以宥。小甌，貯水器。

校注：字又見宥韻尤救反云宥。

盍　同上，水器。

校注：字亦作“盍”，“盍”字又見宥韻尤救反云宥。

栯　木，服之不□。又於六反影屋三。

校注：此字《廣韻》注：“服之不妬”，本書“又”

上不可見之字當爲"姤"。字又見屋韻於六反影屋三。

○桺　力久反來有。又作柳，木。姓。十一。

瀏　清水。

校注："清""水"二字倒誤，《切三》《廣韻》作"水清"。

綹　廿絲為~。

輮　載柩車。

茆　鳧葵，水草。《詩》云："言採其~。"又莫飽反明巧。

校注：字又見巧韻莫飽反明巧。

罶　魚梁。亦作罞。

嬼　妖。

校注：字又見宥韻力救反來宥。

篸　竹聲。又力周反來尤。

校注：底本字頭原誤，以雌黄塗改，《廣韻》作"篸"。字又見尤韻力求反來尤。

熮　火爛。

校注：字又見笑韻力照反來笑。

鼮　似鼠而大。

校注：字又見尤韻力求反來尤。

颵　颵~。

校注：字原從"丣"。龍校云："颵字右旁幼不清，依廣韻審定。"

○丑　勑久反徹有。北方。二。

校注：龍校云："勑久反三字不清，細審如此。"

杻　~械。亦作杽。

校注：龍校云："重文模糊不可見，依械字部位及切三、廣韻審定如此。"字又見有韻女久反娘有。

○紐　女久反娘有。結也。六。

狃　相狎腸。

鈕　印~。

杻　木名。

校注：字原作"扭"，俗誤，《切三》《王一》《廣韻》作"杻"。字又見有韻勑久反徹有。

粈　習~。

莥　藘實。亦作葅。

○肘　陟柳反知有。肸。二。

疛　腸痛。

○朽　許久反曉有。爛。亦作⿰丂丂。三。

校注：亦作字誤，《王二》《廣韻》作"⿰歹丂"。

疞　病。

殠　臭~。

校注：字亦作"臭"，"臭"字見宥韻尺救反昌宥。

○久　舉有反見有。淹時。六。

九　次八。

玖　玉名。

灸　灼。

校注：字又見宥韻久祐反見宥。

韭　菜。

姄　女字。

○首　書久反書有。頭。五。

校注：字又見宥韻舒救反書宥。

手　腕前。

守　住。

䭭　人初産。

校注：字原左從“真”右從“首”，誤，《切三》《王一》《廣韻》作“䭫”。

百　人頭，象形。

校注：字原作“䭫”，誤，《王一》《王二》《廣韻》作“百”。

〇醜　處久反昌有。恶。二。

䤽　䓀菩。

校注：注文首字爲“菝”字之誤，《廣雅·釋草》：“䤽，菝菩也。”

〇湫　在久反從有。洩水瀆。又子小反精小。二。

校注：字又見尤韻即由反精尤、篠韻子了反精篠。

愀　變色。

校注：字又見黝韻兹糾反精黝。

〇婦　房久反並有。屈狄於夫。十一。

蝜　~螽。

負　背將物。亦作偩。

萯　玉~。

蝜　蟠~。

阜　陵~。

鴔　鷂别名。

萯　香草。

校注：字又見模韻薄胡反並模。

焊　熾。

隖　盛。又麻化反明禡開二。益。

校注：龍校云：“麻化反隖字从阜馬声。此即詩駉驖孔阜之後起字：从阜，加馬旁以顯其義。字盖本如集韻作騲，後形与麻化反之隖同化，其實非一字。”字又見禡韻莫駕反明禡開二。

蝠　鼠~。

〇缶　方久反幫有。瓦器。九。

缹　蒸~。

否　不從。

校注：字又見旨韻符鄙反並旨B開。

妚　好色。又普來反滂咍。

校注：又普來反，本書無滂母咍韻一紐。

痞　病。

校注：字又見旨韻符鄙反並旨B開。

殕　餅敗有氣。

校注：字又見麌韻孚武反滂麌。

鴀　鳩。

罘　鳥飛上不下。

校注：《説文》“不”字小篆作“不”，底本字頭爲楷化之訛形。

不　弗。

校注：字又見尤韻甫鳩反幫尤。

〇蹂　人久反日有。踐。五。

校注：字又見尤韻耳由反日尤、宥韻人又反日宥。

楺　屈木。或作煣。

校注：字亦作“煣”，“煣”字見宥韻人又反日宥。

厹　獸迹。又女柳反娘有。

校注：字又見尤韻巨鳩反群尤。

沑　水吏。

莱　蘸~，菜不切。

校注：字又見尤韻耳由反日尤。

〇糗　去久反溪有。乾餅屑。一。

校注：“餅”字誤，《王一》作“餅”，《廣韻》

作“飯”。

〇舅　強久反群有。母之兄弟。七。

咎　灾。

校注：字亦作“咎”，“咎”字見豪韻古勞反見豪。

臼　窳~。

齨　齒。

麔　牝麋。

校注：“牝”字誤，《切三》《爾雅》《説文》作“牡”。字又見豪韻古勞反見豪、小韻平表反並小B。

鳩　鳥名。

臬　糗米。

〇紂　直柳反澄有。馬緧謚法曰賦多殺民曰紂也。四。

校注：底本“民”字缺末筆，爲避太宗名諱之形。

葤　篡根而死。

校注：“根”上字《切三》《王一》《王二》《廣韻》作“竹”“易”，本書誤合二字。

鮦　~陽縣，在汝南郡。

校注：字又見腫韻直隴反澄腫三。

膞　少腹痛。

〇酉　与久反以有。西方。十三。

牖　牕~

誘　誘~。

卣　中形罇。又餘求反以尤。

楢　積木燎。

校注：字又見小韻尺紹反昌小。

莠　草。

羑　進善文王所拘，~里，在陽陰獄。

校注：“陽”字誤，當作“湯”，《説文》可證。

庮　久屋木。又余周反以尤。

校注：字又見尤韻以周反以尤。

蜏　朝生暮死。又餘救反以宥。

校注：字又見宥韻息救反心宥、宥韻余救反以宥。

輶　輕。又以周反以尤。

校注：字又見尤韻以周反以尤、宥韻余救反以宥。

禉　褑天。下(又)以周反以尤。

校注：“下”字誤，《王一》《王二》作“又”。字又見尤韻以周反以尤。

鋚　遺玉。又余周〖反〗以尤、余昭以宵A二反。

校注：字原作“邎”，誤，《廣韻》作“鋚”，合《説文》。《王二》作“又余照反以笑A”，本書“昭”蓋爲“照”字之誤。字又見尤韻以周反以尤、笑韻弋笑反以笑A。

遬　言意。

校注：《廣韻》作“歒”，合《説文》。

〇滫　息有反心有。~麺。亦溲字。二。

縇　絆前兩足。又先主反心麌。

校注：字又見腫韻息拱反心腫三、麌韻思主反心麌。

〇受　植酉反禪有。容。四。

壽　富年。

校注：字又見宥韻承秀反禪宥。

鄯　水名，在蜀郡。

校注：字又見尤韻直由反澄尤。

綬　帶佩綺~。

〇颵　於柳反影有。風。三。

鰍　魚名。

㥜　姿。

〇酒　子酉反精有。醉人。一。

〇溲　踈有反生有。~𧽟。一。

校注：字亦作"浚"，"浚"字見尤韻所鳩反生尤。

〇帚　之久反章有。掃。二。

校注："掃"下《王一》《王二》有"箒"字，本書奪。

鯞　鱖~。

〇恒　芳酒反滂有。小怒。二。

校注：字又見宥韻敷救反滂宥。

紑　鮮。又孚丘反滂尤。

校注：字又見尤韻匹尤反滂尤。

〇掫　側久反莊有。持。又子俱反精虞。一。

校注：字又見虞韻子于反精虞。

## 卌二厚

〇厚　胡口反匣厚。不薄。亦作𠩺。又作垕。五。

後　次前。

后　女皇。

郈　鄉名，在東平。

呴　吐。又呼垢反曉厚。

校注：字又見厚韻呼后反曉厚、候韻呼候反曉候。

〇母　莫厚反明厚。牝。九。

牡　牝~。

某　私稱。

拇　大指。

畝　田數。

莽　草~。

校注：字又見姥韻莫補反明姥、蕩韻莫朗反明蕩開。

踇　行~。

鵡　鸚~。亦作䳇。

校注：字亦作"䳇"，"䳇"字見麌韻無主反明麌。

罞　冈周。［亦］作𦌾字。

校注：字原作"罞"，誤，《説文·网部》作"罞"。"作"上《王一》《王二》有"亦"字，本書奪。亦作字誤，《説文》作"𦌾"。

〇部　蒱口反並厚。伍。七。

校注：字又見姥韻"簿"紐並姥。

犃　~牯，偏高。又牛短頭。

瓿　~甊，小甀。

峼　~嶁，小垛。

錇　瓦器。

麬　~麰，餅。

校注：字原從"麦"。

篰　牘~。

〇斗　當口反端厚。十升器。五。

枓　柱上方木。

校注：字又見麌韻"主"紐之□□（庾反）章麌。

阧　~峻。或作陡。

蚪　科~，虫名。

襡　衣袖。又上禪句候反。

校注：一等韻例不配禪母，"上""句"二字間當有奪文。字又見候韻丁豆反端候、燭韻市玉反禪燭。

〇黈 他后反透厚。黈~。六。

姓 人名,《傳》有華~。

黈 冕垂纊。亦作黈。

黈 好。又他貢反透送一。

校注:字又見送韻他弄反透送一。

䳲 水鳥。又大口反定厚。

校注:字又見厚韻徒口反定厚。

鮈 魚名。

〇苟 古厚反見厚。且。九。

玽 石似玉。

狗 犬。

垢 塵~。

笱 ~屚,縣名,在交阯。又取魚器。

耇 黄~。

詬 耻。又古侯(候)反見候。

校注:"侯"字誤,《王一》《王二》作"候"。字又見候韻呼候反曉候。字亦作"詢","詢"字見候韻胡遘反匣候。

苟 芰。奏名薢~。

校注:"奏"字誤,當《王一》《王二》作"秦"。

岣 ~嶁,山巔。

校注:字又見虞韻舉隅反見虞。

〇藕 五口反疑厚。蓮根。五。

偶 合。

校注:字又見候韻五遘反疑候。

耦 耕。

髃 乳間骨。

校注:字又見虞韻語俱反疑虞。

瓯 瓮~。

〇掊 方垢反幫厚。衣上擊。二。

掊 擊。

校注:字又見肴韻薄交反並肴。

〇㲃 乃口反泥厚。母虎。四。

校注:字原作"穀",誤,《廣韻》作"㲃"。注文《廣韻》作"乳也"。

㵋 乳~。

㝈 小兒。

校注:字上原從"艹"不從"小",誤,《廣韻》作"㝈"。

陾 衆~。

〇藪 蘇后反心厚。澤。十。

籔 漉米器。亦作籔。

校注:亦作字誤,《王一》作"篓"。

叟 老~。

嗾 使狗聲。亦作嗾。

校注:亦作字誤,《廣韻》《集韻》作"嗾"。字又見候韻束(速)侯反心候、候韻蘇豆反心候、候韻倉候反清候。

瞍 瞽~。

謏 ~訹,誘辞。

校注:"訹"字右原從"木",俗誤,《王一》《廣韻》作"訹"。字又見篠韻蘇鳥反心篠、屋韻所六反生屋三。

擻 斗~,舉物。

瞍 聡。

駷 揺銜走。又思隴反心腫三。

校注:字又見腫韻息拱反心腫三。

樕 車轂空。

校注:字又見虞韻山虞反生虞。

〇吼 呼后反曉厚。牛鳴。四。

校注：字又見候韻呼候反曉候。

吽　嘷。亦作呴。

呞　吐。又奚垢反匣厚。

校注：字又見厚韻胡口反匣厚、候韻呼候反曉候。

蚼　蚍蜉。又渠俱反群虞。

校注：字又見虞韻其俱反群虞。

〇剖　普厚反滂厚。判。四。

婄　婦人皃。又普溝反滂侯。

校注：又普溝反，本書無滂母侯韻一紐。

蔀　小。

鴿　雀。

〇歐　烏口反影厚。吐。五。

校注：字又見侯韻烏侯反影侯。

毆　擊。

犺　特牛。

校注：字又見厚韻苦厚反溪厚。

欨　吐。又其表反群小B。

校注：字又見小韻平表反並小B。

褔　次表。又於侯反影侯。

校注：字原作"摳"，誤，《王一》《王二》《廣韻》作"褔"。"次表"當作"次衣"，《王一》《廣韻》可證。字又見侯韻烏侯反影侯、候韻於候反影候。

〇塿　盧斗反來厚。八。

校注：本紐從"婁"之字原皆從"婁"。

嘍　嗹～，煩皃。

校注：字又見侯韻落侯反來侯。

甊　小罌。

簍　籠～。

校注：字又見侯韻落侯反來侯、麌韻力主反來麌。

麰　麳～，糫餅。

校注：字原從"麦"。

謱　謰～，不解。

箁　竹皮。

嶁　岣～，山名。

校注：字又見麌韻力主反來麌。

〇走　作口反精厚。急行。一。

〇口　苦厚反溪厚。吻次。八。

扣　擊。亦作敂。

犺　犃～。

校注：字又見厚韻烏口反影厚。

釦　金飾。

叩　～頭。

訂　先相～可。

邖　鄉名，在藍田。

竘　健。

〇蕍　徒口反定厚。圓草褥。三。

校注：字下原從"揄"，俗誤，《王一》《王二》《廣韻》作"蕍"。

𣶒　水盥名。

鳿　水鳥。又他口反透厚。

校注：字又見厚韻他后反透厚。

〇鯫　士垢反崇(從)厚。[又]士溝反崇(從)侯。魚名。一曰人姓，漢有鯫生。一。

校注："士"崇母字，士垢反、又士溝反均從崇混切。"又"字原脱，《切三》《王一》《王二》有字。字又見侯韻徂鉤反從侯。

〇取　倉垢反清厚。獲。二。

**校注：** 字又見麌韻七庾反清麌。

棷　棸。又側溝反莊(精)侯。

**校注：** 字原作"掫"，俗誤，《王一》《廣韻》作"棷"。"側"莊母字，又側溝反精莊混切。字又見尤韻側鳩反莊尤。

## 卌三黝

〇黝　於糾反影黝。黑。又益夷反影脂A開。五。

怮　憂皃。

**校注：** 字又見蕭韻於堯反影蕭、尤韻於求反影尤、幽韻於虯反影幽。

眑　幽靜。又於交反影肴。

**校注：** 字又見肴韻於交反影肴。

泑　崐崙丘下澤。

**校注：** 字又見幽韻於虯反影幽。

蚴　~蟉。又於由反影尤。

**校注：** 字又見幽韻於虯反影幽。

〇愀　玆糾反精黝。又在由〖反〗從尤、子了精篠二反。色變。一。

**校注：** 玆糾反，《切三》同，《王一》《王二》作"慈糾反從黝"。字又見有韻在久反從有。

〇糾　居黝反見黝。~告。二。

赳　武皃。[亦]作赳。

**校注：** "作"上奪"亦"字。

〇蟉　渠糾反群黝。又力幽來幽、力攸來尤二反。一。

**校注：** 字又見尤韻力求反來尤、幽韻力幽反來幽。

## 卌四寑

〇寑　七稔反清寑。室。正作寖。五。

寑　卧。

梫　木名。

**校注：** 字又見侵韻姊心反精侵。

蕈　覆~。

鋟　爪刻饋板。又子廉反精鹽。

〇朕　直稔反澄寑。正作朕。一。

〇坅　丘甚反溪寑B。坎。一。

〇廩　力稔反來寑。倉。六。

**校注：** 字原作"稟"，誤。紐字數作"六"而實收七字。

懍　敬。

**校注：** "敬"上原有"力稔反"三字，旁識小點，玆徑刪。

菻　蒿。

凜　寒狀。又渠今反群侵B。

**校注：** 字原作"凛"，俗誤，《王一》《廣韻》作"凜"。字又見侵韻渠金反群侵B。

醂　藏果實。

**校注：** 字又見感韻盧感反來感。

顲　面黄廂。又來感反來感。

**校注：** 底本此字上殘。字又見感韻盧感反來感。

㜝　火。又舒甚[反]書寑。

**校注：** 字原下從"面"不從"亩"，誤，《廣韻》作"㜝"，合《説文》。"反"字原脱。字又見寑韻式稔反書寑。

〇罧　斯稟反心寢。積柴取魚。又師陰(蔭)反生沁。二。

校注:“陰”字誤,《王一》作“蔭”。字又見沁韻“滲”紐生沁。

伈　恐。

〇醑　子甚反精寢。孅也。㰹酒〖反〗。二。

校注:“反”字衍。

顯　白慄劣。

〇踸　褚(褚)甚反徹寢。亦作趻。一。

校注:“褚”字誤,《王一》作“褚”。

〇荏　如甚反日寢。菜。八。

飪　熟食。

恁　念~。

校注:字又見侵韻如林反日侵。

稔　歲熟。

栠　木弱皃。

腍　熟。

袵　單席。

羊　稍甚。

〇枕　之稔反章寢。承頭木。三。

校注:字又見沁韻職鴆反章沁。

頣　頭骨。

顳　頭銳長。

〇沈　式稔反書寢。亦作邥。人姓。九。

審　諦。

橎　木名。

瞫　視皃。

校注:字又見勘韻徒紺反定勘。

諗　告。又謀。

嬸　下志。

校注:字又見忝韻乃簟反泥忝。

眹　瞋~。

校注:字原作“眏”,誤,《説文新附·目部》作“眹”。

醟　火。又力甚反來寢。

校注:字原從“面”不從“亩”,誤。字又見寑韻力稔反來寢。

魿　大魚。又才感反從感。亦作魭。

校注:字又見感韻徂感反從感。字亦作“鮗”,“鮗”字見侵韻昨淫反從侵。

〇甚　食枕反船(禪)寢。大過。二。

校注:“甚”字《王一》“植枕反禪寢”,《廣韻》“常枕反禪寢”,《韻鏡》《七音略》均在禪母,食枕反船禪混切。

訦　信。又持(恃)林反禪侵。

校注:字右原從“冗”。“持”字誤,《王一》作“恃”。字亦作“諶”,“諶”字見侵韻氏林反禪侵。

〇椹　食稔反船寢。桑莓。亦作葚字。一。

〇瀋　尺甚反昌寢。汁。[一]。

校注:底本紐字數奪。

〇墋　初朕反初寢。土。三。

校注:字右原從“彔”。

醦　酢甚。

磣　食有沙。

〇拰　居(尼)甚反娘寢。一。

校注:“居”字誤,《切三》《王一》《廣韻》

作"尼"。

〇噤　渠飲反群寢B。寒唫,口急。亦唫。三。

校注:字又見沁韻巨禁反群沁B。

𪗙　切齒怒。

凚　寒~。

〇蕈　慈錦反從寢。菌生木上。又渠飲反群寢B。一。

校注:字又見忝韻徒玷反定忝。

〇錦　居飲反見寢B。文繒。一。

〇傑　牛錦反疑寢B。仰頭。二。

趛　低頭疾行。

〇瘁　踈錦反生寢。寒皃。二。

校注:字原從"广"不從"疒",俗誤,《王一》《廣韻》作"瘁"。字又見臻韻踈臻反生臻、混韻蘇本反心混。

瘮　病。

〇稟　筆錦反幫寢B。供穀。一。

〇飲　於錦反影寢B。湯。二。

瀶　水火至。又於感反影感。

校注:"火"字誤,《王一》作"大"。字又見感韻烏感反影感。

〇品　披飲反滂寢B。一。

〇願　仕瘮反崇寢。醜皃。一。

校注:"瘮"字原從"广",俗誤。

〇廞　羲錦反曉寢B。又羲金反曉侵B。一。

校注:字又見侵韻許金反曉侵B。

〇煁　竹甚反知寢。擊。又渠金反群侵B。一。

校注:字左原從"冗"。字又見侵韻渠金反群侵B。

〇頋　卿飲反溪寢A。容皃醜。一。

# 卌五琰

〇琰　以冉反以琰A。玉。七。

剡　削。又縣名,在會稽。

踐　庄行。

校注:《切三》《王一》《王二》《廣韻》云"疾行",本書注文首字誤。

扊　戾。

校注:"戾"字誤,當作"扊"。

棪　木名。

縚　續析木。

校注:字原從"臽"不從"舀",俗誤。"析"字俗誤,《王一》《王二》作"折"。

燄　火光。

校注:字原作"焰",俗誤。

〇斂　力冉反來琰。聚。七。

校注:字又見豔韻力驗反來豔。

蘞　白~,藥。又力瞻反來鹽。

校注:字又見鹽韻力鹽反來鹽。

嬚　女字~。

鐮　廉。

溓　靜。又理兼反來添。

校注:字亦作"濂","濂"字見添韻勒兼反來添。

羷　羊~。

斂　懸蠶薄。

〇險　虛檢反曉琰B。五。

校注:字又見广韻希埯反曉儼。

獫　~狁。

校注：字又見鹽韻力鹽反來鹽、豔韻力驗反來豔。

婡　袴，性不端良。又弃菍反溪葉B，少氣。

校注：字右原從“夾”。字又見怗韻呼協反曉怗。

譣　~謏。

校注：“謏”字誤，《王一》《廣韻》作“詖”。

軉　胡被。

校注：字又見嚴韻虛嚴反曉嚴。

〇貶　方冉反幫琰B。退。一。

〇預　丘檢反溪琰B。~顧，不平。二。

嵰　山高。

〇儼　魚檢反疑琰B。敬。八。

广　因巖為室。

校注：字又見广韻虞埯反疑儼。

隒　山形似重甑。

礹　磛~。

嬐　~然，齊。又桑廉反心鹽。

校注：字又見鹽韻息廉反心鹽。

嬒　重頤。又烏兼(廉)反影鹽A。

校注：字原作“嬒”，誤，《集韻》作“嬒”。字又見鹽韻於鹽反影鹽A、感韻五感反疑感、感韻胡感反匣感。

嶮　嵰~，山不平。

噞　魚口喁上下皃。亦作鱤。

校注：《廣韻》云：“噞喁，魚口上下皃。”字又見鹽韻語廉反疑鹽B、豔韻語窆反疑豔B。

〇儉　巨險反群琰B。自廉。一。

〇檢　居儼反見琰B。~挍。二。

瞼　目~。

〇黶　於琰反影琰A。面有黑子~。六。

襳　~襶。

檿　山桑。

媕　婦名。

校注：字又見覃韻烏含反影覃。

擪　持。又於㥦反影怗。

校注：字原從“广”不從“厂”。字又見葉韻於菍反影葉A、怗韻於協反影怗。

酓　酒。又於豔反影豔A。

校注：字原作“酓”，誤，《王一》《王二》《廣韻》作“酓”。《廣韻》注：“酒味苦也”，本書有奪文。字又見㮇韻於念反影㮇。

〇冉　而琰反日琰。人姓。八。

校注：字亦作“冄”，“冄”字見鹽韻汝鹽反日鹽。

姌　長好皃。又奴簟反泥忝。

染　~色。

校注：字又見豔韻而贍反日豔。

苒　草盛皃。

筭　竹弱皃。

霯　濡。

翑　弱羽。

舙　漸~。

校注：“漸”當作“䆲”，《廣韻》：“䆲舙，味薄。”

〇陝　失冉反書琰。縣名，在弘農。五。

睒　暫見。亦作覢。

閃　視。又式瞻(贍)反書豔。

校注："瞻"字俗誤,《王一》作"贍"。字又見豔韻式贍反書豔。

陜　不媚。

校注：字原從"大"不從"夾",誤,《廣韻》作"婡",合《説文》。

睫　數眴。又式涉反書葉。

校注：字又見葉韻紫菨反精葉、葉韻書涉反書葉。

〇謟　丑琰反徹琰。又曲媚。二。

校注：字原作"諂",俗誤。

讇　諛。

校注：字原從"臽"不從"臽",俗誤。

〇奄　應儉反影琰B。忽。十三。

黤　雲状。

郁　國名。

掩　取。亦作揜。

閹　官~。

渰　陰雲。亦作黤。

旃　掩。又於業反影業。

校注：字原作"旃",誤,《集韻》作"旃"。

棯　桂。

崦　~嵫,山。又猗廉反影鹽B。

校注：字亦作"崦","崦"字見鹽韻英廉反影鹽B。

腌　~屋省。

罨　冈~。又於荅反影合。

校注：字又見合韻烏合反影合、業韻於業反影業。

裺　裺。又於劒反影梵。

校注：字原作"裺",俗誤。注文首字爲"裺"字俗誤。《王一》作"裺""裺"。字又見梵韻於劒反影梵。

弇　盖。又古含反見覃。

校注：字又見覃韻郍含反泥覃、覃韻古南反見覃。

〇漸　自冉反從琰。稍。五。

磛　~礹。

校注：字亦作"嶃","嶃"字見銜韻鋤銜反崇銜。

嚵　啐。

校注："啐"字誤,《王一》作"啐"。

蔪　麦芒。亦作蘄。

蹔　進~。

〇憸　七漸反清琰。詖。又思廉反心鹽。二。

校注：字又見鹽韻七廉反清鹽。

醶　酢~。

〇嶄　子冉反精琰。薄味。一。

校注：字又見敢韻子敢反精敢。

〇脥　苦斂反溪琰A。腹下。一。

# 卌六忝

〇忝　他點反透忝。發語詞。三。

校注：字又見栝韻他念反透桥。

䄼　鄉名,在濟北虵丘。

銛　取。

校注：字右原從"苦",誤,《廣韻》作"銛"。字又見鹽韻息廉反心鹽。

〇淰　乃簟反泥忝。流皃。三。

嬋　弱~。

校注：字又見寑韻式稔反書寑。

阽　亭名，在鄭。

校注：字又見桥韻他念反透桥。

○點　多忝反端忝。四。

玷　玉瑕。

校注：字又見桥韻都念反端桥。

耇　老人面有黒子。

刮　斫。亦作鉆。

○簟　徒玷反定忝。竹席。五。

扂　閉户。

蕈　莄。

校注：字又見寑韻慈錦反從寑。

橝　屋梠。又大堪反定覃。

校注：字原從"罕"不從"早"，俗誤。字又見覃韻徒南反定覃。

驔　馬黄脊。

○縑　苦簟反溪忝。猨蔵食處。三。

校注：字又見添韻古甜反見添。

歉　食不飽。

慊　恨切。

○穲　盧忝反來忝。禾稀。一。

○鼸　下忝反匣忝。鼠名。三。

嗛　頰裏貯食。

獫　犬吠。又胡斬反匣豏。

校注：字又見檻韻胡黤反匣檻。

○孅　居點反見忝。竦身。一。

校注：字又見小韻居沼反見小B。

○嫢　明忝反明忝。腦盖。又明范反明范。正作嫢。一。

校注：正作字誤，《廣韻》《説文》作"叒"。字又見范韻明范反明范。

# 卌七拯

○拯　無反語。取蒸之上聲章拯開。救溺。亦作撜、抍。本作氶。一。

校注：底本"亦"上諸字不清，據龍氏摩本録字。字亦作"抍"，"抍"字見蒸韻識承反書蒸開。

# 卌八等

○等　多肯反端等開。齊。一。

校注：龍校云："肯反二字亦模糊不清，據切三、王一審定如此。"字又見海韻多改反端海。

○倗　普等反滂等開。不肯。一。

校注：字又見登韻步崩反並登開、嶝韻文(父)鄧反並嶝開。

○肯　苦等反溪等開。可。一。

# 卌九豏

○豏　下斬反匣豏。豆半生。五。

減　秏。又古斬反見豏。

校注：字又見豏韻古斬反見豏。

濫　~泉。又盧蹔反來闞。汎。

校注：本書"蹔"字正切僅見收於琰韻自冉反從琰，闞韻慙濫反從闞"暫"字注"亦作蹔"。字又見闞韻盧瞰反來闞。

獵　犬噛物聲。

糮　涂~。

○湛　徒減反定(澄)豏。水皃。又徒感反定感、直沁反澄沁。二。

校注：“徒”定母字，徒減反定澄類隔。

偡　~然，齊物。

○床　苦減反溪豏。牖。一曰小户。亦作槏。三。

撖　戹~。

校注：“戹”字誤，《王一》《廣韻》作“危”。

顑　長面皃。又五咸反疑咸、五(丘)擓(檻)溪檻二反。

校注：下“五”字誤，《王一》《王二》作“丘”。“擓”爲談韻字，“顑”字《切三》《王一》《王二》《廣韻》見收於檻韻，談韻無，本書“擓”當爲“檻”字俗誤。又丘檻反，本書咸韻五咸反“顑”字亦注“又丘檻反”，然本書無溪母檻韻一紐。字又見咸韻五咸反疑咸。

○鰜　古斬反見豏。四。

減　損。

校注：字又見豏韻下斬反匣豏。

簸　竹名。

鹼　鹵。[又]七廉反清鹽。

校注：“又”字原脱，《王一》《王二》有字。字又見鹽韻七廉反清鹽。

○瀺　士減反崇豏。臉瀺濁。一。

校注：“臉”字衍，《切三》《王一》《王二》《廣韻》無。

○臟　初減反初豏。臉~，羹。一。

○臉　力減反來豏。~臟。一。

校注：字又見鹽韻七廉反清鹽。

○闞　火斬反曉豏。[又]火檻曉檻、苦蹔溪闞二反。二。

校注：《切三》《王一》《王二》《廣韻》訓“虎聲”。“又”字原脱，《切三》《王一》《王二》有字。字又見闞韻苦濫反溪闞、陷韻火陷反曉陷。

欿　笑~。

校注：字又見覃韻火含反曉覃、添韻許兼反曉添。字亦作“攱”，“攱”字見嚴韻丘嚴反溪嚴、广韻丘广反溪儼、嚴韻(去聲)丘嚴反溪釅。

○摻　所斬反生豏。~。一。

校注：《切三》注：“執袪，所斬反，又沙檻反生檻。”《王一》《王二》注：“所斬反，執袂，又沙檻反生檻。”《廣韻》注：“擥也，《詩》曰：摻執子之袪兮。所斬反。”

○喊　子減反精豏。聲。一。

校注：《廣韻》“呼豏切”，《集韻》“火斬切”，“子”字《王一》《王二》同，疑誤。

○図　女減反娘豏。魚冈。亦作箘。一。

○儳　丑減[反]徹豏。癡~。一。

校注：字原作“儳”，俗誤。“反”字原脱，《王一》《王二》有字。

## 五十檻

○檻　胡黤反匣檻。欄~。八。

艦　舩。

轞　冈車。

轞　車聲。

獑　恧~。

校注：字又見忝韻下忝反匣忝。

壏　堅土。

嬒　勇~。

檕　糰~。

〇槧　山檻反生檻。斬取。二。

獑　獵~，犬聲。

〇黤　於檻反影檻。青黑。三。

校注：字又見感韻烏感反影感。

黬　蓳~，出《孝子傳》。

黯　汲~，人名。

〇醶　初檻反初檻。酢漿。一。

〇獭　莫（荒）檻反曉檻。小犬吠。一。

校注："莫"字誤，《切三》《王一》《王二》作"荒"。字又見闞韻下瞰反匣闞。

〇巉　士擹（檻）反崇檻。嶃~。二。

校注："擹"字俗誤，《王一》《廣韻》"檻"。字又見銜韻鋤監反崇銜。

嵁　~絶。

校注：字又見覃韻口含反溪覃、覃韻五含反疑覃。

# 五十一广

〇广　虞埯反疑儼。崖室。又音儼疑琰B。一。

校注：字又見琰韻魚檢反疑琰B。

〇險　希埯反曉儼。峻。又遐（熙）儼反曉琰B。一。

校注：字又見琰韻虚檢反曉琰B。

〇埯　虞广反疑儼。土覆。一。

校注：此與虞埯反疑儼"广"紐重出。《廣韻》音"於广反影儼"。字又見敢韻安敢反影敢。

〇𢻹　丘广反溪儼。　崖。一。

校注：底本"崖"上有一字空，《王一》《王二》《廣韻》云"欠崖"，本書空處當作"欠"。字又見嚴韻丘嚴反溪嚴、嚴韻（去聲）丘嚴反溪釅。字亦作"欦"，"欦"字見覃韻火含反曉覃、添韻許兼反曉添、豏韻火斬反曉豏。

# 五十二范

〇范　苻凵反並范。人姓。又草。陸無反語，取凡之上聲，失。四。

範　模~。

犯　干~。

蘣　蜂~。

〇凵　丘范反溪范。張口。一。

〇㚲　明范反明范。腦盖。又明忝反明忝。一。

校注：字又見忝韻明忝反明忝。

# 去聲卷

## 一送

〇送　蘓弄反心送一。從遣。一。

〇鳳　馮貢反並送三。靈鳥。一。

校注："貢"一等韻字，馮貢反等第凴切。

〇貢　古送反見送一。獻。八。

贛　賜。

澒　水名，出豫章。

虹　縣名，沛郡。又音絳見絳。

校注："沛"上當據《王一》《王二》補"在"字。字又見東韻胡籠反匣東一、絳韻古巷反見絳。

䡠　小杯。

箺　杯答。

校注：字原作"䈞"，誤，《王一》《廣韻》作"箺"。"答"字誤，《王一》《廣韻》作"笿"。

贛　薏苡。

校注：字又見勘韻古暗反見勘。

櫝　格~。

校注：字原作"擯"，俗誤。"挌"爲"格"字俗誤。《王一》《王二》《廣韻》可證。

〇弄　盧貢反來送一。翫。五。

㟖　~贛，愚皃。

礱　磨~。又盧東反來東一。

校注：字又見東韻盧紅反來東一。

梇　~棟，縣名，在益州。

校注：字原作"拺"，俗誤，《王二》《廣韻》作"梇"。

哢　~口。

〇涷　多貢反端送一。瀑雨。又水名，出發鳩山。五。

凍　冰~。

校注：字又見東韻德紅反端東一。

棟　屋~。

湩　乳汁。又都綜端宋、竹用知用二反。

校注：又都綜反，本書無端母宋韻一紐。字又見腫韻都隴反端腫一、用韻竹用反知用。

䍶　獸，似羊，一角一目。

校注：字又見真韻直珍反澄真。

〇控　苦貢反溪送一。引。四。

校注：字又見江韻苦江反溪江。

倥　~偬，用皃。

校注："用"字誤，《王一》《王二》《廣韻》作"困"。

悾　誠心。

校注：字又見江韻苦江反溪江。

鞚　馬~。

〇糉　作弄反精送一。蘆菜裹米。五。

倊　倥~。

𩿋　鳥斂足。或作駿。

校注：字又見東韻子紅反精東一。

鯼　魚名。

校注：字又見東韻子紅反精東一。

瞍　竊視。

〇甕　馬（烏）貢反影送一。瓶~。三。

校注："馬"字誤，《王二》《廣韻》作"烏"。

齆　~鼻。

罋　瓶。

校注：字上原從"雁"，誤，《廣韻》《集韻》作"罋"。字又見鍾韻於容反影鍾。

〇謥　千弄反清送一。謥詷，言急。一。

校注：字又見宋韻蕪統反心宋。

〇洞　徒弄反定送一。穴。又~庭。十三。

峒　硐深。

校注：字又見東韻徒紅反定東一。

胴　大腸。

詷　謥~。

慟　悲深。

筒　簫。

校注：字又見東韻徒紅反定東一。

駧　馬走。

校注："馬"下當據《王一》《廣韻》補"急"字。

衕　街通。

校注：字又見東韻徒紅反定東一。

迵　遇。

𦨴　船纜所繫。

校注：龍校云："𦨴字右旁模糊難辨，依集韻定之。"

眮　轉目。又大孔反定董一。

校注：字又見董韻徒揔反定董一。

絧　相通。

哃　歌大。

校注：字又見冬韻户冬反匣冬、宋韻"碚"紐匣宋。

〇痛　他弄反透送一。傷苦。二。

蓪　好。又他口反透厚。

校注：字又見厚韻他后反透厚。

〇仲　直衆反澄送三。一。

〇諷　方鳳反幫送三。諫。一。

〇焪　去諷反溪送三。火乾物。一。

〇夢　莫諷反明送三。草澤。又莫中反明東三。五。

校注：字又見東韻莫中反明東三。

瞢　雲~，澤名，在南郡。

校注：字又見東韻莫中反明東三、登韻武登反明登開。

鄸　邑名，在曹。

校注：字亦作"夢"，"夢"字見東韻莫中反明東三。

儚　~趥，疲行。

校注：注文次字爲"趥"字之誤，《王二》《廣韻》作"趥"。

㝱　寐見事。

〇趥　香仲反曉送三。~夢。二。

𨁒　行皃。又丘幼反溪幼。

校注：字又見幼韻丘幼反溪幼。

○幪　莫弄反明送一。~縠。三。

校注：字原作“懞”，俗誤，《集韻》作“幪”，合《説文》。字亦作“幏”，“幏”字見東韻莫紅反明東一。

霿　天氣下地不應。

校注：字亦作“雺”，“雺”字見尤韻莫浮反明尤、宋韻莫綜反明宋。

艨　艟。又莫紅反明東一。

校注：字又見東韻莫紅反明東一。

○賵　孚鳳反滂送三。賻，死。亦作冒。二。

麷　熬麦。

校注：字原作“麷”，俗誤。字又見東韻敷隆反滂東三。

○趥　千仲反清送三。一。

○中　陟仲反知送三。當。又陟隆反知東三。二。

校注：字又見東韻陟隆反知東三。

衷　中。又陟隆反知東三。

校注：字又見東韻陟隆反知東三。

○哄　胡貢反匣送一。唱聲。二。

鬨　兵。又胡絳反匣絳。

校注：字原作“鬨”，不成字，爲“鬨”字之誤。《廣韻》作“鬨”，注云“俗作鬨”，亦誤，《説文·鬥部》收“鬨”字，是字正、俗體均當從“鬥”。《王二》《廣韻》“兵”下有“鬨”字，本書奪。字又見絳韻胡降反匣絳。

○齈　奴凍反泥送一。多涕，鼻中病。二。

癑　病。

校注：《王二》《廣韻》注“痛”，與《説文》合。

○衆　之仲反章送三。多。又之融反章東三。一。

校注：字又見東韻職隆反章東三。

○銃　充仲反昌送三。銎。一。

○剶　士仲反崇送三。臿屬。一。

校注：字又見東韻鋤隆反崇東三。

# 二宋

○宋　蘓統反心宋。古國。二。

謥　~詷。又千弄反清送一。

校注：字又見送韻千弄反清送一。

○綜　子宋反精宋。機縷。二。

猔　豕~。

○統　他宋反透宋。管。二。

䒱　黄色。

校注：字又見東韻處隆反昌東三。

○雺　莫綜反明宋。地氣上天不應。一。

校注：字又見尤韻莫浮反明尤。字亦作“霿”，“霿”字見送韻莫弄反明送一。

○硿　丘(户)中(宋)反匣宋。礲~，石聲。二。

校注：《廣韻》“乎宋切匣宋”，《集韻》“胡宋切匣宋”，《韻鏡》《七音略》並在宋韻匣母，本書“丘中”二字誤，龍氏疑當作“户宋”。字又見冬韻户冬反匣冬。

㖞　大聲。又户冬反匣冬。

校注：字又見冬韻户冬反匣冬、送韻徒弄反定送一。

# 三用

○用　余共反以用。以~。二。

𦏁　用。或為庸字，公。

**校注：**字原作"𦏁"，俗誤，《集韻》作"𦏁"。

○頌　似用反邪用。歌。三。

**校注：**字又見鍾韻餘封反以鍾。

誦　讀~。

訟　□~。

**校注：**龍校云："注文第一字曾用雌黄塗改，剥脱難辨，諦審似諍字。王二云爭~。"底本注文首字"言"旁可見。字又見鍾韻詳容反邪鍾。

○俸　房用反並用。秩。三。

**校注：**字又見董韻方孔反幫董一。

縫　紩衣。又房容反並鍾。

**校注：**字又見鍾韻符容反並鍾。

捀　灼龜觀兆。

**校注：**字原作"捀"，俗誤，《廣韻》《集韻》作"捀"。

○共　渠用反群用。同志。一。

○葑　方用反幫用。菰根。二。

封　菜地。又方容反幫鍾。

**校注：**"菜"爲"采"字之誤。字又見鍾韻府容反幫鍾。

○供　居用反見用。設。又居容反見鍾。一。

**校注：**又居容反，本書無見母鍾韻一紐。字又見冬韻駒冬反見冬(鍾)。

○雍　於用反影用。人姓。一。

**校注：**字又見鍾韻於容反影鍾。

○縱　子用反精用。又子容反精鍾。二。

**校注：**字又見鍾韻即容反精鍾。

瘲　病。

○湩　竹用反知用。乳汁。又都貢反端送一。一。

**校注：**字又見腫韻都隴反端腫一、送韻多貢反端送一。

○僱　他用反透(徹)用。行不正。一。

**校注：**"他"透母字，他用反透徹類隔。龍校云："廣韻、集韻僱字音良用切來用(集韻為躘字或体)，本紐字作蹱。……疑本書僱字音他用反誤。"

○鞧　而用反日用。毳飾。或作茸。二。

**校注：**此爲"鞲"字省書。字又見鍾韻而容反日鍾。

鱅　鮐~。

○種　之用反章用。下稼。又之隴反章腫三。一。

**校注：**字又見腫韻之隴反章腫三。

○重　持用反澄用。再。一。

**校注：**字又見鍾韻直容反澄鍾、腫韻直隴反澄腫三。

○贚　良用反來用。貧。一。

○恐　區用反溪用。疑。二。

**校注：**字又見腫韻墟隴反溪腫三。

惹　蕄蕩。

○從　従用反從用。隨。一。

校注：字又見鍾韻疾容反從鍾。字亦作“從”，“從”字見冬韻七容反清冬。

○惷　丑用反徹用。愚。又丑江反徹江。一。

校注：本紐與他用反透(徹)用“傭”紐重出。字又見鍾韻書容反書鍾、江韻丑江反徹江。

## 四絳

○絳　古巷反見絳。染色。四。

虹　螮蝀。又胡籠[反]匣東一。

校注：“反”字原脱，《王二》有字。字又見東韻胡籠反匣東一、送韻古送反見送一。

降　下。亦作夅。

校注：字又見江韻下江反匣江。

洚　下。又胡冬反匣冬。

校注：龍校云：“注文模糊難辨，此从唐氏所定。”字又見東韻胡籠反匣東一、江韻下江反匣江。

○巷　胡降反匣絳。邑街。三。

衖　道。或作郌。

校注：“郌”字誤，《廣韻》《集韻》作“鄉”。

鬨　兵鬪。又胡楝反匣送一。

校注：字原從“門”，俗誤。注文次字爲“鬭”字俗誤。字又見送韻胡貢反匣送一。

○漴　士巷反崇絳。水所衝。一。

○幢　直降反澄絳。車。四。

校注：紐字數當作“三”，“四”爲合計“覩”字之數，參“覩”字條校注。字又見鍾韻尺容反昌鍾。

幢　后妃車幰。

校注：字又見江韻宅江反澄江。

憧　戆~。

校注：字又見鍾韻尺容反昌鍾。

○覩　視不明。又丑江反徹江。徹絳

校注：《王二》“胖”上一紐爲“瞢”紐，云：“丑降反徹絳，直視。一。”《廣韻》“覩”字條上爲“瞢”字條：“瞢，直視。丑絳切徹絳。二。”本書“瞢”字條奪，本字條遂誤併入“幢”紐。字又見江韻丑江反徹江。

○胖　普降反滂絳。~脹，臭。一。

校注：龍校云：“注文反脹臭三字模糊不清，依王二、廣韻、集韻審定如此，唐氏所寫同。”

○戇　丁降反端(知)絳。愚~。又呼貢反曉送一。一。

校注：龍校云：“正、注文皆模糊難辨，此依唐氏所定。”“丁”端母字，丁降反端知類隔。又呼貢反，本書無曉母送韻一等一紐。

○䆹　叉降[反]初絳。不耕而種。又乂(叉)江反初江。亦㧐，又子紅反精東一。一。

校注：“反”字原脱。“乂”爲“叉”字俗誤。字又見江韻楚江反初江。字亦作“㧐”，“㧐”字見東韻子紅反精東一。

## 五寘

○寘　支義反章寘開。止。七。

忮　傷害懻心。

伎　害。《詩》云：“謪人~忒。”~

䚡　爵。亦作觗、𧥒。

䜴　不知。

夥　多。

校注：字又見支韻章移反章支開。

伿　惰。又神豉反船寘開。

校注：字又見寘韻神伎反船寘開。

〇避　婢義反並寘A開。僻。二。

比　次。又房脂反並脂A開。

校注：字又見脂韻房脂反並脂A開、旨韻卑履反幫旨A開、至韻毗四反並至A開、質韻毗必反並質A。

〇惴　之睡反章寘合。憂心。二。

㖢　杵擊。

〇詈　力智反來寘開。罵~。六。

荔　~支。又薜。[又]盧帝反來霽開。

校注："又"字原脱，《王二》有字。字又見霽韻魚(魯)帝反來霽開。

離　遠。又力知反來支開。

校注：字又見支韻呂移反來支開。

珕　刀飾。又力計反來霽開。

簬　篱~。

校注：字原從"又"不從"人"。"篱"字誤，《廣韻》作"篱"。

癘　皮黒。又力計反來霽開。

校注："皮"字誤，《廣韻》《集韻》作"瘦"。字又見霽韻魚(魯)帝反來霽開。

〇豉　是義反禪寘開。鹽~。三。

鯷　魚名。又徒奚反定齊開。

校注：字又見霽韻特計反定霽開。

䊓　黏。

校注：字又見紙韻池尔反澄紙開。

〇積　紫智反精寘開。又子惜反精昔開。二。

校注：字又見昔韻資亦反精昔開。

𣢑　歐。

校注：字原作"吙"，俗誤，《王一》《王二》《廣韻》作"𣢑"。字又見支韻即移反精支開。

〇賜　斯義反心寘開。三。

澌　盡。

朼　肉机。《後漢書》："郎無被枕朼。"

校注：字原作"批"，誤，《王一》《王二》《廣韻》《集韻》作"朼"。"漢""書"二字原倒誤，"漢"旁識一小鉤。注文末字當作"朼"。

〇爲　榮偽反云寘B合。又榮危反云支B合。俗為。一。

校注：字又見支韻薳支反云支B合。

〇䝿　詭偽反見寘B合。賭。亦作䞈。三。

攱　[又]居委反見紙B合。戴。

校注："又"字原脱，《廣韻》有字。"戴"字誤，當作"載"，《廣雅·釋詁二》："攱，載也。"《廣雅·釋詁三》："載，攱也。"字又見紙韻居委反見紙B合。

庪　毀。又居毀反見紙B合。

校注：字亦作"垝"，"垝"字見紙韻居委反見紙B合。

〇帔　披義反滂寘B開。衣~。一。

校注：字又見支韻敷羈反滂支B開。

〇賁　彼義反幫寘B開。卦名。四。

校注：字又見魂韻博昆反幫魂。

彼 衺。《論語》："子西，曰：'彼~哉~！'"

詖 險~。

校注：字又見支韻彼為反幫支B開。

藣 草。又補為反幫支B開。

校注：字又見支韻彼為反幫支B開。

〇髲 皮義反並寘B開。益髲。六。

被 服。

校注：字又見紙韻皮彼反並紙B開。

鞁 裝束~。

㱟 絲~弓。

備 御~。

校注：字又見至韻平祕反並至B開。

䙞 裙~。

〇累 羸偽反來寘合。緣~。一。

校注：字又見紙韻力委反來紙合。

〇寄 居義反見寘B開。寓。二。

校注：字下原從"竒"。

踦 肉四~。

校注：字右原從"竒"。

〇臂 畀義反幫寘A開。一。

〇芰 竒寄反群寘B開。蔆~。六。

騎 乘~。

校注：字右原從"竒"。字又見支韻渠羈反群支B開。

䇝 積。

校注：字又見佳韻士佳反崇佳開。

汥 水戾。

校注：字又見支韻巨支反群支A開。

輢 枕~。

校注：字右原從"竒"。字又見紙韻於綺反影紙B開。

魌 鬼服。又音竒群支B開。

校注：字又見支韻渠羈反群支B開。

〇刺 此豉反清寘開。針~。俗作刾。九。

校注：字原作"刾"，俗誤。字又見昔韻七迹反清昔開。

庛 門邊別木。

校注：字原作"庛"，俗誤。《王一》云："偏庛，屋。"《王二》云："偏~，屋。"《廣韻》云："偏庛，舍也。"《廣雅·釋器》："庛，舍也。"

朿 木芒。

校注：字原作"朿"，俗誤。

莿 針。

校注：字原作"莿"，俗誤。

庛 長尺一寸。

蛓 毛虫。或作螆、蛓、髊。

校注：字亦作"蚝"，"蚝"字見志韻七吏反清志。

諫 謀。

庢 人相依。

諫 數~。

校注：字原作"諫"，俗誤。

〇易 以豉反以寘A開。又以益反以昔開。一。

校注：字又見昔韻羊益反以昔開。

〇偒 神伎反船寘開。相輕。三。

伿 惰~。

校注：字又見寘韻支義反章寘開。

**𦋊** 罯。

**校注：** 字上原從"罒"，俗誤。注文爲"𦋊"字俗誤。《王一》《廣韻》二字作"𦋊""罯"。

**〇議** 宜寄反疑寘B開。言。三。

**誼** 人所宜。漢有賈誼，年盡十八能文，洛陽人。

**義** 訓文。又宜。

**〇譬** 匹義反滂寘A開。喻。二。

**檗** 蜀漢呼水洲。

**〇漬** 在智反從寘開。潤。五。

**殰** 骨。或作骴、殍。

**校注：**"殍"爲"殍"字俗誤。字亦作"骴"，"骴"字見支韻疾移反從支開。

**骴** 瀾~。

**校注：** 字又見支韻疾移反從支開、支韻七移反清支開。

**眥** 目~。又在計反從霽開。

**校注：** 字又見霽韻在計反從霽開。

**羵** 羧~。

**〇智** 智義反知寘開。心惠。一。

**校注：** 依例反切上字不與字頭同，《王一》《王二》《廣韻》作"知"。

**〇倚** 於義反影寘B開。又於蟻反影紙B開。一。

**校注：** 字又見紙韻於綺反影紙B開。

**〇縋** 池累反澄寘合。繩。七。

**槌** 蠶槌。又直追反澄脂合。

**校注：** 字又見脂韻直追反澄脂合。

**膇** 重~，病。亦作瘇。

**校注：** 字亦作"瘇"，"瘇"字見賄韻吐猥反透賄。

**鎚** 稱~。又直為反澄支合。

**校注：** 字又見支韻直垂反澄支合。

**腄** 縣名。

**校注：** 字又見支韻竹垂反知支合、尤韻羽求反云尤。

**甀** 小口罌。又直追反澄脂合。

**校注：** 字又見支韻直垂反澄支合。

**硾** 鎮。

**〇吹** 尺偽反昌寘合。唬氣。又尺為反昌支合。二。

**校注：**"唬"字誤，《王一》作"嘘"。字又見支韻昌為反昌支合。

**籥** 習管。又充垂反昌支合。

**校注：** 字原作"籥"，誤，《王一》《廣韻》作"籥"。字又見支韻昌為反昌支合。

**〇戲** 羲義反曉寘B開。謔。或作戱。一。

**〇企** 去智反溪寘A開。望。四。

**跂** 傾。

**跂** 舉足望視。又渠知反群支A開。

**校注：** 字又見支韻巨支反群支A開。字亦作"趌"，"趌"字見紙韻墟彼反溪紙B開。

**吱** 行喘息。

**校注：** 字原左從"虫"右從"支"，誤，《王一》《廣韻》作"吱"。

**〇縊** 於賜反影寘A開。自經死~。一。

**〇翅** 施智反書寘開。鳥羽。亦作翄。六。

**施** 恵。又式枝反書支開。

**校注：** 字又見支韻式支反書支開。

菑　不~。

鍦　短矛。或作𥎞。

翟　鳥翮。亦作𧲞。

䗪　米中申虫。

校注："申"字誤,《王一》作"甲"。

〇屣　所寄反生寘開。履不攝。又所綺反生紙開。四。

校注:《王一》"攝"下有"根"字,當據補。字又見紙韻所綺反生紙開。

灑　~掃。

校注:字又見紙韻所綺反生紙開。

鞿　履屬。

校注:字亦作"屣","屣"字見紙韻所綺反生紙開。

曬　曝。

校注:字又見卦韻所賣反生卦開。

〇餧　於偽反影寘B合。食。二。

校注:字亦作"餒","餒"字見賄韻奴罪反泥賄。

羧　羊相積。

校注:"積"字誤,當從《説文》作"羵"。

〇觖　窺瑞反溪寘A合。望。一。

校注:反切上字爲"窺"字俗誤。

〇僞　危賜反疑寘B合。假。一。

校注:"賜"開口字,危賜反開合憑切。

〇恚　於避反疑寘A合。怒。一。

校注:字原作"恚",俗誤,《王一》《廣韻》作"恚"。

〇睡　是偽反禪寘合。寐。四。

瑞　祥~。

雖　雅烏。又時規反禪支合。

校注:字又見支韻是為反禪支合。

種　小積。

校注:字又見哿韻徒果反定果一。

〇䟸　舉企反見寘A開。強。一。

校注:字又見支韻章移反章支開、支韻巨支反群支A開。

〇枘　而睡反日寘合。内。一。

〇縻　靡寄反明寘B開。一。

校注:字又見支韻靡為反明支B開。字亦作"絼","絼"字見至韻羊至反以至A開。

〇翅　充豉反昌寘開。慶。一。

校注:字右原從"卩",俗誤。

〇瀡　思累反心寘合。涓。二。

校注:"涓"字誤,《王一》作"滑"。

稑　四把。

校注:《廣韻》訓"禾四把也"。字亦作"䅗","䅗"字見脂韻息遺反心脂合。

〇娷　竹恚反知寘合。飢。二。

諈　諉~。

〇瓗　以睡反以寘A合。玉名。二。

纗　絃中絶。又胡卦反匣卦合。

校注:字又見支韻姊規反精支合、卦韻胡卦反匣卦合。

〇諉　女恚反娘寘合。累。二。

㛯　彼~。

校注:"彼"字誤,《王一》《廣韻》作"彼"。

# 六至

〇至　脂利反章至開。到。十。

校注:"脂"字左原從"日",俗誤,《廣韻》

作“脂”。

摯　擊。

校注：此字《王一》《王二》《廣韻》注“國名”。

鷙　擊鳥。或作鷙。

礩　柱下石。

校注：字又見質韻之日反章質。

鴲　雀鷙。

鰲　魚~。

鞊　杠絲。亦作輊。

懥　怒。

校注：字原作“悽”，爲俗書，《廣韻》作“懥”。

蟄　田器。又先列反心薛開。

校注：字又見霽韻薄計反並霽開、薛韻私結反心薛開。

贄　國名。亦作蟄。

校注：字亦作“蟄”，“蟄”字見緝韻之入反章緝。

〇位　洧冀反云至B合。列。一。

校注：“冀”開口字，洧冀反開合憑切。“烈”字誤，《王一》作“列”。

〇郿　美秘反明至B開。縣名，在扶風。今音眉明脂B開。七。

媚　嫵~。

魅　魑~。

篃　竹~。

娓　從。又妄鬼反明尾合。

校注：字又見尾韻許偉反曉尾合。

䉋　筍，冬生地中。

煝　焐。

〇遂　徐醉反邪至合。十六。

彗　帚。一曰妖星。

校注：字又見至韻雖遂反心至合。

墜　墓道。

襚　賵。

旞　羽繫旌上。亦作旗。

校注：亦作字誤，《王一》作“旞”。字亦作“旞”，“旞”字見脂韻以隹反以脂A合。

璲　玉~。

穗　秀稻。

檖　楊檖，木名，子可食。

燧　烽~。一曰燧人。

爂　塞上亭遥火。

校注：字原作“𨽻”，誤，《廣韻》作“爂”。

澻　田閒小溝。

校注：字右原作“蓫”，誤，《王二》《廣韻》作“澻”。

蓫　苗好。亦作穟。

蒣　蘧蒣。

校注：字原作“𠏉”，誤，《王一》作“蒣”。

繐　囊組。又齒芮反昌祭合。

校注：又齒芮反，本書無昌母祭韻合口一紐。字又見祭韻此芮反清祭合。

鐆　陽~。

穟　稻~。

〇醉　將遂反精至合。酒昏。二。

檇　木有所擣。又子迴反精灰。

校注：“木”上當據《王一》《王二》《集韻》補“以”字。字又見脂韻醉唯反精脂合、灰韻昨回反從灰。

〇邃　雖遂反心至合。深。七。

祟　禍。

誶　言。《詩》云：“可以誶止。”

校注:“可”字誤,《王二》《廣韻》作“歌”。字又見隊韻蘙對反心隊。

粹　純。亦作睟。

彗　掃。或作彗。又囚歳反邪祭合。

校注:或作字與字頭同,誤,當作“篲”。字又見至韻徐醉反邪至合。字亦作“篲”,“篲”字見祭韻囚歳反邪祭合。

㥞　亦深。

睟　視皃。

〇類　力遂反來至合。状。六。

淚　悲~。

禷　祭名。

瓃　玉器。又力追反來脂合。

校注:字又見脂韻力追反來脂合、灰韻路回反來灰。

逮　臨~。

校注:字又見緝韻力急反來緝。

膟　祭名。

校注:“名”字誤,《王一》作“肉”。

〇秘　鄙媚反幫至B開。亦作祕。密。十。

毖　慎。

閟　閉~。

柒　地名。

轡　馬~。

柲　矛戟柄。

校注:字又見質韻毗必反並質A。

泌　泉皃。

鄪　邑名,在魯。

䀣　直視。

校注:字又見黠韻莫八反明黠開。

粊　悪米。

〇匱　逵位反群至B合。乏。八。

饋　餉。亦作餽。

蕢　草器。

繢　織餘。

櫃　~篋。

壝　壇埒。又以水反以旨A合。

校注:字原作“壛”,俗。龍校云:“此疑誤壝為壛,遂从匱讀。”字又見脂韻以隹反以脂A合、旨韻以水反以旨A合。

鞼　強~。

韇　韋繡。亦作鞼。

〇濞　匹備反滂至B開。水聲。三。

校注:“三”字誤,當作“五”。字又見霽韻匹計反滂霽開。

嚊　喘聲。

膞　盛。

校注:字又見至韻毗四反並至A開、至韻平祕反並至B開。

癟　氣滿。

濞　敗皃。

〇備　平祕反並至B開。亦。俗作偹。具。十。

校注:“亦”下奪字。字又見寘韻皮義反並寘B開。

奰　怒。一曰迫。

膞　壯大。又音濞滂至B開。

校注:字又見至韻毗四反並至A開、至韻匹備反滂至B開。

糒　糗~。

犕　牛具齒。

䝯 ~屭，肥皃。

軑 車軑。亦作𨋰。

校注：字右原從“大”，俗誤，《王一》《王二》作“𨋰”。

樇 木名。

牖 韛𢶍。

𩿾 鳥如梟。又孚匪反滂尾合。

校注：字下原從“巳”。字又見尾韻妃尾反滂尾合。

〇愧 軌位反見至B合。慙。亦作聭、媿、謉。三。

校注：“聭”字誤，《王一》《王二》《廣韻》《集韻》作“聭”。

䭳 馬色。

䁤 淫視。又渠追反群脂B合。

校注：字又見脂韻渠追反群脂B合。

〇帥 所類反生至合。又所律反生術。二。

校注：字又見術韻師出反生術。

率 統。又所律反生術。

校注：字又見術韻師出反生術。

〇喟 丘愧反溪至B合。大息。又苦拜反溪怪合。五。

校注：字又見怪韻苦壞反溪怪合。

樻 ~，木，腫節，可為杖。

𩪘 眛加地。

校注：“眛”爲“膝”字俗誤。

䰎 髻。

尯 尬。

校注：字原從“兀”從“免”，誤，《廣韻》作“尯”。

〇豷 許偽反曉至B合。豕息。二。

校注：“偽”實韻字，許偽反實至混韻。字又見霽韻於計反影霽開。

燹 火。又息淺[反]心獮開。

校注：“反”字原脱，《王一》有字。字又見獮韻息淺反心獮開。

〇嗜 常利反禪至開。慾。亦作鰭。三。

視 比。又神至反船至開。亦作眡。

校注：字又見旨韻承旨反禪旨開。

眎 視~。

〇利 力至反來至開。不鈍。五。

颲 烈風。

校注：字又見質韻力質反來質。

莅 臨~。

校注：字原作“涖”，誤，《王二》作“莅”。

覼 求視。又魯帝反來霽開。

校注：字又見霽韻魚(魯)帝反來霽開。

涖 ~，聲。

校注：省代號上原有“臨”字，當是涉上文“莅”字注文而衍，旁識一小點，玆徑删。字又見霽韻魚(魯)帝反來霽開。

〇膩 女利反娘至開。肥。三。

校注：字原作“膩”，俗誤，《王一》《王二》《廣韻》作“膩”。

眤 目深皃。又一活反影末。

校注：女利反，《廣韻》同，《廣韻》周祖謨校曰：“此字見《廣雅·釋詁三》，曹憲音一活、女刮二反，今本玉篇同。此作女利切，蓋以刮利形近而誤。”字又見末韻烏活反影末。

**酣**　重釀酒。

○**劓**　魚器反疑至B開。割鼻刑。亦作劓字。一。

**校注**：字亦作"剿","剿"字見祭韻牛例反疑祭B開。

○**屁**　匹鼻反滂至A開。氣洩。或作糟。一。

**校注**："糟"字誤,《王一》《王二》《廣韻》作"糟"。

○**致**　陟利反知至開。俗作致。十。

**校注**：底本"作"上有"反"字,旁識一小點,茲徑刪。

**懫**　止。

**躓**　礙。頓。

**疐**　不行。

**蟄**　車前重。亦作輊。

**校注**：字右上原從"九",俗誤。"輊"字誤,《王一》《廣韻》作"輊"。

**鷙**　馬脚屈。

**踬**　卧。又於進反影震A。

**校注**：字又見震韻於刃反影震A。

**駤**　驥。

**撴**　到。

**校注**：字又見紙韻陟侈反知紙開。

**質**　交~。

**校注**：字又見質韻之日反章質。

○**弃**　詰利反溪至A開。亦作棄。三。

**眉**　背身坐牀。又口系反溪齊開。

**鮚**　多~。

○**寐**　蜜二反明至A開。睡。一。

○**緻**　直利反澄至開。密。通俗作緻。九。

**校注**：通俗作字與字頭同,誤,當從《王一》作"緻"。

**稚**　幼~。

**遲**　待。又直尸反澄脂開。

**校注**：字又見脂韻直尼反澄脂開。

**稺**　晚禾。亦作稉。

**儥**　會物。

**校注**：字右原從"支",俗誤。

**擳**　當。

**謘**　語諄。

**校注**：字又見脂韻直尼反澄脂開。

**緻**　履底。

**治**　理,大帝諱。又直之反澄之。

**校注**：字又見之韻直之反澄之、志韻直吏反澄志。

○**屎**　丑利反徹至開。簍柄。七。

**誺**　不知。

**校注**：字又見支韻丑知反徹支開、代韻洛代反來代開。

〖**嚜**　~屎,多詐。〗

**校注**：《廣韻》"屎"字注:"簍柄也。又屎嚜多詐。"《方言》卷十:"嚜屎,獪也。凡小兒多詐而獪,或謂云嚜屎。"郭注:"嚜音目。"此條當原是"屎"下注文,誤析作字條,當刪。

**跮**　踱。又丑慄反徹質。

**訵**　陰知。

**校注**：字亦作"呬","呬"字見至韻許器反曉至B開。

**鬑**　分鬣。

**校注**：字原作“㯏”，誤，《集韻》作“纍”。字又見旨韻絺履反徹旨開。

㙇　忿戾。

〇兾　几利反見至B開。中州。亦作冀，俗作兾。六。

**校注**：“俗”“作”二字原倒誤，“俗”旁識一小鉤。

覬　~覦，希望。

穊　稀~。亦作蔇。

驥　騏。亦作驩。

洎　肉汁。又渠器反群至B開。

**校注**：字又見至韻其器反群至B開。

懻　強直。

**校注**：字右原從“兾”，爲俗形。

〇臮　其器反群至B開。與詞。六。

暨　及。

**校注**：字又見未韻居未反見未開。

洎　至。

**校注**：字又見至韻几利反見至B開。

垍　堅土。

溴　水名。

**校注**：字原作“湶”，誤，《王二》《廣韻》作“溴”。

鱀　魚，大腸。

**校注**：“腸”字誤，《王一》作“腹”。字又見志韻渠記反群志。

〇悸　其季反群至A合。心動。三。

寱　熟寐。

**校注**：字上原從“穴”，俗誤，《王一》《王二》《廣韻》作“寱”。

痵　病。

〇翠　七醉反清至合。色。三。

臎　鳥尾上肉。

濢　下漯。

**校注**：“漯”字誤，《廣韻》作“濕”。字又見旨韻遵誄反精旨合。

〇二　而至反日至開。次一。三。

貳　副。

樲　酸棗。

〇姿　資四反精至開。又子怡反精之。三。

**校注**：龍校云：“本書盖誤恣為姿，遂於下文增恣字，改此注二作三，又增子怡反一音。怡當作夷。”字又見脂韻即夷反精脂開。

恣　縱心。

㱦　而死復生。又七四反清至開。

**校注**：字原作“𣨛”，誤，《王一》《廣韻》作“㱦”。“而”“死”二字倒誤。字又見至韻七四反清至開。

〇次　七四反清至開。亞。七。

**校注**：紐字數當作“八”，“七”爲脱計“絘”字之數，參“絘”字條校注。

鶿　鳥名。

佽　~飛，漢武官名。

髤　以。

**校注**：字原作“䰍”，俗誤。底本“以”下有“績所以未緝者”六字，爲“絘”字注文，誤接於此，“以”下注文有脱漏。此字《王一》《王二》《廣韻》訓“以漆塗器”。

[絘]　績所以未緝者。

**校注**：底本字頭奪，“績所以未緝者”六字誤接於“髤”字注文“以”字下。此字《王一》

《廣韻》訓"績所未緝者",《王二》訓"績所未緝"。

𩭛 髮。

校注:字下原從"欠",誤,《王一》《廣韻》作"𩭛"。

鴪 鳥名。

𣧑 死復生。

校注:字原作"殏",誤,《王一》《王二》《廣韻》作"𣧑"。字又見至韻資四反精至開。

○懿 乙利反影至B開。美。五。

壹 陰皃。

校注:字又見霽韻於計反影霽開。

饐 餅傷熟。

校注:"餅"字誤,《王一》作"飰"。

欭 喑,歎。

撎 舉手。

校注:字左原似"牛"形,俗誤,《王一》《王二》《廣韻》作"撎"。《説文》:"撎,舉手下手也。"段氏正作"拜舉首下手也"。

○四 息利反心至開。數。七。

肆 陳。又極。亦鬃。

柶 角上。

校注:字原作"抦",俗誤,《王一》《王二》《廣韻》作"柶"。"上"字誤,《廣韻》作"匕"。

泗 水名,在魯。

牭 牛四歲。

蕼 堇。

殔 埋官次下。

校注:"官""次"二字誤,《王一》《廣韻》作"棺""坎"。

○器 去冀反溪至B開。四。一。

校注:"四"字誤,《王一》作"皿"。

○季 癸悸反見至A合。末。二。

䁤 視。

○鼻 毗四反並至A開。面中岳。十。

比 近。有四音。

校注:字又見脂韻房脂反並脂A開、旨韻卑履反幫旨A開、寘韻婢義反並寘A開、質韻毗必反並質A。

枇 細櫛。

校注:字又見脂韻房脂反並脂A開。

禆 禪~。

痺 脚氣不至。

校注:字又見至韻必至反幫至A開。

祉 祀司命。

校注:字又見旨韻卑履反幫旨A開。

坒 地相次。或作笓。又毗慄反並質A。

校注:字亦作"比","比"字見質韻毗必反並質A。

䏶 首。

校注:《王二》注:"《倉頡篇》云首子曰~。"本書有奪文。

膞 盛。又孚二反滂至B開。

校注:字又見至韻匹備反滂至B開、至韻平祕反並至B開。

芘 草。

校注:字又見脂韻房脂反並脂A開。

○䀋 許鼻反曉至A合。恚視。三。

校注:字原作"睄",俗誤,《王一》《廣韻》作"䀋"。字又見旨韻許癸反曉旨A合。

睢　恣~，暴戾皃。又許葵反曉脂A合。

校注：字又見支韻許隨反曉支A合、脂韻息遺反心脂合、脂韻許維反曉脂A合。

婎　醜。又許葵反曉脂A合。

校注：字亦作"廋"，"廋"字見脂韻許維反曉脂A合。

〇痹　必至反幫至A開。脚冷濕病。四。

畀　与。亦作畀。

校注：字原上從"囟"，誤，《説文・丌部》"畀"字注"从丌由聲"。

庇　蔭~。

痺　足氣。

校注：字又見至韻毗四反並至A開。

〇萃　疾醉反從至合。集。五。

校注：紐字數作"五"而實收四字。

顇　顦~。

崪　待。

瘁　病。亦作悴。

〇地　徒四反定至開。磅礴也。古作埊。一。

〇齂　許器反曉至B開。鼻息。六。

校注：字又見黠韻呼八反曉黠開。

屓　贔~。

犤　夏后氏有澆~。

呬　息。又丑致反徹至開，陰知曰~。

校注：字亦作"誀"，"誀"字見至韻丑利反徹至開。

霼　見雨止息。

屄　呻。又大(火)尸反曉脂B開。

校注："大"字誤，《王一》《廣韻》作"火"。

〇肄　羊至反以至A開。習。七。

殔　假埋道側。

移　重。亦作縻。

校注：字亦作"縻"，"縻"字見支韻靡為反明支B開、寘韻靡寄反明寘B開。

隶　及。又徒戴反定代。

校注：又徒戴反即"逮"字。

希　猪名。又徒計反定霽開。

校注：字原作"录"，誤，《王一》《廣韻》作"希"。

貤　重物次第。又神至反船至開。

校注：字又見至韻神至反船至開。

廙　倉廡。

〇示　神至反船至開。指。二。

校注：紐字數當作"三"，"二"爲脱計"貤"字之數，參"貤"字條校注。

謚　《易》名。從盖。

校注：字右原從"盖"，誤，《王二》作"謚"，《説文》作"謚"。

貤

校注：字左原誤從"耳"，且與下一字"自"合作一字書，作"𦔻"，此字遂無注文。《王一》《廣韻》："貤，重物次第。"《王二》："貤，重物次苐。又与企反。"字又見至韻羊至反以至A開。

〇自　疾二反從至開。從。二。

校注：此字原與上"貤"字合作一字書。《王一》《王二》《廣韻》此紐首字均爲"自"，又《王一》《廣韻》"自"上爲"貤"字。

嫉　~妒。

校注：字又見質韻秦悉反從質。

〇墜　直類反澄至合。落。二。

懟　怨。亦作譵。

〇出　尺類反昌至合。一。

校注：字又見質韻尺律反昌術。

〇轛　追頛反知至合。車横軨。二。

校注：字又見隊韻都佩反端隊。

䢊　前頡。又口點反溪忝。

校注：字原作"遾"，誤，《王一》作"逺"，爲"䢊"字俗書。

〇遺　以醉反以至A合。又以追反以脂A合。六。

校注：《王一》二反間有訓釋，注"贈"。字又見脂韻以隹反以脂A合。

𨽴　~清侯，出《漢書・王子侯表》。

𢘑　忘。

讉　婃。亦作䝽字。

校注：亦作字誤，當作"䝽"，《廣雅・釋詁一》："䝽，讉，益也。"

蜼　仰鼻，長尾，似弥猴，雨則到懸其頭。又餘救反以宥。

校注：字又見宥韻余救反以宥。字亦作"狖"，"狖"字見旨韻力軌反来旨合。

䲁　蛘。

〇屍　矢利反書至開。以廢。一。

校注："反"下二字當從《王一》作"似皴"。字又見脂韻式脂反書脂開。

〇痓　充至反昌至開。悪。一。

〇敊　楚利反初至合。粟體。一。

校注："利"開口字，此反切開合憑切。

〇侐　火季反曉至A合。靜。又麆逼反曉職合。一。

校注：此紐與許鼻反曉至A合"瞲"紐重出，爲後增字。字又見職韻況逼反曉職合。

# 七志

〇志　之吏反章志。意。四。

娡　有莘氏女，骸娶之。

莣　逺~。

誌　認~。

〇值　直吏反澄志。遇。三。

植　種。又市力反禪職開。

校注：字又見職韻常職反禪職開。

治　大帝諱。

校注：字又見之韻直之反澄之、至韻直利反澄至開。

〇寺　辝吏反邪志。官舍。三。

嗣　継。

飤　食。

〇䖪　七吏反清志。虫。一。

校注：字亦作"載"，"載"字見寘韻此豉反清寘開。

〇笥　相吏反心志。虫篋。二。

校注：《王一》注："篋笥。"《王二》注："~篋。"本書注文"虫"字涉上"䖪"字注文而誤。

伺　候~。

校注：字又見之韻息兹反心之。

〇試　式吏反書志。考能。三。

弑　逆殺。

幟　旌。又昌志反昌志。

校注：字原作"熾"，俗誤，《王一》《王二》《廣韻》作"幟"。字又見志韻尺志反昌志。

〇胾　側吏反莊志。大臠。四。

校注：龍校云："側字刀旁不可見，据各書補。"

椔　木立死。又側持反莊之。

校注：龍校云："死字不清，據王一及諸書審定。"字又見之韻側持反莊之。

鶅　東方雉名。又側持反莊之。

校注：字又見之韻側持反莊之。

事　□□□(又)鋤吏反崇志。

校注：龍校云："注文右行三字不可見，……本書當是殘~刃又三字。"字又見志韻鋤吏反崇志。

〇吏　力置反來志。二。

校注：龍校云："力字不清，據王一、王二、廣韻審定。"

憖　憂~。

校注：此字原脱筆"厂"，誤，《廣韻》作"憖"。字又見之韻理之反來之。

〇字　疾置反從志。支滋曰字。四。

校注："支"字誤，《王一》作"文"。

牸　~牛。

孳　~尾。

校注：字又見之韻子慈反精之。

芓　痲母。亦作字。

校注：注文首字爲"麻"字寫誤。亦作之"字"誤，《王一》《廣韻》作"荸"。

〇眙　丑吏反徹志。住視。三。

佁　~儗，不前。

校注：字又見止韻羊止反以止。字亦作"儓"，"儓"字見代韻他代反透代。

魅　厲鬼。

〇餌　仍吏反日志。十二。

珥　~飾。

衈　開刑。《書》："殺鷄血祭名曰~。"

咡　口吻。

校注：字又見之韻如之反日之。

刵　割耳刑~。

毦　氂。

洱　水名，出罷谷。又弥尔反明紙A開。

校注：字又見止韻而止反日止。

姐　女字。

眲　耳目不相信。

聃　以性耳告神，欲聽。

校注："性"字誤，《王一》《廣韻》作"牲"。

胹　筋腱。

佴　次~。

〇駛　所吏反生志。疾。六。

使　又所里反生止。

校注：字又見止韻踈士反生止。

浭　水名，在河南。

鼬　阜寠。

校注：字右原作"自"，俗誤，《廣韻》《集韻》作"鼬"。

𤟹　獸，似狸。亦作貁。

校注：字原脱筆"比"，誤。

㹑　烈。

校注：字左原作"岦"，誤，《廣韻》作"㹑"。字又見止韻踈士反生止。

〇廁　初吏反初志。雜。一。

〇異　餘吏反以志。奇。二。

异　~我，歎。又退。

校注："我"字誤，《王一》《王二》作"哉"。字又見之韻止而反章之。

〇䝰　陟吏反知志。寘。一。

校注：紐字數"一"爲脱計"弫"字之數，參"弫"字條校注。

〇事　鉏吏反崇志。[二]。

校注：底本紐字數奪。字又見志韻側吏反莊志。

弫　青州謂彈弓。〖三〗。

校注：此字《王一》《廣韻》《集韻》入上一紐，本書錯置，當移至"事"字條上。"三"字衍。

餕　牧。

〇侍　時吏反禪志。小立。三。

蒔　種~。亦作秲、蒔、莳。

秲　拔種。

校注："拔"當從《王一》作"枝"。

〇忌　渠記反群志。諱。亦作諅。七。

校注：紐字數作"七"而實收九字。

邔　縣名，在襄陽。

校注：字又見止韻墟里反曉止。

惎　教。一曰謀。

綨　連針。

鱀　魚名。

校注：字又見至韻其器反群至B開。

諅　~忌。

䳢　~鶀。

帺　繫。又渠基反群之。

校注：字原作"惎"，俗誤，《王一》《廣韻》作"帺"。

畀　舉。又渠基反群之。

校注：字原作"𢌿"，俗誤，《王一》《廣韻》作"畀"，合《説文》。字又見之韻渠之反群之。

〇熾　尺志反昌志。盛。四。

饎　熟食。亦作䭏、糦。

戠　赤土。

幟　旗。亦作帜。

校注：字又見志韻式吏反書志。

〇意　於記反影志。四。

鷾　鳥名。

黓　深黑。

䬁　貪。又猗秋(秩)反影質B。

校注："秋"字誤，當作"秩"。字又見質韻於筆反影質B。

〇記　居吏反見志。一。

〇亟　去吏反溪志。數。二。

唭　~疑，反聞見。

校注："疑""反"二字誤，《王一》《廣韻》作"嶷""無"。

〇憙　虚記反曉志。情好。二。

校注：字原作"憙"，俗誤，《王一》《廣韻》作"憙"。

咥　笑。又諸異章志、徒結定屑開、知吉知質三反。

校注：字又見質韻丑栗反徹質、屑韻徒結反定屑開。

〇㘈　魚記反疑志。恐。四。

**譺**　啁。

**鬠**　大罌。

**儗**　佁~，不前。

**校注：**字又見止韻魚紀反疑止、代韻五愛反疑代。

○**蕫**　焉記反以志。連苔。一。

**校注：**此紐與餘吏反以志"異"紐重出，爲後增字。"苔"字誤，《王一》作"苔"。

## 八未

○未　無沸反明未合。將欲。五。

**味**　滋~。

**荎**　五~子，藥。

**頼**　面前。

**稞**　饘。亦作粟。

**校注：**亦作字誤，《廣韻》《集韻》作"粟"。

○**貴**　居謂反見未合。尊。二。

**校注：**"謂"字右下原從"目"，俗誤。

**瞶**　極視。

○**謂**　云貴反云未合。十五。

**胃**　肚。亦作偶，正閽。

**惕**　佛~，不安。

**娟**　楚人呼妹。

**艒**　運舩。

**緯**　經~。

**渭**　水名。

**蝟**　絡~，虫名。

**焆**　火光。

**彙**　類。又虫，毛刺，如栗。

**校注：**"刺"上原有"頬"字，旁識三點，兹徑刪。

**賁**　草木，孛。亦作棄。

**校注：**字下原從"大"不從"廾"，俗誤，《廣韻》《集韻》作"賁"。《廣韻》："草木，賁孛也。"本書有脱文。

**膏**　類。

**颶**　大風。

**校注：**字又見物韻王物反云物。

**鮹**　魚名。

**緭**　繒~。

○**魏**　魚貴反疑未合。人姓。二。

**犩**　牛名。又魚歸反疑微合。

**校注：**字又見微韻語韋反疑微合。

○**沸**　府謂反幫未合。水涫。六。

**疿**　熱病。

**誹**　謗~。

**芾**　小皃。又方盖反幫泰開。

**校注：**字又見泰韻博盖反幫泰開、物韻分勿反幫物。

**辈**　覆耕。

**祓**　蔽膝。亦作襏。

**校注：**字原作"祓"，俗書，《王一》《廣韻》作"祓"。字又見末韻博末反幫末。

○**費**　芳味反滂未合。多損。又房味反並未合。又音祕幫至B開。五。

**校注：**又音祕幫至B開即鄙媚反幫至B開"鄪"字。紐字數作"五"而實收四字。

**髴**　髣~。

咈　光。

**校注：**字原作“胇”，俗誤，《王一》《廣韻》作“咈”。

櫘　木~。

〇虋　丘畏反溪未合。細米。一。

〇慰　於謂反影未合。撫。九。

尉　理。

**校注：**字又見物韻“鬱”紐影物。

畏　懼。

罻　罾~，網羅。

熨　火~。

蔚　文。

**校注：**字又見物韻“鬱”紐影物。

犚　牛名。

螱　飛螘。

褽　衽。

〇諱　許貴反曉未合。名忌。二。

卉　百草苗，從三十。

〇狒　扶沸反並未合。~憒。又扶物反並物，亦怫鬱。十。

**校注：**字又見物韻符弗反並物。

[狒]　獸名，似人，峻走，食人，聲如小兒啼，披髮，面上廣下陜，俗呼為山都。

**校注：**字原作“[狒]”，誤，《廣韻》作“[狒]”。

跸　刖足。

腓　病。

**校注：**字又見微韻符非反並微合。

菲　菜名。又芳非〖反〗滂微合、〖又〗芳未滂未合二反。

**校注：**字又見微韻芳非反滂微合、尾韻妃尾反滂尾合。

屝　草屩。

蜚　虫。亦作𧍯。

**校注：**字又見尾韻非尾反幫尾合。

厞　隱~。

狒　梟羊。

䅏　稻不黏。又扶匪反並尾合。

**校注：**字原作“穳”，俗誤，《王一》《廣韻》作“䅏”。字又見尾韻浮鬼反並尾合。

〇既　居未反見未開。其。三。

暨　諸~縣，在會稽。

**校注：**字又見至韻其器反群至B開。

禨　福祥。又居希反見微開。

**校注：**字又見微韻居希反見微開。

〇毅　魚既反疑未開。致果。俗作毅。四。

忍　怒。

藙　菜果。

**校注：**“菜果”誤，《王一》《王二》《唐韻》《廣韻》作“茱萸”。

豙　怒毛。

〇氣　去既反溪未開。息。二。

乞　与人。古作雲乞。又去訖反溪迄。皆謂雲霧~。

**校注：**字又見迄韻去訖反溪迄。

〇欷　許既反曉未開。歔。九。

**校注：**紐字數當作“十”，“九”爲脱計“鐖”字之數，參“鐖”字條校注。

唏　啼。

塈　仰塗。

**饙**　生餉。亦槩。

**校注：**“槩”字誤,《王一》作“槩”。

**慨**

**校注：**此字注文奪。《王一》《唐韻》:“慨,大息。”《廣韻》:“慨,大息也。”字又見代韻苦愛反溪代。

［**鏾**］　怒傳。

**校注：**底本字頭奪,“怒傳”二字誤繫於“慨”字下。《王一》《唐韻》“慨”“鏾”(《唐韻》誤“鏾”爲“饙”)上下字,《王一》《王二》《唐韻》訓“怒”,《廣韻》注“怒戰”。

**摡**　拭。又古戴反見代。

**校注：**字又見代韻古礙反見代。

**炁**　靜。

**餼**　飽。

**蟨**　獸,似蝟,赤尾。又音氣溪未開。

〇**衣**　於既反影未開。着。一。

**校注：**字又見微韻於機反影微開。

## 九御

〇**據**　居御反見御。漍。俗作擄字。八。

**校注：**《王一》《王二》本韻首紐爲魚據反“御”紐,《唐韻》首紐爲牛據反“御”紐,《廣韻》首紐爲牛倨反“御”紐,本書去聲卷韻目作“九御,魚據反”,本書“據”“御”二紐當互乙。

**鋸**　斧~。又鈱。

**倨**　~傲。

**踞**　蹲~。

**椐**　靈壽,木。

**校注：**字又見魚韻去魚反溪魚。

**濾**　乾。

**校注：**字右原衍“几”旁,《廣韻》《集韻》作“濾”。

**艍**　角似鷄。亦作䑳。

**豦**　豕。又求於反群魚。

**校注：**字又見魚韻強魚反群魚。

〇**御**　魚據反疑御。制。三。

**馭**　駕。

**語**　諎。又魚舉疑語二音。

**校注：**“二音”誤,當作“反”,《王一》《王二》《唐韻》並“又魚舉反”。字又見語韻魚舉反疑語。

〇**慮**　力據反來御。思。五。

**勴**　助。

**鑢**　錯。亦作鋁。

**櫖**　山~。

**校注：**字原作“攄”,俗誤,《王一》《廣韻》作“櫖”。

**驉**　人。

**校注：**“人”字誤,《王一》《廣韻》訓“傳馬”。

〇**覻**　七慮反清御。窺伺。三。

**校注：**“伺”上一字爲“窺”字之誤。字又見魚韻七余反清魚。

**胆**　蠅~。亦作蛆。

**校注：**字又見魚韻七余反清魚。

**坥**　蟦塲。又七余反清魚。

**校注：**字又見魚韻七余反清魚。

〇**故**　却據反溪御。欠~。五。

**校注：**紐字數作“五”而實收六字。字又見哥韻墟迦反溪戈三。

去　不住。正作厺。

校注：字又見語韻羌舉反溪語。

麮　麦汁。反(又)羌舉反溪語。

校注：字原從"麦"。上"反"字誤，《王一》作"又"。字又見語韻羌舉反溪語。

呿　卧聲。

校注：字又見哥韻墟迦反溪戈三。

胠　脅。又去魚反溪魚。

校注：字又見魚韻去魚反溪魚。

㾀　閉。又公荅反見合。

校注：字又見合韻古沓反見合。

○署　常據反禪御。~書。二。

曙　曉~。

○恕　式據反書御。~心。三。

庶　~衆。

樜　木名。

○著　張慮反知御。又持略〖反〗澄藥開、張略知藥開三反。一。

校注：龍校云："又持略反張略三反，王一云又持略張略二反，本書誤衍張上反字，二誤作三。"龍氏言"二誤作三"，未必然。本書"著"字另有三音，此或脱"直魚反"。字又見魚韻直魚反澄魚、藥韻竹略反知藥開、藥韻直略反澄藥開。

○翥　之據反章御。亦作翥。四。

䵴　筐~。

𪊽　犬靡。

校注："靡"字誤，《王一》《王二》《唐韻》《廣韻》作"縻"。

䗪　畚~。

校注："此"與上文"䵴"實爲一字。

○疏　所據反生御。書義。一。

校注：字又見魚韻色魚反生魚。

○飫　於據反影御。飽。亦作饇。九。

瘀　~血。

鄔　縣名，在太原。又烏古反影姥。

校注：字又見姥韻烏古反影姥。

醧　私燕。

棜　無足罇。

淤　水濁。又約渠反影魚。

校注：字又見魚韻央魚反影魚。

扵　擊~。

校注：字又見語韻於許反影語。

寱　假寐。又仁諸日魚、如与日語二反。

校注：字上原從"穴"，俗誤，《王一》《廣韻》作"寱"。字又見魚韻汝魚反日魚、語韻如与反日語。

菸　臭~。

校注：字又見魚韻央魚反影魚。

○遽　渠據反群御。急。三。

勮　勤務。

詎　未。

○絮　息據反心御。麁綿。一。

校注：字又見禡韻乃亞反泥(娘)禡開二。

○助　鋤據反崇御。佐。三。

耡　税。又仕魚反崇魚。又作筯。

麆　麢子。

校注：字又見姥韻徂古反從姥。

〇怚　子據反精御。心~。二。

沮　~洳。

**校注：**字又見魚韻七余反清魚、語韻慈吕反從語。

〇詛　側據反莊御。呪~。一。

〇洳　而據反日御。沮~。亦作澤。二。

**校注：**字又見魚韻汝魚反日魚。

茹　飯牛。

**校注：**字又見語韻如与反日語。

〇豫　余據反以御。逸。十二。

預　安~。

鸒　馬行疾。

**校注：**字又見魚韻与魚反以魚。

譽　毁。

**校注：**字又見魚韻与魚反以魚。

礜　~石。

輿　車~。又与居反以魚。

**校注：**字又見魚韻与魚反以魚。

鸒　~斯，烏。

悆　悦。

麌　大鹿。

**校注：**字又見魚韻与魚反以魚。

轝　舉食者。

壆　高平。

屐　履屬。又徐舉反邪語。

**校注：**字又見語韻徐吕反邪語。

〇女　娘舉反娘御。一。

**校注：**字又見語韻尼与反娘語。

〇筯　直據反澄御。或作箸。二。

𤸎　痴，不達。又勑慮反徹御。痴音丑之反徹之。

〇楚　初據反初御。心利。一。

**校注：**字又見語韻初舉反初語。

〇悇　勑慮反徹御。憂。一。

〇處　杵去反昌御。居所。[一]。

**校注：**底本紐字數奪。字又見語韻昌与反昌語。

# 十遇

〇遇　虞樹反疑遇。逢。四。

寓　寄。亦作庽。

㾒　疣。

禺　獸~。

**校注：**字又見虞韻語俱反疑虞。

〇嫗　紆遇反影遇。老~。一。

〇樹　殊遇反禪遇。木~。四。

耇　老人行皃。

**校注：**字上原從"耂"，俗誤，《王一》《王二》《唐韻》《廣韻》作"耇"。

澍　時雨。

**校注：**字又見遇韻之戍反章遇。

侸　立~。

〇住　持遇反澄遇。止。亦作尌。二。

牏　築垣短板。又之句反章遇。

**校注：**字又見虞韻羊朱反以虞、侯韻度侯反定侯。

〇附　符遇反並遇。依。九。

坿　白~。之(又)附夫反並虞。

校注：“之”字誤，《王一》作“又”。字又見虞韻附夫反並虞。

祔　祭。

賻　贈死。

駙　副馬。

鮒　魚名。

胕　胏。

䡑　小卮有盖。

校注：字右原從“専”，俗誤，《説文》作“䡑”。然“専”聲字不當入遇韻，此望形生音例。字又見獮韻視兖反禪獮合。

蚹　虵～。

○注　之戍反章遇。記。九。

校注：底本“戍”字局部爲雌黄所掩。

疰　病。

罜　小罟。

校注：字又見屋韻徒谷反定屋一。

犾　犬名。

鑄　鎔～。

馵　白足馬。

澍　雨～。

校注：字又見遇韻殊遇反禪遇。

㹨　鄉名，在河南。

袾　詛。

○屨　俱遇反見遇。七。

句　詞。

校注：《王一》注：“詞絶。”本書有奪文。字又見侯韻古侯反見侯、候韻古候反見候。

蒟　～醬。又其俱反群虞。

校注：字又見虞韻其俱反群虞、麌韻俱羽反見麌。

絇　絲～。

校注：字又見虞韻其俱反群虞。

瞿　視皃。

校注：字又見虞韻舉隅反見虞。

郇　邑名。

眗　左右視。

校注：字亦作“瞿”，“瞿”字又見虞韻舉隅反見虞。

○煦　香句反曉遇。温。四。

校注：字亦作“昫”，“昫”字見麌韻况羽反曉麌。

酗　醉怒。亦作酶。

校注：“酶”字誤，《王一》《王二》《廣韻》《集韻》作“酌”。

姁　嫗。～（又）求俱〖反〗群虞、〖又〗兄羽反曉麌。

校注：省代號誤，《王一》作“又”。字又見虞韻其俱反群虞、麌韻況羽反曉麌。

蝹　幺蠶。

○戍　傷遇反書遇。守。六。

腧　五藏。

校注：《王一》《唐韻》注：“五藏腧。”《廣韻》注：“五藏腧也。”底本“藏”下當補省代號。

輸　送。又式朱反書虞。

校注：字又見虞韻式朱反書虞。

趛　馬跳。

校注：“跳”下《王一》有“趛”字，當據補。

隃　陵名。又式于反書虞。

校注：字又見虞韻相俞反心虞、虞韻羊朱反以虞。

鞧　刀鞋。

〇裕　羊孺反以遇。和。五。

覦　覬~。

校注：字又見虞韻羊朱反以虞。

諭　譬。或作喻。

籲　和。

帑　面衣。

〇孺　而遇反日遇。幼。亦作孺。三。

乳　育小。又而主反日麌。

校注：字又見麌韻而主反日麌。

擩　~莝。

校注：字原作"檽"，俗誤，《王一》《廣韻》作"擩"。字又見脂韻儒隹反日脂合、候韻如(奴)豆反泥候。

〇赴　撫遇反滂遇。亦作趴、赴。七。

䨲　疾~。

校注：字原從三"免"，俗誤，《王一》《廣韻》作"䨲"。字又見陌韻普百反滂陌開二。

訃　告喪。

仆　偃~。

校注：字又見候韻匹豆反滂候。

簠　祭器。又甫宇反幫麌。

校注：字又見虞韻甫于反幫虞、麌韻方主反幫麌。

跦　顴。

趕　疾。

〇務　武遇反明遇。事。十二。

婺　~女。亦州名。

霧　天氣。

騖　馳。

羍　六月生羊。

蝥　鶏雛。

帑　髮巾。

校注：字又見模韻莫胡反明模。

嵍　丘。

校注：字亦作"嵍"，"嵍"字見豪韻莫袍反明豪。

敄　強。

蝵　長跽。

緢　纀淹餘。

蟱　蚤。

〇緅　子句反精遇。青赤色。二。

校注：字又見尤韻側鳩反莊尤。

足　添。又資欲反精燭。

校注：字又見燭韻即玉反精燭。

〇懼　其遇反群遇。畏~。三。

具　備。

臞　癯。

校注：此同字互注。字亦作"癯"，"癯"字見虞韻其俱反群虞。

〇芋　羽遇反云遇。一名蹲鴟。三。

雨　雨行。

霘　雨皃。

校注：字又見麌韻于矩反云麌。

〇屢　李遇反來遇。一。

〇埾　才句反從遇。垛。二。

校注：字上原從"聚"，誤，《王一》《王二》《唐韻》《廣韻》作"埾"。

聚　積。又淨雨反從麌。

校注：字又見麌韻慈雨反從麌。

〇捒　色句反生遇。装。二。

數　分計。又色矩生麌、色角生覺二反。

校注：字又見麌韻所矩反生麌。

〇付　府遇反幫遇。授。六。

賦　詩之流。

傅　訓保。

陚　丘名。

髥　露髻。

摶　擊~。

校注：字又見鐸韻匹各反滂鐸開、鐸韻補各反幫鐸開。

〇娶　七句反清遇。取婦。二。

趣　向。又七俱反清虞。亦作販。

校注："販"字誤，《王一》作"取"。本書"趨"字注"俗作趣"。"趨"字見虞韻七朱反清虞。

〇註　中句反知遇。解。六。

鉒　量。又送死人物。

駐　立馬。

軴　車~。

壴　陳樂。

亍　小步。又恥録反徹燭。

校注：字原作"亍"，誤，《王一》《廣韻》作"亍"。

〇驅　主(匡)遇反溪遇。一。

校注："主"字誤，《唐韻》作"匡"。字又見虞韻氣俱反溪虞。

〇菆　芻注反初遇。鳥窠。二。

校注：字亦作"菆"，"菆"字見尤韻側鳩反莊尤。

朐　膢。

校注：字右下原有"十"，衍筆，《廣韻》作"朐"。

〇尠　思句反心遇。少。又思剪反心獮開。一。

校注：字又見獮韻息淺反心獮開。

## 十一暮

〇暮　莫故反明暮。日夕。五。

墓　墳~。

慕　思戀。

募　勇征。

慔　勉。又亡各反明鐸開。

校注：字又見鐸韻慕各反明鐸開。

〇渡　徒故反定暮。越水。五。

斁　猒。一曰終。《詩》云："服之無斁。"

校注：字亦作"斁"，"斁"字見昔韻羊益反以昔開。

鍍　金~物。

度　准。又徒各反定鐸開。

校注：字又見鐸韻徒各反定鐸開。

篋　籧~。

〇路　洛故反來暮。~途。十。

露　湑。

潞　縣名。

輅　車~。又胡格反匣陌開二。

校注：字又見陌韻胡格反匣陌開二。

璐　玉名。

**賂**　遺。

**鷺**　白鳥。

**簬**　竹名。亦作簵。

**虂**　~葵。

**瀘**　癆。

**〇妬**　當故反端暮。亦妒嫉。八。

**秺**　禾束。又縣名，在濟陰。亦作秅。

**校注：** 字又見麻韻似嗟反邪麻開三，龍校言似嗟反下之字當移入麻韻宅加反澄麻開二。

**奼**　美女。又竹嫁反知禡開二。

**校注：** 字又見禡韻陟訝反知禡開二。

**肚**　大腹。

**疟**　乳病。

**詫**　奠酒爵。

**蠧**　食桂虫。

**殬**　敗。

**〇菟**　湯故反透暮。葵。四。

**吐**　歐~。

**校注：** 字又見姥韻他古反透姥。

**兔**　獸，毛可為筆。

**鵵**　鸖。

**〇顧**　古暮反見暮。視。俗作頋。九。

**雇**　賃。

**稒**　~陽縣，在五原。

**故**　舊。

**酤**　酒。又古胡反見模。

**校注：** 字又見模韻古胡反見模、姥韻胡古反匣姥。

**痼**　大疾。

**校注：** 龍校云："大字不清，此从唐氏所寫，當作久。"

**固**　堅。

**錮**　~鑄。又禁錮。

**棝**　射鼠斗。

**〇誤**　吾故反疑暮。錯。八。

**寤**　寐。

**忤**　逆。

**迕**　遇。亦作仵、捂。

**晤**　朗~。

**悟**　覺~。

**梧**　枝~。

**校注：** 字又見模韻五胡反疑模。

**逜**　于。又吾古反疑姥。

**校注：** "于"字誤，《廣韻》此字注"干逜"。字又見姥韻五古反疑姥。

**〇護**　胡故反匣暮。嫪。十六。

**瓠**　生。匏。

**嫭**　美好。

**婟**　惜。

**校注：**《王二》："嫪惜。"《廣韻》："婟嫪，戀惜也，出《聲類》。"

**互**　差。

**校注：** 字原作"歹"。本紐從"互"之字皆作此形。

**濩**　布~。又湯藥〖反〗。

**校注：**"藥"字誤，《王二》注"湯時樂"。"反"字衍。字又見陌韻一虢反影陌合二。

**梐**　門外行馬。

**校注：** 字左原從"扌"，《唐韻》《廣韻》

作“桓”。

笪 所以紡絲。

冱 寒凝。

校注：字原作“沍”，俗誤。

擭 布~，猶分解。

校注：字又見陌韻一虢反影陌合二。

頀 樂名。

鱯 魚名。

校注：字又見麥韻胡麥反匣麥合。

苴 草。

䕶 青屬。

校注：字左原從“青”。

韄 佩刀。又於虢反影陌合二。

校注：《廣韻》注：“佩刀飾也。”字亦作“韄”，“韄”字見陌韻乙百反影陌合二。

罝 兔冈。

○訴 蘇故反心暮。訟告。[七]。

校注：底本紐字數奪。

泝 逆流上。

遡 行。亦作遡。

校注：字又見麥韻所責反生麥開。

嗉 鳥~。

素 白。

㩋 生白。亦作素。

校注：字原從“攴”不從“夂”，誤，《廣韻》作“㩋”。

愫 經。又向。

○祚 昨故反從暮。福祥。七。

胙 祭餘。

阼 東階。

䔑 魚醬。

飵 相謁食。

䶩 往。

校注：字原作“䶩”，誤，《集韻》作“䶩”，合《説文》。

秨 禾稼皃。又才各反從鐸開。

校注：字又見鐸韻在各反從鐸開。

○笯 乃故反泥暮。盛鳥籠。二。

校注：字又見模韻乃胡反泥模、麻韻女加反娘麻開二。

怒 瞋。又奴古反泥姥。

校注：字原作“奴”，誤，《王二》《廣韻》作“怒”。字又見姥韻奴古反泥姥。

○布 博故反幫暮。五。

圃 園~。又博古反幫姥。

校注：字又見姥韻博古反幫姥。

抪 持。又破胡反滂模。

校注：字又見模韻博孤反幫模。

制 裁衣。

校注：《廣韻》注：“裁刀。”

蚹 蛸~。

○汙 烏故反影暮。染。三。

校注：字又見箇韻烏卧反影過一。

惡 恥。又烏各反影鐸開。亦作悪。

校注：字又見鐸韻烏各反影鐸開。

謣 相毁。亦。又烏故(古)反影姥。

校注：“亦”下奪字，或爲“謣”字，《王二》《廣韻》字頭作“謣”。“故”字誤，當作“古”。字又見姥韻烏古反影姥。

○怖 普故反滂暮。懼。亦作悑。四。

鋪 設。又普胡反滂模。正作抪。

校注：字又見虞韻撫扶反滂虞、模韻博孤反幫模、模韻普胡反滂模。

誧　謀。又澤（滂）古反滂姥。

校注："澤"字誤，當作"滂"。字又見姥韻滂古反滂姥。

瘽　瘟。

〇厝　倉故反清暮。置。五。

校注：字又見鐸韻倉反（各）反清鐸開。

措　舉～。

醋　醬～。亦作酢。

校注：字又見鐸韻在各反從鐸開。

錯　金塗。又七各反清鐸開。

校注：字又見鐸韻倉反（各）反清鐸開。

湝　瘞水。

〇袴　苦故反溪暮。脛衣。亦作絝。五。

庫　府舍。

胯　股。

葫　醋葅。

跍　踞～。

校注：字亦作"跨"，"跨"字見禡韻苦化反溪禡合二。

〇捕　薄故反並暮。捉。九。

校注：紐字數作"九"而實收十字，所增者蓋"鮬"字，參"鮬"字條校注。

哺　食在口。

步　徐行。或作拵、歨。

鞴　～靫。

校注：字又見屋韻房六反並屋三。

餔　餹～。

校注：字又見模韻博孤反幫模。

鮬　魚名。

校注：字右原從"夲"，誤，《王二》《唐韻》《廣韻》作"鮬"。

荹　亂草。

校注：字又見模韻薄胡反並模。

舿　艇。

校注：字右原從"苻"，俗誤。注文爲"艇"字之誤。《王二》《廣韻》作"舿""艇"。

駂　行馬。

鮬　魚。

校注：蓋上文"鮬"字頭誤作"鯀"，遂增補此字。

# 十二泰

〇泰　他盖反透泰開。安。三。

忲　奢～。

太　大。

〇盖　古太反見泰開。覆。正作葢。二。

校注：正作字誤，當作"蓋"。字又見盍韻古盍反見盍。字亦作"蓋"，"蓋"字見盍韻胡臘反匣盍。

丐　乞。或作句。亦作匃。又古曷反見曷。

校注：或作字誤，當作"匄"。字亦作"匄"，"匄"字見末韻古達反見曷。

〇艾　五盖反疑泰開。草。三。

豥　～猳，豕。

鴱　巧婦。

〇藹　於盖反影泰開。美色。九。

**校注**：紐字數作“九”而實收八字。

**𡒜**　塵。

**校注**：字右原從“盖”。

**馤**　香。

**靄**　雲狀。又於曷反影曷。

**㬭**　日色。

**堨**　清~。

**校注**：字又見末韻烏割反影曷。

**藹**　盖也。

**校注**：字又見祭韻於罽反影祭B開。

**鼲**　小鼠相銜而行。

〇**榛**　奴帶反泥泰開。木名。亦作柰。三。

**柰**　如。又奴箇反泥箇一。

**校注**：字亦作“奈”，“奈”字見箇韻“奈”紐泥箇一。

**毤**　毻~，多毛。

〇**大**　徒盖反定泰開。浩~。五。

**汏**　濤。

**軑**　車鎋。亦作庚。

**校注**：亦作字誤，當作“庚”。

**釱**　鉗~。

**校注**：字又見霽韻特計反定霽開。

**䲦**　鳥名。

〇**害**　胡盖反匣泰開。復。三。

**校注**：“復”字誤，《廣韻》作“傷”。

**妎**　妬。

**校注**：字又見霽韻胡計反匣霽開。

**夆**　相遮要。

〇**帶**　都盖反端泰開。紳。三。

**校注**：紐字數當作“四”，“三”爲脱計“㨃”字之數，參“㨃”字條校注。

**跢**　倒~。

**校注**：字又見箇韻丁佐反端箇一。

**䑰**

**校注**：底本注文奪。《王二》：“䑰，《方言》南楚人薄艇也。”《廣韻》：“䑰，艇船。”

［**㨃**］　揞。

**校注**：底本字頭奪，“揞”字誤繫於“䑰”字下。《王二》：“㨃，《方言》齊人捐也。”《廣韻》：“㨃，槌也。”底本“揞”爲“槌”字俗誤，《廣韻》作“槌”。

〇**貝**　博盖反幫泰開。海介虫也。古者貝為貝字，海中多寶貝。十一。

**沛**　郡名。亦作邟。

**狽**　狼~。亦狮。

**犻**　牛二歲。

**肺**　不明。又普盖反滂泰開。

**毦**　~毤。

**踑**　步行。

**校注**：字又見泰韻薄盖反並泰開。

**芾**　小皃。又方味反幫未合。

**校注**：字又見未韻府謂反幫未合、物韻分勿反幫物。

**茷**　~，草菜多。又苻廢反並廢合。

**校注**：字原從“彳”不從“亻”，俗誤，《廣韻》及本書廢韻作“茷”。字又見廢韻符廢反並廢合。

**䫥**　柔鋌。

**鰤**　魚。

○霈　普盖反滂泰開。多澤。二。

𢘴　恨怒。

校注：字又見月韻匹伐反滂月合、末韻博末反幫末。

○會　黄帶反匣泰合。集。二。

校注："帶"開口字，黄帶反開合憑切。

襘　限殃。又胡憒反匣隊。

校注："限"字誤，當從《廣韻》作"除"。字又見泰韻古兑反見泰合。隊韻胡對反匣隊有"繢"字，即"繪"字。

○兑　杜會反定泰合。卦。四。

鞔　補。

校注：字右原從"兊"。

鋭　矛。

校注：此字《王二》《唐韻》無，唯《廣韻》亦入此紐，注云："矛也，又弋税切。"《説文·金部》："鈗，侍臣所執兵也。从金允聲。《周書》曰一人冕執鈗。讀若允。"大徐音"余準切"。《説文·金部》："鋭，芒也。从金兑聲。"大徐音"以芮切"。據義訓，本書"鋭"當爲"鈗"字之誤，入此紐蓋因"讀若允"之言，"允""兑"形近，故誤入"兑"紐。此條當正字頭，並移入準韻余准反以準A"尹"紐。字又見祭韻以芮反以祭A合。

綐　細紬。

校注：字右原從"兊"。

○儈　古兑反見泰合。合市者。十一。

膾　鮮魚。

禬　帶結。

禬　福祭。

校注：字又見泰韻黄帶反匣泰合。

檜　栢葉松身。又古活反見末。

校注：字又見末韻古活反見末。

旝　木買右投敵。

校注：字原作"𣃽"。"右"字誤，《王二》《唐韻》《廣韻》作"石"。

澮　畎水。又水名，在平陽。

鄶　國名，在熒陽。

校注："熒"字誤，《唐韻》《廣韻》作"滎"。

廥　芻藁藏。

擓　牧~。

校注："牧"字誤，《廣韻》《集韻》作"收"。

髻　五采束髮。

○冣　作會反精泰合。極好。三。

最　會凡。

蟊　虫。又山芮反生祭合。

校注：字原作"𧍯"，誤，《集韻》作"蟊"，合《説文》。字又見祭韻此芮反清祭合。

○鱥　虎外反曉泰合。衆聲。四。

噦　鳥聲。

校注：字又見月韻乙劣反影月合、薛韻乙劣反影薛B合。

翽　鳥飛。

鐬　鈴聲。

○䅳　苦會反溪泰合。麁糠。一。

○酹　郎外反來泰合。酒沃地。五。

馰　馬色。

校注：字左原從"乎"，俗誤，《唐韻》《廣韻》作"馰"。字又見薛韻力惙反來薛合。

説　門祭。亦作祱。又始芮反書祭合。

校注：字右原從"兊"。字又見支韻人垂反日支合、祭韻舒芮反書祭合。

粨　鮮白。

𤸫　疫病。又力卧反來過一。

校注：字又見箇韻郎過反來過一。

○外　吾會反疑泰合。一。

○祋　丁外反端泰合。~祤縣，在馮翊。一。

校注：字又見末韻多括反端末。

○懀　烏外反影泰合。恶。四。

薈　草盛。

瞺　眉目開。

黵　淺黑。

校注：字又見夬韻烏夬反影夬合。

○蕞　在外反從泰合。~尒。一。

○襊　七會反清泰合。衣遊縫。一。

校注：字又見末韻七括反清末。

○旆　薄盖反並泰開。旗。三。

踋　賴~，行不正。

校注：字又見泰韻博盖反幫泰開。

軷　祭道神。又薄葛反並末。

校注：字原作"犮"，俗誤，《王二》《唐韻》《廣韻》作"軷"。字又見末韻蒲撥反並末。

○磕　苦盖反溪泰開。浪~。七。

校注："浪"字誤，《王二》《唐韻》《廣韻》作"硠"。字亦作"磕"，"磕"字見盍韻苦盍反溪盍。

䳴　~鴠。

校注："鴠"字左原從"曰"，爲避睿宗名諱之形。

轄　車~。

校注：省代號誤，《王二》《唐韻》《廣韻》《集韻》作"聲"。

愒　貪~。

校注：字又見薛韻去竭反溪薛B開。

𥝩　矛屬。

𣫍　伐。

鄐　地名。

○蔡　七盖反清泰開。地。二。

䳴　鳩。

○賴　落盖反來泰開。俗賴(作)頼。十二。

校注："俗"下"賴"字誤，當作"作"。

籟　籥三孔。

癩　病。或作癘。

校注：字亦作"癘"，"癘"字見祭韻力制反來祭開。

瀨　湍~。

〖𪐴〗

校注：《王一》《王二》《唐韻》《廣韻》無此字頭，此字涉下條注文而衍。本紐紐字數作"十二"，未計此字。

糲　麁米。

襰　墮，壞。

犡　牛名。又力制反來祭開。

校注：字又見祭韻力制反來祭開。

鰊　魚名。

校注：字又見末韻他達反透曷。

藾　~蒿。

校注：字又見末韻盧達反來曷。

籟　蒿。又力末反來末。

莿　又力末反來末。

校注：字又見末韻盧達反来曷。

嬾　毒~。

○欸　海盖反曉泰開。食皃。一。

校注："皃"字誤，《王一》《唐韻》《廣韻》作"臭"。

○娧　他外反透泰合。好皃。二。

校注：字右原從"兊"。字又見薛韻翼雪反以薛A合。

駾　馬行。

校注：字右原從"兊"。

○昧　忘艾[反]明泰開。不明。一。

校注：《王一》"艾"下有"反""目"二字，本書奪。字又見隊韻莫佩反明隊。

○竅　干(千)外反清泰合。塞。一。

校注：字原作"竅"，誤，《説文・宀部》作"竅"。此字《廣韻》"麤最切清泰合"，《集韻》"取外切清泰合"，紐首字均爲"襊"。本書七會反清泰合單收"襊"一字，此處"竅"字後增，然誤"千"爲"干"。既重出，當移入"襊"紐。

○濊　烏繪反影泰合。注~。烏。一。

校注：此紐與烏外反影泰合"懀"紐重出，爲增加字。本書注文有誤，《廣韻》《集韻》作"汪濊，深廣"，本書"注"爲"汪"字之誤。字又見廢韻於肺反影廢合、末韻呼括反曉末。

## 十三霽

○霽　子計反精霽開。晴。五。

隮　升~。

濟　渡。

校注：字又見薺韻子礼反精薺開。

擠　排盪。

躋　登。又即犂反精齊開。

○帝　都計反端霽開。天。十八。

諦　審。

嚏　氣歕。亦作瘬。

校注：字又見狎韻所甲反生狎。

柢　根~。或作柢。又丁奚反端齊開。

校注：字原作"柢"。

蔕　草木實。

校注："實"下《王一》《王二》有"綴"字。

螮　~蝀。亦作蟴。

校注：字亦作"蟴"，"蟴"字見脂韻直尼反澄脂開。

遰　不進。

艜　艡，水戰舩。

靪　補履下。

腣　腹~。

校注：字又見齊韻當嵇反端齊開。

奃　大~。

校注：字又見齊韻當嵇反端齊開。

偙　儶~。

揥　取。又徒計反定霽開。

校注：字又見霽韻特計反定霽開。

掋　急持人。亦揥。

踶　蹋。

骶　背。

蝭　寒蟬。

趆 趍。

校注：字原從"臣"不從"氐"，誤，《廣韻》作"趆"。"趍"字誤，《王一》作"趨"。

〇嚌 在計反從霽開。甞至齒。七。

劑 ~分。又子隨反精支合。

校注：字又見支韻觜隨反精支合。

穧 刈把數。

校注：字又見祭韻子例反精祭開。

鱭 鰔。亦作鮆。

眥 目際。又才賜反從寘開。亦作眦。

校注：字又見寘韻在智反從寘開。

懠 怒~。

癠 炊疾。又子奚反精齊開。

校注：字原作"瘠"，誤，《廣韻》作"癠"。字又見齊韻七嵇反清齊開、齊韻即黎反精齊開。

〇替 他計反透霽開。廢。十。

剃 除。或作鬀。

䅠 不耕而種。

校注：字原脱筆"十"，《唐韻》《廣韻》作"䅠"。

涕 鼻~。亦作䶏。

校注：字又見脂韻以脂反以脂A開。

屜 屨裏薦。

达 大骨。

校注："大骨"誤，《王一》《王二》《唐韻》《廣韻》作"足滑"。

薙 除草。又直氏反澄紙開。

校注：字又見旨韻徐姊反邪旨開、旨韻直几反澄旨開。

涕 淚。

校注：字又見薺韻他礼反透薺開。

笶 車篒。

校注：字原作"笑"，俗誤。

殀 殃。

校注："殃"字誤，《廣韻》作"殃"。

〇第 特計反定霽開。次。廿一。

遰 迢~。又底𣴂反端齊開。去，避。

髢 髮。亦作鬄。

校注：字亦作"鬄"，"鬄"字見昔韻私積反心昔開。

締 結~。

校注：字又見齊韻度嵇反定齊開。

睇 視。

校注：字又見齊韻湯稽反透齊開。

悌 弟順。

校注：字又見薺韻徒礼反定薺開。

娣 女弟。

校注：字又見薺韻徒礼反定薺開。

禘 祭名。

釱 以鎖加足。

校注：字又見泰韻徒盖反定泰開。

鷤 鴂，鳥。又徒鷄反定齊開。

校注："鴂"字誤，《王一》《王二》《唐韻》作"鴂"。字又見齊韻度嵇反定齊開、寒韻徒干反定寒。

棣 車下。

校注："下"下《王一》《王二》《唐韻》《廣韻》有"李"字，當據補。

杕 盛皃。

校注：字原作"扶"，俗誤，《王一》《王二》《廣韻》作"杕"。

**踶** 蹋。

**題** 次。又徒鷄反定齊開。

**校注：** 字又見齊韻度嵇反定齊開。

**懘** 極。又恥厲反徹祭開。

**校注：** 字又見祭韻丑勢反徹祭開。

**逮** 及。又徒戴反定代。

**校注：** 字又見代韻徒戴反定代。

**墆** 高皃。又徒結反定屑開。

**校注：** 字又見屑韻徒結反定屑開。

**揥** 取。又丁計反端霽開。亦作㮥。兩揩急持人。

**校注：** "揩"字誤，《王一》作"指"。字又見霽韻都計反端霽開。

**諦** 謕。

**鯷** 鮎。

**校注：** 字又見寘韻是義反禪寘開。

**鶗** ~肩。又達鷄反定齊開。亦作鵜。

**校注：** 亦作字誤，《王一》作"鵜"。字又見齊韻度嵇反定齊開。

**〇砌** 七計反清霽開。階。四。

**切** 衆。

**校注：** 字又見屑韻千結反清屑開。

**䀿** 視。

**校注：** 字又見黠韻初八反初黠開。

**䁆** 聡~。

**〇細** 蘓計反心霽開。小。又作絅。五。

**些** 楚音語巳詞。又蘓箇反心箇一。

**校注：** "巳"當作"已"。字又見箇韻蘓箇反心箇一。

**栖** 鷄所宿。

**校注：** 字亦作"棲"，"棲"字見齊韻素雞反心齊開。

**壻** 女夫。或作聟。

**校注：** 胥聲字上古入魚部，中古不當入齊韻系。此條當"壻""聟"二形互乙。

**洒** 水名，在出汝南。

**〇詣** 五計反疑霽開。亦作詣。七。

**校注：** 字右原從"旨"。

**羿** 能射人。或作䍃。

**校注：** 或作字誤，《王一》《廣韻》作"䍃"。

**睨** 睥~。

**栺** 枍~，殿名。

**校注：** 字右原從"旨"。字又見脂韻旨夷反章脂開。

**盻** 恨視。又下戾反匣霽開。

**校注：** 字又見霽韻胡計反匣霽開。

**覞** 旁視。

**甈** 破罌。

**〇計** 古詣反見霽開。筭。十三。

**係** 連。

**繼** 紹~。俗作継。

**繫** 纏。

**薊** 草名。今為鄿。

**髻** 綰髮。

**鄿** 燕都。

**檵** 苟杞。

**蘻** 狗毒。

**䯻** 結~。

**槩** 峁木。

**校注**：字下原從“示”，誤，《王一》作“繫”。

蠿　~英，蜜蜂。

毄　係~。

**校注**：字原作“割”，誤。《廣韻》作“毄”。

〇奚　胡計反匣霽開。屧~。八。

膆　喉脉。

**校注**：字又見屑韻胡結反匣屑開。

系　緒~。

妎　心不了。

**校注**：字又見泰韻胡盖反匣泰開。

褉　飲~。

盻　恨視。

**校注**：字又見霽韻五計反疑霽開。

閞　門扇。又胡介反匣怪開。

**校注**：字又見怪韻胡界反匣怪開。

瘈　小兒病。[又]尺制反昌祭開。

**校注**：“又”字原奪，《王一》有字。字亦作“瘛”，“瘛”字見祭韻尺制反昌祭開。

〇契　苦計反溪霽開。約。又苦結反溪屑開。九。

楔　刻己。

**校注**：字又見屑韻苦結反溪屑開。

脣　肥腸。又苦礼反溪薺開。

**校注**：字原作“啟”，《唐韻》《廣韻》作“脣”。字又見薺韻康礼反溪薺開。

磬　盡。

嫛　難。又口買反溪蟹開。

**校注**：字又見蟹韻口解反溪蟹開、卦韻苦賣反溪卦開。

類　恐~。

**校注**：字又見屑韻苦結反溪屑開。

啟　省視。

**校注**：字原從“月”不從“目”，俗誤，《廣韻》作“瞀”。

艘　舟~。

蟼　�,蜥。

〇翳　於計反影霽開。羽葆。一曰隱。十三。

**校注**：字又見齊韻烏鷄反影齊開。

曀　陰風。

瘱　靜。

**校注**：字原作“瘞”，誤，《王一》作“瘱”。

枍　~栺。

堅　塵。

**校注**：字又見齊韻烏鷄反影齊開。

殪　死。

医　蔵弓弩器。

瞖　目~。

豷　豕息。

**校注**：字又見至韻許偽反曉至B合。

壹　天陰塵起。

**校注**：字又見至韻乙利反影至B開。

譩　諦。

㝠　安。

**校注**：字又見屑韻烏結反影屑開。

殹　擊中聲。

〇謎　莫計反明霽開。隱語。[二]。

**校注**：字原作“謎”，誤。底本紐字數奪。

擵　裁~。

**校注**：字又見屑韻莫結反明屑開。

〇閉　博計反幫霽開。掩。四。

校注：字又見屑韻方結反幫屑開。

嬖　愛~。

箅　甑~。

鞞　䩞。又補米反幫薺開。

校注：字又見薺韻補米反幫薺開。

○慧　胡桂反匣霽合。解。十一。

校注：紐字數作"十一"而實收十字，《王一》《王二》《唐韻》《廣韻》"惠"上有"潓"字，云"水名"，當爲本書所脱。

憓　愛。

惠　仁。俗作恵。

校注："俗""作"二字原倒誤，"俗"旁識一小鉤。

蟪　~蛄，小蟬。

蕙　草名。

槵　木名。

譓　才智。亦作諥。

鏸　銳。

轊　羽翮。亦作䎺。

僡　俤~。

○桂　古惠反見霽合。香木。五。

昋　人姓。或作炅。亦快。

校注："快"字誤，《王一》《廣韻》《集韻》作"炔"。字亦作"炅"，"炅"字見迥韻古鼎反見迥合。

筀　竹名。

峡　嵠~。

殃　~，極。

○嘒　虎惠反曉霽合。聲。二。

嘒　小星。亦彗。

○媲　匹計反滂霽開。配。四。

睥　睨~。

淠　水名，在汝南。亦作箄。

校注：字原作"渒"，俗誤，《王二》《唐韻》作"淠"。字亦作"箄"，"箄"字見佳韻薄佳反並佳開。

濞　水聲。

校注：字又見至韻匹備反滂至B開。

○薜　薄計反並霽開。~荔。三。

𦔮　竹以理苗殺草。又思烈反心薛開。

校注："竹"字誤，《王一》《王二》《唐韻》《廣韻》作"所"。字又見至韻脂利反章至開、薛韻私結反心薛開。

䤶　醬~。

○麗　魚（魯）帝反來霽開。美。廿四。

校注："魚"字誤，《王一》《王二》作"魯"。

丽　鹿皮。或作麗。

校注：字原作"丽"，誤。《王一》"或"字作"本"。

戾　佷求。

𩣡　僕~。

校注：字原作"𩣡"，俗誤。

儷　等。

盭　綟色。或作綟。

校注：字原作"盭"，誤，《王二》《唐韻》作"盭"。字亦作"綟"，"綟"字見屑韻練結反來屑開。

劙　割。

校注：字又見支韻吕移反來支開。

唳　鶴~。

蜧　大蝦蟇。

莀　紫草。

㑦　佷。

沵　妖氣。

校注：字右原從"尔"。

荔　薜~。

校注：字又見寘韻力智反來寘開。

捩　琵琶撥。

㮑　穰。亦作䅻。

蜦　神虵。亦作蜧。

校注：字又見真韻力屯反來諄。

蘺　草木生恶。

校注：字又見支韻吕移反來支開。

颲　急風。

㯕　木名。

校注：字原從"人"不從"又"，俗誤。

覼　求視。又師蟻反生紙開。

校注：字又見至韻力至反來至開。

涖　汔。又力二反來至開。

校注：字又見至韻力至反來至開。

䚕　竊視。

悷　懍~。

瓥

校注：字原作"麗"，俗誤。底本注文奪。《王一》："瓥，瘦黑。又力翅反來寘開。"《廣韻》："瓥，瘦黑。又力翅切來寘開。"字又見寘韻力智反來寘開。

［欐］　小船。又力底反來薺開。

校注：底本字頭奪，"小船又力底反"六字誤繫於"麗(瓥)"字下。《王一》"瓥""欐"上下字，"欐，小船。又力底反。"《唐韻》："欐，梁棟之名。又師、礼二音。"《廣韻》："欐，梁棟之名也。又師、禮二音。"字又見齊韻盧啓反來薺開。

〇妻　七計反清霽開。嫁女。二。

校注：此紐與七計反清霽開"砌"紐重出，爲增加字。字又見齊韻七嵇反清齊開。

𢵦　取。

〇泥　奴細反泥霽開。過澤。又飾。二。

校注：字又見齊韻奴低反泥齊開、薺韻乃礼反泥薺開。

濘　滔~。又尼訂反泥徑開。

校注："滔"字誤，《王一》《廣韻》作"陷"。字又見徑韻乃定反泥徑開。

〇欰　呼計反曉霽開。氣越皃。三。

䏜　肥大。

校注：字原作"䏜"，俗書。字又見屑韻虎結反曉屑開。

殈　極困。

# 十四祭

〇祭　子例反精祭開。祀。七。

校注：字又見怪韻側界反莊怪開。

際　~畔。

穄　黍~。

鰶　魚名。

鬣　露髮。

校注：字又見屑韻子結反精屑開、薛韻姊列反精薛開。

𢡃　寐言。

穧　穫。又才計反從霽開。

校注：字又見霽韻在計反從霽開。

〇歲　相芮反心祭合。正首。正作歲。三。

槥　小棺。又似歲反邪祭合。

校注：字原作"揺"，俗誤，《王一》作"槥"。字又見祭韻囚歲反邪祭合。

繐　踈布。又似歲反邪祭合。亦作繶、縴字。

〇衞　為翽（劌）反云祭B合。姓也。六。

校注："翽"爲泰韻字，《王一》下字作"劌"。

轊　車軸頭鐵。

校注：字又見祭韻囚歲反邪祭合。

璏　劍鼻。王莽碎劍璏。又直例〚反〛澄祭開、為厥云月合二反。

校注：注文不清，據龍氏摩本録字。字又見祭韻直例反澄祭開、月韻王伐反云月合。

篽　竹名。

犡　牛蹄。

校注：字又見廢韻巨穢反群廢合。

衛　膝屬。亦作衛。

校注：字下原從"希"，誤，《廣韻》作"衛"。

〇芮　而銳反日祭合。草生狀。三。

校注：龍校云："生狀二字不清，从唐氏所書。"

汭　水内。

枘　圜□。

校注：注文次字左旁不可辨，右旁爲"卒"字俗形。

〇贅　之芮反章祭合。假肉，外肉別生。二。

校注：字上原從"敷"，俗書。

叡　卜問吉凶吉~。

校注：字左下原從"宗"，誤，《王一》《廣韻》作"叡"。

〇啐　山芮反生祭合。小歠。[一]。

校注：龍校云："啐芮二字不清，从唐氏所定。"底本紐字數奪。字又見夬韻倉快反清夬合。字亦作"啐"，"啐"字見隊韻七碎反清隊、隊韻蕪對反心隊。

〇毳　此芮反清祭合。細毛。十一。

校注：龍校云："此芮反細四字不清，依王一及諸書審定，唐氏書同。"

韢　囊類。又徐醉反邪至合。

校注：字又見至韻徐醉反邪至合。

脆　肉肥。亦作臎。

校注：字亦作"臎"，"臎"字見薛韻七絶反清薛合。

帨　佩巾。亦作帥。

校注：字右原從"兊"。亦作字誤。

涚　温水。又式芮反書祭合。

校注：字右原從"兊"。字又見祭韻舒芮反書祭合。

蠿　虫。又租會反精泰合。

校注：字原作"蝋"，誤，《廣韻》作"蠿"。字又見泰韻作會反精泰合。

劂　小。

校注：《廣韻》注："小割。"本書有奪文。

毳　重禱。又楚歲反初祭合。

校注：字原作"毳"，誤，《集韻》作"毳"。字又見祭韻楚歲反初祭合。

濬　飲。又頃(須)面反心線合。

校注：字原從“艹”不從“箈”，從“曰”不從“目”，俗誤，《廣韻》作“濬”。“頃”字誤，《王一》作“須”。字又見線韻息絹反心線合。

簛　斷。又乂(叉)芮反初祭合。亦作節。

校注：字原作“篩”，誤。龍校云：“篩字下半殘，依王一、廣韻補。然字當作斷。”“乂”爲“叉”字之誤。亦作字誤，當作“劕”。字又見鎋韻初刮反初鎋合。字亦作“劕”，“劕”字見薛韻廁別反初薛開。

竁　穿地。又楚歲反初祭合。

校注：字原作“竃”，俗誤，《王一》《廣韻》作“竁”。字又見祭韻楚歲反初祭合。

○銳　以芮反以祭A合。利。五。

校注：字又見泰韻杜會反定泰合。

叡　聖。或作睿。

莍　草生狀。

蜹　毒虫。

校注：字又見薛韻如雪反日薛合。

鍙　銅生五色。又時制反禪祭開。

校注：字又見祭韻時制反禪祭開。

○綴　陟制(衛)反知祭合。又丁劣反端(知)薛合。四。

校注：“制”字誤，《王一》《王二》《唐韻》《廣韻》均作“衛”。底本“丁”下有“幼”字，旁識三點，兹徑刪。“丁”端母字，又丁劣反端知類隔。字亦作“叕”，“叕”字見薛韻陟劣反知薛合。

醊　祭。又力外反來泰合。

畷　兩陌間道。

校注：字又見薛韻陟劣反知薛合。

輟　□缺。

校注：龍校云：“注文右行字殘。王一、廣韻云車小缺，見説文。本書車字諦審似猶可辨。”字又見薛韻陟劣反知薛合。

○稅　舒芮反書祭合。斂。六。

校注：本紐字字右原均從“兑”。

説　~誘。

校注：字又見薛韻失爇反書薛合。

裞　衣送死人。又他活透末、他外透泰合二反。

蛻　銳皮。又他卧反透過一。

校注：“銳”字誤，《廣韻》作“蛻”。字又見箇韻託卧反透過一、薛韻翼雪反以薛A合。

涚　温水。

校注：字又見祭韻此芮反清祭合。

餟　小餟。又郎外反來泰合。亦作饖。

校注：字又見支韻人垂反日支合、泰韻郎外反來泰合。

○弊　毗祭反並祭A開。亦作敝。本作敝。四。

校注：本作字誤，《王一》作“尚”。

斃　死~。

幣　帛~。

獘　獸名。

校注：字原作“獘”，俗誤，《王一》作“獘”。

○毳　楚歲反初祭合。重。二。

校注：字原作“毳”，誤，《集韻》作“毳”。“重”下《王一》有“禱”字，本書奪。字又見祭韻此芮反清祭合。

**竁** 穿壙。

**校注：** 字又見祭韻此芮反清祭合。

〇**篲** 囚歲反邪祭合。掃帚。又蓏類反心至合。四。

**校注：** 字亦作“彗”，“彗”字見至韻雖遂反心至合。

**鏏** 大鼎。

**槥** 小棺。又相芮反心祭合。

**校注：** 字又見祭韻相芮反心祭合。

**轊** 車軸頭。

**校注：** 字又見祭韻為翽（劌）反云祭B合。

〇**蔽** 必袂反幫祭A開。掩。三。

**鷩** 縣名，在牂牁。

**鷩** 雉。又畢滅反幫薛A開。

**校注：** 字又見薛韻并列反幫薛A開。

〇**劌** 居衞反見祭B合。傷。三。

**鱖** 魚名。

**校注：** 字又見月韻居月反見月合。

**劂** 剞~，斷割。

**校注：** “剖”字誤，《王二》《集韻》作“剞”。

〇**袂** 弥弊反明祭A開。袖褾。一。

〇**幓** 所例反生祭開。殘帛。三。

**校注：** 字又見薛韻私結反心薛開。

**鎩** 矛戟類。又所恠反生怪開。

**校注：** 字又見怪韻所拜反生怪開、黠韻所八反生黠開。

**菽** 椒~。

〇**掣** 尺制反昌祭開。曳。又尺折反昌薛開。或作（執/毛）。六。

**校注：** 或作字誤，《王一》《集韻》作“摯”。又尺折反，本書無昌母薛韻開口一紐。

**瘛** 小兒驚。又胡計反匣霽開。

**校注：** 字亦作“瘈”，“瘈”字見霽韻胡計反匣霽開。

**痸** 毒病。亦作瘴。

**狾** 狂犬。

**校注：** 字原作“㹑”，誤，《集韻》作“狾”。

**㓼** 除利。

**瀰** 音不和。又尺紙反昌紙開。

**校注：** 字又見紙韻尺尒反昌紙開。

〇**制** 職例反章祭開。禁。十三。

**鯯** 魚醬。

**淛** 水名。

**校注：** 字原作“洌”，誤，《王二》《唐韻》《廣韻》《集韻》作“淛”。

**製** 作~。

**晣** 入意。一曰聞。亦作晰。

**校注：** “晰”字俗誤，《王一》《集韻》作“晣”。

**晢** 星光。又旨熱反章薛開。

**校注：** 字又見薛韻旨熱反章薛開。

**蜇** 蝗~。

**浙** 江別名，會稽。

**校注：** 字又見薛韻旨熱反章薛開。

**箣** 箄。

**靳** 刀鞞。

**校注：** 字亦作“鞨”，“鞨”字見薛韻旨熱反章薛開。

**餥** 臭。

**甏** 王莽時~惲。

**迣** 迾。

〇**逝** 時制反禪祭開。去。九。

校注：紐字數作“九”而實收八字。

䓄　牛角竪。亦作䓄字。

噬　齧～。

誓　約。

筮　蓍。

校注：字原作“莁”，俗誤，《王一》作“筮”。

澨　水名。

䡬　車篕。

校注：字又見祭韻以芮反以祭A合。

䟣　踰～。

〇曳　餘制反以祭A開。挽。十七。

裔　邊。

玴　石次玉。

勩　勞。亦作勚。

洩　水名，在九江。

校注：字又見薛韻私結反心薛開。

枻　檝類。

痩　病。

校注：字又見薛韻私結反心薛開。

䎟　鳥飛。

愧　明。一曰習。又丑世反徹祭開。

校注：字又見祭韻丑勢反徹祭開。

詍　多言。

鞢　似馬韋贈亡人。

校注：“似”字誤，《王一》《廣韻》作“以”。

抴　裂～。

笹　各板際。

袣　長～。

呭　～呭，樂。或作詍，多言。

蓺　草～。

藻　《礼》曰：“苾～麃末蒸。”

校注：《廣韻》云：“蒸也。又葱藻也。”

〇緆　於罽反影祭B開。急。一曰不盛。四。

校注：“盛”字誤，《王一》《王二》《廣韻》作“成”。

瘞　埋～。

餲　食敗。

校注：字又見夬韻於芥反影夬開、末韻胡葛反匣曷。

濊　～清。

校注：字又見泰韻於盖反影泰開。

〇藝　魚祭反疑祭A開。伎能。五。

校注：字上原從“⺮”，俗誤。

蓺　種～。

寱　睡語。

校注：字原作“寱”，俗誤，《王二》《集韻》作“寱”，合《說文》。

槸　木相摩。亦作㯰。

褹　袂～。

校注：字又見怪韻女界反娘怪開。

〇滯　直例反澄祭開。淹。五。

彘　豕～。

璏　劍鼻。

校注：字又見祭韻為翽（劌）反云祭B合、月韻王伐反云月合。

茵　補缺。

校注：此即《說文》“茜”字。

蹛　～林。

〇例　力制反來祭開。十六。

厲　恶。一曰姓。

礪　石~。
勵　勉。
禲　無後鬼。
癘　疫。
校注：字亦作"癩"，"癩"字見泰韻落蓋反来泰開。
濿　渡水。
鯬　魚名。
校注：字亦作"鮤"，"鮤"字見薛韻吕結反来薛開。
蠣　牝~，虫。
校注："牝"字誤，《王一》《唐韻》《廣韻》作"牡"。
櫔　木名。
䮥　馬馳。
㓩　餘。亦作裂。
校注：字原作"例"，俗誤，《廣韻》《集韻》作"㓩"。字亦作"裂"，"裂"字見薛韻吕結反来薛開。
栵　栭。
颲　奔馬。
巁　巍~。
校注：《王二》《廣韻》字作"巁"。
犡　牛，白脊。又力帶反来泰開。
校注：字原作"犡"，俗誤，《王二》《廣韻》《集韻》作"犡"，合《説文》。字又見泰韻落蓋反来泰開。
〇憩　去例反溪祭B開。息。四。
愒　恐人。
藒　~車，草名。
校注：字又見鎋韻袪刹反溪鎋開。

屜　止息~。
〇世　舒制反書祭開。[三]。
校注：底本紐字數奪。
勢　威~。
貰　賒。又時夜反禪禡開三。
校注：又時夜反，本書無禪母禡韻開口三等一紐。
〇猘　居厲反見祭B開。狂犬。六。
罽　氈類。
瀱　泉出皃。
校注：字原脱筆"厂"。
訐　持人短。又居謁反見月開。
校注：字又見月韻居謁反見月開。
蘮　斤實。
校注：字原脱筆"厂"。
瀱　毛布。
〇㿃　竹例反知祭開。赤白痢。一。
〇偈　其憩反群祭B開。尺句。一。
校注：龍校云：注文第四字"不清，似尺字，又似又字，當作重文，廣韻云偈句。唯王一、王二並止一句字，或即涉上文反字而誤衍。"字又見薛韻渠烈反群薛B開。
〇啜　市芮反禪祭合。甞。一。
校注："甞"字原作"甞"，形誤。字又見薛韻處雪反昌薛合。
〇跇　丑勢反徹祭開。跳。九。
傺　~侘，不得志。
晢　瞥~。
懘　怢愓。又達計反定霽開。
校注：字又見霽韻特計反定霽開。
鰷　觓。又丑列反徹薛開。

校注：字又見薛韻丑列反徹薛開。

揥　佩飾。又都梯反端齊開。

校注：字又見齊韻當嵇反端齊開。

怈　習。

校注：字又見祭韻餘制反以祭開。

踝　渡。

趧　超。亦作趆。

校注："趆"字誤，當作"趉"，《廣韻》以"趧""跐"爲或體，《集韻》以"跐""趉"爲或體。

〇剿　牛例反疑祭B開。去鼻。一。

校注：字左下原從"杲"，誤，《王一》《王二》《唐韻》《廣韻》作"剿"。字亦作"劓"，"劓"字見至韻魚器反疑至B開。

〇蕝　子芮反精祭合。[又]子悅反精薛合。二。

校注："又"字原奪，《王一》有字。字又見薛韻子悅反精薛合。

撮　裂。

## 十五卦

〇卦　古賣反見卦合。爻體。三。

挂　懸~。

詿　誤。又胡卦反匣卦合。

校注：字又見卦韻胡卦反匣卦合。

〇懈　古隘反見卦開。嬾。四。

校注：字又見蟹韻鞵買反曉蟹開、蟹韻加買反見蟹開、卦韻胡薢反匣卦開。

解　除。又加買反見蟹開。

校注：字又見蟹韻鞵買反匣蟹開、蟹韻加買反見蟹開、卦韻胡薢反匣卦開。

廨　公~。

薢　藥名。[又]加買反見蟹開。

校注："又"字原奪，《王一》有字。字又見皆韻古諧反見皆開、蟹韻加買反見蟹開。

〇隘　烏懈反影卦開。狹。二。

瘂　病聲。又於之反影之。

校注：字原從"缶"不從"医"，誤，《唐韻》《廣韻》作"瘂"。字又見之韻於其反影之。

〇邂　胡薢反匣卦開。逅。二。

解　曲。

校注：字又見蟹韻鞵買反匣蟹開、蟹韻加買反見蟹開、卦韻古隘反見卦開。

〇賣　莫懈反明卦開。出價。正作賣。一。

〇畫　胡卦反匣卦合。圖。七。

校注：字亦作"畵"，"畵"字見麥韻胡麥反匣麥合。紐字數作"七"而實收六字。

註　礙。又古賣反見卦合。

校注：字又見卦韻古賣反見卦合。

絓　絲結。

校注：字又見佳韻烏緺反影佳合。

澅　水名，在齊。

鮭　鮮黃色。又胡寡反匣馬合二。

校注：字又見馬韻胡瓦反匣馬合二。

繣　絃中絶。又尤恚反云寘B合。

校注：字又見支韻姊規反精支合、寘韻以睡反以寘A合。

〇差　楚懈反初卦開。二。

校注：字又見支韻楚宜反初支開、皆韻楚皆反初皆開。

衩　衣~。

〇睚　五懈反疑卦開。目際。又五佳反疑佳開。一。

〇謑　許懈反曉卦開。言怒。一。

**校注:** 字又見薺韻胡礼反匣薺開。

〇粺　傍卦反並卦開。精米。三。

**校注:** 字右原從“畀”,俗誤。

稗　稻~。

**校注:** 字右原從“畀”,俗誤。

䵗　黍屬。又比尔反幫紙A開。

**校注:** 字又見紙韻畀婢反幫紙A開。

〇瘵　士懈反崇卦開。病。三。

**校注:** 字又見佳韻士佳反崇佳開。

眦　~睚。

柴　區落。又士皆反崇皆開。薪也。

**校注:** 字又見佳韻士佳反崇佳開。

〇派　匹卦反滂卦開。分流。四。

**校注:** 字原作“泒”,俗誤。

紌　枲片。

**校注:** 字右原從“瓜”,俗誤。

朩　分枲皮。又匹丑(刃)反滂震A。

**校注:** 字原作“朮”,誤。“丑”字誤,《王一》《廣韻》作“刃”。字又見震韻匹刃反滂震A。

滻　水,出丹陽。

**校注:** 字原作“滻”,俗誤。

〇債　側賣反莊卦開。徵財。一。

〇𣪠　苦賣反溪卦開。又空悌反溪霽開。難也。二。

**校注:** 字又見蟹韻口解反溪蟹開、霽韻苦計反溪霽開。

鄁　鄉。

〇矖　所賣反生卦開。曝。又所寄生寘開、丑離[二]反徹支開。二。

**校注:** “二”字原奪,《王一》有字。字又見寘韻所寄反生寘開。

洒　洒掃。又思見反心霰開。

**校注:** 字又見震韻息晉反心震、霰韻蘇見反心霰開。

〇諣　呼卦反曉卦合。疾言。一。

**校注:** 字又見禡韻霍覇反曉禡合二。

〇膪　竹賣反知卦合。一。

**校注:** 字右原從“商”,俗誤,《廣韻》作“膪”。

〇薜　方賣反幫卦開。卮。一。

**校注:** 此紐與下紐方卦反同音。注文第四字誤,《廣韻》《集韻》作“陒”。

〇庍　方卦反幫卦開。到别。一。

**校注:** 龍氏引《唐韻》校勘記云:“此字於形声義均無可說,集韻有庍字,注卜卦切舍別也,即此字。”

# 十六怪

〇恠　古壞反見怪合。異。作正怪。六。

**校注:** “作”“正”二字倒誤。

㲉　毀。亦作壞。

**校注:** 亦作字誤,《廣韻》以“壞”爲或體。

硁　石似玉。

**校注:** 字右原從“左”,俗。

拡　訬~。

絓　大~。

**校注:** 字右原從“左”,俗。

蔽　草~。

校注：字原作"蔽"，誤，《王一》《王二》《唐韻》《廣韻》作"蔽"。

〇噫　烏界反影怪開。呑氣天地氣。又於疑反影之。二。

校注：《王一》云："天地氣。又嘆。又於疑反。"字又見之韻於其反影之。字亦作"譩"，"譩"字見微韻於機反影微開、止韻於擬反影止。

呃　不平聲。

校注：字右原從"戹"，俗誤，《王一》《唐韻》《廣韻》作"呃"。字又見麥韻烏革反影麥開。

〇瘵　側界反莊怪開。病。三。

鄒　邑名，在周。

祭　周大夫邑名。

校注：字又見祭韻子例反精祭開。

〇誡　古拜反見怪開。警。十九。

戒　愼。

界　境。

介　大。俗作介。

校注：字原作"尒"。本韻及夬韻從"介"之字皆作此形。

屆　至。

疥　瘡。

玠　圭。

斉　~居。

帢　~幘。

砎　鞕。

校注："鞕"字誤，《王一》作"鞕"。字又見鎋韻胡八反匣鎋開。

魪　魚名。

馻　馬尾結。

校注：字又見夬韻古邁反見夬開。

衸　祏。又明(胡)屆反匣怪開。

校注："明"字誤，《王一》《廣韻》作"胡"。字又見怪韻胡界反匣怪開。

褯　衣上。

悈　急~。

丯　草莽。

价　善。

悈　飾。

校注：字原作"悈"，俗誤。《説文》："悈，飭也。"段注："飭各本作飾。古書飾飭多互譌。"

髤　簪結。

〇褹　女界反娘怪開。鉄布繻。一。

校注：字又見祭韻魚祭反疑祭A開。

〇譮　許界反曉怪開。或作欸。三。

讗　譀~。譀字火懴反曉鑑。

校注：字亦作"譪"，"譪"字見夬韻火芥反曉夬開。

噧　高氣多言。又他曷反透曷。

校注：字又見末韻他達反透曷。

〇械　胡界反匣怪開。杻~。七。

薤　菜~。

齘　頪~，切齒怒。頪字于禁反云沁B。

校注：于禁反，本書無云母沁韻重紐三等一紐，"頪"字見寑韻渠飲反群寑B。

僁　陜~。

校注：字原作"僁"，俗誤，《廣韻》作"僁"。

鎅　果敢。

閉　門扇。又胡計反匣霽開。

校注：字又見霽韻胡計反匣霽開。

衸　補膝，郱。又古拜反見怪開。

校注：字原作“詠”，誤，《王一》《廣韻》作“衸”。字又見怪韻古拜反見怪開。

○睚　五界反疑怪開。不聽。二。

校注：字原作“睚”，誤，《唐韻》作“睚”。

忦　恐恨。又古黠反見黠開。

校注：“恐”字誤，《王一》作“怨”。字又見黠韻古黠反見黠開。

○蒯　苦壞反溪怪合。第類。六。

校注：“第”字誤，《王一》《王二》《唐韻》《廣韻》作“茅”。

噴　女家。

校注：“家”字誤，P. 3696、《王一》、《王二》、《唐韻》作“字”。既爲女字，字宜從“女”作“嬇”。《廣韻》《集韻》“嬇”“噴”爲二字，“嬇”訓“女字”。

喟　歎。又丘媿反溪至B合。

校注：字又見至韻丘愧反溪至B合。

簸　箭竹。又苦迴反溪灰。

校注：字又見灰韻苦回反溪灰。

嘳　大息。亦作嘳。

校注：亦作字誤。

簣　籠~。

○拜　博怪反幫怪開。跪。二。

扒　《詩》云：“勿剪勿~。”

校注：字又見薛韻兵列反幫薛B開。

○湃　普拜反滂怪開。滂~。二。

湏　水，出樂浪。

○壞　胡恠反匣怪合。敗。二。

壞　烏蒸。

○聵　五拜反疑怪合。聾。二。

顡　顡~，癡頭。

○憊　蒲界反並怪開。疲。亦作瘠。四。

韛　韋囊，吹火。

退　壞。亦作敗。

棑　舩後頭。

校注：字原作“排”，俗誤，《王一》作“棑”。

○昒　莫拜反明怪開。物眼久視。二。

校注：“物”字誤，《王一》《王二》《唐韻》《廣韻》作“昒”。字又見末韻莫割反明末。

韎　東夷樂。

○鎩　所拜反生怪開。翦翮。又所例反生祭開。三。

校注：字又見祭韻所例反生祭開、黠韻所八反生黠開。

褩　衣袝縫。

殺　~害。又所八反生黠開。

校注：字又見黠韻所八反生黠開。

○烗　客界反溪怪開。熾。一。

○顡　知恠反知怪合。頭聲。一。

校注：字原作“顡”，《王一》《廣韻》作“顡”。

○瘥　楚介反初怪開。病瘉。一。

校注：字又見哥韻昨何反從歌一。

## 十七夬

○夬　古邁反見夬合。決。《易》有夬卦。二。

校注：本韻“芥”紐亦切“古邁反”，此紐合口，“芥”紐開口。

獪　狡~。亦作狧。

校注：字亦作“狧”，“狧”字見盍韻吐盍反透盍。

〇快　苦夬反溪夬合。意。二。

噲　漢有樊~。

〇邁　莫話反明夬開。行。二。

勱　勉。

〇話　下快反匣夬合。語~。一。

〇敗　薄邁反並夬開。破。二。

唄　唄。

〇黵　烏夬反影夬合。淺黑。二。

校注：字又見泰韻烏外反影泰合。

鱠　喘息聲。

〇嘬　楚夬反初夬合。食盡臠。二。

䱵　南郡云醬。

〇芥　古邁反見夬開。菜名。又草芥。三。

校注：本韻“夬”紐亦切“古邁反”，此紐開口，“夬”紐合口。本紐《廣韻》在怪韻。

駍　馬行疾。

校注：字又見怪韻古拜反見怪開。

犗　犍牛。

〇蠆　丑芥反徹夬開。毒虫。一。

〇喝　於芥反影夬開。嘶聲。亦噎。二。

餲　餅臭。又於罽反影祭 B 開。

校注：字又見祭韻於罽反影祭 B 開、末韻胡葛反匣曷。

〇㖞　所芥反生夬開。喝~，聲破。一。

校注：字又見末韻桑割反心曷。

〇咶　火夬反曉夬合。息聲。一。

校注：字又見鎋韻下刮反匣鎋合。

〇譪　火芥反曉夬開。~譈。亦謚。一。

校注：字亦作“譪”，“譪”字見怪韻許界反曉怪開。

〇啐　倉快反清夬合。啗。又倉憒反清隊。一。

校注：“啗”字俗誤，《王一》作“啗”。字又見祭韻山芮反生祭合。字亦作“啐”，“啐”字見隊韻七碎反清隊、隊韻蘓對反心隊。

## 十八隊

〇隊　徒對反定隊。聚。八。

霨　靅，雲。

薱　草盛。

鐜　鏊~。

濧　濡~。

鐓　鐏。亦作鏊。

校注：字又見賄韻徒猥反定賄。

磓　墜。

憝　怨~。

〇佩　薄背[反]並隊。帶。八。

校注：“反”字原奪，《王一》有字。

珮　玉~。

孛　星。又蒲沒反並沒。

鄁　國名。

偝　~向。

誖　言亂。又蒲沒反並沒。

悖　心亂。

校注：字又見沒韻蒲沒反並沒。

軷　大過。

校注："大"字誤，《王一》《集韻》作"犬"。

〇妹　莫佩反明隊。女弟。九。

昧　日暗。

䀛　數~。

校注：字又見賄韻武罪反明賄。

痗　病~。

眛　目暗。

校注：字又見泰韻忘艾[反]明泰開。

瑁　瑇~。又盲督反明沃。

校注：字又見号韻莫報反明号、沃韻莫沃反明沃。字亦作"帽"，"帽"字見代韻莫代反明代。

黴　點筆。又武悲反明脂B開。

校注：字又見脂韻武悲反明脂B開。

苺　~子，木名，似椹。又莫救(枚)反明灰。

校注：又莫救反明宥，本書無明母宥韻一紐。《廣韻》作"又莫杯反明灰"，灰韻莫杯反明灰處見字，本書"救宥"當為"枚灰"字之誤。《王一》作"敉紙"，亦誤。字又見灰韻莫盃反明灰。字亦作"莓"，"莓"字見候韻莫候反明候。

脢　背肉。又莫杯反明灰。

校注：字又見灰韻莫盃反明灰。

〇配　普佩反滂隊。耦。四。

朏　向署色。

校注："署"字誤，《王一》《廣韻》作"曙"。字又見尾韻妃尾反滂尾合、沒韻苦骨反溪沒。

崩　崩聲。

校注：字又見物韻敷物反滂物。

妃　~偶。又匹非反滂微合。

校注：字又見微韻芳非反滂微合。

〇誨　荒佩反曉隊。言訓。九。

悔　改。

晦　暗~。

夬　《易》卦。

靧　洗面。或作頮。

誧　休市。

校注：字又見隊韻胡對反匣隊。

頮　大面。

潤　青黑白，大清。

校注：字原作"潤"，不成字，爲《說文》"潤"字之誤。

秏　稻屬。

校注：字原作"耗"，俗誤，《王一》《廣韻》作"秏"。字又見号韻呼到反曉号。

〇對　都佩反端隊。比。卒作對。三。

碓　杵臼。

轛　横笭。或作樹。

校注：字又見至韻追額反知至合。

〇倅　七碎反清隊。副。五。

校注：字又見沒韻則沒反精沒。

淬　染。

校注：字亦作"濢"，"濢"字見賄韻七罪反清賄。

焠　作刀鋻水。

啐　嘗入口。又先對反心隊。

校注：字又見隊韻蕪對反心隊。字亦作“哰”，“哰”字見夬韻倉快反清夬合、祭韻山芮反生祭合。

碎　磨。

〇晬　子對反精隊。周年。六。

校注：字原作“睟”，俗誤，《王一》《王二》《唐韻》《廣韻》作“晬”。

祽　月祭名。

綷　會五色。

幦　會五綵繒。

捘　推~。

校注：字又見真韻七旬反清諄。

夎　失容節。又祖卧精過一、徂嫁從(崇)禡開二二反。

校注：“徂”從母字，又徂嫁反從崇混切。字又見箇韻□卧□(反)“挫”紐精過一、禡韻鋤駕反崇禡開二。

〇尯　烏繢反影隊。~尵，苦熱。二。

庡　隱翳。

校注：字又見尾韻依豈反影尾開、海韻於改反影海。

〇退　他繢反透隊。亦作退。三。

尵　尯~。

校注：字原從“兀”不從“尢”，俗誤。

悿　肆。又他沒反透沒。亦作悿、怢。

校注：字原作“埭”，誤，《廣韻》作“悿”。字頭既誤，亦作之“悿”字當刪。字又見沒韻他骨反透沒。

〇憒　古對反見隊。心亂逃散。三。

校注：“逃散”爲下一紐“潰”字注文，誤植此處，《王二》《唐韻》《廣韻》“憒”下但云“心亂”。

幗　女人卷首飾。

校注：字原作“慖”，俗誤，《唐韻》《廣韻》作“幗”。字又見麥韻古獲反見麥合。

刉　~刀使利。

校注：字又見微韻居希反見微開。

〇潰　胡對反匣隊。十一。

校注：《王一》訓“逃散”，本書注文二字誤植於“憒”字下。

繢　畫。

嬇　女字。

殨　肉爛。

闠　~闤。

迴　曲。又胡梅反匣灰。

校注：字又見灰韻户恢反匣灰。

膭　肥大。

僓　長皃。

校注：字又見賄韻吐猥反透賄。

讃　相欺。

詯　胡市。

校注：字右原從“目”，誤，《王一》《廣韻》作“詯”。字又見隊韻荒佩反曉隊。

螝　蠶蛹。

〇塊　苦對反溪隊。土片。或作由。二。

堁　塵。又於卧影過一二反。

校注：本書烏卧反影過一下見字。《王二》云：“又苦卧反溪過一。”《唐韻》苦卧反溪過一收字。《廣韻》正音三收：苦果切溪果

一、苦對切溪隊、苦卧切溪過一，苦對切下注“又於卧切”。底本或衍“二”字，或漏脱一音。字又見箇韻烏卧反影過一。

〇碎　蘇對反心隊。細磨。亦作

脺。四。

誶　告。

**校注：**字又見至韻雖遂反心至合。

啐　馳酒聲。

**校注：**字又見隊韻七碎反清隊。字亦作“吥”，“吥”字見夬韻倉快反清夬合、祭韻山芮反生祭合。

繀　織緯。

**校注：**字右原從“雀”，俗誤，《王二》《唐韻》《廣韻》作“繀”。

〇内　奴對反泥隊。裏。一。

〇纇　盧對反來隊。麁絲。十。

**校注：**龍校云：“麁絲二字不清，依王二、唐韻、廣韻審定。”紐字數作“十”而實收九字。

耒　~耜。又力軌反來旨合。

**校注：**字又見㫖韻力軌反來旨合。

儽　極皃。

**校注：**字又見脂韻力追反來脂合、賄韻落猥反來賄。

蘱　草名，似蒲。

**校注：**字原從“纇”不從“類”。

礧　~硍，大皃。又落猥反來賄。

**校注：**字又見㫖韻力軌反來旨合、賄韻落猥反來賄。

勴　勉。

**校注：**字又見灰韻路回反來灰。

莱　耕多草。

鏼　平板。

郲　縣名，在桂陽。

**校注：**底本此條下又出字頭“郲”，注文作“縣名”，與此條重出，三字旁俱識以小點，兹徑删。字又見賄韻落猥反來賄。

〇背　補配反幫隊。回面。二。

**校注：**龍校云：“回字不清，此从唐氏所書。”

輩　俗作輩。

〇磑　五對反疑隊。磨。一。

## 十九代

〇代　徒戴反定代。更。十一。

岱　東嶽。

黛　眉~。

埭　以土斷水。

逮　及。又徒帝反定霽開。

**校注：**字又見霽韻特計反定霽開。

帒　囊。

瑇　~瑁。又徒督反定沃。

**校注：**字亦作“䗚”，“䗚”字見沃韻徒沃反定沃。

靆　靉~，雲状。

**校注：**龍校云：“靉字不清，據王二、唐韻、廣韻審定。”

貣　甘。

酟　甛。

䞠　作代。

**校注：**字所從之“𢦏”原脱筆“丿”，誤，《王一》《廣韻》作“䞠”。“作代”爲下“載”字切語，誤寫於此處，《王一》《廣韻》注作"酢"。

〇載　作代反精代。一年。四。

校注：字又見海韻作亥反精海、代韻在代反從代。

再　兩~。

𩚋　辞。

校注：字左上原從"大"，右原從"瓦"，俗誤，《説文・丮部》作"𩚋"。

𢧵　故國。

〇䨪　莫代反明代。木傷雨。又莫亥反明海。三。

校注："木"字誤，《王二》《唐韻》《廣韻》作"禾"。字又見海韻莫亥反明海。

瑁　冒圭四寸。又莫沃反明沃。亦作瑁。

校注：字亦作"瑁"，"瑁"字見隊韻莫佩反明隊、号韻莫報反明号、沃韻莫沃反明沃。

脄　背肉。

校注：字又見灰韻莫盃反明灰。

〇賽　先代反心代。報。四。

簺　挌五戲名。

校注："挌"字誤，《王二》《唐韻》《廣韻》作"格"。

塞　邊障。又蘇則反心德開一。

校注：字又見德韻蘇則反心德開一。

寨　寛。又先待(特)反心德開一。

校注："待"海韻字，"寨"字不見於海韻。"待"當爲"特"字之誤。字又見德韻蘇則反心德開一。

〇貸　他代反透代。假人物。二。

校注："二"當作"三"。

儓　~儗，癡狀。

校注：字亦作"佁"，"佁"字見止韻羊止反以止、志韻丑吏反徹志。

態　意美。亦作𢤱。

校注：《廣韻》作"亦作能"。

〇漑　古礙反見代。灌。五。

槩　平。

僟　主。

扢　摩。又紇音匣麧。

校注："紇""音"二字當互乙。字又見沒韻下沒反匣麧。

摡　拭。又許氣反曉未開。

校注：字又見未韻許既反曉未開。

〇慨　苦愛反溪代。慷慨。亦忾。六。

愾　大息。

校注：字又見未韻許既反曉未開。

欬　瘷。

鎧　甲~。

嘅　歎息。

闓　門下。

校注：字亦作"開"，"開"字見咍韻苦哀反溪咍。

〇礙　五愛反疑代。妨。亦作儗。六。

閡　外閉。

儗　儓~。又呼愛反曉代。

校注：又呼愛反，本書無曉母代韻一紐。字又見止韻魚紀反疑止、志韻魚記反疑志。

懝　惶。

禾　木曲頭不出。又音稽見齊開。

**儗**　騃~。

〇**愛**　烏代反影代。心憘。六。

**曖**　日~。

**靉**　靆~。

**薆**　草盛。亦作愛。

**僾**　~然，仿佛見。

**校注**：字又見尾韻依豈反影尾開。

**皭**　白。又子耀反精笑。

**校注**：字又見笑韻子肖反精笑、藥韻在爵反從藥開。

〇**瀣**　胡愛反匣代。忱~，氣。又胡介反匣怪開。四。

**校注**：字右上原從"歺"，俗誤，《廣韻》作"瀣"。"忱"字誤，《廣韻》作"沆"。

**㤥**　患苦。

**劾**　推~。

**荄**　蔞蒿。

〇**耐**　奴代反泥代。忍。六。

**校注**：紐字數作"六"而實收五字。

**鼐**　大鼎。

**螚**　小虫。

**校注**：字亦作"䘅"，"䘅"字見德韻乃北反泥德開一。

**耏**　頦。又如之反日之。

**校注**：字又見之韻如之反日之。

**能**　人姓。又年來反泥咍。

**校注**：字又見咍韻年來反泥咍、登韻奴登反泥登開。

〇**戴**　都代反端代。頂運。一。

〇**賚**　洛代反來代。賜。七。

**萊**　查。又落哀反來咍。

**校注**：字又見咍韻落哀反來咍。

**睞**　傍視。

**䚅**　内視。

**誺**　誤~。

**校注**：字又見支韻丑知反徹支開、至韻丑利反徹至開。

**瘶**　癘。

**逨**　就。又落哀反來咍。亦作徠。

**校注**：字又見咍韻落哀反來咍。

〇**菜**　倉代反清代。茹捴名。五。

**埰**　大夫食地。

**棌**　木名。

**髮**　髻~。

**脎**　大腹。

〇**載**　在代反從代。下車。三。

**校注**：字又見海韻作亥反精海、代韻作代反精代。

**裁**　製。

**校注**：字又見咍韻昨來反從咍。

**瀐**　測也。

# 廿廢

〇**廢**　方肺反幫廢合。舍。八。

**癈**　疾。

**發**　賦斂。

**橃**　木名。

**校注**：字又見月韻房越反並月合。

**祓**　福。

**校注**：字又見物韻敷物反滂物。

䉶　針文織蘆。

䉹　篨。

**校注**：字原從“疒”不從“广”，俗誤，《廣韻》作“䉹”。

䥝　弋射。

**校注**：字又見末韻蒲撥反並末。

〇肺　芳廢反滂廢合。肝。三。

柿　木片。

昲　暘。

**校注**：注文字爲“暘”俗誤，《廣韻》作“暘”。字又見月韻房越反並月合。

〇穢　於肺反影廢合。惡。五。

薉　荒~。

濊　~貊，夷名。

**校注**：字又見泰韻烏繪反影泰合、末韻呼括反曉末。

饖　餅臭。

驖　騯~。

〇吠　符廢反並廢合。犬聲。三。

茷　草皃。又房吠(大)反並泰開。

**校注**：字原作“茷”，誤，《廣韻》作“茷”。“吠”字誤，《王二》《廣韻》作“大”。字又見泰韻博盖反幫泰開。

鼣　鼠名。

〇喙　許穢反曉廢合。口。三。

瘃　困。《詩》云：“昆夷~矣。”

餯　飫臭。

**校注**：“飫”字誤，《王二》《廣韻》作“飯”。

〇䘎　巨穢反群廢合。牛觸人。一。

**校注**：底本此字上間兩大字格。字又見祭韻為翽(劌)反云祭B合。

〇刈　魚肺反疑廢開。穀~。四。

**校注**：紐字數作“四”而實收三字。

㤇　因患成戒。

虓　虎息。

**校注**：“息”字誤，《廣韻》作“皃”，合《説文》。

〇瞥　孚吠反滂廢合。裁見。[一]。

**校注**：此紐與芳廢反滂廢合“肺”紐重出，爲增加字。底本紐字數奪。字又見薛韻芳滅反滂薛A開。

〇䊔　丘畎(吠)反溪廢合。~䝱。[一]。

**校注**：“畎”字誤，《廣韻》《萬象名義》《玉篇》作“吠”。底本紐字數奪。

## 廿一震

〇震　職刃反章震。雷。九。

鷩　~鷺，鳥名。

振　動。又之仁反章真。

**校注**：字又見真韻職鄰反章真。

賑　贍。

**校注**：字又見軫韻之忍反章軫。

娠　任身。

**校注**：字又見真韻書鄰反書真。

袗　絺綌。又之忍反章軫。

**校注**：字又見軫韻之忍反章軫。

邨　地名。又恃真反禪真。

**校注**：字又見真韻植鄰反禪真。

須　顏色~類，順事。

拒　給。

〇信　息晉反心震。言著。六。

**校注**：紐字數當作“七”，“六”爲脱計“浖”字之數，參“浖”字條校注。

迅　疾。又私閏反心稕。

**校注**：字又見震韻和(私)閏反心稕。

訊　問~。

顖　腦會。亦作囟。

阠

**校注**：底本注文奪。《王二》：“阠，《尒疋》南方陵。”《廣韻》：“阠，八陵名。《爾雅》曰東陵阠。”字又見臻韻踈臻反生臻。

［浖］　灑。又思見反心霰開。

**校注**：底本字頭奪，“灑又思見反”五字誤繫於“阠”字下。《王二》：“浖，灑。”《廣韻》：“浖，《説文》灑也。”字又見卦韻所賣反生卦開、霰韻蒳見反心霰開。

卂　疾飛而羽不見。

○遴　力晉反來震。行難。亦作䢯。十七。

吝　惜。正作吝。

恡　鄙~。

磷　薄石。

䦧　鳥名，似鴝鵒。

䉮　竹名。

燐　鬼火。

**校注**：字亦作“粦”，“粦”字見真韻力珍反來真。

藺　草。

躪　~躒。

疄　轢田。

**校注**：字又見真韻力珍反來真。

瞵　視不明。

䉮　損~。

撛　扶。又力盡反來軫。

閵　火皃。

**校注**：字上原從“艹”不從“二”，誤，《廣韻》作“閵”。

䨣　蝨~。

**校注**：字上原從“一”，誤，《説文》作“䨣”。“蝨”即“蝨”字，爲避太宗名諱之形。

䢯　貪~。

䫐　~頒。又力畛反來軫。

**校注**：字又見軫韻力軫反來軫。

○刃　而晉反日震。銛。十一。

**校注**：字原作“忍”，誤，S. 6176、《王二》、《廣韻》作“刃”。

刅　刀~。

**校注**：上文“刃”誤作“忍”，故此又出字頭“刅”，當刪。本紐字數作“十一”而實見十二，衍者即此。

認　識~。

**校注**：字又見證韻而證反日證開。

肕　牢~。

仞　七尺。

韌　柔~。

軔　礙車，輪。

賑　眩，懣。

**校注**：字原作“賑”，俗誤，《廣韻》作“賑”。

訒　難言。

杒　木名。

牣　益。

**校注**：字左原從“爿”，俗誤，《王一》《王二》《廣韻》作“牣”。

幒　枕巾。

○胤　与晉反以震A。継。八。

酳　酒嗽口。亦作酌。

靷　引軸。

校注：字亦作“紖”，“紖”字見軫韻直引反澄軫。

引　前行。又以輆反以軫A。

校注：字又見軫韻余昣反以軫A。

輔　小鼓在大鼓上。

校注：字原作“輔”，誤，《廣韻》作“輔”。

朋　脊肉。又直引反澄軫。

校注：字又見軫韻直引反澄軫。

釼　鍚~。

濥　水脈行地中。

校注：字又見線韻餘見反以線A開。

○疹　丑刃反徹震。疾。二。

校注：字原從“尔”不從“㐱”，俗書。

趁　逐~。

校注：字原從“尔”不從“㐱”，俗書。字又見真韻直珍反澄真、獮韻居（尼）展反娘獮開。

○印　於刃反影震A。符。三。

鮣　魚名，身上有印。

踕　趺。又竹四反知至開。

校注：字又見至韻陟利反知至開。

○儐　必刃反幫震A。相。正作儐。六。

校注：字右原從“賔”。正作字當爲“儐”字形誤。

擯　~斥。

殯　掩屍。

鬢　~髮。

覿　𧡍~。又匹人反滂真A。

校注：字又見真韻必鄰反幫真A。

覢　不相見。又亡〖見〗結反明屑開。

校注：“見”字衍。字又見屑韻莫結反明屑開。

○陣　直刃反澄震。軍烈。四。

校注：“烈”字誤，《王一》作“列”。

訠　候脉。

校注：字又見軫韻之忍反章軫。

甬　登~。

陳　烈。又直珍反澄真。

校注：“烈”字誤，《王一》《王二》作“列”。字又見真韻直珍反澄真。

○慎　是刃反禪震。謹。俗作慎。［一］。

校注：底本紐字數奪。

○眒　式刃反書震。張目。一。

○菣　去刃反溪震B。香蒿，可炙食。亦作蔓。二。

趣　行皃。

校注：字又見軫韻丘引反溪軫A。

○賮　似刃反邪震。琛~。四。

校注：龍校云：“琛~四三字原以雌黄塗改，剝脱難辨，從王一、王二審定如此。”

燼　燭~。亦作裹。

校注：底本此條小字書於“藎”字條右旁行隙，當爲漏抄後補書。

藎　進。一曰草。

璶　石似玉。

○憖　魚覲反疑震B。且。一曰

傷。二。

猌　犬怒。

〇晉　即刃反精震。地名。亦作進。正作晉。五。

搢　~笏。

縉　~雲氏。又絳。

螠　蟶~,似小蚌。

進　前。

〇鎮　陟刃反知震。防~。一。

校注:字又見真韻陟鄰反知真。

〇舋　許覲反曉震B。罪。俗作釁。二。

校注:字又見尾韻無匪反明尾合。

衅　牲血塗器。或作釁。

〇僅　渠遴反群震B。飢。九。

校注:"飢"字誤,S. 6176、《王一》作"餘"。

覲　見。

墐　塗辟。

殣　埋。

瑾　玉~。

饉　饑~。

廑　劣。

校注:字又見殷韻其斤反群欣。

瘽　病~。

勤　小。

〇櫬　初遴反初震。空棺。五。

嚫　~施。

瀙　水名,在汝南。又七刃反清震。

校注:字又見震韻七刃反清震。

齓　去齒。

校注:字又見隱韻初謹反初隱。

儭　~裏。又七刃反清震。

校注:字亦作"襯","襯"字見震韻七刃反清震。

〇韻　為捃反云稕B。音和。一。

校注:S. 6176作"永賮反",《王一》切同本書,《王二》"永燼反",皆入震韻,《廣韻》入問韻,作"王問切"。

〇峻　和(私)閏反心稕。高。亦作埈。十。

校注:"和"字誤,S. 6176、《王一》、《王二》作"私"。

濬　深~。

浚　水名,在衛。

陖　亭名,在馮翊。

迅　疾。亦作卂。

校注:字又見震韻息晉反心震。

鵕　~鸃,鳥名。

晙　早。又子峻反精稕。

校注:字又見震韻子峻反精稕。

弮　弓人為弓,方其俊。

賰　益。

校注:字左原從"日",俗誤,《王一》《廣韻》不誤。

迿　出表辝。又胡眄反匣霰合。

校注:字又見霰韻黃練反匣霰合。

〇殉　辝閏反邪稕。以人送死。三。

徇　自衒名行。亦作侚。

侚　以身送物。

〇儁　子峻反精稕。爽。或作俊。十。

**校注**：字原從"扌"，誤，《王一》《王二》《廣韻》作"儁"。

晙　早~。

**校注**：字又見震韻和(私)閏反心稕。

餕　食餘。

畯　田~。

駿　良馬。

㕙　東郭~東，古之狡兔。又七旬反清諄。

**校注**：字又見真韻七旬反清諄。

雋　才~。

**校注**：字原作"雈"，誤，《廣韻》作"雋"。

焌　火。

**校注**：字又見質韻翠恤反清術。

䘒　皮袴。

**校注**：字原作"荾"，誤，《説文》作"䘒"。

鼨　石鼠。

〇舜　施閏反書稕。聖帝。四。

蕣　木槿。

鬊　毛皃。

瞬　~目。亦瞚。

〇稕　之閏反章稕。束秆。四。

諄　告之丁寧。亦作譈。

**校注**：字又見真韻之純反章諄。

瞕　鈋目。

訰　~~，亂。

**校注**：字原作"訖"。

〇閏　如舜反日稕。月餘。二。

潤　濕氣。

〇順　食閏反船稕。從。一。

〇朩　匹刃反滂震A。麻片。又紡賣反滂卦開。一。

**校注**：字又見卦韻匹卦反滂卦開。

〇親　七刃反清震。二氏為婚。三。

**校注**：字又見真韻七鄰反清真。

襯　至。或作儭。

**校注**：字亦作"儭"，"儭"字見震韻初遴反初震。

瀙　水名，入潁。

**校注**：字又見震韻初遴反初震。

〇昀　九峻反見稕A。唁。二。

**校注**：紐字數作"二"而實收四字，《王一》作"三"。

訡　欺~。

攈　古音居韻反見稕A，今音居運反見問。拾。或作捃。〖三〗。

**校注**：字右原從"麇"，誤，《説文・手部》作"攈"。本書"韻"字爲稕韻B類字。"三"字衍。字亦作"捃"，"捃"字見問韻居運反見問。

捃　拾餘曰~。

**校注**：龍校云："此字及注文出浅人所增。"字又見問韻居運反見問。

# 廿二問

〇問　無運反明問。言至於彼。六。

璺　破~。

汶　水名。

**校注**：字又見文韻武分反明文。

紊　~亂。

**絻** 喪服。亦作䘜~。

**莬** 新生。

〇**運** 云問反云問。輂。七。

**暈** 日氣。

**餫** 野餉。

**韗** 作鼓工。亦作韗。又況万反曉願合。

**校注：**字亦作“韗”，“韗”字見願韻許勸反曉願合。

**鄆** 邑名，在魯。

**䚳** 衆視。

**䡝** 疾。又尤粉反云吻。

**校注：**字又見吻韻于粉反云吻。

〇**訓** 許運反曉問。教言。四。

**臐** 羊羹。

**校注：**字又見文韻許云反曉文。

**薰** 香。又許云反曉文。

**校注：**字又見文韻許云反曉文。

**鐼** 鐵類。

**校注：**字又見文韻符分反並文。

〇**湓** 匹問反滂問。含水。三。

**校注：**字又見魂韻蒲昆反並魂。

**忿** 怒~。

**校注：**字又見吻韻敷粉反滂粉。

**濆** 水名。

〇**糞** 府問反幫問。又作糞，穖。五。

**僨** 僵~。

**奮** 揚~。

**坌** 掃弃。

**校注：**字又見文韻府文反幫文。

**殯** 死~。

〇**醞** 於問反影問。釀。又於吻反影吻。四。

**校注：**字又見吻韻於粉反影吻。

**慍** 怒。

**緼** 亂麻。亦韞字。

**校注：**字又見文韻於云反影文。

**蘊** 習。又於吻反影吻。

**校注：**字又見文韻於云反影文、吻韻於粉反影吻。

〇**捃** 居運反見問。拾。亦作攈。三。

**校注：**亦作字誤，當作“攟”。字又見震韻九峻反見稕A。

**皸** 足瘃。又居云反見文。瘃音丑格反徹陌開二。

**校注：**“瘃”爲“瘃”字俗誤。字又見文韻舉云反見文。

**𪓐** 蟓。又求物反群物。

**校注：**字又見物韻衢物反群物、薛韻紀劣反見薛B合。

〇**郡** 渠運反群問。古縣。一。

〇**分** 扶問反並問。散。四。

**校注：**字又見文韻府文反幫文。

**膹** ~痱，腫悶。

**校注：**字又見吻韻房吻反並吻。

**坋** 分。又房吻並吻、蒲頓並恩二反。

**校注：**字又見吻韻房吻反並吻、慁韻蒲悶反並慁。

**秎** 穧。

校注："穧"字誤，《廣韻》作"穧"。

## 廿三焮

〇焮　許靳反曉焮。火氣。三。

痛　瘡中膜。

脪　瘡肉出。又興近反曉隱。

校注：字又見隱韻興近反曉隱。

〇靳　居焮反見焮。靳固。又姓。一。

〇近　巨靳反群焮。親。[又]巨隱反群隱。一。

校注："又"字原奪，《王一》有字。字又見隱韻其謹反群隱。

〇傿　於靳反影焮。依人。或作憑。四。

校注："於""靳"二字原倒誤，"於"旁識一小鉤。

濦　水名，在汝南。

校注：字亦作"瀵"，"瀵"字見殷韻於斤反影欣、隱韻於謹反影隱。

檼　搘。

校注：字原作"擫"，俗誤。"搘"爲"榰"字俗誤。二字《王一》並從"木"。

𢅧　囊~。

校注：《廣雅·釋詁四》："𢅧，裹也。"本書"囊"字爲"裹"字之誤。

〇垽　語靳反疑焮。濁滓。一。

校注：字原作"沂"，誤，S. 5980、《王一》、《廣韻》作"垽"。

## 廿四願

〇願　魚怨反疑願合。情欲。四。

愿　敬。善。

傆　點。

校注："點"字誤，《王二》《廣韻》作"黠"。

顛　大頭。

校注：此字頭同紐重出。

〇怨　於願反影願合。恨。二。

䛄　從。又於阮反影阮合。

校注：字又見阮韻於阮反影阮合。

〇販　方怨反幫願合。鬻貨。一。

〇券　去願反溪願合。~約。四。

校注：字原作"劵"，俗誤，S. 6176、S. 5980作"券"。

絭　束胥繩。

校注：字又見線韻丘弁反溪線B合、燭韻居玉反見燭。

勸　獎。

弮　曲。

校注：字上原從"劵"，誤，《王一》《廣韻》作"弮"。

〇万　無敗(販)反明願合。十千。十。

校注："敗"字誤，S. 5980、《王一》、《王二》、《廣韻》作"販"。

萬　舞。

輓　~車。或作挽。

蔓　~草。

曼　長。

**脕**　肥澤。又無遠反明阮合。

**校注：** 字原作"晚"，俗誤，《王一》《廣韻》作"脕"。"肥"字誤，《王一》《廣韻》作"肌"。字又見阮韻無遠反明阮合。

**輓**　戰車以遮矢。

**校注：** 字右原從"㝃"，俗書。

**嬎**　皮悅。又無遠[反]明阮合。

**校注：** "反"字原奪，《王一》有字。字亦作"𤼼"，"𤼼"字見阮韻無遠反明阮合。

**鄤**　鄭邑。

**䝋**　贈貨。

〇**飰**　符万反並願合。食。三。

**校注：** 字亦作"飯"，"飯"字見阮韻丘(扶)遠反並阮合。

**開**　門欂櫨。又陂變反幫線B開。

**校注：** 注文第二、三字爲"欂""櫨"俗誤，《廣韻》作"欂櫨"。字又見線韻皮變反並線B開。

**粄**　粉~。

〇**嬔**　芳万反滂願合。~息。一曰鳥伏乍出。十。

**疲**　吐。亦作噼。

**畚**　一宿酒。

**奔**　上大。

**恆**　急性。

**孌**　量。又居願反見願合。

**校注：** 字中"糹"原均作"幺"形，誤，《王一》作"孌"。字又見願韻居願反見願合。

**汳**　水名，在睢陽。

**簸**　小舂。

**娩**　𪐛~。

**校注：** 字又見阮韻無遠反明阮合、獮韻亡辯反明獮B開。

**㧊**　《説文》其義闕。

**校注：** 字原作"㧊"，俗誤，《説文》作"㧊"。

〇**建**　居万反見願開。造。一。

〇**堰**　於建反影願開。四。

**鄢**　地名，在楚。

**䆴**　引物為價。又於獻反影願開。

**校注：** 又於獻反影願開，又反與正切音同，"獻"字當誤，《王一》注"又於甗反影線開"，《王二》注"又於面反影線開，又作傿，又於演反"，《廣韻》注"又於面切影線開"，本書"獻"蓋爲"甗"字之誤。字又見阮韻於㦾反影阮開。

**嫣**　長皃。

**校注：** 字又見仙韻許延反曉仙B開。

〇**憲**　許建反曉願開。法。三。

**獻**　進。

**㦾**　走意。

〇**健**　渠建反群願開。勇。一。

〇**楦**　許勸反曉願合。鞾~。二。

**校注：** 字原作"揎"，俗誤，《廣韻》作"楦"。

**韗**　作鼓工。

**校注：** 字亦作"韗"，"韗"字見問韻云問反云問。

〇**孌**　居願反見願合。~物。一。

**校注：** 字中"糹"原均作"幺"形，誤，S. 5980、《王一》、《王二》作"孌"。字又見願韻芳万反滂願合。

〇**遠**　于万反云願合。又于免(晚)反云阮合。一。

校注：“免”爲獮韻字，本書字另見阮韻，《王一》又“于返反”，亦入阮韻，本書“免”當爲“晚”字之誤。字又見阮韻雲晚反云阮合。

〇鳳 語堰反疑願開。瓢。二。

校注：字原作“甗”，誤，《王一》《廣韻》作“鳳”。

鬳 鬲屬。

〇圈 曰（臼）万反群願合。邑名。一。

校注：“曰”字誤，《王一》《廣韻》作“臼”。

## 廿五慁

〇慁 胡困反匣慁。悶亂。四。

溷 廁~。

俒 全。

慖 ~辱。

〇頓 都困反端慁。止。亦作鈍。二。

校注：字原作“頊”。

扽 撼~。

校注：字原作“扥”。

〇巽 蘇困反心慁。東南。四。

潠 含水。

遜 遁。

愻 順~。

〇困 苦悶反溪慁。苦於事。三。

顐 耳門。又苦昆反溪魂。頭無髮。

校注：字又見魂韻苦昆反溪魂。

涃 水名。

〇嫩 奴困反泥慁。弱。三。

腝 肉~。

抐 搵~，按沒。

校注：字又見沒韻諾忽反泥沒。

〇悶 莫困反明慁。愁。二。

潣 煩。又亡本反明混、亡但明旱（緩）二反。

校注：又亡但反，“但”旱韻字，此唇音不分開合例。字又見旱韻莫旱反明旱（緩）、混韻莫本反明混。

〇鐏 在困反從慁。矛戟足。二。

踆 魏時張~，人名。

〇睔 古鈍反見慁。大目。四。

校注：字又見混韻胡本反匣混。

琯 出光。

校注：字又見旱韻古纂反見緩。

睴 視皃。

校注：字又見混韻胡本反匣混。

溷 水名。

〇噴 普悶反滂慁。吐氣皃。一。

〇鈍 徒困反定慁。不利。三。

遁 逃。

鶨 癡鳥。

〇搵 烏困反影慁。内物水中。二。

校注：字又見吻韻於粉反影吻。

饂 相謁食。又於恨反影恨。

校注：又於恨反，本書無影母恨韻一紐。

〇寸 倉困反清慁。十分。二。

鑡 瓦器。又千見反清霰開。

校注：字又見霰韻舍（倉）見反清霰開。

〇坌 蒲悶反並慁。塵~。四。

校注：紐字數當作“二”，“四”爲合計“顐”紐二字之數，參“顐”字條校注。

坋　分。又扶問並問、房吻並吻二反。

校注：字又見吻韻房吻反並吻、問韻扶問反並問。

〇顐　五困反疑恩。禿。［二］。

校注：底本紐字數奪。

饐　食。又五恨反疑恨。

校注：字原作“饐”，誤，“饐”字見《方言》卷一第三十一條，郭注“五恨反”，亦見《廣雅·釋詁二》，曹憲音“五困反”。字又見恨韻五恨反疑恨。

〇論　盧寸反來恩。講談。一。

校注：字又見真韻力屯反來諄、魂韻盧昆反來魂。

## 廿六恨

〇恨　胡艮反匣恨。怨。一。

〇艮　古恨反見恨。卦。二。

詪　語。又胡典反匣銑開。

校注：字又見銑韻胡繭反匣銑開。

〇饐　五恨反疑恨。饐。一。

校注：字原作“饐”，誤，《廣韻》作“饐”。字又見慁韻五困反疑恩。

## 廿七翰

〇翰　胡旦反匣翰。鳥毛。亦作鶾。十九。

校注：字又見寒韻胡安反匣寒。

捍　拒~。

扞　以手~。亦作仠。

骭　~睡。

垾　小堤。

釬　~金。亦作銲。

校注：龍校云：“正文右旁及注文右行全不可辨，从唐氏所書，王一同。”

汗　熱汁。

悍　猛。

瀚　~海。

閈　里~。

校注：龍校云：“里字不清，據王一、王二、S 六一七六、唐韻審定。~疑當作門。”

皯　射~。

校注：龍校云：“正文皯字略蝕，注文射字不清，並依王一、王二、S 六一七六、唐韻、廣韻審定。”

駻　馬六尺。

校注：龍校云：“駻馬二字不清，依王一、王二、S 六一七六、唐韻、廣韻審定。”

鶾　~鵲，鸒別名。一曰鷄，曰鶾［音］匣寒。又何旰（肝）反匣寒。亦作鶾字。

校注：龍校云：“正文鶾及注文~鵲殘蝕，依王一、王二、S 六一七六、唐韻、廣韻審定。”“音”字原脱，《唐韻》云：“《礼》云雞，曰鶾音。”又何旰反與正切音同，“旰”當爲“肝”字俗誤。字又見寒韻胡安反匣寒。

螒　天鷄，虫。

忓　~善。

玕　縣名。

矸　磓~。

䮦　馬毛長。

䩡　長毛。

〇玩　五段反疑換。習。或作翫。三。

忨　貪。

妧　好。

〇段　徒玩反定換。分。三。

毈　卵壞。

椴　木名。

〇亂　落段反來換。理。亦作乱、乿、𤔔。三。

灓　絶水渡。或作亂。

校注：字又見寒韻落官反來桓。

敽　不理。

〇鍛　都亂反端換。打鐵。六。

腶　䏑脯。

碫　礪石。亦作碬。

斷　決獄。

校注：字又見旱韻都管反端緩、旱韻徒管反定緩。

瑖　石似玉。

校注：字原作"瑕",誤,《廣韻》作"瑖"。

踹　足。

校注：字又見獮韻視兖反禪獮合。

〇彖　他亂反透換。彖象。二。

褖　后衣。

〇喚　呼段反曉換。七。

焕　火光。

奐　文采。

渙　水散。

暵　國名,在流沙。

喛　羔。又虚元反曉元合。

校注："羔"字誤,《廣韻》《集韻》作"恚"。字又見元韻況袁反曉元合。

嚾　呼召。

〇筭　蒜段反心換。計。二。

蒜　葫~。

校注：字左下原從"禾",俗誤。

〇縵　莫半反明換。又莫晏反明諫開。七。

校注：字亦作"縵","縵"字見諫韻莫晏反明諫開。

幔　帷~。

漫　大水。

槾　不蒔田。

獌　狼屬。又貘。

校注：字右原從"鼻",俗書。字又見刪韻莫還反明刪開。

墁　亦作槾。所以塗牆壁。

謾　~。

校注：字原作"謾",誤,《萬象名義》作"謾"。

〇半　博漫反幫換。中分。五。

絆　羈~。

姅　傷孕。又普半反滂換。

校注：字又見翰韻普半反滂換。

䮽　驎~,馬名。

料　五升。

〇判　普半反滂換。分剖。七。

泮　~宮。

泮　水崖。

胖　牲羊體。

**校注**:"羊"字誤,《王一》《廣韻》作"半"。

拌　~合夫合婦。

泮　冰散。

姅　傷胎。

**校注**:字又見翰韻博漫反幫換。

〇叛　薄半反並換。背。三。

婺　嫉~,無宜適。

**校注**:"嫉"字誤,《王一》《王二》《廣韻》作"嫉"。

畔　隴隔比~。

〇炭　他半反透翰。柴燼。四。

歎　長息。

**校注**:字亦作"嘆","嘆"字見寒韻他單反透寒。

歎　~戮,無采色。

**校注**:字原作"歎",誤,《廣韻》作"歎"。

嫉　~婺。

〇換　胡段反匣換。改。五。

逭　~逃。亦逃(作)讙。

**校注**:字原從"宦"不從"官",誤,《王一》《王二》《唐韻》《廣韻》作"逭"。下"逃"字爲涉注文上"逃"字而誤,《王一》作"作"。

肒　脃~。

**校注**:"脃"字誤,《王一》《王二》《唐韻》《廣韻》作"胞"。

垸　骨漆曰~。

**校注**:字又見寒韻胡官反匣桓。

漶　漫~,不可知。

〇穳　子筭反精換。矛下亟。二。

**校注**:字又見旱韻作管反精緩。

鑽　錐~。

**校注**:字又見寒韻借官反精桓。

〇惋　烏段反影換。驚。三。

**校注**:"驚"下當補"嘆"字,《王一》《王二》《唐韻》《廣韻》《集韻》並可證。

腕　手~。亦作掔。

琬　~珪。又於阮反影阮合。

**校注**:字又見阮韻於阮反影阮合。

〇貫　古段反見換。穿。俗作貫。廿。

**校注**:俗作字與字頭字形無大異。"貫"字另收於寒韻古丸反下,亦然。審辨底本兩處之形,俗作字"毌"略右傾作菱形。字又見寒韻古丸反見桓。

矔　張目。

祼　祭~。

舘　~舍。

瓘　玉之。

鑵　汲水器~。

灌　澆~。

鸛　雀。亦作雚。

樌　叢木。或作灌。

**校注**:字原作"權",誤,《王一》《王二》《唐韻》《廣韻》作"樌"。

鏆　辟環~。

爟　楚人云火。

**校注**:"人""云"二字原倒誤,"人"旁識一小鉤。字又見賄韻呼猥反曉賄。

懽　憂無告。

爟　烽火。

錧　車軸頭鐵。

遦　行。

冠　首飾。

校注：字又見寒韻古丸反見桓。

觀　樓~。

校注：字又見寒韻古丸反見桓。

悹　疑。又〖云〗公緩反見緩。

校注："云"字衍，《王一》無。字又見寒韻古丸反見桓。

悺　~~痛~，憂無極。

婠　好皃。又於丸反影桓。

校注：字又見寒韻一丸反影桓、黠韻烏八反影黠合。

〇竄　七亂反清換。逃。三。

鑹　小矛矟。或作穳。

爨　炊~。

〇按　烏旦反影翰。抑。六。

案　般。又几。

校注："般"爲"槃"字之誤。

晏　晚~。

校注：字又見諫韻烏澗反影諫開。

荌　草。

郚　里名，當陽。

校注：字又見寒韻烏寒反影寒。

案　穕禾。

〇旦　得案反端翰。初曉。七。

疸　黄病。

鴠　鶡~，鳥。

狚　獦~，獸名，似狼。

校注：字又見旱韻多旱反端旱。

悬　奕忒。

觛　小觶。又丁但反端旱。

校注：字又見旱韻多旱反端旱。

笪　笞~。

校注：字又見旱韻多旱反端旱、末韻當割反端曷、末韻他達反透曷。

〇憚　徒旦反定翰。懼。三。

彈　放丸弓。又徒丹反定寒。

校注：字又見寒韻徒干反定寒。

僤　明。又勑旱反徹旱。

校注：又勑旱反，本書無徹母旱韻一紐。字又見旱韻徒旱反定旱。

〇旰　古旦反見翰。日晚。五。

校注：紐字數作"五"而實收六字，《王一》作"六"。

幹　強~。

倝　日出光。

校注：字右原從"卜"，俗誤，《王一》《王二》《唐韻》《廣韻》作"倝"。

盰　張目皃。

骭　骺。

校注：字原作"骬"，誤，《唐韻》《廣韻》作"骭"。字又見諫韻下晏反匣諫開。

榦　~。

校注：字原從"亦"不從"赤"，誤，《王一》《廣韻》作"榦"。

〇岸　五旦反疑翰。崖。七。

犴　獄也。胡犬。

豻　野犬。

校注：字又見寒韻胡安反匣寒。

頇　頭無髮。又五葛反疑曷。

校注：字又見寒韻許安反曉寒。

䮵　駢~。

㞞　㕓~。

㷀　火色。

〇侃　苦旦反溪翰。樂。亦作侃字。五。

校注：字又見旱韻空旱[反]溪旱。

看　審視。又苦寒反溪寒。

校注：字又見寒韻苦寒反溪寒。

衎　樂。

靬　乾革。又苦寒反溪寒。

校注：字又見元韻居言反見元開、寒韻苦寒反溪寒。

刊　削。

〇漢　呼半反曉翰。水名。八。

校注：紐字數作"八"而實收七字。

暵　日氣乾。

校注：字又見旱韻博管反幫緩。

曔　耕地。

熯　火乾。

校注：字又見獮韻人善反日獮開。

灘　水濡乾。

𦔜　冬耕。

厂　山石之崖。

校注：字又見旱韻呼稈反曉旱。

〇爛　盧旦反來翰。火熟。亦作㶇。三。

校注：亦作字誤，《王一》作"㶇"。

瀾　波。又盧丹反來寒。

校注：字又見寒韻落干反來寒。

彰　文章。

〇攤　奴旦反泥翰。按。又吐丹反透寒。五。

校注：字又見寒韻他單反透寒、旱韻奴但反泥旱。

灘　水奔。

校注：字又見寒韻他單反透寒。

難　患。又奴丹反泥寒。

校注：字又見寒韻乃干反泥寒。

㬮　温。

校注：字又見山韻奴閒反泥(娘)山開。

㡘　巾㡘。又奴面(回)反泥灰。着也，塗也。亦㥏。

校注：字右原從"聂"，誤。"面"爲線韻字，誤，當作"回"。字又見灰韻乃回反泥灰。

〇粲　倉旦反清翰。白。四。

㛑　三女。或作𡟬、粲。

校注：或作首字誤，《王一》作"㛑"。

㰖　俺。又曰一(且)見反清霰開。

校注：字原從"歹"不從"夕"，俗誤，《王一》作"㰖"。"俺"爲"㡩"字俗誤，《王一》作"㡩"。"曰一"爲"且"字誤分之形，《王一》誤作"旦"。字又見霰韻舍(倉)見反清霰開。

璨　玉光。

校注：字原從"歹"不從"夕"，俗誤。

〇繖　蘇旦反心翰。盖。又蘇但反心旱。或作傘。四。

校注：字又見旱韻蘇旱反心旱。

散　分。又蘇旱反心旱。亦作𢿤。

**校注**：亦作字《王一》作“轍”。字又見旱韻蕪旱反心旱。

**糤**　未束臬。

**帴**　二幅。又所黠反生黠開。

**校注**：字又見寒韻昨干反從寒、先韻則前反精先開、黠韻所八反生黠開。

〇**讚**　作幹反精翰。稱則。十。

**賛**　助。

**鄼**　縣名，在南陽。又作管〖反〗精緩、在何從歌一二反。

**校注**：字又見哥韻昨何反從歌一、緩韻作管反精緩。

**饡**　羹和飰。

**校注**：字左旁原有塗改，龍校云：“食旁不清，似誤作金而改之。”

**趲**　散走。

**校注**：字又見旱韻昨旱反從旱。

**濽**　濺水。

**嬇**　女從。

**校注**：字又見翰韻徂粲反從翰。

**襸**　衣好。

**校注**：字右原從“賛”。

**攢**　訟。

**校注**：字又見翰韻在翫反從換。

**鬢**　光澤。

**校注**：字又見末韻姊末反精曷。

〇**嬇**　徂粲反從翰。不謹。一曰美好皃。一。

**校注**：字又見翰韻作幹反精翰。

〇**偄**　乃亂反泥換。弱。四。

**稬**　稻。亦作穤。

**校注**：字又見箇韻乃卧反泥過一。

**懦**　弱。又乃過反泥過一。

**校注**：字又見虞韻日朱反日虞。字亦作“愞”，“愞”字見獮韻而兗反日獮合、箇韻乃卧反泥過一。

**渜**　浴餘汁。又奴管反泥緩。

**校注**：字又見旱韻乃管反泥緩。

〇**攢**　在翫反從換。一。

**校注**：字又見翰韻作幹反精翰。

〇**鏉**　口煥反溪換。燒鐵久。二。

**校注**：字原從“木”不從“士”，俗書。

**鏉**　魚撞罩聲。

**校注**：字原從“木”不從“士”，俗書。

# 廿八諫

〇**諫**　古晏反見諫開。忠言。三。

**澗**　谷。亦作磵、㵎。

**鐧**　車~鐵。

〇**鴈**　五晏反疑諫開。陽鳥。亦作鳫、雁。二。

**校注**：亦作次字《王一》作“鳫”，《王二》《唐韻》《廣韻》亦以“鳫”爲或體。

**贋**　偽物。

〇**晏**　烏澗反影諫開。晚。俗作宴。五。

**校注**：俗作字當作“晏”。字又見翰韻烏旦反影翰。

**騴**　馬尾白。

**鷃**　~雀。

**暥**　目相戲。

**校注：** 字又見銑韻於殄反影銑開、霰韻烏見反影霰開。

**鴳** 鴿~。

**〇訕** 所晏反生諫開。謗。又所攀反生刪開。五。

**校注：** 字又見刪韻所姦反生刪開。

**汕** 魚乘水上。

**校注：** 字又見產韻所簡反生産開。

**狦** 獸名，似狼。

**校注：** 字又見刪韻所姦反生刪開。

**罺** 取魚冈。

**麨** 餅麴。

**〇骭** 下晏反匣諫開。脛骨。亦作趼。一。

**校注：** 字又見翰韻古旦反見翰。

**〇慢** 莫晏反明諫開。怠。六。

**謾** 欺~。

**校注：** 字又見寒韻武安反明桓、仙韻武連反明仙A開。

**縵** 緩~。

**校注：** 字亦作"縙"，"縙"字見翰韻莫半反明換。

**瘍** 牛馬病。又莫駕反明禡開二。

**校注：** 字又見禡韻莫駕反明禡開二。

**嫚** 惰~。

**釆** 別。

**校注：** 字原作"**米**"，誤。《王二》《唐韻》《廣韻》本紐無此字，《廣韻》字在襇韻薄莧切並襇開。

**〇患** 胡慣反匣諫合。妨。七。

**校注：** "倌"下"宦"字當移入此紐，則此紐實八字，参"宦"字條校注。

**擐** ~甲。

**轘** 車裂人。

**豢** 食穀養畜。

**羦** 獸，似羊，無口。

**校注：** 字又見刪韻胡關反匣刪合。

**槵** 無~，木名。

**繯** 周環。

**〇慣** 古患反見諫合。〚四〛習。或作串。三。

**校注：** "四"字衍，《王一》無。

**摜** 習人。

**倌** 主駕馬。

**校注：** 字原作"倌"，誤，《王一》《唐韻》《廣韻》作"倌"。

**〇宦** 仕。胡慣反匣諫合，同患字。一。

**校注：** 《王一》《王二》《唐韻》《廣韻》字並在胡慣反"患"紐"擐"字下，本書"患"紐奪此字，補書於此。"同患字"非謂"宦"同"患"，唯音同耳。

**〇孿** 山患反生諫合。雙生子。又山眷反生線合。一。

**校注：** 字亦作"孌"，"孌"字見線韻所眷反生線合。

**〇篡** 楚患反初諫合。奪。一。

**〇虉** 五患反疑諫合。草名。亦作靰。一。

**校注：** "靰"字誤，《集韻》作"虉"。

**〇襻** 普患反滂諫開。衣~。一。

**〇蝬** 士諫反崇諫開。虫名。六。

棧　~才道。又士限〖反〗崇產開、士免崇獮開二反。

校注："才"字誤,《王一》《王二》《廣韻》作"木"。又士免反,本書無崇母獮韻開口一紐。字又見產韻士限反崇產開。

㞉　谷,在上艾。

輚　卧車。

䡅　寑東。亦作輚。

校注："東"字誤,《王一》《廣韻》作"車"。字又見產韻士限反崇產開。

虥　竊毛。又仕板反崇潸開。

校注：字又見山韻昨閑反從(崇)山開、仙韻士連反崇仙開、產韻士限反崇產開。

〇栅　所晏反生諫開。~籬。一。

校注：此字與所晏反生諫開"訕"紐重出,爲增加字。

〇奻　女患反娘諫合。訟。一。

校注：字又見删韻女還反娘删合。

〇鏟　初鴈反初諫開。削。三。

校注：字又見產韻初限反初產開。

⿺麥戔　穀麥~。

羼　羊相間。又初莧反初襉開。

校注：字又見襉韻初莧反初襉開。

〇⿰女旱　下鴈反匣諫開。婺也。一。

校注：此字與下晏反匣諫開"骭"紐重出,爲增加字。

## 廿九襉

〇襉　古莧反見襉開。郡。三。

⿰犭开　逐虎犬。

校注：字又見霰韻五見反疑霰開。

閒　廁。又古閑反見山開。

校注：字又見山韻古閑反見山開。

〇莧　侯辦反匣襉開。菜。二。

⿱莧貝　莖餘。

校注："莖"字誤,《王一》作"莝"。字又見山韻胡山反匣山開。

〇辦　薄莧反並襉開。亦辨。二。

校注：字亦作"辨","辨"字見獮韻符蹇反並獮B開。

瓣　瓜~。

〇盼　匹莧反滂襉開。美目。二。

⿲辛目辛　白眼視皃。

〇幻　胡辨反匣襉合。化。一。

〇羼　初莧反初襉開。羊相間。又初鴈反初諫開。一。

校注："又""初"二字原倒誤,"又"旁識一小鉤。字又見諫韻初鴈反初諫開。

〇蔄　莫莧反明襉開。人姓。一。

校注：字又見候韻盧候反來候。

〇袓　大莧反定(澄)襉開。衣縫解。或作綻、組、⿰衤免。又徒旱反定旱。一。

校注："大"定母字,大莧反定澄類隔。"⿰衤免"字誤,《王二》《集韻》作"⿰衤定"。字又見旱韻徒旱反定旱。

〇鱞　古盼反見襉合。寡。二。

校注：字又見山韻古頑反見山合。

丱　小兒束髮,象蛾角曰~。

校注：底本字倒書,作"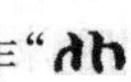"。此字《王一》《王二》《唐韻》並在古患反見諫合"慣"紐

下,訓"鬈角",《廣韻》亦入古患切見諫合"慣"紐,訓"鬈角也,幼稚也"。

## 卅霰

○霰　蘓見反心霰開。雨雪雜下。亦霓。五。

先　又蘓見(賢)反心先開。

**校注:**"見"字誤,《王一》《王二》作"賢"。字又見先韻蘓前反心先開。

敓　散。

廠　舍。亦厰。

汖　洒掃。又所賣反生卦開。

**校注:**字又見卦韻所賣反生卦開、震韻息晉反心震。

○蒨　舍(倉)見反清霰開。草盛。十。

**校注:**"舍"字誤,《王一》《唐韻》《廣韻》作"倉"。

茜　染草。

輤　載柩車。亦作箐。

**校注:**注文次字誤,《王一》《王二》作"柩"。

綪　青赤色。

**校注:**"青""赤"二字原倒誤,"青"旁識一小鉤。

棈　木名。

粲　又且爛反清翰。

**校注:**字又見翰韻倉旦反清翰。

褙　䄙。

**校注:**字左原從"衤",俗誤。注文字爲"襶"字俗書。正、注文二字《王一》《廣韻》從"衤"。

倩　美好。

**校注:**字又見勁韻七政反清勁開。

谸　望山谷青。又倉先反清先開。

**校注:**本書字亦作"阡","阡"字見先韻倉先反清先開。

鏩　紡錘。又忩鈝反清恩。

**校注:**字又見慁韻倉困反清慁。

○絢　許縣反曉霰合。文綵。亦作約、絃。四。

拘　擊。又呼宏反曉耕合。

**校注:**字又見耕韻呼宏反曉耕合。

敻　深遠。又詡政反曉勁開。正作夐。

**校注:**正作字誤,《説文》作"敻"。字又見勁韻虛政反曉勁開。

讂　流言。有所求。

**校注:**字又見霰韻古縣反見霰合。

○縣　黄練反匣霰合。古作寰。十一。

**校注:**"練"開口字,黄練反開合憑切。"寰"字見删韻胡關反匣删合。

袨　好衣。

眩　目~。

**校注:**"目"字誤,《王一》《王二》《唐韻》《廣韻》作"瞑"。字又見先韻胡涓反匣先合。

炫　火光。

衒　自媒。亦作衒,行且賣也。

姰　狂。又相倫反心諄。

**校注:**字又見真韻相倫反心諄。

頙　腮後。

贙　獸名,似犬,多力,西國人家養

之。又胡犬反匣銑合。亦作矙。

校注：字又見銑韻胡犬反匣銑合。字亦作“矕”，“矕”字見真韻語巾反疑真B。

眴 摇目。或旬。

校注：字又見真韻相倫反心諄。字亦作“旬”，“旬”字見銑韻胡犬反匣銑合。

迿 出表辞。又思俊反心稕。

校注：字原從“旬”不從“旬”，誤，《王一》《廣韻》作“迿”。字又見震韻和（私）閏反心稕。

駽 鐵驄。

校注：字又見先韻火玄反曉先合。

〇睊 古縣反見霰合。視皃。十一。

校注：字又見先韻古玄反見先合。

譞 流言。

校注：字又見霰韻許縣反曉霰合。

甂 瓮底孔。

罥 綰～。

校注：字又見銑韻古泫反見銑合。

羂 羅～。

懁 急～。

校注：字原作“悘”，誤，《集韻》作“懁”，合《説文》。

縳 絹。又直轉反澄獮合。

校注：字右原從“叀”，誤。字又見獮韻持兖反澄獮合。

衙 車搶。

校注：字原從“于”不從“亍”，誤，《王一》《廣韻》作“衙”。

䤸 下酒。

獧 跳。

彊 𩪉。

〇電 堂見反定霰開。雷光。十。

畋 平皃。

校注：字原作“畂”，俗誤，《王一》《王二》《唐韻》《廣韻》作“畋”。字又見先韻徒賢反定先開。

甸 郊～。

殿 堂～。又覩見反端霰開。

校注：字又見霰韻都見反端霰開。

奠 設～。

校注：字又見徑韻丁定反端徑開。

澱 滓。亦作靛、𪒠。

校注：亦作次字誤，當作“𪒠”，《廣韻》有字頭“𪒠”。

淀 淺泉。

鈿 寶～。今通作細字，蘇計反心霽開字。

校注：《王一》此條作：“細，寶細，今通用作比鈿，又蘇計反。”字又見先韻徒賢反定先開。

佃 一轅車。中～。

校注：字又見先韻徒賢反定先開。

寘 今作于寘。亦作闐。又徒賢反定先開。

校注：字亦作“闐”，“闐”字見先韻徒賢反定先開。

〇瑱 他見反透霰開。玉名。二。

滇 ～㴐，大水皃。又徒賢反定先開。

校注：字又見先韻都賢反端先開、先韻徒賢反定先開。

〇練 落見反來霰開。帛。十一。

鍊 ～金。

洊　水疾流。

揀　~擇。

校注：字又見產韻古限反見產開。

楝　木名。

瓠　瓜膢。

堜　墟，在博平。

蕑　菟荄，白蘞。

瀬　鐵~。

校注：字原從"攴"不從"攵"。

鰊　奥鼊。

校注：字右原從"桌"，俗形。

脨　木解理。

〇見　古電反見霰開。睹。又户見反匣霰開。二。

校注：户見反匣霰開字作"現"。《廣韻》胡甸切匣霰開以"現"爲"見"之俗。

堅　焠鋒。

校注：字又見先韻古賢反見先開。

〇晛　奴見反泥霰開。日光。亦作曣。二。

燃　人姓。又舒善反書獮開。

校注：字又見仙韻如延反日仙開、獮韻式善反書獮開。

〇俔　苦見反溪霰開。磬。又胡繭反匣銑開。二。

校注：字又見銑韻胡繭反匣銑開、線韻去戰反溪線A開。

晵　日晝雨止。

校注：字原從"弋"不從"攵"，俗誤，《集韻》作"晵"。字又見薺韻康礼反溪薺開、線韻去戰反溪線A開。

〇現　户見反匣霰開。遵謁。三。

校注：字又見銑韻胡繭反匣銑開。

涀　水名，在安陵。

邌　無~。

校注：字原作"𨖽"，誤，《王一》《廣韻》作"邌"。

〇硯　五見反疑霰開。筆~。或作研。三。

豜　逐虎犬。又古莧反見裥開。

校注：字又見裥韻古莧反見裥開。

趼　獸名。

校注：字又見銑韻古典反見銑開。

〇宴　烏見反影霰開。安。八。

校注：紐字數當作"九"，"八"爲脱計"驠"字之數，參"驠"字條校注。字又見銑韻於殄反影銑開。

讌

校注：底本注文奪。《王一》《王二》《唐韻》："讌，~會。"

［驠］　馬名。

校注：底本字頭奪，"馬名"二字誤繫於"讌"字下。《王一》《唐韻》"讌""驠"上下字，《王一》《王二》《唐韻》："驠，馬名。"

燕　乙鳥。或作鷰。

校注：字又見先韻烏前反影先開。

嬿　女字。又於典反影銑開。

校注：字又見銑韻於殄反影銑開。

䁙　視。又烏殄反影銑開。

校注：字右原從"宴"，誤。字又見銑韻於殄反影銑開、諫韻烏澗反影諫開。

咽　嗌。

校注：字又見先韻烏前反影先開。

湔　大水皃。

瞽　日出。

〇廌　作見反精霰開。此解廌字。三。

校注：龍校云："此字本讀宅買澄蟹開池爾澄紙開二反，此讀作見反者，盖誤以薦字所从為廌声，遂誤讀廌字為薦。"字又見紙韻池尔反澄紙開。

薦　此~舉字。今作席~字也。

臡　畜養。

〇遍　博見反幫霰開。周~。三。

徧　市~。

校注："市"字誤，《王一》作"帀"。

狷　~研。

校注：字又見仙韻許緣反曉仙A合、麌韻于矩反云麌。

〇麪　莫見反明霰開。麥秣。俗作麵。六。

瞑　~眩。

校注：字亦作"眠"，"眠"字見先韻莫賢反明先開。

眄　斜視。

沔　滇~。

蠛　汙血。又莫結反明屑開。

校注：字又見屑韻莫結反明屑開。

寅　冥合。

校注：字下原從"歹"，誤，《廣韻》作"寅"。

〇片　普見反滂霰開。析木。二。

胼　半體。

〇荐　在見反從霰開。重。或作洊。二。

袸　衣小帶。

〇飴　烏縣反影霰合。饜飽。亦作飫、噮。一。

校注：亦作次字誤，當作"噮"，《廣韻》有字頭"噮"。

〇顯　呼見反曉霰開。在背曰~。一。

校注：字又見銑韻呼典反曉銑開。

〇殿　都見反端霰開。後。二。

唸　吚，呻之聲。

校注：字又見桥韻都念反端桥。

〇緊　口見反溪霰開。穄。又口典反溪銑開。一。

校注：此與苦見反溪霰開"俔"紐重出，爲增加字。字又見銑韻口典反溪銑開。

## 卅一線

〇線　私箭反心線開。或作綫。縷。亦作綖。一。

〇戰　之膳反章線開。懼。二。

顫　四支寒動。

〇繕　視戰反禪線開。補。八。

鄯　~善，西域國。

擅　專~。

禪　封~。

校注：字又見仙韻市連反禪仙開。

膳　食~。

饍　作~。

**校注**：字又見獮韻常演反禪獮開。

**甑**　器緣。或作鏳。

**單**　~父。又都寒端寒、常演禪獮開二反。

**校注**：字又見寒韻都寒反端寒、仙韻市連反禪仙開、獮韻常演反禪獮開。

〇**彦**　魚變反疑線B開。美士□。四。

**校注**：龍校云："四上墨塊似作曰字而塗去。"

**喭**　弔失國。

**甗**　甑~。

**校注**：字又見元韻語軒反疑元開。

**諺**　傳言。亦作這、唁。

**校注**："傳"字誤，《王二》《唐韻》作"傳"。

〇**譴**　去戰反溪線A開。問。一。

**校注**：紐字數當作"三"，"一"爲因"俔"字注文衍"二"字而脱計"俔""晵"二字之數，參"俔"字條校注。

**俔**　閒。又作(胡)繭[反]匣銑開。〖二〗。

**校注**："作"字誤，蓋當作"胡"。"反"字脱。紐字數"二"字衍。字又見銑韻胡繭反匣銑開、霰韻苦見反溪霰開。

**晵**　雨而晝止。

**校注**：字原從"石"不從"户"，從"弋"不從"攵"，俗誤，《廣韻》作"晵"。字又見薺韻康礼反溪薺開、霰韻苦見反溪霰開。

〇**絹**　吉掾反見線A合。繒。三。

**狷**　狂~，褊急。

**鄄**　~城縣，在東郡也。

**校注**：龍校云："在東郡也四字不清，諦審之猶可辨見，唐氏所寫同。"字又見青韻户經反匣青開。

〇**瑗**　王眷反云線B合。玉名。又于願反云願合。五。

**媛**　美女。

**援**　衛護。

**校注**：字又見元韻韋元反云元合。

**院**　垣。

**校注**：字右原從"宛"，俗誤，《王二》《唐韻》《廣韻》作"院"。

**褑**　佩帶。

〇**面**　弥戰反明線A開。顏前。二。

**偭**　嚮。

〇**釧**　尺絹反昌線合。鐶。一。

**校注**：底本"鐶"上有"官"字，旁識兩小點，兹徑刪。

〇**掾**　以絹反以線A合。官。四。

**緣**　幅。

**校注**：字又見仙韻与專反以仙A合。

**抁**　動~。

**颴**　小風。

**校注**：字左原從"兖"。

〇**驟**　陟彦反知線開。馬上浴。二。

**校注**："上"字誤，《王二》作"土"。

**襢**　皇后衣。亦作褻。

**校注**：亦作字誤，當作"襄"，《説文》作"襄"。字又見仙韻諸延反章仙開。

〇**瞑**　人絹反日線合。城下田。又而兖反日獮開。一。

**校注**：字又見箇韻乃臥反泥過一。

〇**箭**　子賤反精線開。矢。七。

髩　女鬌垂。

校注：字又見獮韻即踐反精獮開。

莆　草名，似覆盆。

校注：字亦作"蕭"，"蕭"字見先韻昨先反從先開、獮韻即踐反精獮開。

濺　水激。

錢　陸終子。

楄　木名。

煎　熬。又子仙反精仙開。

校注：字又見仙韻子仙反精仙開。

〇硟　尺戰反昌線開。展繒石。一。

校注：字又見仙韻相然反心仙開。

〇扇　式戰反書線開。扉~。四。

煽　火盛皃。又失延反書仙開。

校注：字又見仙韻式連反書仙開。

傓　盛。

蝙　蠅醜。

〇躽　於扇反影線B開。怒瞋。一。

〇眷　居倦反見線B合。戀愛。十。

睠　遠顧。

校注："遠"字誤，《王二》《唐韻》作"還"。

捲　西~縣，在日南。

卷　書~。

校注：字又見獮韻居轉反見獮B合。

桊　牛拘。

餋　祭。

帣　囊。

勬　勤。又使。力(又)居負見仙B合〖二〗反。

校注："使"字誤，本書仙韻訓"強健"，"使"蓋"健"字之誤。"力"當爲"又"字之誤，"二"字衍。《廣韻》注："勤也，又居負切。"字又見仙韻，音居負反見仙B合，然誤合於仙韻莊縁反莊仙合。

巻　黄豆。又九免反見獮合。

校注：又九免反，本書無見母獮韻合口一紐。字又見阮韻求晚反群阮合。

蜷　~蠋。

〇倦　渠卷反群線B合。疲。亦作劵。六。

韏　縁靴縫。

僎　具。或為撰。亦作饌。

校注：字又見獮韻士免反崇獮合。

弮　摟餘。

校注：字原作"𢍏"，誤，《集韻》作"弮"。

籑　飲。亦作饌。又仕篡反崇諫合。

校注：又仕篡反，本書無崇母諫韻合口一紐。字亦作"饌"，"饌"字見線韻士變反崇線合。

襈　重繒。

校注：字又見線韻士變反崇線合。

〇戀　力卷反來線合。貪。二。

孌　好皃。

〇猭　丑戀反徹線合。走草。一。

〇變　彼眷反幫線B開。化。一。

〇篳　所眷反生線合。車軸。二。

校注：字又見仙韻山負反生仙合。

孿　一乳兩子。又山患反生諫合。

校注：字亦作"䜌"，"䜌"字見諫韻山患反生諫合。

〇縓　七選反清線合。絳色。又七

全反清仙合。二。

𨈆　更視。

校注：字原作"㹗"，俗誤，《廣韻》作"𨈆"。

〇卞　皮變反並線B開。縣名，在魯。又姓。九。

拚　揩。

弁　冠。

汴　水名，在陳留。

閞　門欂。

校注："欂"下當據《王二》《唐韻》《廣韻》補"櫨"字。字又見願韻符万反並願合。

匥　笥。

校注："笥"字誤，《廣韻》作"笥"。

獖　大鬭聲。

校注："大"字誤，《王二》《廣韻》作"犬"。注文次字爲"鬭"字俗誤。

昪　喜樂。

覍　弁~。

校注：字原作"㝵"，誤，《王二》作"覍"，《廣韻》以"覍"爲"弁"字或體。

〇淀　辝選反邪線合。四泉。四。

校注：上"四"字誤，《廣韻》作"回"。字又見仙韻似宣反邪仙合。

鏇　轉軸裁器。或作旋。又囚玄反邪先合。

校注：又囚玄反，本書無邪母先韻合口一紐。字又見仙韻似宣反邪仙合。

縼　長繩繫牛馬放之。亦作旋。

嫙　好。又以(似)泉反邪仙合。

校注："以"字誤，當作"似"。字亦作"𪦠"，"𪦠"字見仙韻似宣反邪仙合。

〇選　息絹反心線合。簡。六。

校注：字又見獮韻思兖反心獮合。

灢　飲。又須芮反心祭合。

校注：字原從"艹"不從"竹"，從"曰"不從"目"，俗誤，《廣韻》作"灢"。字又見祭韻此芮反清祭合。

潠　口含水噴。

䝨　羕。

繏　索~。

䍐　罥獸足。亦作蹼。

校注：字亦作"蹼"，"蹼"字見線韻丘弁反溪線B合。

〇饌　士變反崇線合。食。二。

襈　椽~。

校注：字左原從"礻"，俗誤，《廣韻》作"襈"。"椽"俗誤，當作"椽"。字又見線韻渠卷反群線B合。

〇傳　直戀反澄線合。又丁戀端(知)線合二反。一。

校注："二""反"二字原倒誤，"二"旁識一小鉤。"丁"上當補切語二字，《唐韻》《廣韻》作"直專澄仙合"，《王二》作"直戀澄線合"。"丁"端母字，又丁戀反端知類隔。字又見仙韻直緣反澄仙合、線韻知戀反知線合。

〇賤　在線反從線開。下賤。二。

餞　酒食送人。又庚(疾)淺反從獮開。

校注："庚"字誤，蓋當作"疾"。字又見獮韻疾演反從獮開。

〇羨　似面反邪線開。慕。一。

○掾　竪釧反禪線合。懸繩望之~~。一。

○騗　匹扇反滂線A開。躍上馬。一。

○輾　女箭反娘線開。水~。一。

校注：字又見獮韻知演反知獮開。

○囀　知戀反知線合。韻。二。

傳　郵馬。又直戀澄線合、直圓澄仙合二反。

校注：字又見仙韻直縁反澄仙合、線韻直戀反澄線合。

○䡾　丘弁反溪線B合。祠~。三。

校注：字原作"䡾"，俗誤，《萬象名義》作"䡾"。

桊　辟繩。

校注：字又見願韻去願反溪願合、燭韻居玉反見燭。

䠣　羂冈。亦作罤。

校注：字亦作"䍐"，"䍐"字見線韻息絹反心線合。

○衍　餘見反以線A開。達。又以淺反以獮A開。五。

校注："見"霰韻字，四等韻例不配以母，餘見反霰線混韻。字又見獮韻以淺反以獮A開。

演　水潛流。〖又以淺反以獮A開〗。

校注：又以淺反爲"演"字音，此又反因形而衍。字又見震韻与晉反以震A。

縯　長。又以淺反以獮A開。

校注：字又見軫韻余畛反以軫A、獮韻以淺反以獮A開。

遂　移。

嗔　大笑。

校注：字又見軫韻余畛反以軫A。

○便　婢面反並線A開。利。一。

校注：字又見仙韻房連反並仙A開。

○剸　之囀反章線合。截齺。又之兖反章獮合。一。

校注：字又見寒韻度官反定桓、獮韻旨兖反章獮合。字亦作"剬"，"剬"字見寒韻多官反端桓。

○膌　内和麵。蕭弔反心嘯。

校注：底本此字書於列首，間一大字空而後書"嘯"紐，似爲線韻末字，非也。此字爲嘯韻字，本書誤置，當乙入嘯紐。字又見尤韻所鳩反生尤。

# 卅二嘯

○嘯　蘇弔反心嘯。亦作歗。一。

○糶　他弔反透嘯。賣。八。

眺　視~。

趒　越~。

校注：字又見蕭韻吐彫反透蕭。

覜　見。《周礼》"瑑珪璋以覜聘"。

咷　叫，聲。

校注：字又見豪韻徒刀反定豪。

窱　深遠皃。

校注：字又見篠韻吐鳥反透篠。

銚　銋。

絩　絲數。

○弔　多膌反端嘯。問凶。五。

校注：《王一》作"多嘯反"，本書"膸"字後增，參"膸"字條校注。

佣　～儅，不常皃。

瘍　～，狂病。

校注：省代號下當據《王一》《王二》《廣韻》補"星"字。

釣　魚～。亦作魡。

寫　～窅，深皃。

〇叫　古弔反見嘯。亦噭。五。

訆　訏～。

徼　小道。

噭　行滕。又古鳥反見篠。

校注：字又見筱韻古了反見篠。

激　水急。又古歷反見錫開。

校注：字又見錫韻古歷反見錫開。

〇尿　奴弔反泥嘯。小便。或正作屎。一。

〇藋　徒弔反定嘯。菜。亦作蓶。四。

校注：亦作字誤，《王一》《集韻》作"蘿"。

銚　燒器。

校注：字又見宵韻余招反以宵A。

掉　振～。

校注：字又見篠韻徒了反定篠。

筄　草器。亦蓚。

校注："蓚"字誤，《集韻》作"蓧"。字亦作"蓧"，"蓧"字見蕭韻吐彫反透蕭。

〇竅　苦弔反溪嘯。穴。二。

擊　撃～。

校注：字又見錫韻去激反溪錫開。

〇顟　力弔反來嘯。～顤，長頭皃。六。

校注：字左上原脱筆從"大"，《王二》《唐韻》《廣韻》作"顟"。

尥　牛脛交。

校注：字又見肴韻薄交反並肴、職韻良直反來職開。

嫽　户。又力蕭反來蕭。～弄～。

校注："户"字誤，當作"戾"，本書蕭韻注"嫽戾，性自是"。字又見蕭韻落蕭反來蕭、小韻力小反來小。

料　～理。

校注：字又見蕭韻落蕭反來蕭。

嘹　宿呼。

鐐　美金。又力彫反來蕭。

校注：字又見蕭韻落蕭反來蕭、笑韻力照反來笑。

〇顤　五弔反疑嘯。五。

校注：底本"反"下有二"五"字，上"五"字旁識兩點，兹徑刪。字又見蕭韻五聊反疑蕭。

獟　狂犬。

澆　韓浞子名。

校注：字又見蕭韻古堯反見蕭。

劓　折鼻。

校注："折"字誤，《廣韻》《集韻》作"仰"。字又見宥韻牛救反疑宥。

嘄　叫。

〇窅　於弔反影嘯。隱闇。又於鳥反影篠。二。

校注：字原作"窅"，俗誤，《集韻》作"窅"，合《説文》。

窈　～窱，幽深。

**校注**：字又見篠韻烏晈反影篠。

〇嫯　呼叫反曉嘯。~猍，喜。一。

**校注**：龍校云："折声之字不當入此韻。……疑列字漶漫為叫，遂誤收於此。"底本"叫"字爲"叫"字俗書。字又見薛韻許列反曉薛B開。

## 卅三笑

〇笑　私妙反心笑。咍。亦俗作咲。三。

**校注**：《王一》作"亦作笑、吠"。

肖　骨肉相似。

鞘　刀~。

〇照　之笑反章笑。明及。三。

詔　勑書。

陘　隄~。

**校注**：字右上原從"尸"不從"刀"，誤，《王一》《廣韻》作"陘"。

〇曜　弋笑反以笑A。光。耀。十一。

**校注**：《王一》作："光曜。或作耀。"此奪字。

鷂　鷹類。

摇　動~。

**校注**：字又見宵韻余招反以宵A。

覞　普視。又昌召反昌笑。

**校注**：龍校云："召字畧壞，与石字極近。"字又見笑韻[昌召反]昌笑。

鋈　貴玉。又餘周以尤、餘久以有二反。

**校注**：字原作"遙"，誤，《説文·玉部》作"鋈"。字又見尤韻以周反以尤、有韻与久反以有。

睔　眩~。或作覰，視誤。

論　誤。

趡　走。

**校注**：字又見旨韻千水反清旨合、笑韻才笑反從笑。

笵　屋危。

**校注**：《爾雅·釋宮》："屋上薄謂之笵。"郭注："屋笮。"

蓎　菟絲。又帝女花。

**校注**：字又見宵韻式招反書宵。

尳　行不正。

**校注**：字原從"兀"不從"尢"，俗誤。

〇要　於笑反影笑A。稱心。又於昭反影宵A。二。

**校注**：字又見宵韻於宵反影宵A。

約　券。又於略反影藥開。

**校注**："券"爲"劵"字之誤。字又見藥韻於略反影藥開。

〇召　直笑反澄笑。呼。一。

〇邵　寔曜反禪笑。古國。四。

劭　自強。

韵　到懸鉤。

卲　高。又時燒反禪宵。

**校注**：字原作"召"，誤，《王一》《王二》《廣韻》作"卲"。字又見宵韻市招反禪宵。

〇嶠　渠廟反群笑B。山道。二。

**校注**：字又見宵韻奇嬌反群宵B。

轎　軥。又並奇驕反群宵B。

**校注**：注文首字爲"軥"字俗誤。此言"並"

者,意指上一字"嶠"亦又音奇驕反群宵B。字又見宵韻奇嬌反群宵B。

〇剽　匹笑反滂笑A。強取。七。

彯　畫。

嘌　置風日内令乾。

漂　水中打絮。亦作潎。

校注:亦作字誤,當作"潎",《廣雅·釋言》:"漂,潎也。"曹憲"潎"字音"匹照反滂笑A"。字又見宵韻撫遥反滂宵A。

僄　輕~。

校注:字又見宵韻撫遥反滂宵A。

慓　急疾。

校注:字又見宵韻撫遥反滂宵A。

驃　裁聞。

〇噍　才笑反從笑。~嚼。又子由反精尤。五。

校注:字又見宵韻即遥反精宵、尤韻即由反精尤。

誚　責。

劁　刈。又在宵反從宵。

校注:字又見宵韻昨焦反從宵。

譙　讓。又似焦反邪(從)宵。

校注:本書無邪母宵韻一紐,又似焦反從邪混切。字又見宵韻昨焦反從宵。

趡　走。

校注:字又見旨韻千水反清旨合、笑韻弋笑反以笑A。

〇妙　弥照反明笑A。精好。一。

〇峭　七笑反清笑。山峻。二。

簌　竹箫,洛陽亭長所吹。又七由反清尤。

校注:字又見宵韻七遥反清宵、尤韻七遊反清尤。

〇燎　力照反來笑。又力小來小二反。八。

校注:龍校云:"二字王一無,王二、唐韻並云又力小反,廣韻同,此誤衍。"龍校未安,"燎"字本書三收,此或脱"力昭"二字。字又見宵韻力昭反來宵、小韻力小反來小。

尞　柴祭天。

鐐　銀~。

校注:字又見蕭韻落蕭反來蕭、嘯韻力弔反來嘯。

壉　周垣。

校注:字又見蕭韻落蕭反來蕭。

療　救~。

鐐　炙~。

熮　火皃。

校注:字又見有韻力久反來有。

翏　高飛。又力幼反來幼。

校注:字又見宥韻力救反來宥。

〇趬　丘召反溪笑A。輕皃。二。

校注:"輕"上S. 6176、《王二》、《唐韻》、《廣韻》有"行"字,當據補。字又見宵韻去遥反溪宵A。

鱙　~,高不安。

校注:省代號下《王二》《唐韻》有"鱙"字,當據補。

〇鱙　牛召反疑笑A。鱙~。一。

〇醮　子肖反精笑。祭。七。

釂　酒盡。亦作㰁。

校注:亦作字誤,《説文》作"㰁"。

𪏐　白色。

校注：字又見代韻烏代反影代、藥韻在爵反從藥開。

潐　盡~。

穛　小醮。

校注：字原作“秞”，誤，《廣韻》《集韻》作“穛”。

僬　行容止。

校注：字又見宵韻昨焦反從宵。

𥉹　目賔。

校注：“賔”字誤，《王一》作“冥”。

〇廟　眉召反明笑B。皃。亦作庿。一。

〇驃　毗召反並笑A。驍勇。一。

校注：字又見笑韻[卑妙反]幫笑A。

〇少　失召反書笑。二。

校注：字又見小韻書沼反書小。

燒　爇。又失昭反書宵。

校注：字又見宵韻式招反書宵。

〇祧　丑召反徹笑。遠祖庿。一曰祭。一。

校注：字又見蕭韻吐彫反透蕭。

〇裱　方庿反幫笑B。領巾。一。

〇翹　渠要反群笑A。尾。一。

校注：字又見宵韻去(渠)遥反群宵A。

〇饒　人要反日笑。請益。三。

校注：紐字數當作“一”，“三”爲合計“驃”“覞”二字之數，參“驃”“覞”字條校注。字又見宵韻如招反日宵。

〇驃　[卑妙反]幫笑A。馬名。[一]。

校注：底本反切及紐字數奪，兹據《王一》補。字又見笑韻毗召反並笑A。

〇覞　[昌召反]昌笑。竝也。[一]。

校注：底本反切及紐字數奪，兹據《王一》補。《王一》注：“昌召反，普視。又弋召反。一。”字又見笑韻弋笑反以笑A。

# 卅四效

〇效　胡教反匣效。亦作効。四。

校　~尉。從木，從手非。

校注：字又見效韻古孝反見效。

斅　~教。

𧬈　誤。

〇教　古孝反見效。訓。六。

窖　倉~。

校　檢~。

校注：字原作“挍”，俗誤，《廣韻》作“校”。字又見效韻胡教反匣效。

鉸　~刀。

酵　酒~。亦酘。

覺　睡~。又古學反見覺。

校注：字又見覺韻古岳反見覺。

〇孝　呼教反曉效。盡養。六。

哮　喚。又呼交反曉肴。

校注：字又見肴韻許交反曉肴。

涍　水名，在河南。

校注：字又見肴韻許交反曉肴。

嗃　大嘷。亦作詨。又呼各反曉鐸開。

校注：“嘷”字誤，《王一》《廣韻》作“嗥”。字又見肴韻許交反曉肴、鐸韻呵各反曉鐸開。

詨　吴人謂叫。又居肴反見肴。

校注：字又見肴韻古肴反見肴。

𪄻　鳫屬。

〇罩　丁教反端(知)效。取魚器。或作罺、~、羄、䈇。二。

校注："丁"端母字，丁教反端知類隔。省代號《王一》作"箪"。

鵫　白雉。

校注：字又見覺韻直角反澄覺。

〇豹　博教反幫效。斑獸。二。

爆　火列。又普駁反滂覺。

校注："列"字誤，《王一》《唐韻》作"烈"。字又見鐸韻補各反幫鐸開。

〇敲　苦教反溪效。擊。又苦交反溪肴。三。

校注：字又見肴韻口交反溪肴。

巧　~僞。又苦絞反溪巧。

校注：字又見巧韻苦絞反溪巧。

墽　~磽。又口交反溪肴。

校注："口"字上原有"苦"字，旁識一小點，兹徑删。字亦作"磽"，"磽"字見肴韻口交反溪肴、篠韻苦皎反溪篠。

〇貌　莫教反明效。儀。亦作皃。五。

䫜　引。

帗　㡌。

校注：字原作"悅"，俗誤。"㡌"字誤，《王一》《廣韻》《集韻》作"幗"。

䚊　綵雜文。

緢　旄絲。

〇奅　匹皃反滂效。起釀。或作窌。四。

校注：字下原從"夗"，俗書，《廣韻》作"奅"。或作字S. 6176作"窌"。

炮　灼~。

校注：字又見肴韻薄交反並肴。

窌　地藏。又力救反來宥。

校注：字下原從"夗"，俗書，《廣韻》作"窌"。字又見宥韻力救反來宥。

抛　~車。又普交反滂肴。

校注：字又見肴韻匹交反滂肴。

〇趠　褚(褚)教反徹效。行皃。二。

校注："褚"字誤，當作"褚"。

踔　猨跳。

校注：字又見覺韻勑角反徹覺。

〇稍　所教反生效。漸~。五。

潲　豕食。

㲖　小木。

校注：《廣韻》云"木上小"。字又見宵韻相焦反心宵、覺韻所角反生覺。

鄁　大夫食邑。

䈾　耬種。

〇棹　直教反澄效。舟~。一。

〇橈　奴効反泥(娘)效。木曲。又如昭反日宵。亦作撓。又乃飽泥(娘)巧、如紹日小二反。三。

校注：字原作"撓"，俗誤，《王一》《王二》《唐韻》《廣韻》作"橈"。"乃"泥母字，奴効反、又乃飽反泥娘類隔。乃飽反爲"撓"字音。字又見宵韻如招反日宵。

淖　泥~。

夷　不靜。亦作閙。

〇抓　側教反莊效。爪刺。三。

**校注：**字又見肴韻側交反莊肴、巧韻側絞反莊巧。

瘬　縮~。

笊　~籬。

〇皰　防孝反並效。面瘡。四。

靤　刮皮。反(又)普角反滂覺。

**校注：**上"反"字誤，當作"又"。字又見覺韻匹角反滂覺。

鉋　~刷。又薄亥(交)反並肴。

**校注：**"亥"字誤，《王一》作"交"。字又見肴韻薄交反並肴。

皰　面氣。

〇抄　初教反初效。掠。或作鈔。亦作剿。三。

**校注：**字又見肴韻楚交反初肴。

觘　角上。

罺　小冈。

**校注：**字亦作"罺"，"罺"字見肴韻側交反莊肴。

〇巢　仕稍反崇效。棧。一。

**校注：**字又見肴韻鋤肴反崇肴。

〇樂　五教反疑效。愛。一。

**校注：**字又見覺韻五角反疑覺、鐸韻盧各反來鐸開。

〇拗　乙罩反影效。佷。又於絞反影巧。三。

**校注：**字又見巧韻於絞反影巧。

箹　竹節。

**校注：**字又見覺韻於角反影覺。

靿　韡~。

# 卅五号

〇号　胡到反匣号。~令。四。

琥　石似玉。

墿　土釜。

**校注：**字原作"號"，誤，《王一》《廣韻》作"墿"。字又見晧韻胡老反匣晧。

諕　相欺。

〇導　徒到反定号。引。十二。

翿　舞所執。亦作翳、翢。

**校注：**"翳"字左上原作"昬"，誤，《王一》作"翳"。

悼　傷。

蹈　履。

盜　竊物。

纛　左~。

燾　覆~。又大刀反定豪。

**校注：**字又見豪韻徒刀反定豪。

䆃　禾六穗。

耆　年九十。

**校注：**字原作"𦒹"，不成字。《廣韻》《集韻》作"耆"，《廣韻》注"或作耆"，底本字頭蓋爲"耆"字之訛。

糦　粘。

駣　長。又乃到反泥号。

**校注：**字亦作"髟"，"髟"字見晧韻奴浩反泥晧、号韻奴到反泥号。

纙　不青不黄。

〇到　都導反端号。至。二。

禱　祭。

校注：字又見晧韻都浩反端晧。

〇誥　古到反見号。書。五。

郜　國名，在濟陰。

縞　素。又古老反見晧。

校注：字又見晧韻古老反見晧。

告　語。又古沃反見沃。

校注：字又見沃韻古篤反見沃。

烄　交不然。亦作熬。

校注："不"字誤，《王一》《唐韻》作"木"。亦作字爲"熬"字俗形，然"烄""熬"各字，不當爲或體。字又見巧韻古巧反見巧。

〇傲　五到反疑号。自高皃。五。

顤　頭長。

校注：字又見豪韻五勞反疑豪。

鏊　~餅。

校注：字又見豪韻五勞反疑豪。

驁　馬名。又五刀反疑豪。

校注：字又見豪韻五勞反疑豪。

奡　陸地行舟人。

〇帽　莫報反明号。頭巾。亦作䙁。夲作冒字。十一。

校注："冒"字誤，《王一》作"冃"。

耄　老。亦作薹。

芼　菜香食。

校注：字又見豪韻莫袍反明豪。

眊　目少精。又忘角反明覺。

校注：字又見覺韻莫角反明覺。

瑁　圭名。

校注：字又見隊韻莫佩反明隊、沃韻莫沃反明沃。字亦作"瑂"，"瑂"字見代韻莫代反明代。

冒　涉。又莫北反明德開一。

校注：字又見德韻莫北反明德開一。

䀛　細視。又許六反曉屋三。

校注：字又見屋韻許六反曉屋三。

覒　視。

毷　鳥毛盛。

校注：龍校云："疑此即毴字，盖誤从毛字讀之而收於此。""毴"字見軫韻而尹反日準。

毷　刺。

娼　夫妬婦。

校注：字又見沃韻莫沃反明沃。

〇嫪　盧到反來号。悋物。六。

校注：字又見豪韻盧刀反來豪。

澇　淹。或作勞。

校注："勞"字誤，當作"潦"。《王一》注"或作潦"，《王二》注"亦作潦"，《廣韻》注"上同"，上字爲"潦"。字又見晧韻盧浩反來晧。

勞　慰~。

校注：字又見豪韻盧刀反來豪。

𧬂　~𧮮，急䍐皃。又力刀反來豪。

𢇍　施絞於鞴。

癆　洌水云服藥毒。又力彫反來蕭。

校注：字又見蕭韻落蕭反來蕭。

〇操　七到反清号。持。又七刀反清豪。四。

校注：字又見豪韻七刀反清豪。

造　至。又昨早反從晧。

校注：字又見晧韻昨早反從晧。

慥　言行急。

鄵　鄭地。

○暴　薄報反並号。乍也。虎。五。

瀑　甚雨。

**校注**：字又見屋韻蒲木反並屋一。

菢　鳥伏卵。

褭　衣前襟。衣(亦)作褟。

**校注**：下"衣"字誤，《王一》作"亦"。亦作字爲"褟"字俗誤。

㚈　姓。

**校注**：字原作"㚈"，誤，《廣韻》作"㚈"。

○報　博秏反幫号。迴信。一。

○漕　在到反從号。運穀。一。

○奥　烏到反影号。深。十。

腴　藏肉。

**校注**：字又見晧韻烏浩反影晧、屋韻於六反影屋三。

懊　~悔。

**校注**：字又見晧韻烏浩反影晧。

饃　妬食。

隩　屋隅。

燠　熱。又於六反影屋三。

**校注**：字又見屋韻於六反影屋三。

墺　四~。古文作垘。

**校注**：字又見屋韻於六反影屋三。

譔　告~。

𡗐　長~。

**校注**：字原作"𡗐"，俗書。字又見晧韻烏浩反影晧。

鰃　小鰌。

○喿　蘓到反心号。鳥聲。五。

**校注**："鳥"上當據《王一》《王二》《唐韻》補"羣"字。

譟　辟呼。

**校注**："辟"字誤，《王一》《王二》《唐韻》《廣韻》作"群"。

瘙　疥~。

𪆺　䴉~。

**校注**：字原作"䴉"，俗誤，《王二》《廣韻》作"𪆺"。

埽　除。又蘓道反心晧。亦掃。

**校注**：字又見晧韻蘓晧反心晧。

○犒　苦到反溪号。餉軍。亦作搞。三。

**校注**："搞"字誤，《王一》《王二》《廣韻》作"犒"。

靠　相違。

顤　大頭。

○竈　則到反精号。坎埲。俗作竃。三。

躁　動。

趮　疾。

○秏　呼到反曉号。減。二。

**校注**：字又見隊韻荒佩反曉隊。

好　愛。又呼老反曉晧。

**校注**：字又見晧韻呼浩反曉晧。

○韜　他到反透号。𨱆衣。一。

**校注**：字又見豪韻吐髙反透豪。

○腦　奴到反泥号。三。

**校注**：字右下原從"心"，俗書。字又見晧韻奴浩反泥晧。

臑

校注：底本注文奪。《王一》《廣韻》注："臂節。"

髫　長皃。又徒到反定号。

校注：字又見晧韻奴浩反泥晧。字亦作"䠷"，"䠷"字見号韻徒到反定号。

## 卅六箇

〇箇　古賀反見箇一。一枚。一。

〇賀　何箇反匣箇一。慶。二。

袔　袖。亦作襸。

〇佐　作箇反精箇一。助。五。

左　~右。又作何(可)反精哿一。

校注："何"字誤，《王一》《唐韻》《廣韻》作"可"，《王二》作"哿"。字又見哿韻則可反精哿一。

㞢　副。

尥　行不正。

校注：字原從"兀"不從"尢"，俗誤。

袏　襌衣。

〇跢　丁佐反端箇一。小兒行。四。

校注：字又見泰韻都盖反端泰開。

癉　勞。

校注：字又見寒韻徒干反定寒。

哆　語助聲。

校注：字又見紙韻尺尓反昌紙開、馬韻車下反昌馬開三。

瘆　病。

校注：字又見寒韻他單反透寒、哥韻託何反透歌一。

〇邏　盧箇反來箇一。遊近。二。

校注："近"字誤，S. 6176、《王二》、《唐韻》、《廣韻》作"兵"。

欏　婦人衣。

〇坷　口佐反溪箇一。坎~，不平皃。三。

軻　孟子居貧轗~，故名~。又苦哥反溪歌一。

校注：字又見哥韻苦何反溪歌一、哿韻枯我反溪哿一。

呿　擊。

校注：字又見哿韻呼我反曉哿一。

〇餓　五箇反疑箇一。飢。[一]。

校注：底本紐字數奪。

〇播　補箇反幫過一。又古文𥹘字。布。三。

簸　~揚。又布火反幫果一。

校注：龍校云："揚又二字漶漫不能辨見，唐氏書如此。"字又見哿韻布火反幫果一。

譒　□~。

校注：龍校云："譒字不清，从唐氏所書及王一、王二、廣韻補足。注文亦殘，唐氏書作敷，与王一、廣韻同。見説文。"底本字頭但見"言"旁。

〇貨　□□□(呼卧反)曉過一。賄。一。

校注：龍校云："音切三字均殘，唐氏書作呼卧反，与王一、王二、唐韻並同。"《廣韻》"呼卧切"。

〇卧　吴貨反疑過一。眠。一。

〇奈　□□□(奴箇反)泥箇一。□(又)奴盖反泥泰開。一。

校注：龍校云："注文右行殘，唐氏書作奴箇反又四字，王一、王二、唐韻並云奴箇反。"《廣韻》"奴箇切"。字亦作"柰"，"柰"字見泰韻奴帶反泥泰開。

〇挫　□卧□（反）精過一。折。三。

校注：龍校云："正文挫字不清，依諸書補。"上字《王一》《王二》作"側"，S. 6176、《唐韻》、《廣韻》作"則"。"側"莊母字，是紐以之爲切則精莊混切。

娷　拜失容。又子對精隊、徂嫁二反從（崇）禡開二。

校注："徂"從母字，又徂嫁反從崇混切。字又見隊韻子對反精隊、禡韻鋤駕反崇禡開二。

侳　安。又子過反精戈一。

校注：龍校云："此二字（娷侳）正注文皆不可辨見，並从唐氏補，王一同。"字又見哥韻子過反精戈一。

〇磨　莫箇反明過一。研。三。

䃺　塵。

摩　按~。

校注：字又見哥韻莫何反明戈一。

〇剉　麁卧反清過一。斫。三。

銼　蜀人呼鈷鏻。

校注：字又見哥韻昨和反從戈一、屋韻昨木反從屋一。

莝　斬草。

〇愞　乃卧反泥過一。弱。［又］乃亂反泥換。四。

校注："又"字原奪，《王一》有字。字又見獮韻而兖反日獮合。字亦作"懦"，"懦"字見虞韻日朱反日虞、翰韻乃亂反泥換。

堧　少土。

校注："少"字誤，S. 6176、《王二》、《唐韻》作"沙"。

稬　桗。本穤。

校注："桗"爲"稌"字之誤。字又見翰韻乃亂反泥換。

㬉　城外隍内地。

校注：字又見線韻人絹反日線合。

〇和　胡卧反匣過一。應哥。又胡戈反匣戈一。諧。三。

校注：字又見哥韻胡過反匣戈一。

倇　和。

盉　調五味。

〇唾　託卧反透過一。口汁。四。

毻　鳥獸易毛。

蛻　蟬~，去皮。

校注：字右原從"兊"。字又見祭韻舒芮反書祭合、薛韻翼雪反以薛A合。

襜　無袂衣。又徒卧反定過一。亦作褣。

校注：亦作字蓋"褠"字之誤，《説文》作"褠"。字又見箇韻徒卧反定過一。

〇過　古卧反見過一。失。又古和反見戈一。經。三。

校注：字又見哥韻古和反見戈一。

划　鏁。又公禍反見果一。亦作鍋。

校注："鍋"字誤，《王一》《廣韻》作"鐹"。字又見果韻古火反見果一。

蝸　蠸蠰。又古和反見戈一。

校注：字又見哥韻古和反見戈一。

〇破　普卧反滂過一。物毀。二。

頗　語第。又普和反滂戈一。

校注：字又見哥韻滂何反滂戈一、哿韻普可反滂果一。

〇涴　烏卧反影過一。泥。四。

校注：字原作"涴"，誤，《王一》《王二》《唐韻》《廣韻》作"涴"。"泥"下當據四書補"著物"二字。

汙　穢~。又烏故反影暮。

校注：字又見暮韻烏故反影暮。

堁　塵。又口對反溪隊。

校注：字又見隊韻苦對反溪隊。

踒　足跌。

〇惰　徒卧反定過一。懈~。二。

𧞤　無袂衣。

校注：字又見箇韻託卧反透過一。

〇馱　唐佐反定箇一。負物。一。

〇課　苦卧反溪過一。責功。三。

校注：字又見哥韻苦和反溪戈一。

髁　臀骨。或作尻。

校注：字又見馬韻口瓦反溪馬合二。

敤　研理。又口果反溪果一。

校注：字又見哿韻枯果反溪果一。

〇贏　郎過反來過一。痿傫。四。

𦡝　紖~。

校注：字右原從"羸"，誤，《王二》《廣韻》作"𦡝"。

瘰　疫病。又力外反來泰合。

校注：字又見泰韻郎外反來泰合。

𤸫　脥中病。

校注：字原從"冗"從"羸"，誤，《王一》作"𤸫"。

〇桗　丁過反端過一。木夲。二。

媣　量。

〇膹　先卧反心過一。膋膏。一。

校注：底本"卧"上有"卦"字，旁識兩點，兹徑刪。"膋"字誤，《王一》《廣韻》《集韻》作"膋"。

〇侉　烏佐反影箇一。痛辞。一。

〇拖　别（吐）邏反透箇一。牽車。〚又徒我反定哿一〛。一。

校注：字原作"柂"，俗誤，《王一》《廣韻》作"拖"。"别"字誤，《王一》《廣韻》作"吐"。又徒我反定哿一爲"柁"字音，當刪。"柁"字見哿韻徒可反定哿一。

〇些　蘓箇反心箇一。語詞。一。

校注：字又見霽韻蘓計反心霽開。

〇坐　在卧反從過一。二。

校注：字又見哿韻徂果反從果一。

座　小牀。

〇磋　七箇反清箇一。磨。一。

校注：字又見哥韻七河反清歌一。

〇欨　呼箇反曉箇一。大笑。又呼可反曉哿一。一。

校注：字又見哿韻呼我反曉哿一、禡韻口訝反溪禡開二。

## 卌七禡

〇禡　莫駕反明禡開二。祭名。七。

榪　牀頭横木。

髳　婦人結帶。

瘍　牛馬病。又莫晏反明諫開。

**校注:** 字又見諫韻莫晏反明諫開。

鄢　縣名,在犍為。

罵　恶言。

**校注:** 字又見馬韻莫下反明馬開二。

㾼　增~。

**校注:** 字又見有韻房久反並有。

〇駕　古訝反見禡開二。牽乘。十。

稼　種~。

嫁　歸~。

瘕　腹病。

**校注:** 字又見麻韻古牙反見麻開二、馬韻古雅反見馬開二。

架　~屋。

挌　舉閣。

價　~數。

假　休。又古雅反見馬開二。

**校注:** 字又見馬韻古雅反見馬開二。

胷　~膝,不密。

幏　賨布。

〇亞　烏訝反影禡開二。次。六。

俹　倚。

欸　驢鳴。

婭　婚家相謂。

晋　姓。

襾　覆、覂、覀、覈字並從此。

〇嚇　呼訝反曉禡開二。笑聲。又呼格反曉陌開二。六。

**校注:** 字又見陌韻呼格反曉陌開二。

罅　孔□皃。

**校注:** 龍校云:"孔下一字不清,似作闈,蓋間字之誤。"底本"孔"下字可辨"門"形。

唬　虎聲。

**校注:** 字亦作"虓","虓"字見肴韻許交反曉肴。

諕　誑。

**校注:** 此字 S. 6176、《王一》、《王二》、《唐韻》、《廣韻》作"諱",蓋亦誤,"宰""罕"聲字均不當入禡韻。

墎　地,在晉。

煆　赫。又許加反曉麻開二。

**校注:** 字又見麻韻許加反曉麻開二。

〇迓　吾駕反疑禡開二。迎。三。

訝　嗟。

犽　獸名。

〇詫　丑亞反徹禡開二。誑。一。

〇吒　陟訝反知禡開二。~歎。四。

妒　美女。又都故反端暮。

**校注:** 字又見暮韻當故反端暮。

炬　火聲。

莊　~蓿,黄芩。

〇詐　側訝反莊禡開二。誑。一。

**校注:** 紐字數作"一"而實收二字。

䈣　酒~。亦槊。

**校注:** 字原作"䈣",誤,此字《唐韻》《廣韻》作"笮"。字又見麥韻側革反莊麥開、陌韻側陌反莊陌開二、鐸韻在各反從鐸開。

〇乍　鋤駕反崇禡開二。忽。五。

褯　祭名。或蜡。

詐　蹔訴。

**校注:** 字原作"詐",誤,《廣韻》《集韻》

作"詐"。

坐 失容節。又祖卧反精過一。

校注：字上原從"坐"，俗書。字又見隊韻子對反精隊、箇韻□卧□(反)"挫"紐精過一。

溠 水名，在義陽。又作離反精支開。

〇謝 似夜反邪禑開三。拜恩。三。

榭 臺~。

澍 水名。

〇髂 口訝反溪禑開二。髖骨。或作骬、骴。六。

校注：紐字數當作"三"，"六"爲合計"暇"紐三字之數，參"暇"字條校注。

疴 小兒驚。

校注：字亦作"痾"，"痾"字見哥韻烏何反影歌一。

吙 張口。

校注：字又見哿韻呼我反曉哿一、箇韻呼箇反曉箇一。

〇暇 閑。〖又〗胡訝反匣禑開二。[三]。

校注：字原作"暇"，俗誤，《廣韻》"暇"下云"俗作暇"。"又"字衍，《王一》《王二》無。底本紐字數奪。

夏 時。又胡雅反匣馬開二。

校注：字又見馬韻胡雅反匣馬開二。

下 向卑。又胡雅反匣馬開二。

校注：字又見馬韻胡雅反匣馬開二。

〇褯 慈夜反從禑開三。小兒~。三。

藉 以蘭茅地。又慈亦反從昔開。

校注：字又見昔韻秦昔反從昔開。

鍍 鏡~。

〇夜 以謝反以禑開三。夕。三。

射 僕~。

校注：字又見禑韻神夜反船禑開三、昔韻[食亦反]船昔開。

鵺 鳥名。

〇赿 充夜反昌禑開三。怒。一曰牽。又丑格反徹陌開二。一。

校注：字又見陌韻丑格反徹陌開二。

〇蝑 司夜反心禑開三。鹽藏蟹。亦作蝢。又息余反心魚。三。

校注：字又見魚韻息魚反心魚。

卸 ~馬除鞍。

篘 笞。

校注："笞"字誤，《王一》《廣韻》作"笪"。

〇柘 之夜反章禑開三。木名。六。

鷓 ~鴣，鳥，飛向南不向北。

䗪 虫名。

炙 ~肉。又之石反章昔開。

校注：字又見昔韻之石反章昔開。

蔗 甘~。

嗻 多語，~~。

〇唶 子夜反精禑開三。歎聲。二。

借 假。又子昔反精昔開。

校注：字又見昔韻資亦反精昔開。

〇舍 始夜反書禑開三。屋~。四。

騇 馬名。亦作舎。

赦 ~罪。

浛　水名，出䣌山。

〇射　神夜反船禡開三。武藝。二。

校注：字又見禡韻以謝反以禡開三、昔韻[食亦反]船昔開。

麝　獸名，有香。

校注：字又見昔韻[食亦反]船昔開。

〇霸　博駕反幫禡開二。王。亦作覇。四。

校注：字下原從"朔"，誤。

灞　水名。

校注：字右下原從"朔"，誤。

靶　轡革。

弝　弓~。

〇帊　芳覇反滂禡開二。把帊襆。二。

校注：字原作"靶"，涉上"靶"字而誤，S. 6176、《王一》、《王二》、《唐韻》、《廣韻》作"帊"。"覇"字原下從"朔"，誤。"把"字衍，S. 6176、《王一》、《王二》、《唐韻》、《廣韻》無。

怕　怖。

校注：字又見陌韻普百反滂陌開二。

〇摦　胡化反匣禡合二。寛。亦作䨟。五。

校注：亦作字誤，《王一》作"窊"。

吴　大口。

樺　木名。

華　西岳，山。

校注：字又見麻韻户花反匣麻合二。

樓　木名。又胡郭反匣鐸合。亦作檴。

校注："反""亦"二字原倒誤，"反"旁識一小鈎。字又見鐸韻胡郭反匣鐸合。

〇化　霍覇反曉禡合二。變。四。

校注："覇"字原下從"朔"，誤。

傀　鬼變。

匕　倒人。

校注：《説文》："變也，从到人。"

諣　疾言。

校注：字又見卦韻呼卦反曉卦合。

〇跨　苦化反溪禡合二。越。又口稟反溪暮。一。

校注：字亦作"趶"，"趶"字見暮韻苦故反溪暮。

〇誜　所化反生禡合二。枉。一。

〇䝚　白駕反並禡開二。獸名，似狼。亦作狛。三。

鮊　海魚。

校注：字又見陌韻傍百反並陌開二。

杷　作田具。又蒱巴反並麻開二。亦作桂。

校注：字右"巴"上原衍筆"㓁"，《王一》《王二》《唐韻》《廣韻》字作"杷"。字又見麻韻蒲巴反並麻開二。

〇䏧　乃亞反泥（娘）禡開二。膩。二。

校注："乃"泥母字，乃亞反泥娘類隔。

絮　結亂。

校注：字原作"挐"，誤，《廣韻》作"絮"。字又見御韻息據反心御。

〇笡　淺謝反清禡開三。斜逆。一。

〇沙　色亞反生禡開二。汏物。二。

**厦**　~屋。

**校注：**字又見馬韻胡雅反匣馬開二。

**○坬**　古罵反見禡合二。土埵。二。

**諣**　相誤。

**○窊**　烏坬反影禡合二。㾀。一。

**校注：**字又見麌韻以主反以麌。

**○塗**　徒嫁反定(澄)禡開二。飾。又丈加澄麻開二、唐都定模三反。三。

**校注：**"徒"定母字，徒嫁反定澄類隔。上"三"字誤，《王一》作"二"。字又見模韻度都反定模。

**蛇**　水母，狀如覆笠，隨潮上下，可將為膾用。

**秖**　開張屋。

**校注：**字又見麻韻陟加反知麻開二。

**○瓦**　五化反疑禡合二。苫屋。一。

**校注：**字又見馬韻五寡反疑馬合二。

## 卅八勘

**○勘**　苦紺反溪勘。挍。四。

**峆**　凝血。

**校注：**字右原從"舀"，俗誤。字又見勘韻徒紺反定勘。

**䶗**

**校注：**字右原從"舀"，俗誤。底本注文奪。字亦作"𪉺"，《王一》："𪉺，鹹。"《王二》："𪉺，醎。"《唐韻》："𪉺，醎味厚。"《廣韻》："𪉺，鹹味厚。"字又見闞韻公蹔反見闞、陷韻公陷反見陷。

［埳］　~軻。又苦感反溪感。

**校注：**底本字頭奪，"~軻又苦感反"誤繫於"䶗"字下。《王一》："埳，~軻。又苦感反。"字亦作"坎"，"坎"字見感韻苦感反溪感。

**○紺**　古暗反見勘。赤青色。八。

**校注：**紐字數當作"三"，"八"爲合計"憾"紐五字之數，參"憾"字條校注。

**淦**　新~縣，在豫章。

**校注：**字又見覃韻古南反見覃。

**贑**　薏苡别名。

**校注：**字又見送韻古送反見送一。

**○憾**　〚又〛下紺反匣勘。五。恨。

**校注：**"又"字衍，《王一》無。"五""恨"二字當互乙。

**琀**　~玉。

**浛**　水和物。

**唅**　哺。

**脂**　食肉不饜。

**校注：**字右原從"舀"，俗誤。

**○暗**　烏紺反影勘。日無光。三。

**闇**　冝。一曰弱。

**校注：**"冝"字誤，《王二》《唐韻》《廣韻》作"冥"。

**醃**　葅。又於炎反影鹽B。

**校注：**字又見鹽韻英廉反影鹽B、嚴韻於嚴反影嚴。

**○儑**　他紺反透勘。倸~，癡皃。七。

**校注：**字又見勘韻郎紺反來勘。

**撢**　探取。

**校注：**字原從"畀"不從"早"，俗誤，《王一》

《王二》《廣韻》作“撢”。

丙　無光。又吐念反透㮇，舌出皃。

校注：㮇韻他念反透㮇字作“舚”。

傝　~㒧，不自安。又吐盍反透盍。

校注：字又見盍韻吐盍反透盍。

膻　㜗。

校注：字原從“畀”不從“早”，俗誤，《王一》《廣韻》作“膻”。

憛　~悇。

誩　競言。[又]卑仰[反]群養開。

校注：“又”“反”二字原奪，《王一》有字。字又見養韻其兩反群養開、敬韻渠敬反群映開三。

〇俕　蘓紺反心勘。一。

〇㒧　五紺反疑勘。傝~。一。

校注：字又見覃韻五含反疑覃、盍韻五盍反疑盍。

〇謲　七紺反清勘。伺。三。

校注：字右原從“叅”，俗書。

参　~鼓。

校注：字原作“叅”，俗書。字又見覃韻倉含反清覃、侵韻所今反生侵。

眕　瞻~。

校注：字右原從“叅”，俗書。

〇醰　徒紺反定勘。酒味長。四。

校注：字原從“畀”不從“早”，俗誤，《唐韻》《廣韻》作“醰”。字亦作“贉”，“贉”字見覃韻徒南反定覃。

贉　買物逆付錢。

衉　血凝。

校注：字原作“䘓”，誤，《王一》作“衉”。字又見勘韻苦紺反溪勘。

嘾　括。又徒含反定覃。

校注：字又見寑韻式稔反書寑。

〇馾　丁紺反端勘。冠幘近前。一。

校注：字原作“**䭺**”。“幘”爲“幘”字俗誤，《王一》《唐韻》《廣韻》作“幘”。

〇撍　祖紺反精勘。斜插。一。

校注：字右原從“替”。“斜”字誤，《王一》作“針”。字又見感韻子感反精感。字亦作“簪”，“簪”字見覃韻作含反精覃。

〇儖　郎紺反來勘。一。

校注：字又見勘韻他紺反透勘。

〇顄　呼紺反曉勘。飴不飽，面黄。又呼感反曉感。一。

校注：字又見感韻呼感反曉感。

〇妠　奴紺反泥勘。取。一。

校注：字又見鎋韻女刮反娘鎋合。

# 卅九闞

〇闞　苦濫反溪闞。魯邑。四。

校注：字又見豏韻火斬反曉豏、陷韻火陷反曉陷。

瞰　視。

鹻　味苦。

校注：字又見闞韻吐濫反透闞。

㘓　可。又工覽反見敢。亦作嚂。

校注：字亦作“嚂”，“嚂”字見闞韻盧瞰反來闞。字亦作“㘓”，“㘓”字見敢韻工覽反見敢。

〇濫　盧瞰反來闞。汎。八。

校注：字又見㺌韻下斬反匣㺌。

㔋　刃利。

校注：字又見銜韻古銜反見銜。

醶　~醎。

纜　繫舟。

爁　火皃。

嚂　僭差。

嚂　食。或作懢。

濫　瓜葅。

校注：字原作"濫"。

○賧　吐濫反透闞。夷人以財贖罪。五。

校注：字原作"賧"，俗誤，《王二》《唐韻》《廣韻》作"賧"。"五"字誤，當作"四"。

鹼　䶎~，無味。

校注：注文首字爲"䶎"字俗誤。字又見闞韻苦濫反溪闞。

貼　候視。又勑黚反徹黚。

校注：字又見添韻丁廉（兼）反端添、黚韻丑厭反徹黚、㮇韻都念反端㮇。

澉　薄味。

校注：字又見敢韻古覽反見敢。

○䶎　公蹔反見闞。~鹼。二。

校注：字右原從"舀"，俗誤。字又見闞韻公蹔反見闞、陷韻公陷反見陷。

鹹　味過口。

校注：字又見咸韻胡讒反匣咸。

○䜪　呼濫反曉闞。二。

校注：《王一》《廣韻》注"或作歛"，《王二》注"亦歛"，《唐韻》注"又作𢿭"。字亦作"歛"，"歛"字見談韻火談反曉談。

虠　虎怒。

○憨　下瞰反匣闞。害。又呼甘反曉談。五。

校注：字又見談韻火談反曉談。

獥　大吠聲。

校注："大"字誤，《王一》《王二》《唐韻》《廣韻》作"犬"。字又見檻韻莫（荒）檻反曉檻。

譀　誇誕。又呼甲反曉狎。亦作誌。

校注：字又見銜韻户監反匣銜、狎韻呼甲反曉狎。

甔　大盆。

校注：字原作"覽"，誤，《王一》作"甔"。字又見鑑韻胡懺反匣鑑。

𧑈　瓜虫。

校注：字又見談韻胡甘反匣談。

○憺　徒濫反定闞。靜。四。

校注：字又見敢韻徒敢反定敢。

澹　水皃。

校注：字又見敢韻徒敢反定敢。

啖　無。或作啖、餤。

校注："無"字涉下"淡"字注文而衍，《王二》《唐韻》《廣韻》無。《王二》注："或啖。相飤。"《唐韻》注："相飤。又作啖。"《廣韻》注："相飯也。或作啖。"

淡　無味。又倓。

校注：字又見談韻徒甘反定談。

○暫　慙濫反從闞。亦作蹔。二。

蹔　小鑿。

校注：字又見談韻昨甘反從談、咸韻士咸反崇咸。

〇擔　都濫反端闞。負。二。

校注：字又見談韻都甘反端談。

甔　~石，大甖。

校注：字又見談韻都甘反端談。

## 卌漾

〇漾　餘亮反以漾開。水名，在隴西。十。

恙　憂，人相問無恙。

羕　長~。

颺　物從風去。

煬　炙~。

校注：字又見陽韻与章反以陽開。

㨾　式。

校注：底本字頭爲"樣"字俗形。

眻　美目。

校注：字又見陽韻与章反以陽開。

諹　謹。

餸　餌。

養　林~山木。又餘上反以養開。

校注：字又見養韻餘兩反以養開。

〇亮　力讓反來漾開。朗。九。

校注：紐字數作"九"而實收八字，《王一》《王二》《唐韻》《廣韻》並於"兩"字上收"悢"字，當爲所脱。

諒　信。

掠　笞。一曰強取。

校注：字又見藥韻離灼反來藥開。

悢　悵。

緉　履屧雙曰緉~。

校注："屧"字原從"云"不從"世"，爲避太宗名諱之形，《王一》《王二》《唐韻》《廣韻》字作"屐"。字又見養韻力猝反來養開。

兩　《書》云："武王戎車三百~"。

校注：字又見養韻力猝反來養開。

飇　北風。又吕張反來陽開。

校注：字又見陽韻吕張反來陽開。

哴　哾~，小兒啼無聲皃。

〇狀　鋤亮反崇漾開。類。一。

〇讓　如狀反日漾開。推善於人。四。

攘　以手却物。又汝羊反日陽開。

校注：字又見陽韻汝陽反日陽開、養韻如兩反日養開。

懹　憚。

欀　道木。

〇餉　式亮反書漾開。饋食。亦作饟。四。

校注：《王一》"饋"下無"食"字。字亦作"饟"，"饟"字見陽韻書羊反書陽開。

傷　未成人死。又式良反書陽開。

校注：字又見陽韻書羊反書陽開。

向　姓。又許亮反曉漾開。

校注：字又見漾韻許亮反曉漾開。

傷　痛。亦作瘍。又尺（尸）姜反書陽開。

校注："尺"字誤，當作"尸"。字亦作"瘍"，"瘍"字見陽韻書羊反書陽開。

〇帳　陟亮反知漾開。帷。三。

脹　~滿。

漲　水大。亦作漲。

○悵　丑亮反徹漾開。快。七。

暢　通。

校注：字亦作"暘"，"暘"字見漾韻直亮反澄漾開。

鬯　巨~。又香。

校注："巨"字誤，《王一》《王二》《唐韻》《廣韻》作"匕"。

韔　弓衣。又直亮反澄漾開。亦作韔。

校注：字亦作"韔"，"韔"字見漾韻直亮反澄漾開。

蕩　草盛。

脹　失志。

校注：字原作"脹"，俗誤，《廣韻》作"脹"。

穓　齊~。

○向　許亮反曉漾開。背。五。

校注：字又見漾韻式亮反書漾開。

珦　玉~。

嚮　不久。

校注：此字《廣韻》注："非美言也。"《説文·日部》："曏，不久也。"本書形義不合。

鄉　屬~。

校注：字原從"王"不從"乡"，誤，《王二》《廣韻》作"鄉"。字又見養韻許兩反曉養開。

闢　兩階間。

○仗　直亮反澄漾開。器~。五。

校注：字又見養韻直兩反澄養開。

長　多。又直良反澄陽開。

校注：字又見陽韻直良反澄陽開、養韻中兩反知養開。

瓺　缾。又除香反澄陽開。

校注：字又見陽韻直良反澄陽開。

暘　不生。又丑亮反徹漾開。

校注：《王一》"不生"下有"或作暢"字。字亦作"暢"，"暢"字見漾韻丑亮反徹漾開。

韔　弓韔。又丑亮反徹漾開。亦作韔。

校注：字亦作"韔"，"韔"字見漾韻丑亮反徹漾開。

○釀　女亮反娘漾開。酘酒。亦作穰。二。

釀　菜~。

校注：字又見養韻如兩反日養開。

○匠　疾亮反從漾開。巧工。三。

鴎　工雀。

趥　行皃。

○障　之亮反章漾開。亦作瘴、鄣。四。

校注：《廣韻》《集韻》以"瘴"爲或體，本書"瘴"字俗誤。

嶂　峯~。

墇　塞。亦作潼。

校注："潼"字誤，《王一》作"障"。字又見陽韻諸良反章陽開。

瘴　病。

○尚　常亮反禪漾開。三。

上　貴烈。又時掌反禪養開。

校注：字又見養韻時掌反禪養開。

償　備~。

○壯　側亮反莊漾開。多力。三。

裝　行~。又側良反莊陽開。

校注：字又見陽韻側羊反莊陽開。

洣　~米。

〇怏　於亮反影漾開。不平心。四。

鞅　飽~。

校注：字又見養韻於兩反影養開。

詇　知。

校注：字又見養韻於兩反影養開。

鞅　青面。

〇弶　其亮反群漾開。取獸具。一。

〇唱　昌亮反昌漾開。發歌。亦作誯。一。

〇創　初亮反初漾開。始。正作刅。三。

愴　慘~。

滄　塞。

校注："塞"字誤，《王二》《唐韻》《廣韻》作"寒"。

〇醬　即亮反精漾開。以豆成味。二。

將　軍師。

校注："師"字誤，當作"帥"，《王二》《唐韻》《唐韻》可證。字又見陽韻即良反精陽開。

〇軻　語向反疑漾開。轎~。二。

校注：字右原從"印"，俗誤，《王二》《唐韻》《廣韻》作"軻"。

仰　委人。又魚兩反疑養開。

校注：字又見養韻魚兩反疑養開。

〇訪　敷亮反滂漾合。問。二。

妨　~礙。又敷王反滂陽合。

校注：字又見陽韻敷方反滂陽合。

〇妄　武放反明漾合。虛説。五。

望　弦~。~遠視。又武方反明陽合。

校注：字又見陽韻武方反明陽合。

忘　不記。又武方反明陽合。

校注：字又見陽韻武方反明陽合。

謹　相責~。

汒　谷名，在京兆。

校注：字又見唐韻莫郎反明唐開。

〇況　許妨反曉漾合。矧。三。

貺　山名。

貺　賜~。

〇誑　九忘反見漾合。欺。亦作迋。又于放反云漾合。二。

校注：字亦作"迋"，"迋"字見漾韻于放反云漾合。

俇　往。

校注：字原作"注"，誤，《説文·人部》字作"俇"。

〇迋　于放反云漾合。往。亦作逞。四。

校注：字亦作"往"，"往"字見養韻王兩反云養合。

旺　美光。

王　盛。又于方反云陽合。

校注：字又見陽韻雨方反云陽合。

迋　誤~。

校注：字亦作"誑"，"誑"字見漾韻九忘反見漾合。

〇放　府妄反幫漾合。自縱。四。

舫　舩~。

校注：《王一》云："舩並，又補浪反。"

趽　曲脛馬。

校注：字又見唐韻步光反並唐開。

𩿨　鳥，常在澤中，見人則鳴，呼之不去。亦旊。

校注：字又見陽韻符方反並陽合、陽韻府長反幫陽合、養韻芳兩反滂養合。

○相　息亮反心漾開。視其好惡。又息良反心陽開。一。

校注：字又見陽韻息良反心陽開。

○防　扶浪反並漾合。鎮。一。

校注："浪"一等韻字，扶浪反等第憑切。《廣韻》切下字作"況"。字又見陽韻符方反並陽合。

○彊　居亮反見漾開。屍勁。一。

○唴　丘亮反溪漾開。三。

𥈽　目病。

𩨷　陳桓公子名。

○蹡　七亮反清漾開。踉~，行皃。一。

校注：字又見陽韻七將反清陽開。

○狂　渠放反群漾合。輙為。一。

校注：字又見陽韻渠王反群陽合。

## 卌一宕

○宕　杜浪反定宕開。洞屋。一曰過。五。

踼　跌~，行不正。又徒郎反定唐開。

校注："不"字誤，《王二》《唐韻》《廣韻》作"失"。字又見唐韻徒郎反定唐開。

碭　石。又山名，縣，在梁郡。

逿　過。又徒郎反定唐開。

校注：字亦作"踼"，"踼"字見唐韻徒郎反定唐開。

蕩　莨蕩，毒草。

○浪　郎宕反來宕開。水波。五。

校注：字又見唐韻魯當反來唐開。

閬　高門。又地名，在蜀。又力唐反來唐開。

校注：字又見唐韻徒郎反定唐開。

埌　冢。

莨　~蕩。

蒗　~蕩。

○吭　下浪反匣宕開。鳥咽。二。

行　第~。

校注：字又見唐韻胡郎反匣唐開、庚韻户庚反匣庚開二、敬韻胡孟反匣映開二。

○盎　阿浪反影宕開。盆。二。

醠　酒~。

校注：字亦作"醃"，"醃"字見蕩韻烏朗反影蕩開。

○枊　五浪反疑宕開。繫馬柱。一。

校注：字又見唐韻五崗反疑唐開。

○葬　則盎反精宕開。塋墳。一。

○傍　蒲浪反並宕開。側邊。又蒲郎反並唐開。二。

校注：字又見唐韻步光反並唐開。

徬　附行。又蒲郎反並唐開。

○藏　徂浪反從宕開。隱。又庫~，積物。二。

校注：字又見唐韻昨郎反從唐開。

奘　大駔。

校注：字原作“裝”，誤，《王一》《王二》《唐韻》《廣韻》作“奘”。字又見蕩韻在朗反從蕩開。

〇讜　丁浪反端宕開。言中。五。

儅　不中當。

甓　大瓮。一曰井甃。

艡　艈~。

甓　人姓。

校注：字原從“几”不從“瓦”，爲“甓”字寫誤，抄撰者以爲二字故另立字頭。《唐韻》《廣韻》“人姓”義並在“甓”字下，作“又姓，姚弋仲將甓耐虎”。

〇抗　苦浪反溪宕開。以手抗。或作抗。亦猰抗。九。

閌　~閬。

炕　火~。

校注：字又見唐韻呼郎反曉唐開。

犺　猰犺，所為不時。猰字苦結反溪屑開。

伉　~儷。

黈　黄色。

校注：龍校云：“黄色二字不清，唐氏審定如此，今从之。”

阬　閬。又口庚反溪庚開二。

校注：龍校云：“庚反二字不清，此从唐氏所書。”字又見庚韻客庚反溪庚開二。

頏　咽。又胡堂反匣唐開。

校注：龍校云：“反字漶漫不能辨，依例當有，唐氏所書有反字。”字又見唐韻胡郎反匣唐開。

亢　~陽，旱皃。

校注：字又見唐韻古郎反見唐開。

〇謗　補曠反幫宕開。誹。二。

螃　虫名，似蝦蟇。

校注：字又見蕩韻博朗反幫蕩開。

〇儻　他浪反透宕開。悲意。［二］。

校注：底本紐字數奪。字又見蕩韻他朗反透蕩開。

揚　排。

校注：字又見陽韻与章反以陽開。

〇曠　苦浪反溪宕合。一曰遠。五。

校注：“抗”紐與本紐反切用字相同，然音有開合之别。“浪”開口字，本紐開合憑切。

壙　墓穴。

纊　絮。

矌　目□眮。

校注：龍校云：“目下一字不清，唐氏書作不，廣韻、集韻並作無。”

爌　光明。

校注：龍校云：“光明二字不清，唐氏所書如此。”字又見蕩韻虎晃反曉蕩合。

〇儾　奴浪反泥宕開。緩。一。

校注：“浪”上原有“朗”字，旁識三點，兹徑删。

〇潢　胡浪反匣宕合。染色。一。

校注：“浪”開口字，胡浪反開合憑切。紐字數當作“二”，“一”字誤。字又見唐韻胡光反匣唐合。

攩　槌打。

校注：字又見蕩韻胡廣反匣蕩合。

〇喪　蘓浪反心宕開。又息郎反心唐開。從哭、從亡。亦作喪。一。

校注：字亦作"喪"，"喪"字見唐韻息郎反心唐開。

〇荒　呼浪反曉宕合。草多。二。

校注："浪"開口字，此開合憑切。字又見唐韻呼光反曉唐合。

〇漭　無浪反明宕開。漭浪，大野。二。

校注：字又見蕩韻莫朗反明蕩開。

盲　不知。又莫郎反明唐開。

校注：字又見唐韻莫郎反明唐開。

〇汪　烏光反影宕合。水鳥。一。

校注：本書宕韻無"光"字，"光"字僅見唐韻古皇反見唐合。《王二》姑曠反見宕合、《唐韻》古曠反見宕合、《廣韻》古曠切見宕合收"光"字，本書失收。此字《廣韻》注"水臭也"。字又見唐韻烏光反影唐合、養韻紆罔反影養合。

## 卌二敬

〇敬　居孟反見映開三。肅。三。

校注："孟"二等韻字，居孟反等第憑切。《王二》下字作"命映開三"，本書卷首韻目作"居命反見映開三"，《王一》同。

竟　終，畢，了。

鏡　鑒~。

〇映　於敬反影映開三。又作暎。隱。二。

賏　頸飾。

校注：字又見清韻於盈反影清開。

〇競　渠敬反群映開三。爭。四。

儆　~慎。

誩　争言。

校注：字又見養韻其兩反群養開、勘韻他紺反透勘。

倞　強。

〇諱　許孟反曉映開二。瞑語。一。

校注："瞑"字誤，《王一》《王二》《唐韻》《廣韻》作"瞋"。

〇鞕　五勁反疑映開二。牢。亦作硬。一。

校注："勁"勁韻字，三等韻，五勁反映勁混韻且混等。《王一》《王二》《唐韻》《集韻》下字作"孟映開二"。

〇慶　綺映反溪映開三。賀問。一。

〇更　古孟反見映開二。改。又古衡反見庚開二。正作㪅。一。

校注：字又見庚韻古行反見庚開二。

〇命　眉映反明映開三。呼。通作命。一。

〇病　皮敬反並映開三。疾。四。

評　平言。

校注：字又見庚韻蒲兵反並庚開三。

坪　地平。亦作垩。

枰　獨坐板牀。一曰投博局。

〇孟　莫鞕反明映開二。長。二。

㝗　~倀，失道皃。

校注：字又見陽韻武方反明陽合、唐韻莫郎反明唐開。

〇蝗　胡孟反匣映合二。蟲。又[胡盲]匣庚合二、户光反匣唐合二反。三。

校注：本韻"行"紐亦切胡孟反，爲開口字。《王一》"又胡盲、户光二反"，底本蓋於"又"下脱"胡盲"二字。字又見唐韻胡光反匣唐合、庚韻胡盲反匣庚合二。

横　非理來。

校注："來"上原有"求"字，旁識三點，兹徑刪。字又見唐韻古皇反見唐合、庚韻胡盲反匣庚合二。

潢　小津。

校注：字又見唐韻胡盲反匣庚合二。

〇柄　彼病反幫映開三。杓。摽。五。

病　驚病。又兊定命映開三、主(匡)詠溪映合三二反。

校注：《爾雅・釋天》"三月爲病"句，《釋文》："郭孚柄反，又況病反，又匡詠反，李陂病反。"陂病反即彼病反，本書"兊""主"二字誤。然又匡詠反，本書無溪母敬韻合口三等一紐。字又見梗韻兵永反幫梗開三。

怲　憂。

校注：字又見梗韻兵永反幫梗開三。

鈵　堅。

邴　宋下邑。又兵永反幫梗開三。

校注：字又見梗韻兵永反幫梗開三。

〇詠　為柄反云映合三。長吟。亦作永。四。

泳　水行不沉不浮。亦作衲。

禜　祭名。又永兵反云庚合三。

校注：字下原從"永"不從"示"，誤，《廣韻》作"禜"。字又見庚韻永兵反云庚合三。

䁝　酗。又虚政反曉勁合。

校注：字原作"瞀"，誤，《王二》《唐韻》《廣韻》作"䁝"。字又見勁韻虚政反曉勁合。

〇行　胡孟反匣映開二。二。

校注：本韻"蝗"紐亦切胡孟反，爲合口字。字又見唐韻胡郎反匣唐開、庚韻户庚反匣庚開二、宕韻下浪反匣宕開。

絎　刺縫。

〇瀙　楚敬反初映開二。冷。一。

校注："瀙"二等韻字，"敬"三等韻字，楚敬反例外反切。

〇倀　猪孟反知映開二。又丑良反徹陽開。三。

校注：字又見陽韻諸(褚)良反徹陽開。

偵　廉視。亦作詵。

校注：字又見清韻勑貞反徹清開。

趟　趙~。

校注：字又見庚韻竹盲反知庚開二。

〇榜　補孟反幫映開二。棹人哥。二。

校注：字又見薄庚反並庚開二、蕩韻博朗反幫蕩開。

趙　走。亦作趙。

〇膨　蒱孟反並映開二。脹皃。一。

校注：字又見庚韻薄庚反並庚開二。

〇生　~更反生映開二。產。三。

校注：上字與被切字同，於例不合。《唐韻》作"所敬反"，《廣韻》作"所敬切"。字又見庚韻所京反生庚開二。

甠　財~。

鼪　鼬鼠。

○迎　魚更反疑映開三。迓。一。

校注："更"二等韻字，魚更反等第憑切。下字《王一》《廣韻》作"敬映開三"。字又見庚韻語京反疑庚開三。

○鋥　宅鞕反澄映開二。磨~。一。

## 卌三諍

○諍　側迸反莊諍開。諫言。［一］。

校注：字右原從"爭"。底本紐字數奪。

○迸　北諍反幫諍開。散走。一。

○倂　蒲迸反並諍開。一。

校注：字又見耿韻蒲幸反並耿開。

○嫈　一諍反影諍開。襉郱。亦作褸。又□耕［反］。一。

校注：底本"又"下間一字空，"反"字奪，《唐韻》作"又烏耕反"。字又見耕韻烏莖反影耕開、清韻於營反影清合。

○牚　丑迸反徹諍開。斜柱。亦作堂、橕字。一。

校注：此字《王二》收於更韻（即映韻）他孟反透映開二，《唐韻》收於敬韻（即映韻）他孟反透映開二，《廣韻》收於映韻他孟切透映開二。

○轟　呼迸反曉諍合。衆車聲。二。

輷　~磕。

## 卌四勁

○勁　居盛反見勁開。~健。二。

葝　鼠尾。又其聲反群清開。

校注：字又見庚韻渠京反群庚開三、清韻巨成反群清開。

○政　之盛反章勁開。施教。亦作政。四。

正　當。又止聲反章清開。

校注：字又見清韻諸盈反章清開。

証　諫婚。

䲔　鷄。又之盈反章清開。

○聖　識正反書勁開。靈。一。

○鄭　直政反澄勁開。國名。二。

甀　甖。

○遉　丑鄭反徹勁開。邏候。一。

○性　息正反心勁開。生。二。

姓　氏。

○令　力正反來勁開。善。又力盈反來清開。政作令。二。

校注："政"當作"正"。字又見清韻呂貞反來清開。

詅　衒賣。

○聘　匹政反滂勁開。朝問。亦作娉。二。

娉　婚~。

○敻　虚政反曉勁合。遠。正作敻。三。

校注："政"開口字，虚政反開合憑切。字又見霰韻許縣反曉霰合。

詗　伺言。

醟　酗酒。

校注：字又見敬韻為柄反云映合三。

○摒　卑政反幫勁開。~除。二。

併　兼~。

校注：字又見迥韻萍迥反並迥開。

〇偋　防政反並勁開。隱僻。一。

〇倩　七政反清勁開。假。二。

校注：字又見霰韻舍(倉)見反清霰開。

清　温~。

〇淨　疾政反從勁開。明。六。

穽　埳~。亦作𡩦。

睛　賜~。

靚　裝飾。

婧　靖竦，立~。

校注：字又見清韻子清反精清開。

䋫　首。

校注：字左原從"爭"。

〇盛　承政反禪勁開。多。亦作晟、墭。三。

校注：字又見清韻市征反禪清開。

墭　㙇~。亦作甒。

甒　缶器。

校注：此字爲上字之亦作字，按例不當出，當爲後人所增。

〇詺　武聘反明勁開。口~。一。

校注：《王一》注："詺目，或作名，又武并反。"《廣韻》注："詺目，或單作名。"本書"口"爲"目"字之誤，且與省代號互倒。

〇精　子性反精勁開。強。又子盈反精清開。一。

校注：字又見清韻子清反精清開。

# 卌五徑

〇徑　古定反見徑開。蹊。五。

經　~緯。又古形反見青開。

校注：字又見青韻古靈反見青開。

鏗　隔~。

涇　通水。

校注：字又見青韻古靈反見青開。

桱　䇘~。

校注：字原作"挳"，俗誤，《王一》《廣韻》《集韻》作"桱"。

〇甯　乃定反泥徑開。邑名。三。

佞　諂。一曰才。從仁女。

校注：底本"諂"下有"從"字，旁識兩點，兹徑删。

濘　泥。

校注：字又見霽韻奴細反泥霽開。

〇腥　息定反心徑開。豕息宍。二。

校注：字又見青韻桑經反心青開。

醒　酒~。

校注：字又見青韻桑經反心青開、迥韻蕪挺反心迥開。

〇脛　户定反匣徑開。脚。一。

校注：《王一》《唐韻》《廣韻》"脚"下有"脛"字，本書奪。字又見迥韻下娗反匣迥開。

〇定　持徑反澄(定)徑開。不移~。二。

校注："持"澄母字，持徑反定澄類隔。上字《王一》《王二》作"特"。

廷　朝~。

校注：底本此字左側塗以雌黄。

〇矴　丁定反端徑開。亦作碇。六。

釘　下~。又得庭反端青開。

校注：字又見青韻當經反端青開。

飣　貯食。或作奠。

頷　題~。

錠　鋤。

奠　設。又徒見反定霰開。

校注：字又見霰韻堂見反定霰開。

〇磬　苦定反溪徑開。石。三。

罄　盡。

鏧　金聲。

校注：字又見清韻去盈反溪清開。

〇聽　他定反透徑開。審問。三。

校注："問"字誤，《王一》作"聞"。字又見青韻他丁反透青開。

汀　~濴，不遂志。

校注：《集韻》："忊，忊憕，不得志皃。""汀，汀濴，小水。"字又見青韻他丁反透青開。

侹　徑~。

校注：字又見迥韻他鼎反透迥開。

〇靘　千定反清徑開。~䵒，青黑色。二。

掅　抨~。

〇䵒　莫定反明徑開。~~。二。

校注：上省代號誤，《王一》作"靘"。

暝　夕。

〇鎣　烏定反影徑合。飾玉光。二。

校注："定"開口字，烏定反開合憑切。

濴　小水。亦作瑩。

校注："濴""瑩"各字，"亦作瑩"三字當在"鎣"字下，《集韻》以爲或體。

〇熒　胡定反匣徑合。暫見。一。

校注："定"開口字，此開合憑切。字又見青韻胡丁反匣青合。

〇零　力徑反來徑開。倓。又力丁反來青開。一。

校注："倓"字《王一》作"隻"，當是。字又見青韻郎丁反來青開。

# 卌六宥

〇宥　尤救反云宥。寬。十四。

又　更。

佑　佐。

右　左~。又于久反云有。

校注：字又見有韻云久反云有。

盍　杯。亦作盇。又余久反以有。

校注：字又見有韻云久反云有。

祐　神助。

酭　報~。

疺　顫。亦作㾞。

校注：字原從"广"不從"疒"，俗誤，《王一》《王二》《唐韻》《廣韻》作"疺"。亦作字誤，《王一》《廣韻》作"頄"。

囿　園。又于六反云屋三。垣也，養禽獸曰囿苑。

校注：字又見屋韻于目反云屋三。

侑　勸食。

校注：字又見賄韻素(羽)罪反云賄。

姷　耦。

忧　動~。

趙　走意。

蔙　草~。

〇救　久祐反見宥。助。亦作詸。七。

灸　火灼。又居有反見有。

校注：字又見有韻舉有反見有。

疚　病。正作穴字。

遚　謹行。

校注：字原作"遚"，不成字，《説文·辵部》作"遚"。

究　窮。

𩛠　飽~。

校注：字原從"殷"，俗誤，《説文》作"𩛠"。

廏　養馬千匹為一~。俗作廐。

〇胄　直祐反澄宥。胤。十二。

胄　~兜鍪。

宙　宇~。伷同。

校注："伷同"誤，《王一》作"同䆳"。

酎　醇也，釀三重也。

繇　卦辞。

籀　史~造篆書。

伷　系。

䆳　祝。

疛　心疾。亦作㾞。

校注：亦作字俗誤，《唐韻》《廣韻》作"㾞"。字亦作"㾞"，"㾞"字見晧韻都浩反端晧。

馳　貪。

鞪　兜鍪。

懤　愁毒。

〇晝　陟救反知宥。~日。二。

噣　聲。又丁豆反端候。亦作咮。

校注：字又見候韻丁豆［反］端候、燭韻之欲反章燭。

〇狩　舒救反書宥。冬獵。四。

獸　罝之物名。

校注："物"字誤，《王一》作"惣"。

收　獲多。

校注：字又見尤韻式州反書尤。

首　自陳。

校注：字又見有韻書久反書有。

〇臭　尺救反昌宥。氣。亦作殠。一。

校注：字亦作"殠"，"殠"字見有韻許久反曉有。

〇岫　似祐反邪宥。山穴。似袖。三。

袖　衣長袂。亦作褎。

犰　牛黑脊。

校注：字又見宥韻余救反以宥。

〇齅　許救反曉宥。以鼻取氣。二。

嘼　~産。亦作畜。

〇呪　職救反章宥。詛。三。

祝　祭祠。又之育反章屋三。

校注：字又見屋韻之竹反章屋三。

椆　木名。

〇舊　巨救反群宥。久。二。

柩　~屍。

〇瘦　所救反生宥。損。正作痩。三。

漱　含水。又蘇豆反心候。

校注：字又見候韻蘇豆反心候。

鎪　鐵鉎。

校注：字又見候韻蘇豆反心候。

〇皺　側救反莊宥。面~。四。

校注：字原作"皷"。

瘷　縮~。

校注：字原從"广"不從"疒"，俗誤，《王一》《王二》《唐韻》《廣韻》作"瘷"。

甃　井~。

縐　蹙。亦作縐。

校注：字原作"絢"，俗誤。

○副　敷救反滂宥。貳。四。

校注：字又見職韻芳逼反滂職開。

髩　假髻。又匹刃(力)反滂職開。

校注："刃"字誤，《王一》《王二》《唐韻》作"力"。

覆　盖。又敷福反滂屋三。

校注：字又見屋韻芳伏反滂屋三。

恒　小怒。

校注：字又見有韻芳酒反滂有。

○簉　初救反初宥。充。一曰齋。二。

校注："齋"字誤，《王一》《王二》《唐韻》《廣韻》作"齊"。

薳　草根。

○富　府副反幫宥。貨盈足。四。

輻　~輳，競聚。

校注：字又見屋韻方六反幫屋三。

鍑　釜而大。一曰小釜。

校注："大"下當據《王一》《王二》《唐韻》《廣韻》補"口"字。

蕌　草。

校注：字又見屋韻芳伏反滂屋三。

○畜　許(丑)救反徹宥。又許郁反晓屋三。二。

校注："許"字誤，《王二》《唐韻》《廣韻》作"丑"。字又見屋韻許六反曉屋三。

俞　人姓。

校注：字原作"俞"。字又見虞韻羊朱反以虞。

○溜　力救反來宥。水~。十二。

廖　人姓，漢有廖湛。

校注：字又見蕭韻落蕭反來蕭。

霤　中~。

嬼　美好。

校注：字又見有韻力久反來有。

鷚　鷄子。一曰鳥名。

餾　~餴。

戮　併力。又力竹反來屋三。

校注：字又見屋韻力竹反來屋三。

埦　墈~。

校注：注文首字誤，《王一》《廣韻》作"噼"。

僇　癡行。

甌　摿。又力迴反來灰。

校注："摿"爲"檑"字俗書，《廣韻》作"檑"。字又見灰韻路回反來灰。

窌　害。又普孝反滂效。

校注：字原作"窌"形。"害"字誤，《王一》作"窖"。字又見效韻匹皃反滂效。

翏　高飛。又力要反來笑。

校注：字又見笑韻力照反來笑。

○秀　息救反心宥。才~。五。

繡　文~。

蜏　虫名。

校注：字又見有韻与久反以有、宥韻余救反以宥。

琇　玉名。

宿　星。

**校注：**字又見屋韻息逐反心屋三。

〇驟　鋤祐反崇宥。反走~馬。一。

〇僦　即救反精宥。賃。又聚。二。

稍　舂雇稅。亦作粙。

〇就　疾僦反從宥。從。二。

鷲　鳥。

〇糅　女究反娘宥。雜。三。

鈕　雜餅。亦作粈。

腬　嘉膳。

**校注：**字又見尤韻耳由反日尤。

〇復　扶富反並宥。五。

**校注：**字又見屋韻房六反並屋三。

瘦　再病。

椱　機持繒。

䶋　兩阜閒。

**校注：**字原作"䶋"，誤，《説文·䶋部》作"䶋"。

复　重。亦作复。

〇狖　余救反以宥。獸名，似猨。九。

鼬　虫名，似鼠。

槱　積薪燒之。

柚　橘~。

輶　輕。又以周反以尤。

**校注：**字又見尤韻以周反以尤、有韻与久反以有。

牰　牛黒背。

**校注：**字又見宥韻似祐反邪宥。

貁　虫屬。

**校注：**"虫"字誤，《王一》作"禺"。

蜼　似猕猴，鼻仰，雨則懸其頭向下。

**校注：**龍校云："隹声之字例不讀此韻，後世盖以蜼与狖同物，遂讀蜼与狖同。"字又見至韻以醉反以至A合。字亦作"狖"，"狖"字見旨韻力軌反來旨合。

蜏　不知晦朔，虫。又余九[反]以有。

**校注：**"反"字原奪，《王一》有字。字又見有韻与久反以有、宥韻息救反心宥。

〇授　承秀反禪宥。付。五。

**校注：**底本此條小字書於"嘦"字條右旁行隙，當爲抄漏後補書。

嘦　口~。

售　賣去。

**校注：**字原從"厶"不從"口"，俗誤。

詶　荅。又市流反禪尤。

**校注：**字又見尤韻市流反禪尤。

壽　富年終。

**校注：**字又見有韻植酉反禪有。

〇輮　人又反日宥。車□。四。

**校注：**底本"車"下字塗污，《王一》《王二》注作"車輞"，《唐韻》作"車軔"，《廣韻》作"車輞"。諦審之，似爲"輞"字。

蹂　踐。

**校注：**字又見尤韻耳由反日尤、有韻人久反日有。

煣　火蒸使曲。

**校注：**字亦作"楺"，"楺"字見有韻人久反日有。

鞣　耎皮。又如周反日尤。

校注：字又見尤韻耳由反日尤。

○鼿　牛救反疑宥。鼻仰。一。

校注：字又見嘯韻五弔反疑嘯。

## 卌七候

○候　胡遘反匣候。伺。十二。

鯸　魚名。

郈　地名，在晉。

逅　邂～，相遇。

詬　駡～。

校注：字亦作"詬"，"詬"字見厚韻古厚反見厚。

睺　半育。又胡鉤反匣侯。

校注："育"字誤，《王一》《王二》《唐韻》《廣韻》作"盲"。字又見侯韻胡溝反匣侯。

趏　蹇行。又蒲北反並德開一。

校注：字原從"店"不從"音"，誤，《廣韻》《集韻》德韻作"趏"。《王一》《廣韻》《集韻》此處誤作"趏"，龍校云："盖誤趏為趏，遂从后声讀之耳。"字又見德韻傍北反並德開一。

鍭　箭鏃。又胡遘（溝）反匣侯。

校注："遘"字誤，蓋當爲"溝"字。字又見侯韻胡溝反匣侯。

鱟　似蟹，十二足，兩～相乘而行，子可為醬，南人重。

校注：字原從"与"不從"爻"，俗誤，《王一》《唐韻》《廣韻》作"鱟"。字又見沃韻烏酷反影沃。

瞉　石密不黒膜。

校注："密"字誤，《王一》《廣韻》作"蜜"。

睺　～瞜，貪財。

校注：字原作"睺"，俗誤。"瞜"爲"瞜"字俗誤。《王一》《廣韻》二字不誤。

缿　受錢器。

校注：字又見講韻胡講反匣講。

○寇　苦候反溪候。賊～。五。

滱　水名。

校注：字又見侯韻恪侯反溪侯。

怐　～愗，愚皃。

校注：字又見候韻呼候反曉候。

嫯　～瞀，無暇。

鷇　鳥子。

○茂　莫候反明候。古作懋。亦作茂。十四。

貿　～易。

戊　～己。

鄮　縣名，在會稽。

瞀　目不明。又妄角反明覺。

校注：字又見覺韻莫角反明覺。

愗　怐～。

袤　廣～。

楙　木瓜。

娒　女師。

懋　勉～。

莓　草，實似桑椹，可食。又亡佩反明隊。

校注：字亦作"莓"，"莓"字見灰韻莫盃反明灰、隊韻莫佩反明隊。

菽　細草藂生。

蔴　草。

冃　重覆。又亡保反明晧。

校注：字又見晧韻武道反明晧。

〇仆　匹豆反滂候。倒。又扶北反並德開一、撫遇反滂遇。二。

校注：字又見遇韻撫遇反滂遇。字亦作“趦”，“趦”字見候韻胡遘反匣候、德韻傍北反並德開一。

欱　語而不受。

〇豆　徒候反定候。菽。十一。

竇　水瀆。

逗　~留。

酘　~酒。

荳　~蔻。

脰　項~。

郖　地名，在弘農。

餖　飣~。

浢　津名，在河東。

毭　毹。

䩦　車鞁具。

〇鬭　丁豆[反]端候。戰。六。

校注：字原從“門”不從“鬥”，俗誤。“反”字原脱，《王一》有字。

逗　~譳，不能言。

噣　鳥口。或作咮。

校注：字又見宥韻陟救反知宥、燭韻之欲反章燭。

短　~譳。

斣　鄗。

校注：注文字誤，《王一》《廣韻》作“斠”。

裋　衣袖。又大口反端厚。

校注：字又見厚韻當口反端厚、燭韻市玉反禪燭。

〇耨　如(奴)豆反泥候。除草。四。

校注：“如”字誤，《王一》《王二》《廣韻》作“奴”。

譳　逗~。

擩　搆~，不解事。

校注：字又見脂韻儒隹反日脂合、遇韻而遇反日遇。

槈　柱~。

〇瘷　蘓豆反心候。欬~。五。

漱　盪口。又所救反生宥。

校注：字又見宥韻所救反生宥。

㰦　~氣逆上。

鏉　~鍽。利。

校注：字又見宥韻所救反生宥。

嗾　使犬。又先侯反心侯。

校注：字又見侯韻束(速)侯反心侯、厚韻蘓后反心厚、候韻倉候反清候。

〇奏　則候反精候。一。

〇透　他候反透候。跳。四。

校注：字又見屋韻式竹反書屋三。

歆　唾~。亦作音。

校注：“作”上原有“倍”字，旁識一點，兹徑删。

敨　自投。或作豉。

校注：“豉”爲“敨”字俗誤，《王一》《王二》《唐韻》《廣韻》是。

杏　語唾不受衣。亦作歆。

校注：字原作“咅”，誤，《王一》作“㕻”。即“音”字。《説文》“音”字注：“相與語唾而不受也。从丶从否，否亦聲。”《説文》小篆作“𠆰”，“音”爲楷化字形。然“音”諧“不”聲，不當與透母有諧聲關係，他候反於音理不可安。“从丶从否，否亦聲”當爲“从丶从豆，豆亦聲”。《説文》“音”字注又出字形“䜴”，注：“音或从豆从欠。”是。

〇漚　於候反影候。又於侯反影侯。三。

䢷　地名，在竟陵。又〖布〗市由反禪尤。

校注：“布”字衍，《王一》《王二》《廣韻》無。

褔　頭衣。又於部反影厚。

校注：字又見侯韻烏侯反影侯、厚韻烏口反影厚。

〇遘　古候反見候。遇。十四。

搆　結，累~。

媾　婚。

覯　見。

購　贖。

眗　稟給貨財。

彀　張弓~。亦作瞉。

校注：字左上原從“壱”，誤。

姤　卦名。

雊　雉~。

㲄　取牛羊乳。

𡪫　僻邪。

校注：字下原從“遘”，誤，《王一》《廣韻》作“𡪫”。

䃓　罰。

句　撿~。亦勾。

校注：字又見侯韻古侯反見侯、遇韻俱遇反見遇。

冓　積財。亦作𦊅。

校注：字又見侯韻古侯反見侯。

〇輳　倉候反清候。輻~。七。

湊　水會。

嗾　使犬聲。

校注：《王一》注：“使犬。”字又見候韻束(速)候反心候、厚韻藪后反心厚、候韻藪豆反心候。

腠　膚~。

䠞　南夷呼鹽。

蔟　太~，律名。

校注：字又見屋韻千木反清屋一。

楱　橘類。

〇陋　盧候反來候。鄙~巷。八。

漏　屋水下。

校注：“水”“下”二字原倒誤，“水”旁識一小鈎。

鏤　刻。

校注：字原從“婁”。

瘻　瘡~。

校注：字原從“婁”。

蔄　姓。

校注：字又見襉韻莫莧反明襉開。

䕯　~蘆，草藥名。

鎘　鍬~。

瞜　睺~。

校注：字原從“婁”。

〇蔻　呼候反曉候。荳~。七。

**㺃**　豕聲。

**校注：**字又見覺韻許角反曉覺。

**頜**　㔟。

**校注：**注文字誤，《王一》《王二》《唐韻》《廣韻》作"勤"。

**詬**　怒。

**校注：**字又見厚韻古厚反見厚。

**怐**　愗~。

**校注：**字又見候韻苦候反溪候。

**呴**　恥。又呼垢反曉厚。

**校注：**字又見厚韻胡口反匣厚、厚韻呼后反曉厚。

**吼**　聲。又呼后反曉厚。

**校注：**字又見厚韻呼后反曉厚。

〇**䏳**　蒲候反並候。豕肉醬。二。

**校注：**字左原從"日"，俗誤，《廣韻》作"䏳"。

**䪷**　尻衣。

**校注：**字右原從"専"，俗誤，《王一》《廣韻》作"䪷"。

〇**偶**　五遘反疑候。不期。一。

**校注：**"反""不"二字原倒誤，"反"旁識一小鉤。字又見厚韻五口反疑厚。

〇**剩**　昨候反從候。細切。又徂鉤反從侯。一。

**校注：**字又見侯韻徂鉤反從侯。

## 卌八幼

〇**幼**　伊謬反影幼。小~。一。

〇**謬**　靡幼反明幼。錯。俗作謬。二。

**校注：**俗作字與字頭同，於例不合，俗作字右下當作"尒"。

**繆**　亂。

**校注：**字又見幽韻武彪反明幽。

〇**㕙**　丘幼反溪幼。一。行皃。又香仲反曉送三。一。

**校注：**首"一"字爲紐字數，衍。字又見送韻香仲反曉送三。

〇**趴**　渠幼反群幼。~㕙。一。

## 卌九沁

〇**沁**　七鴆反清沁。水名，在上黨。二。

**校注：**"鴆"字左原從"冗"。

**吣**　犬吐。

〇**祲**　作鴆反精沁。妖氣。二。

**校注：**"鴆"字左原從"冗"。字又見侵韻姊心反精侵。

**浸**　漬~。

〇**妊**　汝鴆反日沁。~身。四。

**校注：**"鴆"字左原從"冗"。

**紝**　織~。

**校注：**字又見侵韻如林反日侵。字亦作"絍"，"絍"字見侵韻乃心反泥(娘)侵。

**鵀**　戴~，鳥。

**校注：**字又見侵韻如林反日侵。

**任**　使。又汝針反日侵。

**校注：**字又見侵韻如林反日侵。

〇**鴆**　直妊反澄沁。鳥名。二。

**校注：**字左原從"冗"。

沉　没。

**校注：**字又見侵韻除深反澄侵。

〇枕　軄鴆反章沁。承首木。又之稔反章寢。二。

**校注：**"鴆"字左原從"冗"。字又見寑韻之稔反章寢。

針　刾病。

**校注：**字又見侵韻職深反章侵。

〇舲　巨禁反群沁B。舌下病。四。

艂　蜀舩。

紟　~帶。

**校注：**字又見侵韻渠金反群侵B。字亦作"衿","衿"字見侵韻居音反見侵B。

噤　口閇□。

**校注：**底本注文左行一字漫漶不清，龍校云："注文左行一字似有重文。"字又見寑韻渠飲反群寢B。

〇禁　居蔭反見沁B。限。避莽諱改曰省。二。

襟　挌。

**校注：**字原作"搮"，俗誤。"挌"爲"格"字俗誤。《王一》《廣韻》作"襟""格"。

〇賃　乃禁反泥(娘)沁。傭~。一。

**校注：**"乃"泥母字，乃禁反泥娘類隔。省代號上原有"庇"字，爲涉"蔭"字注文而衍，旁識兩點。

〇蔭　□□□(於禁反)影沁B。庇~。三。

**校注：**底本注文右行剥蝕，切語不可辨。《王一》《王二》《唐韻》《廣韻》作"於禁反影沁B"。

窨　□。□作廕。

**校注：**底本注文右行剥蝕，似僅二字隙。《王一》注："地屋，亦作廕。"字又見侵韻於淫反影侵A。

喑　□。

**校注：**底本此條殘蝕不可辨，《王一》《王二》《唐韻》《廣韻》字頭作"喑"，兹從録。注文《王一》《唐韻》作"聲"，《王二》作"聲~"，《廣韻》作"聲也"，底本注文一字當作"聲"。字又見覃韻烏含反影覃、侵韻於吟反影侵B。

〇滲　□□□(所禁反)生沁。□□，上漏向下。二。

**校注：**底本此條殘蝕不可辨，注文右行似存五字隙。《王一》："渗，所禁反。渗漉。"《王二》："渗，所禁反。~漉。二。"《唐韻》："渗，漉水，所禁反。二。"《廣韻》："滲，滲漉。所禁切。二。"兹據諸書補字頭，注文五字當爲"所禁反滲漉"。

罧　□□□□。又斯稟反心寢。

**校注：**底本注文右行殘蝕不可辨，似存四字隙。《王一》："罧，積柴取魚。又斯甚反。"底本四字當同《王一》，底本斯稟反心寢"罧"字注亦作"積柴取魚"。"斯""稟"二字原倒誤，"斯"旁識一小鉤。字又見寑韻斯稟反心寢。

〇闖　□□□(丑禁反)徹沁。□門出。二。

**校注：**底本字頭及注文右行漫漶不清，注文右行似存四字隙。《王一》："闖，丑禁反。從門出。二。"《王二》："闖，丑禁反。從門出皃。二。"《唐韻》："闖，從門出皃。丑禁反。一。”《廣韻》：“馬出門皃。丑禁切。二。”據諸書，底本字頭當爲“闖”，注文右行當作“丑禁反徹沁”四字。

覴　□□□視。又丑心反徹侵。

校注：底本字頭漫漶，但見左從“目”，注文右行漫漶，“視”上似存三字隙。釋義《王一》作“私出頭視”，《王二》作“出頭視”，《廣韻》作“私出頭視”，本書侵韻丑林反徹侵“瞡”下注“私出頭視”，如是，底本“視”上當爲“私出頭”三字。此字《廣韻》作“覴”，《説文·見部》：“覴，私出頭視也，从見彤聲，讀若郴。”底本字頭左從“目”，誤，《王一》作“䁍”，亦誤。字又見侵韻丑林反徹侵。

○譖　□禁反莊沁。讒～。一。

校注：底本反切上字漫漶。《王一》《王二》“側讖反莊沁”，《廣韻》“莊蔭切莊沁”，《唐韻》“疾蔭反”，“疾從”爲“莊莊”字形誤。

○讖　楚□(譖)反初沁。又～書。一。

校注：底本反切下字漫漶不清。《王一》《王二》《唐韻》《廣韻》作“譖”。“又”字《王一》《王二》《唐韻》無，本書衍。

○揕　陟鴆反知沁。《史記》：“右手～其胷。”二。

校注：字原作“椹”，俗誤，《王一》《王二》《廣韻》作“揕”。“鴆”字左原從“冗”。

紞　～～士也。

校注：字原從“糸”從“冗”，俗書。

○吟　宜禁反疑沁B。長詠。一。

校注：字又見侵韻魚音反疑侵B。

○臨　力浸反來沁。朝夕哭。一。

校注：字又見侵韻力尋反來侵。

# 五十豔

○豔　以贍反以豔A。美色。亦作艷。五。

爓　光～。

校注：字原作“爛”，俗誤。

焱　火。又呼赤反曉昔開。

校注：又呼赤反，本書無曉母昔韻開口一紐。

炎　熱。又于淹反云鹽B。

校注：字又見鹽韻于廉反云鹽B。

掞　猶～。

○贍　市艷反禪豔。賙～。一。

○染　而贍反日豔。改色。一。

校注：字又見琰韻而琰反日琰。

○厭　於艷反影豔A。《説文》广甘肉犬為～。三。

校注：字又見葉韻於葉反影葉A。

愴　快。又於驗反影豔B。

校注：字原作“搶”，誤，《王一》《唐韻》《廣韻》作“愴”。字又見豔韻於驗反影豔B。字亦作“俺”，“俺”字見梵韻於劒反影梵。

饜　飽～。

校注：字亦作“猒”，“猒”字見鹽韻於鹽反影鹽A。

○窆　方驗反幫豔B。下。又方鄧反幫嶝開。二。

校注：“下”下《王一》《王二》《唐韻》《廣韻》

有"棺"字,本書奪。

砭　石針。又方廉反幫鹽B。

校注:字又見鹽韻府廉反幫鹽B。

○驗　語窆反疑豔B。證。二。

噞　~喁。

校注:字又見鹽韻語廉反疑鹽B、琰韻魚檢反疑琰B。

○閃　式贍反書豔。闚。二。

校注:字又見琰韻失冉反書琰。

煔　火行皃。又他念反透㮇。

校注:字又見㮇韻他念反透㮇。字亦作"炶","炶"字見談韻胡甘反匣談。

○嚵　子艷反精豔。不廉。一。

○壍　七贍反清豔。遶城水。又坈~。二。

槧　札。又昨感反從感。

校注:《唐韻》"又七廉、才敢二反",《廣韻》"又七廉切、又才敢切"。字又見鹽韻七廉反清鹽、敢韻才敢反從敢。

○殮　力驗反來豔。殯~。六。

斂　聚。又力險反來琰。

校注:字又見琰韻力冉反來琰。

瀲　泛。一曰水波。

霑　小雨。

校注:字又見鹽韻子廉反精鹽。

獫　長喙。

校注:字又見鹽韻力鹽反來鹽、琰韻虛檢反曉琰B。

賧　市先入。

○占　支艷反章豔。又支鹽反章鹽。一。

校注:字又見鹽韻職廉反章鹽。

○韂　充艷反昌豔。小障泥。一。

校注:字又見鹽韻處詹反昌鹽。

○覘　丑厭反徹豔。伺候。二。

校注:字又見鹽韻丑廉反徹鹽。

貼　候視。

校注:字又見添韻丁廉(兼)反端添、闞韻吐濫反透闞、㮇韻都念反端㮇。

○愴　於驗反影豔B。又於艷反影豔A。一。

校注:字又見豔韻於艷反影豔A。字亦作"俺","俺"字見梵韻於劒反影梵。

# 五十一㮇

○㮇　他念反透㮇。火杖。五。

校注:字原作"㮇",俗誤,《王一》《廣韻》作"㮇"。

舚　舌出。

校注:字又見添韻他兼反透添。

忝　辱~。

校注:字又見忝韻他點反透忝。

煔　火光。

校注:字又見豔韻式贍反書豔。字亦作"炶","炶"字見談韻胡甘反匣談。

阽　亭名,在京兆。

校注:字又見忝韻乃簟反泥忝。

○念　奴店反泥㮇。愛。一。

○店　都念反端㮇。舍。十。

坫　墇。

沾　水名,在上黨。

校注：字又見鹽韻張廉反知鹽。

墊 ~溺，下，~。

校注：字原從“坴”不從“幸”，俗誤，《王一》《王二》《唐韻》《廣韻》作“墊”。《王一》《唐韻》：“下。又墊江，徒協反，在巴郡。”《王二》：“下。又~江，又徒協反，在巴郡。”《廣韻》：“下也。又墊江，在巴陵。又徒協切。”本書注文字有誤脱。字又見怗韻徒協反定帖。

貼 目垂。又丁兼反端添。

校注：字又見添韻丁廉（兼）反端添、闞韻吐濫反透闞、豔韻丑厭反徹豔。

唸 呻~。亦作吷。

校注：字又見霰韻都見反端霰開。

𥨊 窮。又丁頰反端帖。

校注：字原從“坴”不從“幸”，俗誤，《王一》《廣韻》作“𥨊”。字又見怗韻丁篋反端帖。

玷 圭有瑕~。

校注：字又見忝韻多忝反端忝。

𩅿 寒~。

校注：字原從“坴”不從“幸”，俗誤，《王二》《唐韻》《廣韻》作“𩅿”。字又見緝韻陟立反知緝。

埝 下。又乃剡（頰）反泥帖。

校注：“剡”字誤，《王一》云：“又乃頰反。”字又見怗韻奴協反泥帖。

〇磏 先念反心㮇。電光。一。

〇磹 徒念反定㮇。磏~。一。

校注：字原從“畀”不從“早”，俗誤，《王一》《唐韻》《廣韻》作“磹”。

〇趝 紀念反見㮇。疾行。一。

〇酓 於念反影㮇。苦味。一。

校注：字原作“酓”，俗誤，《王二》《廣韻》作“酓”。字又見琰韻於琰反影琰A。

〇僭 子念反精㮇。差。一。

〇瞥 漸念反從㮇。閉目思。一。

〇兼 古念反見㮇。并。二。

校注：字又見添韻古甜反見添。

鮥 魚名。

校注：字原作“鮥”，俗誤。“魚”“名”二字原倒誤，“魚”旁識一小鉤。字又見陷韻户韽反匣陷。

〇傔 苦僭反溪㮇。從~。一。

〇穇 力店反來㮇。禾不熟。又力點反來忝。一。

校注：字又見添韻户兼反匣添、咸韻胡讒反匣咸。

# 五十二證

〇證 諸膺反章證開。驗。二。

蒸 熱。又諸陵反章蒸開。

校注：字又見蒸韻諸膺反章蒸開。

〇孕 以證反以證開。懷子。五。

䵒 面上黑子。

賸 增益。亦作賸。

媵 送女。

校注：字又見證韻實證反船證開。

䲍 小魚。又時證反禪（船）證開。

校注：本書證韻時證反禪證開無此字，又時證反船禪混切。字又見蒸韻食陵反船蒸開、梗韻莫杏反明梗開二、證韻實證反船證開。

〇乘　實證反船證開。車~。三。

**校注：** 字又見蒸韻食陵反船蒸開。

鱦　魚子。

**校注：** 字又見蒸韻食陵反船蒸開、梗韻莫杏反明梗開二、證韻以證反以證開。

媵　送女。又以證反以證開。

**校注：** 字又見證韻以證反以證開。

〇認　而證反日證開。~物。又而振反日震。三。

**校注：** 字又見震韻而晉反日震。

扔　強牽。

艿　草不剪。

〇譍　於證反影證開。言對。二。

應　物。

**校注：**《王一》《王二》《廣韻》"物"下有"相應"二字，本書奪。

〇甑　子孕反精證開。炊器。三。

橧　于穛。

**校注：**"于"字誤，《廣韻》作"汗"。

餕　馬食穀多流下。又里甑反來證開。

**校注：**"流"上《王一》《集韻》有"氣"字，本書奪。底本"里"下有"亂"字，旁識兩點，玆徑删。字又見蒸韻六應反來蒸開、證韻里甑反來證開。

〇興　許應反曉證開。樂。[又]許陵反曉蒸開。三。

**校注：**"又"字原奪，《王一》有字。字又見蒸韻虛陵反曉蒸開。

舋　腫起。

嬹　悅。

〇勝　詩證反書證開。亦作賸字。四。

**校注：** 字又見蒸韻識承反書蒸開。

藤　苣~，黒胡麻名。

**校注：** 字原從"舟"不從"月"。

縢　織機。

賸　美目。又大登反定登開。

**校注：** 字亦作"䁬"，"䁬"字見登韻徒登反定登開。

〇眙　丈證反澄證開。直視。一。

**校注：** 底本字頭《王一》《王二》同，《唐韻》《廣韻》作"瞪"，注云"陸本作眙"。字亦作"瞪"，"瞪"字見庚韻直庚反澄庚開二。

〇餕　里甑反來證開。一。

**校注：**《王一》注："馬食穀氣流下。"字又見蒸韻六應反來蒸開、證韻子孕反精證開。

〇覴　丑證反徹證開。直視。一。

〇烝　時證反禪證開。一。

**校注：** 字又見蒸韻諸膺反章蒸開。

〇凴　火（皮）孕反並證開。任几。一。

**校注：**"火"字誤，《王一》作"皮"。"任""几"爲"凭"字誤析，《王一》作"凭"。字亦作"憑"，"憑"字見蒸韻扶冰反並蒸開。

〇稱　尺證反昌證開。譽。一。

**校注：** 字又見蒸韻處陵反昌蒸開。

## 五十三嶝

〇嶝　都鄧反端嶝開。小坂。四。

鐙　即𤮊~也，無足曰鐙，有足錠。亦

甑字也。

隥　梯~。

磴　巖~。

〇贈　昨亘反從嶝開。追送。一。

〇亘　古嶝反見嶝開。通。亦作恒。路。五。

校注：亦作字誤，《王一》作“𢓭”。

堩　路~。

揯　引急。

校注：字又見登韻古恒反見登開。

䱍　~鱛。

晅　日乾。

校注：龍校云：“此字本作晅，即説文烜字，讀況晚反，後譌作晅，遂有此音。”字又見阮韻況晚反曉阮合。

〇蹭　七贈反清嶝開。蹬~。一。

〇鄧　徒亘反定嶝開。姓。四。

蹬　~蹭。

殑　殑~。

縢　囊。

校注：字亦作“幐”，“幐”字見登韻徒登反定登開。

〇懵　武亘反明嶝開。悶。四。

校注：字又見董韻莫孔反明董一。

鱛　魚名。

瞢　悶。又亡登反明登開。

校注：字又見登韻武登反明登開。

鐙　重環。

〇倰　魯鄧反來嶝開。倰，㾢。二。

校注：字又見蒸韻丑升反徹蒸開。

殑　~鄧，馬牛卒死。

校注：“鄧”字誤，《王一》《唐韻》《廣韻》作“殑”。

〇𥨐　方鄧反幫嶝開。亦作堋。一。

校注：《王一》《唐韻》訓“束棺下之”，《王二》作“来棺云下也”，“来”爲“束”字之誤。字亦作“堋”，“堋”字見登韻步崩反並登開。

〇增　子蹭反精嶝開。又作滕反精登開。一。

校注：字又見登韻昨（作）滕反精登開。

〇䆿　思贈反心嶝開。眠新覺。一。

〇倗　文（父）鄧反並嶝開。轉~。一。

校注：“文”“轉”二字誤，《王一》《王二》《廣韻》作“父”“輔”。字又見登韻步崩反並登開、等韻普等反滂等開。

## 五十四陷

〇陷　户韽反匣陷。没~。三。

鮨　魚名。

校注：字又見㮇韻古念反見㮇。

臽　臼。

〇韽　於陷反影陷。下入聲。三。

校注：字原作“**韽**”，俗誤。字又見覃韻烏含反影覃。

猪　犬吠〖聲〗。又〖下〗乙咸反影咸。

校注：“聲”“下”二字《王一》《唐韻》《廣韻》無，本書涉上“韽”字注文誤衍。字又見咸韻乙咸反影咸。

淊　没水。〖又他刀反透豪〗。

校注：字原作“滔”，俗誤，《王一》《王二》《廣韻》作“㴞”。字又見感韻胡感反匣感。豪韻吐高反透豪爲“滔”字音讀。

〇蘸　責陷反莊陷。以物内水。一。

〇鮎　都陷反端（知）陷。〖又〗鹹多。一。

校注：“都”端母字，都陷反端知類隔。“又”字衍，《王一》無。

〇歉　口陷反溪陷。又口咸反溪咸。一。

校注：《王一》注：“口陷反。喙。或作䳺。又口咸反。”《王二》注：“口陷反。喙也。又口咸反。”《唐韻》注：“~喙。口陷反。又口咸反。”《廣韻》注：“歉喙，口陷切，又口咸切。”字亦作“䳺”，“䳺”字見咸韻竹咸反知咸、咸韻苦咸反溪咸。

〇賺　佇陷反澄陷。重賣。一。

校注：字又見鹽韻力鹽反来鹽。

〇讒　士陷反崇陷。譖言。三。

校注：字又見咸韻士咸反崇咸。

儳　輕言。

校注：字又見咸韻士咸反崇咸、鑑韻楚鑑反初鑑。

隂　陷。

〇闞　火陷反曉陷。大聲。一。

校注：字又見豏韻火斬反曉豏、闞韻苦濫反溪闞。

〇䶎　公陷反見陷。鹹。一。

校注：字右原從“舀”，俗誤。字又見勘韻苦紺反溪勘、闞韻公蹔反見闞。

〇諵　儜賺反娘陷。~語，罵。一。

校注：字又見咸韻女咸反娘咸。

## 五十五鑑

〇鑑　格懺反見鑑。鏡。二。

校注：字亦作“鑒”，“鑒”字見銜韻古銜反見銜。

監　領~。

校注：字又見銜韻古銜反見銜。

〇懺　楚鑑反初鑑。自陳。四。

儳　雜言。

校注：字又見咸韻士咸反崇咸、陷韻士陷反崇陷。

摲　投。

甑　瓮瓮半無曰~。

〇覱　子鑑反精（莊）鑑。~儆，高皃危。一。

校注：“子”精母字，子鑑反精莊混切。

〇儆　許鑑反曉鑑。~覱。一。

〇釤　所鑑反生鑑。大鎌。一。

〇埿　蒲鑑反並鑑。亦作湴。一。

〇䫡　胡懺反匣鑑。下。一。

校注：《王一》訓：“大瓮，《續漢書》盗伏於䫡下。”本書有脱文。字又見闞韻下瞰反匣闞。

〇鑱　士懺反崇鑑。穿土具。又士咸反崇咸。一。

校注：《王二》《唐韻》“又士銜反崇銜”，《廣韻》“又士銜切崇銜”，本書又士咸反咸銜混韻。字又見銜韻鋤銜反崇銜。

## 五十六嚴

○[嚴　魚淹反疑醃。~酷。二。]

**校注：** 底本嚴韻奪。“嚴”字條至“硷”字條據《王一》録。字又見嚴韻語輸反疑嚴。

[䭕　齒美。]

**校注：** 字又見鹽韻語廉反疑鹽B。

○[脅　盱淹反曉醃。妨。一。]

**校注：** 字又見業韻虛業反曉業。

○[淹　於嚴反影醃。濕。一。]

**校注：** 字又見鹽韻英廉反影鹽B。

○[𣢑　丘嚴反溪醃。欠崖。二。]

**校注：** 字又見嚴韻丘嚴反溪嚴、广韻丘广反溪儼。字亦作“欦”，“欦”字見覃韻火含反曉覃、添韻許兼反曉添、豏韻火斬反曉豏。

[硷　似瓶，有耳。]

## [五十七]梵

**校注：** 底本嚴韻奪，“梵”字繫於“五十六”三字下。梵韻韻次數當爲五十七。

○梵　扶泛反並梵。讚~。二。

**校注：** 字又見東韻扶隆反並東三。

帆　船上~。

**校注：** 字又見凡韻符芝反並凡。

○泛　敷梵反滂梵。浮。四。

仈　輕。又扶嚴反並嚴。

**校注：** 字又見凡韻符芝反並凡。

衉　杯。亦作㧚。

**校注：** 亦作字原左從“血”，俗誤，《廣韻》“衉”“㧚”上下字，“㧚”字注“上同”。

汎　普~。亦作汎。又扶洚(隆)反並東三。

**校注：** 亦作字與字頭同，誤，《王一》作“渢”。又音切下字形誤，《王一》作“隆”。字又見東韻扶隆反並東三。

○劒　舉欠反見梵。兩刃刀。一。

○欠　去劒反溪梵。張口。一。

○俺　於劒反影梵。大~。五。

㛪　~，女有心。俗作㚷。

諳　匿。亦作㛪。

惓　愛。又於驗反影豔B。

**校注：** 字亦作“憸”，“憸”字見豔韻於艷反影豔A、豔韻於驗反影豔B。

裺　褗。又於撿反影琰B。

**校注：** 字又見琰韻應儉反影琰B。

○萲　妄泛反明梵。草木無~。[一]。

**校注：** 字原作“蔓”，誤，《廣雅·釋詁二》：“萲，薉也。”“無”字誤，《王一》作“蕪”。底本紐字數奪。

# 入聲卷

## 一屋

〇屋　烏谷反影屋一。~舍。一。

〇獨　徒谷反定屋一。孤。卄一。

黷　垢黒。

讟　訪。亦作痛。又怨。

**校注：**"訪"字誤，《切三》《王二》《唐韻》《廣韻》作"謗"。

髑　~髏。亦作顟。

殰　傷胎。亦作殰。

**校注：**亦作字誤，《集韻》作"𦢊"。

讀　言誦。

櫝　棺。或作樚。

**校注：**"樚"字誤，《玉篇》以"檥"字爲或體。

牘　簡~。

韣　弓衣。又之蜀反章燭。

**校注：**字亦作"韣"，"韣"字見燭韻之欲反章燭、燭韻市玉反禪燭。

瓄　玉。

瀆　溝~。亦作𢄑字。

韇　箭箙。

嬻　媟~。

匵　樻。

犢　牛子。

鸀　~舂，鳥名。

匵　遺。

**校注：**字原爲"匵"字俗形，"匸"類"辶"形。"遺"當爲"匵"字俗誤。此條與前"匵"字條重出，蓋因抄者誤以"匵"字正、俗體爲兩字。《切三》《王二》《唐韻》"匵"字俗形不另出字條。

騳　驪~，野馬。

皾　滑~。

䶂　獸，如鼠。

罜　~罷，魚罟。

**校注：**字又見遇韻之戍反章遇。

〇穀　古鹿反見屋一。禾。十。

轂　車~。

穀　木名。

瀔　水名。

谷　深峒。

瑴　玉名。又古學反見覺。

**校注：**字又見覺韻古岳反見覺。

觳　足跗。

豋　豆。

殻　~殐。

狢　獸，如赤豹，五尾。又余燭反以燭。

**校注：**字又見燭韻余蜀反以燭。

〇縠　胡谷反匣屋一。羅~。八。

斛　~斗。

槲　木名。

螜　螻蛄。

蔛　水草。

觳　角聲。

𣪊　~篚。

校注：字左上原從"壱"，俗誤。

㱿　石聲。

〇哭　空谷反溪屋一。哀聲。六。

㲉　卵。又苦角反溪覺。

校注：字又見覺韻苦角反溪覺。

㱯　瓦未燒。

校注：字又見尤韻匹尤反滂尤。

䴪　結臬。

校注：字原從"鹿"不從"麻"，誤，《廣韻》作"䴪"，合《説文》。

㮣　大阜，在扶風。

𪍿　餅麴。

校注：字原作"𪍿"，誤，《廣韻》作"𪍿"。

〇秃　他谷反透屋一。無髮。又他毒反透沃。四。

校注：又他毒反，本書無透母沃韻一紐。

誎　詆~。

校注：字又見哥韻吐和反透戈一。

揬　杖指。

鵚　~鶖，鳥名。

〇速　送谷反心屋一。迅。十一。

蔌　菜~。

餗　鼎實。亦作鬻。

蝀　蝶~，虫。

樕　木名。亦樕。

㲞　~聲。

嗽　吮。

校注：字又見覺韻所角反生覺。

藗　白茅。

殐　殗~，夕。

樕　~常，樹。

校注：字原從"舨"。

鹿　鹿跡。

〇㲉　丁木反端屋一。~㲉，動物。三。

校注：字原作"㲉"，俗誤，《廣韻》作"㲉"。

襡　衣至地~。

豰　㱿~。

校注：字原作"豰"，俗誤，《説文·殳部》作"豰"。"㱿~"誤，《廣韻》作"擊聲"。

〇禄　盧谷反來屋一。秩。[二十五]。

校注：底本漫漶，紐字數不可辨。

鹿　麟班獸。

漉　滲水。

鱳　~得縣，在張掖。又盧各反來鐸開。

校注：字原作"鱳"，俗誤，《廣韻》《集韻》作"鱳"，合《説文》。龍校云："集韻歷各切下有鱳字，注云魚名，疑此誤鱳為鱳，遂又引鱳字之讀。"字又見錫韻閭激反來錫開。

睩　視皃。

䚄　笑聲。

校注：注文《切三》《王二》《唐韻》同。《廣韻》注“笑視”,《説文》云“笑視也”。字又見燭韻力玉反來燭。

**鵦**　東方音樂。或作角。

**校注:**字又見覺韻古岳反見覺。

**轆**　~轤,圓轉木。

**甂**　~甀。

**艫**　舟名。

**琭**　石名。

**簏**　~箱。

**螰**　蝶~,虫人名。

**校注:**“人”字和他字字形不諧。龍校云:“名上不詳何字,切三、唐韻無,當據刪。”

**麗**　冈。

**麓**　山足。

**碌**　多石皃。

**盝**　去水。或作鹿。

**校注:**“鹿”字誤,《切三》《唐韻》作“漉”。

**騼**　野馬。

**录**　刻木。

**娽**　顓頊妻。

**校注:**字又見燭韻力玉反來燭。

**睩**　私聽。

**逯**　行。又刀(力)屬反來燭。

**校注:**“刀”爲“力”字之誤。字又見燭韻力玉反來燭。

**濼**　水名,在濟南。又力各反來鐸開。

**校注:**字又見鐸韻盧各反來鐸開、鐸韻匹各反滂鐸開。

**鏕**　釜。又於□反。

**校注:**底本注文不清,據龍氏摹本録字。字原作“鏕”,脱筆,《説文·金部》《廣雅·釋器》作“鏕”。《切三》《王二》《唐韻》本紐無此字。字又見豪韻於刅(刀)反影豪、屋韻於六反影屋三。

**磟**　~碡。

**校注:**底本注文不清,據龍氏摹本録。字又見屋韻力竹反來屋三。

〇**嗀**　呼木反曉屋一。歐聲。[六]。

**校注:**字原作“殻”,誤,《切三》《王二》《唐韻》《廣韻》作“嗀”。底本紐字數奪。字又見覺韻許角反曉覺。

**穀**　獸名,似豹。〖又丁木反端屋一〗。

**校注:**丁木反爲“穀”字之音,本書丁木反處字頭誤同此條,故此處誤注“又丁木反”四字。

**熇**　熱。又火酷反曉沃。

**校注:**字又見沃韻火酷反曉沃。

**脽**　羹~。又何各反匣鐸開。

**校注:**字原作“臛”,俗誤,《説文·肉部》作“脽”。字又見沃韻火酷反曉沃、鐸韻呵各反曉鐸開。

**嚛**　大啜。

**校注:**《廣韻》訓“大歡聲”,《集韻》云“歡聲”。字又見沃韻火酷反曉沃。

**㲉**　日出赤。

**校注:**字原作“穀”,誤,《廣韻》作“㲉”。

〇**族**　昨木反從屋一。宗裔。二。

**鏃**　~鏀。[~]字勒過反來戈一。

**校注:**“字”上《切三》有重文號,本書奪,重文號重“鏀”字。字又見哥韻昨和反從戈一、箇韻麁卧反清過一。

〇鏃　作木反精屋一。矢末。一作族音。一。

校注：《王二》："作木反。矢末。又作族反精屋一。"又音與正切同，當誤。《莊子·天下》"鏃"，《釋文》："子木反，郭音族，徐朱角反，三蒼云矢鏑也。"本書"一作族音"，似從郭音。

〇瘯　千木反清屋一。~瘰，病。[三]。

校注：底本紐字數奪。

磷　碌~，石皃。

蔟　~蠶。又倉候反清候。

校注：字又見候韻倉候反清候。

〇曝　蒲木反並屋一。日乾皃。六。

瀑　~布，懸水。

校注：字又見号韻薄報反並号。

蝶　~蝀。

校注：字又見沃韻蒲沃反並沃。

毴　毦~，毛不理。

夎　行。

樸　羸~。

校注：注文首字爲"羸"字之誤。

〇扑　普木反滂屋一。打。六。

醭　白~。

穙　草生穊。

校注：字原從"彳"不從"亻"，俗誤，《王一》《王二》《唐韻》《廣韻》作"穙"。

皰　骨鏃。又蒲狡反並巧。

校注：字又見巧韻薄巧反並巧、覺韻蒲角反並覺。

攴　轐~。

墣　塊。

〇卜　博木反幫屋一。九。

濮　彭~，國名。

轐　車伏兔。

濮　水名。

嬟　昌意妻。

樸　拭。

校注：字原作"撲"，俗誤。"拭"爲"栻"字俗誤。字又見模韻薄胡反並模、覺韻匹角反滂覺。

蹼　足~。

襆　偪。亦作纀。

轐　攴~。

〇木　莫卜反明屋一。樹。十。

沐　洗。

朷　~桑。

鶩　鳧~。

霂　霡~，小雨。

毣　思皃。一曰毛濕。又莫角[反]明覺。

校注："反"字原奪。字又見覺韻莫角反明覺。

蕔　毒草。

校注：字又見晧韻武道反明晧。

艒　小艖。

鞪　曲轅。亦作楘。《詩》云："五~良輈。"

蛛　螺螕。

〇福　方六反幫屋三。吉。十二。

腹　肚~。

校注：字原作“腷”，誤，《切三》《王二》《唐韻》《廣韻》《集韻》並可證。

複　絮衣。

幅　絹邊。

輻　車~。

校注：字又見宥韻府副反幫宥。

傻　優~。〖又房六反並屋三〗。

校注：字原作“復”，俗誤，《切三》《唐韻》《廣韻》《集韻》作“傻”。又房六反爲“復”字音讀，當刪。

葍　~蕮，菜。

校注：注文“菜”前一字誤，《廣韻》作“蕮”。

蝠　蝠虫蝙。

箙　竹實。

篙　織~。又蒲角反並覺。

校注：字又見覺韻蒲角反並覺。

羙　濆~。

鶝　戴勝。

〇伏　房六反並屋三。匐。十九。

復　反。

校注：字又見宥韻扶富反並宥。

虙　~羲，王。

服　衣飾。

茯　~苓。

馥　香。又扶逼反並職開。

鞴　箭~。

鵩　鳥名。

鞴　韋囊，步靫。

校注：字又見暮韻薄故反並暮。

葍　蔙~，藥名。

輹　車伏兔。

琕　車笭閒支篋。

校注：“支”字誤，《唐韻》《廣韻》作“皮”。

复　作故道。通俗作复。

校注：“作”字誤，《廣韻》作“行”。

鰒　海魚。

校注：字又見覺韻蒲角反並覺。

逯　見鬼皃。

箙　盛矢器。

校注：字下原從“舣”。

菔　菘紫，菜，實如小豆，芳菔。

校注：字下原從“舣”。字又見德韻傍北反並德開一。

鞁　車軾。又作絥、軾。

校注：“軾”字誤，《廣韻》《集韻》作“鞁”。

畐　滿。又普逼反滂職開。

校注：字亦作“富”，“富”字見職韻芳逼反滂職開。

〇縮　所六反生屋三。短。或茜酒，作茜字。亦摍引。九。

飃　風聲。

校注：字又見蕭韻蘇彫反心蕭。

趥　趜~，體不伸。趜字渠竹反群屋三。

校注：字原從“皮”不從“叟”，誤，《王二》《唐韻》《廣韻》作“趥”。字又見尤韻所鳩反生尤。

槗　馬櫪。

摍　擊聲。

校注：字又見屋韻息逐反心屋三。

謖　起~。

**翽**　鳥飛。

**校注**：字又見屋韻息逐反心屋三。

**摵**　到。又子六反精屋三。

**校注**：字又見屋韻子六反精屋三、麥韻所責反生麥開。

**謏**　小。又蘇了反心篠。正作謏。

**校注**："作"上原有"通"字，旁識兩小點，兹徑刪。字又見篠韻蘇鳥反心篠、厚韻蘇后反心厚。

〇**六**　力竹反來屋三。數。十六。

**陸**　廣平。

**戮**　形~。

**校注**："形"字誤，《切三》《王二》《唐韻》《廣韻》作"刑"。字又見宥韻力救反來宥。

**勠**　併力。又力抽反來尤。

**校注**：字又見尤韻力求反來尤。

**稑**　穜。亦作穋。

**鵱**　~鷜，野鵞。

**蔞**　~莪。

**校注**：字又見篠韻盧鳥反來篠。

**騄**　~良，健馬。

**鯥**　魚名。

**蓫**　草~。

**磟**　~碡。

**校注**：字又見屋韻盧谷反來屋一。

**坴**　大塊。

**淕**　凝雨。

**宍**　地蕈。

**校注**：字上原從"出"，誤，《王一》作"宍"。

**輂**　輜，三箱。

**蛙**　狀如蛤。

〇**逐**　直六反澄屋三。趍。七。

**軸**　車關。

**碡**　磟~。

**校注**：字又見沃韻徒沃反定沃。

**妯**　~娌。

**校注**：字又見尤韻直由反澄尤。

**舳**　~艫。

**蝺**　蛺~。

**蝩**　蚿~。

〇**菊**　〖又〗居六反見屋三。十八。

**校注**："又"字衍。"反"字下"十"字上原有"掬又渠竹反"五字，爲"鞠"字注文。紐字數當作"十九"，"十八"爲脱計"鞠"字之數，參"鞠"字條校注。

［**鞠**］　掬。又渠竹反群屋三。

**校注**：底本字頭奪，"掬又渠竹反"五字誤接於"菊"字注文"反"字下"十"字上。《切三》《唐韻》《廣韻》"菊""鞠"上下字。《切三》"鞠"字注："又渠竹反群屋三。"《唐韻》"鞠"字注："稚也，養也。又渠竹反群屋三。"《廣韻》"鞠"字注有言"又渠六切群屋三"。字又見屋韻渠六反群屋三。

**掬**　取。亦作匊。

**匊**　物在手。

**鞫**　窮罪。或作究。〖六反〗

校注："六""反"二字誤衍，《切三》《王一》《王二》《唐韻》無。

**狗**　石~，獸名。

**阮**　曲岸。

**校注**：字原從"几"不從"九"，俗誤，《切三》《王二》《唐韻》《廣韻》作"阮"。

鵴　鳲鳩,鳥。亦作鞠。

**校注**:字又見屋韻渠六反群屋三。

鞠　~衣,黄桑之服。□作蘜。

**校注**:底本字頭及注文末三字以雌黄塗改,"作"上一字不可辨,當爲"亦"。"~""衣"原倒誤,"~"旁識一小鉤。

椈　栢。

鵴　鳥。

鮈　魚~。

**校注**:字又見屋韻渠六反群屋三、燭韻起玉反溪燭。

諊　用法。亦𥳑~。

畇　韭畦。

臼　兩手捧物。又居玉反見燭。

**校注**:字又見燭韻居玉反見燭。

餉　饘~。

蘜　大~,蘧麦。

**校注**:"大~蘧麦"當爲"菊"字注。《説文》:"菊,大菊,蘧麥。"

坈　水外為~。

**校注**:字原從"几"不從"九",俗誤,《王一》作"坈"。

趜　困。又渠竹反群屋三。〖二〗

校注:"二"字衍。字又見屋韻渠六反群屋三。

○麹　駈竹反溪屋三。酒母。亦作麯、蘜。[二]。

**校注**:底本紐字數奪。

匊　曲脊。又渠六反群屋三。

**校注**:字原作"匊",誤,《廣韻》《集韻》作"匊",合《説文》。字又見屋韻渠六反群屋三。

○孰　殊六反禪屋三。誰。五。

熟　成~。

淑　美。

塾　門側堂。

璹　玉名。

○俶　昌六反昌屋三。始。五。

柷　~敔,樂器。

琡　大章,玉。

**校注**:"章"字誤,《王二》作"璋"。

埱　氣出於地。

俶　至。

○育　與逐反以屋三。養。十五。

毓　稚~。

鬻　~賣。

絠　青經白緯,~陽所織。

淯　水名。

賣　~。亦作儥。

**校注**:字原作"賣",俗誤。省代號誤,《王一》作"賣"。

楠　車覆爛。

**校注**:"爛"字誤,《切三》《王二》《唐韻》《廣韻》作"欄"。

錥　鴿~,温器。

煜　火光。亦作焴。

**校注**:字又見緝韻為立反云緝B。

昱　日光。

睢　望。

**校注**:字原作"矅",俗誤,《廣韻》作"睢"。

逌　步~。

萑　山韭。

菁　草~。

廾　兩手捧物。

校注：字原作“弅”，誤，《廣韻》作“廾”，合《説文》。

○騔　渠六反群屋三。馬跳躍。亦騔。九。

校注：字頭與亦作字同，必有一誤。《廣韻》“驧”“騔”上下字，“騔”注“上同”。

趜　~趧。

校注：字又見屋韻居六反見屋三。

鮈　魚名。

校注：字又見屋韻居六反見屋三、燭韻起玉反溪燭。

蚼　~蝐，蟾蜍別名。

鵴　~鳩。

校注：字又見屋韻居六反見屋三。

鞠　蹋~。

校注：字又見屋韻居六反見屋三。

谻　谷，在上艾。

匊　曲脊。又丘六反溪屋三。

校注：字原作“匊”，誤，《廣韻》《集韻》作“匊”，合《説文》。字又見屋韻驅竹反溪屋三。

毱　皮丸。

○鼀　取育反清屋三。蟾蜍。三。

校注：字爲“鼀”字俗書。《廣韻》作“鼀”，合《説文》。

蹴　蹋~。

殧　殀。

○粥　之竹反章屋三。粥糜。三。

校注：“麋”字誤，《切三》《王一》作“糜”。

喌　呼鷄聲。亦作咮。

校注：“咮”字誤，《王一》《廣韻》作“咮”。字又見尤韻職鳩反章尤。

祝　巫~。

校注：字又見宥韻職救反章宥。

○肉　如竹反日屋三。[三]。

校注：底本紐字數奪。

衄　鼻血。

校注：“鼻”下當據《切三》《王一》《唐韻》《廣韻》補“出”字。

鮞　魚子。一曰魚名。

校注：字又見之韻如之反日之。

○叔　式竹反書屋三。父之弟。亦作尗。八。

儵　青黑繒。

倏　犬走疾。

菽　豆。

透　驚。又他豆反透候。

校注：字又見候韻他候反透候。

虪　黒虎。

掓　拾。

鯈　鮪。

○蓄　許六反曉屋三。冬菜。或作稸。七。

校注：字亦作“稸”，“稸”字見屋韻丑六反徹屋三。

畜　養~。

校注：字又見宥韻許(丑)救反徹宥。

婠　媚。

郁　晉邢侯邑。

**堇**　羊蹄菜。又攄力反徹職開。

**校注：**字又見職韻褚力反徹職開。

**慉**　興~。

**瞀**　細視。又莫報反明号。

**校注：**字又見号韻莫報反明号。

**○竹**　陟六反知屋三。非草非木。五。

**校注：**紐字數作"五"而實收六字，末一字蓋出誤增，參"踧"字條校注。

**築**　擣。

**筑**　箏~。

**竺**　天~國。又當谷反端屋一，厚。

**校注：**"竺"通"篤"，"篤"字見沃韻冬毒反端沃。

**茿**　萹~。

**踧**　錯。

**校注：**此蓋後人增字，各書無。"錯"字識其誤衍，非釋義。

**○珿**　初六反初屋三。齊。亦作娖。三。

**矗**　直皃。

**躢**　廉謹狀。

**校注：**字又見覺韻測角反初覺。

**○蹙**　子六反精屋三。迫。十三。

**踧**　~踖。

**慼**　咨，慼。

**噈**　鳥~也。又子合反精合。

**校注：**字又見合韻胡閤反匣合。字亦作"歃"，"歃"字見合韻子荅反精合。

**摵**

**校注：**底本注文奪。《王一》："摵，到。又所六反生屋三。"《廣韻》："摵，到也。"字又見屋韻所六反生屋三、麥韻所責反生麥開。

［**腻**］　脚~。

**校注：**底本字頭奪，"脚~"誤繫於"摵"字下。《王一》"摵""腻"上下字。《王一》："腻，脚。"《廣韻》："腻，脚腻，膏澤也。"

**𢽤**　欸。

**𥴊**　笸。

**校注：**字原從"虫"不從"足"，誤，《集韻》作"𥴊"，合《廣雅・釋器》。

**槭**　木，可作車。

**䙴**　好。

**校注：**字左原從"礻"，俗誤，《王一》《廣韻》作"䙴"。

**縬**　縮~。

**蹴**　赤蠖。

**啾**　嘆。

**校注：**"嘆"爲"嗼"字之誤，《説文・口部》："啾，嗼也"。字又見錫韻奴歷反泥錫開。

**○朒**　女六反娘屋三。月朔見東方。五。

**校注：**字原作"肭"，誤。《切三》《王二》作"朒"。

**恧**　慙。亦作聏。

**忸**　~怩。

**衄**　刺矛。

**校注：**"刺"字誤，《廣韻》作"刺"。

**蚰**　蚰蜒。

**○蝮**　芳伏反滂屋三。~虵。四。

**蕧**　草名。

**校注：**字又見宥韻府副反幫宥。

覆　反~。

校注：字又見宥韻敷救反滂宥。

墺　地室。亦作覆。

校注：亦作字俗誤，《廣韻》作“覆”。

〇郁　於六反影屋三。郁郅縣，在北地。十五。

彧　文章。或作彧。

燠　熱。

校注：字又見号韻烏到反影号。

栯　~李。

校注：字又見有韻云久反云有。

噢　咿~，悲。

墺　~壤。

校注：字又見号韻烏到反影号。

膴　胃~。

校注：字又見晧韻烏浩反影晧、号韻烏到反影号。

薁　蘡~，藤名。

校注：“藤”字誤，《切三》《王一》《王二》《唐韻》作“草”。

澳　隈~。

籅　可漉米。

啾　聲~。

校注：字又見麥韻呼麦反曉麥合。

鏖　温器。又力屋反來屋一。

校注：字原作“鑢”，脱筆，《説文·金部》作“鏖”。字又見豪韻於刃(刀)反影豪、屋韻盧谷反來屋一。

稶　黍稷盛。

欥　愁皃。

黬　羊裘縫。亦韈、緎。

校注：字又見職韻“域”紐云職合。

〇肅　息逐反心屋三。嚴。十三。

宿　夜止。又息救反心宥。正作宿。

校注：字又見宥韻息救反心宥。

蓿　苜~。

夙　早。

㐪　琢玉工。又姓~。

鷫　~鷞，西方神鳥。

驌　~驦，馬名。

蠨　~蛸，虫。

校注：字又見蕭韻蘇彫反心蕭。

鱐　鮐母。

翻　羽聲。

校注：字又見屋韻所六反生屋三。

擣　擊~。

校注：字又見屋韻所六反生屋三。

艏　艒~。

礵　砥石。又思鳥反心篠。

校注：字又見篠韻蘇鳥反心篠。

〇目　莫六反明屋三。眼。七。

睦　視。

校注：“視”字誤，《切三》《王一》《王二》《廣韻》作“親”。

穆　和~。

苜　宿，菜。

牧　養。

坶　~野，殷地名。

㣎　細文。

〇囿　于目反云屋三。園。又于救反云宥。二。

校注：字又見宥韻尤救反云宥。

哊　吐。

〇稸　丑六反徹屋三。積。四。

校注：字亦作“蓄”，“蓄”字見屋韻許六反曉屋三。

蓫　羊蹄。

苖　蓨。又陳歷反澄(定)錫開。

校注：“陳”澄母字，又陳歷反定澄類隔。字又見錫韻徒歷反定錫開。

柭　痛。

## 二沃

〇沃　烏酷反影沃。肥。四。

鋈　白金。

鱉　魚名。

校注：字原作“鱉”，俗誤，《切三》《王二》《唐韻》《廣韻》作“鱉”。字又見候韻胡遘反匣候。

脅　膏膜。

〇毒　徒沃反定沃。藥害。五。

薵　萹茿，草。毒。

校注：《王二》：“萹茿，草。又蓫。”

蝳　蜘蛛。

瑇　碡碡，~帽，大龜也。

校注：“碡碡”二字不當有，《王一》無，此涉下“碡”字注文而衍。字亦作“瑇”，“瑇”字見代韻徒戴反定代。

碡　碌~，輾車。

校注：字又見屋韻直六反澄屋三。

〇篤　冬毒反端沃。厚。四。

督　率。又察。

裻　衣背縫。亦作襩、䘚。

校注：字右原從“督”，俗誤，誤《王一》《廣韻》作“裻”。亦作次字是上“督”字異體，當移正。

㲚　觵告~。

校注：《王一》《廣韻》《集韻》作“䑕舌”，本書誤。

〇酷　苦沃反溪沃。虐。五。

校注：“虐”字原以雌黄塗之，兹據龍氏摩本録字。

焅　熱氣。

梏　禾孰。

嚳　帝~。亦俈。

峼　山皃。

〇鵠　胡沃反匣沃。鳥。四。

鵠　鳥白。

校注：字原作“鵠”，誤，《切三》《王二》《唐韻》《廣韻》作“鵠”。字又見鐸韻盧各反來鐸開。

隺　高。

熇　灼。

〇僕　蒲沃反並沃。賤隸。三。

鏷　~鐏，矢名。

蹼　~贏。

校注：“贏”字誤，《切三》《王一》《王二》《廣韻》作“羸”。字又見屋韻蒲木反並屋一。

〇洬　先篤反心沃。雨聲。二。

䘘　新衣聲。亦作䙄。

〇梏　古篤反見沃。手械。五。

牿　牛馬牢。

雒　瑪鴿,似鵲。

秳　地名。

**校注:** 字又見藥韻之藥反章藥開。

告　[又音]誥見号。又古到反見号。

**校注:**《王一》:"誥。又古号反見号。"《切三》:"又古号反見号。"《王二》:"又古号見号。"《唐韻》:"又音誥見号。~上曰,發下曰誥。"《廣韻》:"又音誥見号。告上曰告,發下曰誥。"本書"誥"字見古到反見号。本書"誥"字上脱"又音"二字,遂增"又古到反"四字。字又見号韻古到反見号。

〇瑁　莫沃反明沃。又莫再反明代。三。

**校注:**《切三》《王一》《王二》《唐韻》並訓"瑇瑁"。字又見隊韻莫佩反明隊、号韻莫報反明号。字亦作"帽","帽"字見代韻莫代反明代。

榻　門樞横梁。

娼　丈夫妬。

**校注:** 字又見号韻莫報反明号。

〇熇　火酷反曉沃。熱。三。

**校注:** 字又見屋韻呼木反曉屋一。

脽　羹~。又呵各反曉鐸開。

**校注:** 字又見屋韻呼木反曉屋一、鐸韻呵各反曉鐸開。

嚛　食新酸而不~。

**校注:** 字又見屋韻呼木反曉屋一。

〇褥　如(奴)沃反泥沃。小兒衣。一。

**校注:**《切三》《王一》《王二》《唐韻》《廣韻》俱作"内沃反",本書"如"字誤,《集韻》作"奴"。《切三》《王一》《王二》《唐韻》訓"小兒愛"。字又見燭韻而蜀反日燭。

〇傶　将毒反精沃。邑名。一曰姓。二。

褩　穿。

**校注:** 字原作"褩",爲"褩"字壞誤,《集韻》有"褩"字。

## 三燭

〇燭　之欲反章燭。明。十一。

屬　付~。又市玉反禪燭。

**校注:** 字又見燭韻市玉反禪燭。

矚　視~。俗作瞩。

綱　綴~。

囑　託。俗作嘱。

**校注:** 字又見燭韻之欲反章燭。

鸀　~瑪,鳥。

趨　小兒行皃。

蠋　螸~。

**校注:** 字又見燭韻市玉反禪燭。

蠾　蝺。

**校注:** 字原作"蝺",誤,《廣韻》《集韻》作"蠾"。注文字亦誤,《廣韻》作"蝺"。

韣　弓衣。又徒谷反定屋一。

**校注:** 字又見燭韻市玉反禪燭。字亦作"韇","韇"字見屋韻徒谷反定屋一。

歜　吹氣。

〇玉　語欲反疑燭。寶玉。三。

獄　圜土。

瑪　鸀~。

校注：省代號後原有“玉”字，旁識兩點，茲徑刪。

〇旭　許玉反曉燭。旦日。三。

頊　顓~。

勗　勉。

校注：字原從“目”不從“且”，誤。

〇輂　居玉反見燭。禹所乘。十。

豢　纕辟繩。

校注：字又見願韻去願反溪願合、線韻丘弁反溪線B合。

鋦　以鐵縛物。

校注：字原從“虫”不從“口”，俗誤，《集韻》作“鋦”。

挶　持。

臼　斂手。

校注：字又見屋韻居六反見屋三。

拲　梏~而桎。又居奉反見腫三。

校注：字又見腫韻居悚反見腫三。

輂　韇。

梮　舉食者。

校注：字原作“椇”，誤，《廣韻》作“梮”。

褟　纏連。

校注：字原作“褟”，俗誤，《廣韻》作“褟”。

繘　素屬。

校注：字原從“素”不從“糸”，誤，《廣韻》作“繘”。

〇局　渠玉反群燭。棊。三。

校注：“棊”下當據《王一》補“枰”字。

跼　踡~。

稝　耕麦地。

〇蜀　市玉反禪燭。西南夷。七。

韣　弓衣。又徒谷反定屋一。

校注：字又見燭韻之欲反章燭。字亦作“韇”，“韇”字見屋韻徒谷反定屋一。

蠋　虫~。

校注：字又見燭韻之欲反章燭。

㑁　倲~，動皃。

襡　短襦。

校注：字又見厚韻當口反端厚、候韻丁豆反端候。

檅　似柳，大葉。

屬　著。又之欲反章燭。

校注：字又見燭韻之欲反章燭。

〇觸　尺玉反昌燭。突。亦作捔。三。

校注：“捔”字誤，《唐韻》《廣韻》作“㹐”。

歜　怒氣。

校注：字又見感韻徂感反從感。

臅　狼~膏。

〇辱　而蜀反日燭。耻~。十。

蓐　草~。

褥　氊類。

校注：字又見沃韻如(奴)沃反泥沃。

鄏　郟~，地名。

縟　文綵。

溽　~暑。

嗕　憐。暑。

校注：“暑”字涉上“溽”字注文衍，《王一》無。

鬻　大鼎。

校注：字原作“鬻”，誤，《廣韻》《集韻》作“鬻”。

戚　矛。

䵺　黑垢。

○束　書蜀又(反)書燭。縛。二。

校注:"又"字誤,《切三》《王一》《王二》作"反"。

倲　儩~。

○欲　余蜀反以燭。貪。六。

浴　沐~。

鵒　鴝~,鳥。

鋊　又俞鍾反以鍾。可以鉤鼎~耳也,炭鉤也,鑪以銷鐵。

輍　車箱。

狢　獨。

校注:字又見屋韻古鹿反見屋一。

○躅　直録反澄燭。一。

○録　力玉反來燭。記。十三。

渌　水名。

覭　眼曲。

校注:字又見屋韻盧谷反來屋一。

緑　色。

醁　美酒名。

騄　~耳,馬名。

娽　隨從。

校注:字又見屋韻盧谷反來屋一。

菉　~蓐,草。

逯　謹。姓。又力谷反來屋一。

校注:字又見屋韻盧谷反來屋一。

籙　圖~。

鵦　魚名。

趢　~趗,行皃。

諑　譴~。

○曲　起玉反溪燭。紆~。三。

䖦　魚名。

校注:字又見屋韻居六反見屋三、屋韻渠六反群屋三。

笛　蠶簿。

○瘃　陟玉反知燭。寒瘡。亦作瘃。五。

校注:字原作"瘃",俗誤。

斸　斫。

孎　謹。

校注:字又見覺韻丁角反端(知)覺。

欘　枝上曲。

豖　豕行。又丑足反徹燭。

校注:字左原從"豕",俗誤,《廣韻》《集韻》作"豖"。字又見燭韻丑録反徹燭。

○贖　神玉反船燭。取夲。一。

○足　即玉反精燭。脛下。一。

校注:字又見遇韻子句反精遇。

○促　七玉反清燭。短。四。

㡔　迫。

趗　速。

校注:字原從"辵"不從"足",誤,《廣韻》作"趗"。

諫　役。

○續　似足反邪燭。三。

俗　下俚。

藚　澤寫,草藥。

○粟　相玉反心燭。禾實。三。

傈　~斯。

涑　水名,在河南。

校注："南"字誤，《切三》《王二》《唐韻》《廣韻》作"東"。字又見侯韻東（速）侯反心侯。

〇轐　封曲反幫燭。絡牛頭。今音補沃反幫沃。一。

校注：今音補沃反，《王一》同，然本書無幫母沃韻一紐，《切三》《王二》《唐韻》《廣韻》無此又音。

〇楝　丑録反徹燭。~䅹。四。

校注：字原作"揀"，俗誤，《切三》《王一》《王二》《唐韻》《廣韻》《集韻》作"楝"。注文《王一》作"楝槫，木"，《切三》《王二》《唐韻》《廣韻》同。

塚　牛馬所蹈。

趚　小行。

校注：字原從"豕"不從"豖"，俗誤，《廣韻》作"趚"。

豩　豕行。又知足反知燭。

校注：字左原從"豕"，俗誤，《廣韻》作"豩"。字又見燭韻陟玉反知燭。

〇幞　房玉反並燭。帊~。一。

## 四覺

〇覺　古岳反見覺。警~。十二。

校注：字又見效韻古孝反見效。

斠　平斗斛。

角　骨鋒。

桷　椽~。

較　丘車也。直也。較然易知也。

瑴　雙玉。

校注：字又見屋韻古鹿反見屋一。

鷽　馬腹下聲。又於角反影覺。

校注：字又見覺韻於角反影覺。

觷　飾杖頭角。

校注：字又見錫韻胡狄反匣錫開。

搉　舉。又苦角反溪覺。

校注：字又見覺韻苦角反溪覺。

龣　樂器。

校注：注文《廣韻》同，《王一》注："樂器聲。"字又見屋韻盧谷反來屋一。

騅　馬白領。

校注：字右原從"雀"，俗誤，《王一》《廣韻》作"騅"。

珏　雙玉。

〇嶽　五角反疑覺。或作岳。六。

樂　又盧各〖反〗來鐸開、五教疑效二反。

校注：字又見效韻五教反疑效、鐸韻盧各反來鐸開。

鸑　~鷟，鳥。

頞　面~前鼻。

校注：底本注文字作兩列，"面~"列左，"前鼻"列右。《王一》訓"面前"，《王二》訓"面前~~"，《廣韻》注"説文云面前岳岳也"。底本"鼻"字不詳，疑抄者原只作"面前"，"~鼻"二字後加。

捳　抨~。

校注：字左原從"木"，俗誤，《王一》《廣韻》《集韻》作"捳"。

犨　白牛。

校注：字右原從"雀"，俗誤，《廣韻》作"犨"，合《説文》。

〇浞　士角反崇覺。水濕。九。

丵　草叢生。

鋜　鎖足。

灂　瀺~。

鷟　鸑,鳥。

校注:龍校云:"鸑字上端漫漶不清,唐氏所書如此。"

齺　齒相近。

捔　攙~。〖又徂古反從姥〗。

校注:龍校云:"攙字漫漶不清,此从唐氏所書。"底本"徂"上有一省代號,旁識一小點,兹徑删。又徂古反從姥爲"觕"字音,底本徂古反"觕"字俗誤作"捔",遂於此處注又音,當删。"觕"字見姥韻徂古反從姥。

嶨　速。

校注:龍校云:"注文速字不清,此从唐氏所書。"

斮　□斷。亦䳶。

校注:龍校云:"正文右旁漫漶不可見,注文斷字亦殘,此並从唐氏所書。"字又見藥韻側略反莊藥開。

〇捉　側角反莊覺。五。

校注:龍校云:"側角二字不清,此从唐氏所書。"

穛　早孰穀。

校注:龍校云:"孰字不清,此从唐氏所書。"

䅵　稻處種麦。亦作穛。

蕉　奚毒。

燋　灼龜木。

校注:字又見藥韻即略反精藥開。

〇朔　所角反生覺。北方。八。

欶　口翕。

校注:"翕"字誤,《切三》《王一》《王二》《廣韻》作"噏"。字又見屋韻送谷反心屋一。

槊　刀~。亦作矟。

蒴　~藋,草。

揱　纖。又思聊反心蕭。

校注:字又見宵韻相焦反心宵、效韻所教反生效。

箾　舞象。

校注:《王一》"象"下有"箾"字,本書奪。字又見蕭韻蘇彫反心蕭。

㮶　木名。

㲉　緎~。

〇斲　丁角反端(知)覺。亦或作斵、斵、斵、斮,破削也。十二。

校注:"丁"端母字,丁角反端知類隔。

涿　郡名。

諑　訴。

校注:字右原從"豕",俗誤,《廣韻》作"諑"。

拯　擊~。

校注:字右原從"豕",俗誤,《廣韻》作"㧻"。

㔉　~謹。

校注:字又見燭韻陟玉反知燭。

琢　攻玉。

卓　高~。又姓。

啄　鳥~。又丁木反端屋一。

倬　大。

晫　明~。

校注:字又見覺韻勑角反徹覺。

**䝯** 擊聲。

**校注：**字原從“干”不從“矛”。

**䝯** 龍尾。

**校注：**字左原從“豕”，俗誤，《廣韻》作“豝”。

〇**剥** 北角反幫覺。落。十。

**駮** 馬色。

**駁** 六~，斑~。

**校注：**據《切三》《王一》《王二》《唐韻》《廣韻》，“駮”“駁”二字注文“馬色”“六~”當互换。

**豰** 指聲。

**校注：**字原作“敨”，誤，《切三》《王一》《王二》《唐韻》《廣韻》《集韻》作“豰”。

**膊** 彼破。

**校注：**“彼”字誤，《切三》《王一》《王二》《唐韻》《廣韻》作“皮”。

**趵** 足擊。

**髍** 骭骺。

**校注：**字右原從“雀”，俗誤，《廣韻》作“髍”。

**肑** 豕腹肉。

**校注：**字又見錫韻都歷反端錫開。

**箹** 足筋鳴。

**皺** 皵。

**校注：**“皵”字誤，《王一》作“皺”。字又見覺韻蒲角反並覺。

〇**邈** 莫角反明覺。~遠。六。

**藐** 紫草。

**眊** 目少精。又亡到反明号。

**校注：**字又見号韻莫報反明号。

**瞀** 目不明。又亡遘反明候。

**校注：**字又見候韻莫候反明候。

**毣** 好。

**校注：**字又見屋韻莫卜反明屋一。

**懇** 美。

〇**雹** 蒲角反並覺。陰氣轉精凝為雹，氣結。十三。

**撲** 相~。

**跑** 秦人言蹴。

**騂** 獸名。

**骲** ~箭。

**校注：**字又見巧韻薄巧反並巧、屋韻普木反滂屋一。

**鰒** 魚名。

**校注：**字又見屋韻房六反並屋三。

**箙** 竹名。

**校注：**字又見屋韻方六反幫屋三。

**瓝** 爪~。亦作瓟。

**校注：**字原從“爪”不從“瓜”，俗誤。注文“爪”爲“瓜”字之誤。亦作字爲“瓟”字俗誤。

**暴** 嗃~。

**校注：**字原從“大”不從“共”，誤，《切三》《王一》《王二》《唐韻》《廣韻》作“暴”。字又見覺韻匹角反滂覺。

**犦** 擊。又普角反滂覺。

**校注：**字原從“大”不從“共”，誤。“暴”字下，《王一》云：“犦，封牛。又甫教反幫效。”《王二》云：“犦，犎牛。又甫教反幫效。”《唐韻》云：“犦，犎牛。又兩（甫）教反幫效。”《切三》於“暴”上云：“犦，犎牛。又甫教反幫效。”《王一》“犦”下間“雹”“皺”二字條又收“擈”字，注云：“擊。又普角反滂覺。"本書當是因"犦""撲"形近，遂將"撲"字注文誤抄於"犦"字下。字又見覺韻匹角反滂覺。

窇　窖~。

皺　皮起。

校注：字又見覺韻北角反幫覺。

皱　同上皺。

校注：《王一》此紐有"皱"字無"皺"字，"皱"字注："皺、皱，皮起。"

〇璞　匹角反滂覺。玉皮。十。

撲　聲。又匹［革反］滂麥開。

校注："聲"上《切三》《王二》《唐韻》《廣韻》有"擊"字，本書奪。《切三》"又疋革反"，《王二》《唐韻》"又匹革反"，底本"匹"下奪字，可據補。字又見覺韻蒲角反並覺。

樸　木素。或作朴。

校注：字又見模韻薄胡反並模、屋韻博木反幫屋一。

犦　特牛。

攴　楚。又普卜反滂屋一。

墣　塊。或作圤。

懪　心悶。

暴　自冕。

校注：字原作"暴"，誤，《王一》《廣韻》《集韻》作"暴"。"冕"字誤，《王一》《廣韻》作"冤"。字又見覺韻蒲角反並覺。

抜　小擊。

鞄　攻皮之工。

校注：字又見效韻防孝反並效。

〇㱿　苦角反溪覺。甲~。十一。

愨　謹~。

校注：字"冖"下原從"工"不從"一"，誤，《切三》《王一》《廣韻》作"愨"。

搉　擊。又古學反見覺。

校注：字又見覺韻古岳反見覺。

確　鞕。或作碻。

校注：或作字誤，《切三》《王一》《王二》《唐韻》《廣韻》作"碻"。

皵　皵~，皮乾。

觳　鳥卵。

校注：字又見屋韻空谷反溪屋一。

㲉　盛脂器。

塙　高皃。

燩　火乾。

校注：字又見錫韻去激反溪錫開。

硞　固~。

肻　幬帳象。又口江反溪江。

校注：字原作"肻"，誤，《廣韻》作"肻"，合《説文》。

〇濁　直角反澄覺。渾。九。

擢　状~。

校注：字原作"搮"，誤，"状"爲"拔"字之誤，《切三》《王一》《王二》《唐韻》《廣韻》並可證。

濯　澣。

鸐　~鳥。

校注：字原作"鸐"，誤，《王二》《唐韻》《廣韻》作"鸐"。字又見效韻丁教反端(知)效。

嬥　直好皃。

校注：字又見蕭韻徒聊反定蕭、篠韻徒了反定篠。

**㸯** 薬~。

**校注**：字原從“木”不從“扌”，俗誤，《切三》《王一》《王二》《唐韻》《廣韻》作“㸯”。

**鐲** 鉦。

**玃** 獸名。

**蠗** 小蜃。

〇**渥** 於角反影覺。濡。十四。

**握** 持。

**偓** ~佺，仙人。

**鸑** 山鵲。

**箹** 小籥。

**校注**：字又見效韻乙罩反影效。

**幄** 大帳。

**喔** 鷄聲。

**葯** 白芷~。

**校注**：字又見藥韻於略反影藥開。

**鷽**

**校注**：底本注文奪。《王一》：“鷽，馬腹下聲。”《廣韻》：“鷽，馬腹下鳴。”字又見覺韻古岳反見覺。

［嚳］ 誇~。

**校注**：底本字頭奪，“誇~”誤繫於“鷽”字下。《王一》“鷽”“嚳”上下字，“嚳”字殘，但見下部之“口”，訓“誇”。《王二》：“嚳，誇。”《廣韻》“嚳”“鷽”上下字，“嚳，誇聲也”。

**龏** 燭敞。

**腛** 厚脂。

**䓊** 英蒻。

**校注**：字原作“蔹”，誤，《廣韻》作“䓊”。

**剭** 刑。或作黫。

**媉** 好皃。

〇**搦** 女角反娘覺。四。

**校注**：字又見陌韻尼白反。

**鰯** 調弓摩弓曰~。

**搙** 搵。

**觻** 握。

〇**逴** 勑角反徹覺。遠。一曰警夜。四。

**校注**：“夜”字誤，《廣韻》作“走”。字又見藥韻丑略反徹藥開。

**晫** 明~。

**校注**：字又見覺韻丁角反端(知)覺。

**踔** 跛。亦作𧾷虐。

**校注**：亦作字爲“𧾷虐”字俗誤。字又見效韻褚(褚)教反徹效。

**戳** 叔。

〇**犖** 吕角反來覺。牛雜色毛。一。

〇**學** 户角反匣覺。讀。五。

**校注**：紐字數作“五”而實收四字。

**确** 磽~。

**嶨** 山多大石。

**澩** 停泉。又下巧反匣巧。

**校注**：字又見巧韻下巧反匣巧。

〇**吒** 許角反曉覺。怒聲。七。

**豞** 豕聲。

**校注**：字原作“狗”，俗誤，《集韻》作“豞”。字又見候韻呼候反曉候。

**謈** 急。

**翯** 鳥肥。

**殼** 吐。

**校注**：字又見屋韻呼木反曉屋一。

䶵　聲~。

校注：字原從"己"不從"龙"，誤。

䤁　酢。

〇娖　測角反初覺。謹。五。

䃉　~礚，磕~。

齱　齒相近。

校注：字又見屋韻初六反初屋三。

婥　恭謹皃。

篧　傘帶。

# 五質

〇質　之日反章質。形。又直。九。

校注：字又見至韻陟利反知至開。

晊　大~。

郅　郁~縣。

桎　~梏。

櫍　砧，行刑用斧櫍。

蛭　水虫。

校注：字又見屑韻丁結反端屑開。

騭　駁馬。漢有鄧~。

校注：底本字頭"馬"爲墨所掩。"駁"字誤，《切三》作"駮"。

�　~野言。

校注：注文《王二》《唐韻》《廣韻》云："野人之言。"本書有誤。

礩　柱下石。

校注：字又見至韻脂利反章至開。

〇日　人質反日質。三。

馹　驛。亦作駅。

校注："亦""作"二字原倒誤，"亦"旁識一小鉤。

銍　到。又職而反章之。

校注：字又見之韻止而反章之。

〇實　神質反船質。一。

〇秩　直質反澄質。祿。五。

紩　縫。

帙　書衣。或作袠、袟。

戥　大~。

鉄　驅索。

〇悉　息七反心質。俗作悉。二。

膝　脚䏿。

〇一　於逸反影質A。次二。二。

壹　專。

〇七　親日反清質。次六。九。

校注：紐字數當作"八"，"九"爲合計"匹"字之數，參"匹"字條校注。

漆　水名。

䳭　鳥名。

郪　地名，在齊。

桼　膠。

茦　似薊。

㯃　木，可為杖。亦桼。

桼　木汁。亦作漆。

〇匹　[譬吉反]滂質A。配。卌尺。[一]。

校注：底本反切奪，《切三》《王一》《王二》《唐韻》作"譬吉反"，兹據補。底本紐字數奪。

〇吉　居質反見質A。善~。三。

趌　~趨,走皃。

校注:字又見質韻許吉反曉質A、薛韻居列反見薛A開。

䟽　走意。

校注:字原作"趡",誤。

〇昵　尼質反娘質。近。四。

衵　近身衣。

䵒　膠粘。亦作𥽄。

𧒂　小蝱。

〇逸　夷質反以質A。失。十一。

佚　~樂。

佾　舞~。俗作㑘。

軼　連過。又同結反定屑開。

校注:"連"字誤,《王一》《切三》《王二》《唐韻》《廣韻》作"車"。字又見屑韻徒結反定屑開。

鎰　廿兩。

溢　滿。《説文》:"水注皿為溢。"

劮　豫。

駃　馬疾。

校注:字又見屑韻徒結反定屑開。

鴃　鋪豉。

泆　淫~。

昳　辭。

校注:字又見質韻餘律反以術A。

〇詰　去吉反溪質A。問。二。

蛣　~蜣,虫。

〇欯　許吉反曉質A。笑聲。三。

校注:"聲"字衍,《切三》《王一》《王二》無。

欪　訶。又丑出反徹術。

校注:字又見術韻丑律反徹術。

趌　走皃。

校注:字又見質韻居質反見質A、薛韻居列反見薛A開。

〇抶　丑栗反徹質。打。三。

咥　笑~。

校注:字又見至韻虛記反曉志、屑韻徒結反定屑。

眣　目不明。又達結反定屑開。

校注:"明"字誤,《王一》《廣韻》作"正",合《説文》。字又見屑韻徒結反定屑開。

〇栗　力質反來質。果。十。

慄　戰~。

溧　水名,在丹陽。

颲　風皃。

校注:注文《唐韻》同。《切三》:"溧颲,風聲。"《王一》:"溧颲,風皃。"《王二》:"漂~,風皃。""漂"爲"溧"字之誤。字又見至韻力至反來至開。

㮚　細削。

䳺　鶹~,鳥名。

瑮　玉之英華。

凓　寒~。

緳　綵~。

麜　牝麢。

〇窒　陟栗反知質。塞。又丁結反端屑開。九。

校注:字又見屑韻丁結反端屑開。

挃　撞。又之逸反章質。

厔　盩厔縣,在扶風。

銍　刈。又縣名,在譙郡。

**嗪**　吐。

**校注：** 字原作"嗪"，俗誤，《王一》《廣韻》作"嗪"。"吐"字誤，當作"咄"，《王一》及本書屑韻注可證。字又見屑韻丁結反端屑開。

**䶂**　齧。

**校注：**《王一》注："齧堅聲。"字又見屑韻徒結反定屑開。

**螲**　螻蛄。

**校注：** 字原作"螲"，俗誤，《王一》《廣韻》作"螲"。

**遷**　近。

**跌**　觸。

**校注：** 字左原從"且"，誤，《廣韻》《集韻》字作"跌"。字又見屑韻徒結反定屑開。

〇**焌**　翠恤反清術。火燒。一。

**校注：** 字又見震韻子峻反精稕。

〇**疾**　秦悉反從質。急。七。

**嫉**　~妬。

**校注：** 字又見至韻疾二反從至開。

**蒺**　~蔾。

**揤**　拭。又子翼反精職開。

**校注：** 字又見職韻子力反精職開。

**愱**　毒。

**槉**　枅也。

**蝾**　~螓。

〇**剩**　初栗反初質。斷也，削也。一。

〇**失**　識質反書質。二。

**室**　宮~。

〇**堲**　資悉反精質。六。

**校注：** 字又見職韻秦力反從職開。

**嘁**　鼠聲。

**唧**　啾~。

**沘**　瀆水。

**抄**　擿。又子列反精薛開。

**校注：** 字原作"扯"，誤，《王一》《廣韻》作"抄"。字又見薛韻姊列反精薛開。

**蚍**　蜻。

**校注：** 字原作"蚍"。

〇**蜜**　無必反明質A。蜂食。七。

**謐**　靜。

**醠**　飲盡。

**榓**　木~。

**瞌**　~，不可量。

**校注：** 字又見屑韻莫結反明屑開。

**盜**　拭器。

**宓**　安~。

〇**必**　比蜜反幫質A。語助。卄一。

**畢**　竟。

**蓽**　織荊門。

**韠**　胡服，蔽膝。

**珌**　刀上飾。

**蹕**　警。

**滭**　~沸，水皃。

**罼**　兔冈。

**鵯**　~鶋，鳥。

**觱**　~栗，胡樂。

**校注：** 字頭《王一》同，《切三》《王二》《唐韻》《廣韻》作"觱"。此字《說文》作"觱"。《說文·角部》："觱，羌人所吹角屠觱，以驚馬也。从角蠡聲。""觺"字又見物韻王物反云物。

趩 止行。

鮅 鱒。

婢 婢母。

繂 止。

滭 風寒。

彃 射。

斁 盡。

校注：字右原從"攴"。

樺 木名。

熚 火皃。

華 弃糞器。

校注：字又見寒韻北潘反幫桓。

觱 發，寒風皃。

校注："風""皃"二字原倒誤，"風"旁識一小鉤。字又見物韻王物反云物。

〇聿 餘律反以術A。十。

鴥 飛皃。

校注："飛"下當據《切三》《王一》《王二》補"駛"字。

燏 火光。

遹 述。

鷸 鳥名。

驈

校注：底本注文奪。《切三》《王一》《王二》："驈，黑馬白髀。"

［繘］ 汲水綆。

校注：底本字頭奪，"汲水綆"三字誤繫於"驈"字下。《切三》《王二》"驈""繘"上下字，"繘"字注"汲綆"。字又見質韻居蜜反見術A。

矞 穿。

欥 詞。

校注：字又見質韻夷質反以質A。

茟 竹木初生。

校注：字又見紙韻羊捶反以紙A合。

〇卒 子聿反精術。又則骨反精沒。二。

校注：字又見沒韻則沒反精沒。

綷 倫。

〇卹 辛聿反心術。分分賑。五。

校注：注文《切三》《王一》《王二》《廣韻》止一"分"字，本書衍。

恤 憂~。

戌 ~亥。

訹 謏，誘。

鷸 鳥~。

校注：字左原從"崇"，誤，《王一》《廣韻》作"鷸"。

〇姞 巨乙反群質B。娃。一曰燕姞。五。

佶 正。

趌 直行。

校注：字又見迄韻其迄反群迄。

鮚 會稽獻醬。

狤 狂。

〇術 食聿反船術。六。

述 修。

秫 穀名。

沭 水名。

蟠　蟥~。

鉥　長鍼。

○橘　居蜜反見術A。甘果。四。

蕎　草~。

校注：字又見潸韻武板反明潸開。

繘　汲~。

校注：字又見質韻餘律反以術A。

醑　醬~。

○崒　才卹反從術。山高。二。

踤　摧~。

○邲　毗必反並質A。地名，在鄭。十二。

比　~次。或作坒。

校注：字又見脂韻房脂反並脂A開、旨韻卑履反幫旨A開、寘韻婢義反並寘A開、至韻毗四反並至A開。字亦作"坒"，"坒"字見至韻毗四反並至A開。

柲　耦~。

校注：字又見至韻鄙媚反幫至B開。

䀣　香。

鞁　車束。

佖　有威儀。

校注：字又見質韻房律反並質B。

鮩　魚名。

校注：字又見梗韻蒲杏反並梗開二、迥韻萍迥反並迥開。

駜　馬名。

校注："名"字誤，《王一》《切三》《王二》《唐韻》《廣韻》作"肥"。字又見質韻房律反並質B。

拯　擊~。

怭　慢。

縪　紟。〖又補佚反幫質A〗。紳。

校注：字原作"繹"，誤，《廣韻》《集韻》作"縪"。"紟"字誤，《廣韻》作"紟"。"補佚反幫質A"爲"繹"字音讀，底本字頭書誤而有此又音。字又見錫韻北激反幫錫開。

飶　食香。

校注：字又見屑韻蒲結反並屑開。

○出　尺律反昌術。一。

校注：字又見至韻尺類反昌至合。

○趫　其聿反群術A。走。五。

校注："走"上《切三》《王一》《王二》《唐韻》《集韻》有"狂"字，當據補。

儁　無頭鬼。

趉　走皃。

獝　~狂。

校注：字原作"擿"，誤，《唐韻》《廣韻》作"獝"。

趨　走意。

校注：《王一》亦此紐收字，《王二》《唐韻》收於居律反見術A下，《廣韻》無群母術韻一紐，"趨"字見居聿切見術A，《集韻》見、群二紐並收。字又見獮韻香兗反曉獮A合。

○颰　許聿反曉術B。風皃。五。

校注：《切三》《王二》作"颰"。

眓　高皃。

校注：《切三》《王一》《王二》《唐韻》作"高視"，本書"皃"字誤。字又見末韻呼括反曉末。

䶮　飛皃。

校注：字右原從"戊"，誤。字又見月韻妄發反明月合。

㤜　狂走。

**校注**：字又見沒韻呼骨反曉沒。

怴　怒。

○律　吕卹反來術。陽管。五。

寽　捋取。今~未是。

**校注**："未"字誤，《唐韻》《廣韻》作"禾"。

繂　繩。

膟　腹脂。

葎　蔓草，有刺。

○怵　竹律反知術。憂心。又丑律反徹術。四。

**校注**：字又見質韻丑律反徹術。

窋　在穴。

𡟼　短面皃。

泏　水出皃。

**校注**：字又見沒韻苦骨反溪沒。

○朮　直律反澄術。藥。三。

荥　山薊。

炢　烟出。

○黜　丑律反徹術。退。七。

**校注**：紐字數當作"八"，"七"爲脱計"犺"字之數，參"犺"字條校注。

怵　~惕。

**校注**："惕"字誤，《王二》《唐韻》《廣韻》作"惕"。

䞨　走~。

踀

**校注**：底本注文奪。《廣韻》云："踀，獸跡。"

[犺]　獸名。

**校注**：底本字頭奪，"獸名"二字誤繫於"踀"字下。《王一》《廣韻》云："犺，獸名。"

怞　憂心。

**校注**：字又見質韻竹律反知術。

欰　訶。又九一反見質A。

**校注**：字又見質韻許吉反曉質A。

炪　火光。

○颶　于筆反云質B。風~。三。

汩　水流。

**校注**：字又見錫韻莫懸反明錫開。

莁　草。

○率　師出反生術。領。六。

**校注**：字又見至韻所類反生至合。

帥　領軍。

**校注**：字又見至韻所類反生至合。

蟀　蟋~。

呴　~~飲。

衛　循~。

**校注**：字原作"衛"，誤，《廣韻》作"衛"。

逵　遵。

○筆　鄙密反幫質B。不律。二。

潷　去滓。亦浄。

○密　美筆反明質B。秘~。六。

峃　山形如堂。

蔤　荷夲下白。亦作萔。

冐　不見。

沕　塵濁。

樒　香木。

○弼　房律反並質B。輔。五。

**校注**："律"字原右從"筆"，誤，《切三》《王一》《王二》作"律"。

秭　~秵，禾重生。

佖　威儀。

校注：字又見質韻毗必反並質A。

悉　輔。

駜　馬肥。

校注：字又見質韻毗必反並質A。

〇乙　於筆反影質B。三。

鳦　燕。

䰯　貪。又於既反影未開。

校注：字右原從"乙"。字又見志韻於記反影志。

〇耴　魚乙反疑質B。魚鳥状。四。

聉　無知意。

校注：字又見賄韻吐猥反透賄、黠韻丁滑反端(知)黠合。

㔁　斷。

校注：字原作"薛"，誤，《廣韻》作"㔁"。字又見薛韻私結反心薛開。

𣳚　水流皃。又力折反來薛開。

校注：字又見薛韻吕結反來薛開。

〇齜　仕乙反崇櫛。一。

〇茁　几律反見術B。一。

〇叱　尺栗反昌質。一。

〇肸　羲乙反曉質B。一。

校注：字左原從"日"，俗誤，《廣韻》作"肸"。字又見迄韻許訖反曉迄。

〇絀　式出反書術。一。

## 六物

〇物　無佛反明物。~。七。

勿　無。又帛。

芴　土瓜。

伆　離。又武粉反明吻。

校注：字又見吻韻武粉反明吻。

迦　遠。

昒　猶冥。

㫘　州里違旗。

〇弗　分勿反幫物。不。十三。

紱　綬~。

黻　黼~。

綍　大索。

芾　草之盛皃。

校注：字又見未韻府謂反幫未合、泰韻博盖反幫泰開。

韍　蔽膝。

𢂁　大。

第　輿，後。

校注：《王二》云："輿革，後。"

颵　風疾。

甶　鬼頭。

栤　連枷。

𤇾　熚。

校注：字原作"𤇾"，不成字，《説文・火部》作"𤇾"。

翇　兵舞。

校注：字下原從"大"，俗誤，《廣韻》作"翇"。

〇鬱　□□□影物。□。□。

校注：底本注文以雌黄塗掩，又剥落不可辨。此紐《切三》、P. 3694背"迂物反影物"，《王二》《唐韻》"紆勿反影物"，《廣韻》"紆物切影物"。注文末字爲紐字數，當作"八"。

**爩** 烟氣。

**饕** 餄豆。又於月反影月合。

**校注：** 字又見月韻於月反影月合。

**灪** ~滃，大水。

**黦** 黄黑。

**校注：** 字右原從“冕”，俗誤，《説文》作“黦”。

**蔚** 草盛。

**校注：** 字又見未韻於謂反影未合。

**尉** 人姓。

**校注：** 字又見未韻於謂反影未合。

**鬱** 芳草釀酒。

**○孒** 久勿反見物。無左辟。二。

**校注：** 字原作“引”誤，《廣韻》作“孒”。字又見月韻居月反見月合。

**䘿** 翟衣。

**○屈** 區物反溪物。又［居勿反］見物。人姓。四。

**校注：** “又”下有奪文，《切三》《王二》有“又居勿反”字，兹據補。字又見物韻居勿反見物。

**鶌** 鶻鳩。

**校注：** 《切三》、P. 3694 背、《王二》此紐僅收“屈”“詘”二字，紐二字爲“詘”，訓：“辝塞。”《唐韻》《廣韻》字序仍舊，“詘”字訓亦同，下又增“蝹”字條。本書紐字數作“四”，“蚰”上一字條爲衍文，則“鶌”字上原當有“詘”字條。

〖虫 虫。〗

**校注：** 底本字頭似欲書一“虫”旁字，然字頭右旁未書。此條爲涉下一字條“蚰，蛣”誤衍。

**蚰** 蛣。

**○倔** 衢物反群物。七。

**踊** 足力。

**掘** ~地。

**崛** 山短而高。

**屈** 尾短。

**裾** 衣短。

**豱** 蟂。又九運反見問。

**校注：** 字又見問韻居運反見問、薛韻紀劣反見薛B合。

**○佛** 符弗反並物。釋像。九。

**怫** ~鬱。

**校注：** 字又見未韻扶沸反並未合。

**坲** 塵起。

**岪** 山曲。

**刜** 斫。又孚弗反滂物。

**校注：** 字又見物韻敷物反滂物。

**觱** 理。

**校注：** 字原從“同”不從“角”，從“攴”不從“夂”，誤，《廣韻》作“觱”。

**咈** 戾。

**拂** 擊手。

**校注：** 字又見物韻敷物反滂物。

**炥** 火皃。

**○颰** 許物反曉物。疾風。四。

**校注：** 字亦作“颮”，“颮”字見沒韻呼骨反曉沒。

**欻** 異起。

**校注：** “異”字誤，《王一》《切三》《王二》《唐韻》作“暴”。

**炊** 火煨。

**㘃** 疾。

**校注**：字原作"𤼵"，誤，《王二》《唐韻》《廣韻》作"㘃"。

〇**颮** 王物反云物。風聲。[三]。

**校注**：底本紐字數奪。字又見未韻云貴反云未合。

**掮** 擲。

**觱** 羌人吹角。

**校注**：字又見質韻比蜜反幫質A。

〇**拂** 敷物反滂物。打～。九。

**校注**：字又見物韻符弗反並物。

**怫** 韜髮。

**岪** 崩聲。

**校注**：字又見隊韻普佩反滂隊。

**茀** 草多。

**艴** 淺色。

**校注**：字又見沒韻蒲沒反並沒。

**祓** 除。

**校注**：字又見廢韻方肺反幫廢合。

**髴** 首飾。

**刜** 斫擊聲。

**校注**：字又見物韻符弗反並物。

**乀** 左戾。

〇**屈** 居勿反見物。人姓。一。

**校注**：此與久勿反見物"子"紐重出，爲增加字。字又見物韻區物反溪物。

## 七櫛

〇**櫛** 阻瑟反莊櫛。梳別名。三。

**瀄** ～泊，水流。

**校注**："泊"字誤，《切三》《王二》《唐韻》《廣韻》作"汨"。

**䘐** 秭，禾重生。

〇**瑟** 所櫛反生櫛。琴瑟，樂器。五。

**飋** ～颵，風。秋風飋。

**蝨** 蝨～，虫名。

**校注**：字原作"蛑"，誤。《切三》、P. 3694背："蝨，～蛑。"《王二》《唐韻》《廣韻》同，本書"蝨～"當作"～蛑"。

**蝨** 蟣～，飲人血，虫。

**璱** 玉鮮絜皃。

## 八迄

〇**迄** 許訖反曉迄。至。七。

**仡** 壯。

**校注**："壯"下當據《切三》《王二》《唐韻》補"皃"字。

**釳** 乘輿，馬上揷翟尾。

**校注**："揷"字誤，《切三》、P. 3694背、《唐韻》、《廣韻》作"插"。

**肸** ～蠁。又許乙反曉質B。

**校注**：字左原從"日"，俗誤，《切三》《唐韻》作"肸"。字又見質韻羲乙反曉質B。

**忔** 憘～。

**訖** 語聲。

**汔** 水涸。

〇**訖** 居乙(乞)反見迄。了。三。

**校注**：切語《廣韻》同，"乙"爲質韻字，《切三》《王二》《唐韻》作"乞迄"，"乙"當爲"乞"

字之誤。

吃　語難。

鮀　逝魚。

○疙　魚迄反疑迄。癡皃。三。

圪　高皃。又于乞反云迄。

**校注**：字又見迄韻于乞反云迄。

虓　虎聲。

○趌　其迄反群迄。行皃。二。

**校注**：字又見質韻巨乙反群質 B。

鯱　蹴。

**校注**：注文字誤，《廣韻》作"蹴"。

○圪　于乞反云迄。一。

**校注**：字又見迄韻魚迄反疑迄。

○乞　去訖反溪迄。二。

**校注**：字又見未韻去既反溪未開。

芞　香草。

## 九月

○月　魚厥反疑月合。夜明。五。

刖　絶足跗。亦作朊、跀。

**校注**：字又見鎋韻五割(刮)反疑鎋合。

軏　車端。

抈　折。

**校注**：字原作"杌"，誤，《王二》《廣韻》《集韻》作"抈"。

扤　動。又午骨反疑沒。

**校注**：字又見沒韻五忽反疑沒。

○伐　房越反並月合。問罪。十。

筏　乘大桴渡水。

**校注**：字又見末韻博末反幫末。

罰　罪~。

閥　閲~，自序。

垡　耕土。

橃　木~。

**校注**：字又見廢韻方肺反幫廢合。

昁　舂米。

**校注**：字又見廢韻芳廢反滂廢合。

坺　一垂土。

**校注**：字原作"坺"，俗誤，《説文・土部》："坺，治也，一曰臿土。"本書"垂"字誤。字又見末韻蒲撥反並末。

瞂　盾。

**校注**：字原作猷，俗誤，《廣韻》作"瞂"。

蕟　蘩~。

○越　王伐反云月合。國名。八。

粤　辞曰。

鉞　~斧。

䟠　竚布。

樾　樹陰。

𤬪　劔鼻。又直例反澄祭開。

**校注**：字又見祭韻為劂(劌)反云祭 B 合、祭韻直例反澄祭開。

娍　輕皃。

**校注**：字原作"娍"，誤，《廣韻》作"娍"。

𦶇　曬曝乾。

○厥　居月反見月合。其。十四。

劂　刻刀。

**校注**：字原脱筆"欠"，誤。

蹶　失脚。

**校注**：字又見薛韻紀劣反見薛 B 合。

勥　~強。

蕨　~菜。

趣　跳~。

瘚　氣逆。

校注：字原從“广”不從“疒”，俗誤，《王二》《唐韻》《廣韻》作“瘚”。

蟨　獸名，走則顛。

撅　拔。

欮　發生。

校注：字原作“欤”，誤，《廣韻》作“欮”。

趰　跖。

校注：字原作“趜”，誤，《廣韻》作“趰”。

鱖　魚名。

校注：字又見祭韻居衞反見祭B合。

孑　短。

校注：字原作“列”，誤，《廣韻》作“孑”。字又見物韻久勿反見物。

身　其。

校注：字原作“𨈏”，誤。

〇噦　乙劣反影月合。氣逆。〖一〗。此字亦入薛部。一。

校注：“劣”爲薛韻字。《切三》：“噦，居劣反，此字亦入薛部。一。”“居”爲“乙”字之誤。P. 3694背：“噦，逆氣。乙劣反。一。此字亦薛部。”《王二》：“噦，乙劣反，逆氣。一。”《廣韻》“噦”字見收於月切“嬮”紐下，注：“逆氣。又乙劣反。”本書“逆”下“一”字誤衍，“此”“字”二字原倒誤，“此”旁識一小鉤。字又見泰韻虎外反曉泰合、薛韻乙劣反影薛B合。

〇嬮　於月反影月合。婦人皃。二。

餮　飴安豆。亦作䬪。又於勿反影物。

校注：字又見物韻“鬱”紐影物。

〇鱖　其月反群月合。八。

校注：紐字數當作“九”，“八”爲脱計“蹷”字之數，參“蹷”字條校注。

鷢　~，鳥。

校注：本書省代號上奪字，《切三》《王一》《王二》《唐韻》《廣韻》有“白”字。

橛　株~。

橜　杙~。

［蹷］

校注：底本字頭奪，注文“倒”字誤竄於“臀”字注文中。《切三》、P. 3694背、《唐韻》、《王二》：“蹷，倒。”《王一》：“蹷，倒。亦作蹶。”

臀　尾卆。亦作倒~臀。

校注：“倒”爲“蹷”字注文，誤竄於此，當移正。省代號當刪。《切三》、P. 3694背、《王一》、《唐韻》“蹷”“臀”上下字。《切三》、P. 3694背、《唐韻》、《王二》：“臀，尾卆。”《王一》：“臀，尾卆。亦作臀。”

鐝　磨~。

趣　行~。

校注：字原作“趧”，誤，《廣韻》作“趣”。

楸　~株，山別。

校注：字原從“坴”不從“屰”，誤，《廣韻》《集韻》作“楸”。

〇闕　去月反溪月合。二。

漷　水名。

〇髮　方伐反幫月合。頭毛。四。

發

校注：底本注文奪。《切三》："發，遣～。" P.3694背："發，草生。"《王一》："發，動，又舉。"《王二》："發，動也，舉也。"《唐韻》："發，起也。"《廣韻》："發起，又舒也，明也，舉也，闕也，揚也，説文曰䠶發也。"

［颰］　疾風。

校注：底本字頭奪，"疾風"二字誤繫於"發"字下。《王一》《廣韻》"發""颰"上下字，均作："颰，疾風。"字又見末韻蒲撥反並末。

冹　風寒。

校注：字右原從"犬"，俗誤，《廣韻》作"冹"。

〇韈　妄發反明月合。屩～。正作幭。亦作韤、帓、妹、襪、袜。一。

校注："帓""妹""袜"三字原右從"未"，俗誤。

〇颰　許月反曉月合。小風。五。

狘　獸走。

泧　水皃。

校注：字又見末韻呼括反曉末。

䟼　走皃。

䮵　飛皃。

校注：字又見韻質韻許聿反曉術B。

〇謁　於歇反影月開。言請。四。

閼　歲在卯名曰～。

校注：字又見末韻烏割反影曷。

暍　傷熱。

黦　色壞。

〇歇　許謁反曉月開。三。

蠍　蠆虵～。

猲　～獢，犬。亦作獦。

校注：字又見末韻許葛反曉曷、乏韻起法反溪乏。

〇訐　居謁反見月開。四。

校注：字又見祭韻居厲反見祭B開。

趌　走皃。

羯　～羊。亦作羖。

鐍　金～。

〇撅　其謁反群月開。擔物。一。

〇怖　匹伐反滂月合。一。

校注：字又見泰韻普盖反滂泰開、末韻博末反幫末。

〇钀　語謁反疑月開。載高皃。又五曷反疑曷。一。

校注：字又見末韻五割反疑曷。

## 十沒

〇沒　莫勃反明沒。溺水。五。

歿　死。

玫　玉名。

頞　内頭水中。又於骨反影沒。

校注：字又見沒韻烏沒反影沒。

叟　沉。

校注：字原作"叟"。

〇骨　古忽反見沒。骸。十。

縎　～結。

鶻　～鳩。又胡八反匣黠合。

校注：字又見沒韻胡骨反匣沒、黠韻户八反匣黠合。

榾　枸～，木頭箭笴。

校注："頭"字誤，《王一》《王二》作"中"。

淈　泥。

校注：字又見沒韻下沒反匣麧。

堀　~，憂。

校注：字又見沒韻呼骨反曉沒。

愲　心亂。

蓾　刷。

葧　不實草。

膃　膝病。

校注：字原作"膃"，俗誤。字又見沒韻下沒反匣麧。

〇勃　蒲沒反並沒。誶。十三。

校注：紐字數作"十三"而實收十二字。

渤　~澥，海。水皃。

餑　麩~。

垺　塵起。

馞　大香。

倖　強~。

艴　~然，不悅。

校注：字又見物韻敷物反滂物。

捊　状~。

校注："状"字誤，《廣韻》《集韻》作"拔"。

脖　肤，齊。

悖　逆。又蒲潰反並隊。

校注：字又見隊韻薄背［反］並隊。

菝　蘩母。

鵓　雄雞。

〇咄　當沒反端沒。訶。一。

〇突　他骨反透沒。寖出。四。

校注：字又見沒韻陁忽反定沒。

柮　大杖。

校注：字又見薛韻職雪反章薛合。

踺　蹂。

悚　忽。

校注：字又見隊韻他續反透隊。

〇突　陁忽反定沒。觸。十一。

校注：字又見沒韻他骨反透沒。

揬　搪~。

腯　肥~。正作腯。

校注：正作字與字頭同，當有一誤。

鼵　鼠~。

鵚　~鴰，鳥。

校注："鴰"字誤，《廣韻》《集韻》作"鶌"。

堗　竈~。

稡　耕禾閒。

校注：字原作"穾"，誤，《廣韻》作"稡"。

葖　蘆菔。

鈯　鈍~。

椌　鎖植。

㐬　不孝子。亦作㐬。

〇頞　烏沒反影沒。五。

校注：《切三》、P. 3694背、《王一》、《王二》、《唐韻》、《廣韻》云："内頭水中。"《唐韻》"頭"字誤作"投"。字又見沒韻莫勃反明沒。

殟　心悶。

嗢　咽。又烏八反影黠合。

校注：字又見黠韻烏八反影黠合。

膃　~肭，肥。

歍　咽中。

校注：字又見黠韻烏八反影黠合。

○忽　呼骨反曉沒。欻。十四。

惚　恍~。

䆾　睡一覺。

𥧄　寢覺。

笏　所執士搢。

䩐　急擷。~字呼結反曉屑開。

校注：重文號重"擷"字。

啒　~，憂。

校注：字又見沒韻古忽反見沒。

匫　古器~。

校注：字原作"𠤩"，誤，《廣韻》《集韻》作"匫"。

㹚　狂走。

校注：字又見質韻許聿反曉術A。

颮　疾風。

校注：字亦作"䬍"，"䬍"字見物韻許物反曉物。

榾　高~。

校注：字原作"榻"，誤，《廣韻》《集韻》作"榾"。

緫　微~。

㬟　豕屬。

校注：字原作"㬦"，誤。

㫚　出气辞。

校注：字原作"㫚"，誤，《王一》《廣韻》作"㫚"。

○兀　五忽反疑沒。高皃。九。

扤　動摇。

校注：字又見月韻魚厥反疑月合。

杌　樹無枝。

屼　山皃。

疣　病~。

舠　舩~。

柮　斷~。

校注：字原作"拙"，俗誤，《説文・木部》："柮，斷也。"

飢　𩜷~，不安。

虮　蛤解。

校注："解"字誤，《廣韻》作"蟹"。

○䪹　普沒反滂沒。一。

○䮯　勒沒反來沒。箭射。三。

校注：字原作"䩩"，俗誤，《王一》《王二》作"䮯"。

硉　~屼。

校注：字原作"𥓏"，誤，《王一》《廣韻》作"硉"。

㪐　~𡴀，不利。

校注："利"上原有"屼"字，旁識兩點，兹徑删。

○窟　苦骨反溪沒。窠。十一。

顝　大頭皃。

校注：字又見灰韻苦回反溪灰、賄韻口猥反溪賄。

泏　漚麻池。

校注：字又見質韻竹律反知術。

頢　白秃。

校注：字又見混韻苦本反溪混。

矻　用力。

𩞄　因突出。又胡八反匣黠開。

校注：字原作"䅭"，誤，《廣韻》作"𩞄"。"因"字誤，《王一》《廣韻》作"囙"。字又見鎋韻胡八反匣鎋開。

揔　擊。

朏　翳。

校注：字又見尾韻妃尾反滂尾合、隊韻普佩反滂隊。

勖　力作。

校注：字又見黠韻口滑反溪黠合。

㱚　殿~。

㠊　屼~。

〇訥　諾忽反泥沒。鈍遲。三。

校注：字亦作"向"，"向"字見薛韻如雪反日薛合。

肭　膃~。

抐　内物水中。

校注：字又見慁韻奴困反泥慁。

〇窣　蘇骨反心沒。亦作踤。三。

䅳　磨~。

䳜　䳜~。

〇猝　麁沒反清沒。三。

㧜　摩~。

緈　素。

〇捽　昨沒反從沒。四。

椊　~杌，以柄内孔。

䘹　齚。

觪　角性生。

校注："性"字誤，《唐韻》《集韻》作"始"。

〇麧　下沒反匣麧。九。

校注：字原從"麦"不從"麥"，俗書。"沒"爲沒韻字，"麧"紐原爲痕韻入聲字，因僅此一紐且字少而寄韻於此。此紐《切三》、P. 3694背、《王一》、《唐韻》、《廣韻》均注音下沒反，與本書同。

齕　齧。又胡結反匣屑開。

校注：字又見屑韻胡結反匣屑開。

紇　絲下。

校注：字又見屑韻胡結反匣屑開。

淈　~泥。

校注：字又見沒韻古忽反見沒。

搰　掘地。

校注：字又見沒韻胡骨反匣沒。

扢　摩。又公礙反見代。

校注：字又見代韻古礙反見代。

麧　秳~。

𩩲　膝病。

校注：字原作"𩨗"，俗誤，《廣韻》《集韻》作"𩩲"。字又見沒韻古忽反見沒。

㧾　手推。

〇卒　則沒反精沒。兵~。三。

校注：字又見質韻子聿反精術。

倅　百人。

校注：《切三》："百人為長。"P. 3694背、《王一》："百人為倅。"《王二》《廣韻》同。字又見隊韻七碎反清隊。

稡　秭~。

〇鶻　胡骨反匣沒。鳩。四。

校注：字又見沒韻古忽反見沒、黠韻户八反匣黠合。

搰　掘地。又下沒反匣麧。

校注：字又見沒韻下沒反匣麧。

䎺　地名。亦耳聲黑。

扣　穿。去樹皮。

校注：字原作"枂"，俗誤，《王一》作"扣"。龍校云："穿下云去樹皮者，末韻五活反枂字注云去樹皮，盖後人不考此枂為扫字之誤，妄增此三字耳。"

## 十一末

○末　莫割反明末。木上。廿一。

**校注：** 紐字數當作"廿二"，"廿一"爲脱計"𡊯"字之數，參"𡊯"字條校注。

秣　~馬。

眛　《易》曰："日中見~。"

**校注：** 字又見隊韻莫佩反明隊。

粖　~頟，健。

抹　~撥，手摩。

倈　~𠉤，肥大。

妺　~嬉，紂妻。

怽

**校注：** 底本注文奪。《切三》、P.3694 背、《王一》、《王二》、《唐韻》："怽，忘。"（《唐韻》"怽"誤作"怽"）《廣韻》："怽，忘也。"

［𡊯］　壤~。

**校注：** 底本字頭奪，"壤~"誤繫於"怽"字下。諸書皆"怽""𡊯"上下字。《切三》、P.3694 背、《王一》、《王二》、《唐韻》："𡊯，壤土。"（《唐韻》"𡊯"誤作"垛"）《廣韻》："𡊯，壤也。"

沫　水~。

澫　塗拭。

**校注：** 字又見屑韻莫結反明屑開。

䳮　鳥名。

麩　麪~。

**校注：** 字原從"麦"，俗書。注文字爲"麪"字俗書。

䅴　米禾細屑。

眜　目不明。

眑　遠視。又亡内反明隊。

**校注：** 字又見怪韻莫拜反明怪開。

眜　目不正。

鮇　魚名。又莫決反明屑開。

**校注：** 字亦作"鱴"，"鱴"字見屑韻莫結反明屑開。

餗　馬食穀。

䊳　糜。又亡結反明屑開。

**校注：** 字上原脱筆"米"，誤，《廣韻》作"䊳"，合《説文》。"糜"字誤，《王一》作"糜"。字又見屑韻莫結反明屑開。

䤍　醬。

粖　靡。又亡結反明屑開。

**校注：** 《説文》以"粖"爲"䊳"字省書。"靡"字誤，《王一》作"糜"。字又見屑韻莫結反明屑開。

○枂　五活反疑末。去樹皮。二。

**校注：** 字原作"扫"，俗誤，《切三》《王一》《王二》《唐韻》《廣韻》作"枂"。

○撥　博末反幫末。手~。十四。

癶　足~刺。

袚　蠻夷蔽膝衣。

**校注：** 字右原從"大"，俗誤，《切三》《王一》《王二》《唐韻》《廣韻》作"袚"。字又見未韻府謂反幫未合。

茇　根~。

鉢　器屬。

䳊　水鳥。

校注：字亦作"皺"，"皺"字見末韻蒲撥反並末。

鱍　魚掉尾皃。

校注：字又見末韻普活反滂末。

迊　走急。

髮　～鬊，多鬢。

怖　意不悦。

校注：字又見泰韻普盖反滂泰開、月韻匹伐反滂月合。

筏　箄。

校注："箄"字誤，《廣韻》作"箄"。字又見月韻房越反並月合。

艐　大舩。

驋　馬怒。

帗　一幅巾。

〇鬊　姊末反精曷。髮～。二。

校注：字又見翰韻作幹反精翰。

拶　逼。

校注：字右原從"劣"，誤。

〇括　古活反見末。檢。十二。

湉　水流。

校注：字亦作"活"，"活"字見末韻户括反匣末。

髺　結髮。

校注：字亦作"鬠"，"鬠"字見末韻户括反匣末。

檜　栢葉松身曰～。

校注：字又見泰韻古兑反見泰合。

聒　聲擾。

苦　～蔞。

佸　會～。亦作适。

頢　小頭。又乎括反匣末。

校注：字又見末韻户括反匣末、鎋韻下刮反匣鎋合。

䵡　～，無知皃。

适　會。

萿　菝～，瑞草。

劊　斷～。

〇闊　苦括反溪末。遠。三。

筈　箭。

蛞　蝦蟇子。

〇活　户括反匣末。水流。六。

校注：字亦作"湉"，"湉"字見末韻古活反見末。

祜　祠。

校注：字又見鎋韻古頒反見鎋合。

姡　～獪。又面醜也。

校注：字又見鎋韻下刮反匣鎋合。

頢　小頭。又古活反見末。

校注：字又見末韻古活反見末、鎋韻下刮反匣鎋合。

鬠　以組束髮。

校注：字亦作"髺"，"髺"字見末韻古活反見末。

秳　舂穀不潰。

〇奪　徒活反定末。強取。八。

敚　掠取。

校注：字原從"兊"從"支"。

脱　肉去骨。又吐活反透末。

校注：字右原從"兊"。字又見末韻他活反透末。

捝　解。又吐活反透末。

**校注:** 字又見末韻他活反透末。

**茪** 草,生江南。

**校注:** 字又見末韻他活反透末。

**痥** 馬腦傷。

**校注:** 字原從"兑"。注文次字誤,《王一》《廣韻》作"脛",合《説文》。

**皵** 皮剥。

**校注:** 字左原從"兑"。字又見薛韻丑劣反徹薛合。

**鮵** 小,鮦。

**校注:** 字右原從"兑"。

**〇豁** 呼括反曉末。~達,大空。六。

**校注:** 字原作"豁",俗誤,《廣韻》作"豁"。

**濊** 水聲。

**校注:** 字又見泰韻烏鱠反影泰合、廢韻於肺反影廢合。

**奯** 大開目。

**泧** 瀎~。

**校注:** 字右原從"戊",俗誤,《廣韻》作"泧",合《説文》。字又見月韻許月反曉月合。

**眓** 視高。

**校注:** 字右原從"戊",俗誤,《廣韻》作"眓",合《説文》。字又見質韻許聿反曉術B。

**斡** 杼。又烏活反影末。

**校注:** 字又見末韻烏活反影末。

**〇斡** 烏活反影末。轉。六。

**焥** 火烟出。

**䀹** 目開皃。

**校注:** 字亦作"婉","婉"字見阮韻於阮反影阮合。

**斡** ~取物。或作擀。

**校注:** 或作字誤,《王一》作"捾"。字又見末韻呼括反曉末。

**䁵** 目深黑。

**校注:** 字原作"畧",誤,《廣韻》作"䁵",合《説文》。字又見至韻女利反娘至開。

**䀝** 小嫵媚。

**校注:** 字原作"䀝",俗誤,《王一》《廣韻》《集韻》作"䀝"。

**〇繓** 子括反精末。三。

**攥** 手把。

**撮** 捉。又七活反清末。

**校注:** 字又見末韻七括反清末。

**〇鏺** 普活反滂末。刈草木。九。

**撥** 芟~。

**蹳** 蹋草之聲~。

**拂** 推~。

**酦** 酒色。

**瞢** 目不明。

**鱍** 魚掉尾。

**校注:** 字又見末韻博末反幫末。

**袚** 袂。

**犻** 古姓。

**〇倪** 他活反透末。輕。四。

**校注:** 字右原從"兑"。

**挩** 解落。亦作脱。

**校注:** 字又見末韻徒活反定末。

**脱** 肉去骨。

**校注:** 字右原從"兑"。字又見末韻徒活反定末。

**茪** □□。又□□(徒活)反定末。

**校注:** 底本"又"上二字及"反"上二字用雌黄

塗改,又剥落不可辨。《王一》:"茇,活茇反,又徒活反。""又"上"反"字衍。《廣韻》:"又徒活切。"底本四字當爲"活茇""徒活"。字又見末韻徒活反定末。

〇捋　盧活反來末。取。三。

寽　削。

蛶　蚵~。

〇掇　多括反端末。拾。五。

鵽　~雀。

校注:字又見鎋韻丁刮反端(知)鎋合。

腏　挑取骨閒骨。

校注:下"骨"字誤,《切三》《王一》《王二》《唐韻》《廣韻》作"肉"。字又見薛韻陟劣反知薛合。

祋　殳。又丁外反端泰合。

校注:注文《王一》同,《唐韻》:"祋,~祤,縣名。又都反,加。"《唐韻》"都"下奪切下字。《廣韻》:"祋,祋祤,縣名。又都外反。"本書"殳"字誤,且下有脱文。字又見泰韻丁外反端泰合。

剟　削。又陟劣反知薛合。

校注:字又見薛韻陟劣反知薛合。

〇撮　七括反清末。手~。二。

校注:"手""~"原倒誤,"手"旁識一小鉤。注文《切三》《王一》《王二》作"手取",本書省代號誤。字又見末韻子括反精末。

襊　衣縫。

校注:"衣"下當據《王一》補"游"字。字又見泰韻七會反清泰合。

〇跋　蒲撥反並末。行。十七。

校注:紐字數當作"十八","十七"爲脱計"拔"字之數,參"拔"字條校注。

跡　行剌~~。

魃　旱~。

废　舍。

酦　酒氣。

馞　香氣。

軷　行将祭名。

校注:字又見泰韻薄盖反並泰開。

炦　火氣。

颰　風氣。

校注:字又見月韻方伐反幫月合。

癹　除草。

坺　一埵土。

校注:"埵"字誤,《王一》作"臿"。字又見月韻房越反並月合。

妭　天女射。

犮

校注:底本注文奪。《王一》:"犮,犬迴。"("迴"是"拔"字注文)《王二》:"犮,犬走皃。"《唐韻》:"犮,犬走皃。加。"《廣韻》:"犮,犬走皃。"

[拔]　~迴。

校注:底本字頭奪,"~迴"誤繫於"犮"字下。P.3694背:"拔,迴拔。又矢括反。"《王一》:"拔,又蒲八反並黠開。"《王二》:"拔,迴~。又蒱八反並黠開。"《唐韻》:"拔,迴拔。蒱八反並黠開。加。"《廣韻》:"拔,迴拔。……又蒲八切並黠開。""迴"爲"迴"字之誤。《王二》《唐韻》《廣韻》均"犮"上"拔"下,《王一》反之。字又見黠韻蒲八反並黠開。

胈　傶~。

**䓿**　~䓢，瑞草。

**校注：** 字又見黠韻蒲八反並黠開。

**鵔**　大鳥。

**校注：** 字亦作"䲳"，"䲳"字見末韻博末反幫末。

**䥓**　𢭐具。又方吠反幫廢合。

**校注：** 字又見廢韻方肺反幫廢合。

〇**躠**　桑割反心曷。跋~。六。

**校注：** 字原從"薛"不從"薛"。

**㮶**　糕~。

**校注：** "糕"字誤，《王一》《廣韻》作"糣"。

**薩**　菩。

**校注：** 字原作"薩"，爲俗形。

**撒**　抹~。

**珊**　~瑚。又蘇干反心寒。

**校注：** 字又見寒韻蘇干反心寒。

**㗰**　音變。

**校注：** 字又見夬韻所芥反生夬開。

〇**怛**　當割反端曷。悲。八。

**𠜱**　驚。

**妲**　~己，紂妻。

**呾**　相呵。

**炟**　火起。

**黫**　莫~縣，在五原。

**靼**　柔革。

**校注：** 字又見薛韻盲熱反章薛開。

**笪**　竹~門。

**校注：** 字又見旱韻多旱反端旱、翰韻得案反端翰、末韻他達反透曷。

〇**闥**　他達反透曷。門。十。

**健**　佅~。

**撻**　打~。

**躂**　足趺。

**澾**　泥滑。

**獺**　水狗，喫魚獸。

**校注：** 字又見鎋韻他鎋反透(徹)鎋開。

**鱳**　魚名。

**校注：** 字又見泰韻落盖反來泰開。

**噧**　多言。又許介反曉怪開。

**校注：** 字又見怪韻許界反曉怪開。

**笪**　籧篨。又丁達反端曷。

**校注：** 字又見旱韻多旱反端旱、翰韻得案反端翰、末韻當割反端曷。

**羍**　小羔。

**校注：** 字原從"夾"不從"大"，誤，《王一》《王二》《廣韻》作"羍"。

〇**遏**　烏割反影曷。鎮~。七。

**齃**　鼻~。

**堨**　擁~。

**校注：** 字又見泰韻於盖反影泰開。

**閼**　止。又於連[反]影仙B開。

**校注：** "反"字原奪，《王一》《王二》有字。字又見月韻於歇反影月開。

**咹**　止語。

**㔉**　大呼用刀。

**校注：** "刀"字誤，《王一》《廣韻》《集韻》作"力"。

**㕎**　厓迫。

**校注：** "厓"字誤，《王一》《廣韻》作"屋"。

〇**剌**　盧達反來曷。十三。

**𥗬**　研破。亦作剌。

**校注：** "剌"字誤，《王一》作"𥗬"。

**辢**

**校注**：底本注文奪。《切三》《王二》《唐韻》："辢，辛～。"《王一》《廣韻》："辢，辛辢。"

［莿］　～蒿。

**校注**：底本字頭奪，"～蒿"誤繫於"辢"字下。《切三》《王一》《唐韻》《廣韻》"辢""莿"上下字，《王二》亦"辢"在上，"莿"在下。《切三》《王一》《王二》《唐韻》："莿，～蒿。"《廣韻》："莿，莿蒿。"字又見泰韻落盖反來泰開。

瘌　㾿～，不調皃。

揦　撥～，手披。

䶛　䶛聲。

瑓　玉名。

**校注**：此字爲"瑓"字省書，《廣韻》作"瑓"，同《說文》。

䁻　目不正。

藾　蒿。又力盖反來泰開。

**校注**：字又見泰韻落盖反來泰開。

楋　木名。

㡂　庵。

䓶　拂。

〇渴　苦割反溪曷。漿。三。

骱　肩髆。

**校注**：字右原從"犬"，俗誤，《王一》作"骱"。

稧　禾長。

**校注**：字又見鎋韻袪刹反溪鎋開。

〇達　陁割反定曷。通。正作逹。一。

**校注**：正作字俗誤，當作"逹"。

〇巀　才割反從曷。又才結反從屑開。三。

**校注**：字又見屑韻昨結反從屑開。

啐　嘈～。

**校注**：字原作"哰"，誤。字又見末韻五割反疑曷。

囐　鼓聲。又五割反疑曷。

**校注**：字又見末韻五割反疑曷。

〇嶭　五割反疑曷。高峻，巀嶭。十。

轍　車載高。

**校注**：字又見月韻語謁反疑月開。

屵　高山皃。

**校注**：字又見阮韻語偃反疑阮開。

枿　伐木餘～。

𢷾　擊～。

歺　殘。又几丞反見蒸開。

**校注**：字原作"歹"，誤。

櫱　頭戴。亦作蘖。

吪　～。

**校注**：字右原從"斊"，誤，《廣韻》作"吪"，《說文·口部》作"𠯑"。《王一》注："～嘲～，戒。"《廣韻》注："吪吪嘲嘲，戒也，《說文》曰'語相呵距也'。"底本注文有奪文。

啐　嘈。

**校注**：字原作"哰"，誤。字又見末韻才割反從曷。

囐　鼓聲。

**校注**：字又見末韻才割反從曷。

〇葛　古達反見曷。草。八。

篙　～篛，桃枝竹名。

獦　～狚，獸名，似狼。

割　截。

騔　馬走。

校注："走"下當據《切三》《王一》《唐韻》《廣韻》補"疾"字。

鄗　鄉名。

轕　轇~。

匃　乞。又古賴反見泰開。

校注：字亦作"丐"，"丐"字見泰韻古太反見泰開。

○褐　胡葛反匣曷。袍也，被也，袒衣。九。

毼　毛布。

鶡　鳥名。

曷　何。

蝎　虫。

餲　餅名。

校注：字又見祭韻於罽反影祭B開、夬韻於芥反影夬開。

髑　~骻，眉骨。

校注：注文次字及"眉"字誤，《王一》《廣韻》作"骼""肩"。

骱　骨堅。

楬　木轉。

○顯　許葛反曉曷。頞~。五。

猲　恐。

校注：字又見月韻許謁反曉月開、乏韻起法反溪乏。

皜　白色。

校注："白"上原有"恐"字，旁識兩點，茲徑刪。

嗷　訶~。

𪖈　犬臭。

○捺　奴曷反泥曷。手按。三。

校注：字右原從"柰"。

瘵　痛~。

校注：字又見鎋韻女鎋反娘鎋開。

蛆　蠚。

校注：字原作"蛆"，俗誤，《集韻》作"蛆"。

○擦　七曷反清曷。足動草聲。二。

縩　絹殺。

## 十二黠

○黠　胡八反匣黠開。慧。三。

校注：字又見黠韻苦八反溪黠開。

髓　齒聲。

藒　麻莖。

校注：字又見皆韻古諧反見皆開。

○札　側八反莊黠開。刀~。三。

殎　瘍疾。

校注：字原作"殎"，俗誤，《集韻》作"殎"。

蚻　小蟬。

○拔　蒲八反並黠開。抽~。二。

校注：字又見末韻蒲撥反並末。

菝　~葀，根可作飲。

校注：字又見末韻蒲撥反並末。

○劼　苦八反溪黠開。勁。七。

鬜　~禿。

校注：字又見山韻昨閑反從(崇)山開。

扨　極巧。

校注：字左原從"耒"，誤，《王一》《廣韻》

作“扨”。

刮　剥鶻。

硈　石状。

鶷　木虎，樂器又，名枯［鎋反］溪鎋開。

校注：字左下原從“扌”，俗誤。“名”“又”二字當互乙。龍校云：“木虎樂器四字模糊不清，此从唐氏所定。”《王一》注：“木虎，樂器名，又枯鎋反。亦作楬。”本書“枯”下奪“鎋反”二字。字又見鎋韻枯鎋反溪鎋開。

黠　黒。

校注：字又見黠韻胡八反匣黠開。

○滑　户八反匣黠合。泥利。五。

猾　狡~。

鮹　魚名。

鶻　~鳩。

校注：字又見沒韻古忽反見沒、沒韻胡骨反匣沒。

螖　螯~，似蟹而小於蟹。

○八　博拔反幫黠開。二。

馸　馬八歳。

校注：龍校云：“馬字不清，此从唐氏所書。”

○窡　丁滑反端（知）黠合。口滿。三。

校注：“丁”端母字，丁滑反端知類隔。

娺　婠~，好皃。

校注：龍校云：“婠字右旁不清，此从唐氏所書。”字又見脂韻陟隹反知脂合。

聉　~聵，無所聞知。

校注：字又見賄韻吐猥反透賄、質韻魚乙反疑質B。

○豽　女滑反娘黠合。獸名，似猨，似貍。亦作貀，无前足。一。

○嗗　烏八反影黠合。飲聲。四。

婠　~娺。

校注：字又見寒韻一丸反影桓、翰韻古段反見换。

嗢　咽。又烏沒反影沒。笑。

校注：字又見沒韻烏沒反影沒。

歆　氣息不利。

校注：字又見沒韻烏沒反影沒。

○齺　初八反初黠開。齒利。五。

校注：字右原從“戴”，誤，《切三》《王一》《唐韻》《廣韻》作“齺”。

蔡　草~。出作蔡。

校注：字原作“蔡”，誤，《切三》《王一》《王二》《唐韻》《廣韻》《集韻》作“蔡”。

察　鑒。亦作詧。

檫　木名。

瞭　視。

校注：字又見霽韻七計反清霽開。

○劀　古滑反見黠合。草。二。

校注：《切三》《王一》《王二》《唐韻》並注：“去惡肉。”本書訓“草”當出後人妄改。字亦作“劊”，“劊”字見鎋韻古頒反見鎋合。

鱊　魚名。

○戛　古黠反見黠開。戟也，常也，礼。十二。

扴　指~物。

校注：“指”字誤，《廣韻》作“揩”。

圿　~垢，悪。

稭　祭天席。

鴶　~鵴，鳩名。

楔　櫻桃。又先結反心屑開。

校注：字又見屑韻先結反心屑開。

䅶　草。亦作秸、稭。

恝　恨。又公齘反見怪開。

校注：字又見怪韻五界反疑怪開。

契　刮。

校注：字下原從"央"，誤，《王一》作"契"。

㮣　豉。

校注：字原作"㨶"，俗誤，《王一》《廣韻》作"㮣"。

鶪　鳥屬。

校注：字左下原從"丌"，俗書，《廣韻》作"鶪"。字又見屑韻古屑反見屑開。

袺　衽。又公鐵反見屑開。

校注：《廣韻》："袺，執衽。又音結見屑開。"《説文·衣部》："袺，執衽謂之袺。"《爾雅·釋器》："執衽謂之袺。"底本注文當有脱漏。字又見屑韻古屑反見屑開。

○軋　烏黠反影黠開。輾。五。

校注："輾"上當據《切三》《王一》《王二》《唐韻》《廣韻》補"車"字。

圠　山曲。

揠　拔草心。〖三〗。

校注："三"字衍，《切三》《王一》《王二》《唐韻》《廣韻》無。

嫼　疾怒。

校注："疾"字誤，《切三》《王一》《王二》《唐韻》《廣韻》作"嫉"。字又見德韻莫北反明德開一。

猰　~貐，獸。

校注：字又見屑韻苦結反溪屑開。

○殺　所八反生黠開。終命。四。

校注："終"字誤，《切三》《王二》《唐韻》《廣韻》作"殺"。字又見怪韻所拜反生怪開。

鎩　鳥羽。又所界反生怪開。

校注："羽"下當據《切三》《王一》《王二》《唐韻》《廣韻》補"病"字。字又見祭韻所例反生祭開、怪韻所拜反生怪開。

榝　茱萸。

校注：字又見薛韻山列反生薛開。

帴　二幅。又思旦心翰〖二〗反。帴也，帔。

校注：《王一》注："又思爛反心翰。"底本"反"上"二"字或誤衍，或"反"上脱一切語。字又見寒韻咋干反從寒、先韻則前反精先開、翰韻蘓旦反心翰。

○傄　莫八反明黠開。~偕，健皃。四。

䀛　恶視。

校注：字又見至韻鄙媚反幫至B開。

䯤　~骱，小骨。

䵵　人名。黒。

○偕　呼八反曉黠開。三。

校注：字原作"偕"，誤。

䀡　視。

䬅　氣息。

校注：字又見至韻許器反曉至B開。

○痆　女黠反娘黠開。一。

○䶩　五滑反疑黠合。屈。二。

聉　聉~，無知之皃。

○齒 口滑反溪黠合。力作。一。

校注：字又見沒韻苦骨反溪沒。

○汃 普八反滂黠開。水聲。一。

校注：字又見真韻"斌"紐幫真B。

○穵 乙八反影黠開。空。二。

校注：此紐與烏黠反影黠開"軋"紐重出，爲增加字。

魪 魚名，鮇~。

## 十三鎋

○鎋 胡八反匣鎋開。車軸頭鐵。八。

校注："八"黠韻字，胡八反黠鎋混韻。

鶷 鬍聲。

鶷 ~鶡，鳥名。

砎 礣~。

校注：字又見怪韻古拜反見怪開。

瑎 石似玉。

校注：字原作"瑎"，誤，《廣韻》作"瑎"。

䠩 因突。又口沒反溪沒。

校注：字左原從"柰"，誤，《廣韻》作"䠩"。"因突"二字下脱"出"字，《王一》《廣韻》可證。字又見沒韻苦骨反溪沒。

萫 野藕。

蠚 螻蛄。

校注：字原作"蠚"，誤，《廣韻》作"蠚"，合《說文》。

○鸛 乙鎋反影鎋開。鳥名。四。

校注：字又見鎋韻吾鎋反疑鎋開。

闥 門扉聲。

圚 駱駞聲。

校注："聲"字涉"闥"字注文而誤，《切三》《王一》《王二》《唐韻》《廣韻》作"鳴"。

犰 勬~。

○䶛 吾鎋反疑鎋開。刀斧器缺。三。

校注："刀斧"二字衍，《切三》《王一》《王二》《唐韻》《廣韻》無。

髻 禿~。

校注：字又見鎋韻許鎋反曉鎋開。

鶡 鸛~。

校注：字又見鎋韻乙鎋反影鎋開。

○刹 初鎋反初鎋開。憣柱。一。

校注："憣"爲"幡"字俗誤。

○瞎 許鎋反曉鎋開。眼盲。亦瞎。二。

髻 鬏~。

校注：字又見鎋韻吾鎋反疑鎋開。

○鶷 枯鎋反溪鎋開。木虎，樂器也。二。

校注：字左下原從"扌"，俗誤，《唐韻》《廣韻》作"鶷"。字又見黠韻苦八反溪黠開。

磍 剥~。

○獺 他鎋反透(徹)鎋開。啖魚獸。一。

校注："他"透母字，他鎋反透徹類隔。字又見末韻他達反透曷。

○痆 女鎋反娘鎋開。痛~。一。

校注：字又見末韻奴曷反泥曷。

○刮 古頒反見鎋合。削。四。

鴰 鶬~。

栝　禳祠名。

**校注：**字又見末韻户括反匣末。

劀　膿血去恶瘡肉也。割也。刊也。

**校注：**字亦作"劊"，"劊"字見黠韻古滑反見黠合。

〇頢　丑刮反徹鎋合。强可皃。一。

〇頨　下刮反匣鎋合。面短。六。

**校注：**字又見末韻古活反見末、末韻户括反匣末。

䛡　細繒。

敌　刮盡。

舌　口中肉。

**校注：**《切三》《王一》《王二》《唐韻》《廣韻》云"塞口"，《王二》又云："正昏"，《廣韻》又云："説文作昏，話括之類从此。"字又見薛韻食列反船薛開。

姡　面淨。

**校注：**字又見末韻户括反匣末。

咶　息~。

**校注：**字又見夬韻火夬反曉夬合。

〇鵽　丁刮反端(知)鎋合。鳥。二。

**校注：**"丁"端母字，丁刮反端知類隔。紐字數當作"三"，"二"爲脱計"鏺"字之數，參"鏺"字條校注。字又見末韻多括反端末。

窡

**校注：**底本注文奪。《切三》《王一》《王二》："窡，穴中出。"《唐韻》《廣韻》："窡，穴中出皃。"

[鏺]　策端有鐵。

**校注：**底本字頭奪，"策端有鐵"四字誤繫於"窡"字下。《王一》《廣韻》"窡""鏺"上下字，云："鏺，策端有鐵。"

〇刖　五割(刮)反疑鎋合。草殘。三。

**校注：**"刖"字《切三》《王一》《唐韻》《廣韻》並訓"去足"，《王二》訓"断足"，無言"草殘"者，"草殘"屬"殂"字注文。《切三》《王一》《王二》《唐韻》注："殂，獸食草殘。"《廣韻》注："獸食殘皃。"《切三》《王一》《王二》《唐韻》均"刖""殂"上下字，本書誤將"殂"字注文抄作"刖"字注文，並奪字頭"殂"，"殂"字當補。紐字數當作"四"，"三"爲脱計"殂"字之數，参"殂"字條校注。字又見月韻魚厥反疑月合。

[殂]

**校注：**底本字頭奪，注文竄入"刖"字下，参"刖"字條校注。字亦作"殘"，"殘"字見寒韻昨干反從寒。

眲　翦耳。又如志反日志。

詚　訶。

〇妠　女刮反娘鎋合。婠~，小肥。二。

**校注：**字又見勘韻奴紺反泥勘。

毲　氍。亦作氎。

〇纂　初刮反初鎋合。黄黑短皃。二。

**校注：**字又見薛韻側劣反莊薛合。

斮　斷。又文(叉)芮反初(清)祭合。亦作劕。

**校注：**字左下原從"朩"不從"廾"，俗誤，《王一》作"斮"。又文芮反，本書無明母祭韻合口一紐，"文"字誤，《王一》作"叉"，又據另見處音切,又文(叉)芮反清初混切。亦作字誤,當作"劓",《廣韻》字頭作"劓"。字又見祭韻此芮反清祭合。字亦作"劓","劓"字見薛韻廁別反初薛開。

〇礣　莫鎋反明鎋開。砎。二。

帓　~帶。

〇捌　百鎋反幫鎋開。把。一。

校注:《廣韻》注:"《方言》云'無齒杷'。"字又見屑韻方結反幫屑開。

〇鶷　古鎋反見鎋開。鶨~,鳧屬。[二]。

校注:字左原從"薜",俗誤,《廣韻》作"鶷"。底本紐字數誤注於本紐"擖"字下。

擖　刮聲~。〖二〗。

校注:"二"字當上乙至"鶷"字下。

〇藒　祛刹反溪鎋開。香草。二。

校注:此紐與枯鎋反溪鎋開"稿"紐重出,爲增加字。字又見祭韻去例反溪祭B開。

稿　禾舉出。[又]居遏反見曷。

校注:"又"字原奪,《王一》有字。字又見末韻苦割反溪曷。

〇鶛　~鶷,鳥。古札反見黠開。一。

校注:《切三》《王一》《王二》《唐韻》《廣韻》鎋韻無此字。古札反見黠開即黠韻古黠反見黠開,彼處正有"鶛"字。此條義訓在前,切語在後,不合例,當出後人妄增。蓋本意置於前一大韻黠韻末,然時音黠鎋韻近,混而失辨,故不慎作此。

# 十四屑

〇屑　先結反心屑開。碎。八。

楔　木~。

校注:字又見黠韻古黠反見黠開。

揳　攕~,不政。

躃　蹩~,旋行。

校注:字右原從"薜",俗誤。

糏　米麦破。

偰　動草聲。亦作偰。

膌　臆中脂。

泧　瀎~。

〇切　千結反清屑開。割。四。

校注:字又見霽韻七計反清霽開。

嗏　小語。

齺　~齒。

竊　淺。又私聞。

〇結　古屑反見屑開。繫。十四。

絜　麻一耑。

校注:字又見屑韻胡結反匣屑開。

潔　清。

鐭　鐮別名。又作鍥。

校注:字又見屑韻苦結反溪屑開。

桔　~梗。

槔　~槹,汲水。

校注:字原作"揳",俗誤,《王一》作"槔"。

趉　走皃。

校注:字原從"角"不從"魚",俗誤,《廣韻》作"趉"。

鶛　~鶷,鳥名。

校注:字又見黠韻古黠反見黠開。

挈　清。

校注:字原作"契",誤,《王一》《集韻》

作“㓞”。

魝　治魚也，割也。

㓲　頭傾。

校注：字原作“𩑶”，俗誤，《廣韻》作“㓲”。字又見屑韻苦結反溪屑開。

袺　持衣上衽。又公八反見黠開。

校注：字又見黠韻古黠反見黠開。

蝶　蠸。

校注：字原作“蛈”，誤，《集韻》奚結切字作“蝶”。注文字誤，《王一》《廣韻》作“蠸”。

拮　~据。

〇節　子結反精屑開。十一。

卪　瑞信。

癤　瘡~。

瀐　山灑。

校注：字原從“𢦏”不從“截”，俗誤，《切三》《王一》《王二》《唐韻》《廣韻》作“瀐”。“山”字誤，《切三》《王二》《唐韻》《廣韻》作“小”。字又見昔韻資亦反精昔開。

蝍　~蛆，虫。又音即精職開。

校注：字又見職韻子力反精職開。

熫　燭餘。

楶　屋梁上木。

岊　高山之~。

校注：字又見屑韻昨結反從屑開。

擳　拭~。

㞕　理~。

校注：字原作“㞙”，誤。《説文·又部》云：“治也。从又从卪。卪，事之節也。”本書改“治”作“理”，爲避高宗名諱。

䯼　束髮少小。

校注：字又見祭韻子例反精祭開、薛韻姊列反精薛開。

〇血　呼決反曉屑合。~肉。九。

䀏　瞠~，恶視。

校注：“視”字誤，《切三》《王二》《唐韻》《廣韻》作“皃”。

窩　穿皃。

泬　~寥，空皃。

疦　瘡裹空。

校注：字又見屑韻古穴反見屑合。

坹　空皃。

訞　奴呵。

校注：“奴”字誤，《廣韻》作“怒”。

闃　闕~，無户門。

校注：“闕”字誤，《王一》《廣韻》作“闢”。

苗　草。

〇闋　苦穴反溪屑合。止。四。

缺　器破。或作缺。

校注：字又見薛韻傾雪反溪薛A合。

闢　户闋，無户門。

校注：上“户”字誤，當作“闢”，《王一》《廣韻》可證。

湀　通流。又苦攜反溪齊合。

校注：字又見齊韻苦圭反溪齊合、旨韻葵癸反群旨A合。

〇玦　古穴反見屑合。珮。十八。

潏　泉出皃。又水名，出京兆。

䏐　目患。

譎　~諫。

訣　別。

觼　環有舌。

駃　~騠,良馬。

英　~明,藥。

鴂　鸋~,鳥。

决　穴。

赽　馬疾行。

襭　衣袖。

絘　縷一條。

校注：字亦作"袕","袕"字見屑韻胡玦反匣屑合。

抉　縱弦彄。

校注：字又見屑韻於决反影屑合。

鞅　缺。

校注：字原作"鞅",誤,《説文·韋部》作"鞅"。

胦　孔。

臭　獸,似貍。

疾　瘍,沉水浪皃。

校注：字又見屑韻呼决反曉屑合。

〇穴　胡玦反匣屑合。小空。二。

袕　鬼衣。亦絘。

校注：字亦作"絘","絘"字見屑韻古穴反見屑合。

〇抉　於决反影屑合。~出。四。

校注：字又見屑韻古穴反見屑合。

窦　穿皃。

瞲　目深皃。

焆　火光焆~。

校注：字又見薛韻於列反影薛B開。

〇姪　徒結反定屑開。卄四。

昳　日昃。

眣　目出。

校注：字又見質韻丑栗反徹質。

胅　骨趺。

校注：字又見屑韻奴結反泥屑開。

凸　肉高起。

校注：字原作"✿"。

垤　蟻峯。

校注："峯"字誤,《切三》《王二》《唐韻》作"封"。

耊　老。

迭　遞。

跌　~踢。

絰　線,胥~麻繩也。

驖　馬赤黑。

墆　~嵲,高皃。

校注："墆"爲"嵽"换旁俗字,《王一》《王二》《唐韻》《廣韻》作"嵽"。字又見霽韻特計反定霽開。

軼　車相。

校注：字又見質韻夷質反以質A。

闋　闍~,城門。

駃　馬行疾。

校注：字又見質韻夷質反以質A。

瓞　瓜~。

戜　利。

瓞　瓞。又知七反知質。

校注：字又見質韻陟栗反知質。

咥　齧。

校注：《王一》訓"齧",《唐韻》訓"笑",《廣韻》二義兼收。《説文·口部》:"咥,大笑也。"《王一》及本書"咥""齧"上下字,

"齧"字涉"齛"字注文而誤,當作"笑"。《廣韻》增收義訓,失。字又見至韻虛記反曉志、質韻丑栗反徹質。

齛　齧聲。又竹一反知質。

校注:《王一》《廣韻》注:"齧堅聲。"字又見質韻陟栗反知質。

揑　擿。

恎　悪性。

詄　妄。

校注:"妄"字誤,《王一》《廣韻》《集韻》作"忘"。

苵　亦作荎。

〇鐵　他結反透屑開。或俗作鐡。黒金。[四]。

校注:"俗""作"二字原倒誤,"俗"旁識一小鉤。底本紐字數奪。

僣　~俔。〖又他管反透緩〗。

校注:字原作"僣",誤,《王二》《唐韻》《廣韻》《集韻》作"僣"。《切三》《王一》《王二》《唐韻》《廣韻》無"又他管反"四字。諸書旱(緩)韻他管反透緩下無"僣""僣"字,旱(緩)韻作管反精緩下有"僣"字。本書"又他管反"當因"僣"誤作"僣"而妄增,然上字誤作"他",或因本紐以"他"爲上字。

餮　貪食。亦作飻。

蛈　黄~蝪。

〇纈　胡結反匣屑開。錦~。十四。

校注:紐字數作"十四"而實收十三字。

閶　~閔,城門。

擷　捋取。又虎結反曉屑開。

校注:字又見屑韻虎結反曉屑開。

擷　縛~。

校注:字又見屑韻虎結反曉屑開。

頡　~頏。

齕　齒。

校注:"齒"字誤,《切三》《王二》《廣韻》作"齧"。字又見沒韻下沒反匣沒。

紇　丘父之名。

校注:字又見沒韻下沒反匣沒。

襭　以衣。

校注:本書注文有奪字,當據《切三》《王一》《王二》《唐韻》《廣韻》於"衣"下補"衽盛物"三字。

㝵　頭邪。

校注:字原作"㝵",誤,《説文・矢部》作"㝵"。

絜　束。又公節反見屑開。

校注:字又見屑韻古屑反見屑開。

膎　朠。

校注:"朠"字誤,《王一》《廣韻》作"膜"。字又見霽韻胡計反匣霽開。

掔　牛佷。又丘殄反溪銑開。

校注:字又見産韻胡簡反匣産開、獮韻去演反溪獮A開。

鼳　鼠。又胡狄反匣錫開。

校注:字又見錫韻胡狄反匣錫開。

〇涅　奴結反泥屑開。黒。九。

揑　手~捺。

苨　菜,似蒜。

埕　塞。

嗖　訶。

捻　亦埕。又乃協反泥帖。

校注："埕"字誤，當作"捏"。字又見怗韻奴協反泥帖。

肤　腫。

校注：字又見屑韻徒結反定屑開。

篞　籥中者。

硅　礬石。

校注：字右原從"星"。

〇截　昨結反從屑開。斷。四。

趨　傍出前。

校注：字亦作"趡"，"趡"字見語韻慈吕反從語。

岊　山峯。又子結反精屑開。

校注：字又見屑韻子結反精屑開。

巀　~嶭，山高。

校注：字原作"䘁"，誤，《唐韻》作"巀"。"嶭"爲"嶭"字俗誤，《廣韻》作"嶭"。字又見末韻才割反從曷。

〇齧　五結反疑屑開。噬。九。

霓　虹~。又五鷄反疑齊開。

校注：字亦作"蜺"，"蜺"字又見齊韻五嵆反疑齊開。

蜺　寒蜩。

校注：字又見齊韻五嵆反疑齊開。

嵲　嵽。

槷　危~。

𩤂　~䡾，不安皃。

闑　門~。

校注：《王一》注云："門闑。或作臬。"字又見薛韻魚列反疑薛B開。

棿　䘧。又牛米反疑薺開。

校注：字又見齊韻五嵆反疑齊開、薺韻吾體反疑薺開。

嵲　山高皃。

校注：字又見薛韻魚列反疑薛B開。

〇蔑　莫結反明屑開。卄。

懱　輕~。

矆　目赤。

搣　~揳。

校注：字又見霽韻莫計反明霽開。

蠛　~蠓，喜亂飛，小虫也。

幭　帊幞。

篾　竹~。

瞡　汗面。

校注：字又見質韻無必反明質A。

覕　不相見。又裨（裨）刃反幫震A。

校注："裨"爲"裨"字俗誤。字又見震韻必刃反幫震A。

鴓　工雀。

莧　大不明。

校注：字原作"𦲸"，《廣韻》作"莧"。"大"字誤，《廣韻》作"火"。

衊　行血。

校注："行"字誤，《王一》《廣韻》作"汙"。字又見霰韻莫見反明霰開。

鱴　魚名。又[沒括反]明末。作鮇。

校注：底本"又"下有奪文。《王一》："鱴，魚名。又沒括反。亦作鮇。"字亦作"鮇"，"鮇"字見末韻莫割反明末。

紕　細~。

校注：字右原作"氐"，誤。字亦作"緬"，"緬"字見獮韻無兗反明獮A開。

**穖**　禾。

**粖**　靡。又亡達反明末。

**校注：**“靡”字誤，《廣韻》作“糜”。字又見末韻莫割反明末。

**鬻**　糜~。

**校注：**字原作“鬻”，誤，《廣韻》作“鬻”。“糜”爲“糜”字之誤。字又見末韻莫割反明末。

**瀎**　~泧。

**校注：**字又見末韻莫割反明末。

**鑖**　小鋌。

**鴓**　~，繫鵝。

**〇粥**　方結反幫屑開。亦哲。六。

**校注：**字右原從“尚”，俗誤，《王一》《廣韻》作“粥”。

**絮**　輓。

**閉**　闔。

**校注：**字又見霽韻博計反幫霽開。

**捌**　扒。

**校注：**字又見鎋韻百鎋反幫鎋開。

**勈**　大。

**褯**　袂。

**校注：**字右原從“尚”，俗誤，《王一》《廣韻》作“褯”。

**〇噎**　烏結反影屑開。食塞喉。五。

**糟**　糉~。

**窫**　靜~。

**校注：**字原從“丌”不從“大”，俗誤，《切三》《王一》《王二》《廣韻》作“窫”。字又見霽韻於計反影霽開。

**蠮**　~螉。

**猢**　獸名。

**〇猰**　苦結反溪屑開。~貐。八。

**校注：**字又見黠韻烏黠反影黠開。

**顃**　頫~，短皃。

**校注：**字又見霽韻苦計反溪霽開。

**挈**　提。又苦計反溪霽開。

**契**　~瓶。

**臬**　粦~，多節目皃。

**校注：**字原作“臭”，俗誤，《廣韻》作“臬”，字見《説文・夨部》。字又見屑韻古屑反見屑開。

**挈**　~蚼。

**栔**　刻絶。

**校注：**字又見霽韻苦計反溪霽開。

**鍥**　斷。

**校注：**字原從“丌”不從“大”，俗誤，《廣韻》作“鍥”。字又見屑韻古屑反見屑開。

**〇脅**　虎結反曉屑開。肥状。四。

**校注：**“状”字誤，《切三》《王二》《唐韻》作“壯”。字又見霽韻呼計反曉霽開。

**覬**　急繫。

**擷**　持取。又胡結反匣屑開。

**校注：**“持”字誤，本書胡結反下“擷”字注文字作“捋”。字又見屑韻胡結反匣屑開。

**擽**　束。又下結反匣屑開。

**校注：**字又見屑韻胡結反匣屑開。

**〇撇**　普篾反滂屑開。反手~。二。

**校注：**字亦作“擎”，“擎”字見薛韻芳滅反滂薛A開。

**鐅**　江南呼鍫刃。

**校注：**字又見薛韻芳滅反滂薛A開。

**〇蹩**　蒲結反並屑開。足。九。

**校注：**注文《切三》《王二》《唐韻》《廣韻》作

"蹩躃,旋行",本書"足"字誤。

**撇** 手擊。

**頫** ~類。

**瘪** 戾~,不正。

**校注:** 字又見薛韻芳滅反滂薛A開。

**�** 香氣。

**校注:** 字又見薛韻芳滅反滂薛A開。

**咇** ~~。香。

**胇** 肥。

**飶** 食。

**校注:** "食"下當據《廣韻》補"香"字。字又見質韻毗必反並質A。

**蛂** 蛢。

〇**窒** 丁結反端屑開。又陟栗反知質。四。

**校注:** 字又見質韻陟栗反知質。

**嗟** ~咄。

**校注:** 字又見質韻陟栗反知質。

**瞠** ~胐。

**蛭** 水虫。

**校注:** 字又見質韻之日反章質。

〇**契** 練結反來屑開。二。

**校注:** 字原作"奊",俗誤。《説文·矢部》作"奊"。

**綟** 色~。

**校注:** 字亦作"盭","盭"字見霽韻魚(魯)帝反來霽開。

# 十五薛

〇**薛** 私結反心薛開。古國。正作薛。十五。

**校注:** "結"屑韻字,私結反屑薛混韻。《切三》《王一》韻目及本書韻目、《王二》、《唐韻》均作"私列反",《廣韻》"私列切",是。

**紲** 繫。亦作絏、緤。

**媟** 狎。

**瘈** 利病~。

**校注:** "利"字誤,《唐韻》《廣韻》《集韻》作"痢"。字又見祭韻餘制反以祭A開。

**褻** 裏衣。亦褻。

**鏊** 田器。

**校注:** 字又見至韻脂利反章至開、霽韻薄計反並霽開。

**洩** 漏。

**校注:** 字又見祭韻餘制反以祭A開。

**渫** 療牛。

**校注:** 《切三》《廣韻》云"治井",本書"牛"爲"井"字之誤。字又見狎韻士甲反崇狎。

**禼** 殷祖。

**絬** 堅。

**幓** 殘帛。

**校注:** 字又見祭韻所例反生祭開。

**齛** 齝。亦齥。

**齸** 羊嚼。

**䔄** 斷。又魚乙反疑質B。〖二〗

校注: 字原從"薛"不從"薛",俗書。"二"字衍。字又見質韻魚乙反疑質B。

**糏** 粊~。

**校注:** 字原作"糕",誤,《廣韻》作"糏"。注文首字誤,《廣韻》作"粊"。

〇**列** 吕結反來薛開。行。十六。

校注：“結”屑韻字，吕結反屑薛混韻。《切三》《王二》“吕薛反”，《唐韻》“良薛反”，《廣韻》“良辥切”。

迾　遏~。

蛚　蜻~，虫名。

鮤　魚名。

校注：字亦作“鴷”，“鴷”字見祭韻力制反來祭開。

烈　光。

洌　清~。

冽　寒~。

裂　~破。

校注：字亦作“栵”，“栵”字見祭韻力制反來祭開。

茢　桃~。

颲　風雨暴至。

鴷　喙木鳥。

烮　心憂。

埒　塍。

鴷　次第馳。

㤠　美。

𡿪　水流皃。亦作𠜾。又魚乙反疑質B。

校注：字又見質韻魚乙反疑質B。

〇哲　陟列反知薛開。智也。[二]。

校注：底本紐字數奪。

蜇　虫，螫。

〇傑　渠烈反群薛B開。次万人上，俊曰~。七。

桀　憂~。

竭　《説文》作“渴”，盡。

碣　~石，山。

楬　有所表識。

榤　鷄栖杙上。

偈　武皃。又渠例反群祭B開。

校注：字又見祭韻其憩反群祭B開。

〇熱　如列反日薛開。焫。二。

苶　疲役。

校注：字原作“苶”，誤，《廣韻》《集韻》作“苶”。字又見怗韻奴協反泥怗。

〇晢　旨熱反章薛開。光。六。

校注：字原作“晢”，俗誤，《切三》《王二》《唐韻》《廣韻》作“晢”。字又見祭韻職例反章祭開。

浙　江名，源在東陽。

校注：字又見祭韻職例反章祭開。

折　斷~。

靼　柔皮，韃~。亦靳。

校注：字原作“靼”，俗誤，《廣韻》作“靼”。字又見末韻當割反端曷。字亦作“靳”，“靳”字見祭韻職例反章祭開。

脪　胖。

晣　明。

〇舌　食列反船薛開。言夲。二。

校注：字又見鎋韻下刮反匣鎋合。

揲　數。又[□]列反薛。

校注：《切三》注“又尸列反書薛開。按文思頰反心怗。”《王二》注“又尹列反以薛A開，又思頰反心怗。”《廣韻》注“又思頰切心怗”。本書“列”上奪字，何字不可知。字又見葉韻与涉反以葉A。

〇孽　魚列反疑薛B開。餘。八。

校注:《切三》《王二》"孽""蘖"上下字,《切三》注:"庶","~餘",《王二》注:"庶子","~餘",《唐韻》《廣韻》亦合。底本"餘"爲"蘖"字注文,當是抄者奪"孽"字注文及字頭"蘖",誤合如是。

𪌭　麳~。

讞　正獄。

孼　妖~。

䘿　虫禽妖怪。

闑　門中礙。

校注:字又見屑韻五結反疑屑開。

嶭　山高。

校注:字又見屑韻五結反疑屑開。

蘖　草木殘~。

校注:此字《切三》《王二》並在"孽"字下,《唐韻》次於"嶭"字,《廣韻》再次一字。蓋本書是字注文"餘"竄入"孽"字注文,遂補書字條於紐末,參"孽"字條校注。

〇朅　去竭反溪薛B開。來。三。

揭　立舉。

校注:《切三》《王二》《唐韻》《廣韻》注"高舉"。

愒　息。

校注:字又見泰韻苦盖反溪泰開。

〇滅　亡列反明薛A開。盡。二。

搣　手~。

校注:《切三》《王二》《唐韻》《廣韻》注"手拔"。

〇鷩　并列反幫薛A開。短。《礼》有~雉。六。

校注:字又見祭韻必袂反幫祭A開。

鼈　魚~,四足。

虌　蕨菜。

蔽　大阜。

憋　急性。

校注:字又見薛韻芳滅反滂薛A開。

鷩　鵧~。

〇絶　情雪反從薛合。斷。一。

〇蕝　子悅反精薛合。束茅已表位。又子芮[反]精祭合。一。

校注:"反"字原奪,《切三》《王二》《唐韻》有字。字又見祭韻子芮反精祭合。

〇雪　相絶反心薛合。冬雨。亦作䨮。一。

〇皷　丑劣反徹薛合。皮破。一。

校注:字左原從"兊"。字又見末韻徒活反定末。

〇悅　翼雪反以薛A合。樂。五。

校注:本紐從"兌"之字皆作"兊"形。

閱　簡~。

蛻　蟬去皮。又他卧反透過一。

校注:字又見祭韻舒芮反書祭合、箇韻託卧反透過一。

莌　草名。

娧　姚~,美皃。

按:字又見泰韻他外反透泰合。

〇缺　傾雪反溪薛A合。少。一。

校注:字又見屑韻苦穴反溪屑合。

〇噦　乙劣反影薛B合。逆氣。一。

校注:字右原從"歲"。字又見泰韻虎外反曉泰合、月韻乙劣反影月合。

〇爇　如雪反日薛合。放火。亦作焫。二。

蜹　蚊~。

校注：字又見祭韻以芮反以祭A合。

㕯　言遲。又奴没反泥沒。

校注：字亦作"訥"，"訥"字見沒韻諾忽反泥沒。

〇説　失爇反書薛合。宣言。一。

校注：字右原從"兊"。字又見祭韻舒芮反書祭合。

〇拙　軄雪反章薛合。不巧。六。

棁　梁上梁柱。

校注：字右原從"兊"。下"梁"字誤，《切三》、《王二》、P. 5531作"短"。字又見沒韻他骨反透沒。

蝃　蜘蛛。

䪼　面秀骨。

梑　木名。

醊　鹹葅。又昌雪反昌薛合。

校注：字原作"醊"，誤，《集韻》可證。字又見薛韻昌雪反昌薛合。

〇歠　昌雪反昌薛合。大飲。二。

醊　鹹葅。

校注：字原作"醊"，誤。字又見薛韻軄雪反章薛合。

〇輟　陟劣反知薛合。止。十。

校注：字又見祭韻陟制(衛)反知祭合。

畷　田間道。

校注：字又見祭韻陟制(衛)反知祭合。

惙　疲~。

蹳　跳~。

腏　骨間肉。

校注：《説文·肉部》："腏，挑取骨間肉也。"字又見末韻多括反端末。

叕　連~。

校注：字亦作"綴"，"綴"字見祭韻陟制(衛)反知祭合。

轛　車具。

罬　罦。又居劣反見薛B合。

校注：龍校云："罦劣二字不清，此从唐氏所寫。"P. 5531："罬，罦~。又居劣反。"字又見薛韻紀劣反見薛B合。

蠿　蛛蝥。

剟　削。又多活反端末。

校注：字又見末韻多括反端末。

〇劣　力惙反来薛合。弱~。八。

校注：紐字數作"八"而實收七字。

脟　脇肉。

蛶　~蹶，跳皃。

埒　馬~。

哷　鷄鳴。

犸　白牛。

校注：字原作"捋"，俗誤，《廣韻》《集韻》作"犸"。

毪　色斑。又力外反来泰合。

校注：字又見泰韻郎外反来泰合。

〇瞥　芳滅反滂薛A開。暫見。七。

校注：字又見廢韻孚吠反滂廢合。

潎　漂。

憋　怒。

校注：字又見薛韻并列反幫薛A開。

撆　擊~。

校注：字亦作"撇"，"撇"字見屑韻普篾反滂屑開。

㿜　枯病。

校注：字又見屑韻蒲結反並屑開。

䬪　小香。

校注：字又見屑韻蒲結反並屑開。

鐅　鐅刃。

校注：字又見屑韻普篾反滂屑開。

〇别　皮列反並薛B開。分~，體。一。

〇莂　兵列反幫薛B開。或作詠。二。

校注：龍校云："切三、唐韻云方列反，王二云變別反，廣韻云方別切，集韻云筆別切，別莂二字韻图同等，疑列為別字之誤。""别"爲重紐三等韻字。

扒　擘~。

校注：字又見怪韻博怪反幫怪開。

〇轍　直列反澄薛開。迹。五。

校注：字原從"青"不從"育"，誤，《廣韻》作"轍"。

徹　通。

撤　發。

澈　水清澄。

徹　去~。

校注：本紐已有"徹"字，此重出。《切三》《王二》《唐韻》紐字數作"四"，《唐韻》卷殘，《切三》《王二》"澈"下不重出"徹"字。

〇㕞　所劣反生薛合。掃。三。

㕞　鳥理毛。

鋝　三~為斤。

〇孑　居列反見薛A開。單~。三。

釨　鉤~戟。

校注：省代號誤，《切三》《王二》《唐韻》《廣韻》作"孑"字。

趌　~�，跳皃。

校注：字又見質韻居質反見質A、質韻許吉反曉質A。

〇設　識列反書薛開。施。二。

蔎　香草。

〇旻　許劣反曉薛B合。舉目。五。

校注："目"下當據《王一》《王二》《唐韻》補"使人"二字。字又見職韻況逼反曉職合。

烕　~滅。

校注：字原作"滅"，誤，《切三》《王一》《王二》《唐韻》《廣韻》《集韻》作"烕"。

翃　小鳥飛。

颭　小風。

殈　盡。

〇吶　女劣反娘薛合。聲不出。一。

〇嫳　扶別反並薛A開。怒。二。

校注："別"字《切三》《王二》作"列"。"別"爲重紐三等韻字，被切字爲重紐四等韻字，不諧。《切三》《王二》《唐韻》注："~妜，輕薄易怒皃。"紐字數"二"字誤，當作"一"。

〇妜　於悅反影薛A合。嫳~。一。

〇蹶　紀劣反見薛B合。又居衛反見祭B合。四。

校注：《切三》："蹶，有所犯突。紀劣反，又其月群月合、居衛見祭合二反。"《王二》："蹶，紀劣反，有所犯突。又其月反群月合、居衛反見祭合。"《唐韻》："蹶，有所犯突。

□□□。□居月見月合、居衛見祭合二反。"《廣韻》:"蹶,有所犯宊。紀劣切。又居月見月合、居衛見祭B合二切。"字又見月韻居月反見月合。

豯　豕發地。

校注:《切三》《王一》《王二》:"豕發土。"《廣韻》:"豕發土也。"字又見問韻居運反見問、物韻衢物反群物。

綴　觸~。

校注:字原作"綴",誤,《王一》《廣韻》作"綴"。

罬　又陟劣反知薛合。

校注:"又陟劣反"上《王一》注"罦",《廣韻》注"罦也"。字又見薛韻陟劣反知薛合。

〇茁　側劣反莊薛合。草生皃。二。

校注:《切三》:"茁,草生。側劣反莊薛合。又側滑反莊黠合。"《王一》《王二》:"茁,側劣反莊薛合。草生。又側滑反莊黠合。"《唐韻》:"茁,草生皃。側劣反莊薛合。又側滑反莊黠合。"《廣韻》:"茁,草生皃。側劣切莊薛合。又側滑切莊黠合。"

纂　短黑皃。又初刮反初鎋合。

校注:字又見鎋韻初刮反初鎋合。

〇臎　七絶反清薛合。腝而破。二。

校注:"破"上當據《切三》《王一》《王二》《唐韻》《廣韻》補"易"字。字亦作"脆","脆"字見祭韻此芮反清祭合。

絟　細布。又采全反清仙合。

校注:字又見仙韻此緣反清仙合。

〇蠽　姊列反精薛開。~蠚,似蟬。六。

鷭　小鷃。亦作鴱。

校注:字原從"戴"不從"截",誤,《王一》從"截",亦誤。《説文·鳥部》作"鷭"。

尐　小~。

鬣　束髮。又在(作)計反精霽開。

校注:字下原從"戴",俗誤,《王一》作"鬣"。《王一》注"又作計反",本書"在"字誤。字又見祭韻子例反精祭開、屑韻子結反精屑開。

抰　摘。又子一反精質。亦作櫛。

校注:字又見質韻資悉反精質。

歺　夭~,死。

〇檄　山列反生薛開。茱萸。又山八反生黠開。一。

校注:字又見黠韻所八反生黠開。

〇焆　於列反影薛B開。烟火氣皃。一。

校注:《切三》《王一》《王二》《唐韻》《廣韻》注"煙氣",本書"火皃"二字衍。字又見屑韻於决反影屑合。

〇屮　丑列反徹薛開。草初生。二。

校注:"草""初"二字原倒誤,"草"旁識一小鉤。本書"生"下奪"皃"字,當據《切三》《王一》《王二》《唐韻》《廣韻》補。

敹　叡。又丑例反徹祭開。

校注:注文首字爲"叡"字俗誤,《王一》可證。字又見祭韻丑勢反徹祭開。

〇娎　許列反曉薛B開。喜皃。一。

校注:字又見嘯韻呼叫反曉嘯。

〇啜　虡雪反昌薛合。甞。一。

校注:《切三》《王一》《王二》"樹雪反禪薛合",《唐韻》"殊雪反禪薛合",《廣韻》"姝雪切昌薛合”。字又見祭韻市芮反禪祭合。

〇㓒　廁別反初薛開。割斷聲。今音測八反初黠開。一。

校注：字左原從“筲”，誤，《切三》《廣韻》作“㓒”。字亦作“斴”，“斴”字見祭韻此芮反清祭合、鎋韻初刮反初鎋合。

〇䂐　寺絶反邪薛合。拈戾。一。

# 十六錫

〇錫　先擊反心錫開。賜。十。

析　分。亦作肵。

裼　袒～。

皙　白色。

緆　細布。亦作㼷。

〖蜴　～蜥。錯。〗

校注：紐字數作“十”而實見十一字，多計之字即此。“錯”字識其誤衍，非釋義。《王一》《廣韻》是紐無此字，此條當删。

蜥　～蜴，在草曰蜥蜴，在宫曰蝘蜓。

淅　～擇米。

惁　敬～。

㱤　殲～。

蝀　～螅。

校注：字原作“蝀”，俗誤，《廣韻》《集韻》作“蝀”。

〇激　古歷反見錫開。溉。又古竅見嘯、居略見藥開二反。七。

校注：注文《王一》同。《切三》《王二》：“古歷反。又古竅反。”《唐韻》《廣韻》切語同本書，均未注又音。紐字數作“七”而實收六字。字又見嘯韻古弔反見嘯。

擊　拆打。

墼　土。

校注：“土”下當據《切三》《王二》《唐韻》補省代號。

鷩　鳥名。

蔎　草。又公地反見至開。

校注：又公地反，本書無見母至韻開口一紐。

㵰　迫泥。

〇霹　普激反滂錫開。～靂。四。

劈　破～。

䢃　急速。

鎃　裁木為器。

校注：字原作“鈲”，誤，《廣韻》作“鎃”。

〇靂　閭激反來錫開。霹～，雷電。卌三。

歷　～趚，行皃。又（趚字）七昔反清昔開。

校注：“趚”爲“趚”字俗誤。又七昔反，《切三》《王一》《王二》《唐韻》作“趚字七昔反”，《廣韻》作“趚七昔切”，本書昔韻七迹反清昔開有“趚”無“歷”，此處“又”字誤。

酈　～，縣名，在南陽。又力知反來支開。

癧　瘰～，病。

轢　車踐～人。又盧各反來鐸開。

校注：字又見鐸韻盧各反來鐸開。

瓅　珠～。亦作皪。

鬲　鎗～。

磔　砂～。

秝　禾稀。

櫪　馬槽。

櫟　木名。

鱺　魚名。

藶　山蒜。

鬲　縣名,在平原。又古核反見麥開。亦作䰙、𩰬字。

校注:字又見麥韻古核反見麥開。

驪　馬色。

㞷　纏。

校注:字原從"屮"不從"出"。《廣韻》作"㞷"。

釃　醲~。

校注:字原作"䤙",俗誤,《廣韻》可證。

磿　石聲。

校注:字原從"广"不從"厂",俗誤,《王一》作"磿"。

厤　理。

校注:注文 P. 5531 同。《王二》:"厤,治。"《廣韻》:"厤,治也。"《説文・厂部》:"厤,治也。"本書改"治"作"理",爲避高宗名諱。

曆　~象。

醨　下酒。

擽　捎。

膈　腿。

鬲　鼎屬。

屧　履下。

劚　劙~。

鷅　鳥名。

觻　鷄觻。

觻　角鋒。

校注:字又見屋韻盧谷反來屋一。

䍥　雜~。

蘼　葶~。

○的　都歷反端錫開。指的。亦作弔。十七。

校注:此用"歷"作下字,然本書"歷"字失收,"歷"字當見閭激反來錫開"靂"紐。《切三》閭激反來錫開紐字作"歷",《王二》閭激反來錫開有字,《唐韻》郎擊反來錫開有字,《廣韻》同。

適　從。又之石章昔開、始石書昔開二反。

校注:字又見昔韻施隻反書昔開、昔韻之石反章昔開。

嫡　正~。

校注:字又見陌韻防(陟)挌反知陌開二。

甋　瓴~,甎。

靮　馬韁。

鏑　箭鏃。

馰　馬~。

滴　水~。

肑　腹下肉。

校注:字又見覺韻北角反幫覺。

磆　碓~。

玓　~瓅。

扚　引~。

逌　至。又都叫反端嘯。

斛　量~。

鼩　鼠~。

校注：字又見藥韻之藥反章藥開。

芍　蓮中子。又下子(了)匣篠、〖余〗且略清藥開二反。

校注："子"爲"了"字之誤。"余"字衍，《王一》無。字又見篠韻胡了反匣篠、藥韻市若反禪藥開、藥韻七雀反清藥開、藥韻竹略反知藥開。

杓　柄。又市灼反禪藥開。

校注：字又見宵韻甫遥反幫宵A、宵韻撫遥反滂宵A、藥韻市若反禪藥開。

○檄　胡狄反匣錫開。擊。五。

校注：字原作"撽"，俗誤，《王一》《王二》《唐韻》《廣韻》作"檄"。

覡　男師曰~，女師曰巫。

蔌　蓮實。又下了反匣篠。

校注：字亦作"菂"，"菂"字見篠韻胡了反匣篠。

椷　鍾~。又胡革反匣麥開。

校注：字原作"椺"，誤，《集韻》作"椷"。據周祖謨《廣韻》校，注文"鍾"當作"穜"。字又見麥韻下革反匣麥開。

鶩　軀骨。

校注：字又見覺韻古岳反見覺。

○鷁　五歷反疑錫開。水鳥。或作鶂。[四]。

校注：底本紐字數奪。

艗　~舟。亦作搤。

校注：亦作字俗誤，《王一》作"榏"。

虉　綬。亦作虉。

校注：字原作"蘱"，誤，《説文·艸部》作"虉"。亦作字誤，《王一》作"藹"。

㕡　石地悪。

○荻　徒歷反定錫開。亦作篴。[十六]。

校注：亦作字俗誤，《王一》作"藡"。底本紐字數奪。

狄　北~。

敵　對~。

翟　~雉。

篴　竹竿。

校注："竿"下當據《切三》《王一》《王二》《唐韻》《廣韻》補"皃"字。字又見錫韻他歷反透錫開。

迪　道。

覿　見。

校注：字亦作"覿"，"覿"字見錫韻他歷反透錫開。

笛　長~，樂器。

糴　入米。

滌　洗。

邮　鄉名。

校注：字又見尤韻以周反以尤。

頔　好。

苗　蓨。又他六反徹屋三。

校注：注文首字誤，《廣韻》作"蓨"。字又見屋韻丑六反徹屋三。

靁　雨。

校注：字原作"遭"，誤。

犏　特牛。

滷　鹹。又齒亦反昌昔開。

校注：字又見姥韻郎古反來姥、昔韻昌石反昌昔開。

〇逖　他歷反透錫開。遠。十二。

倜　~儻。

詆　~誘。

校注：字又見齊韻度嵇反定齊開、薺韻都礼反端薺開。

趯　跳皃。

剔　解骨。亦作鬄。

校注：字亦作"鬄"，"鬄"字見昔韻施隻反書昔開。

惕　憂~。

睎　失意視。

校注：字亦作"睎"，"睎"字見尤韻勑鳩反徹尤。

覿　覢視。亦作覿。

校注：字又見錫韻昨歷反從錫開。字亦作"覿"，"覿"字見錫韻徒歷反定錫開。

悐　軟~。

蓨　蓧~。

校注：字下原從"循"，誤，《廣韻》作"蓨"。

焷　望見火。

篴　竹~。

校注：字又見錫韻徒歷反定錫開。

〇績　則歷反精錫開。緝~。三。

勣　功。

樍　擳。

校注：字左原從"扌"，俗誤。"擳"爲"樍"字俗誤。《王一》《王二》《廣韻》不誤。

〇燩　去激反溪錫開。乾燥。七。

校注：字又見覺韻苦角反溪覺。

擊　傍擊。

校注：字又見嘯韻苦弔反溪嘯。

毃　功。《漢書》曰："政苦~淡。"

校注："功""政"二字並當作"攻"，《王一》《唐韻》《廣韻》是證。

喫　啗。

磝　礊~。又五交疑肴、口彫溪蕭二反。

校注：字又見蕭韻苦聊反溪蕭。字亦作"磝"，"磝"字見肴韻五交反疑肴。

鈘　吹。

矜　矛。

校注：字原從"匂"不從"勺"，誤，《王一》《廣韻》作"矜"。

〇惄　奴歷反泥錫開。飢憂。亦惄。三。

溺　没水。

愵　恒憂。

校注："恒"字誤，《王一》作"怛"。

〇寂　昨歷反從錫開。靜~。三。

啾　嘆。

校注：字又見屋韻子六反精屋三。

覿　目赤。

校注：字又見錫韻他歷反透錫開。

〇覓　莫歷反明錫開。求。十六。

幦　車覆軨。

幎　覆。

驔　馬多驚。

糸　細絲。

鼏　鼎盖。

冪　覆食巾。夲作冖。

汨　水，在豫章。

校注：字又見質韻于筆反云質B。

蠈　蝀~。

䤚　~醟，酩滓。

塓　塗。

覭　小見。又莫經反明青開。

校注：字又見青韻莫經反明青開。

簚　𢃳帶。

校注：字原作"蓂"，俗誤。《唐韻》："蓂，菥蓂。加。"據此可知底本字頭"蓂"非草木類字，爲俗書。P. 5531："簚，𥴻~。"《廣韻》同。"𥴻簚"即"𢃳帶"。《方言》卷九第十一條："車枸簍，……其上約謂之𥴻，或謂之簚。""𥴻"下郭璞注："即𢃳帶也。"

幎　繩。

貗　白豕黑頭。

校注：字右原從"見"，誤，《廣韻》《集韻》作"貗"。

冖　巾~。

○甓　扶歷反並錫開。瓴。七。

校注：紐字數當作"三"，"七"爲合計"辟"紐四字之數，参"辟"字條校注。

鷿　鳥名。

椑　大棺。

校注：字又見支韻府移反幫支A開、齊韻薄迷反並齊開、昔韻房益反並昔開。

○辟　〖又〗北激反幫錫開。壘~。［四］。

校注："又"字衍，《王一》無。底本紐字數奪。

鼊　鼅~，黿類。

廦　室。

校注："室"下當據《王一》補"屏"字。字又見昔韻芳辟反滂昔開。

綼　紟。又蒱袟反並質A。

校注：字又見質韻毗必反並質A。

○闃　苦鶪反溪錫合。寂~。二。

踽　踞~。

○郹　古闃反見錫合。邑名，在蔡。六。

鶪　伯勞。

狊　張目。

湨　水名，在河内。

鼳　似鼠。

椇　牛。

○戚　倉歷反清錫開。七。

慼　憂~。

鼜　守夜鼓。

校注：《説文・壴部》："鼜，夜戒守鼓也。从壴蚤聲。"《集韻》"鼜""鼜"並出，注云："俗作鼜，非是。"字又見冬韻"𪔂"紐來冬。

磬　夜戒鼓。

鏚　干~。

蠘　蟾蜍。

覢　䚂人。

校注：字原作"覢"，誤，《王一》《廣韻》《集韻》作"覢"。

○赦　許狄反曉錫開。笑聲。五。

鬩　鬭~。

校注：字原作"閲"，俗誤，《説文・鬥部》作"鬩"。

謑　私訟。

篙　籠屬。亦作篙字。

濶　惶恐。

校注：字原從"門"不從"鬥"，俗誤。

〇顯　胡狄反匣錫開。又胡姪反匣屑開。似鼠而倉色。一。

校注："檄"紐音胡狄反，此重出，爲後加字。字又見屑韻胡結反匣屑開。

## 十七昔

〇昔　私積反心昔開。正作㫺。十。

校注：紐字數作"十"而實收九字。

惜　愛~。

腊　脯。

潟　鹹。

磶　柱下石。

舄　履~。

蕮　芥。

棤　皮甲。或作皵。

校注："皮"下原有"昔"字，旁識一點，兹徑刪。《王一》注："皮甲錯。"《廣韻》注："皮甲錯也。"《爾雅·釋木》："棤，皵。"郭璞注："謂木皮甲錯。"字亦作"皵"，"皵"字見昔韻七迹反清昔開。

䰯　髦，髮。

校注：字亦作"髢"，"髢"字見霽韻特計反定霽開。

〇積　資亦反精昔開。聚。［十三］。

校注：底本紐字數奪。字又見寘韻紫智反精寘開。

脊　背。

蹐　~地。

迹　足~。

借　假。又資夜反精禡開三。

校注：字又見禡韻子夜反精禡開三。

踖　踧。

校注：《王一》注："踖，踧踖，敬皃。又自昔反從昔開。"字又見昔韻秦昔反從昔開。

鶺　~鴒，鳥。

鰿　魚名。

磧　硝。

襀　襞。

蟦　貝小虫者。

校注："虫"字衍，《王一》無。

瀐　小水。

校注：字又見屑韻子結反精屑開。

膌　背旅。

校注：字下原作"肉"形。"旅"字誤，《王一》作"膂"。

〇益　伊昔反影昔開。《説文》水注皿，從横水，從皿。添。亦作㯓。七。

謚　笑皃。

嗌　喉上。

齸　麋嗺。

膉　脏肉。

葢　~母，菜。

校注："菜"字誤，《王一》《廣韻》作"草"。

鄨　地名。

〇繹　理。羊益反以昔開。卄六。

襗　重祭名。或作鐸。

亦　重。

弈　博~。

奕　大~。

帟　幕。

譯　傳言。

懌　悦~。

斁　厭。

校注：字亦作"斁"，"斁"字見暮韻徒故反定暮。

驛　~馬。

醳　苦酒。

嶧　山名。

腋　胛~。

掖　持辟。

液　津~。

裓　縫~。

校注：字又見昔韻之石反章昔開。

易　變。

校注：字又見寘韻以豉反以寘A開。

瘍　病相染。

蜴　蜥~。

埸　壃。

圛　卜卦。

墿　道。

釋　耕~。

校注：字又見昔韻施隻反書昔開。

焲　火光。

襗　袴。

校注：字又見陌韻棖百反澄陌開二、鐸韻徒各反定鐸開。

睪　引繒。

校注：字原作"睪"，誤，《説文·収部》作"睪"。

〇釋　施隻反書昔開。從釆。十五。

校注：字原作"釋"，誤，《切三》《王一》《王二》作"釋"。"采"當作"米"。

釋　解~。

檡　楟棗。

校注：注文首字爲"楟"字之訛，《王二》作"楟"。

適　樂。又之石反章昔開。

校注：字又見錫韻都歷反端錫開、昔韻之石反章昔開。

奭　邵公名。

郝　人姓。又呼各反曉鐸開。

校注：字又見昔韻昌石反昌昔開、鐸韻呵各反曉鐸開。

睗　急視。

暘　日無光。

嫡　嫁~。從女。

校注：《王一》注云："嫁。此從女傷俗，單作典要。"

釋　耕皃。

校注：字又見昔韻羊益反以昔開。

螫　虫~。

睪　視~。

皀　餅堅柔相著。亦適。

校注：字原從"目"不從"白"，誤，《廣韻》作"皀"。

鬄　髯髮。又他的反透錫開。

校注：字亦作"剔"，"剔"字見錫韻他歷反透錫開。

夾　盜竊懷物。從夾。

校注：字原作"夾"，誤，《廣韻》作"夾"。

〇尺　昌石反昌昔開。十寸。七。

赤　染丹。

校注："染"字誤，《王一》作"深"。

斥　逐~。

蚇　~蠖。

郝　鄉名。又呼各反曉鐸開。

校注：字又見昔韻施隻反書昔開、鐸韻呵各反曉鐸開。

臭　白澤。又公老反見皓。

校注：字原作"臭"，右旁有小字"臭"，爲改字。字又見皓韻古老反見皓。

滷　鹵。又思席反心昔開。

校注：字又見姥韻郎古反來姥、錫韻徒歷反定錫開。

〇石　常尺反禪昔開。瓦~。七。

碩　大。

祏　廟主。

鉐　鍮~。

䳭　鳥~。

䄷　百卄斤。

鼫　鼠。

〇隻　之石反章昔開。單曰~。九。

適　往。

校注：字又見錫韻都歷反端錫開、昔韻施隻反書昔開。

炙　火燥。

校注：字又見禡韻之夜反章禡開三。

墌　碁。

摭　拾。或作拓。

跖　足。或作蹠。

趏　行皃。

𢉩　仄。

䙝　袖。

校注：字又見昔韻羊益反以昔開。

〇擲　直炙反澄昔開。捉。古作擿。四。

校注："捉""擿"二字誤，《切三》《王一》《王二》《廣韻》作"投""擿"。

䴙　麦麸。

校注：字原從"麦"不從"麥"，俗書。

躑　~躅。

㴭　土得水。又直謫反澄麥開。

校注：字原作"䂘"，誤，《集韻》作"㴭"。又直謫反，本書無澄母麥韻開口一紐。字又見陌韻棖百反澄陌開二。

〇皵　七迹反清昔開。皮細起皃。七。

校注：字亦作"散"，"散"字見昔韻私積反心昔開。

趚　趚~，行皃。

校注：字原作"趚"，俗誤。

涑　水名，在北地。

校注：字原作"涑"，俗誤。

刺　穿~。又七詈反清寘開。

校注：字原作"剌"，俗誤。字又見寘韻此豉反清寘開。

趚　行卒。

校注：字原從"朿"不從"束"，誤，《廣韻》作"趚"。

𧘲　郡衯。

校注：字原作"裲"，俗誤。"衸"字誤，《廣韻》作"衸"。

磧　沙~。

〇席　詳昔反邪昔開。十六。

校注：紐字數當作"五"，"十六"爲合計"籍"紐十一字之數，參"籍"字條校注。

夕　夜~。

穸　窀~。

汐　潮~。

校注：字原作"汋"，誤，《王一》作"汐"。

郜　鄉名，在臨卬。

校注："卬"字誤，《王一》作"邛"。

〇籍　秦昔反從昔開。簿帳。[十一]。

校注：底本紐字數奪。

藉　狼~。

校注：字又見禡韻慈夜反從禡開三。

耤　~田。

踖　踐~。

校注：字又見昔韻資亦反精昔開。

塉　薄土。

厝　縣名，在清河。

瘠　病。

箝　擊。

校注：字又見陌韻惻戟反初陌開二。

膌　臞。

葃　茹草。

校注：字又見麥韻士革反崇麥開。

猎　黑虫，如熊。

〇擗　房益反並昔開。撫心。七。

椑　棺~。

校注：字又見支韻府移反幫支A開、齊韻薄迷反並齊開、錫韻扶歷反並錫開。

躃　例~。

校注："例"字誤，《切三》《王一》《王二》《唐韻》作"倒"。

闢　啓~。

彃　弓弭。

殕　死~。

䩛　雨衣。

校注：字下原從"畀"，俗誤，《王一》《廣韻》作"䩛"。字又見止韻胥里反心止。

〇役　營隻反以昔合。徭~。九。

校注："隻"開口字，營隻反開合憑切。

䓈　燕人呼芡。

校注：字又見紙韻羊捶反以紙A合。

疫　病。

鮁　魚名。

炈　喪家竈。

䨏　~䨴，大雨。

鵔　鳩。

豛　豬。

鈠　排~。刃。

〇辟　必益反幫昔開。君。六。

鐴　~土，犁耳。

躄　跛~。

璧　玉~。正作辟。

襞　衣~。

擗　理~。

校注：《王一》注："理。"《廣韻》注："治也。"

《説文・辟部》:"擘,治也。"本書及《王一》改"治"作"理",爲避高宗名諱。

〇僻　芳辟反滂昔開。誤。三。

癖　腹病。

廦　幽。

**校注:** 注文《王一》、P. 5531 並同。《王二》:"廦,墻。"《唐韻》:"廦,墻也。出《説文》。加。"《廣韻》《説文・广部》:"廦,墻也。"字又見錫韻北激反幫錫開。

〇瞁　許役反曉昔合。驚視。五。

眘　眂。

瞑　視。

**校注:** 此爲"瞁"字俗誤,與紐首字重出。

殈　裂。

砉　~然。

〇麝　［食亦反船昔開。又］食夜反船禡開三。香也。二。

**校注:**《切三》:"麝,麝香。食亦反。又食夜反。"《王一》:"麝,食亦反。麝香。又食夜反。"《王二》:"麝,食亦反。香也。又食夜反。"《王二》:"麝,~香。食亦反。又食夜反。"P. 5531:"麝,食亦反。香。又食夜反。"本書奪正切及"又"字。字又見禡韻神夜反船禡開三。

射　亦作䠶。發矢。又食夜反船禡開三。

**校注:** 字又見禡韻以謝反以禡開三、禡韻神夜反船禡開三。

〇䵑　竹益反知昔開。黏。又竹格反知陌開二。一。

**校注:** 龍校云:"反一二字模糊不能辨,依文例及王一定之。"字又見陌韻防(陟)挌反知陌開二。

〇彳　丑亦反徹昔開。小步。二。

䍍　瓶。

# 十八麦

〇麦　莫獲反明麥開。芒穀。正作麥。［四］。

**校注:** 此字爲"麥"字俗書。底本紐字數奪。

脉　血~。

霢　~霂,小雨

眽　~~,姧人視。

〇獲　胡麥反匣麥合。得。七。

畫　分。又胡卦反匣卦合。

**校注:** 字亦作"畫","畫"字見卦韻胡卦反匣卦合。

嫿　分眪好皃。

劃　錐刀刻~。

**校注:** 龍校云:"正文劃字及注文錐刀二字俱模糊難辨,唐氏手寫如此,与王一、切三、王二諸書合。今據以寫是。"

鱯　□名。

**校注:** 龍校云:"鱯名二字俱不可辨,此从唐氏所寫。注文右一字當是魚字。王一、切三、王二、唐韻、廣韻並云'鱯,魚名'。"字又見暮韻胡故反匣暮。

韄　度。

**校注:** 龍校云:"韄度二字俱不可辨,此從唐氏所寫。王一、切三並作'韄,度'。""韄"字見藥韻憂縛反影藥合。字亦作"蒦",

"蒦"字見陌韻一號反影陌合二。

**嚧** 叫。亦作咱。

**校注**:龍校云:"叫字俱不可辨,此从唐氏所寫。廣韻云嚧嘖叫也。王一無此字。"

〇**蟈** 古獲反見麥合。蛙別名。五。

**校注**:龍校云:"獲反蛙三字俱不可辨,此从唐氏所書。王一、切三、王二、唐韻並音古獲反,注云螻蟈蛙別名。"

**聝** 割耳。

**校注**:龍校云:"割字漫漶不可見,此从唐氏所書。王一、切三並云割耳。"

**幗** 婦人喪冠。

**校注**:龍校云:"婦人二字漫漶不可見,此从唐氏所書。王一、切三、王二、唐韻、廣韻並云婦人喪冠。"字又見隊韻古對反見隊。

**膕** 曲脚中。

**校注**:龍校云:"曲脚二字模糊不可見,此从唐氏所書。"字又見麥韻呼麦反曉麥合。

□ □裂。

**校注**:龍校云:"正注文並漫漶不可見,裂字从唐氏所書。廣韻碱下云碱破,正文疑是碱字。"

〇**檗** □□□(博戹反)幫麥開。黄~。二。

**校注**:龍校云:"檗字略有漫漶,王一云檗博戹反黄檗,切三、王二、唐韻、廣韻並同。右行當是博戹反三字。"

**擘** □~。

**校注**:龍校云:"擘字略有漫漶,王一、切三、王二、唐韻、廣韻並云擘,分擘,本書右行一字當作分。"

〇**繴** □□□(蒲革反)並麥開。絲帶。四。

**校注**:龍校云:"繴字漫漶難辨,唐氏書如此。王一、切三、王二、唐韻、廣韻並云蒲革反織絲為帶。本書絲下接帶字,而其上只一字之隙,當是反字,右為蒲革二字,而絲上當補織字,帶上當補為字。"

**䢃** 翻車。

**䴽** 餠半生。

**校注**:《王一》無此字,《王二》見博戹反幫麥開,《廣韻》《集韻》見博戹切幫麥開。字又見麥韻所責反生麥開。

**䍸** 罝。

〇**賾** 士革反崇麥開。玄微。四。

**莋** 如草〚反〛。又昨亦反從昔開。

**校注**:"反"字衍,《王一》無。字又見昔韻秦昔反從昔開。

**穑** 灰中種。

**矠** 矛屬。

〇**責** 側革反莊麥開。譴~。十一。

**䪞** ~广,頭不正皃。

**簀** 牀~。

**幘** ~冠。

**嫧** 鮮好。

**校注**:字又見麥韻側(惻)革反初麥開。

**咋** 大聲。

**校注**:字又見陌韻鋤陌反崇陌開二。

**謮** 怒。亦作嘖。

**笮** 矢服。

**校注**:字又見陌韻側陌反莊陌開二、鐸韻在各反從鐸開。

**迮** 迫~。或作窄。

**校注：**字又見陌韻側陌反莊陌開二、鐸韻子洛反精鐸開。

舴　~艋。

**校注：**字又見陌韻防(陟)格反知陌開二。

蚱　蟬~。

〇策　側(惻)革反初麥開。馬捶。亦作敇。九。

**校注：**字原作"策"，俗誤。"側"字誤，《切三》《王一》《王二》作"惻"。亦作字誤，《説文·攴部》作"敇"。

冊　簡。或作。俗作笧。

**校注：**"或作"下奪字，當據《王一》補"冐"字。

嫧　健急皃。

**校注：**字又見麥韻側革反莊麥開。

齰　齒相值。

捒　扶。

**校注：**字原作"揀"，俗誤。

㥽　耿介。

蹟　正~。

筴　著~。

莿　木竹刺。

**校注：**字下原從"朿"，俗誤。

〇騞　呼麦反曉麥合。破聲。九。

繣　徽~，乖違。

獖　飛聲。

幗　裂帛聲。

啯　又於六反影屋三。

**校注：**《王一》："啯，聲。又於六反。或作歖。"字又見屋韻於六反影屋三。

捇　裂。

掝　裂聲。

膕　曲脚中。

**校注：**字又見麥韻古獲反見麥合。

憲　不慧。

〇礊　口革反溪麥開。鞕。三。

**校注：**字又見陌韻苦陌反溪陌開二。

褔　褿。亦作䫫。

**校注：**字左原從"礻"，俗誤。"褿"爲"褿"字俗誤。亦作字誤，《王一》《廣韻》作"䫫"。

緙　紩。

〇覈　下革反匣麥開。實。七。

繳　衣~。又之约反章藥開。

**校注：**字又見藥韻之藥反章藥開。

碥　石地。

翮　羽本。

核　果~。

鞨　翼~。

榝　燒麦。又胡的反匣錫開。

**校注：**字右原從"役"，俗誤，《王一》作"榝"。字又見錫韻胡狄反匣錫開。

〇隔　古核反見麥開。阻。十。

膈　胷~。

鬲　縣名，在平原。又落激反來錫開。

**校注：**字又見錫韻閭激反來錫開。

槅　車~。

革　改。

愅　知。亦諽。

諽　更。亦作愅。

**校注：**字亦作"愅"，"愅"字見陌韻古陌反見陌開二。

霅　雨。

䡦　轡首。

校注：字右原從"棘"，俗誤。

䲕　虎聲。

校注：字原從"敷"不從"𣪊"，俗誤，《王一》《廣韻》作"䲕"。

〇摘　陟革反知麥開。手取。六。

謫　責。又丈戹反澄麥開。

校注：又丈戹反，本書無澄母麥韻開口一紐。

猲　犬怒張耳。

㨖　蠶~。亦作持。

校注："持"字誤，《集韻》作"㭙"。

厇　張~。

矺　磓~。

校注：字又見盍韻都盍反端盍。

〇戹　烏革反影麥開。俗作厄。十三。

搤　持。亦作扼。

校注：字亦作"扼"，"扼"字見哿韻奴果反泥果一。

軛　車~。

阸　限礙。

呃　~喔，鳥鳴。

校注：字又見怪韻烏界反影怪開。

豝　豕五尺曰~。

校注：字右原從"厄"，《王一》、P. 5531同，《唐韻》《廣韻》作"豝"。

覘　驚視。

啞　笑聲。又烏陌反影陌開二。

校注：字又見馬韻烏雅反影馬開二、陌韻烏陌反影陌開二。

餩　饑。又烏陌反影陌開二。

校注：字又見陌韻烏陌反影陌開二。

戹　因~。

校注：各書無此字。

䶦　鼠屬。

扼　杷。亦作槅。

校注：字原作"柅"，俗誤。注文"杷""槅"字爲"把""搹"字俗誤，《集韻》可證。

蚅　蝎蠋。

〇栜　所責反生麥開。木名。九。

校注：字原作"梀"，俗誤。

溹　小雨。

校注：字右原從"策"，俗誤。

霡　霢~。亦作霂。

瘷　瘵~，寒皃。

校注：字原作"瘶"，俗誤。

摵　殞落皃。

校注：字又見屋韻所六反生屋三、屋韻子六反精屋三。

愬　懼皃。

校注：字又見暮韻蘓故反心暮。

索

校注：底本注文奪。P. 5531："索，擇也。"《廣韻》："索，求也，取也，好也。"

[溹]　~~，雨下。

校注：底本字頭奪，"~~雨下"誤繫於"索"字下。P. 5531"索""溹"上下字，《廣韻》"索""索""溹"上下字，"索"字注"同上"。P. 5531："溹，~~，雨下。"《廣韻》："溹，溹溹，雨下皃。"《王一》："索，溹~，雨下。"亦同本書奪“索”字注文及字頭“溹”。字又見陌韻所載反生陌開二。

虩　虎驚。又許逆反曉陌開三。

校注：字亦作“虩”，“虩”字見陌韻許郄反曉陌開三。

〇擗　普麦（麥）反滂麥開。身中聲。二。

校注：“麦”爲“麥”字俗書。“身”字誤，《王一》《王二》《唐韻》《廣韻》作“射”。

檗　餅半生。又妨亦反滂昔開。

校注：字又見麥韻“辟”紐並麥開。

〇碧　陂幫隔麥反。淺翠。一。

校注：陂隔反與“蘗”紐（博厄反）同麥韻幫紐，非重出，實爲例外音切，當爲三等韻字。《王一》卷殘，不詳收字，《切三》《王二》《唐韻》《廣韻》本韻無字。《切三》《唐韻》《廣韻》字見昔韻末。《切三》卷紙殘污，注文首二或三字不可辨，下爲“彳反，新加”。《唐韻》：“碧，色也，《説文》石文美者。方彳反幫昔開。一。加。”《廣韻》音“彼役切幫昔開”。《王二》格韻（即陌韻）末出字：“碧，逋逆反幫陌開三。美石。一。”

〇欂　皮並碧麥反。犿。二。

校注：皮碧反與“辟”紐同麥韻並紐，非重出，實爲例外音切，當爲三等韻字。《王一》卷殘，不詳收字，《切三》《王二》《唐韻》本韻無字。《唐韻》字見陌韻末，“弼戟反並陌開三”。《廣韻》字見鐸韻補各切幫鐸開、陌韻弼戟切並陌開三、麥韻蒲革切並麥開。紐字數當作“一”，“二”爲合計“饏”字之數，參“饏”字條校注。

〇饏　小嬾。娘麥開

校注：字原作“饔”，誤，《説文·食部》作“饏”。底本反切奪，P. 5531 見麦韻“女厄反娘麥開”，《廣韻》見麥韻“尼戹切娘麥開”。

# 十九陌

〇陌　莫百反明陌開二。路~。十一。

帞　頭巾。

袹　~複。

蓦　靜~。

校注：字又見模韻莫胡反明模。

貘　~，白豹，能食銅鐵，行之強直。

蛨　蚝~，虫。

貊　蠻~。亦狛。

驀　騎~。

洦　水淺。

校注：字又見陌韻普百反滂陌開二。

募　死寂嗼。

貉　北方人。

〇磔　防（陟）格反知陌開二。張。九。

校注：“防”字誤，《王二》《唐韻》《廣韻》作“陟”。

蚝　~蛨。

舴　~艋，小舟。

校注：字又見麥韻側革反莊麥開。

黐　黏。又竹益反知昔開。或作䊕。

校注：或作字誤，當作“𥻵”，《王一》昔韻“黐”下云“亦作𥻵”，《廣韻》麥韻字作“𥻵”。字又見昔韻竹益反知昔開。

頧　顱。又丑格反徹陌開二。

校注：字又見陌韻丑格反徹陌開二、鐸韻徒各反定鐸開。

嫡　亦。

校注：字又見錫韻都歷反端錫開。

窬　窟～。

杔　攄。

校注：字原作“托”，俗誤，注文“攄”爲“櫖”字俗誤，《廣韻》《集韻》可證。

乇　草葉。又丑白反徹陌開二。

校注：字又見陌韻棖百反澄陌開二。

○伯　博白反幫陌開二。長。五。

迫　急。

百　十～。

栢　松～。

瓸　甑～。

○白　傍百反並陌開二。素。三。

校注：紐字數“三”字誤，當作“四”。

帛　熟繒。

舶　海中大舩。

鮊　魚名。

校注：字又見禡韻白駕反並禡開二。

○劇　奇逆反群陌開三。俗作劇。五。

屐　屧～。

輾　車～。

郤　倦～。

校注：字原從“丞”從“瓦”，俗誤。

㡧　勞～。

○戟　几劇反見陌開三。刀戟。五。

撠　持～。

蕀　大～，草。

郤　相踦。〖又去逆反溪陌開三〗。姓。

校注：字原作“郤”，誤。綺戟溪陌開三一切下《切三》《王二》《唐韻》《廣韻》及本書均有“郤（郄）”字，本書云：“郤，人姓。俗作郄。”《切三》云：“郄，人姓。”《王二》云：“郤，人姓。俗郄。”《唐韻》“郤”字訓“姓”，《廣韻》：“郤，姓。……俗從丞。”又去逆反爲“郤”字誤作“郤”而增衍之音切，當刪。

丮　持。

校注：字原作“丮”，誤，《廣韻》作“丮”，合《說文》。

○索　所戟反生陌開二。求。又所（蘓）各反心鐸開。四。

校注：“索”二等韻字，“戟”三等韻字，所戟反例外反切。又音切上字“所”涉正切而誤，《切三》《王二》《唐韻》《廣韻》作“蘇”。字又見鐸韻蘓各反心鐸開。

趚　僵仆皃。

溹　水名，在滎陽。

校注：“滎”字誤，《唐韻》作“滎”。字又見麥韻所責反生麥開。

碳　辟石聲。

校注：“辟”字誤，《王二》《唐韻》《廣韻》作“碎”。字又見旨韻居履反見旨B開。

○栅　惻戟反初陌開二。木。三。

校注：“栅”二等韻字，“戟”三等韻字，惻戟反例外反切。

踖　豆。

校注：字右原從"沓"。底本注文右行無字，"豆"字左列書。《王二》《唐韻》《廣韻》注："磨豆。"

簎　《國語》魚鼈。

校注：《切三》："《國語》簎魚鼈"。《唐韻》："剌也。《國語》籍魚鼈。""籍"爲"簎"字之誤。《廣韻》："刺也。《國語》曰簎魚鼈也。"本書注文奪"簎"字或省代號。字又見昔韻秦昔反從昔開。

〇嚄　胡伯反匣陌合二。大喚。一。

〇唶　側陌反莊陌開二。嚄~。三。

迮　陜。

校注：字又見麥韻側革反莊麥開、鐸韻子洛反精鐸開。

笮　屋上板。

校注：字又見麥韻側革反莊麥開、鐸韻在各反從鐸開。

〇齚　鋤陌反崇陌開二。齧。亦作齰。四。

咋　呋~，多聲。亦作諎。

校注：字又見麥韻側革反莊麥開。

浩　瀺~，水落地。

岝　~峉，山皃。

〇隙　綺戟反溪陌開三。小空。五。

郤　人姓。俗作郄。

綌　~絺。

卻　大笑。

校注：字原從"阝"不從"卩"，俗誤。

㿥　西方小白。

〇額　五陌反疑陌開二。五。

峉　岝~。

鮥　鯿。

校注：字右下原從"丌"，俗誤。

詻　~，教令聲。

䩹　補履頭。亦作隔。

〇逆　宜戟反疑陌開三。不順。三。

縌　綬~。

噩　呻。

〇客　苦陌反溪陌開二。賔。三。

喀　吐聲。

毄　堅。

校注：字又見麥韻口革反溪麥開。

〇啞　烏陌反影陌開二。笑聲。二。

校注：字又見馬韻烏雅反影馬開二、麥韻烏革反影麥開。

䭈　飢~。

校注：字又見麥韻烏革反影麥開。

〇虩　許郄反曉陌開三。懼皃。又所責反生麥開。或虪。一。

校注：字亦作"虪"，"虪"字見麥韻所責反生麥開。

〇坼　丑格反徹陌開二。裂。四。

校注：字右原從"斥"。

趚　半步。

校注：字又見禡韻充夜反昌禡開三。

頊　腦盖。又防(陟)陌反知陌開二。

校注："防"字誤，當作"陟"。字又見陌韻防(陟)格反知陌開二、鐸韻徒各反定鐸開。

㡿　開~。

校注：字右原從“厈”。

〇韄　乙百反影陌合三。佩刃飾。一。

校注：“百”二等韻字，乙百反等第憑切。“刃”字誤，《切三》《王二》《廣韻》作“刀”。字亦作“韄”，“韄”字見暮韻胡故反匣暮。

〇拍　普百反滂陌開二。打。六。

魄　~魂。

怕　憺~，靜。又蒲各反並鐸開。

校注：“怕”通“泊”，“泊”字見鐸韻傍各反並鐸開。

皛　亦打。又胡了反匣篠，出《蜀都賦》。又莫百反明陌開二。

校注：字又見篠韻胡了反匣篠。

䨲　疾~。

校注：字原從三“免”，俗誤，《廣韻》作“䨲”。字又見遇韻撫遇反滂遇。

洦　淺~。

校注：字又見陌韻莫百反明陌開二。

〇赫　呼格反曉陌開二。赤。四。

嚇　恐。

校注：字又見禡韻呼訝反曉禡開二。

焃　火色。

幱　~惠，紙。

校注：“惠”爲“㡜”字俗誤，《廣韻》《集韻》作“㡜”。

〇垎　胡格反匣陌開二。土乾。四。

趦　~趚。

挌　窐~。

校注：字原作“揢”，俗誤，《王二》《廣韻》作“格”。

輅　車前横。

校注：字又見暮韻洛故反來暮。

〇格　古陌反見陌開二。十二。

校注：字原作“挌”，俗誤，《唐韻》《廣韻》作“格”。字又見鐸韻古落反見鐸開。

徦　至。亦作假。

鮥　~鮧。

茖　山葱。

骼　骨~。

觡　鹿~。

校注：省代號誤，《切三》《王二》《唐韻》《廣韻》作“角”。

鵅　鳥名。

愅　更。

校注：字亦作“諽”，“諽”字見麥韻古核反見麥開。

鮯　海魚。

校注：字原從“扌”不從“木”，俗誤，《廣韻》《集韻》作“鮯”。

麧　碎麦。

校注：字原從“麦”不從“麥”，俗書。

蛒　蠐螬。

敋　擊~。

〇謋　虎伯反曉陌合二。然，速皃。三。

漷　水名，在東海。

校注：字又見鐸韻苦郭反溪鐸合。

翻　翃~。

〇宅　棖百反澄陌開二。居。十。

擇　選~。

澤　陂。

**擇** ~蒻。

**校注：** 字又見鐸韻他各反透鐸開。

**䴙** 鸆，鳩。

**韝** 韄~。

**襗** 袴。又余石石（反）以昔開。

**校注：** 次"石"字誤，當作"反"。字又見昔韻羊益反以昔開、鐸韻徒各反定鐸開。

**蠌** 蝟~。

**乇** 草菜。又竹厄反知麥開。

**校注：** 字又見陌韻防（陟）格反知陌開二。

**澤** 土得水。

**校注：** 字原作"䂞"，誤，《廣韻》作"澤"，合《説文》。字又見昔韻直炙反澄昔開。

〇**虢** 古伯反見陌合二。國名。四。

**校注：** 紐字數當作"一"，"四"爲合計"擭"紐三字之數，參"擭"字條校注。

〇**擭** 一虢反影陌合二。手取。［三］。

**校注：** 底本紐字數奪。字又見暮韻胡故反匣暮。

**濩** ~澤，縣名，在平陽。

**校注：** 字又見暮韻胡故反匣暮。

**蒦** 視遽皃。又紆縛反影藥合。亦作䨼。

**校注：** 字亦作"䨼"，"䨼"字見麥韻胡麥反匣麥合、藥韻憂縛反影藥合。

〇**諾** 女白反娘陌開二。踐。一。

〇**嚿** 于陌反云陌合三。~~，誘。一。

**校注：** 字右原從"萬"，俗誤，《廣韻》《集韻》作"嚿"。"陌"二等韻字，于陌反等第憑切。陌韻合口云母三等《韻鏡》未出字，《七音略》列位陌韻合口三等喻紐。

〇**搦** 尼娘白陌開二反。捉~。一。

**校注：** 龍校云："此字王二、唐韻、廣韻、集韻並与女白反諾字同切。切三諾字云女白反一，下接搦字音奴格反，亦分二切。（疑或是開合不同）"此字開合難定，若與"諾"紐重出，屬後增字，則爲開口，若與"諾"紐分二切，則爲合口字。《韻鏡》《七音略》均未見字。字又見覺韻女角反娘覺。

# 廿合

〇**合** 胡閤反匣合。又古沓反見合。同。十。

**校注：** 字又見合韻古沓反見合。

**迨** ~遝，行相及。

**郃** ~陽縣，在馮翊。

**頜** ~頓。

**喊** 柔。又子六反精屋三。

**校注：** 龍校云："切三、王三、唐韻、廣韻無此字，集韻同本書。案屋韻子六反下云又子合反，疑或誤子為乎為于，遂收之於此。"字又見屋韻子六反精屋三。

**詥** 諧。

**龤** 齧聲。又子荅反精合。

**校注：** 又子荅反，本書合韻子荅反無此字。龍校云："集韻又見葛合切見合，疑子精為干見字之誤。"

**匌** 會~。

**耠** 耕~。

**榙** ~㯓。

校注：字原作“搭”，俗誤。注文次字爲“榙”字俗誤。《唐韻》《廣韻》二字從“木”。

○閤　古沓反見合。小閨。十四。

鴿　~鳥。

合　三勺。又胡閤反匣合。

校注：字又見合韻胡閤反匣合。

鉿　~尺鋌。

䢔　魚名。

蛤　蚌~。

佮　合。

校注：字又見合韻他閤反透合。

㞎　閉。又羌據反溪御。

校注：字又見御韻却據反溪御。

敆　~會。

匌　周帀。

梜　劍柙。又居業〖反〗見業、渠輒群葉二反。

校注：字原作“拾”，俗誤，《廣韻》作“梜”。字又見葉韻其輒反群葉、業韻居怯反見業。

𢂕　以席載穀。

校注：字原作“㞦”，俗誤，《廣韻》作“𢂕”。

韐　韎~，大帶。又古洽反見洽。

校注：字又見洽韻古洽反見洽。

鞈　防汗。又公洽反見洽。

校注：字又見洽韻古洽反見洽。

○荅　都合反端合。應。亦作畣。七。

校注：紐字數當作“二”，“七”爲合計“趿”紐五字之數，參“趿”字條校注。

踏　~跛，行恶皃。

○趿　〖又〗蘇苔反心合。急。［五］。

校注：“又”字衍，《切三》《王二》《廣韻》無。底本紐字數奪。

颯　風聲。又刀（力）合反來合。~，寒風。

校注：又刀合反，本書合韻都合反端合無此字。本書無以“刀”作反切上字者，《集韻》字又見落合切，本書“刀”字誤，當作“力”。

靸　小兒履。

馺　馬行皃。

𢕌　行皃。又且立反清緝。

○沓　徒合反定合。重~。十五。

誻　譶~。

遝　迨~。

搭　指~。

榙　柱上枅。

涾　沸溢。

騇　~~，馬行。

龖　龍飛狀。

譶　疾言。

蜇　蝭~。

眔　目相及。

𨗬　莅~，蘆蓏。

楷　搭~，果名。

校注：“搭”爲“榙”字俗誤，《廣韻》作“榙”。

碴　舂。

蹹　抵~。

○錔　他閤反透合。器物~頭。十三。

嚃　歠~。亦𦧇。

荅　菜，生水中。

校注：字又見盍韻都盍反端盍。

婼　安～，意伏。

踏　著地。

幍　帳上覆。

鞜　革履。

翻　翻～，飛皃。

校注：字原從"米"不從"水"，誤，《切三》《王二》《廣韻》作"翻"。龍校云："米旁原有墨色，盖曾以雌黄塗改。"

漯　水名，在平原。

哈　《莊子》云："～然似喪。"

校注：《集韻》"嗒""荅"二字並爲字頭，本書或誤。字又見合韻五合反疑合。

佮　合。

校注：字又見合韻古沓反見合。

磬　鼓聲。又口合反溪合。

校注：字又見盍韻苦盍反溪盍。

黭　羊曼為～。～伯見《晉書》。

○雜　徂合反從合。物不純白。六。

谺　斷聲。

磼　～磼，山高皃。

雦　群鳥。

蕥　户籠。

趙韻："籠"字誤，《廣韻》《集韻》作"簾"。字又見怗韻在協反從怗。

鄑　亭，在貝丘。

○帀　子荅反精合。遍。［六］。

校注：底本紐字數奪。

咂　入口。

噆　齧。又錯感反清感。

校注：字又見感韻七感反清感。

歡　鳴。又十(子)六反精屋三。

校注：字原作"歡"，誤，《説文》作"歡"。"十"爲禪母字，誤。字亦作"噈"，"噈"字見屋韻子六反精屋三。

魳　魚名。

校注：字又見脂韻踈脂反生脂開。

𦍙　羊飽。

○拉　盧荅反来合。折。亦作应。六。

搰

校注：底本注文奪。《切三》《王二》《唐韻》："搰，敗。"《廣韻》："搰，敗也。"

［磖］　～礫。

校注：底本字頭奪，"～礫"誤繫於"搰"字下。《切三》《王二》《唐韻》《廣韻》"搰""磖"上下字。《切三》《王二》《唐韻》："磖，～礫。"《廣韻》："磖，磖礫。"

翋　～翻，飛皃。

菈　～蓮。

鶖　～鷚，飛。

○納　奴荅反泥合。受。五。

軜　腝皃。

蒳　子似檳榔。

軜　駼馬内轡係軾前者。

校注："駼"字誤，《王二》《唐韻》《廣韻》作"驂"。

魶　似鼈，無甲。

○溘　口荅反溪合。至。五。

㕁　閉户聲。

校注：字原作"㕁"，誤，《王二》《廣韻》

作“㡰”。

㕂 夾山有岸。

欿 不滿。又口感反溪感。

校注：字又見感韻苦感反溪感。

峇 合。

〇姶 烏合反影合。美好皃。六。

𤸁 短氣。

罨 冈。又於儼反影琰B。

校注：字又見琰韻應儉反影琰B、業韻於業反影業。

䍷 覆盖。

校注：字又見感韻烏感反影感。

䠓 跛。亦作尯。

校注：字又見洽韻烏洽反影洽。

鞥 車具。又於刼反影業。

校注：字又見業韻於業反影業。

〇欱 呼合反曉合。歠。二。

校注：字又見洽韻呼洽反曉洽。

疲 病。

校注：字又見緝韻居立反見緝。

〇嗋 五合反疑合。~，衆聲。二。

校注：紐字數當作“三”，“二”爲脱計“哈”字之數，参“哈”字條校注。

碟 磼。

校注：底本“磼”下有“多皃”二字。《切三》《王二》《唐韻》：“碟，磼~。”《廣韻》：“碟，磼碟。”“多皃”二字不當爲此字注文。

［哈］ 多皃。

校注：底本字頭奪，“多皃”二字誤接於“碟”字注文“磼”字下。《切三》《王二》《廣韻》“碟”“哈”上下字。《切三》《王二》《唐韻》《廣韻》：“哈，魚多皃。”字又見合韻他閤反透合。

〇趛 七合反清合。走皃。二。

校注：字原從“彔”。字又見覃韻倉含反清覃。

㜗 婪~。

校注：字原從“彔”。

# 廿一盍

〇盍 胡臘反匣盍。何不。六。

闔 閶~。

嗑 噬~，《易》卦。

校注：字又見盍韻古盍反見盍。

蓋 苫~。

校注：字亦作“盖”，“盖”字見泰韻古太反見泰開、盍韻古盍反見盍。

譶 靜。亦作䛍。

校注：字右原從“盖”，俗誤。

篕 篨篨。

〇臘 盧盍反來盍。~月。七。

䶛 齧聲。

蠟 蜜滓。

鑞 錫~。

擸 折聲。

校注：字又見葉韻良涉反來葉。

皶 ~皶，皮皃。

搶 摺。或作搶。

〇皶 都盍反端盍。皶~。七。

校注：紐字數作“七”而實收八字。

耷 大耳。

搨　手打。

矺　擲地。

校注：字又見麥韻陟革反知麥開。

剔　相著聲。

笚　擊～。

搭　著～。

校注：字又見盍韻吐盍反透盍。

荅　菜，生水中。

校注：字又見合韻他閤反透合。

〇榻　吐盍反透盍。合牀。十三。

艡　兩槽大舩。

毾　～㲪。

鰈　比目魚别名。

校注：字原從"云"不從"世"，爲避太宗名諱之形。

鰨　魚名，似鮎，四足。

䕦　～布。

傝　𠌆。亦～𠆿，儜劣。

校注：字又見勘韻他紺反透勘。

狧　犬食。亦作𦧇、㹺。

校注："㹺"字誤，當左從"犭"。字亦作"𦧇"，"𦧇"字見怗韻他協反透怗。字亦作"獪"，"獪"字見夬韻古邁反見夬合。

謵　～譫，多言。

䍇　飛皃。

鞳　鏜～，鍾。

搭　摸～。

校注：字又見盍韻都盍反端盍。

塔　佛圖。

〇歃　呼盍反曉盍。大唻。一。

〇蹋　徒盍反定盍。踐。六。

闒　門樓上屋。

譠　～嗑，妄言。

譫　多言皃。

瓵　瓶～。

校注：龍校云："瓶字模糊不清，从廣韻定之。"

䳴　鶅～。

〇僫　私盍反心盍。不謹皃。二。

𠻜　～𡍠，醜皃。

〇傝　吐盍反透盍。恶。一。

校注：上文吐盍反透盍"榻"紐已有此字，此條重出。

〇㒒　五盍反疑盍。不著事。一。

校注：字又見覃韻五含反疑覃、勘韻五紺反疑勘。

〇𡍠　才盍反從盍。恶。二。

㩉　和雜。

〇顉　古盍反見盍。～車。七。

譆　多言。

盖　姓，漢有～寬饒。

校注：字上原從"米"，誤，《王一》作"盖"。字又見泰韻古太反見泰開。字亦作"蓋"，"蓋"字見盍韻胡臘反匣盍。

嗑　多言。又呼臘反曉盍。

校注：字又見盍韻胡臘反匣盍。

閘　閉門。

校注：字又見狎韻烏狎反影狎。

鉀　～鑪。

蝔　～蜡。

〇榼　苦盍反溪盍。酒器。亦作

檻。三。

磕　石聲。

校注：字亦作"磕"，"磕"字見泰韻苦盖反溪泰開。

鼕　鼓聲。

校注：字又見合韻他閤反透合。

〇䱛　安盍反影盍。魚醬名。二。

校注：《王一》《王二》《唐韻》《廣韻》《集韻》並注："~鰌，魚名。"本書誤。

盦　覆盖。

校注：字原作"盦"，誤，《王一》作"盦"，合《説文》。字又見覃韻烏含反影覃。

〇㗘　食（倉）臘反清盍。言聲。二。

校注："食"字誤，《王一》《廣韻》作"倉"。

鼕　鼓聲。

校注：字下原從"厺"，誤，《集韻》作"鼕"。

## 廿二洽

〇洽　侯夾反匣洽。和。八。

狹　隘。古作陜。

祫　祭名。

峽　三，山。

校注："三"下奪省代號，《切三》《王二》可證。

齤　齒缺。

灰　辟~。

硤　~石，縣名。

眏　相著。

〇恰　苦洽反溪洽。同心。七。

帢　巾~。亦作帢、㡇。

校注：字原作"帽"，俗誤。

掐　爪刺。

校注：字原作"掐"，俗誤。

䀫　□□。

校注：龍校云："此字漫漶不能辨，此从唐氏所書。王一、切三、王二、廣韻掐下並為䀫字，注云目陷。本書注文二字亦殘，可依諸書補。"

剳　入。亦作㪺。

校注：龍校云："注文四字俱漫漶不可見，此从唐氏所寫。王一云入亦作㪺。"

帢　士服缺四角。

鹶　又公洽反見洽。

校注：龍校云："正注文並漫漶不清，唐氏書如此。王一鹶下有嗆声二字，以下殘。五刊云嗆声又公洽反，本書又上當補嗆声二字。"龍氏摹本作"又公合反"，校箋作"又公洽反"，此據校箋録字。字又見洽韻古洽反見洽。

〇夾　古洽反見洽。十三。

郟　~鄏，地，在潁川。

筴　箸。又古協反見帖。

校注：字又見怗韻古協反見帖。

韐　韎~，韋蔽膝。

校注：字又見合韻古沓反見合。

跲　躓礙。

校注：字又見業韻居怯反見業。

裌　未絮衣。

眨　眼~眨。

校注：龍校云："眨字目旁及注文眨字不清，此从唐氏所書。王一亦作眨，云眼眨眨。"

䶗　~□。

校注：龍校云："重文左行當有一字，王一、切三、王二、唐韻、五刊並云~䶗，廣韻同，可據補。"

𤸷　□蹄□□。

校注：龍校云："正、注文俱漫漶不可見，唐韻所寫作如此。案王一、切三、唐韻、五刊、廣韻並云𤸷，~蹄足病，（王一注云~蹄牛足病）可據補。"龍氏"唐韻所寫作如此"，"唐韻"當爲"唐氏"。

鹹　唯聲。又口狎反溪狎。

校注：龍校云："唯字模糊不可辨，唐氏所寫如此；案當从王一、廣韻作嗛。"又口狎反，本書無溪母狎韻一紐。字又見洽韻苦洽反溪洽。

鵊　子~。

鞅　履根。

鞈　橐~。

校注：字原作"鞅"，涉上一字而誤，《王一》《廣韻》作"鞈"。字又見合韻古沓反見合。

〇箑　士洽反崇洽。行書。三。

校注：字又見葉韻山輒反生葉。

煠　湯~。又与涉反以葉A。

校注：字又見葉韻与涉反以葉A、葉韻丑輒反徹葉。

騙　馬騾。

〇眨　阻洽反莊洽。目動。三。

屆　薄揳。

校注："揳"字誤，《王一》《王二》《廣韻》作"楔"。字又見緝韻房及反並緝。

偛　~㑿，人皃。

校注：字又見緝韻房及反並緝。

〇揷　楚洽反初洽。亦作𢪎、插字。六。

校注：亦作之"揷"字與正文同形，當有一誤。

臿　舂去皮。亦作𦥯、𦥑字。

鍤　鍫~。

校注：字亦作"鍤"，"鍤"字見葉韻丑輒反徹葉。

扱　取。

崨　㟅。亦作𡾰。又千廉反清鹽。

笈　負書箱。又奇縶反群緝B。

校注：字又見葉韻其輒反群葉、緝韻其立反群緝B。

〇欱　呼洽反曉洽。~歙，鼻息。四。

欱　小嘗。

校注：字又見合韻呼合反曉合。

欶　氣逆。

㪤　盡。

校注：字左原從"匧"，誤，《廣韻》作"㪤"。

〇囲　女洽反娘洽。手取。一。

校注：字又見緝韻女縶反娘緝。

〇霅　山洽反生洽。小雨。三。

校注：字又見葉韻山輒反生葉。

歃　~丘。又山輒反生葉。亦作㰰。

校注：字原作"㰰"，誤，《切三》《廣韻》作"歃"。"丘"字誤，《切三》《王一》《王二》《唐韻》《廣韻》作"血"。字又見葉韻山輒反生葉。

萐　扇。亦𦼮莆，瑞草。亦作萲。

校注：本書山輒反生葉"萐"字注："蒲，瑞草。"同紐"箑"字注："扇~。"《廣韻》："箑，扇之別名。"“蓮,蓮莆,瑞草……"《説文·竹部》:"箑,扇也。"《説文·艸部》:"蓮,蓮莆,瑞艸也。""蓮""箑"本二字,本書"艹""竹"多混,此處誤混"蓮""箑"爲一字,注文雜糅。注文"厓"爲"蓮"字之誤。字又見葉韻山輒反生葉。

〇劄　竹洽反知洽。二。

蚵　班身小虫。

〇踚　烏洽反影洽。彼跛皃。二。

**校注:** 字又見合韻烏合反影合。

凹　下。或作窅。

## 廿三狎

〇狎　胡甲反匣狎。習。七。

匣　箱。

翈　翮下短羽。

**校注:** "下"字誤,《切三》《王一》《王二》《唐韻》《廣韻》作"上"。

霅　衆聲。又杜甲反定(澄)狎。陽郡,在樂浪。

**校注:** "杜"定母字,又杜甲反定澄類隔。字又見狎韻丈甲反澄狎。

浹　~烌,冰相着皃。

**校注:** "烌"字誤,《王一》《唐韻》作"渫"。字又見怗韻胡頰反匣怗。

虖　虎習搏。

柙　檻~。

〇渫　丈甲反澄狎。濕。三。

**校注:** 字又見怗韻徒協反定怗。

唼　唓~,鳥食。~字所甲反生狎。

**校注:** "字"上省代號省代"唓"字。字又見怗韻徒協反定怗。

霅　衆聲。

**校注:** 字又見狎韻胡甲反匣狎。

〇甲　古狎反見狎。鎧。六。

胛　背~。

梜　木理亂。

押　~籬辟。

**校注:** 字又見狎韻烏狎反影狎。

岬　山側。亦作岬。

韐　靸。

〇鴨　烏狎反影狎。水鳥。六。

壓　鎮。

庘　屋壞。

窨　人神脉剌空穴。

**校注:** "空"字衍,《切三》《王一》《王二》《唐韻》《廣韻》無。

押　今作~署。

**校注:** 字又見狎韻古狎反見狎。

閘　閉門。

**校注:** 《王二》《唐韻》《廣韻》"閉"上有"開"字,合《説文》。字又見盍韻古盍反見盍。

〇麮　初甲反初狎。去麦皮。一。

〇翣　所甲反生狎。飾棺。五。

豶　豕母。

**校注:** 字原從"蓮"不從"箑",俗誤,《王二》從"箑",《廣韻》作"豶"。

唓　~呼,鳥食。

**校注:** 字又見霽韻都計反端霽開。

翜　病飛。又山立反生緝。

**校注:** "病"字誤,《王一》作"疾"。字又見緝韻色立反生緝。

帹　面衣。

〇呷　呼甲反曉狎。歠~。二。

譀　誇誕。亦作嗽。

校注：字又見銜韻户監反匣銜、闞韻下瞰反匣闞。

〇渫　士甲反崇狎。水名，出上黨。一。

校注：字又見薛韻私結反心薛開。

## 廿四葉

〇葉　与涉反以葉A。又式涉書葉〖二〗反。俗作枼。八。

校注："二"字衍，《王一》無。

楪　~榆縣，在雲中。

校注：字右原從"柰"。

揲　~度。

校注：字又見薛韻食列反船薛開。

鍱　鐵~。亦作鐷。

煠　爚。又丑涉反徹葉。

校注：字又見洽韻士洽反崇洽、葉韻丑輒反徹葉。

牃　又丑涉反徹葉。

校注：《廣韻》："牃，篇簿書牃。《説文》牅也。"字又見葉韻丑輒反徹葉。

殜　病。

擸　扨大端。又力枼反來葉。

校注：字原作"攦"，俗誤。"扨"爲"枊"字俗誤。《王一》《廣韻》《集韻》二字作"擸""枊"。字又見葉韻良涉反來葉。

〇接　紫枼反精葉。交。九。

校注：紐字數作"九"而實收八字。

睫　眼~。

校注：字又見琰韻失冉反書琰、葉韻書涉反書葉。

楫　舟~。亦作檝，從木。

校注：字亦作"檝"，"檝"字見緝韻秦入反從緝。

婕　班~好，漢時宫官，即班盂堅姉也。

浹　水名。

校注：字又見葉韻七接反清葉。

涟　洓。

校注：注文字爲"洓"字俗書，《廣韻》作"洓"。

萎　苔，荼。

校注：《尔雅・釋草》："苔，萎余。"

鯜　魚名。

校注：字又見葉韻七接反清葉。

〇攝　書涉反書葉。追。五。

灄　水名，在西陽。

睫　~~，動目。又式冉反書琰。

校注：字又見琰韻失冉反書琰、葉韻紫枼反精葉。

弽　射決。亦作韘。

校注：字又見怗韻呼協反曉怗。字亦作"韘"，"韘"字見怗韻蘇協反心怗。

欇　虎藟。

校注：字又見葉韻之涉反章葉。字亦作"櫜"，"櫜"字見葉韻叱涉反昌葉。

〇涉　時攝反禪葉。步渡。亦[作㴇]。一。

校注:《王一》:"時攝反。步渡。亦作𣟄。一。"底本"亦"下脱字,兹據《王一》補。

〇獵　良涉反來葉。取禽。十六。

鬣　鬚~。

𣋉　日暗。

躐　踐。

𠁗　翻~。

鬣　髮~。

校注:字原從"馬"不從"镸",此字爲上文"鬣"字俗誤之形。

鱲　魚名。

犣　牛牡。

校注:底本"牛"上原有"魚"字,"牡"上原有"名"字。"魚""牛"右列書,"名""牡"左列書。"魚""名"二字涉"鱲"字注文而衍,旁各識一小點,兹徑删。

氃　長毛。

擸　擇持。

校注:字又見盍韻盧盍反來盍。

儠　長壯皃。

邋　邁~。

校注:字原作"䜲",誤,《王一》《廣韻》作"邋"。

䪉　餘。聚名,在上艾。

𠜠　削~。

欇　捆首。又余涉反以葉A。亦作擖。

校注:字原作"擸",俗誤。"捆"爲"梱"字俗誤。《王一》《廣韻》二字作"欇""梱"。字又見葉韻与涉反以葉A。

𤷇　羸。

〇捷　疾葉反從葉。急。四。

校注:紐字數當作"五","四"爲脱計"㨗"字之數,參"㨗"字條校注。

倢　邪出。

踕

校注:底本注文奪。《王一》:"踕,齊有公子踕。"

[㨗]　~𡾰,山皃。

校注:底本字頭奪,"~𡾰山皃"誤繫於"踕"字下。《王一》:"㨗,~業,山皃。"

疌　疾。

〇牒　直輒反澄葉。細切肉。二。

㙝　下入。又直立反澄緝。

〇敾　於輒反影葉B。~㪂。二。

校注:字又見業韻於業反影業。

𥿊　~𦃃。

校注:字原從"刂"不從"力",誤,《廣韻》作"𥿊"。注文次字誤,《王一》《廣韻》作"𦃃"。字又見葉韻居輒反見葉B。

〇㪂　尼輒反娘葉。十一。

校注:字右原從"攴"。

聶　姓。又而涉反日葉。

校注:字亦作"讘","讘"字見葉韻而涉反日葉。

躡　蹈。

鑷　~子。

𡙇　機。正作𡙇。

校注:正作字與字頭同,當有一誤,《切三》《王一》字頭作"㡪"。

踂　足不相過。

㚔　~~,以盜不止。

**校注**：字下原從“屰”，誤，《王一》《王二》《廣韻》字作“㚔”。

**𠾕** 小煥。亦作㸎。

**校注**：“煥”字誤，《王一》《廣韻》作“㷠”。

**䮹** 馬行。

**緤** 紲~，補衣皃。

**校注**：字右原從“桒”，誤，《王一》《廣韻》作“緤”。

**聿** 捷巧。

**校注**：字原作“隶”，誤，《廣韻》作“聿”，合《説文》。

〇**讘** 叱涉反昌葉。小語~。八。

**㯹** 樹葉動皃。

**校注**：字亦作“欇”，“欇”字見葉韻書涉反書葉、葉韻之涉反章葉。

**姑** 輕薄。

**校注**：字又見鹽韻處詹反昌鹽。

**詀** ~讘，細語。

**校注**：字又見添韻丁廉(兼)反端添、咸韻竹咸反知咸。字亦作“呫”，“呫”字見怗韻他協反透怗。

**㒝** 遽~。

**䁆** 女子態。

**唼** 多言。又止(山)涉反生葉。

**校注**：“止”字誤，《王一》作“山”。字亦作“唽”，“唽”字見葉韻山輒反生葉。

**㦟** 偞。

**校注**：字原作“㥷”，俗誤，《廣韻》作“㦟”。

〇**讘** 而涉反日葉。亦作聶、㦾。四。

**校注**：字亦作“聶”，“聶”字見葉韻尼輒反娘葉。

**顳** ~顬，鬢骨。

**喦** 多言。

**校注**：字原作“㖵”，俗誤，《王一》《廣韻》作“喦”，合《説文》。字又見咸韻五咸反疑咸。

**㵶** 㳣。

**校注**：字原從“取”不從“耴”，俗誤。

〇**讋** 之涉反章葉。多言。七。

**校注**：紐字數當作“八”，“七”爲脱計“𦢊”字之數，参“𦢊”字條校注。

**囁** 口動皃。又而涉反日葉。

**校注**：《王二》《廣韻》而涉反日葉有“囁”字，本書無。

**慴** 怖皃。亦作慴。

**校注**：字亦作“慴”，“慴”字見怗韻徒協反定怗。

**謺** 拾~。

**欇** 楓。又叱輒反昌葉。

**校注**：字原作“聶”，誤，P. 2015作“欇”。注文首字爲“楓”字之誤，《爾雅·釋木》：“楓，欇欇。”字又見葉韻書涉反書葉。字亦作“㯹”，“㯹”字見葉韻叱涉反昌葉。

**襵**

**校注**：字左原從“衤”，俗誤。底本注文奪。《王一》：“襵，衣襵。又涉襌葉葉反。”“涉襌”爲“陟知”字之誤。《王二》：“襵，衣~。又陟葉反知葉。”《廣韻》：“襵，襞也。”字又見葉韻陟涉反知葉。

[**𦢊**] 脥~。

**校注**：底本字頭奪，“脥~”誤繫於“襵”字下。

《切三》《王一》《王二》《唐韻》《廣韻》是紐無此字，《集韻》收，注“切也”。

獵 粱之良豕。

○妾 七接反清葉。女姬。政作妾。六。

校注：“政”當作“正”。正作字誤，當作“妾”，《説文》“妾”字注“从辛从女”。

剿 續。又魚刼反疑業。

校注：字又見業韻魚怯反疑業。

鏶 炙鐵。

校注：字又見緝韻秦入反從緝。

橬 餅桑。

校注：字原作“攁”，俗誤，《廣韻》《集韻》作“橬”。

淁 水名。

校注：字又見葉韻紫菨反精葉。

鯜 魚名。

校注：字又見葉韻紫菨反精葉。

○鍤 丑輒反徹葉。綴衣針。四。

校注：字亦作“鍤”，“鍤”字見洽韻楚洽反初洽。

霅 霎，小雨。

箑 籥。又餘業反以業。

校注：又餘業反，本書無以母業韻一紐。字又見葉韻与涉反以葉A。

熫 又弋涉反以葉A。

校注：字又見洽韻士洽反崇洽、葉韻丑輒反徹葉。

○极 其輒反群葉。驢上負扱。四。

校注：字原作“扱”，俗誤。注文“扱”字亦俗誤。《切三》《王二》《唐韻》作“极”。

笈 負書。

校注：字又見洽韻楚洽反初洽、緝韻其立反群緝B。

柗 劔押。又公荅見合、[□□]二反。

校注：字原作“拾”，俗誤。“押”爲“柙”字俗誤。《廣韻》作“柗”“柙”。“二”上脱一反切。字又見合韻古沓反見合、業韻居怯反見業。

鴄 ~鴟，鳥。又比及反幫緝。

校注：又比及反，本書無幫母緝韻一紐。字又見緝韻居立反見緝。

○輒 陟涉反知葉。專。五。

耴 垂耳。

襵 衣~。又之涉反章葉。

校注：字又見葉韻之涉反章葉。

鮿 魚。

掫 拈。

校注：字又見怗韻丁篋反端帖。

○曄 筠輒反云葉B。光。二。

校注：字又見緝韻為立反云緝B。

饁 餉田。

○㾊 去涉反溪葉B。少氣。二。

校注：字原從“医”不從“匧”，誤，《廣韻》作“㾊”。

篋 盛書器。

校注：字又見怗韻苦協反溪帖。

○萐 山輒反生葉。蒲，瑞草。六。

校注：字又見洽韻山洽反生洽。

箑 扇~。

校注：字又見洽韻士洽反崇洽。

歃 ~血。又所洽反生洽。

校注：字又見洽韻山洽反生洽。

霎　小雨。又所洽反生洽。

**校注：** 字又見洽韻山洽反生洽。

喢　多言。又齒涉反昌葉。

**校注：** 字原作"𠯗"。字亦作"啀"，"啀"字見葉韻叱涉反昌葉。

歐　惕欲。

**校注：** 字原作"𣢾"，俗誤，《廣韻》作"歐"。

〇劫　居輒反見葉B。縫。三。

**校注：** 字原從"刂"不從"力"，誤，《廣韻》作"劫"。字又見葉韻於輙反影葉B。

劫　奪。

**校注：** 字又見業韻居怯反見業。

䳘　鴭~。又房及反並緝B。

**校注：** 字又見緝韻房及反並緝B。

〇厭　於桒反影葉A。恶夢。正作厭。四。

**校注：** 字又見豔韻於艷反影豔A。

靨　輔頰。

**校注：** 字又見怗韻於協反影怗。

擪　持。又於琰反影琰A。

**校注：** 字又見琰韻於琰反影琰A、怗韻於協反影怗。

嬮　女字，~好。

**校注：** 字又見鹽韻於鹽反影鹽A。

## 廿五怗

〇怗　他協反透怗。安。十。

帖　券~。

**校注：** "券"當作"券"。

鼙　鼓無聲。亦作鼙。

**校注：** 字又見緝韻七入反清緝。

鉆　~着物。

鞊　窐~。

貼　以物徵錢。

跕　~屣。又丁協反端怗。

蜨　小蜡。

**校注：** 字左原從"虫"，俗誤，"蜡"爲"䗩"字俗書，二字《切三》《唐韻》作"蜨""䗩"。字亦作"𤜪"，"𤜪"字見盍韻吐盍反透盍。

呫　甞。又叱涉反昌葉。

**校注：** 字亦作"詀"，"詀"字見添韻丁廉(兼)反端添、咸韻竹咸反知咸、葉韻叱涉反昌葉。

幦　衣領。又丁兼反端添。〖又〗亦作䙴、袩。

**校注：** 字原作"幧"，爲俗書。次"又"字衍。"袩"爲"袩"字俗誤。字又見添韻丁廉(兼)反端添。

〇協　胡頰反匣怗。和。八。

勰　思~。

挾　持。

俠　任~。

劦　同力。

浹　~渫，水凍。

**校注：** 字又見狎韻胡甲反匣狎。

綊　紅。

叶　言~。

〇頰　古協反見怗。頤。七。

鋏　長，劒。

筴　箸。又古洽反見洽。

**校注：** 字又見洽韻古洽反見洽。

莢　蓂~,瑞草,知月之大小。

蛺　~蝶。

唊　多言。亦作誗。

稴　穧~。

〇愜　苦協反溪帖。心服。四。

篋　箱~。

校注:字又見葉韻去涉反溪葉B。

悏　快。

匧　搣。

校注:"搣"爲"槭"字俗誤,《廣雅·釋器》:"匧謂之槭。"

〇牒　徒協反定帖。牘。亦正牒。廿。

喋　便語。

校注:字又見狎韻丈甲反澄狎。

躞　小走聲。

蹀　躞~。

諜　反閒。

堞　城上垣。

轞　車聲。

氎　細布。

校注:"細"下當據《切三》《王二》《唐韻》《廣韻》補"毛"字。

褺　重衣~~。

校注:字原作"褺",俗誤,《廣韻》作"褺"。

疊　重~。

蝶　蛺~。

校注:字右原從"枩"。

篠　~篋。

牒　牀板。

褋　禪衣。亦作褋。

校注:字右原從"枼"。

褶　拾。又時入反禪緝。

校注:"拾"字誤,《廣韻》作"袷"。字又見緝韻神執反船緝。

墊　下。江。又都念反端㮇。

校注:字左上原從"圭",俗誤,《廣韻》作"墊"。字又見㮇韻都念反端㮇。

慴　懾~。

校注:字亦作"懾","懾"字見葉韻之涉反章葉。

惉　安~。又齒廉反昌鹽。

校注:字又見鹽韻處詹反昌鹽。

渫　浹~。

校注:字又見狎韻丈甲反澄狎。

鸎　鳥,如鵲。

〇壓　於協反影帖。按。二。

校注:字又見琰韻於琰反影琰A、葉韻於葉反影葉A。

靨　~子。

校注:字又見葉韻於葉反影葉A。

〇鑰　奴協反泥帖。小釘。九。

苶　病劣皃。

校注:字原作"芣",《切三》《王二》《唐韻》同,誤,《廣韻》作"苶"。字又見薛韻如列反日薛開。

埝　陷下。又都念反端㮇。

校注:字又見㮇韻都念反端㮇。

晵　晦冥。

校注:字原作"晵",俗誤,《廣韻》作"晵"。

諗　聲絶。

捻　指~。又乃結反泥屑開。

校注：字又見屑韻奴結反泥屑開。

籋　箝。亦作鑈。

校注：亦作字俗誤，《廣韻》作“錜”。

鑈　正。作鋷。

校注：“作”上奪“亦”字。

敜　塞。

○燮　蘇協反心帖。和。八。

屧　屐。

校注：字原從“云”不從“世”。

躞　~蹀。

韘　~韝，射具。

校注：字亦作“弽”，“弽”字見葉韻書涉反書葉、怗韻呼協反曉帖。

瓔　石似玉。

䀹　使。

䩞　~牒，小契。

蜨　蛱~。

○甈　盧協反来帖。蹈瓦聲。二。

黗　竹裏黑。

○耵　丁篋反端帖。耳垂皃。五。

咶　多言。

校注：字原作“啣”，俗誤，《廣韻》作“咶”。

揤　打~。

校注：字原作“揤”，俗誤，《廣韻》作“揤”。字又見葉韻陟涉反知葉。

䆚　下。又丁念反端㮇。

校注：字左下原從“𡗜”，俗誤，《廣韻》作“䆚”。字又見㮇韻都念反端㮇。

笘　竹箠。又充甘反昌談。

校注：字又見談韻食（倉）甘反清談。

○蕺　在協反從帖。草蘆。一。

校注：字原作“蕺”，俗誤。“蘆”字《切三》《王二》《廣韻》《集韻》作“簾”。字又見合韻徂合反從合。

○浹　子協反精帖。洽。二。

瓬　半瓦。

○弽　呼協反曉帖。弓張。又書涉反書葉。三。

校注：字又見葉韻書涉反書葉。字亦作“韘”，“韘”字見怗韻蘇協反心帖。

睞　閉一目。

婡　少氣。

校注：字又見琰韻虛檢反曉琰B。

# 廿六緝

○緝　七入反清緝。績。亦作緁。五。

咠　咠~，譖聲。

諿　和。或咠。

鼙　鼓無聲。

校注：字又見緝韻他協反透帖。

葺　補~。又子立反精緝。

校注：字又見緝韻似入反邪緝、緝韻姉入反精緝。

○十　是執反禪緝。成數。三。

什　篇。

拾　取。

○執　之入反章緝。四。

汁　液。

䡗　縣名，在北海。

𢫶　至。又之利反章至開。

校注：字亦作"贄"，"贄"字見至韻脂利反章至開。

○(習－白＋日)　似入反邪緝。學。正作[習]。九。

校注："作"下奪"習"字。

襲　重~。

隰　原~。亦作隲。

葺　覆。又子立精緝、且立清緝二反。

校注：字又見緝韻七入反清緝、緝韻姊入反精緝。

飁　颯~，大風。

騽　驢馬黄脊。

校注："驢"字誤，《廣韻》作"驪"。

槢　堅木。

鸐　鴰~。

鰼　鰌~。

○褶　神執反船緝。又徒頰反定帖。一。

校注：字又見怗韻徒協反定怗。

○集　秦入反從緝。聚鳥在木上。亦雧。七。

輯　和。

檝　舟~。

校注：字亦作"楫"，"楫"字見葉韻紫葉反精葉。

慹　怖~。

蕺　菩。

鏶　鍱。亦作鍓。

校注：字又見葉韻七接反清葉。

㗱　詞之集。

○入　尒執反日緝。向内。二。

廿　二十。

○揖　伊入反影緝A。二。

挹　酌。

○溼　失入反書緝。水。俗作濕。二。

校注："水"下當據《切三》《王二》《唐韻》《廣韻》補"霑"字。

䎕　牛耳摇皃。

○噍　姊入反精緝。啅~。[啅]字補各反幫鐸開。八。

校注：省代號上一字俗誤，《切三》《王二》《唐韻》《廣韻》作"啅"。《切三》注："啅字補各反。"《王二》注："啅字音博。"本書"字"上當補"啅"字。

潗　泉出。

緝　~合。

湒　雨下皃。

蘛　草木生。

𧝃　襟縁。

㠍　負秦山立。

校注：字原作"𥫱"，誤，《廣韻》作"㠍"。"立"字誤，《廣韻》作"名"。

葺　茨。又七入清緝、似入邪緝二反。

校注：字又見緝韻七入反清緝、緝韻似入反邪緝。

○及　其立反群緝B。逮。五。

菳　冬莁。

苙　白芷。又力蘩(縶)反來緝。

校注：本書無“蘩”字，反切下字當作“縶”。《廣韻》注“又力急切”。字又見緝韻力急反來緝。

笈　負書箱。又楚洽反初洽。

校注：字又見洽韻楚洽反初洽、葉韻其輒反群葉。

扱　負鍵。

〇縶　陟立反知緝。繫馬。三。

𩅽　小溼。

校注：字左下原從“奎”，俗誤，《廣韻》作“𩅽”。字又見㮇韻都念反端㮇。

馽　馬絆。

〇蟄　直立反澄緝。虫。三。

腤　肉半生半熟。

㞛　少皃。

〇立　力急反來緝。竪。八。

𪗱　齧聲。

粒　米～。

笠　雨～。

鴗　水狗。

苙　白芷。又其立反群緝 B。

校注：字又見緝韻其立反群緝 B。

砬　石藥。

逮　臨～。

校注：字又見至韻力遂反來至合。

〇急　悉。居立反見緝 B。十一。

給　供～。

芨　烏頭別名。

汲　引。

伋　子思名。

級　階。

彶　遽～。

𦷦　堇。

疲　病。

校注：字又見合韻呼合反曉合。

皀　穀香。又阿。

校注：字又見陽韻許良反曉陽開。

鵖　～鴟，鳥。又久涉反見葉。

校注：字又見葉韻其輒反群葉。

〇岌　魚及反疑緝 B。高皃。亦作𡶫。一。

〇泣　去急反溪緝 B。悲淚。二。

校注：紐字數當作“三”，“二”爲脱計“㬤”字之數，參“㬤”字條校注。

湆　濕乾欲乾。

㬤　欲燥。〖一〗。

校注：此字《切三》《王二》《唐韻》《廣韻》在“泣”字下。“一”字衍，遂致本紐字數脱計。

〇靸　先立反心緝。小兒履。四。

雭　小雨。

卌　四十。

噏　寒聲。

〇吸　許及反曉緝 B。呼氣。九。

歙　後漢有來～。又縣名。［又］舒涉反書葉。

校注：下“又”字原脱，《王二》《廣韻》有字。

翕　火炙。一曰起～。

譣　～訲，聲。

校注：“聲”上當據《切三》《王二》《唐韻》《廣韻》補“語”字。

渝　水流皃。

熻　熱~。

嬆　莊嚴。

翖　漢有之侯。

郒　地名。

○澀　色立反生緝。不滑。從四止相葦。五。

校注：字原作“澁”，俗誤。

鈒　戟。

雭　雨聲。

儸　不及。

校注：字原作“澀”字俗形“澁”，誤，《廣韻》作“儸”。

翜　疾飛。又山甲反生狎。

校注：字又見狎韻所甲反生狎。

○戢　阻立反莊緝。~。六。

校注：紐字數作“六”而實收七字。

睷　淚出皃。亦作瞸。

校注：字原作“臓”，俗誤，《切三》《王二》《廣韻》作“睷”。亦作字誤，當從《集韻》或體作“睸”。

觙　角多。

㗊　衆口。

蕺　菜名。

濈　和。

㠍　山名，在會稽。俗呼之章洽洽反。

校注：俗呼之洽反，二等韻例不配章母。

○邑　英及反影緝B。〚六〛居。六。

校注：上“六”字衍。

悒　悵~。

裛　香~。

校注：字又見業韻於業反影業。

浥　~濕。

校注：字右上原從“日”，誤。

萒　~蔠。

餲　食~。

○湁　丑立反徹緝。湁，沸。二。

雴　大雨。

○熠　為立反云緝B。火皃。三。

校注：字又見屋韻與逐反以屋三。

曄　~~。又胡輒反匣(云)葉B。

校注：三等韻例不配匣母，又胡輒反云匣混切，《切三》《王二》《唐韻》《廣韻》又音上字作“筠”，云母字，是。字又見葉韻筠輒反云葉B。

熠　~燿，螢火虫。

○囲　女縶反娘緝。又女洽反娘洽。取物。一。

校注：字又見洽韻女洽反娘洽。

○鴡　房及反並緝B。四。

校注：字左原從“皀”。紐字數當作“一”，“四”爲合計“偛”紐三字之數，參“偛”字條校注。字又見葉韻居輒反見葉B。

○偛　鬼廁初黠。［三］。緝

校注：字原作“偛”，俗誤。龍校云：“集韻此字音測入切初緝，下文届䘣二字廣韻亦音初戢切初緝，唐韻届字同。本書云鬼廁黠，廁初為切語上字，原當在鬼字上，下奪□反二字，又黠下當有三字。”注文右左兩列首字爲“鬼”“黠”，蓋抄者先書釋文，再補音切，然不知何故，但書上字。底本紐字數奪。字又見洽韻阻洽(洽)反莊洽。

屌　~戹。

校注：字原從“巫”，俗誤。字又見洽韻阻洽(洽)反莊洽。

䘥　重緣。

校注：字右原從“巫”，俗誤。

## 廿七藥

○藥　以灼反以藥開。療病草之惣名。十九。

躍　跳~。

礿　祭名。

蘥　雀麦。

鑰　關具。

瀹　煑。

爚　煜，光。

籥　樂器。

屵　岸上見人。

校注：字原作“岪”，誤，《説文·厂部》作“屵”。

鸙　鷚。

繹　色絲。

葯　縞。

爍　聲類嫌媄。

校注：字又見藥韻書藥反書藥開。

歈　仰。

校注：字原從“同”不從“亩”，誤，《廣韻》作“歈”。

蹫　登~。

校注：“登”字誤，《廣韻》作“登”。

躣　出走。

龠　~舞。

趯　趠~。

灤　水名。

○略　離灼反來藥開。七。

縶　鉄。

掠　抄~。又力尚[反]來漾開。

校注：“反”字原奪。字又見漾韻力讓反來漾開。

䂮　人名，晉有褚~。

蠚　虫。

畧　視。又來各反來鐸開。

校注：字又見鐸韻盧各反來鐸開。

蜋　亦作蠚。~，蜉流。

校注：字原作“蝶”，俗誤，《廣韻》作“蜋”。

○脚　居灼反見藥開。脛。亦作腳。四。

校注：字原作“脚”，誤。龍校云：“腳字曾以雌黄塗改。”“脛”“亦”二字原倒誤，“脛”旁識一小鉤。紐字數作“四”而實收三字。

屩　草履。

刹　節。又於□。

校注：字原作“郄”，俗誤。“刹”爲“卻”字俗書，《廣韻》作“卻”。字亦作“却”，“却”字見藥韻去約反溪藥開。

○灼　之藥反章藥開。燒。十三。

斫　刃~。

校注：“刃”字誤，《切三》《王二》《唐韻》《廣韻》作“刀”。

彴　橫木渡水。

杓　痛~。

校注：字又見篠韻都了反端篠。

勺　周公樂名。

校注：字又見藥韻市若反禪藥開。

酌　~酒。

繳　繒。

校注：字又見麥韻下革反匣麥開。

焯　火氣。

穛　五穀皮。又公酷反見沃。

校注：字又見沃韻古篤反見沃。

袀　褌~。

箹　簺。

校注：字原作"箹"，誤，《廣韻》作"箹"。

犳　獸名。

鼩　鼠屬。

校注：字又見錫韻都歷反端錫開。

〇爍　書藥反書藥開。灼~。五。

鑠　銷~。

獡　大驚。

校注："大"字誤，《王二》《唐韻》《廣韻》作"犬"。

嫼　美好皃。

校注：字又見藥韻以灼反以藥開。

瘵　病~。

〇若　而灼反日藥開。如。十。

若　杜~。

校注：字又見馬韻人者反日馬開三。

弱　懦。

鄀　地名，在襄陽。

箬　竹葉。

楉　~擂。

校注：字原作"捁"，俗誤。"擂"爲"榴"字俗誤。《廣韻》："楉，楉榴，安石榴也。"

蒻　荷莖入泥。又菜名，出蜀。

腸　脆腝。

惹　詭。又如邪反日麻開三。

校注：《方言》卷十第九條："挐，揚州會稽之語也。或謂之惹，或謂之詭。""惹"下郭璞注："言情惹也。汝邪反，一音若。"汝邪反即如邪反。字又見馬韻人者反日馬開三。

叒　搏桑，~木。

校注："搏"字俗誤，《廣韻》作"榑"。

〇綽　處灼反昌藥開。寬~。三。

碏　大脣皃，㟧脣。㟧字言𢡟反疑阮開。

校注：字又見軫韻宜引反疑軫A。

婥　~約，美好皃。

〇約　於略反影藥開。契。二。

校注：字又見笑韻於笑反影笑A。

葯　繭~。

校注：字又見覺韻於角反影覺。

〇却　去約反溪藥開。退。二。

校注：字亦作"𨚗"，"𨚗"字見藥韻居灼反見藥開。

郤　地名，在河東。

校注：字又見藥韻衢籰反群藥合。

〇虐　魚約反疑藥開。酷。二。

校注：紐字數作"二"而實收一字。

〇謔　虛約反曉藥開。戲。一。

〇妁　市若反禪藥開。媒。六。

杓　欓~。

**校注：** 字又見宵韻甫遥反幫宵A、宵韻撫遥反滂宵A、錫韻都歷反端錫開。

仢　~約，流星。

芍　蕭該云芍藥，是藥草。又香草，可和食。芍字張約反知藥開，藥字良約反來藥開。又芍陂，在淮南，七削反清藥開。又蓮芍縣，在馮翊，之言（若）也（反）章藥開。又草，鳧茈，胡了反匣篠。

**校注：** “言”“也”二字誤，《唐韻》作“若”“反”，《唐韻》作“若”“切”。字又見篠韻胡了反匣篠、錫韻都歷反端錫開、藥韻七雀反清藥開、藥韻竹略反知藥開。

勺　挹取。

**校注：** 字又見藥韻之藥反章藥開。

汋　澤~。

〇皀　丑略反徹藥開。似兔而大。亦作㲋字。五。

**校注：** 字原作“餕”，誤，《王二》《廣韻》作“皀”，合《説文》。

婼　叔孫~。

**校注：** 字又見麻韻而遮反日麻開三。

逴　略~，行皃。

**校注：** 字又見覺韻勑角反徹覺。

辵　走~。

蠚　螫。又呼各［反］曉鐸開。

**校注：** “反”字原奪。字亦作“蠚”，“蠚”字見鐸韻呵各反曉鐸開。

〇削　息略反心藥開。斬。一。

**校注：** “斬”爲“斮”字注文，本書誤，《王二》訓“刀~”，《唐韻》《廣韻》訓“刻削”。

〇斮　側略反莊藥開。封。一。

**校注：** “封”爲“爵”字注文，本書誤，《王二》《唐韻》《廣韻》訓“斬”。字又見覺韻士角反崇覺。

〇爵　即略反精藥開。封。四。

雀　小鳥。亦俗鵲。

⿰扌爵　捎。

燋　火未然。又子角反精（莊）覺。

**校注：** “子”精母字，又子角反精莊混切。字又見覺韻側角反莊覺。

〇嚼　在爵反從藥開。蹟淨踈皃。三。

**校注：** 字又見代韻烏代反影代、笑韻子肖反精笑。

嚼　噬。亦作噍。

爝　炬火。

〇鵲　七雀反清藥開。亦正鵲。六。

趞　行皃。

猎　宋國良犬。

䇎　驚。

芍　蓮中子。又下了匣篠、都歷［二］反端錫開。

**校注：** 《王二》：“芍，~陂，在淮南。又市若反禪藥開。”《唐韻》：“芍，破石，在壽春。加。”“破石”爲“陂名”之誤。《廣韻》：“芍，陂名，在壽春。”字又見篠韻胡了反匣篠、錫韻都歷反端錫開、藥韻市若反禪藥開、藥韻竹略反知藥開。

碏　衛大夫名石~。

〇噱　其虐反群藥開。嘔，笑不止。

［六］。

**校注：**底本紐字數奪。

**蹻**　舉足高。又丘堯反溪蕭。

**校注：**字又見宵韻去遥反溪宵A。

**卻**　須臾。亦倦。

**校注：**字原從"阝"不從"卩"，俗誤，《廣韻》作"卻"。

**谷**　口上河。或作臄、啣。

**校注：**字原作"谷"，誤，《廣韻》不誤。"河"爲"阿"字之誤。《説文・谷部》："谷，口上阿也。"

**暖**　大笑。

**校注：**"爰"聲字入藥韻，於理不合。龍氏疑字當作"臄"。

**蝍**　天神。又丘良反溪陽開。

**校注：**字原從"阝"不從"卩"，俗誤，《廣韻》作"蝍"。字亦作"蜣"，"蜣"字見陽韻去良反溪陽開。

〇**嬳**　憂縛反影藥合。自作姿態。亦作孆。二。

**䨼**　視遽皃。亦作蒦。

**校注：**字又見麥韻胡麥反匣麥合。字亦作"蒦"，"蒦"字見陌韻一虢反影陌合二。

〇**縛**　符玃反並藥合。繫。一。

〇**矆**　許縛反曉藥合。大視。二。

**彏**　弓弦急。又居縛反見藥合。

〇**籰**　王縛反云藥合。收絲。亦作䉡。一。

**校注：**亦作字誤，《廣韻》作"䉡"。

〇**玃**　居縛反見藥合。大猨。八。

**躩**　大步。

**校注：**字又見虞韻其俱反群虞。

**钁**　斸鋤~。

**攫**　搏。

**矍**　鳥驚。

**躩**　盤辟。

**轉**　車轅。

**䳟**　三首鳥。

〇**著**　竹略反知藥開。盖。一。

**校注：**紐字數當作"四"，"一"爲脱計"芍""擆""斱"三字之數，参"芍"字條校注。字又見魚韻直魚反澄魚、御韻張慮反知御、藥韻直略反澄藥開。

**芍**　~藥，香草。又市若反禪藥開。〖三〗。

**校注：**"三"字衍。字又見篠韻胡了反匣篠、錫韻都歷反端錫開、藥韻市若反禪藥開、藥韻七雀反清藥開。

**擆**　繫。

**校注：**"繫"字誤，《廣韻》《集韻》作"擊"。

**斱**　斫。亦作礋、鐯。

**校注：**字原作"斱"，誤，《廣韻》作"斱"。

〇**著**　直略反澄藥開。一。

**校注：**字又見魚韻直魚反澄魚、御韻張慮反知御、藥韻竹略反知藥開。

〇**戄**　衢籰反群藥合。又俱籰反見藥合。四。

**郹**　鄉名。

**校注：**字又見藥韻去約反溪藥開。

**夒**　健皃。

**貜**　見《疋》，大猨。

**校注：**"疋"上當有"爾"字，《爾雅・釋獸》：

“玃父,善顧。”

## 廿八鐸

○鐸　徒各反定鐸開。大鈴。十一。

剫　彫木。

愋　忖~。

踱　~,跣足蹋地。

校注:“~”上原有“忖”字,旁識兩點,兹徑删。

澤　冬冰之洛。從冫,音冰。

度　量。又徒故反定暮。

校注:字原作“庹”,誤。字又見暮韻徒故反定暮。

襗　褻衣。

校注:字又見昔韻羊益反以昔開、陌韻棖百反澄陌開二。

驛　肫~,無撿限。

恅　徵。亦作忹。

韡　~蘈。

頊　顱~。

校注:字又見陌韻防(陟)挌反知陌開二、陌韻丑格反徹陌開二。

○莫　慕各反明鐸開。無。十一。

校注:紐字數作“十一”而實收十字。

幕　帷~。

鄚　縣名。

膜　肉~。

鏌　~鋣。

摸　~揉。又莫胡反明模。

校注:字右原下從“廾”不從“大”,俗誤。字又見模韻莫胡反明模。

瘼　病。

廙　宊。

慔　勉。又云(亡)故反明暮。

校注:一等韻例不配云母,又音切上字“云”當爲“亡明”字之誤。字又見暮韻莫故反明暮。

寞　寂~。

○落　盧各反來鐸開。廿二。

烙　燒~。

絡　~絲。

洛　水名。

珞　瓔~。

酪　乳。

樂　憘。又五教疑效、五[角疑覺二]反。

校注:本書“反”上有奪字,《唐韻》又“五角、五教二反”,《廣韻》同,本書奪者當爲“角二”二字。字又見效韻五教反疑效、覺韻五角反疑覺。

轢　輘。又力的反來錫開,車所踐。

校注:字又見錫韻閭激反來錫開。

箬　籠。

硌　磊~。

駱　馬色。

皠　大皃。

校注:字右原從“雀”,俗誤,《説文·白部》作“皠”。“皃”字誤,《王二》《廣韻》作“白”。字又見沃韻胡沃反匣沃。

輅　生草。

校注:“草”字誤,《唐韻》《廣韻》作“革”。

剳　去節。

馲　~驝，出北道，有肉搴，日行三百里，負十斤，知水脉。驝字度何反定歌一。

校注：字亦作"駝"，"駝"字見鐸韻他各反透鐸開。

鮥　魚名。

鼭　鼠，出胡地，可以作裘也。

校注：字又見鐸韻下各反匣鐸開。

晷　視。又來灼反來藥開。

校注：字又見藥韻離灼反來藥開。

霩　大雨。

鵅　鳥名。

濼　水名。

校注：字又見屋韻盧谷反來屋一、鐸韻匹各反滂鐸開。

袼　褔。

○託　他各反透鐸開。付。十一。

袥　開衣合大。

橐　無底囊。

魠　魚名。

籜　竹筍皮。

柝　《易》曰："重門擊~"，是。

校注：字右原從"斥"，俗誤。

侂　毁。

沰　逼。

蘀　葵夲菩菜，草。

校注：字又見陌韻棖百反澄陌開二。

駝　~駝。

校注：字亦作"馲"，"馲"字見鐸韻盧各反來鐸開。

飥　~餺。

○作　子洛反精鐸開。使~。四。

柞　木。

校注：字又見鐸韻在各反從鐸開。

糳　精細米。

迮　起。

校注：字又見麥韻側革反莊麥開、陌韻側陌反莊陌開二。

○錯　倉反（各）反清鐸開。鵲。五。

校注：上"反"字誤，《王二》《唐韻》《廣韻》作"各"。字又見暮韻倉故反清暮。

厝　厲石。又七故反清暮。

校注：字又見暮韻倉故反清暮。

䱜　魚名。

逪　交。

縒　𢇍~。

校注：字又見哿韻蘇可反心哿一。

○各　古落反見鐸開。分。四。

閣　樓~。

格　樹枝。

校注：字又見陌韻古陌反見陌開二。

胳　~腋。

○恪　苦各反溪鐸開。亦作急。一。

○愕　五各反疑鐸開。驚。亦作遻。十四。

鄂　國名。

諤　直~。

鍔　刃刀。

崿　崖~。

鶚　鳥~。

鰐　魚名。

蕚　花~。

噩　歲在酉曰作~。

壥　折~。

校注："折"字誤,《廣韻》作"圻"。

愕　穽~。

校注：字左原從"扌",俗誤,《廣韻》作"愕"。

蚲　似蜥蜴,吞人。

顎　大面醜。

顛　嚴敬。

〇惡　烏各反影鐸開。醜~。亦作悪。三。

校注：字又見暮韻烏故反影暮。

蜸　虵名。

堊　白土。

〇諾　奴各反泥鐸開。膺命。一。

〇粕　匹各反滂鐸開。糟~。十。

顛　面大皃。

濼　波~。

校注："波"字誤,《廣韻》作"陂"。字又見屋韻盧谷反來屋一、鐸韻盧各反來鐸開。

膊　割肉。亦作膞。

轉　車覆軛。

搏　擊。又方句反幫遇。

校注：字又見鐸韻補各反幫鐸開、遇韻府遇反幫遇。

箺　~齒相筵。

萔　舂~。

校注：字原作"舀",誤,《廣韻》作"萔",合《説文》。

蕿　籗~。

校注："籗"字誤,《廣韻》作"蘀"。

胉　脅。

校注："脅"字誤,《廣韻》作"脅"。

〇泊　傍各反並鐸開。止~。八。

亳　國名,今~州名。

箔　簾~。

薄　~不厚。一曰草叢。

鎛　田器也。鮮,獸名,似人,有翼,懸鍾虡横木上也。

校注：字又見鐸韻補各反幫鐸開。

鱄　似鯉,一目。

韉　下橐鞋。

踄　蹈。

〇膗　呵各反曉鐸開。羹。一。

校注：字原作"臛",俗誤,《説文·肉部》作"膗"。字又見屋韻呼木反曉屋一、沃韻火酷反曉沃。

鄗　縣名。

校注：字亦作"郝","郝"字見晧韻胡老反匣晧。

壑　谷。

蠚　螫。

校注：字亦作"蓋","蓋"字見藥韻丑略反徹藥開。

郝　地名。又人姓。

校注：字又見昔韻施隻反書昔開、昔韻昌石反昌昔開。

嗃　~~,崇讒~。

校注：字又見肴韻許交反曉肴、效韻呼教反

曉效。

〇索　蓏各反心鐸開。繩~。三。

**校注**：字又見陌韻所戟反生陌開二。

捺　摸~。

鞣　驛~。

〇涸　下各反匣鐸開。水竭~。八。

洛　~澤。

鶴　似鵠，長啄。

狢　貒類。

格　黍。

**校注**："黍"下原有"姓"字，旁識一點，兹徑删。

佫　人姓。

貉　鼠~。

**校注**：字又見鐸韻盧各反來鐸開。

貈　狐貈。亦作貛。

**校注**：亦作字誤，《集韻》作"貗"。

〇昨　在各反從鐸開。日~。十五。

**校注**：紐字數作"十五"而實收十四字。

酢　酬~。

莋　縣名。

鑿　穿。

鑿　鏨~。

筰　竹索~。

**校注**：字又見麥韻側革反莊麥開、陌韻側陌反莊陌開二。

柞　木名。

**校注**：字又見鐸韻子洛反精鐸開。

怍　慙。

秨　禾稼皃。又徐故反邪(從)暮。

**校注**：一等韻例不配邪母，又徐故反從邪混切。字又見暮韻咋故反從暮。

郗　地名，在蜀臨卬。

筰　竹皮。

帓　幘~。

䇓　竹繩。

醋　客酬主人。又徐。

**校注**："徐"下當有奪字。字又見暮韻倉故反清暮。

〇博　補各反幫鐸開。從十。十三。

髆　胷~。

爆　迫於火。

**校注**：字又見效韻博教反幫效。

搏　手擊。

**校注**：字又見鐸韻匹各反滂鐸開、遇韻府遇反幫遇。

餺　~飥。

鎛　似鍾而大，四時之聲。又步各反並鐸開。

鑮　鐘磬。

**校注**：《王二》《唐韻》《廣韻》云"鐘磬上横木"，本書有奪文。字又見鐸韻傍各反並鐸開。

嚩　~嗼，嗼皃。亦作譕。

襮　衣衿。

䶈　䶈~。

蟳　蜱蛸。

羳　獸，似羊，九尾四耳，名羳羫。[羫]字達何反定歌一。

**校注**：達何反定歌一爲"羫"字音，本書"字"上奪"羫"字。

𧝄　褌~。

〇霍　虎郭反曉鐸合。揮~。四。

校注：字原作"窪"，誤，《唐韻》《廣韻》作"霍"。

靃　雲霄皃。

矐　驚視。

藿　豆菜。又香草。

校注：字下原從"隺"，俗誤，《廣韻》作"藿"。

〇郭　古博反見鐸合。郛。本作䯧。四。

校注：本作字原以雌黄塗改，不能辨，當作"䯧"，見《説文》。

崞　縣名，在鴈門。

椁　棺~。

擴　張。亦作彍、𢪏、彉~。

〇臒　烏郭反影鐸合。丹。三。

校注：字原作"䨼"，誤，《廣韻》作"臒"。

雘　味薄。

蠖　尺~。

〇穫　胡郭反匣鐸合。刈。七。

擭　心動。

檴　~落，木名。

校注：字又見禡韻胡化反匣禡合二。

鑊　鼎~。

爑　熱~。

靏　大雨。

𤸰　痴。

〇廓　苦郭反溪鐸合。四。

校注：字原從"疒"不從"广"，俗誤，《王二》《唐韻》《廣韻》作"廓"。

鞹　皮。

𠜾　解。又口虢反溪陌合二。

校注：又口虢反，本書無溪母陌韻合口二等一紐。

漷　水名，在魯。

校注：字又見陌韻虎伯反曉陌合二。

# 廿九職

〇職　之翼反章職開。主官。本作戠。亦作軄。六。

校注：字頭與亦作字同形，當有一字作"職"。

織　緯紝。

膱　油敗。

蟙　~蠌，虫。

蘵　草名，酸漿。

軄　記微。

〇直　除力反澄職開。正。二。

犆　又徒德反定德開一。

校注：字亦作"特"，"特"字見德韻徒德反定德開一。

〇力　良直反來職開。壯。六。

朸　縣名，在平原。

校注：字原作"扐"，俗誤，《唐韻》《廣韻》作"朸"。

屴　~崱，山高。

仂　不懈。

校注：字又見德韻盧德反來德開一。

泐　水凝合皃。

扐　脛交。反(又)平交反並肴。

校注：字原從"勻"不從"勹"，誤。《説文·尣部》:"尥,行脛相交也,从尣勺聲,牛行腳相交爲尥。"大徐音"力弔切來嘯"。"尥"字入職韻不合音理。是處此字《廣韻》《集韻》作"尴",似據"力"聲而入此紐。然字既爲"尥"字之誤,音亦不可信。"反"爲"又"字之誤。字又見肴韻薄交反並肴、嘯韻力弔反來嘯。

〇勑　褚力反徹職開。誡。十。

飭　牢密。

淔　水名。

趩　行聲。

杙　~卜。

校注:字原作"拭",俗誤,《王二》作"杙"。

侙　意想。或作恜、侙。

鵡　鷄~。亦作鳩。

校注:亦作字誤,當作"鶒",《集韻》或體作"鷘"。

遫　張。

栻　局。又木名。

蓳　蒴藋别名。

校注:字又見屋韻許六反曉屋三。

〇陟　竹力反知職開。昇。二。

稙　早禾。

〇食　乘力反船職開。進飾。二。

蝕　日月互相掩。

〇息　相即反心職開。滋生。七。

鄎　新~縣,在汝南。

槵　木名。

瘜　惡肉。

膓　~肉。

蒠　菜名。

熄　玄火。

校注:"玄"字誤,《唐韻》《廣韻》作"畜"。

〇寔　常軄反禪職開。是~。五。

湜　水清。

殖　多~。

植　種。

校注:字又見志韻直吏反澄志。

埴　黏土。

〇識　商軄反書職開。記傳。五。

式　法。

拭　刷。

軾　車前。

飾　裝~。

〇赩　許力反曉職開。火赤。四。

校注:紐字數當作"五","四"爲脱計"�"字之數,參"憾"字條校注。

奭

校注:底本注文奪。《廣韻》注:"斜視。"字亦作"奭","奭"字見虞韻舉隅反見虞。

[憾]　怒皃。

校注:底本字頭奪,"怒皃"二字誤繫於"奭"字下。《廣韻》注:"瞋怒皃。"

衋　痛~。

校注:字原從"盷"不從"皕",誤,《王二》《廣韻》作"衋"。

黷　赤黑。

〇極　渠力反群職開。乏。一。

〇崱　士力反崇職開。山皃。二。

崱　~嶷。

〇匿　女力反娘職開。藏。亦作

匿。三。

匲　虫食病。

慝　愧~。亦作㥾。

校注：字亦作“㥾”，“㥾”字見德韻他則反透德開一。

〇測　愴力反初職開。度。五。

惻　愴。亦作恻。

畟　~，耜嚴利。

堋　遏遮。

蕷　草。

校注：字原從“木”不從“示”，誤，《廣韻》作“蕷”。

〇憶　於力反影職開。念。十二。

臆　胷~。

億　十万。

繶　絛繩。

澺　水名。

醷　梅醬。

校注：“醬”字誤，S. 6012、《王二》、《唐韻》、《廣韻》作“漿”。字又見止韻於擬反影止。

檍　木名。

薏　~苡。亦蓮心。

螠　小蜂。

啻　快。

校注：字原作“啇”，俗誤。

韽　緅履。

校注：字右中原從“串”不從“曰”，誤。《唐韻》：“韽，履頭也，出《韻略》。加。”《廣韻》：“韽，履頭也，出《韻略》。”

楖　梓屬。

校注：字右原從“啇”，俗誤。

〇韇　丘力反溪職開。皮韇皃。一。

校注：“鞭”字誤，《廣韻》作“鞕”。

〇色　所力反生職開。五方氣。八。

歠　小怖。

校注：龍校云：“怖字不清，此从王二、S 六一二、唐韻、廣韻定之。”

嗇　愛~。

轖　馬車止絡革。

校注：“止”字誤，S. 6012、《王二》、《廣韻》作“下”。

穡　種曰稼□曰穡。

校注：“曰”上一字不能辨。

薔　蓼菜。

校注：字又見陽韻疾良反從陽開。

濇　不滑。

繬　縴~。

〇殛　紀力反見職開。誅。六。

慽　急性。

襋　衣交領。

校注：字原從“棘”不從“棘”，俗誤。

棘　小棗。

校注：字原作“棘”，俗誤。

蕀　菀~。

校注：字原從“棘”不從“棘”，俗誤。

棱　去官。又力繩反來蒸開。

校注：字又見蒸韻六應反來蒸開。

〇弋　与軄反以職開。射。十八。

校注：龍校云：“八字不清，此从唐氏所書。”

翊　馮~郡。

翌　明日。

廙　敬。

黓　黒皃。

翼　翅。亦作□、䎀。

校注：龍校云：亦作首字"不清，似从彳旁；各書無此字，不詳"。亦作首字右旁可見爲"翌"。

麷　㲄麦糠。

校注：字原從"麦"不從"麥"，俗誤。

𨾅　繳射。

蘔　蘔翹。

妷　婦人官。夫人名。

瀷　水名，在河南。

杙　木名。

校注：龍校云："正、注文皆漫漶不能辨，此从唐氏所書。"

䏶　□□□。

校注：注文漫漶不清。《廣韻》："䏶，缺盆骨也。"

𨘩　進。

校注：龍校云："正注文漫漶不清，唐氏所書如此，諦審猶可辨。"

匿　鼎附耳。

䅬　耕~。

芅　羊桃。

釴　鼎耳。

〇即　子力反精職開。就。十一。

校注：龍校云："子力二字不清，此从唐氏所書。"

稷　禾。

楖　木名。

㮨　牛名。

蝍　~蛆，虫。

校注：龍校云："虫字不清，此从唐氏所書。"字又見屑韻子結反精屑開。

□

□

□

校注：底本殘。本紐字數作"十一"而實見八字，所缺當爲三字。

□（揤）　□。又秦悉反從質。

校注：底本殘，字頭及注文首字不可見。龍校云："又秦悉反，四字漫漶不清，此从唐氏所書。本書質韻秦悉反揤下云拭又子翼反，廣韻、集韻本紐与質韻從紐重見者亦僅一揤字，此正文當是揤字。"字又見質韻秦悉反從質。

㮔　瓦棺。

校注：字右原從"即"。

猣　犬生三子。

〇逼　彼側反幫職開。近。［五］。

校注：龍校云："彼字漫漶不可辨，此从唐氏所書。……近字亦不可見，亦从唐氏所書。"底本紐字數奪。

皕　~百。

校注：省代號誤，《王二》《廣韻》作"二"。

偪　水驚皃。

颰　風~。

囪　姓。

〇域　榮……云職合

校注：龍校云："域榮二字並从唐氏所書，原文漫漶不能辨。"《王二》《唐韻》"榮逼反云職合"，S. 6013 可見"逼反"二字。

□

□

□

□

**校注**：底本殘。龍校云："視其空隙，似殘四字。"

**琙**　人名，漢有孫~。

**校注**：底本殘，字頭作"域"，爲"琙"字殘文，《廣韻》作"琙"。

**緎**　瓦器。

**校注**：龍校云："瓦器二字不清，此从唐氏所書。"

**黬**　□絲縫。或作緎、䩻。

**校注**：龍校云："黬字从唐氏所書，原文不清。絲縫二字亦从唐氏所書。絲上疑為素字，羔裘詩云素絲五緎。"字又見屋韻於六反影屋三。字亦作"緎"，"緎"字見職韻況逼反曉職合。

〇洫　況逼反曉職合。溝。八。

**閾**　門限。

**緎**　衣縫。

**校注**：字亦作"黬"，"黬"字見職韻"域"紐云職合。

**侐**　~爭。

**校注**：字又見至韻火季反曉至A開。

**旻**

**校注**：龍校云："此字不清，唐氏所書如此。注文殘，五刊、廣韻並云舉目使人。"字又見薛韻許劣反曉薛B合。

□

□

□

**校注**：底本殘。本紐字數作"八"而實見五字，所缺當爲三字。

〇堛　芳逼反滂職開。甶。十。

**校注**：龍校云："芳甶十三字不清，此从唐氏所書。"

**愊**　悃。

**踾**　蹋地聲。

**䮠**　析也。判也。

**䭯**　飽皃。

**揊**　擊聲。

**稫**　~稄，禾上穮乾。

**校注**：字原作"穮"，誤。S. 6013："稫，~稄，木密皃。"《王二》："稫，~稄，禾密滿。"《唐韻》："稫，~稄，禾密滿皃。"《廣韻》："稫，稫稄，禾密滿也。"本書皮逼反並職開"穮"字訓"火乾"，本條"上穮乾"三字蓋誤用"穮"字注文。

**畐**　多。又房六反並屋三。

**校注**：字亦作"畗"，"畗"字見屋韻房六反並屋三。

**副**　判。

**校注**：龍校云："判字不清，唐氏所書如此。"字又見宥韻敷救反滂宥。

**㙃**　□□。

**校注**：底本殘，注文不可見，此從龍氏列兩字缺。《廣韻》："地裂也。亦作𨻶。"

〇□(稄)　莊職開

校注：S. 6013、《王二》"昃"上爲"稄"字："稄，阻力反莊職開。七。"《唐韻》卷殘，"昃"上一字不可見，亦切"阻力莊職開"。《廣韻》："稄，稫稄。阻力切莊職開。"下亦有"昃"字。底本殘，缺處約一字條之空,所缺者當爲"稄"字。

昃 □□。

校注:底本殘,注文不可見。S. 6013、P. 4746、《王二》、《唐韻》注:"日~。"

揤 打~。

仄 ~陋。

萴 藥,烏頭別名。

側 傍~。

夨 傾頭。

校注:字原作"夭",誤。

夨 皷。

校注:字原作"夨",俗書。此字與上一字頭當爲一字,"皷"字不詳。

〇愎 皮逼反並職開。佷。三。

腷 ~臆,意不洩。

稫 火乾。

〇抑 於棘(棘)反影職開。按。二。

校注:字原作"抑",俗誤,《廣韻》作"抑"。"棘"爲"棘"字俗誤。此紐與於力反影職開"憶"紐重出,爲後增字。龍校云:"注文諸字均不清,唐氏所書如此,諦審皆可辨。"

抑 邑名。

校注:字原作"抑",俗誤,《廣韻》作"抑"。

〇嶷 魚力反疑職開。[三]。

校注:底本紐字數奪。字亦作"嶷","嶷"字見之韻語基反疑之。

薿 茂皃。

校注:字又見止韻魚紀反疑止。

觺 兵~。又五其反疑之。

校注:"兵"爲"岳"字之誤,《廣韻》注:"觺岳,角皃。"字又見之韻語基反疑之。

〇堲 秦力反從職開。一。

校注:字又見質韻資悉反精質。

## 卅德

〇德 多特反端德開一。三。

得 取。

㝵 古文~。

〇則 即勒反精德開一。軌法。一。

〇勒 盧德反來德開一。急。七。

肋 脅。

扐 著指閒。

仂 《礼記》:"祭用數之~。"

校注:龍校云:"礼字不清,此从唐氏所書。"字又見職韻良直反來職開。

瓅 美石次玉。

艻 蘿~,菜。

阞 地脈理。

〇忒 他則反透德開一。悪差。四。

搣 打。

慝 悪。

校注:字亦作"慝","慝"字見職韻女力反娘職開。

𪑞 ~黷,欲卧。

校注:注文次字誤,《廣韻》作"黷"。

〇刻 苦德反溪德開一。彫~。三。

克 能。

剋 自強。

〇特 徒德反定德開一。又馳涉(陟)反澄職開。五。

校注："涉"字誤，當作"陟"。字亦作"犆"，"犆"字見職韻除力反澄職開。

貣　假。

貣　食禾虫。

樴　杙。

蟘　螣蟒。

〇黒　呼德反曉德開一。墨色。三。

潶　水名，在雍州。

嘿　唾聲。

〇墨　莫北反明德開一。筆~。九。

默　靜。

蟔　虫名。

冒　單于名。又莫報反明号。

校注：字又見号韻莫報反明号。

纆　索。亦作纆。

嫼　怒皃。

校注：字又見黠韻烏黠反影黠開。

䁼　蹔視。

黙　~聽，欲卧。

覓　窺，目視前皃。

〇賊　昨則反從德開一。大盜。三。

鰂　鰞~，魚名。

蠈　食苗節虫。

〇塞　蘓則反心德開一。閉。亦則塞。又蘓載反心代。障。二。

校注：龍校云："塞字不清，从廣韻定之。説文作如此。""則"字誤，當作"作"。字又見代韻先代反心代。

寨　安。又先代反心代。

校注：字又見代韻先代反心代。

〇北　波墨反幫德開一。對南。一。

〇菔　傍北反並德開一。蘆~。八。

校注：字又見屋韻房六反並屋三。

棘　縣名。

校注：字原上"棘"下"入"，俗誤，《王二》《唐韻》《廣韻》作"棘"，合《説文》。

匐　匍~。

垘　塞~。

踣　僵。又手（孚）豆反滂候。

校注：字原從"店"不從"音"，誤，《廣韻》作"踣"。"手"字誤，《廣韻》作"孚"。字又見候韻胡遘反匣候。字亦作"仆"，"仆"字見遇韻撫遇反滂遇、候韻匹豆反滂候。

匐　伏地路。

䵸　黍豆漬菜。

䟺　農夫賤稱。

〇或　胡國反匣德合一。疑。四。

惑　迷~。

蜮　虫，似鼈而小，口中有弩牙，含沙射人。

淢　水流。

校注：字原從"灬"不從"巛"，誤，《廣韻》作"淢"，合《説文》。

〇國　古或反見德合一。一主。一。

〇餩　愛墨反影德開一。噎聲。一。

校注：字又見咍韻古哀反見咍。

〇䘓　乃北反泥德開一。小虫。又乃載反泥代。亦作䘓。一。

校注：字亦作"䘓"，"䘓"字見代韻奴代反泥代。

## 卅一業

〇業　魚怯反疑業。基。六。

鄴　縣名。

驜　馬名。

校注："名"字誤，S. 6103、《王二》作"皃"。

牒　木板。

剿　續。又直(且)獵反清葉。

校注："直"字誤，當作"且"。字又見葉韻七接反清葉。

隟　危。

〇脅　虚業反曉業。膀~。三。

校注：字又見嚴韻(去聲)盰淹反曉釅。

歒　~氣。

弽　弓。

〇怯　去劫反溪業。多恐。一。

〇劫　居怯反見業。強取。五。

校注：字又見葉韻居輒反見葉B。

衱　衣領。

校注：字原作"扱"，誤，S. 6013、《王二》、《唐韻》、《廣韻》作"衱"。

跲　躓。又渠業反群業。

校注：又渠業反，本書無群母業韻一紐。字又見洽韻古洽反見洽。

鉣　帶鐵。

袷　劒押。

校注：字原作"拾"，俗誤。"押"爲"柙"字俗誤。字又見合韻古沓反見合、葉韻其輒反群葉。

〇腌　於業反影業。鹽漬魚。亦作醃。九。

校注：字又見鹽韻英廉反影鹽B。

罨　魚冈。又烏合反影合。

校注：字又見琰韻應儉反影琰B、合韻烏合反影合。

裛　書囊。又於及反影緝B。

校注：字又見緝韻英及反影緝B。

殜　~殜，不動。亦作殗。

稖　犁種。

敧　~敼。

校注：字又見葉韻於輒反影葉B。

鮨　臭。

鞥　車具。又於合反影合。

校注：字又見合韻烏合反影合。

醃　推。

校注："推"爲"椎"字俗誤，《廣雅·釋詁二》："醃，椎也。"

## 卅二乏

〇乏　房法反並乏。貧少。一。

〇法　方乏反幫乏。則。正作灋字。一。

〇猲　起法反溪乏。恐受財。《史記》曰："恐~諸侯。"二。

校注：字又見月韻許謁反曉月開、曷韻許葛反曉曷。

姂　好皃，止妙也。